ISBN 978-0-428-92471-3
PIBN 11210527

LATIN LITERATURE

OF

THE EMPIRE

SELECTED AND EDITED, WITH REVISED TEXTS
AND WITH BRIEF INTRODUCTIONS

BY

ALFRED GUDEMAN
UNIVERSITY OF PENNSYLVANIA

IN TWO VOLUMES

VOL. I. PROSE: VELLEIUS–BOETHIUS

NEW YORK ·:· CINCINNATI ·:· CHICAGO
AMERICAN BOOK COMPANY

VOLUMES OF THE SERIES

Essentials of Latin for Beginners. Henry C. Pearson, Teachers College, New York. 90 cents.

A School Latin Grammar. Morris H. Morgan, Harvard University. $1.00.

A First Latin Writer. M. A. Abbott, Groton School. 60 cents.

Connected Passages for Latin Prose Writing. Maurice W. Mather, Harvard University, and Arthur L. Wheeler, Bryn Mawr College. $1.00.

Caesar. Episodes from the Gallic and Civil Wars. Maurice W. Mather, Harvard University. $1.25.

Cicero. Select Orations with Extracts from the Epistles to serve as Illustrations. J. Remsen Bishop, Walnut Hills High School, Cincinnati, and Frederick A. King, Hughes High School, Cincinnati.

Selections from Latin Prose Authors for Sight Reading. Susan Braley Franklin and Ella Catherine Greene, Miss Baldwin's School, Bryn Mawr. 40 cents.

Cicero. Cato Maior. Frank G. Moore, Dartmouth College. 80 cents.

Cicero. Laelius de Amicitia. Clifton Price, University of California. 75 cents.

Selections from Livy. Harry E. Burton, Dartmouth College. $1.50.

Horace. Odes and Epodes. Clifford H. Moore, Harvard University. $1.50

Horace. Satires. Edward P. Morris, Yale University.

Pliny's Letters. Albert A. Howard, Harvard University.

Tibullus. Kirby F. Smith, Johns Hopkins University.

Lucretius. William A. Merrill, University of California.

Latin Literature of the Empire. Alfred Gudeman, University of Pennsylvania.

Vol. I. Prose: Velleius to Boethius $1.80

Vol. II. Poetry: Pseudo-Vergiliana to Claudianus $1.80

Selections from the Public and Private Law of the Romans. James J. Robinson, Yale University. $1.25.

Others to be announced later.

LATIN LITERATURE

OF

THE EMPIRE

SELECTED AND EDITED, WITH REVISED TEXTS
AND WITH BRIEF INTRODUCTIONS

BY

ALFRED GUDEMAN
UNIVERSITY OF PENNSYLVANIA

IN TWO VOLUMES

VOL. I. PROSE: VELLEIUS–BOETHIUS

NEW YORK ·:· CINCINNATI ·:· CHICAGO
AMERICAN BOOK COMPANY

W. P. 1

PREFACE

THE works of Latin literature of the post-Augustan period have hitherto, with a few notable exceptions, been virtually excluded from the classical curricula of institutions of learning, both in Europe and America. The reason for this neglect is not far to seek. It is in great part due to the relative inferiority of this literature as a whole when compared with the noonday splendor of that of the age which preceded it. This fact, taken in connection with the limited time which is granted even to the classical masterpieces, has rendered teachers of Latin reluctant to introduce the works of authors of a later age. The manifest inexpediency, moreover, of putting into the hands of the college student bulky volumes which he cannot be expected to read in their entirety, even if this were desirable, and the dearth of available editions in many other cases, have also contributed to the neglect in question.

This is not as it should be. The literature of a people is a true mirror of the life and times which produce it; and the history of the Roman Empire is of such paramount importance to the student of our modern civilization that he cannot with impunity cast aside the key that will unlock the proper understanding of its influences. Whatever faults may be found with this literature—and I am the last to ignore or palliate them—we may justly claim for it what Tacitus has said of his own age: *Non omnia apud priores meliora sed nostra quoque aetas multa laudis et artium imitanda posteris tulit;* and I have always felt that the introduction of the works of later authors in suitable selections cannot but infuse fresh life into classical studies, and widen the literary horizon of both pupil and teacher.

The present collection is the outcome of this long-cherished conviction. As readers, I have had particularly in mind the students of the higher classes in colleges, but these selections will also be found most useful as collateral reading for lectures on post-Augustan literature in universities; they will furnish suitable material for sight-reading; and, finally, they may possibly be welcomed by many a classical scholar whose lack of leisure or opportunity has hitherto prevented him from acquiring an adequate acquaintance with the literary masterpieces of the period in which they were written.

The selections themselves, while naturally not including everything that is best, will, I am confident, be found to contain nothing that is not eminently worthy of perusal; for, if I be permitted to alter slightly the words of Quintilian, *pauca (sunt enim eminentissima) excerpere in animo est. Facile est autem studiosis quae sunt his simillima iudicare: ne quisquam queratur omissa forte quae ipse valde probet.* Mere brief '*lumina ingenii et artis*' have however, with one or two exceptions, been rigidly excluded, the selections being in every case made sufficiently extensive to give a continuous and coherent story which at the same time exhibits the author at his best.

The text follows the best modern editions, but I have availed myself of the opportunity to consult the latest critical contributions of importance, so far as they were accessible to me. The deviations from the standard texts have been briefly recorded in a Critical Appendix, but their detailed justification must be reserved for some future occasion.

In view of the unfortunate confusion in matters of orthography and punctuation with which I found myself confronted, I have ventured to follow one consistent plan throughout, although I am well aware that the works of the authors selected, covering as they do a period of four centuries, do not exhibit any such uniformity themselves. I have written the unassimilated forms—for instance, *df*, *dr*, *dp*, *ds*, *dt*, *nl*, *nm*, *nr*, *bm*, and the accusative plural in *is*, wherever permissible, but have retained *mp* throughout, for reasons which it is not possible to give here.

The brief introductions to each author aim at nothing more than immediate orientation. For detailed information the reader should consult the current hand-books of Roman literature. I have, however, drawn attention to exhaustive modern commentaries, or monographs, where such exist.

In conclusion, I desire to thank Professor E. P. Morris, of Yale, and Professor M. H. Morgan, of Harvard, for their trouble in reading the proofs of the following pages, and for many suggestions which they have kindly communicated to me.

ALFRED GUDEMAN.

PHILADELPHIA, *June* 20, 1898.

CONTENTS

CONTENTS

LATIN LITERATURE OF THE EMPIRE

SENECA RHETOR

Annaeus Seneca, father of the philosopher, was born in Corduba, Spain, about 50 B.C. and died about 40 A.D. Endowed with a most phenomenal memory, he undertook in his old age to reproduce verbatim the discussions of the many illustrious rhetoricians whom he had heard.

Of this collection there have come down to us, partly in an epitomized form, seventy-four *Controversiae* 'moot cases,' and seven so-called *Suasoriae* 'hortatory declamations.'

This work was written between 38 and 40, and constitutes our chief source of information for the history of Roman rhetoric. Unquestionably the most interesting portions are the Introductions to the Controversiae, in which Seneca, in a most charming and all but classic style, gives us not only considerable autobiographical detail, but above all a very acute and impartial analysis of the characteristics of the most noted rhetoricians themselves.

Cp. V. Cucheval, *Histoire de l'Éloquence Romaine*, 2 vols., Paris, 1893.

SENECA RHETOR

Introductory Letter to the Controversiae, addressed to his three sons.

Exigitis rem magis iucundam mihi quam facilem: iu- 1
betis enim quid de his declamatoribus sentiam qui in
aetatem meam inciderunt iudicare, et si qua memoriae
meae nondum elapsa sunt ab illis dicta colligere, ut quam-
vis notitiae vestrae subducti sint, tamen non credatis
tantum de illis, sed et iudicetis. Est, fateor, iucundum
mihi redire in antiqua studia melioresque ad annos respi-
cere et vobis querentibus quod tantae opinionis viros au-
dire non potueritis detrahere temporum iniuriam. Sed 2
cum multa iam mihi ex meis desideranda senectus fecerit,
oculorum aciem retuderit, aurium sensum hebetaverit,
nervorum firmitatem fatigaverit, inter ea quae retinui
memoria est res ex omnibus animi partibus maxime deli-
cata et fragilis, in quam primam senectus incurrit. Hanc
aliquando in me floruisse, ut non tantum ad usum suffi-
ceret, sed in miraculum usque procederet, non nego: nam
et duo milia nominum recitata quo erant ordine dicta red-
debam et ab his qui ad audiendum praeceptorem mecum
convenerant singulos versus a singulis datos, cum plures
quam ducenti efficerentur, ab ultimo incipiens usque ad
primum recitabam. Nec ad complectenda tantum quae 3
vellem velox mihi erat memoria, sed etiam ad continenda

quae acceperat, solebat bonae fidei esse. Nunc iam et
aetate quassata et longa desidia quae iuvenilem quoque
animum dissoluit, eo perducta est, ut etiamsi potest ali-
quid praestare, non possit promittere: diu ab illa nihil
repetivi. Nunc quia iubetis, quid possit experiar et illam
omni cura scrutabor. Ex parte enim bene spero; nam
quaecumque apud illam aut puer aut iuvenis deposui, quasi
recentia aut modo audita sine cunctatione profert: at si
qua illi intra proximos annos commisi, sic perdidit et
amisit, ut etiamsi saepius ingerantur, totiens tamen tan-
4 quam nova audiam. Ita ex memoria quantum vobis satis
sit superest: neque enim de his me interrogatis quos ipsi
audistis, sed de his qui ad vos usque non pervenerunt.
Fiat quod vultis: mittatur senex in scholas. Illud ne-
cesse est impetrem, ne me quasi certum aliquem ordinem
velitis sequi in contrahendis quae mihi occurrent: necesse
est enim per omnia studia mea errem et passim quidquid
5 obvenerit adprehendam. Controversiarum sententias for-
tasse pluribus locis ponam in una declamatione dictas:
non enim dum quaero aliquid invenio, sed saepe quod
quaerenti non comparuit aliud agenti praesto est: quae-
dam vero quae obversantia mihi et ex aliqua parte se
ostendentia non possum occupare, eadem securo et repo-
sito animo subito emergunt. Aliquando etiam seriam rem
agenti et occupato sententia diu frustra quaesita intem-
pestive molesta est. Necesse est ergo me ad delicias com-
ponam memoriae meae quae mihi iam olim precario paret.
6 Facitis autem, iuvenes mei, rem necessariam et utilem,
quod non contenti exemplis saeculi vestri, prioris quoque
vultis cognoscere: primum quia, quo plura exempla in-
specta sunt, plus in eloquentia proficitur. Non est unus,
quamvis praecipuus sit, imitandus, quia numquam par fit
imitator auctori. Haec rei natura est: semper citra veri-
tatem est similitudo. Deinde ut possitis aestimare, in

quantum cotidie ingenia decrescant et nescio qua iniquitate naturae eloquentia se retro tulerit: quidquid Romana facundia habet, quod insolenti Graeciae aut opponat aut praeferat, circa Ciceronem effloruit; omnia ingenia 7
quae lucem studiis nostris adtulerunt tunc nata sunt. In deterius deinde cotidie data res est, sive luxu temporum —nihil enim tam mortiferum ingeniis quam luxuria est— sive, cum praemium pulcherrimae rei cecidisset, translatum est omne certamen ad turpia multo honore quaestuque vigentia, sive fato quodam cuius maligna perpetuaque in rebus omnibus lex est, ut ad summum perducta rursus ad infimum, velocius quidem quam ascenderant, relabantur. Torpent ecce ingenia desidiosae iuventutis 8
nec in unius honestae rei labore vigilatur: somnus languorque ac somno et languore turpior malarum rerum industria invasit animos, cantandi saltandique obscena studia effeminatos tenent, capillum frangere et ad muliebres blanditias extenuare vocem, mollitia corporis certare cum feminis et inmundissimis se excolere munditiis nostrorum adolescentium specimen est. Quis aequalium 9
vestrorum, quid dicam satis ingeniosus, satis studiosus, immo quis satis vir est? Emolliti enervesque, ut nati sunt, in vita manent, expugnatores alienae pudicitiae, neglegentes suae. In hos ne dii tantum mali ut cadat eloquentia: quam non mirarer, nisi animos in quos se conferret eligeret. Erratis, optimi iuvenes, nisi illam vocem non M. Catonis, sed oraculi creditis. Quid enim est oraculum? nempe voluntas divina hominis ore enuntiata; et quem tandem antistitem sanctiorem sibi invenire divinitas potuit quam M. Catonem, per quem humano generi non praeciperet, sed convicium faceret? ille ergo vir quid ait? 'orator est, Marce fili, vir bonus dicendi peritus.' Ite nunc et in istis vulsis atque expolitis et nusquam nisi 10
in libidine viris quaerite oratores. Merito talia habent

exempla qualia ingenia. Quis est qui memoriae studeat? quis qui, non dico magnis virtutibus, sed suis placeat? sententias a disertissimis viris iactas facile in tanta hominum desidia pro suis dicunt et sic sacerrimam eloquentiam quam praestare non possunt, violare non desinunt. Eo libentius quod exigitis faciam et quaecumque a celeberrimis viris facunde dicta teneo, ne ad quemquam privatim
11 pertineant, populo dedicabo. Ipsis quoque multum praestaturus videor, quibus oblivio inminet, nisi aliquid, quo memoria eorum producatur, posteris tradatur. Fere enim aut nulli commentarii maximorum declamatorum exstant aut, quod peius est, falsi. Itaque ne aut ignoti sint aut aliter quam debent noti, summa cum fide suum cuique reddam. Omnes autem magni in eloquentia nominis excepto Cicerone videor audisse; ne Ciceronem quidem aetas mihi eripuerat, sed bellorum civilium furor, qui tunc orbem totum pervagabatur, intra coloniam meam me continuit: alioqui in illo atriolo in quo duos grandes praetextatos ait secum declamasse, potui adesse illudque ingenium, quod solum populus Romanus par imperio suo habuit, cognoscere et, quod vulgo aliquando dici solet, sed in illo proprie debet, potui vivam vocem au-
12 dire. Declamabat autem Cicero non quales nunc controversias dicimus, ne tales quidem quales ante Ciceronem dicebantur, quas thesis vocabant. Hoc enim genus materiae quo nos exercemur adeo novum est, ut nomen quoque eius novum sit. Controversias nos dicimus: Cicero causas vocabat. Hoc vero alterum nomen Graecum quidem sed in Latinum ita translatum ut pro Latino sit, scholastica; controversia multo recentius est, sicut ipsa declamatio apud nullum antiquum auctorem ante Ciceronem et Calvum inveniri potest qui declamationem a dictione distinguit; ait enim: declamare iam se non mediocriter, dicere bene; alterum putat domesticae exerci-

tationis esse, alterum verae actionis. Modo nomen hoc prodiit; nam et studium ipsum nuper celebrari coepit: ideo facile est mihi ab incunabulis nosse rem post me natam.

Porcius Latro.

In aliis autem an beneficium vobis daturus sim nescio, 13
in uno accipio: *Latronis* enim *Porcii*, carissimi mihi
sodalis, memoriam saepius cogar retractare et a prima
pueritia usque ad ultimum eius diem perductam fami-
liarem amicitiam cum voluptate maxima repetam. Nihil
illo viro gravius, nihil suavius, nihil eloquentia dignius;
nemo plus ingenio suo imperavit, nemo plus indulsit.
In utramque partem vehementi viro modus deerat: nec
intermittere studia sciebat nec repetere. Cum se ad 14
scribendum concitaverat, iungebantur noctibus dies et
sine intervallo gravius sibi instabat nec desinebat nisi
defecerat; rursus cum se remiserat, in omnes lusus, in
omnes iocos se resolvebat; cum vero se silvis montibusque
tradiderat, in silvis ac montibus natos homines illos agrestis
laboris patientia et venandi sollertia provocabat et in tan-
tam perveniebat sic vivendi cupiditatem, ut vix posset ad
priorem consuetudinem retrahi. At cum sibi iniecerat
manum et se blandienti otio abduxerat, tantis viribus in-
cumbebat in studium, ut non tantum nihil perdidisse,
sed multum adquisisse desidia videretur. Omnibus qui- 15
dem prodest subinde animum relaxare; excitatur enim
otio vigor et omnis tristitia quae continuatione pertinacis
studii adducitur, feriarum hilaritate discutitur: nulli ta-
men intermissio manifestius proderat. Quotiens ex inter-
vallo dixerat, multo acrius violentiusque dicebat: exulta-
bat enim animo novato atque integro robore et tantum a
se exprimebat quantum concupierat. Nesciebat dispen-

sare vires suas, sed inmoderati adversus se imperii fuit; ideoque studium eius prohiberi debebat, quia regi non poterat. Itaque solebat et ipse, cum se adsidua et numquam intermissa contentione fregerat, sentire ingenii lassitudinem quae non minor est quam corporis, sed oc-
16 cultior. Corpus illi erat et natura solidum et multa exercitatione duratum, ideoque numquam impetus ardentis animi deseruit. Vox robusta, sed sordida, lucubrationibus et neglegentia, non natura, infuscata; beneficio tamen laterum extollebatur et quamvis inter initia parum adtulisse virium videretur, ipsa actione adcrescebat. Nulla umquam illi cura vocis exercendae fuit: illum fortem et agrestem et Hispanae consuetudinis morem non poterat dediscere: utcumque res tulerat ita vivere, nihil vocis causa facere, non illam per gradus paulatim ab imo ad summum perducere, non rursus a summa contentione paribus intervallis descendere, non sudorem unctione di-
17 scutere, non latus ambulatione reparare. Saepe cum per totam lucubraverat noctem, ab ipso cibo statim ad declamandum veniebat. Iam vero quin rem inimicissimam corpori faceret, vetari nullo modo poterat: post cenam fere lucubrabat nec patiebatur alimenta per somnum quietemque aequaliter digeri, sed perturbata ac dissipata in caput agebat; itaque oculorum et aciem contuderat et colorem mutaverat. Memoria ei natura quidem felix, plurimum tamen arte adiuta. Numquam ille quae dicturus erat ediscendi causa relegebat: edidicerat illa, cum scripserat; id eo magis in illo mirabile videri potest, quod non lente et anxie, sed eodem paene quo dicebat
18 impetu scribebat. Illi qui scripta sua torquent, qui de singulis verbis in consilium eunt, necesse est quae totiens animo suo admovent novissime adfigant: at quorumcumque stilus velox est, tardior memoria est. In illo non tantum naturalis memoriae felicitas erat, sed ars summa

et ad comprehendenda quae tenere debebat et ad custodi-
enda, adeo ut omnes declamationes suas quascumque dix-
erat teneret etiam. Itaque supervacuos sibi fecerat co-
dices: aiebat se in animo scribere. Cogitata dicebat ita,
ut in nullo umquam verbo eum memoria deceperit. Hi-
storiarum omnium summa notitia: iubebat aliquem nomi-
nari ducem et statim eius acta cursu reddebat; adeo quae-
cumque semel in animum eius descenderant in promptu
erant. Video vos, iuvenes mei, plus iusto ad hanc eius 19
virtutem obstupescere; alia vos mirari in illo volo; hoc
quod tantum vobis videtur, non operosa arte tradi potest.
Intra exiguum paucissimorum dierum tempus poterit
quilibet facere illud quod Cineas fecit, qui missus a Pyrrho
legatus ad Romanos postero die novus homo et senatum
et omnem urbanam circumfusam senatui plebem nomini-
bus suis persalutavit; aut quod ille fecit qui recitatum a
poeta novum carmen dixit suum esse et protinus e me-
moria recitavit, cum hoc ille cuius carmen erat facere non
posset; aut quod fecit Hortensius qui a Sisenna provo-
catus in auctione persedit per diem totum et omnes res et
pretia et emptores ordine suo argentariis recognoscentibus
ita ut in nulla re falleretur recensuit. Cupitis statim dis-
cere? suspendam cupiditatem vestram et faciam alteri
beneficio locum; interim hoc vobis in quo iam obligatus
sum persolvam. Plura fortasse de Latrone meo videor 20
vobis quam audire desiderastis exposuisse; ipse quoque
hoc futurum provideram, ut memoriae eius, quotiens oc-
casio fuisset, difficulter avellerer. Nunc his tamen ero
contentus; sed quotiens me invitaverit memoria, libentis-
sime faciam ut illum totum et vos cognoscatis et ego re-
cognoscam. Illud unum non differam, falsam opinionem
de illo in animis hominum convaluisse. Putant enim
fortiter quidem sed parum subtiliter eum dixisse, cum in
illo, si qua alia virtus fuit, et subtilitas fuerit. Id quod 21

nunc a nullo fieri animadverto semper fecit: antequam dicere inciperet sedens quaestiones eius quam dicturus erat controversiae proponebat, quod summae fiduciae est. Ipsa enim actio multas latebras habet, nec facile potest, si quo loco subtilitas defuit, adparere, cum orationis cursus audientis iudicium impediat, dicentis abscondat; at ubi nuda proponuntur membra, si quid aut numero aut ordine excidit, manifestum est. Quid ergo? unde haec de illo fama? nihil est iniquius his qui nusquam putant esse subtilitatem, nisi ubi nihil est praeter subtilitatem; et in illo cum omnes oratoriae virtutes essent, hoc fundamentum superstructis tot et tantis molibus obruebatur, nec deerat in illo, sed non eminebat; et nescio an maximum vitium subtilitatis sit nimis se ostendere. Magis nocent insidiae quae latent; utilissima est dissimulata subtilitas
22 quae effectu adparet, habitu latet. [. . .] Sed iam non sustineo diutius vos morari: scio quam odiosa res mihi sit Circensibus pompa.

Controversiae, Book II., Introduction.—Fabianus.

1 Cum repeterem quos umquam bene declamantes audissem, occurrit mihi inter alios *Fabianus* philosophus, qui adulescens admodum tantae opinionis in declamando, quantae postea in disputando fuit. Exercebatur apud Arellium Fuscum cuius genus dicendi imitatus plus deinde laboris impendit ut similitudinem eius effugeret, quam impenderat ut exprimeret. Erat explicatio Fusci Arelli splendida quidem sed operosa et implicata, cultus nimis adquisitus, compositio verborum mollior quam ut illam tam sanctis fortibusque praeceptis praeparans se animus pati posset; summa inaequalitas orationis, quae modo exilis erat, modo nimia licentia vaga et effusa: principia, argumenta, nar-

rationes aride dicebantur, in descriptionibus extra legem
omnibus verbis, dummodo niterent, permissa libertas; ni-
hil acre, nihil solidum, nihil horridum; splendida oratio et
magis lasciva quam laeta. Ab hac cito se Fabianus sepa- 2
ravit et luxuriam quidem cum voluit abiecit, obscuritatem
non potuit evadere; haec illum usque in philosophiam
prosecuta est. Saepe minus quam audienti satis est elo-
quitur, et in summa eius ac simplicissima facultate di-
cendi antiquorum tamen vitiorum remanent vestigia.
Quaedam tam subito desinunt, ut non brevia sint, sed ab-
rupta. Dicebat autem Fabianus fere dulces sententias et
quotiens inciderat aliqua materia quae convicium seculi
reciperet, inspirabat magno magis quam acri animo. De-
erat illi oratorium robur et ille pugnatorius mucro, splen-
dor vero velut voluntarius non elaboratae orationi aderat.
Vultus dicentis lenis et pro tranquillitate morum remis-
sus; vocis nulla contentio, nulla corporis adseveratio, cum
verba velut iniussa fluerent. Iam videlicet compositus et
pacatus animus, cum veros compressisset adfectus et iram
doloremque procul expulisset, parum bene imitari poterat
quae effugerat. Suasoriis aptior erat; locorum habitus 3
fluminumque decursus et urbium situs moresque populo-
rum nemo descripsit abundantius. Numquam inopia ver-
bi substitit, sed velocissimo ac facillimo cursu omnes res
beata circumfluebat oratio. Haec eo libentius, Mela, fili
carissime, refero, quia video animum tuum a civilibus
officiis abhorrentem et ab omni ambitu aversum hoc
unum concupiscentem, nihil concupiscere. Eloquentiae
tandem studeas: facilis ab hac in omnis artis discursus
est; instruit etiam quos non sibi exercet. Nec est quod
insidias tibi putes fieri, quasi id agam, ut te bene cedentis
studii favor teneat. Ego vero non sum bonae mentis im-
pedimentum: perge quo inclinat animus et paterno con-
tentus ordine subduc fortunae magnam tui partem. Erat 4

quidem tibi maius ingenium quam fratribus tuis, omnium bonarum artium capacissimum: est et hoc ipsum melioris ingenii pignus, non conrumpi bonitate eius, ut illo male utaris. Sed quoniam fratribus tuis ambitiosa curae sunt, foroque se et honoribus parant in quibus ipsa quae sperantur timenda sunt, ego quoque eius alioqui processus avidus et hortator laudatorque vel periculosae dum honestae modo industriae duobus filiis navigantibus te in portu retineo. Sed proderit tibi in illa quae tota mente agitas declamandi exercitatio, sicut Fabiano profuit: qui aliquando Sextium audiret, nihilominus declamitabat et tam diligenter, ut putares illum illi studio parari, non per illud
5 alteri praeparari. Habuit et Blandum rhetorem praeceptorem qui primus eques Romanus Romae docuit: ante illum intra libertinos praeceptores pulcherrimae disciplinae continebantur, et minime probabili more turpe erat docere quod honestum erat discere. Nam primus omnium Latinus rhetor Romae fuit puero Cicerone Plotius. Apud Blandum diutius quam apud Fuscum Arellium studuit, sed cum iam transfugisset, eo tempore quo eloquentiae studebat non eloquentiae causa. Scio futurum, ut auditis eius sententiis cupiatis multas audire. Sed nec ille diu declamationibus vacavit et ego tanto minorem natu quam ipse eram audiebam quotiens inciderat, non quotiens volueram. In hunc ergo libellum quaecumque ab illo dicta teneo conferam.

Controversiae, Book III., Introduction.—Cassius Severus.

1 Quosdam disertissimos cognovi viros non respondentis famae suae cum declamarent, in foro maxima omnium admiratione dicentes, simul ad has domesticas exercitationes secesserant desertos ab ingenio suo. Quod accidere

plerisque aeque mihi mirum quam certum est. Memini
itaque me a *Severo Cassio* quaerere, quid esset cur in
declamationibus eloquentia illi sua non responderet. In 2
nullo enim hoc fiebat notabilius. Oratio eius erat valens,
culta, vigentibus plena sententiis; nemo minus passus est
aliquid in actione sua otiosi esse; nulla pars erat quae
non sua virtute staret, nihil in quo auditor sine damno
aliud ageret, omnia intenta, aliquid petentia; nemo magis
in sua potestate habuit audientium adfectus. Verum est
quod de illo dicit *Gallio* noster: 'cum dicebat, rerum
potiebatur, adeo omnes imperata faciebant; cum ille vo-
luerat, irascebantur. Nemo non illo dicente timebat, ne
desineret.' Non est quod illum ex his quae edidit aesti- 3
metis; sunt quidem et haec quibus eloquentia eius agno-
scatur; auditus tamen longe maior erat quam lectus.
Non hoc ea portione illi accidit, qua omnibus fere quibus
maiori commendationi est audiri quam legi, sed in illo
longe maius discrimen est. Primum tantundem erat in
homine quantum in ingenio: corporis magnitudo conspi-
cua, suavitas valentissimae vocis—quamvis haec inter se
raro coeant, ut eadem vox et dulcis sit et solida—pro-
nuntiatio quae histrionem posset producere, nec tamen
quae histrionis posset videri. Nec enim quicquam magis 4
in illo mirareris quam quod gravitas quae deerat vitae,
actioni supererat: quamdiu citra iocos se continebat,
censoria oratio erat. Deinde ipsa quae dicebat meliora
erant quam quae scribebat. Vir enim praesentis animi et
maioris ingenii quam studii magis placebat in his quae
inveniebat quam in his quae adtulerat. Iam vero iratus
commodius dicebat, et ideo diligentissime cavebant homi-
nes, ne dicentem interpellarent. Uni illi proderat ex- 5
cuti; melius semper fortuna quam cura de illo merebat.
Numquam tamen haec felicitas illi persuasit neglegentiam.
Uno die privatas plures quam duas agebat et ita ut alteram

ante meridiem ageret, alteram post meridiem; publicam
vero numquam amplius quam unam uno die. Nec tamen
scio quem reum illi defendere nisi se contigerit: adeo
nusquam rerum ullam materiam dicendi nisi in periculis
6 suis habuit. Sine commentario numquam dixit nec hoc
commentario contentus erat in quo nudae res ponuntur,
sed ex maxima parte perscribebatur actio; illa quoque
quae salse dici poterant adnotabantur; sed cum procedere
nollet nisi instructus, libenter ab instrumentis recedebat.
Ex tempore coactus dicere infinito se antecedebat. Num-
quam non utilius erat illi deprehendi quam praeparari;
sed magis illum suspiceres quod diligentiam non relinque-
7 bat, cum illi tam bene temeritas cederet. Omnia ergo
habebat quae illum ut bene declamaret, instruerent:
phrasin non vulgarem nec sordidam sed lectam, genus
dicendi non remissum aut languidum sed ardens et conci-
tatum, non lentas nec vacuas explicationes sed plus sen-
suum quam verborum habentes, diligentiam, maximum
etiam mediocris ingenii subsidium. Tamen non tantum
infra se cum declamaret, sed infra multos erat: itaque
raro declamabat et non nisi ab amicis coactus.

The one-sidedness of genius.

8 Sed quaerenti mihi, quare in declamationibus impar
sibi esset, haec aiebat: quod in me miraris paene omnibus
evenit. Magna quoque ingenia—a quibus multum abesse
me scio—quando plus quam in uno eminuerunt opere?
Ciceronem eloquentia sua in carminibus destituit; Vergi-
lium illa felicitas ingenii sui in oratione soluta reliquit;
orationes Sallustii in honorem historiarum leguntur; elo-
quentissimi viri Platonis oratio quae pro Socrate scripta
9 est nec patrono nec reo digna est. Hoc non ingeniis tan-

tum, sed corporibus videtis accidere, quorum vires non ad
omnia quae viribus efficiuntur aptae sunt: illi nemo luc-
tando par est; ille ad tollendam magni ponderis sarcinam
praevalet; ille quicquid adprehendit, non remittit, sed in
proclive nitentibus vehiculis moraturas manus inicit. Ad
animalia veni: alii ad aprum, alii ad cervum canes faci-
unt; equorum non omnium, quamvis celerrimi sint,
idonea curriculis velocitas est; quidam melius equitem
patiuntur, quidam iugum. Ut ad meum te morbum 10
vocem, Pylades in comoedia, Bathyllus in tragoedia mul-
tum a se aberant; cognomini meo cum velocitas pedum
non concedatur tantum, sed obiciatur, lentiores manus
sunt; quidam cum hoplomachis, quidam cum Thraecibus
optime pugnant et quidam sic cum scaena componi cupi-
unt quomodo alii timent. In ipsa oratione quamvis una
materia sit, tamen ille qui optime argumentatur, negle-
gentius narrat; ille non tam bene implet quam praeparat.
Passienus noster cum coepit dicere, secundum princi-
pium statim fuga fit, ad epilogum omnes revertimur,
media tantum quibus necesse est audiunt. Miraris eun- 11
dem non aeque bene declamare quam causas agere aut
eundem non tam bene suasorias quam iudiciales con-
troversias dicere? *Silo Pompeius* sedens et facundus et
literatus est et haberetur disertus, si a praelocutione di-
mitteret: declamat tam male, ut videar belle optasse cum
dixi: numquam surgas. Magna et varia res est eloquentia
neque adhuc ulli sic indulsit, ut tota contingeret; satis
felix est qui in aliquam eius partem receptus est. Ego 12
tamen et propriam causam videor posse reddere: adsuevi
non auditorem spectare sed iudicem; adsuevi non mihi
respondere sed adversario; non minus devito supervacua
dicere quam contraria. In scholastica quid non su-
pervacuum est, cum ipsa supervacua sit? Indicabo tibi
adfectum meum: cum in foro dico, aliquid ago; cum

declamo, id quod bellissime *Censorinus* aiebat de his
qui honores in municipiis ambitiose peterent: videor
13 mihi in somniis laborare. Deinde res ipsa diversa est:
totum aliud est pugnare, aliud ventilare. Hoc ita semper
arbitratum est, scholam quasi ludum esse, forum arenam;
et ideo ille primum in foro verba facturus tiro dictus
est. Agedum istos declamatores produc in senatum, in
forum: cum loco mutabuntur; velut adsueta clauso et
delicatae umbrae corpora sub divo stare non possunt, non
imbrem ferre, non solem sciunt, vix se inveniunt; adsue-
14 runt enim suo arbitrio diserti esse. Non est quod orato-
rem in hac puerili exercitatione spectes. Quid, si velis
gubernatorem in piscina aestimare? diligentissime me tibi
excusarem, tamquam huic rei non essem natus, nisi scirem
et Pollionem Asinium et Messalam Corvinum et Passie-
num qui nunc primo in loco stat minus bene audiri quam
15 Cestium aut Latronem. Utrum ergo putas hoc dicentium
vitium esse an audientium? non illi peius dicunt, sed hi
corruptius iudicant: pueri fere aut iuvenes scholas fre-
quentant; hi non tantum disertissimis viris quos paulo
ante rettuli Cestium suum praeferunt, sed etiam Ciceroni
praeferrent, nisi lapides timerent. Quo tamen uno modo
possunt praeferunt: huius enim declamationes ediscunt,
illius orationes non legunt nisi eas quibus Cestius rescrip-
16 sit. Memini me intrare scholam eius cum recitaturus
esset in Milonem; *Cestius* ex consuetudine sua miratus
dicebat: si Thraex essem, Fusius essem; si pantomimus
essem, Bathyllus essem; si equus, Melissio. Non continui
bilem et exclamavi: si cloaca esses, maxima esses. Risus
omnium ingens; scholastici intueri me, quis essem qui
tam crassas cervices haberem. Cestius Ciceroni respon-
surus mihi quod responderet non invenit, sed negavit se
executurum, nisi exissem de domo. Ego negavi me de
17 balneo publico exiturum, nisi lotus essem. Deinde libuit

Ciceroni de Cestio in foro satisfacere. Subinde nanctus eum in ius ad praetorem voco et cum quantum volebam iocorum conviciorumque effudissem, postulavi, ut praetor nomen eius reciperet lege inscripti maleficii. Tanta illius perturbatio fuit, ut advocationem peteret. Deinde ad alterum praetorem eduxi et ingrati postulavi. Iam apud praetorem urbanum curatorem ei petebam; intervenientibus amicis qui ad hoc spectaculum concurrerant et rogantibus dixi molestum me amplius non futurum, si iurasset disertiorem esse Ciceronem quam se. Nec hoc ut faceret vel ioco vel serio effici potuit. Hanc, inquit, tibi fabellam 18
rettuli, ut scires in declamationibus tantum non aliud genus hominum esse. Si comparari illis volo, non ingenio mihi maiore opus est, sed sensu minore. Itaque vix iam optineri solet, ut declamem; illud optineri non potest, ut velim aliis quam familiarissimis audientibus. Et ita faciebat. Declamationes eius inaequales erant, sed ea quae eminebant in quacumque declamatione posuisses, inaequalem eam fecissent. Compositio aspera et quae vitaret conclusionem, sententiae vivae. Iniquom tamen erit ex his eum aestimari quae statim subtexam: non enim haec ille optime dixit, sed haec ego optime teneo.

Controversiae, Book X., Introduction.—Titus Labienus.

De *T. Labieno* interrogatis? declamavit non apte qui- 4
dem populo, sed egregie. Non admittebat populum et quia nondum haec consuetudo erat inducta et quia putabat turpe ac frivolae iactationis. Adfectabat enim censorium supercilium, cum alius animo esset: magnus orator, qui multa impedimenta eluctatus ad famam ingenii confitentibus magis hominibus pervenerat quam volentibus. Summa egestas erat, summa infamia, summum odium.

Magna autem debet esse eloquentia quae invitis placeat et
cum ingenia favor hominum ostendat, favor alat, quan-
tam vim esse oportet quae inter obstantia erumpat!
Nemo erat qui non cum homini omnia obiceret, ingenio
5 multum tribueret. Color orationis antiquae, vigor novae,
cultus inter nostrum ac prius saeculum medius, ut illum
posset utraque pars sibi vindicare. Libertas tanta, ut
libertatis nomen excederet et, quia passim ordines homi-
nesque laniabat, Rabienus vocaretur. Animus inter vitia
ingens et ad similitudinem ingenii sui violentus, qui Pom-
peianus spiritus nondum in tanta pace posuisset. In hoc
primum excogitata est nova poena: effectum est enim per
inimicos ut omnes eius libri comburerentur: res nova et
6 invisitata supplicium de studiis sumi. Bono hercules
publico ista in poenas ingeniorum versa crudelitas post
Ciceronem inventa est: quid enim futurum fuit, si tri-
umviris libuisset et ingenium Ciceronis proscribere? sunt
di immortales lenti quidem sed certi vindices generis hu-
mani et magna exempla in caput invenientium regerunt,
ac iustissima patiendi vice quod quisque alieno excogitavit
supplicio saepa expiat suo. Quae vos, dementissimi homi-
nes, tanta vecordia agitat? parum videlicet in poenas
notae crudelitatis est: conquiritis in vosmet ipsos nova
quibus pereatis et si quid ab omni patientia rerum natura
subduxit, sicut ingenium memoriamque nominis, invenitis
quemadmodum reducatis ad eadem [rem] corporis mala.
7 Facem studiis subdere et in monumenta disciplinarum
animadvertere quanta et quam non contenta cetera ma-
teria saevitia est! Di melius, quod eo saeculo ista inge-
niorum supplicia coeperunt quo ingenia desierant! Eius
qui hanc in scripta Labieni sententiam dixerat postea vi-
ventis adhuc scripta combusta sunt; iam non malo ex-
emplo quia suo. Non tulit hanc Labienus contumeliam
nec superstes esse ingenio suo voluit, sed in monimenta

se maiorum suorum ferri iussit atque [ita] includi, veritus
scilicet, ne ignis qui nomini suo subiectus erat corpori
negaretur: non finivit tantum se ipse, sed etiam sepelivit.
Memini aliquando cum recitaret historiam, magnam par- 8
tem illum libri convoluisse et dixisse: haec quae transeo
post mortem meam legentur. Quanta in illis libertas fuit
quam etiam Labienus extimuit? *Cassi Severi*, hominis
Labieno invisissimi, belle dicta res ferebatur illo tempore
quo libri Labieni ex senatus consulto urebantur: nunc
me, inquit, vivum uri oportet qui illos edidici. Mon-
strabo bellum vobis libellum quem a Gallione vestro pe-
tatis. Recitavit rescriptum Labieno pro Bathyllo Mae-
cenatis, in quo suspicietis adulescentis animum illos dentes
ad mordendum provocantis. Nunc autem, puto, iam 9
nihil quod interrogetis restat.

Suasoria VI.—The Death and Character of Cicero.

Quoniam in hanc suasoriam [Deliberat Cicero an 14
Antonium deprecetur] incidimus, non alienum puto
indicare, quomodo quisque se ex historicis adversus me-
moriam Ciceronis gesserit. Nam quin Cicero nec tam
timidus fuerit, ut rogaret Antonium, nec tam stultus, ut
exorari posse eum speraret, nemo dubitat excepto Asinio
Pollione qui infestissimus famae Ciceronis permansit. Et
is etiam occasionem scholasticis alterius suasoriae dedit;
solent enim scholastici declamitare: deliberat Cicero an
salutem promittente Antonio orationes suas comburat.

Haec inepte ficta cuilibet videri potest. Pollio vult 15
illam veram videri; ita enim dixit in ea oratione quam
pro Lamia edidit: [*Asinii Pollionis*] 'Itaque numquam
per Ciceronem mora fuit, quin eiuraret suas quas cupi-
dissime effuderat orationes in Antonium; multiplicesque

numero et accuratius scriptas illis contrarias edere ac vel ipse palam pro contione recitare pollicebatur'; adieceratque his alia sordidiora multo, ut ibi facile liqueret hoc totum adeo falsum esse, ut ne ipse quidem Pollio in historiis suis ponere ausus sit. Huic certe actioni eius pro Lamia qui interfuerunt negant eum haec dixisse—nec enim mentiri sub triumvirorum conscientia sustinebat — sed
16 postea composuisse. Nolo autem vos, iuvenes mei, contristari, quod a declamatoribus ad historicos transeo. Satisfaciam vobis et fortasse efficiam, ut his sententiis lectis solidis et verum habentibus a scholasticis recedatis: sed quia, hoc si iam recta via consequi non potero, decipere vos cogar, velut salutarem daturus pueris potionem at sumpti poculi. *Livius* adeo retractationis consilium habuisse Ciceronem non dicit, ut neget tempus habuisse;
17 ita enim ait: Marcus Cicero sub adventum triumvirorum urbe cesserat pro certo habens id quod erat, non magis se Antonio eripi quam Caesari Cassium et Brutum posse: primo in Tusculanum fugerat, inde transversis itineribus in Formianum ut ab Caieta navem conscensurus proficiscitur. Vnde aliquotiens in altum provectum cum modo venti adversi rettulissent, modo ipse iactationem navis caeco volvente fluctu pati non posset, taediun tandem eum et fugae et vitae cepit, regressusque ad superiorem villam, quae paulo plus mille passibus a mari abest, 'moriar,' inquit, 'in patria saepe servata.' Satis constat servos fortiter fideliterque paratos fuisse ad dimicandum; ipsum deponi lecticam et quietos pati quod sors iniqua cogeret iussisse. Prominenti ex lectica praebentique inmotam cervicem caput praecisum est. Nec hoc satis stolidae crudelitati militum fuit: manus quoque scripsisse aliquid in Antonium exprobrantes praeciderunt. Ita relatum caput ad Antonium iussuque eius inter duas manus in rostris positum, ubi ille consul, ubi saepe consularis, ubi eo

ipso anno adversus Antonium quanta nulla umquam hu-
mana vox cum admiratione eloquentiae auditus fuerat:
vix adtollentes lacrimis oculos humentes intueri trucidati
membra civis poterant. *Bassus Aufidius* et ipse nihil 18
de animo Ciceronis dubitavit, quin fortiter se morti non
praebuerit tantum, sed obtulerit. *Aufidi Bassi:* Cicero
paulum remoto velo postquam armatos vidit, 'ego vero
consisto,' ait, 'accede veterane, et si hoc saltim potes
recte facere, incide cervicem.' Trementi deinde dubi-
tantique: 'quid si ad me,' inquit, 'primum venissetis?'
Cremutius Cordus et ipse ait Ciceronem secum cogitasse, 19
utrumne Brutum, an Cassium, an Sex. Pompeium peteret,
sed omnia illi displicuisse praeter mortem. *Cremuti
Cordi:* Quibus visis laetus Antonius, cum peractam pro-
scriptionem suam dixisset esse, quippe non satiatus modo
caedendis civibus, sed differtus quoque, super rostra ex-
ponit. Itaque quo saepissime ingenti circumfusus turba
processerat, quae paulo ante coluerat piis contionibus in
quibus multorum capita servaverat, eo tum per artus singu-
los laceratus, aliter ac solitus erat a civibus suis conspectus
est, praependenti capiti orique eius inspersa sanie, brevi
ante princeps senatus Romanique nominis titulus, tum
pretium interfectoris sui. Praecipue tamen solvit pecto-
ra omnium in lacrimas gemitusque visa ad caput eius de-
ligata manus dextera, divinae eloquentiae ministra; cete-
rorumque caedes privatos luctus excitaverunt, illa una
communem. *Bruttedi Nigri:* 'Elapsus interim altera 20
parte villae Cicero lectica per agros ferebatur; sed ut
vidit adpropinquare notum sibi militem, Popilium nomine,
memor defensum a se laetiore vultu adspexit. At ille
victoribus id ipsum imputaturus occupat facinus caputque
decisum nihil in ultimo fine vitae facientis, quod alteru-
tram in partem posset notari, Antonio portat oblitus se
paulo ante defensum ab illo. Et hic voluit positi in

rostris capitis miserabilem faciem describere sed magni-
21 tudine rei obrutus est. Vt vero iussu Antonii inter duas
manus positum in rostris caput conspectum est, quo toti-
ens auditum erat loco, datae gemitu et fletu maximo viro
inferiae, nec, ut solet vitam depositi in rostris corporis
contio audivit, sed ipsa narravit. Nulla non pars fori
aliquo actionis inclutae signata vestigio erat; nemo non
aliquod eius in se meritum fatebatur: hoc certe publicum
beneficium palam erat, illam miserrimi temporis servitu-
tem a Catilina dilatam in Antonium.'

Quoties magni alicuius viri mors ab historicis narrata
est, totiens fere consummatio totius vitae et quasi funebris
laudatio redditur. Hoc semel aut iterum a Thucydide
factum, item in paucissimis personis usurpatum a Sal-
lustio, T. Livius benignius omnibus magnis viris praesti-
tit: sequentes historici multo id effusius fecerunt. Cice-
roni hoc, ut Graeco verbo utar, ἐπιτάφιον *Livius* reddit.
22 'Vixit tres et sexaginta annos, ut, si vis afuisset, ne inma-
tura quidem mors videri possit. Ingenium et operibus et
praemiis operum felix, ipse fortunae diu prosperae; in
longo tenore felicitatis magnis interim ictus vulneribus,
exilio, ruina partium pro quibus steterat, filiae exitu tam
tristi atque acerbo, omnium adversorum nihil ut viro dig-
num tulit praeter mortem, quae vere aestimanti minus
indigna videri potuit, quod a victore inimico nil crudelius
passurus erat quam quod eiusdem fortunae compos ipse
fecisset. Si quis tamen virtutibus vitia pensaret, vir mag-
nus ac memorabilis fuit et in cuius laudes exsequendas
Cicerone laudatore opus fuerit.' Vt est natura candi-
dissimus omnium magnorum ingeniorum aestimator T.
23 Livius, plenissimum Ciceroni testimonium reddidit. *Cor-
di Cremuti* non est operae pretium referre redditam Cice-
roni laudationem; nihil enim ipso aut Cicerone dignum
est, ac ne hoc quidem quod paene maxime tolerabile est:

'Proprias enim simultates deponendas interdum putabat, publicas numquam vi decernendas: civis non solum magnitudine virtutum, sed multitudine quoque conspiciendus.' *Aufidi Bassi*: 'Sic M. Cicero decessit, vir natus ad rei-publicae salutem, quae diu defensa et administrata in senectute demum e manibus eius elabitur, uno ipsius vitio laesa, quod nihil in salutem eius aliud illi quam si caruisset Antonio placuit. Vixit sexaginta et tres annos ita, ut semper aut peteret alterum aut invicem peteretur, nullamque rem rarius quam diem illum, quo nullius interesset ipsum mori, vidit.' *Pollio* quoque *Asinius*, qui 24
Verrem Ciceronis reum fortissime morientem tradidit, Ciceronis mortem solus ex omnibus maligne narrat, testimonium tamen quamvis invitus plenum ei reddidit: 'Huius ergo viri tot tantisque operibus mansuris in omne aevum praedicare de ingenio atque industria supervacuum est. Natura autem atque fortuna pariter obsecuta est ei, si quidem facies decora ad senectutem prosperaque permansit valetudo, tum pax diutina, cuius instructus erat artibus, contigit. Namque ad priscam severitatem iudiciis exactis maxima noxiorum multitudo provenit, quos obstrictos patrocinio incolumes plerosque habebat. Iam felicissima consulatus ei sors petendi et gerendi (magna munera deum) consilio industriaque. Vtinam moderatius secundas res et fortius adversas ferre potuisset! Namque utraeque cum evenerant ei, mutari eas non posse rebatur. Inde sunt invidiae tempestates coortae graves in eum, eo certiorque inimicis adgrediendi fiducia; maiore enim simultates adpetebat animo quam gerebat. Sed quando mortalium nulli virtus perfecta contigit, qua maior pars vitae atque ingenii stetit, ea iudicandum de homine est. Atque ego ne miserandi quidem exitus eum fuisse iudicarem, nisi ipse tam miseram mortem putasset.' Adfirmare vobis possum nihil esse in historiis 25

eius hoc quem rettuli loco disertius, ut mihi tunc non laudasse Ciceronem, sed certasse cum Cicerone videatur. Nec hoc deterrendi causa dico, ne historias eius legere concupiscatis: concupiscite et poenas Ciceroni dabitis. Nemo tamen ex tot disertissimis viris melius Ciceronis mortem deploravit quam *Severus Cornelius:*

26 Oraque magnanimum spirantia paene virorum
In rostris iacuere suis: sed enim abstulit omnis,
Tamquam sola foret, rapti Ciceronis imago.
Tunc redeunt animis ingentia consulis acta
Iurataeque manus deprensaque foedera noxae
Patriciumque nefas extinctum: poena Cethegi
Deiectusque redit votis Catilina nefandis.
Quid favor aut coetus, pleni quid honoribus anni
Profuerant? sacris exculta quid artibus aetas?
Abstulit una dies aevi decus, ictaque luctu
Conticuit Latiae tristis facundia linguae.
Vnica sollicitis quondam tutela salusque,
Egregium semper patriae caput, ille senatus
Vindex, ille fori, legum ritusque togaeque,
Publica vox saevis aeternum obmutuit armis.
Informes voltus sparsamque cruore nefando
Canitiem sacrasque manus operumque ministras
Tantorum pedibus civis proiecta superbis
Proculcavit ovans nec lubrica fata deosque
Respexit. Nullo luet hoc Antonius aevo.
Hoc nec in Emathio mitis victoria Perse,
Nec te, dire Syphax, non fecerat hoste Philippo;
Inque triumphato ludibria cuncta Iugurtha
Afuerant, nostraeque cadens ferus Hannibal irae
Membra tamen Stygias tulit inviolata sub umbras.

27 Non fraudabo municipem nostrum bono versu, ex quo hic multo melior *Severi Cornelii* processit:

Conticuit Latiae tristis facundia linguae.

Sextilius Ena fuit homo ingeniosus magis quam eruditus, inaequalis poeta et plane quibusdam locis talis, quales esse Cicero Cordubenses poetas ait, pingue quiddam sonantis atque peregrinum. Is hanc ipsam proscriptionem recitaturus in domo Messalae Corvini Pollionem Asinium advocaverat, et in principio hunc versum non sine adsensu recitavit:

Deflendus Cicero est Latiaeque silentia linguae.

Pollio Asinius non aequo animo tulit et ait: 'Messala, tu quid tibi liberum sit in domo tua, videris: ego istum auditurus non sum cui mutus videor'; atque ita consurrexit. Enae interfuisse recitationi Severum quoque Cornelium scio, cui non aeque displicuisse hunc versum quam Pollioni adparet, quod meliorem quidem, sed non dissimilem illi et ipse composuit.

C. VELLEIVS PATERCVLVS

OUR knowledge of this historian is wholly based upon information given by himself. From it we learn that he served for many years as a soldier, reaching the rank of a prefect of cavalry and legate. He took part in the campaigns in Germany and Pannonia under Tiberius, who subsequently secured for him the praetorship, with which office his public activity seems to have ended.

When well advanced in years Velleius wrote his history, in two books, dedicating it to the consul Vinicius. The work has come down in a sadly mutilated condition, the beginning, very considerable portions of the middle, and the end of Book I. being lost. The original gave an account of early Rome; the second book begins with the story of the fall of Carthage and ends with the year 30, the date of the consulship of Vinicius, the narrative becoming ever more copious, as it approaches the reign of Tiberius, with a fulsome panegyric of whom the entire work closes.

The history of Velleius is essentially biographical, and all the resources of rhetoric are lavished upon an epigrammatic and analytic delineation of character. A specially noteworthy feature, because without a parallel in classical historiography, is the attention bestowed upon literary and 'culture-historical' movements.

The historical studies of Velleius were but superficial and perfunctory, but his judgment is often surprisingly keen and sound. His trustworthiness has frequently been impugned, but, barring the gross flattery of Tiberius, the old soldier seems to have been honest. His aim apparently was to bridge over the chasm between the Republic and the Empire by representing the difference to have been merely theoretical, all the great achievements of Rome being ultimately due to the domineering influence of single individuals, whom he actually terms 'principes.'

The style of Velleius, though not free from tasteless and inartistic elements and occasionally marked by rhetorical bombast, is withal fairly pure and correct, and at times strongly suggestive of Sallust.

VELLEIVS PATERCVLVS

The golden age of Greek and Roman Literature confined within narrow chronological limits.

I. 16. Cum haec particula operis velut formam pro- 1
positi excesserit, quamquam intellego mihi in hac tam praecipiti festinatione, quae me rotae pronive gurgitis ac verticis modo nusquam patitur consistere, paene magis necessaria praetereunda quam supervacanea amplectenda, nequeo tamen temperare mihi, quin rem saepe agitatam animo meo neque ad liquidum ratione
perductam signem stilo. Quis enim abunde mirari potest, 2
quod eminentissima cuiusque professionis ingenia in eandem formam et in idem artati temporis congruēre spatium, et quemadmodum clausa capso alioque saepto diversi generis animalia nihilo minus separata alienis in unum quoque corpus congregantur, ita cuiusque clari operis capacia ingenia in similitudinem et temporum et profectuum se-
met ipsa ab aliis separaverunt. Vna neque multorum an- 3
norum spatio divisa aetas per divini spiritus viros, Aeschylum Sophoclen Euripiden, inlustravit tragoediam; una priscam illam et veterem sub Cratino Aristophane Eupolide comoediam; ac novam Menandrus aequalesque eius aetatis non magis quam operis Philemo ac Diphilus et invenere intra paucissimos annos neque imitanda reli-
quere. Philosophorum quoque ingenia Socratico ore de- 4
fluentia omnium, quos paulo ante enumeravimus, quanto
post Platonis Aristotelisque mortem floruere spatio? Quid 5

ante Isocratem, quid post eius auditores eorumque di-
scipulos clarum in oratoribus fuit? Adeo quidem arta
tum angustiis temporum, ut nemo memoria dignus alter
ab altero videri nequiverit.

1 17. Neque hoc in Graecis quam in Romanis evenit
magis. Nam nisi aspera ac rudia repetas et inventi lau-
danda nomine, in Accio circaque eum Romana tragoedia
est; dulcesque Latini leporis facetiae per Caecilium Te-
2 rentiumque et Afranium subpari aetate nituerunt. Et
historicos ut Livium quoque priorum aetati adstruas, prae-
ter Catonem et quosdam veteres et obscuros minus octo-
ginta annis circumdatum aevum tulit, ut nec poëtarum
3 in antiquius citeriusve processit ubertas. At oratio ac vis
forensis perfectumque prosae eloquentiae decus, ut idem
separetur Cato (pace P. Crassi Scipionisque et Laelii et
Gracchorum et Fannii et Servii Galbae dixerim) ita uni-
versa sub principe operis sui erupit Tullio, ut delectari
ante eum paucissimis, mirari vero neminem possis nisi aut
4 ab illo visum aut qui illum viderit. Hoc idem evenisse
grammaticis, plastis, pictoribus, scalptoribusque ut quis-
que temporum instit erit notis, reperiet eminentia cuiusque
5 operis artissimis temporum claustris circumdata. Huius
ergo recedentisque in saeculum ingeniorum similitudinis
congregantisque se et in studium par et in emolumentum
causas cum semperre quiro, numquam reperio quas esse
veras confidam, sed fortasse veri similes, inter quas has
6 maxime. Alit aemulatio ingenia, et nunc invidia, nunc
admiratio imitationem accendit, matureque quod summo
studio petitum est, ascendit in summum difficilisque in
perfecto mora est, naturaliterque quod procedere non
7 potest, recedit. Et ut primo ad consequendos quos priores
ducimus accendimur, ita ubi aut praeteriri aut aequari
eos posse desperavimus, studium cum spe senescit, et
quod adsequi non potest, sequi desinit et velut occupatam

relinquens materiam quaerit novam, praeteritoque eo, in
quo eminere non possumus, aliquid, in quo nitamur, con-
quirimus, sequiturque ut frequens ac mobilis transitus
maximum perfecti operis impedimentum sit.

18. Transit admiratio ab condicione temporum et ad 1
urbium. Vna urbs Attica pluribus omnis eloquentiae quam
universa Graecia operibus floruit, adeo ut corpora gentis
illius separata sint in alias civitates, ingenia vero solis
Atheniensium muris clausa existimes. Neque hoc ego 2
magis miratus sim quam neminem Argivum Thebanum
Lacedaemonium oratorem aut dum vixit auctoritate aut
post mortem memoria dignum existimatum. Quae urbes 3
et in alia studiorum fuere steriles, nisi Thebas unum os
Pindari inluminaret: nam Alcmana Lacones falso sibi
vindicant.

II. 34. Per haec tempora M. Cicero qui omnia incre- 3
menta sua sibi debuit, vir novitatis nobilissimae et ut vita
clarus, ita ingenio maximus, qui effecit, ne
Cicero.
quorum arma viceramus, eorum ingenio vin-
ceremur, consul Sergii Catilinae Lentulique et Cethegi et
aliorum utriusque ordinis virorum coniurationem singu-
lari virtute, constantia, vigilia curaque eruit. Catilina
metu consularis imperii urbe pulsus est; Lentulus con-
sularis et praetor iterum Cethegusque et alii clari nominis
viri auctore senatu, iussu consulis in carcere necati sunt.

35. Ille senatus dies quo haec acta sunt, virtutem M. 1
Catonis iam multis in rebus conspicuam atque praenitentem
altissime inluminavit. Hic genitus proavo M. 2
Cato Uticensis.
Catone, principe illo familiae Porciae, homo
Virtuti simillimus et per omnia ingenio diis quam homini-
bus propior qui numquam recte fecit, ut facere videretur,
sed quia aliter facere non poterat, cuique id solum visum
est rationem habere, quod haberet iustitiam, omnibus
humanis vitiis inmunis semper fortunam in sua potestate

3 habuit. Hic tribunus plebis designatus et adhuc admodum
adulescens, cum alii suaderent, ut per municipia Lentulus
coniuratique custodirentur, paene inter ultimos interro-
gatus sententiam, tanta vi animi atque ingenii invectus
est in coniurationem, eo ardore oris orationem omnium
4 lenitatem suadentium societate consilii suspectam fecit, sic
impendentia ex ruinis incendiisque urbis et conmutatione
status publici pericula exposuit, ita consulis virtutem am-
plificavit, ut universus senatus in eius sententiam transiret
animadvertendumque in eos quos praediximus censeret
maiorque pars ordinis eius Ciceronem prosequerentur do-
5 mum. At Catilina non segnius conata obiit, quam sceleris
conandi consilia inierat: quippe fortissime dimicans, quem
spiritum supplicio debuerat, proelio reddidit.

1 36. Consulatui Ciceronis non mediocre adiecit decus
natus eo anno divus Augustus abhinc annos nonaginta,
omnibus omnium gentium viris magnitudine
sua inducturus caliginem. Iam paene super-

Augustan Age.

2 vacaneum videri potest eminentium ingeniorum notare
tempora, quis enim ignorat diremptos gradibus aetatis
floruisse hoc tempore Ciceronem, Hortensium, anteque
Crassum, Cottam, Sulpicium, moxque Brutum, Calidium,
Caelium, Calvum et proximum Ciceroni Caesarem eorum-
que velut alumnos Corvinum ac Pollionem Asinium,
aemulumque Thucydidis Sallustium, auctoresque car-
minum Varronem ac Lucretium neque ullo in suspecto
3 operis sui carmine minorem Catullum. Paene stulta est
inhaerentium oculis ingeniorum enumeratio inter quae
proxime nostri aevi eminent princeps carminum Vergilius
Rabiriusque et consecutus Sallustium Livius Tibullusque
et Naso, perfectissimi in forma operis sui; nam vivorum
ut magna admiratio, ita censura difficilis est.

1 41. Secutus deinde est consulatus C. Caesaris, qui scri-
benti manum inicit et quamlibet festinantem in se morari

cogit. Hic nobilissima Iuliorum genitus familia et, quos
inter omnis antiquissimos constat, ab Anchise ac Venere
Caesar.
deducens genus, forma omnium civium ex-
cellentissimus, vigore animi acerrimus, mu-
nificentia effusissimus, animo super humanam et naturam
et fidem evectus, magnitudine cogitationum, celeritate
bellandi, patientia periculorum Magno illi Alexandro, sed
sobrio neque iracundo simillimus qui denique semper et 2
cibo et somno in vitam, non in voluptatem uteretur, cum
fuisset C. Mario sanguine coniunctissimus atque idem Cin-
nae gener cuius filiam ut repudiaret nullo metu compelli
potuit, cum M. Piso consularis Anniam quae Cinnae uxor
fuerat in Sullae dimisisset gratiam, habuissetque fere duo-
deviginti annos eo tempore quo Sulla rerum potitus est
magis ministris Sullae adiutoribusque partium quam ipso
conquirentibus eum ad necem mutata veste dissimilemque
fortunae suae indutus habitum nocte urbe elapsus est.
Idem postea admodum iuvenis, cum a piratis captus esset, 3
ita se per omne spatium quo ab his retentus est apud eos
gessit, ut pariter his terrori venerationique esset, neque
umquam aut nocte aut die (cur enim quod vel maximum
est, si narrari verbis speciosis non potest, omittatur?) aut
excalcearetur aut discingeretur, in hoc scilicet, ne si quan-
do aliquid ex solito variaret, suspectus his qui oculis tan-
tummodo eum custodiebant, foret.

42. Longum est narrare, quid et quotiens ausus sit, 1
quanto opere conata eius qui obtinebat Asiam magistratus
populi Romani metu suo destituerit: illud referatur docu-
mentum tanti mox evasuri viri. Quae nox eam diem secuta 2
est, qua publica civitatium pecunia redemptus est, ita ta-
men, ut cogeret ante obsides a piratis civitatibus dari, con-
tracta classe et privatus et tumultuaria manu invectus in
eum locum, in quo ipsi praedones erant, partem classis fu-
gavit, partem mersit, aliquot navis multosque mortalis

3 cepit; laetusque nocturnae expeditionis triumpho ad suos revectus est, mandatisque custodiae quos ceperat, in Bithyniam perrexit ad proconsulem Iuncum (idem enim cum Asiam tum eam quoque obtinebat) petens, ut auctor fieret sumendi de captivis supplicii: quod cum ille se facturum negasset venditurumque captivos dixisset (quippe sequebatur invidia inertiam), incredibili celeritate revectus ad mare, priusquam de ea re ulli proconsulis redderentur epistulae, omnis quos ceperat suffixit cruci.

1 43. Idem mox ad sacerdotium ineundum (quippe absens pontifex factus erat in Cottae consularis locum, cum paene puer a Mario Cinnaque flamen dialis creatus victoria Sullae qui omnia ab iis acta fecerat inrita, amisisset id sacerdotium) festinans in Italiam, ne conspiceretur a praedonibus omnia tunc obtinentibus maria et merito iam infestis sibi, quattuor scalmorum navem una cum duobus amicis decemque servis ingressus effusissimum Adriatici
2 maris traiecit sinum. Quo quidem in cursu conspectis, ut putabat, piratarum navibus cum exuisset vestem adligassetque pugionem ad femur alterutri se fortunae parans, mox intellexit frustratum esse visum suum arborumque ex longinquo ordinem antemnarum praebuisse imaginem. Reliqua eius acta in urbe, nobilissima Cn. Dolabellae accusatio et maior civitatis in ea favor, quam reis praestari solet, contentionesque civiles cum Q. Catulo atque aliis eminentissimis viris celeberrimae, et ante praeturam victus in maximi pontificatus petitione Q. Catulus, omnium
4 confessione senatus princeps, et restituta in aedilitate adversante quidem nobilitate monumenta C. Marii, simulque revocati ad ius dignitatis proscriptorum liberi, et praetura quaesturaque mirabili virtute atque industria obita in Hispania, (cum esset quaestor sub Vetere Antistio, avo huius Veteris consularis atque pontificis, duorum consularium et sacerdotum patris, viri in tantum boni, in

quantum humana simplicitas intellegi potest) quo notiora
sunt, minus egent stilo.

66. Furente deinde Antonio simulque Lepido, quorum 1
uterque, ut praediximus, hostes iudicati erant, cum ambo
mallent sibi† nuntiari, quid passi essent, quam
quid meruissent, repugnante Caesare, sed fru-
stra adversus duos, instauratum Sullani exempli malum,
proscriptio. Nihil tam indignum illo tempore fuit, quam 2
quod aut Caesar aliquem proscribere coactus est aut ab
ullo Cicero proscriptus est. Abscisaque scelere Antonii
vox publica est, cum eius salutem nemo defendisset, qui
per tot annos et publicam civitatis et privatam civium de-
fenderat. Nihil tamen egisti, M. Antoni, (cogit enim ex- 3
cedere propositi formam operis erumpens animo ac pectore
indignatio) nihil, inquam, egisti mercedem caelestissimi
oris et clarissimi capitis abscisi numerando auctoramento-
que funebri ad conservatoris quondam rei publicae tanti-
que consulis inritando necem. Rapuisti tu M. Ciceroni 4
lucem sollicitam et aetatem senilem et vitam miseriorem
te principe quam sub te triumviro mortem, famam vero
gloriamque factorum atque dictorum adeo non abstulisti,
ut auxeris. Vivit vivetque per omnem saeculorum memo- 5
riam, dumque hoc vel forte vel providentia vel utcumque
constitutum rerum naturae corpus, quod ille paene solus
Romanorum animo vidit, ingenio complexus est, eloquentia
inluminavit, manebit incolume, comitem aevi sui laudem
Ciceronis trahet omnisque posteritas illius in te scripta
mirabitur, tuum in eum factum execrabitur citiusque e
mundo genus hominum quam Ciceronis nomen cedet.

Antonius and Cicero.

67. Huius totius temporis fortunam ne deflere quidem 1
quisquam satis digne potuit, adeo nemo exprimere verbis
potest. Id tamen notandum est, fuisse in pro- 2
scriptos uxorum fidem summam, libertorum
mediam, servorum aliquam, filiorum nullam : adeo difficilis

The last days of the Republic.

3 est hominibus utcumque conceptae spei mora. Ne quid
ulli sanctum relinqueretur, ut in dotem invitamentumque
sceleris Antonius L. Caesarem avunculum, Lepidus Paulum
fratrem proscripserant; nec Planco gratia defuit ad impe-
trandum, ut frater eius Plancus Plotius proscriberetur.
4 Eoque inter iocos militaris, qui currum Lepidi Plancique
secuti erant, inter execrationem civium usurpabant hunc
versum:

Dé germanis, nón de Gallis dúo triumphant cónsules.

1 70. Tum Caesar et Antonius traiecerunt exercitus in
Macedoniam et apud urbem Philippos cum Bruto Cassio-
que acie concurrerunt. Cornu, cui Brutus praeerat, im-
pulsis hostibus castra Caesaris cepit (nam ipse Caesar,
etiamsi infirmissimus valetudine erat, obibat munia ducis,
oratus etiam ab Artorio medico, ne in castris remaneret,
manifesta denuntiatione quietis territo), id autem in quo
Cassius fuerat fugatum ac male mulcatum in altiora se
2 receperat loca. Tum Cassius ex sua fortuna eventum
collegae aestimans, cum dimisisset evocatum iussissetque
nuntiare sibi, quae esset multitudo ac vis hominum quae
ad se tenderet, tardius eo nuntiante, cum in vicino esset
agmen cursu ad eum tendentium neque pulvere facies aut
signa denotari possent, existimans hostis esse qui inrue-
rent lacerna caput circumdedit extentamque cervicem in-
3 territus liberto praebuit. Deciderat Cassii caput, cum
evocatus advenit nuntians Brutum esse victorem. Qui
cum imperatorem prostratum videret, sequar, inquit, eum,
quem mea occidit tarditas, et ita in gladium occubuit.
4 Post paucos deinde dies Brutus conflixit cum hostibus et
victus acie cum in tumulum nocte ex fuga se recepisset,
impetravit a Stratone Aegeate, familiari suo, ut manum
5 morituro commodaret sibi; reiectoque laevo super caput
brachio, cum mucronem gladii eius dextera tenens sinistrae
admovisset, mammillae ad eum ipsum locum qua cor emi-

cat impellens se in vulnus uno ictu transfixus expiravit
protinus.

71. Corvinus Messalla, fulgentissimus iuvenis, proxi- 1
mus in illis castris Bruti Cassiique auctoritati, cum essent
qui eum ducem poscerent, servari beneficio Caesaris ma-
luit quam dubiam spem armorum temptare amplius; nec
aut Caesari quidquam ex victoriis suis fuit laetius quam
servasse Corvinum aut maius exemplum hominis grati ac
pii, quam Corvini in Caesarem fuit. Non aliud bellum
cruentius caede clarissimorum virorum fuit. Tum Ca- 2
tonis filius cecidit; eadem Lucullum Hortensiumque,
eminentissimorum civium filios, fortuna abstulit; nam M. 3
Varro ad ludibrium moriturus Antonii digna illo ac vera
de exitu eius magna cum libertate ominatus est. Drusus
Livius, Iuliae Augustae pater, et Varus Quintilius ne
temptata quidem hostis misericordia alter se ipse in taber-
naculo interemit, Varus autem liberti quem id facere
coëgerat manu, cum se insignibus honorum velasset,
iugulatus est.

72. Hunc exitum M. Bruti partium septimum et tri- 1
cesimum annum agentis fortuna esse voluit, incorrupto
animo eius in diem quae illi omnes virtutes unius te-
meritate facti abstulit. Fuit autem dux Cassius melior, 2
quanto vir Brutus: e quibus Brutum amicum habere
malles, inimicum magis timeres Cassium; in altero maior
vis, in altero virtus: qui si vicissent, quantum rei publicae
interfuit Caesarem potius habere quam Antonium princi-
pem, tantum rettulisset habere Brutum quam Cassium.

87. Proximo deinde anno persecutus reginam Anto- 1
niumque Alexandream, ultimam bellis civilibus imposuit
manum. Antonius se ipse non segniter interemit, adeo
ut multa desidiae crimina morte redimeret. At Cleopatra
frustratis custodibus inlata aspide morsu eius, sane expers
muliebris metus, spiritum reddidit. Fuitque et fortuna 2

et clementia Caesaris dignum, quod nemo ex iis qui contra
eum arma tulerant ab eo iussuve eius interemptus est.
D. Brutum Antonii interemit crudelitas. Sextum Pom-
peium ab eo devictum idem Antonius, cum dignitatis
quoque servandae dedisset fidem, etiam spiritu privavit.
3 Brutus et Cassius ante, quam victorum experirentur ani-
mum, voluntaria morte obierunt. Antonii Cleopatraeque
quis fuisset exitus narravimus. Canidius timidius deces-
sit, quam professioni eius qua semper usus erat congrue-
bat. Vltimus autem ex interfectoribus Caesaris Parmen-
sis Cassius morte poenas dedit, ut dederat Trebonius
primus.

1 88. Dum ultimam bello Actiaco Alexandrinoque Cae-
sar imponit manum, M. Lepidus, iuvenis forma quam
mente melior, Lepidi eius, qui triumvir fuerat rei publi-
cae constituendae, filius, Iunia Bruti sorore natus, inter-
ficiendi, simul in urbem revertisset, Caesaris consilia
2 inierat. Erat tunc urbis custodiis praepositus C. Maecenas
equestri, sed splendido genere natus, vir, ubi res vigiliam
exigeret, sane exsomnis, providens atque agendi sciens,
simul vero aliquid ex negotio remitti posset, otio ac mol-
litiis paene ultra feminam fluens, non minus Agrippa Cae-
sari carus, sed minus honoratus; quippe vixit angusti clavi
possessione contentus, nec minus maiore consequi potuit,
3 sed non tam concupivit. Hic speculatus est per summam
quietem ac dissimulationem praecipitis consilia iuvenis et
mira celeritate nullaque cum perturbatione aut rerum aut
hominum oppresso Lepido inmane novi ac resurrecturi
belli civilis restinxit initium; et ille quidem male consul-
torum poenas exsolvit. Aequetur praedictae iam Antistii
Servilia Lepidi uxor, quae vivo igni devorato praematura
morte inmortalem nominis sui pensavit memoriam.

1 89. Caesar autem reversus in Italiam atque urbem
occursu, quo favore hominum omnium generum, aetatium,

ordinum exceptus sit, quae magnificentia triumphorum
eius, quae fuerit munerum, ne in operis quidem iusti ma-
teria, nedum huius tam recisi digne exprimi potest. Ni- 2
hil deinde optare a dis homines, nihil dii hominibus prae-
stare possunt, nihil voto concipi, nihil felicitate consum-
mari quod non Augustus post reditum in urbem rei publi-
cae populoque Romano terrarumque orbi repraesentaverit.
Finita vicesimo anno bella civilia; sepulta externa, revo- 3
cata pax, sopitus ubique armorum furor, restituta vis le-
gibus, iudiciis auctoritas, senatui maiestas, imperium ma-
gistratuum ad pristinum redactum modum; tantummodo
octo praetoribus adlecti duo. Prisca illa et antiqua rei 4
publica forma revocata rediit cultus agris, sacris honos,
securitas hominibus, certa cuique rerum suarum posses-
sio; leges emendatae utiliter, latae salubriter; senatus
sine asperitate nec sine severitate lectus. Principes viri
triumphisque et amplissimis honoribus functi adhortatu
principis ad ornandam urbem inlecti sunt. Consulatus 5
tantummodo usque ad undecimum quin continuaret Cae-
sar, cum saepe obnitens repugnasset, impetrare non po-
tuit: nam dictaturam quam pertinaciter ei deferebat po-
pulus, tam constanter reppulit. Bella sub imperatore gesta 6
pacatusque victoriis terrarum orbis et tot extra Italiam
domique opera omne aevi sui spatium impensurum in id
solum opus scriptorem fatigant: nos memores professionis
universam imaginem principatus eius oculis animisque
subiecimus.

106. Pro dii boni, quanti voluminis opera insequenti 1
aestate sub duce Tiberio Caesare gessimus! Perlustrata

Panegyric of Tiberius.

armis tota Germania victae gentes paene
nominibus incognitae, receptae Cauchorum
nationes: omnis eorum iuventus infinita numero, in-
mensa corporibus, situ locorum tutissima traditis armis
una cum ducibus suis saepta fulgenti armatoque militum

nostrorum agmine ante imperatoris procubuit tribunal.
2 Fracti Langobardi, gens etiam Germana feritate ferocior;
denique quod numquam antea spe conceptum, nedum
opere temptatum erat, ad quadringentesimum miliarium a
Rheno usque ad flumen Albim, qui Semnonum Hermun-
durorumque fines praeterfluit, Romanus cum signis per-
3 ductus exercitus. Et eodem mira felicitate et cura ducis,
temporum quoque observantia classis, quae Oceani circum-
navigaverat sinus, ab inaudito atque incognito ante mari
flumine Albi subvecta, a plurimarum gentium victoria
cum abundantissima rerum omnium copia exercitui Cae-
sarique se iunxit.

1 107. Non tempero mihi quin tantae rerum magni-
tudini hoc, qualecumque est, inseram. Cum citeriorem
ripam praedicti fluminis castris occupassemus et ulterior
armata hostium iuventute fulgeret, sub omnem conatum
motumque nostrarum navium protinus refugientium, unus
e barbaris aetate senior, corpore excellens, dignitate, quan-
tum ostendebat cultus, eminens, cavatum, ut illis mos est,
ex materia conscendit alveum solusque id navigii genus
2 temperans ad medium processit fluminis et petiit, liceret
sibi sine periculo in eam, quam armis tenebamus, egredi
ripam ac videre Caesarem. Data petenti facultas. Tum
adpulso lintre et diu tacitus contemplatus Caesarem, no-
stra quidem, inquit, furit iuventus, quae cum vestrum
numen absentium colat, praesentium potius arma metuit
quam sequitur fidem. Sed ego beneficio ac permissu tuo,
Caesar, quos ante audiebam, hodie vidi deos, nec felicio-
rem ullum vitae meae aut optavi aut sensi diem. Impetra-
toque ut manum contingeret, reversus in naviculam, sine
3 fine respectans Caesarem ripae suorum adpulsus est. Vic-
tor omnium gentium locorumque, quos adierat Caesar,
incolumi inviolatoque et semel tantummodo magna cum
clade hostium fraude eorum temptato exercitu in hiberna

legiones reduxit, eadem qua priore anno festinatione ur-
bem petens.

108. Nihil erat iam in Germania quod vinci posset 1
praeter gentem Marcomannorum quae Maroboduo duce
excita sedibus suis atque in interiora refugiens incinctos
Hercynia silva campos incolebat. Nulla festinatio huius 2
viri mentionem transgredi debet. Maroboduus, genere
nobilis, corpore praevalens, animo ferox, natione magis
quam ratione barbarus, non tumultuarium neque fortui-
tum neque mobilem et ex voluntate parentium constantem
inter suos occupavit principatum, sed certum imperium
vimque regiam complexus animo statuit avocata procul a
Romanis gente sua eo progredi, ubi cum propter poten-
tiora arma refugisset, sua faceret potentissima. Occu-
patis igitur, quîs praediximus, locis finitimos omnis aut
bello domuit aut condicionibus iuris sui fecit.

130. Quanta suo suorumque nomine exstruxit opera! 1
quam pia munificentia superque humanam evecta fidem
templum patri molitur! quam magnifico animi tempera-
mento Cn. quoque Pompei munera absumpta igni resti-
tuit! quidquid enim umquam claritudine eminuit, id ve-
luti cognatum censet tuendum. Qua liberalitate cum 2
alias, tum proxime incenso monte Caelio omnis ordinis
hominum iacturae patrimonio succurrit suo! quanta cum
quiete omnium rem perpetui praecipuique timoris, sup-
plementum, sine trepidatione dilectus providet! si aut 3
natura patitur aut mediocritas recipit hominum, audeo
cum diis queri: quid hic meruit, primum ut scelerata
Drusus Libo iniret consilia? deinde ut Silium Pisonem-
que tam infestos haberet quorum alterius dignitatem
constituit, auxit alterius? ut ad maiora transcendam,
quamquam et haec ille duxit maxima, quid, ut iuvenes
amitteret filios? quid, ut nepotem ex Druso suo?
dolenda adhuc rettulimus: veniendum ad erubescenda est. 4

Quantis hoc triennium, M. Vinici, doloribus laceravit
animum eius! quam diu abstruso, quod miserrimum est,
pectus eius flagravit incendio, quod ex nuru, quod ex
5 nepote dolere, indignari, erubescere coactus est! cuius
temporis aegritudinem auxit amissa mater, eminentissima
et per omnia diis quam hominibus similior femina cuius
potentiam nemo sensit nisi aut levatione periculi aut ac-
cessione dignitatis.

1 131. Voto finiendum volumen est. Iuppiter Capitoline, et
auctor ac stator Romani nominis Gradive Mars, perpetuo-
rumque custos Vesta ignium et quidquid numinum hanc
Romani imperii molem in amplissimum terrarum orbis
fastigium extulit, vos publica voce obtestor atque precor:
custodite, servate, protegite hunc statum, hanc pacem,
2 hunc principem, eique functo longissima statione mortali
destinate successores quam serissimos, sed eos quorum
cervices tam fortiter sustinendo terrarum orbis imperio
sufficiant, quam huius suffecisse sensimus, consiliaque om-
nium civium aut pia iuvate aut impia confringite.

Q. CVRTIVS RVFVS

Nothing is known of the life of this historian, and his date was for a long time controversial, some placing it as early as Augustus, others as late as the fourth century. Internal evidence however, and the all but certain indebtedness to him on the part of Seneca, can leave no reasonable doubt that his work was published in the reign of Claudius (41–54). This period also renders the identification of the historian with a rhetorician of the same name and time, mentioned by Suetonius, highly probable.

Of his work entitled *Historiarum Alexandri Magni libri X.*, the first two books have not come down to us, and there are occasional lacunae in the remaining narrative.

Curtius makes no pretence to original research, but naïvely confesses *plura transcribo quam credo, nam nec adfirmare sustineo de quibus dubito nec subducere quae accepi*; and again, *utcumque sunt tradita incorrupta perferemus*, but what these sources were can only be approximately determined. The bulk of his material seems to have been derived, though only at second or third hand, from a contemporary biographer of Alexander, Clitarchus, of whom Quintilian said, *probatur ingenium, fides infamatur.* This work was supplemented subsequently by an unknown compiler by details probably taken chiefly from Timagenes (under Augustus) and the trustworthy history of Alexander by Aristobulus (flourished about 260 B.C.).

Curtius's sole ambition undoubtedly was to furnish a fascinating narrative of the meteoric career of the great Macedonian, and this he has admirably succeeded in doing.

His style is of classic purity and largely influenced by that of Livy. Epigrammatic reflections, rhetorically elaborated speeches, and graphic descriptions, albeit fashioned upon a somewhat stereotype pattern, abound, and a very skilful grouping of facts greatly enhances the effect.

Curtius, though apparently but little read in antiquity, enjoyed considerable popularity in the Middle Ages until the appearance of the wildly extravagant narrative of the Alexander myth, which more fully satisfied the wonder-loving and romantic spirit of the time.

The best estimate of Curtius's work will be found in Dosson, *Étude sur Quinte Curce, sa vie et son œuvre*, Paris, 1887.

CVRTIVS RVFVS

Book VI., 2: Alexander's Speech to his mutinous soldiers.

Rumor, otiosi militis vitium, sine auctore percrebruit,
regem contentum rebus quas gessisset in Macedoniam
protinus redire statuisse. Discurrunt lymphatis similes 16
in tabernacula et itineri sarcinas aptant: signum datum
crederes, ut vasa conligerent totis castris. Tumultus hinc
contubernales suos requirentium, hinc onerantium plaustra
perfertur ad regem. Fecerant fidem rumori temere vulga- 17
to Graeci milites redire iussi domos quorum equitibus
singulis denarium sena milia, peditibus singula dederat
milia: ipsis quoque finem militiae adesse credebant. Haud 18
secus quam par erat territus, qui Indos atque ultima Ori-
entis peragrare statuisset, praefectos copiarum in praeto-
rium contrahit obortisque lacrimis ex medio gloriae spatio
revocari se victi magis quam victoris fortunam in patriam
relaturum conquestus est: nec sibi ignaviam militum ob-
stare, sed deum invidiam, qui fortissimis viris subitum pa- 19
triae desiderium admovissent, paulo post in eandem cum
maiore laude famaque redituris. Tum vero pro se quisque 20
operam suam offerre, difficillima quaeque poscere, polliceri
militum quoque obsequium, si animos eorum leni et apta
oratione permulcere voluisset: numquam infractos et ab- 21
iectos recessisse, quotiens ipsius alacritatem et tanti animi
spiritus haurire potuissent. Ita se facturum esse re-

spondit: illi modo vulgi aures praepararent sibi. Satisque omnibus quae in rem videbantur esse compositis vocari ad contionem exercitum iussit, apud quem talem orationem habuit:

1 3. 'Magnitudinem rerum quas gessimus, milites, in-
tuentibus vobis minime mirum est et desiderium quietis et
2 satietatem gloriae occurrere. Vt omittam Illyrios, Triballos,
Boeotiam, Thraciam, Spartam, Achaeos, Peloponnesum,
3 quorum alia ductu meo, alia imperio auspicioque perdomui,
ecce, orsi bellum ab Hellesponto, Ionas, Aeolidem servitio
barbariae impotentis exemimus, Cariam, Lydiam, Cappado-
ciam, Phrygiam, Paphlagoniam, Pamphyliam, Pisidas, Cili-
ciam, Syriam, Phoenicen, Armeniam, Persiden, Medos,
4 Parthienen habemus in potestate: pluris provincias con-
plexus sum quam alii urbes ceperunt, et nescio an enume-
ranti mihi quaedam ipsarum rerum multitudo subduxerit.
5 Itaque si crederem satis certam esse possessionem terra-
rum quas tanta velocitate domuimus, ego vero, milites, ad
penates meos, ad parentem sororesque et ceteros civis vel
retinentibus vobis erumperem, ut ibi potissimum parta vo-
biscum laude et gloria fruerer, ubi nos uberrima victoriae
praemia expectant, liberum, coniugum parentumque laeti-
tia, pax, quies, rerum per virtutem partarum secura pos-
6 sessio. Sed in novo et, si verum fateri volumus, precario
imperio adhuc iugum eius rigida cervice subeuntibus
barbaris tempore, milites, opus est, dum mitioribus inge-
niis imbuuntur et efferatos melior consuetudo permulcet.
7 Fruges quoque maturitatem stato tempore expectant: adeo
etiam illa sensus omnis expertia tamen sua lege mitescunt.
8 Quid? creditis tot gentis, alterius imperio ac nomine ad-
suetas, non sacris, non moribus, non conmercio linguae
nobiscum cohaerentis eodem proelio domitas esse quo
victae sunt? Vestris armis continentur, non suis moribus,
et qui praesentes metuunt, in absentia hostes erunt. Cum

feris bestiis res est, quas captas et inclusas, quia ipsarum
natura non potest, longior dies mitigat. Et adhuc sic ago, 9
tamquam omnia subacta sint armis quae fuerunt in dici-
one Darei. Hyrcaniam Narbazanes occupavit: Bactra
non possidet solum parricida Bessus, sed etiam inde mina-
tur: Sogdiani, Dahae, Massagetae, Sacae, Indi sui iuris
sunt. Omnes hi, simul terga nostra viderint, illos se- 10
quentur: illi enim eiusdem nationis sunt, nos alienigenae
et externi. Suis quisque autem placidius paret, etiam
cum is praeest qui magis timeri potest. Proinde aut 11
quae cepimus omittenda sunt aut quae non habemus
occupanda. Sicut in corporibus aegris, milites, nihil quod
nociturum est medici relinquunt, sic nos quidquid obstat
imperio recidamus. Parva saepe scintilla contempta mag-
num excitavit incendium. Nil tuto in hoste despicitur:
quem spreveris, valentiorem neglegentia facias. Ne Da- 12
reus quidem hereditarium Persarum accepit imperium,
sed in sedem Cyri beneficio Bagoae, castrati hominis, ad-
missus: ne vos magno labore credatis Bessum vacuum
regnum occupaturum. Nos vero peccavimus, milites, si 13
Dareum ob hoc vicimus, ut servo eius traderemus impe-
rium, qui ultimum ausus scelus regem suum etiam ex-
ternae opis egentem, certe cui nos victores pepercissemus,
quasi captivum in vinculis habuit, ad ultimum, ne a nobis
conservari posset, occidit. Hunc vos regnare patiemini? 14
quem equidem cruci adfixum videre festino, omnibus regi-
bus gentibusque et Fidei quam violavit meritas poenas
solventem! At hercule, si mox eundem Graecorum urbis 15
aut Hellespontum vastare nuntiatum erit vobis, quo do-
lore adficiemini, Bessum praemia vestrae occupasse victo-
riae? Tunc ad repetendas res festinabitis, tunc arma ca-
pietis. Quanto autem praestat, territum adhuc et vix 16
mentis suae compotem opprimere! Quadridui nobis iter
superest qui tot proculcavimus nivis, tot amnis superavi-

mus, tot montium iuga transcucurrimus. Non mare illud,
quod exaestuans iter fluctibus occupat, euntis nos mora-
tur, non Ciliciae fauces et angustiae includunt: plana
omnia et prona sunt. In ipso limine victoriae stamus.
17 Pauci nobis fugitivi et domini sui interfectores supersunt.
Egregium, mehercule, opus et inter prima gloriae vestrae
numerandum posteritati famaeque tradetis, Darei quoque
hostis finito post mortem illius odio parricidas esse vos
18 ultos, neminem impium effugisse vestras manus. Hoc
perpetrato, quanto creditis Persas obsequentiores fore, cum
intellexerint vos pia bella suscipere et Bessi sceleri, non
nomini suo irasci?'

Summa militum alacritate iubentium, quocunque vellet duceret, oratio excepta est.

Book VII., 8: The Speech of the Scythians.

1 Ceterum cum animo disparem vultum diutius ferre non
posset, in tabernaculum super ripam fluminis de industria
2 locatum secessit. Ibi sine arbitris singula animi con-
sulta pensando noctem vigiliis extraxit saepe pellibus taber-
naculi adlevatis, ut conspiceret hostium ignis e quibus
coniectare poterat, quanta hominum multitudo esset.
3 Iamque lux adpetebat, cum thoracem indutus procedit
ad milites, tum primum post vulnus proxime acceptum.
4 Tanta erat apud eos veneratio regis, ut facile periculi
quod horrebant cogitationem praesentia eius excuteret.
5 Laeti ergo et manantibus gaudio lacrimis consalutant eum
et quod ante recusaverant bellum feroces deposcunt.
6 Ille se ratibus equitem phalangemque transportaturum
esse pronuntiat, super utres iubet nare levius armatos.
7 Plura nec dici res desideravit nec rex dicere per valitudi-
8 nem potuit. Ceterum tanta alacritate militum rates iunc-

tae sunt, ut intra triduum ad XII milia effectae sint.
Iamque ad transeundum omnia aptaverant, cum legati
Scytharum XX, more gentis per castra equis vecti, nun-
tiare iubent regi, velle ipsos ad eum mandata perferre.
Admissi in tabernaculum iussique considere, in vultu regis 9
defixerant oculos: credo, quis magnitudine corporis ani-
mum aestimantibus modicus habitus haudquaquam famae
par videbatur. Scythis autem non ut ceteris barbaris ru- 10
dis et inconditus sensus est: quidam eorum sapientiam
quoque capere dicuntur, quantamcumque gens capit sem-
per armata. Sic quae locutos esse apud regem memoriae 11
proditum est, abhorrent forsitan hominibus moribusque
nostris et tempora et ingenia cultiora sortitis. Sed ut
possit oratio eorum sperni, tamen fides nostra non debet:
quare, utcumque sunt tradita, incorrupta perferemus.
Igitur unum ex his maximum natu locutum accepimus: 12
'Si di habitum corporis tui aviditati animi parem esse
voluissent, orbis te non caperet: altera manu Orientem,
altera Occidentem contingeres et hoc adsecutus scire vel-
les, ubi tanti numinis fulgor conderetur. Sic quoque
concupiscis quae non capis. Ab Europa petis Asiam, 13
ex Asia transis in Europam: deinde, si humanum genus
omne superaveris, cum silvis et nivibus et fluminibus
ferisque bestiis gesturus es bellum. Quid? tu ignoras 14
arbores magnas diu crescere, una hora extirpari? stultus
est qui fructus earum spectat, altitudinem non metitur.
Vide, ne, dum ad cacumen pervenire contendis, cum ipsis
ramis quos comprehenderis decidas. Leo quoque ali- 15
quando minimarum avium pabulum fuit et ferrum rubigo
consumit. Nihil tam firmum est cui periculum non sit
etiam ab invalido. Quid nobis tecum est? numquam 16
terram tuam adtigimus. Qui sis, unde venias, licetne
ignorare in vastis silvis viventibus? nec servire ulli pos-
sumus nec imperare desideramus. Dona nobis data sunt, 17

ne Scytharum gentem ignores, iugum bovum et aratrum,
sagitta, hasta, patera. His utimur et cum amicis et ad-
18 versus inimicos. Fruges amicis damus bovum labore quae-
sitas, patera cum isdem vinum dis libamus, inimicos sa-
gitta eminus, hasta cominus petimus. Sic Syriae regem
et postea Persarum Medorumque superavimus, patuitque
19 nobis iter usque in Aegyptum. At tu, qui te gloriaris ad
latrones persequendos venire, omnium gentium quas adi-
sti latro es. Lydiam cepisti, Syriam occupasti, Persidem
tenes, Bactrianos habes in potestate, Indos petisti: iam
etiam ad pecora nostra avaras et insatiabiles manus por-
20 rigis. Quid tibi divitiis opus est quae esurire te cogunt?
Primus omnium satietate parasti famem, ut, quo plura
21 haberes, acrius quae non habes cuperes. Non succurrit
tibi, quamdiu circum Bactra haereas? dum illos subigis,
Sogdiani bellare coeperunt. Bellum tibi ex victoria nasci-
tur. Nam ut maior fortiorque sis quam quisquam, tamen
22 alienigenam dominum pati nemo vult. Transi modo Ta-
nain: scies, quam late pateant, numquam tamen conse-
queris Scythas. Paupertas nostra velocior erit quam exer-
23 citus tuus, qui praedam tot nationum vehit. Rursus, cum
procul abesse nos credes, videbis in tuis castris. Eadem
enim velocitate et sequimur et fugimus. Scytharum soli-
24 tudines Graecis etiam proverbiis audio eludi. At nos de-
serta et humano cultu vacua magis quam urbis et opu-
lentos agros sequimur. Proinde Fortunam tuam pressis
manibus tene: lubrica est nec invita teneri potest. Sa-
lubre consilium sequens quam praesens tempus ostendet
melius: impone felicitati tuae frenos, facilius illam reges.
25 Nostri sine pedibus dicunt esse Fortunam quae manus et
pinnas tantum habet: cum manus porrigit, pinnas quo-
26 que comprehende. Denique si deus es, tribuere mortalibus
beneficia debes, non sua eripere: sin autem homo es, id
quod es, semper esse te cogita. Stultum est eorum memi-

nisse propter quae tui obliviscaris. Quibus bellum non in- 27
tuleris, bonis amicis poteris uti. Nam et firmissima est
inter pares amicitia et videntur pares qui non fecerunt
inter se periculum virium. Quos viceris, amicos tibi esse 28
cave credas: inter dominum et servum nulla amicitia est,
etiam in pace belli tamen iura servantur. Iurando gra- 29
tiam Scythas sancire ne credideris: colendo fidem iurant.
Graecorum ista cautio est qui pacta consignant et deos
invocant: nos religionem in ipsa fide ponimus. Qui
non reverentur homines, fallunt deos. Nec tibi amico
opus est de cuius benevolentia dubites. Ceterum nos 30
et Asiae et Europae custodes habebis: Bactra, nisi divi-
dat Tanais, contingimus: ultra Tanain usque ad Thra-
ciam colimus: Thraciae Macedoniam coniunctam esse
fama fert. Vtrique imperio tuo finitimos hostes an
amicos velis esse, considera.'

Book VIII., 1: The Murder of Clito.

Inde Maracanda reditum est: acceptaque aetatis excu-
satione ab Artabazo provinciam eius destinat Clito. Hic 20
erat qui apud Granicum amnem nudo capite regem dimi-
cantem clipeo suo texit et Rhosacis manum capiti regis
inminentem gladio amputavit, vetus Philippi miles mul-
tisque bellicis operibus clarus. Hellanice quae Alexan- 21
drum educaverat, soror eius, haud secus quam mater a
rege diligebatur. Ob has causas validissimam imperii
partem fidei eius tutelaeque conmisit. Iamque iter pa- 22
rare in posterum iussus sollemni et tempestivo adhibetur
convivio. In quo rex cum multo incaluisset mero, inmo-
dicus aestimator sui, celebrare quae gesserat coepit,
gravis etiam eorum auribus qui sentiebant vera memorari.
Silentium tamen habuere seniores, donec Philippi res orsus 23

obterere nobilem apud Chaeroneam victoriam sui operis
fuisse iactavit ademptamque sibi malignitate et invidia
24 patris tantae rei gloriam. Illum quidem seditione inter
Macedones milites et Graecos mercennarios orta debilita-
tum vulnere quod in ea consternatione acceperat iacuisse,
non alias quam simulatione mortis tutiorem; se corpus
eius protexisse clipeo suo ruentesque in illum sua manu
25 occisos. Quae patrem numquam aequo animo esse con-
fessum, invitum filio debentem salutem suam. Itaque
post expeditionem quam sine eo fecisset ipse in Illyrios,
victorem scripsisse se patri, fusos fugatosque hostes nec
26 adfuisse usquam Philippum. Laude dignos esse, non qui
Samothracum initia viserent, cum Asiam uri vastarique
oporteret, sed eos qui magnitudine rerum fidem antecessis-
27 sent. Haec et his similia laeti audiere iuvenes, ingrata
senioribus erant, maxime propter Philippum sub quo
28 diutius vixerant: cum Clitus, ne ipse quidem satis sobrius,
ad eos qui infra ipsum cubabant conversus Euripidis
29 rettulit carmen, ita ut sonus magis quam sermo exaudiri
posset a rege, quo significabatur, male instituisse Graecos,
quod tropaeis regum dumtaxat nomina inscriberent, alieno
enim sanguine partam gloriam intercipi. Itaque rex, cum
suspicaretur malignius habitum esse sermonem, percontari
30 proximos coepit, quid ex Clito audissent. Et illis ad
silendum obstinatis Clitus paulatim maiore voce Philippi
acta bellaque in Graecia gesta conmemorat, omnia prae-
31 sentibus praeferens. Hinc inter iuniores senesque orta
contentio est: et rex, velut patienter audiret, quis Clitus
32 obterebat laudes eius, ingentem iram conceperat. Cete-
rum cum animo videretur imperaturus, si finem procaciter
orto sermoni Clitus imponeret, nihil eo remittente magis
33 exasperabatur. Iamque Clitus etiam Parmenionem de-
fendere audebat et Philippi de Atheniensibus victoriam
Thebarum praeferebat excidio, non vino modo, sed etiam

animi prava contentione provectus. Ad ultimum, 'Si 34
moriendum,' inquit, 'est pro te, Clitus est primus: at
cum victoriae arbitrium agis, praecipuum ferunt praemium
qui procacissime patris tui memoriae inludunt. Sogdia- 35
nam regionem mihi adtribuis, totiens rebellem et non modo
indomitam, sed quae ne subigi quidem possit. Mittor ad
feras bestias praecipitia ingenia sortitas. Sed quae ad me
pertinent transeo. Philippi milites spernis, oblitus, nisi 36
hic Atharrias senex iuniores pugnam detrectantes revocas-
set, adhuc nos circa Halicarnassum haesuros fuisse. Quo- 37
modo igitur Asiam etiam cum istis iunioribus subiecisti?
Verum est, ut opinor, quod avunculum tuum in Italia
dixisse constat, ipsum in viros incidisse, te in feminas.'

Nihil ex omnibus inconsulte ac temere iactis regem ma- 38
gis moverat, quam Parmenionis cum honore mentio inlata.
Dolorem tamen rex pressit, contentus iussisse, ut convivio
excederet. Nec quidquam aliud adiecit quam forsitan 39
eum, si diutius locutus foret, exprobraturum sibi fuisse
vitam a semet ipso datam: hoc enim superbe saepe iactasse.
Atque illum cunctantem adhuc surgere, qui proximi ei 40
cubuerant, iniectis manibus iurgantes monentesque cona-
bantur abducere. Clitus, cum abstraheretur, ad pristinam 41
violentiam ira quoque adiecta, suo pectore tergum illius
esse defensum, nunc, postquam tanti meriti praeterierit
tempus, etiam memoriam invisam esse, proclamat. Attali 42
quoque caedem obiciebat et ad ultimum Iovis quem pa-
trem sibi Alexander adsereret oraculum eludens, veriora
se regi quam patrem eius respondisse dicebat. Iam tan- 43
tum irae conceperat rex, quantum vix sobrius ferre potu-
isset. Enimvero olim mero sensibus victis ex lecto repente
prosiluit. Adtoniti amici ne positis quidem, sed abiectis 44
poculis consurgunt in eventum rei quam tanto impetu
acturus esset intenti. Alexander rapta lancea ex mani- 45
bus armigeri Clitum adhuc eadem linguae intemperantia

furentem percutere conatus a Ptolemaeo et Perdicca in-
46 hibetur. Medium complexi obluctari perseverantem
morabantur: Lysimachus et Leonnatus etiam lanceam
47 abstulerant. Ille militum fidem implorans comprehendi
se a proximis amicorum, quod Dareo nuper accidisset,
exclamat signumque tuba dari, ut ad regiam armati coi-
48 rent, iubet. Tum vero Ptolemaeus et Perdiccas genibus
advoluti orant, ne in tam praecipiti ira perseveret spati-
umque potius animo det: omnia postero die iustius execu-
49 turum. Sed clausae erant aures obstrepente ira. Itaque
impotens animi procurrit in regiae vestibulum et vigili
excubanti hasta ablata constitit in aditu, quo necesse erat
50 iis qui simul cenaverant egredi. Abierant ceteri. Clitus
ultimus sine lumine exibat. Quem rex, quisnam esset,
interrogat. Eminebat etiam in voce sceleris quod parabat
51 atrocitas. Et ille, iam non suae, sed regis irae memor,
52 Clitum esse et de convivio exire respondit. Haec dicentis
latus hasta transfixit morientisque sanguine adspersus,
'I nunc,' inquit, 'ad Philippum et Parmenionem et
Attalum.'

1 2. Male humanis ingeniis natura consuluit, quod ple-
rumque non futura, sed transacta perpendimus. Quippe
rex, postquam ira mente decesserat, etiam ebrietate discussa
2 magnitudinem facinoris sera aestimatione perspexit. Vi-
debat, tunc inmodica libertate abusum, sed alioqui egre-
gium bello virum et, nisi erubesceret fateri, servatorem sui
occisum. Detestabile carnificis ministerium occupaverat
rex, verborum licentiam, quae vino poterat imputari, ne-
3 fanda caede ultus. Manabat toto vestibulo cruor paulo
ante convivae: vigiles adtoniti et stupentibus similes pro-
cul stabant liberioremque paenitentiam solitudo exciebat.
4 Ergo hastam ex corpore iacentis evolsam retorsit in semet:
iamque admoverat pectori, cum advolant vigiles et repug-
nanti e manibus extorquent adlevatumque in tabernacu-

lum deferunt. Ille humi prostraverat corpus gemitu eiula- 5
tuque miserabili totam personans regiam. Laniare deinde
os unguibus et circumstantes rogare, ne se tanto dedecori
superstitem esse paterentur. Inter has preces tota nox
extracta est. Scrutantemque, num ira deorum ad tantum 6
nefas actus esset, subit anniversarium sacrificium Libero
Patri non esse redditum statuto tempore: itaque inter
vinum et epulas caede conmissa iram dei fuisse mani-
festam. Ceterum magis eo movebatur, quod omnium 7
amicorum animos videbat adtonitos: neminem cum ipso
sociare sermonem postea ausurum: vivendum esse in
solitudine velut ferae bestiae terrenti alias timentique.
Prima deinde luce tabernaculo corpus, sicut adhuc cruen- 8
tum erat, iussit inferri. Quo posito ante ipsum lacrimis
obortis, 'Hanc,' inquit, 'nutrici meae gratiam rettuli
cuius duo filii apud Miletum pro mea gloria occubuere
mortem, hic frater, unicum orbitatis solacium, a me inter
epulas occisus est. Quo nunc se conferet misera? Omni- 9
bus eius unus supersum quem solum aequis oculis videre
non poterit. Et ego servatorum meorum latro, revertar
in patriam, ut ne dexteram quidem nutrici sine memoria
calamitatis eius offerre possim!' Et cum finis lacrimis 10
querellisque non fieret, iussu amicorum corpus ablatum
est. Rex triduum iacuit inclusus. Quem ut armigeri 11
corporisque custodes ad moriendum obstinatum esse cog-
noverunt, universi in tabernaculum inrumpunt diuque
precibus ipsorum reluctatum aegre vicerunt, ut cibum
caperet. Quoque minus caedis puderet, iure interfectum 12
Clitum Macedones decernunt sepultura quoque prohibi-
turi, ni rex humari iussisset.

Book X., 5: The Death of Alexander.

1 Intuentibus lacrimae obortae praebuere speciem iam
2 non regem, sed funus eius visentis exercitus. Maeror ta-
men circumstantium lectum eminebat: quos ut rex ad-
spexit, 'Invenietis,' inquit, 'cum excessero, dignum tali-
3 bus viris regem?' Incredibile dictu audituque, in eodem
habitu corporis in quem se composuerat, cum admissurus
milites esset, durasse, donec a toto exercitu illud ultimum
persalutatus est: dimissoque vulgo velut omni vitae de-
4 bito liberatus fatigata membra reiecit. Propiusque adire
iussis amicis—nam et vox deficere iam coeperat—de-
tractum anulum digito Perdiccae tradidit adiectis manda-
5 tis, ut corpus suum ad Hammonem ferri iuberent. Quae-
rentibusque his, cui relinqueret regnum, respondit, ei qui
esset optimus: ceterum providere iam se ob id certamen
6 magnos funebris ludos parari sibi. Rursus Perdicca in-
terrogante, quando caelestes honores haberi sibi vellet,
dixit, tum velle, cum ipsi felices essent. Suprema haec
vox fuit regis et paulo post extinguitur.

7 Ac primo ploratu lamentisque et planctibus tota regia
personabat: mox velut in vasta solitudine omnia tristi
silentio muta torpebant, ad cogitationes, quid deinde
8 futurum esset, dolore converso. Nobiles pueri custodiae
corporis eius adsueti nec doloris magnitudinem capere
nec se ipsos intra vestibulum regiae tenere potuerunt:
vagique et furentibus similes totam urbem luctu ac mae-
9 rore compleverant, nullis questibus omissis quos in tali
casu dolor suggerit. Ergo qui extra regiam adstiterant,
Macedones pariter barbarique, concurrunt nec poterant
victi a victoribus in conmuni dolore discerni. Persae
iustissimum ac mitissimum dominum, Macedones opti-

mum ac fortissimum regem invocantes certamen quoddam
maeroris edebant. Nec maestorum solum, sed etiam in- 10
dignantium voces exaudiebantur, tam viridem et in flore
aetatis fortunaeque invidia deum ereptum esse rebus hu-
manis. Vigor eius et vultus educentis in proelium mili-
tes, obsidentis urbis, evadentis in muros, fortis viros pro
contione donantis occurrebant oculis. Tum Macedones 11
divinos honores negasse ei paenitebat impiosque et ingra-
tos fuisse se confitebantur, quod auris eius debita adpella-
tione fraudassent. 16. Et cum diu nunc in veneratione,
nunc in desiderio regis haesissent, in ipsos versa miseratio
est. Macedonia profecti ultra Euphraten in mediis hostibus 12
novum imperium aspernantibus destitutos se esse cerne-
bant, sine certo regis herede: publicas viris ad se quemque
tracturum. Bella deinde civilia quae secuta sunt menti- 13
bus augurabantur: iterum, non de regno Asiae, sed de
rege ipsis sanguinem esse fundendum, novis vulneribus
veteres rumpendas cicatrices: senes, debilis, modo petita 14
missione a iusto rege, nunc morituros pro potentia forsitan
satellitis alicuius ignobilis. Has cogitationes volventibus 15
nox supervenit terroremque auxit. Milites in armis vigi-
labant: Babylonii alius e muris, alius culmine sui quisque
tecti prospectabant quasi certiora visuri. Nec quisquam 16
lumina audebat accendere. Et quia oculorum cessabat
usus, fremitus vocesque auribus captabant ac plerumque
vano metu territi per obscuras semitas, alius alii occur-
santes, invicem suspecti ac solliciti ferebantur. Persae 17
comis suo more detonsis in lugubri veste cum coniugibus
ac liberis non ut victorem et modo hostem, sed ut gentis
suae iustissimum regem vero desiderio lugebant. Adsueti
sub rege vivere, non alium qui imperaret ipsis digniorem
fuisse confitebantur. 17. Nec muris urbis luctus contine- 18
batur, sed proximam regionem ab ea, deinde magnam
partem Asiae cis Euphraten mali fama pervaserat. Ad 19

Darei quoque matrem celeriter perlata est. Abscissa ergo
veste, qua induta erat, lugubrem sumpsit laceratisque cri-
20 nibus humi corpus abiecit. Adsidebat ei altera ex nepti-
bus nuper amissum Hephaestionem cui nupserat lugens
propriasque causas doloris in conmuni maestitia retracta-
21 bat. Sed omnium suorum mala Sisigambis una capiebat.
Illa suam, illa neptium vicem flebat. Recens dolor etiam
praeterita revocaverat. Crederes modo amissum Dareum
et pariter miserae duorum filiorum exequias esse ducendas.
22 Flebat simul mortuos vivosque. Quem enim puellarum
acturum esse curam? quem alium futurum Alexandrum?
iterum esse se captas, iterum excidisse regno. Qui mortuo
Dareo ipsas tueretur, repperisse, qui post Alexandrum re-
23 spiceret, utique non reperturas. Subibat inter haec ani-
mum, LXXX fratres suos eodem die ab Ocho, saevissimo
regum, trucidatos, adiectumque stragi tot filiorum patrem:
e septem liberis, quos genuisset ipsa, unum superesse:
ipsum Dareum floruisse paulisper, ut crudelius posset ex-
24 tingui. Ad ultimum dolori succubuit obvolutoque capite
accidentes genibus suis neptem nepotemque aversata cibo
25 pariter abstinuit et luce. Quinto, postquam mori statue-
rat, die extincta est. Magnum profecto Alexandri indul-
gentiae in eam iustitiaeque in omnis captivos documentum
est mors huius, quae cum sustinuisset post Dareum vi-
26 vere, Alexandro esse superstes erubuit. Et hercule iuste
aestimantibus regem liquet, bona naturae eius fuisse, vitia
27 vel fortunae vel aetatis. Vis incredibilis animi, laboris pa-
tientia propemodum nimia, fortitudo non inter reges modo
28 excellens, sed inter illos quoque quorum haec sola virtus
fuit, liberalitas saepe maiora tribuentis, quam a dis petun-
tur, clementia in devictos—tot regna aut reddita, quibus
29 ea dempserat bello, aut dono data—: mortis cuius metus
ceteros exanimat, perpetua contemptio, gloriae laudisque
ut iusto maior cupido, ita in iuvene et in tantis nec admi-

randa rebus: iam pietas erga parentes, quorum Olympiada 30
inmortalitati consecrare decreverat, Philippum ultus erat, 31
iam in omnis fere amicos benignitas, erga milites benevo-
lentia, consilium par magnitudini animi et, quantam vix po-
terat aetas eius capere, sollertia: iam modus inmodicarum 32
cupiditatum, Veneris intra naturale desiderium usus nec
ulla nisi ex permisso voluptas — ingentes profecto dotes
erant. Illa fortunae: dis aequare se et caelestes honores 33
accersere et talia suadentibus oraculis credere et dedignan-
tibus venerari ipsum vehementius quam par esset irasci, in
externum habitum mutare corporis cultum, imitari de-
victarum gentium mores, quos ante victoriam spreverat.
Nam iracundiam et cupidinem vini sicuti iuventa inrita- 34
verat, ita senectus mitigare potuisset. Fatendum est 35
tamen, cum plurimum virtuti debuerit, plus debuisse fortu-
nae, quam solus omnium mortalium in potestate habuit.
Quotiens illum a morte revocavit! quotiens temere in peri-
cula vectum perpetua felicitate protexit! Vitae quoque 36
finem eundem illi quem gloriae statuit. Expectavere eum
fata, dum Oriente perdomito aditoque Oceano, quidquid
mortalitas capiebat, impleret.

Huic regi ducique successor quaerebatur. Sed maior 37
moles erat, quam ut unus subire eam posset; itaque nomen
quoque eius et fama rerum in totum propemodum orbem
reges ac regna diffudit clarissimique sunt habiti, qui etiam
minimae parti tantae fortunae adhaeserunt.

T. PETRONIVS ARBITER

The author of the *Satirae* is now generally identified with the *elegantiae arbiter*, or master of ceremonies, under Nero, whose brilliant personality and sensational suicide are so graphically described by Tacitus, *Ann.* XVI., 18. He figures as one of the principal characters in *Quo Vadis?*

The work of Petronius belongs in a measure to the so-called *Satirae Menippeae*, a mixture of prose and verse, introduced into Latin literature by Varro. It contains the narrative of manifold adventures which befel a young man, Encolpius, who was driven from place to place by the wrath of Priapus, whose divinity he had desecrated. An episode in this story is the famous 'Banquet of Trimalchio,' the MS. of which was discovered in Dalmatia in 1650. The scene is Cumae, Puteoli, or some other small town in lower Italy, and the dramatic date probably the early years of Nero's reign.

The merits of this masterpiece cannot well be exaggerated, for its originality of invention, consistent and realistic portraiture of character and types, its exuberance of humor, and keenness of satire, combined with a sovereign command of all the resources of language, stamp it as one of the immortal works in the world's literature and unrivalled in its own field.

There is an admirable German commentary on the 'Banquet' by L. Friedländer (Leipzig, 1892).

Of the rest of the *Satirae*, originally in sixteen books, we possess only fragments, the most noteworthy including a poem of 295 lines on the Civil War, probably a satire on Lucan's *Pharsalia*, 65 verses on the Destruction of Troy, the celebrated tale of the Matron of Ephesus, and the reflections on the decline of eloquence, poetry, and culture generally.

PETRONIVS

C. 1–5: On the Decline of Culture.

'Num alio genere furiarum declamatores inquietantur, 1
qui clamant : "haec vulnera pro libertate publica excepi ;
hunc oculum pro vobis impendi : date mihi ducem, qui me
ducat ad liberos meos, nam succisi poplites membra non su-
stinent?" haec ipsa tolerabilia essent, si ad eloquentiam ituris
viam facerent. Nunc et rerum tumore et sententiarum
vanissimo strepitu hoc tantum proficiunt, ut cum in forum
venerint, putent se in alium orbem terrarum delatos. Et
ideo ego adulescentulos existimo in scholis stultissimos
fieri, quia nihil ex his quae in usu habemus aut audiunt aut
vident, sed piratas cum catenis in litore stantes, sed tyrannos
edicta scribentes quibus imperent filiis ut patrum suorum
capita praecidant, sed responsa in pestilentiam data, ut vir-
gines tres aut plures inmolentur, sed mellitos verborum glo-
bulos et omnia dicta factaque quasi papavere et sesamo
sparsa. Qui inter haec nutriuntur, non magis sapere 2
possunt, quam bene olere qui in culina habitant. Pace
vestra liceat dixisse, primi omnium eloquentiam perdi-
distis. Levibus enim atque inanibus sonis ludibria quae-
dam excitando effecistis, ut corpus orationis enervaretur
et caderet. Nondum iuvenes declamationibus contine-
bantur, cum Sophocles et Euripides invenerunt verba
quibus deberent loqui. Nondum umbraticus doctor inge-

nia deleverat, cum Pindarus novemque lyrici Homericis versibus canere timuerunt. Et ne poetas ad testimonium citem, certe neque Platona neque Demosthenen ad hoc genus exercitationis accessisse video. Grandis et, ut ita dicam, pudica oratio non est maculosa nec turgida, sed naturali pulchritudine exsurgit. Nuper ventosa istaec et enormis loquacitas Athenas ex Asia conmigravit animosque iuvenum ad magna surgentes veluti pestilenti quodam sidere adflavit, semelque conrupta regula eloquentia stetit et obmutuit. Ad summam, quis postea Thucydidis, quis Hyperidis ad famam processit? ac ne carmen quidem sani coloris enituit, sed omnia quasi eodem cibo pasta non potuerunt usque ad senectutem canescere. Pictura quoque non alium exitum fecit, postquam Aegyptiorum audacia tam magnae artis compendiariam invenit.'

3 Non est passus Agamemnon me diutius declamare in porticu, quam ipse in schola sudaverat, sed 'adulescens,' inquit, 'quoniam sermonem habes non publici saporis et, quod rarissimum est, amas bonam mentem, non fraudabo te arte secreta. Nihil nimirum in his exercitationibus doctores peccant, qui necesse habent cum insanientibus furere. Nam nisi dixerint quae adulescentuli probent, ut ait Cicero, "soli in scholis relinquentur." Sicut adulatores cum cenas divitum captant, nihil prius meditantur quam id quod putant gratissimum auditoribus fore: nec enim aliter impetrabunt quod petunt, nisi quasdam insidias auribus fecerint: sic eloquentiae magister, nisi tamquam piscator eam imposuerit hamis escam, quam scierit adpetituros esse pisciculos, sine spe praedae morabitur in
4 scopulo. Quid ergo est? parentes obiurgatione digni sunt qui nolunt liberos suos severa lege proficere. Primum enim sic ut omnia, spes quoque suas ambitioni donant. Deinde cum ad vota properant, cruda adhuc studia in forum pellunt et eloquentiam, qua nihil esse maius confi-

tentur, pueris induunt adhuc nascentibus. Quod si paterentur laborum gradus fieri, ut studiosi iuvenes lectione severa inrigarentur, ut sapientiae praeceptis animos componerent, ut verba atroci stilo effoderent, ut quod vellent imitari diu audirent, ut persuaderent sibi nihil esse magnificum quod pueris placeret: iam illa grandis oratio haberet maiestatis suae pondus. Nunc pueri in scholis ludunt, iuvenes ridentur in foro et quod utroque turpius est, quod quisque perperam didicit, in senectute confiteri non vult. Sed ne me putes improbasse schedium Lucilianae humilitatis, quod sentio et ipse carmine effingam:

Artis severae si quis ambit effectus
Mentemque magnis adplicat, prius mores
Frugalitatis lege poliat exacta.
Nec curet alto regiam trucem vultu
Cliensve cenas impotentium captet,
Nec perditis addictus obruat vino
Mentis calorem, neve plausor in scaenam
Sedeat redemptus histrionis ad rictus.
Sed sive armigerae rident Tritonidis arces,
Seu Lacedaemonio tellus habitata colono
Sirenumve domus, det primos versibus annos
Maeoniumque bibat felici pectore fontem.
Mox et Socratico plenus grege mittat habenas
Liber et ingentis quatiat Demosthenis arma.
Hinc Romana manus circumfluat et modo Graio
Exonerata sono mutet suffusa saporem.
Interdum subducta foro det pagina cursum
Et fortuna sonet celeri distincta meatu
Dent epulas et bella truci memorata canore
Grandiaque indomiti Ciceronis verba minetur.
His animum succinge bonis: sic flumine largo
Plenus Pierio defundes pectore verba.'

C. 88: On the Decline of the Arts.

88 Erectus his sermonibus consulere prudentiorem coepi . . . aetates tabularum et quaedam argumenta mihi obscura simulque causam desidiae praesentis excutere, cum pulcherrimae artes perissent inter quas pictura ne minimum quidem sui vestigium reliquisset. Tum ille 'pecuniae,' inquit, 'cupiditas haec tropica instituit. Priscis enim temporibus, cum adhuc nuda virtus placeret, vigebant artes ingenuae summumque certamen inter homines erat, ne quid profuturum saeculis diu lateret. Itaque herbarum omnium sucos Democritus expressit, et ne lapidum virgultorumque vis lateret, aetatem inter experimenta consumpsit. Eudoxos quoque in cacumine excelsissimi montis consenuit, ut astrorum caelique motus deprehenderet, et Chrysippus, ut ad inventionem sufficeret, ter elleboro animum detersit. Verum ut ad plastas convertar, Lysippum statuae unius lineamentis inhaerentem inopia extinxit, et Myron, qui paene animas hominum ferarumque aere comprehenderat, non invenit heredem. At nos vino scortisque demersi ne paratas quidem artis audemus cognoscere, sed accusatores antiquitatis vitia tantum docemus et discimus. Ubi est dialectica? ubi astronomia? ubi sapientiae cultissima via? quis umquam venit in templum et votum fecit, si ad eloquentiam pervenisset? quis, si philosophiae fontem attigisset? ac ne bonam quidem mentem aut bonam valitudinem petunt, sed statim antequam limen Capitolii tangant, alius donum promittit, si propinquum divitem extulerit, alius, si thesaurum effoderit, alius, si ad trecenties sestertium salvus pervenerit. Ipse senatus, recti bonique praeceptor, mille pondo auri Capitolio promittere solet, et, ne quis dubitet pecuniam concupiscere, Iovem quoque

peculio exornat. Noli ergo mirari, si pictura defecit, cum omnibus diis hominibusque formosior videatur massa auri, quam quidquid Apelles Phidiasque, Graeculi delirantes, fecerunt.

C. 118: Qualities Essential to True Poetry.

'Multos,' inquit Eumolpus, 'iuvenes carmen decepit. 118
Nam ut quisque versum pedibus instruxit sensumque teneriorem verborum ambitu intexuit, putavit se continuo in Heliconem venisse. Sic forensibus ministeriis exercitati frequenter ad carminis tranquillitatem tamquam ad portum feliciorem refugerunt, credentes facilius poema extrui posse, quam controversiam sententiolis vibrantibus pictam. Ceterum neque generosior spiritus vanitatem amat, neque concipere aut edere partum mens potest nisi ingenti flumine literarum inundata. Refugiendum est ab omni verborum, ut ita dicam, vilitate et sumendae voces a plebe semotae, ut fiat 'odi profanum vulgus et arceo.' Praeterea curandum est, ne sententiae emineant extra corpus orationis expressae, sed intexto vestibus colore niteant. Homerus testis est et lyrici Romanusque Vergilius et Horatii curiosa felicitas. Ceteri enim aut non viderunt viam qua iretur ad carmen aut visam timuerunt calcare. Ecce belli civilis ingens opus quisquis adtigerit, nisi plenus literis, sub onere labetur. Non enim res gestae versibus comprehendendae sunt, quod longe melius historici faciunt, sed per ambages deorumque ministeria et fabulosum sententiarum tormentum praecipitandus est liber spiritus, ut potius furentis animi vaticinatio adpareat quam religiosae orationis sub testibus fides.'

C. 30–78: Cena Trimalchionis.

30 Nos iam ad triclinium perveneramus, in cuius parte prima procurator rationes accipiebat. Et quod praecipue miratus sum, in postibus triclinii fasces erant cum securibus fixi quorum unam partem quasi embolum navis aeneum finiebat, in quo erat scriptum: 'C. Pompeio Trimalchioni, seviro Augustali, Cinnamus dispensator.' Sub eodem titulo et lucerna bilychnis de camera pendebat, et duae tabulae in utroque poste defixae quarum altera, si bene memini, hoc habebat inscriptum: 'III et pridie Kalendas Ianuarias C. noster foras cenat.' Altera lunae cursum stellarumque septem imagines pictas; et qui dies boni quique incommodi essent, distinguente bulla notabantur. . . .

His repleti voluptatibus cum conaremur in triclinium intrare, exclamavit unus ex pueris qui super hoc officium erat positus: 'dextro pede.' Sine dubio paulisper trepidavimus, ne contra praeceptum aliquis nostrum limen transiret. Ceterum ut pariter movimus dextros gressus, servus nobis despoliatus procubuit ad pedes ac rogare coepit, ut se poenae eriperemus: nec magnum esse peccatum suum propter quod periclitaretur: subducta enim sibi vestimenta dispensatoris in balneo quae vix fuissent decem sestertiorum. Rettulimus ergo dextros pedes dispensatoremque in atrio aureos numerantem deprecati sumus, ut servo remitteret poenam. Superbus ille sustulit vultum et 'non tam iactura me movet,' inquit, 'quam negligentia nequissimi servi. Vestimenta mea a cubitoria perdidit quae mihi natali meo cliens quidam dona-
31 verat, Tyria sine dubio, sed iam semel lota. Quid ergo est? dono vobis eum.'

Obligati tam grandi beneficio cum intrassemus triclinium, occurrit nobis ille idem servus pro quo rogaveramus et stupentibus spississima basia impegit gratias agens humanitati nostrae. 'Ad summam, statim scietis,' ait, 'cui dederitis beneficium. Vinum dominicum ministratoris gratia est.' . . .

Tandem ergo discubuimus pueris Alexandrinis aquam in manus nivatam infundentibus aliisque insequentibus ad pedes ac paronychia cum ingenti subtilitate tollentibus. Ac ne in hoc quidem tam molesto tacebant officio, sed obiter cantabant. Ego experiri volui, an tota familia cantaret, itaque potionem poposci. Paratissimus puer non minus me acido cantico excepit, et quisquis aliquid rogatus erat ut daret. . . . Pantomimi chorum, non patris familiae triclinium crederes. Adlata est tamen gustatio valde lauta; nam iam omnes discubuerant praeter ipsum Trimalchionem cui locus novo more primus servabatur. Ceterum inter promulsidaria asellus erat Corinthius cum bisaccio positus qui habebat olivas in altera parte albas, in altera nigras. Tegebant asellum duae lances in quarum marginibus nomen Trimalchionis inscriptum erat et argenti pondus. Ponticuli etiam ferruminati sustinebant glires melle ac papavere sparsos. Fuerunt et tomacula super craticulam argenteam ferventia posita et infra craticulam Syriaca pruna cum granis Punici mali.

In his eramus lautitiis, cum ipse Trimalchio ad sym- 32
phoniam adlatus est positusque inter cervicalia minutissima expressit imprudentibus risum. Pallio enim coccineo adrasum excluserat caput circaque oneratas veste cervices laticlaviam inmiserat mappam fimbriis hinc atque illinc pendentibus. Habebat etiam in minimo digito sinistrae manus anulum grandem subauratum, extremo vero articulo digiti sequentis minorem, ut mihi videbatur, totum aureum, sed plane ferreis veluti stellis ferrumina-

tum. Et ne has tantum ostenderet divitias, dextrum nudavit lacertum armilla aurea cultum et eboreo circulo
33 lamina splendente conexo. Ut deinde pinna argentea dentes perfodit, 'amici,' inquit, 'nondum mihi suave erat in triclinium venire, sed ne diutius absentivos morae vobis essem, voluptatem mihi negavi. Permittetis tamen finiri lusum.' Sequebatur puer cum tabula terebinthina et crystallinis tesseris, notavique rem omnium delicatissimam. Pro calculis enim albis ac nigris aureos argenteosque habebat denarios. Interim dum ille omnium textorum dicta inter lusum consumit, gustantibus adhuc nobis repositorium adlatum est cum corbe, in quo gallina erat lignea patentibus in orbem alis, quales esse solent quae incubant ova. Accessere continuo duo servi et symphonia strepente scrutari paleam coeperunt erutaque subinde pavonina ova divisere convivis. Convertit ad hanc scaenam Trimalchio vultum et 'amici,' ait, 'pavonis ova gallinae iussi supponi. Et mehercules timeo ne iam concepti sint; temptemus tamen, si adhuc sorbilia sunt.' Accipimus nos cochlearia non minus selibras pendentia ovaque ex farina pingui figurata pertundimus. Ego quidem paene proieci partem meam, nam videbatur mihi iam in pullum coisse. Deinde audivi veterem convivam: 'hic nescio quid boni debet esse,' persecutus putamen manu pinguissimam ficedulam inveni piperato vitello circumdatam.

34 Iam Trimalchio eadem omnia lusu intermisso poposcerat feceratque potestatem clara voce, si quis nostrum iterum vellet mulsum sumere, cum subito signum symphonia datur et gustatoria pariter a choro cantante rapiuntur. Ceterum inter tumultum cum forte paropsis excidisset et puer iacentem sustulisset, animadvertit Trimalchio colaphisque obiurgari puerum ac proicere rursus paropsidem iussit. Insecutus est supellecticarius argentumque inter

reliqua purgamenta scopis coepit everrere. Subinde intraverunt duo Aethiopes capillati cum pusillis utribus, quales solent esse qui harenam in amphitheatro spargunt, vinumque dedere in manus; aquam enim nemo porrexit. Laudatus propter elegantias dominus 'aequum,' inquit, 'Mars amat. Itaque iussi suam cuique mensam assignari. Obiter et putidissimi servi minorem nobis aestum frequentia sua facient.'

Statim adlatae sunt amphorae vitreae diligenter gypsatae quarum in cervicibus pittacia erant adfixa cum hoc titulo: 'Falernum Opimianum annorum centum.' Dum titulos perlegimus, complosit Trimalchio manus et 'eheu,' inquit, 'ergo diutius vivit vinum quam homuncio. Quare tangomenas faciamus. Vinum vita est. Verum Opimianum praesto. Heri non tam bonum posui, et multo honestiores cenabant.' Potantibus ergo nobis et accuratissime lautitias mirantibus larvam argenteam adtulit servus sic aptatam, ut articuli eius vertebraeque luxatae in omnem partem flecterentur. Hanc cum super mensam semel iterumque abiecisset, ut catenatio mobilis aliquot figuras exprimeret, Trimalchio adiecit:

'Eheu nos miseros, quam totus homuncio nil est!
Sic erimus cuncti, postquam nos auferet Orcus.
Ergo vivamus, dum licet esse bene.'

Laudationem ferculum est insecutum plane non pro 35
expectatione magnum; novitas tamen omnium convertit oculos. Rotundum enim repositorium duodecim habebat signa in orbe disposita super quae proprium convenientemque materiae structor imposuerat cibum: super arietem cicer arietinum, super taurum bubulae frustum, super geminos testiculos ac rienes, super cancrum coronam, super leonem ficum Africanam, super virginem steriliculam, super libram stateram in cuius altera parte scriblita erat, in altera placenta, super scorpionem pisciculum marinum,

super sagittarium oclopetam, super capricornum locustam marinam, super aquarium anserem, super piscis duos mullos. In medio autem caespes cum herbis excisus favum sustinebat. Circumferebat Aegyptius puer clibano argenteo panem atque ipse etiam taeterrima voce de Laserpiciario mimo canticum extorsit. Nos ut tristiores ad tam vilis accessimus cibos, 'suadeo,' inquit Trimalchio,
86 'cenemus.' Haec ut dixit, ad symphoniam quattuor tripudiantes procurrerunt superioremque partem repositorii abstulerunt. Quo facto videmus infra altilia et sumina leporemque in medio pinnis subornatum, ut Pegasus videretur. Notavimus etiam circa angulos repositorii Marsyas quattuor ex quorum utriculis garum piperatum currebat super piscis qui tamquam in euripo natabant. Damus omnes plausum a familia inceptum et res electissimas ridentes adgredimur. Non minus et Trimalchio eiusmodi methodio laetus 'Carpe,' inquit. Processit statim scissor et ad symphoniam gesticulatus ita laceravit obsonium, ut putares essedarium hydraule cantante pugnare. Ingerebat nihilo minus Trimalchio lentissima voce: 'Carpe, Carpe.' Ego suspicatus ad aliquam urbanitatem totiens iteratam vocem pertinere, non erubui eum qui supra me accumbebat hoc ipsum interrogare. At ille qui saepius eiusmodi ludos spectaverat, 'vides illum,' inquit, 'qui obsonium carpit: Carpus vocatur. Ita quotiescunque dicit "Carpe," eodem verbo et vocat et imperat.'

87 Non potui amplius quidquam gustare, sed conversus ad eum, ut quam plurima exciperem, longe accersere fabulas coepi sciscitarique quae esset mulier illa, quae huc atque illuc discurreret. 'Vxor,' inquit, 'Trimalchionis, Fortunata appellatur quae nummos modio metitur. Et modo, modo quid fuit? Ignoscet mihi genius tuus, noluisses de manu illius panem accipere. Nunc, nec quid nec quare, in caelum abiit et Trimalchionis topanta est. Ad

summam, mero meridie si dixerit illi tenebras esse, credet. Ipse nescit quid habeat, adeo saplutus est; sed haec lupatria providet omnia et ubi non putes. Est sicca, sobria, honorum consiliorum, est tamen malae linguae, pica pulvinaris. Quem amat, amat; quem non amat, non amat. Ipse Trimalchio fundos habet qua milvi volant, nummorum nummos. Argentum in ostiarii illius cella plus iacet, quam quisquam in fortunis habet. Familia vero babae babae, non mehercules puto decumam partem esse quae dominum suum noverit. Ad summam, quemvis ex istis babaecalis in rutae folium coniciet. Nec est quod putes illum quidquam emere. Omnia domi nascuntur; 38
lana, credrae, piper, lacte gallinaceum si quaesieris, invenies. Ad summam, parum illi bona lana nascebatur; arietes a Tarento emit et eos culavit in gregem. Mel Atticum ut domi nasceretur, apes ab Athenis iussit afferri; obiter et vernaculas quaesunt, meliusculae a Graeculis fient. Ecce intra hos dies scripsit, ut illi ex India semen boletorum mitteretur. Nam mulam quidem nullam habet quae non ex onagro nata sit. Vides tot culcitras: nulla non aut conchyliatum aut coccineum tomentum habet. Tanta est animi beatitudo. Reliquos autem collibertos eius cave contemnas. Valde sucossi sunt. Vides illum qui in imo imus recumbit: hodie sua octingenta possidet. De nihilo crevit. Modo solebat collo suo ligna portare. Sed quomodo dicunt—ego nihil scio, sed audivi—cum Incuboni pilleum rapuisset, [et] thesaurum invenit. Ego nemini invideo, si quid deus dedit. Est tamen sub alapa et non vult sibi male. Itaque proxime casam hoc titulo proscripsit: "C. Pompeius Diogenes ex Kalendis Iuliis cenaculum locat; ipse enim domum emit." Quid ille qui libertini loco iacet, quam bene se habuit. Non impropero illi. Sestertium suum vidit decies, sed male vacillavit. Non puto illum capillos

liberos habere, nec mehercules sua culpa; ipse enim homo melior non est; sed liberti scelerati qui omnia ad se fecerunt. Scito autem: sociorum olla male fervet, et ubi semel res inclinata est, amici de medio. Et quam honestam negotiationem exercuit, quod illum sic vides. Libitinarius fuit. Solebat sic cenare, quomodo rex: apros gausapatos, opera pistoria, avis, cocos, piscatores. Plus vini sub mensa effundebatur, quam aliquis in cella habet. Phantasia, non homo. Inclinatis quoque rebus suis, cum timeret, ne creditores illum conturbare existimarent, hoc titulo auctionem proscripsit: "C. Iulius Proculus auctionem faciet rerum supervacuarum."'

39 Interpellavit tam dulcis fabulas Trimalchio; nam iam sublatum erat ferculum, hilaresque convivae vino sermonibusque publicatis operam coeperant dare. Is ergo reclinatus in cubitum 'hoc vinum,' inquit, 'vos oportet suave faciatis. Pisces natare oportet. Rogo, me putastis illa cena esse contentum quam in theca repositorii videratis? "sic notus Vlixes?" quid ergo est? oportet etiam inter cenandum philologiam nosse. Patrono meo ossa bene quiescant qui me hominem inter homines voluit esse. Nam mihi nihil novi potest afferri, sicut ille fericulus iam mei habuit praxim. Caelus hic in quo duodecim dii habitant in totidem se figuras convertit, et modo fit aries. Itaque quisquis nascitur illo signo, multa pecora habet, multum lanae, caput praeterea durum, frontem expudoratam, cornum acutum. Plurimi hoc signo scholastici nascuntur et arietilli.' Laudamus urbanitatem mathematici; itaque adiecit: 'deinde totus caelus taurulus fit. Itaque tunc calcitrosi nascuntur et bubulci et qui se ipsi pascunt. In geminis autem nascuntur bigae et boves et colei et qui utrosque parietes linunt. In cancro ego natus sum. Ideo multis pedibus sto, et in mari et in terra multa possideo; nam cancer et hoc et illoc quadrat. Et ideo iam dudum

nihil supra illum posui, ne genesim meam premerem. In leone cataphagae nascuntur et imperiosi; in virgine mulieres et fugitivi et compediti; in libra laniones et unguentarii et quicunque aliquid expediunt; in scorpione venenarii et percussores; in sagittario strabones qui holera spectant, lardum tollunt; in capricorno aerumnosi quibus prae mala sua cornua nascuntur; in aquario copones et cucurbitae; in piscibus obsonatores et rhetores. Sic orbis vertitur tamquam mola, et semper aliquid male facit, ut homines aut nascantur aut pereant. Quod autem in medio caespitem videtis et supra caespitem favum, nihil sine ratione facio. Terra mater est in medio quasi ovum corrotundata, et omnia bona in se habet tamquam favus.'

'Sophos' universi clamamus et sublatis manibus ad 40
cameram iuramus Hipparchum Aratumque comparandos illi homines non fuisse, donec advenerunt ministri ac toralia praeposuerunt toris in quibus retia erant picta subsessoresque cum venabulis et totus venationis adparatus. Necdum sciebamus, quo mitteremus suspiciones nostras, cum extra triclinium clamor sublatus est ingens, et ecce canes Laconici etiam circa mensam discurrere coeperunt. Secutum est hos repositorium in quo positus erat primae magnitudinis aper, et quidem pilleatus e cuius dentibus sportellae dependebant duae palmulis textae, altera caryotis, altera thebaicis repleta. Circa autem minores porcelli ex coptoplacentis facti, quasi uberibus inminerent, scrofam esse positam significabant. Et hi quidem apophoreti fuerunt. Ceterum ad scindendum aprum non ille Carpus accessit qui altilia laceraverat, sed barbatus ingens, fasciis cruralibus adligatus et alicula subornatus polymita, strictoque venatorio cultro latus apri vehementer percussit ex cuius plaga turdi evolaverunt. Parati aucupes cum harundinibus fuerunt et eos circa triclinium voli-

tantes momento exceperunt. Inde cum suum cuique iussisset referri Trimalchio, adiecit: 'etiam videte, quam porcus ille silvaticus lotam comederit glandem.' Statim pueri ad sportellas accesserunt quae pendebant e dentibus, thebaicasque et caryotas ad numerum divisere cenan-
41 tibus. Interim ego, qui privatum habebam secessum, in multas cogitationes deductus sum, quare aper pilleatus intrasset. Postquam itaque omnis bacalusias consumpsi, duravi interrogare illum interpretem meum, quod me torqueret. At ille: 'Plane etiam hoc servus tuus indicare potest; non enim aenigma est, sed res aperta. Hic aper, cum heri summa cena eum vindicasset, a convivis dimissus est; itaque hodie tamquam libertus in convivium revertitur.' Damnavi ego stuporem meum et nihil amplius interrogavi, ne viderer nunquam inter honestos cenasse.

Dum haec loquimur, puer speciosus, vitibus hederisque redimitus, modo Bromium, interdum Lyaeum Euhiumque confessus, calathisco uvas circumtulit et poemata domini sui acutissima voce traduxit. Ad quem sonum conversus Trimalchio 'Dionyse,' inquit, 'liber esto.' Puer detraxit pilleum apro capitique suo imposuit. Tum Trimalchio rursus adiecit: 'non negabitis me,' inquit, 'habere Liberum patrem.' Laudavimus dictum Trimalchionis et circumeuntem puerum sane perbasiamus.

Ab hoc ferculo Trimalchio ad lasanum surrexit. Nos libertatem sine tyranno nacti coepimus invitare convivarum sermones. Dama itaque primus cum pataracina poposcisset, 'dies,' inquit, 'nihil est. Dum versas te, nox fit. Itaque nihil est melius, quam de cubiculo recta in triclinium ire. Et mundum frigus habuimus. Vix me balneus calfecit. Tamen calda potio vestiarius est. Staminatas duxi, et plane matus sum. Vinus mihi in cerebrum abiit.'

42 Excepit Seleucus fabulae partem et 'ego,' inquit, 'non

cotidie lavor; balniscus enim fullo est, aqua dentes habet, et cor nostrum cotidie liquescit. Sed cum mulsi pultarium obduxi, frigori laecasin dico. Nec sane lavare potui; fui enim hodie in funus. Homo bellus, tam bonus Chrysanthus animam ebulliit. Modo, modo me appellavit. Videor mihi cum illo loqui. Heu, eheu! Vtres inflati ambulamus. Minoris quam muscae sumus, muscae tamen aliquam virtutem habent, nos non pluris sumus quam bullae. Et quid si non abstinax fuisset. Quinque dies aquam in os suum non coniecit, non micam panis. Tamen abiit ad plures. Medici illum perdiderunt, immo magis malus fatus; medicus enim nihil aliud est quam animi consolatio. Tamen bene elatus est, vitali lecto, stragulis bonis. Planctus est optime—manu misit aliquot—etiam si maligne illum ploravit uxor. Quid si non illam optime accepisset. Sed mulier quae mulier milvinum genus. Neminem nihil boni facere oportet; aeque est enim ac si in puteum conicias. Sed antiquus amor cancer est.'

43 Molestus fuit, Philerosque proclamavit: 'Vivorum meminerimus. Ille habet, quod sibi debebatur: honeste vixit, honeste obiit. Quid habet quod queratur? ab asse crevit et paratus fuit quadrantem de stercore mordicus tollere. Itaque crevit, quidquid crevit, tamquam favus. Puto mehercules illum reliquisse solida centum, et omnia in nummis habuit. De re tamen ego verum dicam, qui linguam caninam comedi: durae buccae fuit, linguosus, discordia, non homo. Frater eius fortis fuit, amicus amico, manu plena, uncta mensa. Et inter initia malam parram pilavit, sed recorrexit costas illius prima vindemia: vendidit enim vinum, quanti ipse voluit. Et quod illius mentum sustulit, hereditatem accepit, ex qua plus involavit, quam illi relictum est. Et ille stips, dum fratri suo irascitur, nescio cui terrae filio patrimonium elegavit.

Longe fugit, quisquis suos fugit. Habuit autem oricularioss ervos, qui illum pessum dederunt. Numquam autem recte faciet, qui cito credit, utique homo negotians. Tamen verum quod frunitus est, quam diu vixit. . . . cui datum est, non cui destinatum. Plane Fortunae filius, in manu illius plumbum aurum fiebat. Facile est autem, ubi omnia quadrata currunt. Et quot putas illum annos secum tulisse? septuaginta et supra. Sed corneolus fuit, aetatem bene ferebat, niger tanquam corvus. Noveram hominem olim oliorum et adhuc salax erat. Non mehercules illum puto in domo canem reliquisse. Immo etiam pullarius erat, omnis minervae homo. Nec improbo; hoc solum enim secum tulit.'

44 Haec Phileros dixit, illa Ganymedes: 'Narratis quod nec ad caelum nec ad terram pertinet, cum interim nemo curat, quid annona mordet. Non mehercules hodie buccam panis invenire potui. Et quomodo siccitas perseverat. Iam annum esuritio fuit. Aediles male eveniat, qui cum pistoribus colludunt. Serva me, servabo te. Itaque populus minutus laborat; nam isti maiores maxillae semper Saturnalia agunt. O si haberemus illos leones, quos ego hic inveni, cum primum ex Asia veni. Illud erat vivere. Simila si siligine inferior esset laruas sic istos percolopabant, ut illis Iupiter iratus esset. Memini Safinium: tunc habitabat ad arcum veterem, me puero, piper, non homo. Is quacunque ibat, terram adurebat. Sed rectus, sed certus, amicus amico, cum quo audacter posses in tenebris micare. In curia autem quomodo singulos pilabat, nec schemas loquebatur sed directum. Cum ageret porro in foro, sic illius vox crescebat tamquam tuba. Nec sudavit umquam nec expuit, puto eum nescio quid Asiadis habuisse. Et quam benignus resalutare, nomina omnium reddere, tamquam unus de nobis. Itaque illo tempore annona pro luto erat. Asse

panem quem emisses, non potuisses cum altero devorare. Nunc oculum bublum vidi maiorem. Heu, heu, cotidie peius. Haec colonia retroversus crescit tamquam coda vituli. Sed quare nos habemus aedilem non trium cauniarum, qui sibi mavult assem quam vitam nostram? itaque domi gaudet, plus in die nummorum accipit, quam alter in patrimonio habet. Iam scio, unde acceperit denarios mille aureos. Sed si nos coleos haberemus, non tantum sibi placeret. Nunc populus est domi leones, foras vulpes. Quod ad me attinet, iam pannos meos comedi, et si perseverat haec annona, casulas meas vendam. Quid enim futurum est, si nec dii nec homines huius coloniae miserentur? ita meos fruniscar, ut ego puto omnia illa a diibus fieri. Nemo enim caelum caelum putat, nemo ieiunium servat, nemo Iovem pili facit, sed omnes opertis oculis bona sua computant. Antea stolatae ibant nudis pedibus in clivum, passis capillis, mentibus puris, et Iovem aquam exorabant. Itaque statim urceatim plovebat: aut tunc aut nunquam: et omnes redibant, udi tamquam mures. Itaque dii pedes lanatos habent, quia nos religiosi non sumus. Agri iacent'—

'Oro te,' inquit Echion centonarius, 'melius loquere. 45
Modo sic, modo sic, inquit rusticus; varium porcum perdiderat. Quod hodie non est, cras erit: sic vita truditur. Non mehercules patria melior dici potest, si homines saperent. Sed laborat hoc tempore, nec haec sola. Non debemus delicati esse, ubique medius caelus est. Tu si aliubi fueris, dices hic porcos coctos ambulare. Et ecce habituri sumus munus excellente in triduo die festa; familia non lanisticia, sed plurimi liberti. Et Titus noster magnum animum habet et est caldicerebrius: aut hoc aut illud erit, quid utique. Nam illi domesticus sum, non est miscix. Ferrum optimum daturus est, sine fuga, carnarium in medio, ut amphitheater videat. Et habet unde:

relictum est illi sestertium tricenties, decessit illius pater male. Ut quadringenta impendat, non sentiet patrimonium illius, et sempiterno nominabitur. Iam Manios aliquot habet et mulierem essedariam et dispensatorem Glyconis qui deprehensus est, cum dominam suam delectaretur. Videbis populi rixam inter zelotypos et amasiunculos. Glyco autem, sestertiarius homo, dispensatorem ad bestias dedit. Hoc est se ipsum traducere. Quid servus peccavit, qui coactus est facere? Magis illa matella digna fuit, quam taurus iactaret. Sed qui asinum non potest, stratum caedit. Quid autem Glyco putabat Hermogenis filicem umquam bonum exitum facturam? Ille milvo volanti poterat ungues resecare; colubra restem non parit. Glyco, Glyco dedit suas; itaque quamdiu vixerit, habebit stigmam, nec illam nisi Orcus delebit. Sed sibi quisque peccat. Sed subolfacio, quod nobis epulum daturus est Mammaea, binos denarios mihi et meis. Quod si hoc fecerit, eripiat Norbano totum favorem. Scias oportet plenis velis hunc vinciturum. Et re vera, quid ille nobis boni fecit? Dedit gladiatores sestertiarios iam decrepitos, quos si sufflasses, cecidissent; iam meliores bestiarios vidi. Occidit de lucerna equites, putares eos gallos gallinaceos; alter burdubasta, alter loripes, tertiarius mortuus pro mortuo qui habebat nervia praecisa. Vnus alicuius flaturae fuit Thraex qui et ipse ad dictata pugnavit. Ad summam, omnes postea secti sunt; adeo de magna turba 'adhibete!' acceperant, plane fugae merae. 'Munus tamen,' inquit, 'tibi dedi': et ego tibi plodo. Computa, et tibi plus do quam accepi. Manus manum lavat. Vi-
46 deris mihi, Agamemnon, dicere: 'quid iste argutat molestus?' quia tu, qui potes loqui, non loquere. Non es nostrae fasciae, et ideo pauperorum verba derides. Scimus te prae literas fatuum esse. Quid ergo esse? Aliqua die te persuadeam ut ad villam venias et videas casulas

nostras? Inveniemus quod manducemus, pullum, ova: belle erit, etiam si omnia hoc anno tempestas dispare pullavit: inveniemus ergo, unde saturi fiamus. Et iam tibi discipulus crescit cicaro meus. Iam quattuor partes dicit; si vixerit, habebis ad latus servulum. Nam quidquid illi vacat, caput de tabula non tollit. Ingeniosus est et bono filo, etiam si in aves morbosus est. Ego illi iam tres cardeles occidi, et dixi quod mustella comedit. Invenit tamen alias nenias, et libentissime pingit. Ceterum iam Graeculis calcem impingit et Latinas coepit non male appetere, etiam si magister eius sibi placens fit nec uno loco consistit, sed venit, dem literas, sed non vult laborare. Est et alter non quidem doctus, sed curiosus, qui plus docet quam scit. Itaque feriatis diebus solet domum venire, et quidquid dederis, contentus est. Emi ergo nunc puero aliquot libra rubricata, quia volo illum ad domusionem aliquid de iure gustare. Habet haec res panem. Nam literis satis inquinatus est. Quod si resilierit, destinavi illum aliquid artificii docere, aut tonstreinum aut praeconem aut certe causidicum, quod illi auferre non possit nisi Orcus. Ideo illi cotidie clamo: 'Primigeni, crede mihi, quicquid discis, tibi discis. Vides Phileronem causidicum: si non didicisset, hodie famem a labris non abigeret. Modo, modo collo suo circumferebat onera venalia, nunc etiam adversus Norbanum se extendit. Literae thesaurum est, et artificium nunquam moritur.' Eiusmodi fabulae vibrabant [. . .]

Nec adhuc sciebamus nos in medio lautitiarum, quod 47
aiunt, clivo laborare. Nam cum mundatis ad symphoniam mensis tres albi sues in triclinium adducti sunt capistris et tintinnabulis culti, quorum unum bimum nomenculator esse dicebat, alterum trimum, tertium vero iam sexennem, ego putabam petauristarios intrasse et porcos, sicut in circulis mos est, portenta aliqua facturos; sed Trimalchio ex-

pectatione discussa 'quem,' inquit,' ex eis vultis in cenam statim fieri? gallum enim gallinaceum, penthiacum et eiusmodi nenias rustici faciunt: mei coci etiam vitulos aeno coctos solent facere.' Continuoque cocum vocari iussit, et non expectata electione nostra maximum natu iussit occidi, et clara voce: 'ex quota decuria es?' Cum ille se ex quadragesima respondisset, 'empticius an,' inquit, 'domi natus?' 'Neutrum,' inquit cocus, 'sed testamento Pansae tibi relictus sum.' 'Vide ergo,' ait, 'ut diligenter ponas; si non, te iubebo in decuriam viatorum conici.' Et cocum quidem potentiae domini admonitum in culinam
48 obsonium duxit, Trimalchio autem miti ad nos vultu respexit et 'vinum,' inquit, 'si non placet, mutabo; vos illud oportet bonum faciatis. Deorum beneficio non emo, sed nunc quidquid ad salivam facit, in suburbano nascitur eo, quod ego adhuc non novi. Dicitur confine esse Tarraciniensibus et Tarentinis. Nunc coniungere agellis Siciliam volo, ut cum Africam libuerit ire, per meos fines navigem. Sed narra tu mihi, Agamemnon, quam controversiam hodie declamasti? Ego autem si causas non ago, in domusionem tamen literas didici. Et ne me putes studia fastiditum, II bybliothecas habeo, unam Graecam, alteram Latinam. Dic ergo, si me amas, peristasim declamationis tuae.' Cum dixisset Agamemnon: 'pauper et dives inimici erant,' ait Trimalchio, 'quid est pauper?' 'Vrbane,' inquit Agamemnon, et nescio quam controversiam exposuit. Statim Trimalchio 'hoc,' inquit, 'si factum est, controversia non est; si factum non est, nihil est.' Haec aliaque cum effusissimis prosequeremur laudationibus, 'rogo,' inquit, 'Agamemnon mihi carissime, numquid duodecim aerumnas Herculis tenes, aut de Vlixe fabulam, quemadmodum illi Cyclops pollicem† poricino extorsit? solebam haec ego puer apud Homerum legere. Nam Sibyllam quidem ego ipse oculis meis vidi in ampulla

pendere, et cum illi pueri dicerent: Σίβυλλα, τί θέλεις; respondebat illa: ἀποθανεῖν θέλω.'

Nondum efflaverat omnia, cum repositorium cum sue 49
ingenti mensam occupavit. Mirari nos celeritatem coepimus et iurare, ne gallum quidem gallinaceum tam cito percoqui potuisse, tanto quidem magis, quod longe maior nobis porcus videbatur esse, quam paulo ante aper fuerat. Deinde magis magisque Trimalchio intuens eum 'quid? quid?' inquit, 'porcus hic non est exinteratus? non mehercules est. Voca, voca cocum in medio.' Cum constitisset ad mensam cocus tristis et diceret se oblitum esse exinterare, 'quid? oblitus?' Trimalchio exclamat, 'putes illum piper et cuminum non coniecisse. Despolia.' Non fit mora, despoliatur cocus atque inter duos tortores maestus consistit. Deprecari tamen omnes coeperunt et dicere: 'solet fieri; rogamus, mittas; postea si fecerit, nemo nostrum pro illo rogabit.' Ego, crudelissimae severitatis, non potui me tenere, sed inclinatus ad aurem Agamemnonis 'plane,' inquam, 'hic debet servus esse nequissimus; aliquis oblivisceretur porcum exinterare? non mehercules illi ignoscerem, si piscem praeterisset.' At non Trimalchio, qui relaxato in hilaritatem vultu 'ergo,' inquit, 'quia tam malae memoriae es, palam nobis illum exintera.' Recepta cocus tunica cultrum adripuit porcique ventrem hinc atque illinc timida manu secuit. Nec mora, ex plagis ponderis inclinatione crescentibus tomacula cum botulis effusa sunt.

Plausum post hoc automatum familia dedit et 'Gaio 50
feliciter' conclamavit. Nec non cocus potione honoratus est et argentea corona, poculumque in lance accepit Corinthia. Quam cum Agamemnon propius consideraret, ait Trimalchio: 'Solus sum qui vera Corinthea habeam.' Expectabam, ut pro reliqua insolentia diceret sibi vasa Corintho adferri. Sed ille melius: 'Et forsitan,' inquit,

'quaeris, quare solus Corinthea vera possideam: quia scilicet aerarius a quo emo Corinthus vocatur. Quid est autem Corintheum, nisi quis Corinthum habet? et ne me putetis nesapium esse, valde bene scio, unde primum Corinthea nata sint. Cum Ilium captum est, Hannibal, homo vafer et magnus stelio, omnes statuas aeneas et aureas et argenteas in unum rogum congessit et eas incendit; factae sunt in unum aera miscellanea. Ita ex hac massa fabri sustulerunt et fecerunt catilla et paropsides et statuncula. Sic Corinthea nata sunt, ex omnibus in unum, nec hoc nec illud. Ignoscetis mihi, quod dixero: ego malo mihi vitrea, certe non olunt. Quod si non frangerentur, mallem mihi quam aurum; nunc autem vilia sunt.
51 Fuit tamen faber qui fecit phialam vitream quae non frangebatur. Admissus ergo Caesarem est cum suo munere, deinde fecit reporrigere Caesarem et illam in pavimentum proiecit. Caesar non pote valdius quam expavit. At ille sustulit phialam de terra; collisa erat tamquam vasum aeneum; deinde martiolum de sinu protulit et phialam otio belle correxit. Hoc facto putabat se solium Iovis tenere, utique postquam Caesar illi dixit: "Numquid alius scit hanc condituram vitreorum? Vide modo." Postquam negavit, iussit illum Caesar decollari: quia enim, si scitum esset, aurum pro luto haberemus.
52 In argento plane studiosus sum. Habeo scyphos urnales plus minus C . . . quemadmodum Cassandra occidit filios suos, et pueri mortui iacent sic ut vivere putes. Habeo capides M quas reliquit patrono meo Mummius . . . ubi Daedalus Niobam in equum Troianum includit. Nam Hermerotis pugnas et Petraitis in poculis habeo, omnia ponderosa; meum enim intellegere nulla pecunia vendo.'

Haec dum refert, puer calicem proiecit. Ad quem respiciens Trimalchio: 'Cito,' inquit, 'te ipsum caede, quia nugax es.' Statim puer demisso labro orare. At ille: 'Quid me,' inquit, 'rogas? Tamquam ego tibi molestus sim. Suadeo, a te impetres, ne sis nugax.' . . . Tandem ergo exoratus a nobis missionem dedit puero. Ille dimissus circa mensam percucurrit . . . et 'aquam foras, vinum intro' clamavit . . . excipimus urbanitatem iocantis, et ante omnis Agamemnon qui sciebat quibus meritis revocaretur ad cenam. Ceterum laudatus Trimalchio hilarius bibit et iam ebrio proximus: 'Nemo,' inquit, 'vestrum rogat Fortunatam meam, ut saltet? credite mihi: cordacem nemo melius ducit.' . . . Atque ipse erectis supra frontem manibus Syrum histrionem exhibebat concinente tota familia: Μάδεια, Περιμάδεια. Et prodisset in medium, nisi Fortunata ad aurem accessisset; [et] credo, dixerit non decere gravitatem eius tam humiles ineptias. Nihil autem tam inaequale erat; nam modo Fortunatam indignantem verebatur, modo ad naturam suam revertebatur.

Et plane interpellavit saltationis libidinem actuarius qui 53
tamquam urbis acta recitavit: 'VII Kalendas Sextiles: in praedio Cumano, quod est Trimalchionis, nati sunt pueri XXX, puellae XL; sublata in horreum ex area tritici millia modium quingenta; boves domiti quingenti. Eodem die: Mithridates servus in crucem actus est, quia Gai nostri genio male dixerat. Eodem die: in arcam relatum est, quod collocari non potuit, sestertium centies. Eodem die: incendium factum est in hortis Pompeianis, ortum ex aedibus Nastae vilici.' 'Quid,' inquit Trimalchio, 'quando mihi Pompeiani horti empti sunt?' 'Anno priore,' inquit, 'actuarius, et ideo in rationem nondum venerunt.' Excanduit Trimalchio et 'quicunque,' inquit, 'mihi fundi empti fuerint, nisi intra sextum mensem sciero, in rationes meas inferri vetuo.' Iam etiam edicta aedilium recitabantur et saltuariorum testamenta quibus Trimalchio cum elogio exheredabatur; iam nomina vilico-

rum et repudiata a circitore liberta in balneatoris contubernio deprehensa et atriensis Baias relegatus; iam reus factus dispensator et iudicium inter cubicularios actum.

Petauristarii autem tandem venerunt. Baro insulsissimus cum scalis constitit puerumque iussit per gradus et in summa parte odaria saltare, circulos deinde ardentes transilire et dentibus amphoram sustinere. Mirabatur haec solus Trimalchio dicebatque ingratum artificium esse. Ceterum duo esse in rebus humanis quae libentissime spectaret petauristarios et cornicines; reliqua acroamata tricas meras esse. 'Nam et comoedos,' inquit, 'emeram, sed malui illos Atellanam facere, et choraulen meum iussi Latine cantare' . . . Cum maxime haec dicente † Gaio
54 puer. . . . Trimalchionis delapsus est. Conclamavit familia, nec minus convivae, non propter hominem tam putidum cuius et cervices fractas libenter vidissent, sed propter malum exitum cenae, ne necesse haberent alienum mortuum plorare. Ipse Trimalchio cum graviter ingemuisset superque brachium tamquam laesum incubuisset, concurrere medici, et inter primos Fortunata crinibus passis cum scypho, miseramque se atque infelicem proclamavit. Nam puer quidem qui ceciderat circumibat iam dudum pedes nostros et missionem rogabat. Pessime mihi erat, ne his precibus per ridiculum aliquid catastropha quaereretur. Nec enim adhuc exciderat cocus ille qui oblitus fuerat porcum exinterare. Itaque totum circumspicere triclinium coepi, ne per parietem automatum aliquod exiret, utique postquam servus verberari coepit, qui brachium domini contusum alba potius quam conchyliata involverat lana. Nec longe aberravit suspicio mea; in vicem enim poenae venit decretum Trimalchionis quo puerum iussit liberum esse, ne quis posset dicere, tantum virum esse a servo vulneratum.

55 Comprobamus nos factum et recordati quam in prae-

cipiti res humanae essent, vario sermone garrimus. 'Ita,' inquit Trimalchio, 'non oportet hunc casum sine inscriptione transire,' statimque codicillos poposcit et non diu cogitatione distorta haec recitavit:

'Quod non expectes, ex transverso fit ⏑ – –
– *et supra nos Fortuna curat.*
Quare da nobis vina Falerna, puer.'

Ab hoc epigrammate coepit poetarum esse mentio . . . diuque summa carminis penes Mopsum Thracem memorata est . . . donec Trimalchio: 'Rogo,' inquit, 'magister, quid putas inter Ciceronem et Publilium interesse? Ego alterum puto disertiorem fuisse, alterum honestiorem. . . .

'Quod autem,' inquit, 'putamus secundum literas diffi- 56
cillimum esse artificium? ego puto medicum et nummularium: medicus qui scit, quid homunciones intra praecordia sua habeant et quando febris veniat, etiam si illos odi pessime, quod mihi iubent saepe anatinam parari; nummularius qui per argentum aes videt. Nam mutae bestiae laboriosissimae boves et oves: boves quorum beneficio panem manducamus; oves, quod lana illae nos gloriosos faciunt. Et est facinus indignum, aliquis ovillam est et tunicam habet. Apes enim ego divinas bestias puto, quae mel vomunt, etiam si dicuntur illud a Iove afferre; ideo autem pungunt, quia ubicunque dulce est, ibi et acidum invenies.'

Iam etiam philosophos de negotio deiciebat, cum pittacia in scypho circumferri coeperunt, puerque super hoc positus officium apophoreta recitavit. 'Argentum sceleratum': adlata est perna, super quam acetabula erant posita. 'Cervical': offla collaris adlata est. 'Serisapia et contumelia': xerophagi ex sapa dati sunt et contus cum malo. 'Porri et persica': flagellum et cultrum accepit; 'passeres et muscarium': uvam passam et mel Atticum. 'Cenatoria et forensia': offlam et tabulas accepit. 'Canale et pedale': lepus et solea est adlata. 'Muraena et litera': murem cum rana adligata fascemque betae accepit. Diu risimus: sexcenta huiusmodi fuerunt quae iam exciderunt memoriae meae.

57 Ceterum Ascyltos, intemperantis licentiae, cum omnia sublatis manibus eluderet et usque ad lacrimas rideret, unus ex conlibertis Trimalchionis excanduit, is ipse qui supra me discumbebat, et 'Quid rides,' inquit, 'vervex? an tibi non placent lautitiae domini mei? tu enim beatior es et convivare melius soles. Ita Tutelam huius loci habeam propitiam, ut ego si secundum illum discumberem, iam illi balatum cluxissem. Bellum pomum qui rideatur alios. [. . .] Non mehercules soleo cito fervere, sed in molle carne vermes nascuntur. Ridet. Quid habet, quod rideat? Numquid pater fetum emit lamna? eques Romanus es: et ego regis filius. "Quare ergo servivisti?" Quia ipse me dedi in servitutem et malui civis Romanus esse quam tributarius. Et nunc spero me sic vivere, ut nemini iocus sim. Homo inter homines sum, capite aperto ambulo; assem aerarium nemini debeo; constitutum habui nunquam; nemo mihi in foro dixit "redde quod debes." Glebulas emi, lamellulas paravi; viginti ventres pasco et canem; contubernalem meam redemi, ne quis in sinu illius manus tergeret; mille denarios pro capite solvi; sevir gratis factus sum; spero, sic moriar, ut mortuus non erubescam. Tu autem tam laboriosus es, ut post te non respicias? in alio peduclum vides, in te ricinum non vides. Tibi soli ridiclei videmur; ecce magister tuus, homo maior natus: placemus illi. Tu lacticulosus, nec mu nec ma argutas, vasus fictilis, immo lorus in aqua, lentior, non melior. Tu beatior es: bis prande, bis cena. Ego fidem meam malo quam thesauros. Ad summam, quisquam me bis poposcit? annis quadraginta servivi; nemo tamen sciit, utrum servus essem an liber. Et puer capillatus in

hanc coloniam veni; adhuc basilica non erat facta. Dedi tamen operam, ut domino satis facerem, homini maiiesto, et dignitosso cuius pluris erat unguis quam tu totus es. Et habebam in domo qui mihi pedem opponerent hac illac; tamen—genio illius gratias—enatavi. Haec sunt vera athla; nam ingenuum nasci tam facile est quam "accede istoc." Quid nunc stupes tamquam hircus in ovili?'

Post hoc dictum Giton qui ad pedes stabat risum iam 58 diu compressum etiam indecenter effudit. Quod cum animadvertisset adversarius Ascylti, flexit convicium in puerum et 'tu autem,' inquit, 'etiam tu rides, caepa cirrata? io Saturnalia, rogo, mensis december est? quando vicesimam numerasti? . . . Quid faciat, crucis offla, corvorum cibaria. Curabo, iam tibi Iovis iratus sit, et isti qui tibi non imperat. Ita satur pane fiam, ut ego istud colliberto meo dono; alioquin iam tibi depraesentiarum reddidissem. Bene nos habemus, at isti nugae qui tibi non imperant. Plane qualis dominus, talis et servus. Vix me teneo, nec sum natura caldicerebrius, sed cum coepi, matrem meam dupundii non facio. Recte, videbo te in publicum, mus, immo terrae tuber: nec sursum nec deorsum non cresco, nisi dominum tuum in rutae folium coniecero, nec tibi parsero, licet mehercules Iovem Olympium clames. Curabo, longe tibi sit comula ista besalis et dominus dupunduarius. Recte, venies sub dentem: aut ego non me novi, aut non deridebis, licet barbam auream habeas. Athana tibi irata sit, curabo, et qui te primus lerode fecit. . . . Non didici geometrias, critica et alogias menias, sed lapidarias literas scio, partes centum dico ad aes, ad pondus, ad nummum. Ad summam, si quid vis, ego et tu sponsiunculam: exi, defero lamnam. Iam scies patrem tuum mercedes perdidisse, quamvis et rhetoricam scis. Ecce

"Qui de nobis longe venio, late venio? solve me."

Dicam tibi qui de nobis currit et de loco non movetur; qui de nobis crescit et minor fit. Curris, stupes, satagis. [. . .] Ergo aut tace aut meliorem noli molestare qui te natum non putat; nisi si me iudicas anulos buxeos curare quos amicae tuae involasti. Occuponem propitium. Eamus in forum et pecunias mutuemur. Iam scies hoc ferrum fidem habere. Vah, bella res est vulpis uda. Ita lucrum faciam et ita bene moriar ut populus per exitum meum iuret, nisi te ubique toga perversa fuero persecutus. Bella res et iste qui te haec docet mufrius, non magister. Nos alia didicimus, dicebat enim magister: "Suntne vestra salva? recta domum; cave, circumspicias; cave, maiorem maledicas. . . . aut nu . . . mera mapalia: nemo . . . dupondii evadit." Ego, quod me sic vides, propter artificium meum diis gratias ago.'

59 Coeperat Ascyltos respondere convicio, sed Trimalchio delectatus colliberti eloquentia 'agite,' inquit, 'scordalias de medio. Suaviter sit potius, et tu, Hermeros, parce adulescentulo. Sanguen illi fervet, tu melior esto. Semper in hac re qui vincitur, vincit. Et tu cum esses capo, cocococo, atque cor non habebas. Simus ergo, quod melius est, a primitiis hilares et Homeristas spectemus.' Intravit factio . . . statim hastisque scuta concrepuit. Ipse Trimalchio in pulvino consedit, et cum Homeristae Graecis versibus colloquerentur, ut insolenter solent, ille canora voce Latine legebat librum. Mox silentio facto 'scitis,' inquit, 'quam fabulam agant? Diomedes et Ganymedes duo fratres fuerunt. Horum soror erat Helena. Agamemnon illam rapuit et Dianae cervam subiecit. Ita nunc Homeros dicit, quemadmodum inter se pugnent Troiani et Parentini. Vicit scilicet et Iphigeniam, filiam suam, Achilli dedit uxorem. Ob eam rem Aiax insanit et statim argumentum explicabit.' Haec ut dixit Trimalchio, clamorem Homeristae sustulerunt, interque fa-

miliam discurrentem vitulus in lance ducenaria elixus allatus est, et quidem galeatus. Secutus est Aiax strictoque gladio, tamquam insaniret, concidit, ac modo versa modo supina gesticulatus mucrone frusta collegit mirantibusque vitulum partitus est.

60 Nec diu mirari licuit tam elegantis strophas; nam repente lacunaria sonare coeperunt totumque triclinium intremuit. Consternatus ego exsurrexi et timui, ne per tectum petauristarius aliquis descenderet. Nec minus reliqui convivae mirantes erexere vultus, expectantes quid novi de caelo nuntiaretur. Ecce autem diductis lacunaribus subito circulus ingens, de cupa videlicet grandi excussus, demittitur cuius per totum orbem coronae aureae cum alabastris unguenti pendebant. Dum haec apophoreta iubemur sumere, respiciens ad mensam . . . iam illic repositorium cum placentis aliquot erat positum quod medium Priapus a pistore factus tenebat, gremioque satis amplo omnis generis poma et uvas sustinebat more vulgato. Avidius ad pompam manus porreximus et repente nova ludorum missio hilaritatem refecit. Omnes enim placentae omniaque poma etiam minima vexatione contacta coeperunt effundere crocum et usque ad os molestus umor accidere. Rati ergo sacrum esse ferculum tam religioso apparatu perfusum, consurreximus altius et 'Augusto, patri patriae, feliciter' diximus. Quibusdam tamen etiam post hanc venerationem poma rapientibus et ipsi mappas implevimus, ego praecipue qui nullo satis amplo munere putabam me onerare Gitonis sinum.

Inter haec tres pueri candidas succincti tunicas intraverunt quorum duo Laris bullatos super mensam posuerunt, unus pateram vini circumferens 'dii propitii' clamabat.

. . . Aiebat autem unum Cerdonem, alterum Felicionem, tertium Lucrionem vocari. Nos etiam veram imaginem ipsius Trimalchionis, cum iam omnes basiarent, erubuimus praeterire. . . .

61 Postquam ergo omnes 'bonam mentem bonamque valitudinem' sibi optarunt, Trimalchio ad Nicerotem respexit et 'solebas,' inquit, 'suavius esse in convictu; nescio quid nunc taces nec muttis. Oro te, sic felicem me videas, narra illud quod tibi usu venit.' Niceros delectatus affabilitate amici 'omne me,' inquit, 'lucrum transeat, nisi iam dudum gaudimonio dissilio, quod te talem video. Itaque hilaria mera sint, etsi timeo istos scholasticos, ne me rideant. Viderint: narrabo tamen: quid enim mihi aufert qui ridet? satius est rideri quam derideri.' 'Haec ubi dicta dedit,' talem fabulam exorsus est:

'Cum adhuc servirem, habitabamus in vico angusto; nunc Gavillae domus est. Ibi, quomodo dii volunt, amare coepi uxorem Terentii coponis: noveratis Melissam Tarentinam, pulcherrimum bacciballum. [. . .] Si quid ab illa petii, numquam mihi negatum; fecit assem, semissem habui; quicquid habui, in illius sinum demandavi, nec umquam fefellitus sum. Huius contubernalis ad villam supremum diem obiit. Itaque per scutum, per ocream egi, aginavi, quemadmodum ad illam pervenirem: scitis
62 autem, in angustiis amici apparent. Forte dominus Capuam exierat ad scruta scita expedienda. Nactus ego occasionem persuadeo hospitem nostrum, ut mecum ad quintum miliarium veniat. Erat autem miles, fortis tamquam Orcus. Apoculamus nos circa gallicinia, luna lucebat tamquam meridie. Venimus intra monimenta: homo meus coepit ad stelas facere, sedeo ego cantabundus et stellas numero. Deinde ut respexi ad comitem, ille exuit se et omnia vestimenta secundum viam posuit. Mihi anima in naso esse, stabam tamquam mortuus. At ille circumminxit vestimenta sua et subito lupus factus est. Nolite me iocari putare; ut mentiar, nullius patrimonium

tanti facio. Sed, quod coeperam dicere, postquam lupus factus est, ululare coepit et in silvas fugit. Ego primitus nesciebam ubi essem, deinde accessi, ut vestimenta eius tollerem: illa autem lapidea facta sunt. Qui mori timore nisi ego? gladium tamen strinxi et in mea tota via umbras cecidi, donec ad villam amicae meae pervenirem. Vt larva intravi, paene animam ebullivi, sudor mihi per bifurcum volabat, oculi mortui, vix umquam refectus sum. Melissa mea mirari coepit, quod tam sero ambularem, et "si ante," inquit, "venisses, saltem nobis adiutasses; lupus enim villam intravit et omnia pecora perculit, tamquam lanius sanguinem illis misit. Nec tamen derisit, etiam si fugit; servus enim noster lancea collum eius traiecit." Haec ut audivi, operire oculos amplius non potui, sed luce clara Gai nostri domum fugi tamquam copo compilatus, et postquam veni in illum locum in quo lapidea vestimenta erant facta, nihil inveni nisi sanguinem. Vt vero domum veni, iacebat miles meus in lecto tamquam bovis, et collum illius medicus curabat. Intellexi illum versipellem esse, nec postea cum illo panem gustare potui, non si me occidisses. Viderint alii quid de hoc exopinissent: ego si mentior, genios vestros iratos habeam.'

Adtonitis admiratione universis 'salvo,' inquit, 'tuo 63
sermone' Trimalchio 'si qua fides est, mihi pili inhorruerunt, quia scio Niceronem nihil nugarum narrare: immo certus est et minime linguosus. Nam et ipse vobis rem horribilem narrabo: asinus in tegulis. Cum adhuc capillatus essem, nam a puero vitam Chiam gessi, ipsimi nostri delicatus decessit, mehercules margaritum, † caccitus et omnium numerum. Cum ergo illum mater misella plangeret et nos tum plures in tristimonio essemus, subito strigae stridere coeperunt; putares canem leporem persequi. Habebamus tunc hominem Cappadocem, longum, valde audaculum et qui valebat: poterat bovem iratum

tollere. Hic audacter stricto gladio extra ostium procucurrit, involuta sinistra manu curiose, et mulierem tamquam hoc loco—salvum sit, quod tango—mediam traiecit. Audimus gemitum, et plane non mentiar, ipsas non vidimus. Baro autem noster introversus se proiecit in lectum, et corpus totum lividum habebat quasi flagellis caesus, quia scilicet illum tetigerat mala manus. Nos cluso ostio redimus iterum ad officium, sed cum mater amplexaret corpus filii sui, tangit et videt manuciolum de stramentis factum. Non cor habebat, non intestina, non quidquam: scilicet iam puerum strigae involaverant et supposuerant stramenticium vavatonem. Rogo vos, oportet credatis, sunt mulieres plussciae, sunt nocturnae, et quod sursum est, deorsum faciunt. Ceterum baro ille longus post hoc factum numquam coloris sui fuit, immo post paucos dies phreneticus periit.'

Miramur nos et pariter credimus, osculatique mensam rogamus Nocturnas, ut suis sedibus se teneant, dum redimus a cena.

64 Et sane iam lucernae mihi plures videbantur ardere totumque triclinium esse mutatum, cum Trimalchio 'tibi dico,' inquit, 'Plocame, nihil narras? nihil nos delectaris? et solebas suavius esse, belle diverbia dicere, melica canturire. Heu, heu! Abistis dulcis caricae.' 'Iam,' inquit ille, 'quadrigae meae decurrerunt ex quo podagricus factus sum. Alioquin cum essem adulescentulus, cantando paene tisicus factus sum. Quid saltare? quid diverbia? quid tonstrinum? quem parem habui nisi unum Apelletem?' adpositaque ad os manu nescio quid taetrum exsibilavit quod postea Graecum esse adfirmabat.

Nec non Trimalchio ipse cum tubicines esset imitatus, ad delicias suas respexit quem Croesum adpellabat. Puer autem lippus, sordidissimis dentibus, catellam nigram atque indecenter pinguem prasina involvebat fascia panemque semissem ponebat super torum atque nausea recusantem saginabat. Quo admonitus officii Trimalchio Scylacem iussit adduci 'praesidium domus familiaeque.' Nec mora, ingentis formae adductus est canis catena vinctus, admonitusque ostiarii calce, ut cubaret, ante mensam se posuit. Tum Trimalchio iactans candidum panem 'nemo,' inquit, 'in domo mea me plus amat.' Indignatus puer, quod Scylacem tam effuse laudaret, catellam in terram deposuit hortatusque est, ut ad rixam properaret. Scylax, canino scilicet usus ingenio, taeterrimo latratu triclinium implevit Margaritamque Croesi paene laceravit. Nec intra rixam tumultus constitit, sed candelabrum etiam super mensam eversum et vasa omnia crystallina comminuit et oleo ferventi aliquot convivas respersit. Trimalchio ne videretur iactura motus, basiavit puerum ac iussit super dorsum ascendere suum. Non moratus ille usus est equo manuque plena scapulas eius subinde verberavit, interque risum proclamavit: 'bucca, bucca, quot sunt hic?' . . . repressus ergo aliquamdiu Trimalchio camellam grandem iussit misceri et potiones dividi omnibus servis qui ad pedes sedebant, adiecta exceptione: 'si quis,' inquit, 'noluerit accipere, caput illi perfunde. Interdiu severa, nunc hilaria.'

Hanc humanitatem insecutae sunt matteae quarum 65
etiam recordatio me, si qua est dicenti fides, offendit. Singulae enim gallinae altiles pro turdis circumlatae sunt et ova anserina pilleata quae ut comessemus, ambitiosissime a nobis Trimalchio petiit dicens exossatas esse gallinas. Inter haec triclinii valvas lictor percussit, amictusque veste alba cum ingenti frequentia comissator intravit. Ego maiestate conterritus praetorem putabam venisse. Itaque temptavi adsurgere et nudos pedes in terram deferre. Risit hanc trepidationem Agamemnon et 'contine

te,' inquit, 'homo stultissime. Habinnas sevir est idemque lapidarius qui videtur monumenta optime facere.'

Recreatus hoc sermone reposui cubitum, Habinnamque intrantem cum admiratione ingenti spectabam. Ille autem iam ebrius uxoris suae umeris imposuerat manus, oneratusque aliquot coronis et unguento per frontem in oculos fluente praetorio loco se posuit continuoque vinum et caldam poposcit. Delectatus hac Trimalchio hilaritate et ipse capaciorem poposcit scyphum quaesivitque, quomodo acceptus esset. 'Omnia,' inquit, 'habuimus praeter te; oculi enim mei hic erant. Et mehercules bene fuit. Scissa lautum novendiale servo suo misello faciebat quem mortuum manu miserat. Et puto, cum vicensimariis magnam mantissam habet; quinquaginta enim millibus aestimant mortuum. Sed tamen suaviter fuit, etiam si coacti sumus dimidias potiones super ossucula eius effun-
66 dere.' 'Tamen,' inquit Trimalchio, 'quid habuistis in cena?' 'Dicam,' inquit, 'si potuero; nam tam bonae memoriae sum, ut frequenter nomen meum obliviscar. Habuimus tamen in primo porcum poculo coronatum et circa saviunculum et gizeria optime facta et certe betam et panem autopyrum de suo sibi quem ego malo quam candidum; et vires facit, et cum mea re facio, non ploro. Sequens ferculum fuit scriblita frigida et super mel caldum infusum excellente Hispanum. Itaque de scriblita quidem non minimum edi, de melle me usque tetigi. Circa cicer et lupinum, calvae arbitratu et mala singula. Ego tamen duo sustuli et ecce in mappo alligata habeo; nam si aliquid muneris meo vernulae non tulero, habebo convicium. Bene me admonet domina mea. In prospectu habuimus ursinae frustum de quo cum imprudens Scintilla gustasset, paene intestina sua vomuit; ego contra plus libram comedi, nam ipsum aprum sapiebat. Et si, inquam, ursus homuncionem comest, quanto magis ho-

muncio debet ursum comesse? In summo habuimus caseum mollem ex sapa et cocleas singulas et cordae frusta et hepatia in catillis et ova pilleata et rapam et senape et catillum concacatum, pax Palamedes. Etiam in alveo circumlata sunt oxycomina, unde quidam etiam improbe ternos pugnos sustulerunt. Nam pernae missionem dedimus. Sed narra mihi, Gai, rogo, Fortunata quare non 67
recumbit?' 'Quomodo nosti,' inquit, 'illam' Trimalchio, 'nisi argentum composuerit, nisi reliquias pueris diviserit, aquam in os suum non coniciet.' 'Atqui,' respondit Habinnas, 'nisi illa discumbit, ego me apoculo,' et coeperat surgere, nisi signo dato Fortunata quater amplius a tota familia esset vocata. Venit ergo galbino succincta cingillo, ita ut infra cerasina adpareret tunica et periscelides tortae phaecasiaeque inauratae. Tunc sudario manus tergens quod in collo habebat, adplicat se illi toro in quo Scintilla Habinnae discumbebat uxor, osculataque plaudentem 'est te,' inquit, 'videre?'. . .

Eo deinde perventum est, ut Fortunata armillas suas crassissimis detraheret lacertis Scintillaeque miranti ostenderet. Vltimo etiam periscelides resolvit et reticulum aureum quem ex obrussa esse dicebat. Notavit haec Trimalchio iussitque adferri omnia et 'videtis,' inquit, 'mulieris compedes: sic nos barcalae despoliamur. Sex pondo et selibram debet habere. Et ipse nihilo minus habeo decem pondo armillam ex millesimis Mercurii factam.' Vltimo etiam, ne mentiri videretur, stateram iussit adferri et circumlatum adprobari pondus. Nec melior Scintilla quae de cervice sua capsellam detraxit aureolam quam Felicionem adpellabat. Inde duo crotalia protulit et Fortunatae in vicem consideranda dedit et 'domini,' inquit, 'mei beneficio nemo habet meliora.' 'Quid?' inquit Habinnas, 'excatarissasti me, ut tibi emerem fabam vitream. Plane si filiam haberem, auriculas illi praeciderem. Mulieres si non essent, omnia pro luto haberemus' [. . .].

Interim mulieres sauciae inter se riserunt ebriaeque iunxerunt oscula, dum altera diligentiam matris familiae
68 iactat, altera delicias et indiligentiam viri. [. . .]

Interposito deinde spatio cum secundas mensas Trimalchio iussisset adferri, sustulerunt servi omnis mensas et alias adtulerunt, scobemque croco et minio tinctam sparserunt et, quod nunquam ante videram, ex lapide speculari pulverem tritum. Statim Trimalchio, 'poteram quidem,' inquit, 'hoc fericulo esse contentus; secundas enim mensas habetis, sed si quid belli habes, affer.'

Interim puer Alexandrinus qui caldam ministrabat, luscinias coepit imitari clamante Trimalchione subinde: 'muta.' Ecce alius ludus. Servus qui ad pedes Habinnae sedebat, iussus, credo, a domino suo proclamavit subito canora voce:

'Interea medium Aeneas iam classe tenebat.'

Nullus sonus umquam acidior percussit auris meas; nam praeter errantis barbariae aut auctum aut deminutum clamorem miscebat Atellanicos versus, ut tunc primum me etiam Vergilius offenderit. Plausum tamen, cum aliquando desisset, adiecit Habinnas et 'numquam,' inquit, 'didicit, sed ego ad circulatores eum mittendo erudibam. Itaque parem non habet, sive muliones volet sive circulatores imitari. Desperatum valde ingeniosus est: idem sutor est, idem cocus, idem pistor, omnis musae mancipium. Duo tamen vitia habet quae si non haberet, esset omnium numerum: recutitus est et stertit. Nam quod strabonus est, non curo; sicut Venus spectat. Ideo nihil
69 tacet, vix oculo mortuo umquam. Illum emi trecentis denariis.' Interpellavit loquentem Scintilla et 'plane,' inquit, 'non omnia artificia servi nequam narras. Agaga est; at curabo, stigmam habeat.' Risit Trimalchio et

'adcognosco,' inquit, 'Cappadocem: nihil sibi defraudit, et mehercules laudo illum; hoc enim nemo parentat. Tu autem, Scintilla, noli zelotypa esse. Crede mihi, et vos novimus. Sic me salvum habeatis, ut ego sic solebam ipsumam meam debattuere, ut etiam dominus suspicaretur; et ideo me in vilicationem relegavit. Sed tace, lingua, dabo panem.' Tamquam laudatus esset nequissimus servus, lucernam de sinu fictilem protulit et amplius semihora tubicines imitatus est succinente Habinna et inferius labrum manu deprimente. Vltimo etiam in medium processit et modo harundinibus quassis choraulas imitatus est, modo lacernatus cum flagello mulionum fata egit, donec vocatum ad se Habinnas basiavit, potionemque illi porrexit et 'tanto melior,' inquit, 'Massa, dono tibi caligas.'

Nec ullus tot malorum finis fuisset, nisi epidipnis esset adlata, turdi siliginei uvis passis nucibusque farsi. Insecuta sunt Cydonia etiam mala spinis confixa, ut echinos efficerent. Et haec quidem tolerabilia erant, si non ferculum longe monstrosius effecisset, ut vel fame perire mallemus. Nam cum positus esset, ut nos putabamus, anser altilis circaque piscis et omnia genera avium, 'amici,' inquit Trimalchio, 'quidquid videtis hic positum, de uno corpore est factum.' Ego, scilicet homo prudentissimus, statim intellexi quid esset, et respiciens Agamemnonem 'mirabor,' inquam, 'nisi omnia ista de fimo facta sunt aut certe de luto. Vidi Romae Saturnalibus eiusmodi cenarum imaginem fieri.' Necdum finieram sermonem, cum 70
Trimalchio ait: 'ita crescam patrimonio, non corpore, ut ista cocus meus de porco fecit. Non potest esse pretiosior homo. Volueris, de vulva faciet piscem, de lardo palumbum, de perna turturem, de colaepio gallinam. Et ideo ingenio meo impositum est illi nomen bellissimum; nam Daedalus vocatur. Et quia bonam mentem habet, attuli illi Roma munus cultros Norico ferro.' Quos statim iussit

adferri inspectosque miratus est. Et nobis potestatem fecit, ut mucronem ad buccam probaremus.

Subito intraverunt duo servi, tamquam qui rixam ad lacum fecissent; certe in collo adhuc amphoras habebant. Cum ergo Trimalchio ius inter litigantes diceret, neuter sententiam tulit decernentis, sed alterius amphoram fuste percussit. Consternati nos insolentia ebriorum intentavimus oculos in proeliantes notavimusque ostrea pectinesque e gastris labentia quae conlecta puer lance circumtulit. Has lautitias aequavit ingeniosus cocus; in craticula enim argentea cochleas adtulit et tremula taeterrimaque voce cantavit.

Pudet referre quae secuntur: inaudito enim more pueri capillati adtulerunt unguentum in argentea pelve pedesque recumbentium unxerunt, cum ante crura talosque corollis vinxissent. Hinc ex eodem unguento in vinarium atque lucernam aliquantum est infusum.

Iam coeperat Fortunata velle saltare, iam Scintilla frequentius plaudebat quam loquebatur, cum Trimalchio 'permitto,' inquit, 'Philargyre et Cario, etsi prasinianus es famosus, dic et Menophilae, contubernali tuae, discumbat.' Quid multa? Paene de lectis deiecti sumus, adeo totum triclinium familia occupaverat. Certe ego notavi super me positum cocum qui de porco anserem fecerat, muria condimentisque fetentem. Nec contentus fuit recumbere, sed continuo Ephesum tragoedum coepit imitari et subinde dominum suum sponsione provocare 'si prasinus proximis circensibus primam palmam.'

71 Diffusus hac contentione Trimalchio 'amici,' inquit, 'et servi homines sunt et aeque unum lactem biberunt, etiam si illos malus fatus oppressit. Tamen me salvo cito aquam liberam gustabunt. Ad summam, omnes illos in testamento meo manu mitto. Philargyro etiam fundum lego et contubernalem suam, Carioni quoque insulam et

vicesimam et lectum stratum. Nam Fortunatam meam heredem facio, et commendo illam omnibus amicis meis. Et haec ideo omnia publico, ut familia mea iam nunc sic me amet tamquam mortuum.' Gratias agere omnes indulgentiae coeperant domini, cum ille oblitus nugarum exemplar testamenti iussit adferri et totum a primo ad ultimum ingemescente familia recitavit. Respiciens deinde Habinnam 'quid dicis,' inquit, 'amice carissime? aedificas monumentum meum, quemadmodum te iussi? Valde te rogo, ut secundum pedes statuae meae catellam ponas et coronas et unguenta et Petraitis omnes pugnas, ut mihi contingat tuo beneficio post mortem vivere; praeterea ut sint in fronte pedes centum, in agrum pedes ducenti. Omne genus enim poma volo sint circa cineres meos, et vinearum largiter. Valde enim falsum est vivo quidem domos cultas esse, non curari eas, ubi diutius nobis habitandum est. Et ideo ante omnia adici volo: "hoc monumentum heredem non sequatur." Ceterum erit mihi curae, ut testamento caveam, ne mortuus iniuriam accipiam. Praeponam enim unum ex libertis sepulcro meo custodiae causa, ne in monumentum meum populus cacatum currat. Te rogo, ut naves etiam . . . monumenti mei facias plenis velis euntes, et me in tribunali sedentem praetextatum cum anulis aureis quinque et nummos in publico de sacculo effundentem; scis enim, quod epulum dedi binos denarios. Faciantur, si tibi videtur, et triclinia. Facias et totum populum sibi suaviter facientem. Ad dexteram meam ponas statuam Fortunatae meae columbam tenentem: et catellam cingulo alligatam ducat: et cicaronem meum, et amphoras copiosas gypsatas, ne effluant vinum. Et urnam licet fractam sculpas, et super eam puerum plorantem. Horologium in medio, ut quisquis horas inspiciet, velit nolit, nomen meum legat. Inscriptio quoque vide diligenter si haec satis idonea tibi videtur: "C. Pompeius Trimalchio Maecenatianus hic requiescit. Huic seviratus absenti decretus est. Cum posset in omnibus decuriis Romae esse, tamen noluit. Pius, fortis, fidelis, ex parvo crevit, sestertium reliquit trecenties, nec umquam philosophum audivit. Vale: et tu."'

72 Haec ut dixit Trimalchio, flere coepit ubertim. Flebat et Fortunata, flebat et Habinnas, tota denique familia, tamquam in funus rogata, lamentatione triclinium implevit. Immo iam coeperam etiam ego plorare, cum Trimalchio 'ergo,' inquit, 'cum sciamus nos morituros esse, quare non vivamus? sic vos felices videam, coniciamus nos in balneum, meo periculo, non paenitebit. Sic calet tamquam furnus.' 'Vero, vero,' inquit Habinnas, 'de una die duas facere, nihil malo,' nudisque consurrexit pedibus et Trimalchionem plaudentem subsequi coepit.

Ego respiciens ad Ascylton 'quid cogitas?' inquam, 'ego enim si videro balneum, statim expirabo.' 'Assectemur,' ait ille, 'et dum illi balneum petunt, nos in turba exeamus.' Cum haec placuissent, ducente per porticum Gitone ad ianuam venimus, ubi canis catenarius tanto nos tumultu excepit, ut Ascyltos etiam in piscinam ceciderit. Nec non ego quoque ebrius, qui etiam pictum timueram canem, dum natanti opem fero, in eundem gurgitem tractus sum. Servavit nos tamen atriensis qui interventu suo et canem placavit et nos trementes extraxit in siccum. Et Giton quidem iam dudum se ratione acutissima redemerat a cane; quidquid enim a nobis acceperat de cena, latranti sparserat; ille avocatus cibo furorem suppresserat. Ceterum cum algentes udique petissemus ab atriense, ut nos extra ianuam emitteret, 'erras,' inquit, 'si putas te exire hac posse qua venisti. Nemo umquam convivarum per eandem ianuam emissus est; alia intrant, alia exeunt.'

73 Quid faciamus homines miserrimi et novi generis labyrintho inclusi quibus lavari iam coeperat votum esse?

Ultro ergo rogavimus, ut nos ad balneum duceret, proiectisque vestimentis quae Giton in aditu siccare coepit, balneum intravimus, angustum scilicet et cisternae frigidariae simile in quo Trimalchio rectus stabat. Ac ne sic quidem putidissimam eius iactationem licuit effugere; nam nihil melius esse dicebat quam sine turba lavari, et eo ipso loco aliquando pistrinum fuisse. Deinde ut lassatus consedit, invitatus balnei sono diduxit usque ad cameram os ebrium et coepit Menecratis cantica lacerare, sicut illi dicebant qui linguam eius intellegebant. Ceteri convivae circa labrum manibus nexis currebant et gingilipho ingenti clamore sonabant. Alii autem restrictis manibus anulos de pavimento ore conabantur tollere aut posito genu cervices post terga flectere et pedum extremos pollices tangere. Nos, dum illi sibi ludos faciunt, in solium quod Trimalchioni vaporabatur descendimus.

Ergo ebrietate discussa in aliud triclinium deducti sumus, ubi Fortunata disposuerat lautitias ita ut supra lucernas . . . aeneolosque piscatores notaverim et mensas totas argenteas calicesque circa fictilis inauratos et vinum in conspectu sacco defluens. Tum Trimalchio 'amici,' inquit, 'hodie servus meus barbatoriam fecit, homo praefiscini frugi et micarius. Itaque tangomenas faciamus et usque in lucem cenemus.' Haec dicente eo 74
gallus gallinaceus cantavit. Qua voce confusus Trimalchio vinum sub mensa iussit effundi lucernamque etiam mero spargi. Immo anulum traiecit in dexteram manum et 'non sine causa,' inquit, 'hic bucinus signum dedit; nam aut incendium oportet fiat, aut aliquis in vicinia animam abiciet. Longe a nobis. Itaque quisquis hunc indicem attulerit, corollarium accipiet.' Dicto citius de vicinia gallus adlatus est quem Trimalchio occidi iussit, ut aeno coctus fieret. Laceratus igitur ab illo doctissimo coco, qui paulo ante de porco avis piscisque fecerat, in cac-

cabum est coniectus. Dumque Daedalus potionem ferventissimam haurit, Fortunata mola buxea piper trivit.

Sumptis igitur matteis respiciens ad familiam Trimalchio 'quid vos,' inquit, 'adhuc non cenastis? Abite, ut alii veniant ad officium.' Subiit igitur alia classis, et illi quidem exclamavere: 'vale Gai,' hi autem: 'ave Gai.' Hinc primum hilaritas nostra turbata est; nam cum puer non inspeciosus inter novos intrasset ministros, invasit eum Trimalchio et osculari diutius coepit. Itaque Fortunata, ut ex aequo ius firmum adprobaret, male dicere Trimalchioni coepit et purgamentum dedecusque praedicare qui non contineret libidinem suam. Ultimo etiam adiecit: 'canis.' Trimalchio contra offensus convicio calicem in faciem Fortunatae inmisit. Illa tamquam oculum perdidisset, exclamavit manusque trementes ad faciem suam admovit. Consternata est etiam Scintilla trepidantemque sinu suo texit. Immo puer quoque officiosus urceolum frigidum ad malam eius admovit, super quem incumbens Fortunata gemere ac flere coepit. Contra Trimalchio 'quid enim?' inquit, 'ambubaia non meminit, sed de machina illam sustuli, hominem inter homines feci. At inflat se tamquam rana, et in sinum suum non spuit, codex, non mulier. Sed hic qui in pergula natus est, aedes non somniatur. Ita genium meum propitium habeam, curabo, domata sit Cassandra caligaria. Et ego, homo dipundiarius, sestertium centies accipere potui. Scis tu me non mentiri. Agatho, unguentarius herae proximae, seduxit me et "suadeo," inquit, "non patiaris genus tuum interire." At ego dum bonatus ago et nolo videri levis, ipse mihi asciam in crus impegi. Recte, curabo, me unguibus quaeras. Et ut depraesentiarum intelligas quid tibi feceris: Habinna, nolo, statuam eius in monumento meo ponas, ne mortuus quidem lites habeam. Immo, ut sciat me posse malum dare, nolo, me mortuum basiet.'

Post hoc fulmen Habinnas rogare coepit ut iam desi- 75
neret irasci et 'nemo,' inquit, 'nostrum non peccat. Homines sumus, non dei.' Idem et Scintilla flens dixit ac per genium eius Gaium adpellando rogare coepit, ut se frangeret. Non tenuit ultra lacrimas Trimalchio et 'rogo,' inquit, 'Habinna, sic peculium tuum fruniscaris: si quid perperam feci, in faciem meam inspue. Puerum basiavi frugalissimum, non propter formam, sed quia frugi est: decem partes dicit, librum ab oculo legit, thraecium sibi de diariis fecit, archisellium de suo paravit et duas trullas. Non est dignus quem in oculis feram? sed Fortunata vetat. Ita tibi videtur, fulcipedia? suadeo, bonum tuum concoquas, milva, et me non facias ringentem, amasiuncula: alioquin experieris cerebrum meum. Nosti me: quod semel destinavi, clavo tabulari fixum est. Sed vivorum meminerimus. Vos rogo, amici, ut vobis suaviter sit. Nam ego quoque tam fui quam vos estis, sed virtute mea ad hoc perveni. Corcillum est quod homines facit, cetera quisquilia omnia. "Bene emo, bene vendo"; alius alia vobis dicet. Felicitate dissilio. Tu autem, sterteia, etiamnum ploras? Iam curabo, fatum tuum plores. Sed, ut coeperam dicere, ad hanc me fortunam frugalitas mea perduxit. Tam magnus ex Asia veni quam hic candelabrus est. Ad summam, cotidie me solebam ad illum metiri, et ut celerius rostrum barbatum haberem, labra de lucerna ùngebam. Tamen ad delicias ipsimi annos quattuordecim fui. Nec turpe est quod dominus iubet. Ego tamen et ipsimae satis faciebam. Scitis quid dicam: taceo, quia non sum de gloriosis. Ceterum, quemadmodum di volunt, dominus in domo factus sum, et ecce cepi ipsimi cerebellum. Quid multa? Cohere- 76
dem me Caesari fecit, et accepi patrimonium laticlavium. Nemini tamen nihil satis est. Concupivi negotiari. Ne multis vos morer, quinque naves aedificavi, oneravi

vinum — et tunc erat contra aurum — misi Romam. Putares me hoc iussisse: omnes naves naufragarunt, factum, non fabula. Vno die Neptunus trecenties sestertium devoravit. Putatis me defecisse? non mehercules mi haec iactura gusti fuit, tamquam nihil facti. Alteras feci maiores et meliores et feliciores, ut nemo non me virum fortem diceret. Scitis, magna navis magnam fortitudinem habet. Oneravi rursus vinum, lardum, fabam, seplasium, mancipia. Hoc loco Fortunata rem piam fecit; omne enim aurum suum, omnia vestimenta vendidit et mi centum aureos in manu posuit. Hoc fuit peculii mei fermentum. Cito fit quod di volunt. Vno cursu centies sestertium corrotundavi. Statim redemi fundos omnes qui patroni mei fuerant. Aedifico domum, venalicia coemo, iumenta; quidquid tangebam, crescebat tamquam favus. Postquam coepi plus habere quam tota patria mea habet, manum de tabula; sustuli me de negotiatione et coepi per libertos faenerare. Et sane nolentem me negotium meum agere exhortavit mathematicus qui venerat forte in coloniam nostram, Graeculio, Serapa nomine, consiliator deorum. Hic mihi dixit etiam ea quae oblitus eram; ab acia et acu mi omnia exposuit; intestinas meas noverat, tantum quod mihi non dixerat, quid pridie
77 cenaveram. Putasses illum semper mecum habitasse. Rogo, Habinna—puto, interfuisti—: "tu dominam tuam de rebus illis fecisti. Tu parum felix in amicos es. Nemo umquam tibi parem gratiam refert. Tu latifundia possides. Tu viperam sub ala nutricas," et quid vobis non dixerim, etiam nunc mi restare vitae annos triginta et menses quattuor et dies duos. Praeterea cito accipiam hereditatem. Hoc mihi dicit fatus meus. Quod si contigerit fundos Apuliae iungere, satis vivus pervenero. Interim dum Mercurius vigilat, aedificavi hanc domum. Vt scitis, casula erat; nunc templum est. Habet quattuor cena-

tiones, cubicula viginti, porticus marmoratos duos, susum cellationem, cubiculum in quo ipse dormio, viperae huius sessorium, ostiarii cellam perbonam; hospitium hospites capit. Ad summam, Scaurus cum huc venit, nusquam mavoluit hospitari, et habet ad mare paternum hospitium. Et multa alia sunt quae statim vobis ostendam. Credite mihi: assem habeas, assem valeas; habes, habeberis. Sic amicus vester qui fuit rana, nunc est rex. Interim, Stiche, profer vitalia in quibus volo me efferri. Profer et unguentum et ex illa amphora gustum, ex qua iubeo lavari ossa mea.'

Non est moratus Stichus, sed et stragulam albam et 78
praetextam in triclinium adtulit . . . iussitque nos temptare, an bonis lanis essent confecta. Tum subridens 'vide tu,' inquit, 'Stiche, ne ista mures tangant aut tineae; alioquin te vivum comburam. Ego gloriosus volo efferri, ut totus mihi populus bene imprecetur.' Statim ampullam nardi aperuit omnisque nos unxit et 'spero,' inquit, 'futurum ut aeque me mortuum iuvet tamquam vivum.' Nam vinum quidem in vinarium iussit infundi et 'putate vos,' ait, 'ad parentalia mea invitatos esse.'

Ibat res ad summam nauseam, cum Trimalchio ebrietate turpissima gravis novum acroama, cornicines, in triclinium iussit adduci, fultusque cervicalibus multis extendit se super torum extremum et 'fingite me,' inquit, 'mortuum esse. Dicite aliquid belli.' Consonuere cornicines funebri strepitu. Vnus praecipue servus libitinarii illius qui inter hos honestissimus erat tam valde intonuit, ut totam concitaret viciniam. Itaque vigiles qui custodiebant vicinam regionem, rati ardere Trimalchionis domum, effregerunt ianuam subito et cum aqua securibusque tumultuari suo iure coeperunt. Nos occasionem opportunissimam nacti Agamemnoni verba dedimus raptimque tam plane quam ex incendio fugimus.

SENECA

L. ANNAEUS SENECA was born about 4 A.D. at Corduba. He was a senator in the reign of Caligula. Incurring the displeasure of Messalina, the wife of Claudius, he was banished in 41 to Corsica, where he seems to have written the extant tragedies. He was recalled in 48 by Agrippina as tutor of Nero. After the accession of his pupil to the throne, he was for a long time the ruling power, but becoming implicated in the Pisonian conspiracy, he was driven to suicide, 65 A.D.

Seneca is without question one of the most brilliant names in Roman literature, and owing to the eloquence, the epigrammatic setting, and the intense earnestness that distinguish his ethical writings, his influence upon posterity has been profound. But as his life presents a strange contrast to his professions, so his style, with its nervous energy, avoidance of periodic structure, and constant striving after sensational effect, seems incompatible with true stoical ideals.

His prose writings naturally fall into three parts. First, the so-called *Dialogues*, brilliant philosophical essays, *e.g.*, on Anger, on Tranquillity of Mind, on Leisure, on the Happy Life; to which must be added the more extensive treatises on Mercy, and on Benefits, in seven books. Secondly, the *Epistulae Morales ad Lucilium*, of which we possess 124, in twenty books. They are chiefly dissertations on Stoic or Epicurean doctrines. Thirdly, the *Quaestiones Naturales ad Lucilium*, in eight books. These treatises constituted the most popular handbook on physics in the Middle Ages.

Finally, we have the virulent invective against Claudius, known as the Ἀποκολοκύντωσις—'The Pumpkinification' of Claudius, perhaps the best example of the Satira Menippea that has been preserved.

De Vita Beata.

17. Si quis itaque ex istis qui philosophiam conlatrant, 1
quod solent, dixerit: '*quare ergo tu fortius loqueris quam
vivis?* quare et superiori verba submittis et pecuniam
necessarium tibi instrumentum existimas et damno move-
ris et lacrimas audita coniugis aut amici morte demittis et
respicis famam et malignis sermonibus tangeris? quare 2
cultius rus tibi est quam naturalis usus desiderat? cur non
ad praescriptum tuum cenas? cur tibi nitidior supellex
est? cur apud te vinum aetate tua vetustius bibitur? cur
arvum disponitur? cur arbores nihil praeter umbram da-
turae conservantur? quare uxor tua locupletis domus
censum auribus gerit? quare paedagogium pretiosa veste
subcingitur? quare ars est apud te ministrare nec temere
et ut libet conlocatur argentum, sed perite servitur et est
aliquis scindendi obsonii magister? adice, si vis, cur trans
mare possides? cur plura quam nosti? turpiter aut tam
neglegens es, ut non noveris pauculos servos, aut tam luxu-
riosus, ut pluris habeas quam quorum notitiae memoria
sufficiat.' Adiuvabo postmodo, convicia et plura mihi 3
quam putas obiciam, nunc hoc respondeo tibi: non sum
sapiens et, ut malevolentiam tuam pascam, nec ero. Exige
itaque a me, non ut optimis par sim, sed ut malis melior:
hoc mihi satis est, cotidie aliquid ex vitiis meis demere et

4 errores meos obiurgare. Non perveni ad sanitatem, ne
perveniam quidem. Delenimenta magis quam remedia
podagrae meae compono, contentus, si rarius accedit et si
minus verminatur: vestris quidem pedibus comparatus de-
bilis cursor sum. Haec non pro me loquor, etenim ego in
alto vitiorum omnium sum, sed pro illo cui aliquid acti est.

1 18. *'Aliter,'* inquit, *'loqueris, aliter vivis.'* Hoc malig-
nissima capita et optimo cuique inimicissima Platoni ob-
iectum est, obiectum Epicuro, obiectum Zenoni. Omnes
enim isti dicebant non quemadmodum ipsi viverent, sed
quemadmodum esset ipsis vivendum. De virtute, non de
me loquor, et cum vitiis convicium facio, in primis meis
2 facio: cum potuero, vivam quomodo oportet. Nec ma-
lignitas me ista multo veneno tincta deterrebit ab optimis.
Ne virus quidem istud, quo alios spargitis, quo vos necatis,
me impediet, quo minus perseverem laudare vitam, non
quam ago, sed quam agendam scio, quo minus virtutem
3 adorem et ex intervallo ingenti reptabundus sequar. Ex-
pectabo scilicet, ut quidquam malevolentiae inviolatum
sit cui sacer nec Rutilius fuit nec Cato? Curet aliquis,
an istis nimis dives videatur quibus Demetrius Cynicus
parum pauper est? virum acerrimum et contra omnia na-
turae desideria pugnantem, hoc pauperiorem quam ceteros
Cynicos, quod, cum sibi interdixerit habere, interdixit et
poscere, negant satis egere. Vides enim? non virtutis
scientiam, sed egestatis professus est [. . .]

1 20. *'Non praestant philosophi quae loquuntur.'* Mul-
tum tamen praestant quod loquuntur, quod honesta mente
concipiunt: utinam quidem et paria dictis agerent! quid
esset illis beatius? interim non est quod contemnas bona
verba et bonis cogitationibus plena praecordia. Studio-
rum salutarium etiam citra effectum laudanda tractatio
2 est. Quid mirum, si non escendunt in altum ardua ad-
gressi? sed si vir es, suspice, etiamsi decidunt, magna co-

nantis. Generosa res est respicientem non ad suas, sed
ad naturae suae viris conari alta temptare et mente maiora
concipere, quam quae etiam ingenti animo adornatis effici
possunt. Qui sibi hoc proposuit: 'ego mortem eodem 3
voltu, quo comoediam videbo. Ego laboribus, quanticum-
que illi erunt, parebo animo fulciens corpus. Ego divi-
tias et praesentis et absentis aeque contemnam, nec si
alicubi iacebunt, tristior, nec si circa me fulgebunt, ani-
mosior. Ego fortunam nec venientem sentiam nec rece-
dentem. Ego terras omnis tamquam meas videbo, meas
tamquam omnium. Ego sic vivam quasi sciam aliis me
natum et naturae rerum hoc nomine gratias agam: quo
enim melius genere negotium meum agere potuit? unum
me donavit omnibus, uni mihi omnis. Quidquid habebo, 4
nec sordide custodiam nec prodige spargam. Nihil magis
possidere me credam quam bene donata. Non numero
nec pondere beneficia nec ulla nisi accipientis aestima-
tione perpendam. Numquam id mihi multum erit quod
dignus accipiet. Nihil opinionis causa, omnia conscien-
tiae faciam. Populo spectante fieri credam quidquid me
conscio faciam. Edendi mihi erit bibendique finis desi- 5
deria naturae restinguere, non implere alvum et exina-
nire. Ero amicis iucundus, inimicis mitis et facilis.
Exorabor antequam roger, honestis precibus occurram.
Patriam meam esse mundum sciam et praesides deos.
Hos supra me circaque me stare factorum dictorumque
censores. Quandoque aut natura spiritum repetet aut ra-
tio dimittet, testatus exibo bonam me conscientiam amasse,
bona studia, nullius per me libertatem deminutam, mi-
nime meam.' Qui haec facere proponet, volet, temptabit,
ad deos iter faciet: nae ille, etiamsi non tenuerit,

magnis tamen excidit ausis.

Vos quidem, quod virtutem cultoremque eius odistis, 6
nihil novi facitis. Nam et solem lumina aegra formidant

et aversantur diem splendidum nocturna animalia quae
ad primum eius ortum stupent et latibula sua passim pe-
tunt, abduntur in aliquas rimas timida lucis. Gemite et
infelicem linguam bonorum exercete convicio, hiscite, con-
mordete: citius multo frangetis dentis quam imprimetis.

1 21. 'Quare ille philosophiae studiosus est et tam dives
vitam agit? quare opes contemnendas dicit et habet? vi-
tam contemnendam putat et tamen vivit? valitudinem
contemnendam et tamen illam diligentissime tuetur at-
que optimam mavult? et exilium vanum nomen putat et,
ait: quid enim est mali mutare regiones? et tamen, si
licet, senescit in patria? et inter longius tempus et bre-
vius nihil interesse iudicat, tamen, si nihil prohibet, ex-
tendit aetatem et in multa senectute placidus viret?'
2 Ait ista debere contemni, non, ne habeat, sed ne sollici-
tus habeat. Non abigit illa a se, sed abeuntia securus
prosequitur. Divitias quidem ubi tutius fortuna deponet
quam ibi, unde sine querella reddentis receptura est?
3 M. Cato cum laudaret Curium et Coruncanium et illud
seculum, in quo censorium crimen erat paucae argenti
lamellae, possidebat ipse quadragies sestertium, minus
sine dubio quam Crassus, plus quam Censorius Cato.
Maiore spatio, si compararentur, proavum vicerat, quam
a Crasso vinceretur, et, si maiores illi obvenissent opes,
4 non sprevisset. Nec enim se sapiens indignum ullis mu-
neribus fortuitis putat. Non amat divitias, sed mavult.
Non in animum illas, sed in domum recipit. Nec respuit
possessiones, sed continet et maiorem virtuti suae mate-
riam subministrari vult.

1 22. Quid autem dubii est, quin haec maior materia sa-
pienti viro sit animum explicandi suum in divitiis quam
in paupertate, cum in hac unum genus virtutis sit non
inclinari nec deprimi, in divitiis et temperantia et libera-
litas et diligentia et dispositio et magnificentia campum

habeat patentem. Non contemnet se sapiens, etiamsi 2
fuerit minimae staturae, esse tamen se procerum volet.
Et exilis corpore valebit, malet tamen sibi esse corporis
robur, et hoc ita, ut sciat esse aliud in se valentius.
Malam valetudinem tolerabit, bonam optabit. Quaedam 3
enim, etiamsi in summam rei parva sunt, et subduci
sine ruina principalis boni possunt, adiciunt tamen ali-
quid ad perpetuam laetitiam ex virtute nascentem: sic
illum adficiunt divitiae et exhilarant, ut navigantem
secundus et ferens ventus, ut dies bonus et in bruma
ac frigore apricus locus. Quis porro sapientum, nostro- 4
rum dico quibus unum est bonum virtus, negat etiam
haec quae indifferentia vocamus, habere in se aliquid
pretii et alia aliis esse potiora? quibusdam ex iis tri-
buitur aliquid honoris, quibusdam multum. Ne erres
itaque, inter potiora divitiae sunt. 'Quid ergo,' inquis, 5
me derides, cum eundem apud te locum habeant, quem
apud me?' Vis scire, quam non eundem habeant locum?
mihi divitiae si effluxerint, nihil auferent nisi semetipsas:
tu stupebis et videberis tibi sine te relictus, si illae a te
recesserint. Apud me divitiae aliquem locum habent,
apud te summum; ad postremum, divitiae meae sunt, tu
divitiarum es.

23. Desine ergo philosophis pecunia interdicere: nemo 1
sapientiam paupertate damnavit. Habebit philosophus
amplas opes, sed nulli detractas nec alieno sanguine
cruentas, sine cuiusquam iniuria partas, sine sordidis
quaestibus quarum tam honestus sit exitus quam introi-
tus, quibus nemo ingemiscat nisi malignus. In quantum
vis exaggera illas: honestae sunt, in quibus cum multa
sint quae sua quisque dici velit, nihil est, quod quisquam
suum possit dicere. Ille vero fortunae benignitatem a se 2
non submovebit et patrimonio per honesta quaesito nec
gloriabitur nec erubescet. Habebit tamen etiam quo glo-

rietur, si aperta domo et admissa in res suas civitate poterit dicere: 'quod quisque agnoverit, tollat.' O magnum virum, o optime divitem, si post hanc vocem tantumdem habuerit! ita dico, si tuto et securus scrutationem populo praebuerit, si nihil quisquam apud illum invenerit cui manus iniciat, audacter et propalam erit
3 dives. Sapiens nullum denarium intra limen suum admittet male intrantem. Idem magnas opes, munus fortunae fructumque virtutis, non repudiabit nec excludet. Quid enim est quare illis bono loco invideat? veniant, hospitentur. Nec iactabit illas nec abscondet: alterum infruniti animi est, alterum timidi et pusilli velut ma-
4 gnum bonum intra sinum continentis. Nec, ut dixi. Eiciet illas e domo. Quid enim dicet? utrumne 'inutiles estis' an 'ego uti divitiis nescio'? Quemadmodum etiam pedibus suis poterit iter conficere, escendere tamen vehiculum malet: sic pauper, si potuerit esse dives, volet.
5 Habebit itaque opes, sed tamquam levis et avolaturas. Nec ulli alii nec sibi gravis esse patietur. Donabit— quid erexistis auris? Quid expanditis sinum? donabit aut bonis aut eis quos facere poterit bonos; donabit cum summo consilio dignissimos eligens, ut qui meminerit tam expensorum quam acceptorum rationem esse reddendam; donabit ex recta et probabili causa. Nam inter turpis iacturas malum munus est; habebit sinum facilem, non perforatum ex quo multa exeant, nihil excidat.

1 24. *Errat, si quis existimat facilem rem esse donare:* plurimum ista res habet difficultatis, si modo consilio tribuitur, non casu et impetu spargitur. Hunc promereor, illi reddo. Huic succurro, huius misereor. Illum instruo dignum quem non deducat paupertas nec occupatum teneat. Quibusdam non dabo, quamvis desit, quia, etiamsi dedero, erit defuturum. Quibusdam offeram, quibusdam etiam inculcabo. Non possum in hac re esse

neglegens. Numquam magis nomina facio quam cum
dono. 'Quid ? tu,' inquis, 'recepturus donas ?' immo non 2
perditurus: eo loco sit donatio, unde repeti non debeat,
reddi possit. Beneficium conlocetur, quemadmodum the-
saurus alte obrutus quem non eruas, nisi fuerit necesse.
Quid? domus ipsa divitis viri quantam habet benefaciendi 3
materiam ? quis enim liberalitatem tantum ad togatos
vocat? hominibus prodesse natura me iubet, et servi libe-
rine sint hi, ingenui an libertini, iustae libertatis an inter
amicos datae, quid refert ? ubicumque homo est, ibi bene-
ficii locus est. Potest itaque pecuniam etiam intra limen
suum diffundere et liberalitatem exercere quae non quia
liberis debetur, sed quia a libero animo proficiscitur, ita
nominata est. Haec apud sapientem nec umquam in tur-
pis indignosque impingitur nec umquam ita defatigata er-
rat, ut non, quotiens dignum invenerit, quasi ex pleno
fluat. Non est ergo, quod perperam exaudiatis quae ho- 4
neste, fortiter, animose a studiosis sapientiae dicuntur.
Et hoc primum adtendite: aliud est studiosus sapientiae,
aliud iam adeptus sapientiam. Ille tibi dicet: 'optime
loquor, sed adhuc inter mala volutor plurima. Non est,
quod me ad formulam meam exigas. Cum maxime facio
me et formo et ad exemplar ingens adtollo. Si pro-
cessero quantum proposui, exige ut dictis facta respon-
deant.' Adsecutus vero humani boni summa aliter te-
cum aget et dicet: 'Primum non est, quod tibi permittas
de melioribus ferre sententiam: mihi iam, quod argumen-
tum est recti, contingit malis displicere. Sed, ut tibi ra- 5
tionem reddam qua nulli mortalium invideo, audi quid
promittam et quanti quaeque aestimem: divitias nego bo-
num esse. Nam si essent, bonos facerent. Nunc quo-
niam, quod apud malos deprehenditur, dici bonum non
potest, hoc illis nomen nego. Ceterum et habendas esse
et utilis et magna conmoda vitae adferentis fateor.'

1 25. Quid ergo sit, quare illas non in bonis nume-
rem et quid praestem in illis aliud quam vos, quoniam
inter utrosque convenit habendas, audite. Pone in opu-
lentissima me domo, pone aurum argentumque in pro-
miscuo usu sit: non suspiciam me ob ista quae, etiamsi
apud me, extra me tamen sunt. In sublicium pontem me
transfer et inter egentes abige: non ideo tamen me despi-
ciam, quod in illorum numero consedero qui manum ad
stipem porrigunt. Quid enim ad rem, an frustum panis
desit cui non deest mori posse? Quid ergo est? domum
2 illam splendidam malo quam pontem. Pone me in stra-
mentis splendentibus et delicato adparatu: nihilo me feli-
ciorem credam, quod mihi molle erit amiculum, quod pur-
pura convivis meis substernetur. Mutas magnificentiam
meam: nihilo miserius ero, si lassa cervix mea in ma-
nipulo foeni adquiescet, si super Circense tomentum per
sarturas veteris lintei effluens incubabo. Quid ergo est?
malo, quid mihi animi sit, ostendere praetextatus et gau-
3 sapatus quam nudis scapulis aut semitectis. Omnes mihi
ex voto dies cedant. Novae gratulationes prioribus sub-
texantur: non ob hoc mihi placebo. Muta in contrarium
hanc indulgentiam temporis, hinc illinc percutiatur ani-
mus damno, luctu, incursionibus variis, nulla hora sine
aliqua querella sit: non ideo me dicam inter miserrima
miserum, non ideo aliquem exsecrabor diem. Provisum
est enim a me, ne quis mihi ater dies esset. Quid ergo
est? malo gaudia temperare, quam dolores compescere.
4 Hoc tibi ille Socrates dicet: fac me victorem universarum
gentium. Delicatus ille Liberi currus triumphantem us-
que ad Thebas a solis ortu vehat. Iura reges † penatium
petant: me hominem esse maxime cogitabo, cum deus un-
dique consalutabor. Huic tam sublimi fastigio coniunge
protinus praecipitem mutationem. In alienum imponar
fericulum exornaturus victoris superbi ac feri pompam:

non humilior sub alieno curru agar quam in meo steteram.
Quid ergo est? vincere tamen quam capi malo. Totum 5
fortunae regnum despiciam, sed ex illo, si dabitur electio,
meliora sumam. Quidquid ad me venerit, bonum fiet, sed
malo faciliora ac iucundiora veniant et minus vexatura
tractantem. Non est enim, quod existimes ullam esse
sine labore virtutem, sed quaedam virtutes stimulis, quae-
dam frenis egent. Quemadmodum corpus in proclivi re- 6
tineri debet, adversus ardua impelli, ita quaedam virtutes
in proclivi sunt, quaedam clivum subeunt. An dubium
est, quin escendat, nitatur, obluctetur patientia, forti-
tudo, perseverantia et quaecumque alia duris opposita
virtus est et fortunam subigit? Quid ergo est? non aeque 7
manifestum est per devexum ire liberalitatem, temperan-
tiam, mansuetudinem? In his continemus animum, ne
prolabatur, in illis exhortamur incitamusque acerrime.
Ergo paupertati adhibebimus, illas quae pugnare sciunt,
fortiores. Divitiis illas diligentiores quae suspensum gra-
dum ponunt et pondus suum sustinent. Cum hoc ita di- 8
visum sit, malo has in usu mihi esse quae exercendae
tranquillius sunt quam eas quarum experimentum sanguis
et sudor est. Ergo non ego aliter, inquit sapiens, vivo
quam loquor, sed vos aliter auditis, sonus tantummodo
verborum ad auris vestras pervenit: quid significet non
quaeritis.'

De Beneficiis, lib. IV.

5. '*Non dat deus beneficia.*' Vnde ergo ista quae 1
possides? quae das? quae negas? quae servas? quae
rapis? unde haec innumerabilia oculos, auris, animum
mulcentia? unde illa quoque luxuriam instruens copia?
neque enim necessitatibus tantummodo nostris provisum
est: usque in delicias amamur. Tot arbusta non uno 2

modo frugifera, tot herbae salutares, tot varietates cibo-
rum per totum annum digestae, ut inerti quoque fortuita
terrae alimenta praeberent. Iam animalia omnis generis,
alia in sicco solidoque, alia in humido nascentia, alia per
sublime dimissa, ut omnis rerum naturae pars tributum
3 aliquod nobis conferret. Flumina haec amoenissimis flex-
ibus campos cingentia, illa praebitura commerciis viam
vasto et navigabili cursu vadentia ex quibus quaedam statis
diebus mirabile incrementum trahunt, ut arida et ferventi
subiecta caelo loca subita vis aestivi torrentis inriget.
Quid medicatorum torrentium venae? quid in ipsis litori-
bus aquarum calentium exundatio?

Te, Lari maxime, teque,
fluctibus et fremitu adsurgens Benace marino.

1 6. Si pauca quis tibi donasset iugera, accepisse te di-
ceres beneficium: inmensa terrarum late patentium spatia
negas esse beneficium? Si pecuniam tibi aliquis donaverit
et arcam tuam, quoniam id tibi magnum videtur, impleverit,
beneficium vocabis: tot metalla defodit, tot flumina emi-
sit terra, super quam decurrunt solidum aurum vehentia.
Argenti, aeris, ferri inmane pondus omnibus locis obrutum
cuius investigandi tibi facultatem dedit ac latentium divi-
tiarum in summa terra signa disposuit: negas te accepisse
2 beneficium? Si domus tibi donetur in qua marmoris ali-
quid resplendeat et tectum nitidius auro aut coloribus
sparsum, non mediocre munus vocabis: ingens tibi domi-
cilium sine ullo incendii aut ruinae metu struxit in quo
vides non tenues crustas et ipsa qua secantur lamina gra-
ciliores, sed integras lapidis pretiosissimi moles, sed totas
variae distinctaeque materiae cuius tu parvula frusta mi-
raris, tectum vero aliter nocte, aliter interdiu fulgens: ne-
3 gas te ullum munus accepisse? Et cum ista quae habes,
magno aestimes, quod est ingrati hominis, nulli debere te
iudicas? Unde tibi istum quem trahis spiritum? unde

istam per quam actus vitae tuae disponis atque ordinas
lucem? unde sanguinem cuius cursu vitalis continetur
calor? unde ista palatum tuum saporibus exquisitis ultra
satietatem lacessentia? unde haec inritamenta iam lassae
voluptatis? unde ista quies in qua putrescis ac marces?
Nonne, si gratus es, dices: 4

Deus nobis haec otia fecit.
Namque erit ille mihi semper deus, illius aram
Saepe tener nostris ab ovilibus imbuet agnus.
Ille meas errare boves, ut cernis, et ipsum
Ludere quae vellem calamo permisit agresti.

Ille deus est non qui paucas boves, sed qui per totum 5
orbem armenta dimisit, qui gregibus ubique passim vagantibus pabulum praestat, qui pascua hibernis aestiva
substituit, qui non calamo tantum cantare et agreste atque
inconditum carmen ad aliquam tamen observationem modulari docuit, sed tot artis, tot vocum varietates, tot sonos,
alios spiritu nostro, alios externo cantus edituros commentus est. Neque enim nostra ista quae invenimus dix- 6
eris, non magis quam quod crescimus, quam quod ad constitutum temporum sua corpori officia respondent: nunc
puerilium dentium lapsus, nunc ad surgentem iam aetatem
et in robustiorem gradum transeuntem pubertas et ultimus
ille deus surgenti iuventae terminum ponens. Insita sunt
nobis omnium aetatum omniumque artium semina magisterque ex occulto deus producit ingenia.

7. 'Natura,' inquit, 'haec mihi praestat.' Non intel- 1
legis te, cum hoc dicis, mutare nomen deo? quid enim
aliud est natura quam deus et divina ratio toti mundo
partibusque eius inserta? Quotiens voles, tibi licet aliter
hunc auctorem rerum nostrarum compellare: et Iovem
illum optimum ac maximum rite dices et tonantem et statorem. Qui non, ut historici tradiderunt, ex eo quod post
votum susceptum acies Romanorum fugientium stetit, sed

quod stant beneficio eius omnia stator stabilitorque est.
2 Hunc eundem et fatum si dixeris, non mentieris. Nam cum fatum nihil aliud sit quam series implexa causarum, ille est prima omnium causa ex qua ceterae pendent. Quaecumque voles illi nomina proprie aptabis vim aliquam effectumque coelestium rerum continentia: tot adpellationes eius possunt esse quot munera.

1 8. Hunc et Liberum patrem et Herculem ac Mercurium nostri putant. Liberum patrem, quia omnium parens sit, quod per eum inventa seminum vis est consultura per voluptatem. Herculem, quia vis eius invicta sit, quandoque
2 lassata fuerit operibus editis, in ignem recessura. Mercurium, quia ratio penes illum est numerusque et ordo et scientia. Quocumque te flexeris, ibi illum videbis occurrentem tibi. Nihil ab illo vacat: opus suum ipse implet. Ergo nihil agis, ingratissime mortalium qui te negas deo debere, sed naturae: quia nec natura sine deo est nec deus
3 sine natura, sed idem est utrumque, distat officio. Si, quod a Seneca accepisses, Annaeo te debere diceres vel Lucio, non creditorem mutares, sed nomen, quoniam sive praenomen eius sive nomen dixisses sive cognomen, idem tamen ille esset: sic nunc naturam voca, fatum, fortunam, omnia eiusdem dei nomina sunt varie utentis sua potestate.

1 30. Aliquando daturum me etiam indignis quaedam non negaverim in honorem aliorum, sicut in petendis honoribus quosdam turpissimos nobilitas industriis, sed novis praetulit non sine ratione: sacra est magnarum virtutum memoria et esse plures bonos iuvat, si gratia bonorum non
2 cum ipsis cadat. Ciceronem filium quae res consulem fecit nisi pater? Cinnam nuper quae res ad consulatum recepit ex hostium castris? quae Sextum Pompeium aliosque Pompeios nisi unius viri magnitudo? tanta quondam, ut satis alte omnis suos etiam ruina eius adtolleret. Quid nuper Fabium Persicum cuius osculum etiam impudici

devitabant, sacerdotem non in uno conlegio fecit nisi Ver-
rucosi et Allobrogici et illi trecenti qui hostium incursioni
pro republica unam domum obiecerant? Hoc debemus 3
virtutibus, ut non praesentes solum illas, sed etiam ablatas
e conspectu colamus: quomodo illae id egerunt, ut non in
unam aetatem prodessent, sed beneficia sua etiam post
ipsas relinquerent, ita nos non una aetate grati sumus.
Hic magnos viros genuit: dignus est beneficiis qualis- 4
cumque est, dignos dedit. Hic egregiis maioribus ortus
est: qualiscumque est, sub umbra suorum lateat. Ut loca
sordida repercussu solis inlustrantur, ita inertes maiorum
suorum luce resplendeant.

31. Excusare hoc loco tibi, mi Liberalis, deos volo. In- 1
terdum enim solemus dicere: quid sibi voluit providentia
quae Aridaeum regno imposuit? Illi putas hoc datum?
patri eius datum est et fratri. Quare C. Caesarem orbi 2
terrarum praefecit, hominem humani sanguinis avidissi-
mum quem non aliter fluere in conspectu suo iubebat,
quam si ore excepturus esset? Quid? ergo tu hoc illi
datum existimas? patri eius Germanico datum, avo proa-
voque et ante hos aliis non minus claris viris, etiamsi pri-
vati paresque aliis vitam exegerunt. [. . .] Referam dic- 3
tum eius in se, quod circumferri memini et ipso prae-
sente laudari. Pollioni Asinio iacenti obsceno verbo 4
usus dixerat se facturum id quod pati malebat. Et cum
Pollionis adtractiorem vidisset frontem: 'Quidquid,' in-
quit, 'mali dixi, mihi et capiti meo.' Hoc dictum suum
ipse narrabat. Hominem tam palam obscenum ad fascis 5
et ad tribunal admisisti? nempe dum veterem illum Scau-
rum senatus principem cogitas, indigne fers subolem eius
iacere.

32. Deos verisimile est, ut alios indulgentius tractent 1
propter parentes avosque, alios propter futuram nepotum
pronepotumque ac longe sequentium posterorum indolem.

Nota enim illis est operis sui series omniumque illis rerum
suas per manus iturarum scientia in aperto semper est,
nobis ex abdito subit et quae repentina putamus, illis pro-
2 visa veniunt ac familiaria. Sint hi reges, quia maiores
eorum fuerunt, quia pro summo imperio habuerunt iu-
stitiam, abstinentiam, quia non rempublicam sibi, sed se
reipublicae dicaverunt. Regnent hi, quia vir bonus qui-
dam ante proavus eorum fuit, qui animum supra fortunam
gessit, qui in dissensione civili, quoniam ita expediebat
reipublicae, vinci quam vincere maluit. Referri illi gratia
tam longo spatio non potuit: in illius respectum iste
populo praesideat, non quia scit aut potest, sed quia alius
3 pro illo meruit. Hic corpore deformis est, adspectu foe-
dus et ornamenta sua traducturus. Iam me homines ac-
cusabunt, caecum et temerarium dicent, nescientem, quo
loco quae summis atque excellentissimis debentur, ponam:
at ego scio alio me istud dare, alio olim debitum solvere.
4 Vnde isti norunt illum quondam gloriae sequentis fuga-
cissimum, eo voltu ad pericula euntem quo alii e periculo
redeunt? numquam bonum suum a publico distinguentem?
Vbi, inquis, iste aut quis est? unde vos scitis? Apud me
istae expensorum acceptorumque rationes dispunguntur.
Ego quid cui debeam scio. Aliis post longam diem re-
pono, aliis in antecessum ac prout occasio et reipublicae
meae facultas tulit.' Ingrato ergo aliquando quaedam,
sed non propter ipsum dabo.

De Tranquillitate Animi.

9. *Studiorum quoque quae liberalissima impensa est,* 4
tamdiu rationem habet, quamdiu modum. Quo innumera-
biles libros et bibliothecas quarum dominus vix tota vita
indices perlegit? onerat discentem turba, non instruit,
multoque satius est paucis te auctoribus tradere quam er-
rare per multos. Quadraginta milia librorum Alexandriae
arserunt: pulcherrimum regiae opulentiae monumentum
alius laudaverit, sicut et T. Livius qui elegantiae regum 5
curaeque egregium id opus ait fuisse: non fuit elegantia
illud aut cura, sed studiosa luxuria, immo ne studiosa qui-
dem, quoniam non in studium, sed in spectaculum com-
paraverant, sicut plerisque ignaris etiam puerilium litera-
rum libri non studiorum instrumenta, sed coenationum
ornamenta sunt. Paretur itaque librorum quantum satis
est, nihil in adparatum. 'Honestius,' inquis, 'hoc se im- 6
pensae quam in Corinthia pictasque tabulas effuderint.'
Vitiosum est ubique quod nimium est. Quid habes, cur
ignoscas homini armaria citro atque ebore captanti, cor-
pora conquirenti aut ignotorum auctorum aut improbato-
rum et inter tot milia librorum oscitanti cui voluminum
suorum frontes maxime placent titulique? Apud desi- 7
diosissimos ergo videbis quidquid orationum historiarum-
que est, tecto tenus exstructa loculamenta. Iam enim
inter balnearia et thermas bibliotheca quoque ut necessa-
rium domus ornamentum expolitur. Ignoscerem plane,
si studiorum nimia cupidine erraretur nunc ista conquisita,
cum imaginibus suis descripta sacrorum opera ingeniorum
in speciem et cultum parietum comparantur.

17. *Nec in eadem intentione aequaliter retinenda mens* 4
est, sed ad iocos devocanda. Cum puerulis Socrates ludere

non erubescebat, et Cato vino laxabat animum curis pub-
licis fatigatum, et Scipio triumphale illud ac militare
corpus movebat ad numeros, non molliter se infringens,
ut nunc mos est etiam incessu ipso ultra muliebrem
mollitiam fluentibus, sed ut antiqui illi viri solebant inter
lusum ac festa tempora virilem in modum tripudiare, non
facturi detrimentum, etiamsi ab hostibus suis spectarentur.
5 Danda est animis remissio: meliores acrioresque requieti
surgent. Vt fertilibus agris non est imperandum, cito
enim illos exhauriet numquam intermissa fecunditas, ita
animorum impetus adsiduus labor franget. Viris recipi-
ent paulum resoluti et remissi. Nascitur ex adsiduitate
6 laborum animorum hebetatio quaedam et languor. Nec
ad hoc tanta hominum cupiditas tenderet, nisi naturalem
quandam voluptatem haberet lusus iocusque. Quorum
frequens usus omne animis pondus omnemque vim eripiet:
nam et somnus refectioni necessarius est: hunc tamen
semper si per diem noctemque continues, mors erit. Mul-
7 tum interest, remittas aliquid, an solvas. Legum con-
ditores festos instituerunt dies, ut ad hilaritatem homines
publice cogerentur, tamquam necessarium laboribus in-
terponentes temperamentum. Et magni, ut dixi, viri
quidam sibi menstruas certis diebus ferias dabant, quidam
nullum non diem inter otium et curas dividebant. Qua-
lem Pollionem Asinium oratorem magnum meminimus
quem nulla res ultra decumam detinuit. Ne epistulas
quidem post eam horam legebat, ne quid novae curae
nasceretur, sed totius diei lassitudinem duabus illis horis
ponebat. Quidam medio die interiunxerunt et in post-
meridianas horas aliquid levioris operae distulerunt. Ma-
iores quoque nostri novam relationem post horam decimam
in senatu fieri vetabant. Miles vigilias dividit et nox in-
8 munis est ab expeditione redeuntium. Indulgendum est
animo dandumque subinde otium, quod alimenti ac virium

loco sit. Et in ambulationibus apertis vagandum, ut caelo
libero et multo spiritu augeat adtollatque se animus.
Aliquando vectatio iterque et mutata regio vigorem da-
bunt convictusque et liberalior potio. Nonnumquam et
usque ad ebrietatem veniendum, non ut mergat nos, sed
ut deprimat. Eluit enim vinum curas et ab imo animum
movet et ut morbis quibusdam ita tristitiae medetur.
Liberque non ob licentiam linguae dictus est inventor
vini, sed quia liberat servitio curarum animum et adserit
vegetatque et audaciorem in omnis conatus facit. Sed ut 9
libertatis ita vini salubris moderatio est. Solonem Arce-
silaumque indulsisse vino credunt. Catoni ebrietas ob-
iecta est. Facilius efficiet, quisquis obiecerit, hoc crimen
honestum quam turpem Catonem. Sed nec saepe facien-
dum est, ne animus malam consuetudinem ducat, et ali-
quando tamen in exsultationem libertatemque extrahen-
dus tristisque sobrietas removenda paulisper. Nam sive 10
Graeco poetae credimus: 'aliquando et insanire iucun-
dum est,' sive Platoni: 'frustra poeticas fores compos sui
pepulit,' sive Aristoteli: 'nullum magnum ingenium sine
mixtura dementiae fuit.' Non potest grande aliquid et
super ceteros loqui nisi mota mens. Cum vulgaria et 11
solita contempsit instinctuque sacro surrexit excelsior,
tunc demum aliquid cecinit grandius ore mortali. Non
potest sublime quidquam et in arduo positum contingere,
quamdiu apud se est: desciscat oportet a solito et effera-
tur et mordeat frenos et rectorem rapiat suum eoque
ferat, quo per se timuisset escendere.

De Ira, lib. II.

1 21. *Plurimum, inquam, proderit pueros statim salu-
briter institui,* difficile autem regimen est, quia dare de-
bemus operam, ne aut iram in illis nutriamus aut indolem
2 retundamus. Diligenti observatione res indiget. Vtrum-
que enim et quod extollendum et quod deprimendum est,
similibus alitur. Facile autem etiam adtendentem similia
3 decipiunt. Crescit licentia spiritus, servitute conminui-
tur. Adsurgit, si laudatur et in spem sui bonam adduci-
tur, sed eadem ista insolentiam et iracundiam generant:
sic itaque inter utrumque regendus est, ut modo frenis
4 utamur, modo stimulis. Nihil humile, nihil servile patia-
tur. Numquam illi necesse sit rogare suppliciter nec pro-
sit rogasse, potius causae suae et prioribus factis et bonis
5 in futurum promissis donetur. In certaminibus aequa-
lium nec vinci illum patiamur nec irasci. Demus operam,
ut familiaris sit iis cum quibus contendere solet, ut in
certamine adsuescat non nocere velle, sed vincere. Quo-
tiens superaverit et dignum aliquid laude fecerit, adtolli,
non gestire patiamur. Gaudium enim exsultatio, exsulta-
6 tionem tumor et nimia aestimatio sui sequitur. Dabimus
aliquod laxamentum, in desidiam vero otiumque non re-
solvemus et procul a contactu deliciarum retinebimus.
Nihil enim magis facit iracundos quam educatio mollis et
blanda: ideo unicis quo plus indulgetur, pupillisque quo
plus licet, conruptior animus est. Non resistet offensis
cui nihil umquam negatum est, cuius lacrimas sollicita
semper mater abstersit, cui de paedagogo satisfactum est.
7 Non vides, ut maiorem quamque fortunam maior ira co-
mitetur? in divitibus et nobilibus et magistratibus prae-
cipue adparet, cum quidquid leve et inane in animo erat,

secunda se aura sustulit. Felicitas iracundiam nutrit, ubi
auris superbas adsentatorum turba circumstrepit: 'Tibi
enim ille respondeat? non pro fastigio te tuo metiris:
ipse te proicis.' Et alia quibus vix sanae et ab initio
bene fundatae mentes restiterint; longe itaque ab ad- 8
sentatione pueritia removenda est: audiat verum. Et
timeat interim, vereatur semper, maioribus adsurgat. Ni-
hil per iracundiam exoret. Quod flenti negatum fuerit
quieto offeratur. Et divitias parentum in conspectu ha-
beat, non in usu. Exprobrentur illi perperam facta. Per- 9
tinebit ad rem praeceptores paedagogosque pueris pla-
cidos dari. Proximis adplicatur omne quod tenerum est
et in eorum similitudinem crescit. Nutricum et paedago-
gorum rettulere mox in adulescentiam mores. Apud Pla- 10
tonem educatus puer cum ad parentes relatus vocife-
rantem videret patrem, 'numquam,' inquit, 'hoc apud
Platonem vidi.' Non dubito quin citius patrem imitatus
sit quam Platonem. Tenuis ante omnia victus sit et 11
non pretiosa vestis et similis cultus cum aequalibus: non
irascetur aliquem sibi comparari quem ab initio multis
parem feceris.

De Brevitate Vitae.

14. *Soli omnium otiosi sunt qui sapientiae vacant: soli* 1
vivunt. Nec enim suam tantum aetatem bene tuentur:
omne aevum suo adiciunt. Quidquid annorum ante illos
actum est, illis adquisitum est. Nisi ingratissimi sumus,
illi clarissimi sacrarum opinionum conditores nobis nati
sunt, nobis vitam praeparaverunt. Ad res pulcherrimas
ex tenebris ad lucem erutas alieno labore deducimur.
Nullo nobis seculo interdictum est, in omnia admittimur
et, si magnitudine animi egredi humanae imbecillitatis

angustias libet, multum, per quod spatiemur, temporis
2 est. Disputare cum Socrate licet, dubitare cum Carneade,
cum Epicuro quiescere, hominis naturam cum Stoicis vin-
cere, cum Cynicis excedere. Cum rerum natura in con-
sortium omnis aevi patiatur incedere, quidni ab hoc exi-
guo et caduco temporis transitu in illa toto nos demus
animo quae inmensa, quae aeterna sunt, quae cum me-
3 lioribus conmunia? Isti qui per officia discursant, qui
se aliosque inquietant, cum bene insanierint, cum omnium
limina cotidie perambulaverint nec ullas apertas fores
praeterierint, cum per diversissimas domos meritoriam sa-
lutationem circumtulerint, quotum quemque ex tam in-
4 mensa et variis cupiditatibus districta turba poterunt vi-
dere? quam multi erunt quorum illos aut somnus aut
luxuria aut inhumanitas submoveat? quam multi qui
illos, cum diu torserint, simulata festinatione transcur-
rant? quam multi per refertum clientibus atrium prodire
vitabunt et per obscuros aedium aditus profugient? quasi
non inhumanius sit decipere quam excludere. Quam
multi hesterna crapula semisomnes et graves, illis miseris
suum somnum rumpentibus, ut alienum expectent, vix
adlevatis labris insusurratum millies nomen oscitatione
5 superbissima reddent? Hos in veris officiis morari palam
licet dicamus, qui Zenonem, qui Pythagoran cotidie et
Democritum ceterosque antistites bonarum artium, qui
Aristotelem et Theophrastum volent habere quam familia-
rissimos. Nemo horum non vacabit, nemo non venientem
ad se beatiorem amantioremque sui dimittet. Nemo quem-
quam vacuis a se manibus abire patietur. Nocte conve-
niri et interdiu ab omnibus mortalibus possunt.

1 15. Horum te mori nemo coget, omnes docebunt.
Horum nemo annos tuos conteret, suos tibi contribuent.
Nullius ex his sermo periculosus erit, nullius amicitia ca-
pitalis, nullius sumptuosa observatio. Feres ex illis quid-

quid voles. Per illos non stabit, quominus plurimum,
quantum ceperis, haurias. Quae illum felicitas, quam pul- 2
chra senectus manet qui se in horum clientelam contulit?
habebit, cum quibus de minimis maximisque rebus deli-
beret, quos de se cotidie consulat, a quibus audiat verum
sine contumelia, laudetur sine adulatione, ad quorum se
similitudinem effingat. Solemus dicere non fuisse in 3
nostra potestate quos sortiremur parentes, forte nobis
datos: nobis vero ad nostrum arbitrium nasci licet. No-
bilissimorum ingeniorum familiae sunt, elige in quam ad-
scisci velis. Non in nomen tantum adoptaberis, sed in
ipsa bona quae non erunt sordide nec maligne custo-
dienda; maiora fient quo illa pluribus diviseris. Hi tibi 4
dabunt ad aeternitatem iter et te in illum locum ex quo
nemo deicitur sublevabunt. Haec una ratio est extenden-
dae mortalitatis, immo in inmortalitatem vertendae. Ho-
nores, monumenta, quidquid aut decretis ambitio iussit
aut operibus exstruxit, cito subruitur. Nihil non longa
demolitur vetustas et movet, at iis quae consecravit sa-
pientia, noceri non potest. Nulla abolebit aetas, nulla
diminuet; sequens ac deinde semper ulterior aliquid ad
venerationem confert, quoniam quidem in vicino versatur
invidia, simplicius longe posita miramur. Sapientis ergo 5
multum patet vita. Non idem illum qui ceteros terminus
cludit. Solus generis humani legibus solvitur. Omnia
illi secula ut deo serviunt. Transiit tempus aliquod, hoc
recordatione comprehendit. Instat, hoc utitur. Ventu-
rum est, hoc praecipit. Longam illi vitam facit omnium
temporum in unum conlatio.

16. Illorum brevissima ac sollicitissima aetas est qui
praeteritorum obliviscuntur, praesentia neglegunt, de fu-
turo timent: cum ad extrema venerunt, sero intellegunt
miseri, tamdiu se, dum nihil agunt, occupatos fuisse.

13 *Gloria umbra virtutis est: etiam invitam comitabitur.*
Sed quemadmodum umbra aliquando antecedit, aliquando
a tergo est, ita gloria aliquando ante nos est visendamque
se praebet, aliquando in averso est maiorque quo serior,
14 ubi invidia secessit. Quamdiu videbatur furere Demo-
critus! vix recepit Socratem fama. Quamdiu Catonem
civitas ignoravit! respuit nec intellexit, nisi cum perdidit.
Rutilii innocentia ac virtus lateret, nisi accepisset iniu-
riam: dum violatur, effulsit. Numquid non sorti suae
gratias egit et exilium suum complexus est? De his
loquor quos inlustravit fortuna, dum vexat: quam mul-
15 torum profectus in notitiam evasere post ipsos? quam
multos fama non excepit, sed eruit? Vides Epicurum
quanto opere non tantum eruditiores, sed haec quoque
imperitorum turba miretur; hic ignotus ipsis Athenis
fuit circa quas delituerat. Multis itaque iam annis Me-
trodoro suo superstes in quadam epistula, cum amicitiam
suam et Metrodori grata conmemoratione cecinisset, hoc
novissime adiecit, 'nihil sibi et Metrodoro inter bona
tanta nocuisse, quod ipsos illa nobilis Graecia non igno-
16 tos solum habuisset, sed paene inauditos.' Numquid
ergo non postea quam esse desierat, inventus est? num-
quid non opinio eius enituit? Hoc Metrodorus quoque
in quadam epistula confitetur, 'se et Epicurum non satis
enitutisse: sed post se et Epicurum magnum paratumque
nomen habituros apud eos qui voluissent per eadem ire

vestigia.' Nulla virtus latet et latuisse non ipsius est 17
damnum; veniet qui conditam et saeculi sui malignitate
compressam dies publicet. Paucis natus est qui popu-
lum aetatis suae cogitat. Multa annorum milia, multa po-
pulorum supervenient, ad illa respice. Etiamsi omnibus
tecum viventibus silentium livor indixerit, venient qui
sine offensa, sine gratia iudicent. Si quod est pretium
virtutis ex fama, nec hoc interit. Ad nos quidem nihil
pertinebit posterorum sermo: tamen etiam non sentientes
colet ac frequentabit. Nulli non virtus et vivo et mortuo
rettulit gratiam, si modo illam bona secutus est fide, si se
non exornavit et pinxit, sed idem fuit, sive ex denuntiato
videbatur, sive imparatus ac subito. Nihil simulatio pro-
ficit. Paucis imponit leviter extrinsecus inducta facies:
veritas in omnem sui partem eadem est. Quae decipiunt,
nihil habent solidi. Tenue est mendacium; perlucet, si
diligenter inspexeris. Vale.

Lib. XI., 1 (80).

Hodierno die non tantum meo beneficio mihi vaco, 1
sed spectaculi, quod omnis molestos ad sphaeromachian
avocavit. Nemo inrumpit, nemo cogitationem meam im-
pediet quae hac ipsa fiducia procedit audacius. Non
crepuit subinde ostium, non adlevabitur velum; licebit
uno vadere quod magis necessarium est per se eunti et
suam sequenti viam: non ergo sequor priores? Facio,
sed permitto mihi et invenire aliquid et mutare et relin-
quere. Non servio illis, sed adsentior. Magnum tamen 2
verbum dixi qui mihi silentium promittebam et sine in-
terpellatore secretum. Ecce ingens clamor ex stadio pro-
fertur et me non excutit mihi, sed in huius ipsius rei con-
tentionem transfert. Cogito mecum, quam multi corpora

exerceant, ingenia quam pauci. Quantus ad spectaculum
non fidele et lusorium fiat concursus, quanta sit circa
artis bonas solitudo. Quam imbecilli animo sint quorum
3 lacertos humerosque miramur. Illud maxime revolvo me-
cum: si corpus perduci exercitatione ad hanc patientiam
potest, qua et pugnos pariter et calces non unius hominis
ferat, qua solem ardentissimum in ferventissimo pulvere
sustinens aliquis et sanguine suo madens diem ducat:
quanto facilius animus conroborari possit, ut fortunae
ictus invictus excipiat, ut proiectus, ut conculcatus ex-
surgat? corpus enim multis eget rebus, ut valeat: ani-
mus ex se crescit, se ipse alit, se exercet. Illi multo
cibo, multa potione opus est, multo oleo, longa denique
opera: tibi continget virtus sine adparatu, sine impensa.
4 Quidquid facere te potest bonum, tecum est. Quid tibi
opus est, ut sis bonus? velle. Quid autem melius po-
tes velle quam eripere te huic servituti quae omnis pre-
mit, quam mancipia quoque condicionis extremae et in
his sordibus nata omni modo exuere conantur? Peculium
suum quod comparaverunt ventre fraudato pro capite
numerant; tu non concupisces quanticumque ad liberta-
5 tem pervenire qui te in illa putas natum? Quid ad ar-
cam tuam respicis? emi non potest. Itaque in tabulas
vanum conicitur nomen libertatis quam nec qui emerunt
habent, nec qui vendiderunt; tibi des oportet istud bo-
num, a te petas. Liberate primum metu mortis, illa
6 nobis iugum imponit. Deinde metu paupertatis. Si vis
scire, quam nihil in illa mali sit, compara inter se pau-
perum et divitum vultus, saepius pauper et fidelius ridet.
Nulla sollicitudo in alto est. Etiam si qua incidit cura,
velut nubes levis transit; horum qui felices vocantur,
hilaritas ficta est aut gravis et subpurata tristitia, eo
quidem gravior, quia interdum non licet palam esse mise-
ros, sed inter aerumnas cor ipsum exedentes necesse est

agere felicem. Saepius hoc exemplo mihi utendum est, 7
nec enim ullo efficacius exprimitur hic humanae vitae
mimus qui nobis partis quas male agamus adsignat. Ille
qui in scena latus incedit et haec resupinus dicit,

En impero Argis. Regna mihi liquit Pelops
Qua ponto ab Helles atque ab Ionio mari
Vrgetur Isthmos,

servus est: quinque modios accipit et quinque denarios.
Ille qui superbus atque impotens et fiducia virium tumi- 8
dus ait:

Quod nisi quieris, Menelae, hac dextra occides,

diurnum accipit, in centunculo dormit. Idem de istis
licet omnibus dicas quos supra capita hominum supra-
que turbam delicatos lectica suspendit, omnium istorum
personata felicitas est. Contemnes illos, si despoliaveris.
Equum empturus solvi iubes stratum. Detrahis vesti- 9
menta venalibus, ne qua vitia corporis lateant; hominem
involutum aestimas? mangones quidquid est quod dis-
pliceat, aliquo lenocinio abscondunt; itaque ementibus
ornamenta ipsa suspecta sunt, sive crus adligatum sive
brachium adspiceres, nudari iuberes et ipsum tibi corpus
ostendi. Vides illum Scythiae Sarmatiaeve regem insigni 10
capitis decorum? si vis illum aestimare totumque scire,
qualis sit, fasciam solve: multum mali sub illa latet.
Quid de aliis loquor? si perpendere te voles, sepone pecu-
niam, domum, dignitatem: intus te ipse considera. Nunc
qualis sis, aliis credis. Vale.

Lib. XII., 2 (84).

Itinera ista quae segnitiem mihi excutiunt, et valitu- 1
dini meae prodesse iudico et studiis. Quare valitudinem
adiuvent, vides: cum pigrum me et neglegentem corporis

literarum amor faciat, aliena opera exerceor: studiis quare
prosint, indicabo: a lectionibus non recessi. Sunt autem,
ut existimo, necessariae, primum ne sim me uno contentus.
Deinde ut, cum ab aliis quaesita cognovero, tum et de in-
ventis iudicem et cogitem de inveniendis. Alit lectio in-
genium et studio fatigatum, non sine studio tamen, re-
2 ficit. Nec scribere tantum nec tantum legere debemus:
altera res contristabit, viris exhauriet (de stilo dico), altera
solvet ac diluet. Invicem huc et illo commeandum est et
alterum altero temperandum, ut quidquid lectione conlec-
3 tum est, stilus redigat in corpus. Apis, ut aiunt, debe-
mus imitari quae vagantur et flores ad mel faciendum
idoneos carpunt, deinde quidquid adtulere, disponunt ac
per favos digerunt et, ut Vergilius noster ait,

liquentia mella
Stipant et dulci distendunt nectare cellas.

De illis non satis constat, utrum succum ex floribus du-
4 cant qui protinus mel sit, an quae conlegerunt, in hunc
saporem mixtura quadam et proprietate spiritus sui mu-
tent. Quibusdam enim placet non faciendi mellis scien-
tiam esse illis, sed conligendi. Aiunt inveniri apud Indos
mel in arundinum foliis quod aut ros illius coeli aut
ipsius arundinis humor dulcis et pinguior gignit. In
nostris quoque herbis vim eandem, sed minus manife-
stam et notabilem poni, quam persequatur et contrahat
animal huic rei genitum. Quidam existimant conditura
et dispositione in hanc qualitatem verti quae ex tenerri-
mis virentium florentiumque decerpserint, non sine quo-
dam, ut ita dicam, fermento, quo in unum diversa coa-
5 lescunt. Sed ne ad aliud quam de quo agitur, abducar,
nos quoque has apis debemus imitari et quaecumque ex
diversa lectione congessimus, separare. Melius enim di-
stincta servantur. Deinde adhibita ingenii nostri cura et
facultate in unum saporem varia illa libamenta confundere,

ut, etiamsi adparuerit, unde sumptum sit, aliud tamen
esse quam unde sumptum est, adpareat quod in corpore
nostro videmus sine ulla opera nostra facere naturam.
Alimenta quae accepimus, quamdiu in sua qualitate per- 6
durant et solida innatant stomacho, onera sunt; at cum
ex eo, quod erant, mutata sunt, tunc demum in viris et in
sanguinem transeunt. Idem in his quibus aluntur ingenia
praestemus, ut quaecumque hausimus, non patiamur in-
tegra esse, ne aliena sint. Concoquamus illa: alioquin in 7
memoriam ibunt, non in ingenium. Adsentiamur illis
fideliter et nostra faciamus, ut unum quiddam fiat ex
multis, sicut unus numerus fit ex singulis, cum minores
summas et dissidentes computatio una comprehendit. Hoc
faciat animus noster: omnia quibus est adiutus, abscon-
dat, ipsum tantum ostendat quod effecit. Etiam si cuius 8
in te comparebit similitudo quem admiratio tibi altius
fixerit, similem esse te volo quomodo filium, non quomodo
imaginem: imago res mortua est. 'Quid ergo? non in-
tellegetur cuius imiteris orationem? cuius argumenta-
tionem? cuius sententias?' Puto aliquando ne intellegi
quidem posse, si magni viri . . . nec enim omnibus quae
ex aequo velut exemplaria traxit, formam suam impressit,
ut in imitantem illa competant. Non vides, quam mul- 9
torum vocibus chorus constet? una tamen ex omnibus
redditur: aliqua illic acuta est, aliqua gravis, aliqua
media. Accedunt viris feminae, interponuntur tibiae.
Singulorum illic latent voces, omnium adparent. De
choro dico quem veteres philosophi noverant: in con-
missionibus nostris plus cantorum est quam in thea-
tris olim spectatorum fuit. Cum omnis vias ordo ca-
nentium implevit et cavea aeneatoribus cincta est et
ex pulpito omne tibiarum genus organorumque con-
sonuit, fit concentus ex dissonis: talem animum esse
nostrum volo, ut multae in illo artes, multa prae-

cepta sint, multarum aetatum exempla, sed in unum conspirata.

Lib. XIII., 3 (88).

1 *De liberalibus studiis quid sentiam, scire desideras:*
nullum suspicio, nullum in bonis numero quod ad aes exit.
Meritoria artificia sunt, hactenus utilia, si praeparant in-
genium, non detinent. Tamdiu enim istis inmorandum
est, quamdiu nihil animus agere maius potest; rudimenta
2 sunt nostra, non opera. Quare liberalia studia dicta sint,
vides: quia homine libero digna sunt. Ceterum unum
studium vere liberale est quod liberum facit, hoc est sa-
pientiae, sublime, forte, magnanimum. Cetera pusilla et
puerilia sunt: an tu quidquam in istis credis esse boni
quorum professores turpissimos omnium ac flagitiosissimos
cernis? Non discere debemus ista, sed didicisse. Qui-
dam illud de liberalibus studiis quaerendum iudicaverunt,
an virum bonum facerent. Ne promittunt quidem nec
3 huius rei scientiam adfectant. Grammaticus circa curam
sermonis versatur et, si latius evagari vult, circa historias,
iam ut longissime finis suos proferat, circa carmina. Quid
horum ad virtutem viam sternit? syllabarum enarratio et
verborum diligentia et fabularum memoria et versuum lex
ac modificatio? quid ex his metum demit, cupiditatem
4 eximit, libidinem frenat? Ad geometriam transeamus et
ad musicen: nihil apud illas invenies quod vetet timere,
vetet cupere. Quisquis haec ignorat, alia frustra scit:
videndum, utrum doceant isti virtutem an non; si non
docent, ne tradunt quidem. Si docent, philosophi sunt.
Vis scire, quam non ad docendam virtutem consederint?
adspice, quam dissimilia inter se omnium studia sint.
5 Atqui similitudo esset idem docentium. Nisi forte tibi
Homerum philosophum fuisse persuadent, cum his ipsis

quibus conligunt, negent. Nam modo Stoicum illum faci-
unt, virtutem solam probantem et voluptates refugientem
et ab honesto ne inmortalitatis quidem pretio recedentem,
modo Epicureum, laudantem statum quietae civitatis et
inter convivia cantusque vitam exigentis, modo Peripate-
ticum, bonorum genera inducentem, modo Academicum,
omnia incerta dicentem: adparet nihil horum esse in illo
cui omnia insunt. Ista enim inter se dissident. Demus
illis Homerum philosophum fuisse; nempe sapiens factus
est, antequam carmina ulla cognosceret: ergo illa disca-
mus quae Homerum fecere sapientem. Hoc quidem me 6
quaerere, uter maior aetate fuerit, Homerus an Hesiodus,
non magis ad rem pertinet quam scire, cum minor Hecu-
ba fuerit quam Helena, quare tam male tulerit aetatem.
Quid? inquam, annos Patrocli et Achillis inquirere ad rem
existimas pertinere? Quaeris, Vlixes ubi erraverit potius 7
quam efficias, ne nos semper erremus? non vacat audire,
utrum inter Italiam et Siciliam iactatus sit an extra no-
tum nobis orbem. Neque enim potuit in tam angusto
error esse tam longus: tempestates nos animi cotidie
iactant et nequitia in omnia Vlixis mala impellit: non
deest forma quae sollicitet oculos, non hostis. Hinc mon-
stra effera et humano cruore gaudentia, hinc insidiosa
blandimenta aurium, hinc naufragia et tot varietates ma-
lorum: hoc me doce, quomodo patriam amem, quomodo
uxorem, quomodo patrem, quomodo ad haec tam honesta
vel naufragus navigem. Quid inquiris, an Penelope pu- 8
dica fuerit, an verba saeculo suo dederit? An Vlixem
illum esse quem videbat, antequam sciret, suspicata sit?
Doce me, quid sit pudicitia et quantum in ea bonum, in
corpore an in animo posita sit. Ad musicum transeo: 9
doces me, quomodo inter se acutae ac graves voces conso-
nent, quomodo nervorum disparem reddentium sonum fiat
concordia: fac potius, quomodo animus secum meus con-

sonet nec consilia mea discrepent. Monstras mihi, qui sint
modi flebiles: monstra potius, quomodo inter adversa non
10 emittam flebilem vocem. Metiri me geometres docet lati-
fundia potius quam doceat, quomodo metiar, quantum ho-
mini satis sit. Numerare docet me et avaritiae conmo-
dat digitos potius quam doceat nihil ad rem pertinere
istas computationes, non esse feliciorem cuius patrimo-
nium tabularios lassat, immo quam supervacua possi-
deat qui infelicissimus futurus est, si quantum habeat,
11 per se computare cogetur. Quid mihi prodest scire
agellum in partes dividere, si nescio cum fratre dividere?
Quid prodest conligere subtiliter pedes iugeri et compre-
hendere etiam si quid decempedam effugit, si tristem me
facit vicinus impotens et aliquid ex meo abradens? Docet
quomodo nihil perdam ex finibus meis. At ego doceri volo,
12 quomodo totos hilaris amittam. 'Paterno agro et avito,'
inquit, 'expellor.' Quid? ante avum tuum quis istum
agrum tenuit? cuius, non dico hominis, sed populi fuerit,
expedire potes? non dominus isto, sed colonus intrasti.
Cuius colonus es? si bene tecum agitur, heredis. Negant
iurisconsulti quidquam usucapi quod publicum est: publi-
cum est hoc quod tenes, quod tuum dicis; publicum est
13 et quidem generis humani. O egregiam artem! scis ro-
tunda metiri. In quadratum redigis quamcumque ac-
ceperis formam. Intervalla siderum dicis. Nihil est
quod in mensuram tuam non cadat; si artifex es, metire
hominis animum. Dic quam magnus sit, dic quam pu-
sillus sit. Scis quae recta sit linea. Quid tibi prodest, si
14 quid in vita rectum sit, ignoras? Venio nunc ad illum
qui coelestium notitia gloriatur:

Frigida Saturni sese quo stella receptet,
Quos ignis caeli Cyllenius erret in orbis.

Hoc scire quid proderit? ut sollicitus sim, cum Saturnus
et Mars ex contrario stabunt aut cum Mercurius vesperti-

num faciet occasum vidente Saturno, potius quam hoc
discam, ubicumque sunt ista, propitia esse nec posse mu-
tari? Agit illa continuus ordo fatorum et inevitabilis 15
cursus. Per statas vices remeant et effectus rerum omni-
um aut movent aut notant: sed sive quidquid evenit, faci-
unt quid inmutabilis rei notitia proficiet? sive significant
quid refert providere quod effugere non possis? Scias
ista, nescias: fient.

Si vero solem ad rapidum stellasque sequentes 16
Ordine respicies, numquam te crastina fallet
Hora nec insidiis noctis capiere serenae.

Sed ante satis abundeque provisum est, ut ab insidiis
tutus essem. 'Numquid crastina non fallit hora? fallit 17
enim quod nescienti evenit.' Ego quid futurum sit,
nescio: quid fieri possit, scio. Ex hoc nihil desperabo,
totum expecto: si quid remittitur, boni consulo. Fallit
me hora, si parcit: sed ne sic quidem fallit. Nam quem-
admodum scio omnia accidere posse, sic scio et non uti-
que casura. Vtique secunda expecto, malis paratus sum.
In illo feras me necesse est non per praescriptum eun- 18
tem: non enim adducor, ut in numerum liberalium ar-
tium pictores recipiam, non magis quam statuarios aut
marmorarios aut ceteros luxuriae ministros. Aeque luc-
tatores et totam oleo ac luto constantem scientiam expello
ex his studiis liberalibus: aut et unguentarios recipiam
et coquos et ceteros voluptatibus nostris ingenia accom-
modantes sua. Quid enim, oro te, liberale habent isti 19
ieiuni vomitores quorum corpora in sagina, animi in
macie et veterno sunt? An liberale studium istuc esse
iuventuti nostrae credimus quam maiores nostri rectam
exercuerunt hastilia iacere, sudem torquere, equum agi-
tare, arma tractare? Nihil liberos suos docebant quod
discendum esset iacentibus. Sed nec haec nec illa edo-
cent aluntve virtutem. Quid enim prodest equum regere

et cursum eius freno temperare, adfectibus effrenatissi-
mis abstrahi? quid prodest multos vincere luctatione vel
20 caestu, ab iracundia vinci? 'Quid ergo? nihil nobis
liberalia conferunt studia?' Ad alia multum, ad virtutem
nihil. Nam et hae viles ex professo artes quae manu
constant, ad instrumenta vitae plurimum conferunt,
tamen ad virtutem non pertinent. 'Quare ergo liberali-
bus studiis filios erudimus?' Non quia virtutem dare
possunt, sed quia animum ad accipiendam virtutem prae-
parant. Quemadmodum prima illa, ut antiqui vocabant,
literatura per quam pueris elementa traduntur, non docet
liberales artis, sed mox percipiendis locum parat, sic
liberales artes non perducunt animum ad virtutem, sed
21 expediunt. Quatuor ait esse artium Posidonius genera:
sunt vulgares et sordidae, sunt ludicrae, sunt pueriles,
sunt liberales: vulgares opificum quae manu constant et
ad instruendam vitam occupatae sunt, in quibus nulla
22 decoris, nulla honesti simulatio est. Ludicrae sunt quae
ad voluptatem oculorum atque aurium tendunt. His ad-
numeres licet machinatores qui pegmata per se surgentia
excogitant et tabulata tacite in sublime crescentia et alias
ex inopinato varietates aut dehiscentibus quae cohaerebant,
aut his quae distabant, sua sponte coeuntibus aut his quae
eminebant, paulatim in se residentibus. His inperitorum
feriuntur oculi omnia subita, quia causas non novere,
23 mirantium. Pueriles sunt et aliquid habentes liberalibus
simile hae artes quas ἐγκυκλίους Graeci, nostri artis liberalis
vocant. Solae autem liberales sunt, immo, ut dicam
24 verius, liberae quibus curae virtus est. 'Quemadmodum,'
inquit, 'est aliqua pars philosophiae naturalis, est aliqua
moralis, est aliqua rationalis, sic et haec quoque liberalium
artium turba locum sibi in philosophia vindicat. Cum
ventum est ad naturalis quaestiones, geometriae testimonio
25 statur: ergo, quia adiuvat, pars est.' Multa adiuvant nos

nec ideo partes nostrae sunt. Immo si partes essent, non
adiuvarent: cibus adiutorium corporis est, non tamen pars
est. Aliquid nobis praestat geometriae ministerium: sic
philosophiae necessaria est, quomodo ipsi faber. Sed nec
hic geometriae pars est nec illa philosophiae. Praeterea 26
utraque finis suos habet: sapiens causas naturalium et
quaerit et novit quorum numeros mensurasque geome-
tres persequitur et subputat. Qua ratione constent coele-
stia quae illis sit vis quaeve natura, sapiens scit: cursus
et recursus et quasdam observationes per quas descen-
dunt et adlevantur ac speciem interdum stantium prae-
bent, cum coelestibus stare non liceat, conligit mathemati-
cus. Quae causa in speculo imagines exprimat, sciet 27
sapiens: illud tibi geometres potest dicere, quantum ab-
esse debeat corpus ab imagine et qualis forma speculi,
qualis imagines reddat. Magnum esse solem philosophus
probabit: quantus sit, mathematicus qui usu quodam et
exercitatione procedit, sed ut procedat, impetranda illi
quaedam principia sunt. Non est autem ars sui iuris cui
precarium fundamentum est. Philosophia nil ab alio pe- 28
tit, totum opus a solo excitat; mathematice, ut ita dicam,
superficiaria est, in alieno aedificat. Accipit prima quo-
rum beneficio ad ulteriora perveniat. Si per se iret ad
verum, si totius mundi naturam posset comprehendere,
dicerem multum conlaturam mentibus nostris quae trac-
tatu coelestium crescunt trahuntque aliquid ex alto. Una
re consummatur animus, scientia bonorum ac malorum
inmutabili quae soli philosophiae competit: nihil autem
ulla ars alia de bonis ac malis quaerit [. . .]

Potest quidem etiam illud dici, sine liberalibus studiis 32
veniri ad sapientiam posse. Quamvis enim virtus discenda
sit, tamen non per haec discitur. Quid est autem, quare
existimem non futurum sapientem eum qui literas nescit,
cum sapientia non sit in literis? Res tradit, non verba, et

nescio an certior memoria sit quae nullum extra se sub-
33 sidium habet. Magna et spatiosa res est sapientia. Vacuo
illi loco opus est. De divinis humanisque discendum est,
de praeteritis, de futuris, de caducis, de aeternis, de tem-
pore de quo uno vide quam multa quaerantur: primum
an per se sit aliquid. Deinde an aliquid ante tempus sit
sine tempore. Cum mundo coeperit an etiam ante mun-
34 dum quia fuerit aliquid, fuerit et tempus? Innumerabi-
les quaestiones sunt de animo tantum: unde sit, qualis
sit, quando esse incipiat, quamdiu sit. Aliunde alio tran-
seat et domicilia mutet ad alias animalium formas alias-
que coniectus, an non amplius quam semel serviat et
emissus vagetur in toto. Vtrum corpus sit an non sit.
Quid sit facturus, cum per nos aliquid facere desierit,
quomodo libertate sua usurus, cum ex hac effugerit cavea.
An obliviscatur priorum et illic nosse se incipiat, ubi cor-
35 pori abductus in sublime secessit. Quamcumque partem
rerum humanarum divinarumque comprehenderis, ingenti
copia quaerendorum ac discendorum fatigaberis. Haec
tam multa, tam magna ut habere possint liberum hospi-
tium, supervacua ex animo tollenda sunt. Non dabit se
in has angustias virtus: laxum spatium res magna desi-
36 derat. Expellantur omnia. Totum pectus illi vacet. 'At
enim delectat artium notitia multarum.' Tantum itaque
ex illis retineamus, quantum necessarium est. An tu exi-
stimas reprehendendum qui supervacua usibus comparat
et pretiosarum rerum pompam in domo explicat: non
putas eum qui occupatus est in supervacua literarum su-
pellectile? Plus scire velle quam sit satis, intemperan-
37 tiae genus est. Quid? quod ista liberalium artium con-
sectatio molestos, verbosos, intempestivos, sibi placentis
facit et ideo non discentis necessaria, quia supervacua di-
dicerunt. Quatuor milia librorum Didymus grammaticus
scripsit: misererer, si tam multa supervacua legisset. In

his libris de patria Homeri quaeritur, in his de Aeneae
matre vera, in his libidinosior Anacreon an ebriosior vixe-
rit, in his an Sappho publica fuerit, et alia quae erant de-
discenda, si scires. I nunc et longam esse vitam nega.
Sed ad nostros quoque cum perveneris, ostendam multa 38
securibus recidenda. Magno impendio temporum, magna
alienarum aurium molestia laudatio haec constat: o ho-
minem literatum! simus hoc titulo rusticiore contenti: o
virum bonum! Itane est? annalis evolvam omnium gen- 39
tium et quis primus carmina scripserit, quaeram? quan-
tum temporis inter Orphea intersit et Homerum, cum
fastos non habeam, computabo? et Aristarchi ineptias,
quibus aliena carmina compinxit, recognoscam et aetatem
in syllabis conteram? Itane in geometriae pulvere hae-
rebo? adeo mihi praeceptum illud salutare excidit: 'tem-
pori parce'? haec sciam? et quid ignorem? Apion 40
grammaticus qui sub C. Caesare tota circulatus est Grae-
cia et in nomen Homeri ab omnibus civitatibus adoptatus,
aiebat Homerum utraque materia consummata, et Odys-
sea et Iliade, principium adiecisse operi suo quo bellum
Troianum complexus est. Huius rei argumentum adfere-
bat, quod duas literas in primo versu posuisset ex indu-
stria librorum suorum numerum continentes. Talia sciat 41
oportet qui multa vult scire; non vis cogitare, quantum
tibi temporis auferat mala valetudo, quantum occupatio
publica, quantum occupatio privata, quantum occupatio
cotidiana, quantum somnus? metire aetatem tuam, tam
multa non capit. De liberalibus studiis loquor: philoso- 42
phi quantum habent supervacui? Quantum ab usu rece-
dentis? Ipsi quoque ad syllabarum distinctiones et con-
iunctionum ac praepositionum proprietates descenderunt
et invidere grammaticis, invidere geometris. Quidquid in
illorum artibus supervacuum erat, transtulere in suam:
sic effectum est, ut diligentius scirent loqui quam vivere.

43 Audi, quantum mali faciat nimia subtilitas et quam infesta veritati sit. Protagoras ait de omni re in utramque partem disputari posse ex aequo et de hac ipsa, an omnis res in utramque partem disputabilis sit. Nausiphanes ait ex his quae videntur esse, nihil magis esse quam non
44 esse. Parmenides ait ex his quae videntur, nihil esse unum esse. Zenon Eleates omnia negotia de negotio deiecit; ait nihil esse. Circa eadem fere Pyrrhonei versantur et Megarici et Eretrici et Academici qui novam
45 induxerunt scientiam, nihil scire. Haec omnia in illum supervacuum studiorum liberalium gregem conice: illi mihi non profuturam scientiam tradunt, hi spem omnis scientiae eripiunt. Satius est supervacua scire quam nihil. Illi non praeferunt lumen per quod acies dirigatur ad verum, hi oculos mihi effodiunt. Si Protagorae credo, nihil in rerum natura est nisi dubium. Si Nausiphani, hoc unum certum est, nihil esse certi. Si Parmenidi,
46 nihil praeter unum. Si Zenoni, ne unum quidem. Quid ergo nos sumus? quid ista quae nos circumstant, alunt, sustinent? Tota rerum natura umbra est aut inanis aut fallax. Non facile dixerim, utris magis irascar, illis qui nos nihil scire voluerunt, an illis qui ne hoc quidem nobis reliquerunt, nihil scire. Vale.

Lib. XIV., 2 (90).

1 *Quis dubitare, mi Lucili, potest, quin deorum inmortalium munus sit, quod vivimus, philosophiae, quod bene vivimus?* itaque tanto plus huic nos debere quam dis, quanto maius beneficium est bona vita quam vita, pro certo haberetur, nisi ipsam philosophiam di tribuissent,
2 cuius scientiam nulli dederunt, facultatem omnibus. Nam si hanc quoque bonum vulgare fecissent et prudentes nas-

ceremur, sapientia, quod in se optimum habet, perdidisset:
inter fortuita vero esset. Nunc enim hoc in illa pretiosum
atque magnificum est, quod non obvenit, quod illam sibi
quisque debet, quod non ab alio petitur. Quid haberes,
quod in philosophia suspiceres, si beneficiaria res esset?
Huius opus unum est de divinis humanisque verum in- 3
venire. Ab hac numquam recedit religio, iustitia, pietas
et omnis alius comitatus virtutum consertarum et inter se
cohaerentium. Haec docuit colere divina, humana dili-
gere et penes deos imperium esse, inter homines consor-
tium, quod aliquamdiu inviolatum mansit, antequam so-
cietatem avaritia distraxit et paupertatis causa etiam iis
quos fecit locupletissimos, fuit. Desierunt enim omnia
possidere, dum volunt propria. Sed primi mortalium 4
quique ex his geniti naturam inconrupti sequebantur,
eundem habebant et ducem et legem, conmissi melioris
arbitrio. Naturae est enim potioribus deteriora submit-
tere: mutis quidem gregibus aut maxima corpora praesunt
aut vehementissima. Non praecedit armenta degener
taurus, sed qui magnitudine ac toris ceteros maris vicit.
Elephantorum gregem excelsissimus ducit: inter homines
pro maximo est optimum. Animo itaque rector eligebatur
ideoque summa felicitas erat gentium, in quibus non pot-
erat potentior esse nisi melior. Tuto enim quantum vult
potest qui se; nisi quod debet, non putat posse. Illo ergo 5
saeculo, quod aureum perhibent, penes sapientes fuisse
regnum Posidonius iudicat. Hi continebant manus et
infirmiorem a validioribus tuebantur. Suadebant dis-
suadebantque et utilia atque inutilia monstrabant. Horum
prudentia, ne quid deesset suis, providebat. Fortitudo
pericula arcebat. Beneficentia augebat ornabatque subiec-
tos. Officium erat imperare, non regnum. Nemo quan-
tum posset, adversus eos experiebatur per quos coeperat
posse, nec erat cuiquam aut animus in iniuriam aut causa,

cum bene imperanti bene pareretur nihilque rex maius
minari male parentibus posset, quam ut abirent e regno.
6 Sed postquam subrepentibus vitiis in tyrannidem regna
conversa sunt, opus esse coepit legibus quas et ipsas inter
initia tulere sapientes. Solon qui Athenas aequo iure
fundavit inter septem aevi sapientia notos; Lycurgum, si
eadem aetas tulisset, sacro illi numero accessisset octavus;
Zaleuci leges Charondaeque laudantur. Hi non in foro nec
in consultorum atrio, sed in Pythagorae tacito illo sancto-
que secessu didicerunt iura quae florenti tunc Siciliae et
7 per Italiam Graeciae ponerent. Hactenus Posidonio ad-
sentior. Artis quidem a philosophia inventas quibus in
cotidiano vita utitur, non concesserim nec illi fabricae ad-
seram gloriam: 'illa,' inquit, 'sparsos et aut cavis tectos aut
aliqua rupe subfossa aut exesae arboris trunco docuit tecta
moliri.' Ego vero philosophiam iudico non magis excogi-
tasse has machinationes tectorum supra tecta surgentium
et urbium urbis prementium quam vivaria piscium in hoc
clausa, ut tempestatum periculum non adiret gula et
quamvis acerrime pelago saeviente haberet luxuria portus
8 suos, in quibus distinctos piscium greges saginaret. Quid
ais? philosophia homines docuit habere clavem et se-
ram? quid aliud erat avaritiae signum dare? philosophia
haec cum tanto habitantium periculo inminentia tecta
suspendit? parum enim erat fortuitis tegi et sine arte et
sine difficultate naturale invenire sibi aliquod receptacu-
9 lum? Mihi créde, felix illud saeculum ante ἀρχιτέκτονας
fuit; ista nata sunt iam nascente luxuria, in quadratum
tigna decidere et serra per designata currente certa manu
trabem scindere.

Nam primi cuneis scindebant fissile lignum.

Non enim tecta cenationi epulum recepturae parabantur,
nec in hunc usum pinus aut abies deferebatur longo ve-
hiculorum ordine vicis intrementibus, ut ex illa lacunaria

auro gravia penderent: furcae utrimque suspensae fulcie- 10
bant casam. Spissatis ramalibus ac fronde congesta et in
proclive disposita decursus imbribus quamvis magnis erat.
Sub his tectis habitavere, sed securi. Culmus liberos
texit: sub marmore atque auro servitus habitat. In illo 11
quoque dissentio a Posidonio, quod ferramenta fabrilia
excogitata a sapientibus viris iudicat. Isto enim modo
dicat licet sapientes fuisse per quos

Tunc laqueis captare feras et fallere visco
Inventum et magnos canibus circumdare saltus.

Omnia enim ista sagacitas hominum, non sapientia inve-
nit. In hoc quoque dissentio, sapientes fuisse qui ferri 12
metalla et aeris invenerint, cum incendio silvarum adusta
tellus in summo venas iacentes liquefacta fudisset: ista
tales inveniunt, quales colunt. Ne illa quidem tam sub- 13
tilis mihi quaestio videtur quam Posidonio: 'utrum mal-
leus in usu esse prius an forfices coeperint.' Vtraque
invenit aliquis excitati ingenii, acuti, non magni nec elati,
et quidquid aliud corpore incurvato et animo humum
spectante quaerendum est: sapiens facilis victu fuit.
Quidni? cum hoc quoque saeculo esse quam expeditissi-
mus cupiat. Quomodo, oro te, convenit, ut et Diogenem 14
mireris et Daedalum? uter ex his sapiens tibi videtur?
qui serram conmentus est, an ille qui cum vidisset pue-
rum cava manu bibentem aquam, fregit protinus ex-
emptum e perula calicem hac obiurgatione sui: 'quamdiu
homo stultus supervacuas sarcinas habui?' qui se con-
plicuit in dolio et in eo cubitavit? Hodie utrum tandem 15
sapientiorem putas, qui invenit, quemadmodum in inmen-
sam altitudinem crocum latentibus fistulis exprimat, qui
euripos subito aquarum impetu implet aut siccat et versa-
tilia cenationum laquearia ita coagmentat, ut subinde alia
facies atque alia succedat et totiens tecta quotiens feri-
cula mutentur, an eum qui et aliis et sibi hoc monstrat

quam nihil nobis natura durum ac difficile imperaverit,
posse nos habitare sine marmorario ac fabro, posse nos
vestitos esse sine conmercio sericorum, posse nos ha-
bere usibus nostris necessaria, si contenti fuerimus iis
quae terra posuit in summo? quem si audire humanum
genus voluerit, tam supervacuum sciet sibi coquum esse
16 quam militem. Illi sapientes fuerunt aut certe sapienti-
bus similes quibus expedita erat tutela corporis. Simplici
cura constant necessaria: in delicias laboratur. Non de-
siderabis artifices? si sequere naturam. Illa noluit esse
districtos. Ad quaecumque nos cogebat, instruxit. 'Frigus
intolerabile est corpori nudo.' Quid ergo? non pellis fe-
rarum et aliorum animalium a frigore satis abundeque
defendere queunt? non corticibus arborum pleraeque gen-
tes tegunt corpora? non avium plumae in usum vestis
conseruntur? non hodieque magna Scytharum pars ter-
gis vulpium induitur ac murum quae tactu mollia et im-
17 penetrabilia ventis sunt? 'Opus est tamen calorem solis
aestiva umbra crassiore propellere.' Quid ergo? non ve-
tustas multa abdidit loca quae vel iniuria temporis vel
alio quolibet casu excavata in specum recesserunt? quid
ergo? non quaelibet virgea in cratem texuerunt manu et
vili obliverunt luto, deinde de stipula aliisque silvestribus
operuere fastigium et pluviis per devexa labentibus hie-
mem transiere securi? quid ergo? non in defosso latent
Syrticae gentes quibusque propter nimios solis ardores
nullum tegumentum satis repellendis caloribus solidum
18 est nisi ipsa arens humus? Non fuit tam inimica natura,
ut, cum omnibus aliis animalibus facilem actum vitae da-
ret, homo solus non posset sine tot artibus vivere. Nihil
horum ab illa nobis imperatum est, nihil aegre quaeren-
dum, ut possit vita produci. Ad parata nati sumus, nos
omnia nobis difficilia facilium fastidio fecimus. Tecta
tegumentaque et fomenta corporum et cibi et quae nunc

ingens negotium facta sunt, obvia erant et gratuita et
opera levi parabilia. Modus enim omnium prout necessi-
tas erat. Nos ista pretiosa, nos ista misera, nos magnis
multisque conquirenda artibus fecimus. Sufficit ad id
natura, quod poscit. A natura luxuria descivit quae co- 19
tidie se ipsa incitat et tot saeculis crescit et ingenio adiu-
vat vitia. Primo supervacua coepit concupiscere, inde
contraria, novissime animum corpori addixit et illius de-
servire libidini iussit. Omnes istae artes, quibus aut cir-
citatur civitas aut strepit, corporis negotium gerunt cui
omnia olim tamquam servo praestabantur, nunc tamquam
domino parantur. Itaque hinc textorum, hinc fabrorum
officinae sunt, hinc odores coquentium, hinc mollis cor-
poris motus docentium mollisque cantus et infractos. Re-
cessit enim ille naturalis modus desideria ope necessaria
finiens; iam rusticitatis et miseriae est velle, quantum sat
est. Incredibile est, mi Lucili, quam facile etiam magnos 20
viros dulcedo orationis abducat a vero. Ecce Posidonius,
ut mea fert opinio, ex his qui plurimum philosophiae
contulerunt, dum vult describere primum, quemadmodum
alia torqueantur fila, alia ex molli solutoque ducantur;
deinde quemadmodum tela suspensis ponderibus rectum
stamen extendat, quemadmodum subtemen insertum, quod
duritiam utrimque comprimentis tramae remolliat spatha
coire cogatur et iungi, textrini quoque artem a sapien-
tibus dixit inventam, oblitus postea repertum hoc subti-
lius genus, in quo

Tela iugo iuncta est, stamen secernit arundo,
Inseritur medium radiis subtemen acutis,
Quod lato paviunt insecti pectine dentes.

Quid, si contigisset illi addere has nostri temporis telas
quibus vestis nihil celatura conficitur, in qua non dico
nullum corpori auxilium, sed nullum pudori est? Transit 21
deinde ad agricolas nec minus facunde describit proscissum

aratro solum et iteratum quo solutior terra facilius pateat
radicibus. Tunc sparsa semina et conlectas manu herbas,
ne quid fortuitum et agreste subcrescat, quod necet
segetem. Hoc quoque opus ait esse sapientium, tam-
quam non nunc quoque plurima cultores agrorum nova
22 inveniant per quae fertilitas augeatur. Deinde non est
contentus his artibus, sed in pistrinum sapientem sub-
mittit. Narrat enim, quemadmodum rerum naturam imi-
tatus panem coeperit facere: 'receptas,' inquit, 'in os
fruges concurrens inter se duritia dentium frangit et quid-
quid excidit, ad eosdem dentis lingua refertur: tunc vero
miscetur, ut facilius per faucis lubricas transeat. Cum
pervenit in ventrem, aqualiculi fervore concoquitur.
23 Tunc demum corpori accedit. Hoc aliquis secutus exem-
plar lapidem asperum aspero imposuit ad similitudinem
dentium quorum pars inmobilis motum alterius expectat.
Deinde utriusque adtritu grana franguntur et saepius re-
geruntur, donec ad minutiam frequenter trita redigantur.
Tunc farinam aqua sparsit et adsidua tractatione perdo-
muit finxitque panem quem primo cinis calidus et fer-
vens testa percoxit. Deinde furni paulatim reperti et alia
genera quorum fervor serviret arbitrio.' Non multum
afuit, quin sutrinum quoque inventum a sapientibus di-
24 ceret. Omnia ista ratio quidem, sed non recta ratio con-
menta est. Hominis enim, non sapientis inventa sunt
tam mehercules quam navigia quibus amnis quibusque
maria transimus aptatis ad excipiendum ventorum impe-
tum velis et additis a tergo gubernaculis quae huc atque
illuc cursum navigii torqueant. Exemplum a piscibus
tractum est qui cauda reguntur et levi eius in utrumque
25 momento velocitatem suam flectunt. 'Omnia,' inquit,
'haec sapiens quidem invenit, sed minora quam ut ipse
tractaret, sordidioribus ministris dedit.' Immo non aliis
excogitata ista sunt quam quibus hodieque curantur.

Quaedam nostra demum prodisse memoria scimus, ut
specalariorum usum perlucente testa clarum transmitten-
tium lumen, ut suspensuras balneorum et impressos parie-
tibus tubos per quos circumfunderetur calor, qui ima
simul ac summa foveret aequaliter. Quid loquar mar-
mora quibus templa, quibus domus fulgent? quid lapi-
deas moles in rotundum ac leve formatas quibus porticus
et capacia populorum tecta suscipimus? quid verborum
notas quibus quamvis citata excipitur oratio et celerita-
tem linguae manus sequitur? vilissimorum mancipiorum
ista conmenta sunt. Sapientia altius sedet nec manus edo- 26
cet, animorum magistra est. Vis scire quid illa eruerit,
quid effecerit? non dedecoros corporis motus nec varios
per tubam ac tibiam cantus quibus exceptus spiritus aut in
excitu aut in transitu formatur in vocem. Non arma nec
muros nec bella: utilia molitur, paci favet et genus huma-
num ad concordiam vocat. Non est, inquam, instrumen- 27
torum ad usus necessarios opifex. Quid illi tam parvula
adsignas? artificem vides vitae. Alias quidem artis sub
dominio habet. Nam cui vita, illi vitam quoque ornantia
serviunt: ceterum ad beatum statum tendit. Illo ducit,
illo vias aperit. Quae sint mala, quae videantur ostendit. 28
Vanitatem exuit mentibus. Dat magnitudinem solidam,
inflatam vero et ex inani speciosam reprimit nec ignorari
sinit, inter magna quid intersit et tumida. Totius na-
turae notitiam ac suae tradit. Quid sint di qualesque,
declarat. Quid inferi, quid lares et genii, quid in secun-
dam numinum formam animae perpetuae, ubi consistant,
quid agant, quid possint, quid velint. Haec eius initia-
menta sunt per quae non municipale sacrum, sed ingens
deorum omnium templum, mundus ipse, reseratur cuius
vera simulacra verasque facies cernendas mentibus pro-
tulit. Nam ad spectacula tam magna hebes visus est.
Ad initia deinde rerum redit aeternamque rationem toti 29

inditam et vim omnium seminum singula proprie figuran-
tem. Tum de animo coepit inquirere, unde esset, ubi,
quamdiu, in quot membra divisus. Deinde a corporibus
se ad incorporalia transtulit veritatemque et argumenta
eius excussit. Post haec quemadmodum discernerentur
vitae aut vocis ambigua. In utraque enim falsa veris in-
30 mixta sunt. Non abduxit, inquam, se, ut Posidonio vi-
detur, ab istis artibus sapiens, sed ad illas omnino non
venit. Nihil enim dignum inventu iudicasset quod non
31 erat dignum perpetuo usu iudicaturus. Ponenda non su-
meret. 'Anacharsis,' inquit, 'invenit rotam figuli cuius
circuitu vasa formantur.' Deinde quia apud Homerum
invenitur figuli rota, malunt videri versus falsos esse quam
fabulam; ego nec Anarcharsim auctorem huius rei fuisse
contendo et, si fuit, sapiens quidem hoc invenit, sed non
tamquam sapiens, sicut multa sapientes faciunt qua ho-
mines sunt, non qua sapientes. Puta velocissimum esse
sapientem: cursu omnis anteibit qua velox est, non qua
sapiens. Cuperem Posidonio aliquem vitrearium osten-
dere qui spiritu vitrum in habitus plurimos format, qui
vix diligenti manu effingerentur: haec inventa sunt, post-
32 quam sapientem invenire desimus. 'Democritus,' inquit,
'invenisse dicitur fornicem, ut lapidum curvatura paula-
tim inclinatorum medio saxo adligaretur.' Hoc dicam
falsum esse. Necesse est enim ante Democritum et pon-
33 tis et portas fuisse quarum fere summa curvantur. Ex-
cidit porro vobis eundem Democritum invenisse, quemad-
modum ebur molliretur, quemadmodum decoctus calculus
in zmaragdum converteretur qua hodieque coctura in-
venti lapides coctiles colorantur. Ista sapiens licet inve-
nerit, non qua sapiens erat, invenit. Multa enim facit
quae ab imprudentissimis aut aeque fieri vidimus aut peri-
34 tius atque exercitatius. Quid sapiens investigaverit, quid
in lucem protaxerit, quaeris? Primum verum naturam-

que quam non ut cetera animalia oculis secutus est tardis
ad divina. Deinde vitae legem quam ad universa direxit,
nec nosse tantum, sed sequi deos docuit et accidentia non
aliter excipere quam imperata. Vetuit parere opinioni-
bus falsis et quanti quidque esset, vera aestimatione per-
pendit. Damnavit mixtas poenitentia voluptates et bona
semper placitura laudavit et palam fecit felicissimum esse
cui felicitate non opus est, potentissimum esse qui se
habet in potestate. Non de ea philosophia loquor quae 35
civem extra patriam posuit, extra mundum deos, quae vir-
tutem donavit voluptati, sed de illa quae nullum bonum
putat, nisi quod honestum est, quae nec hominis nec for-
tunae muneribus deleniri potest cuius hoc pretium est non
posse pretio capi: hanc philosophiam fuisse illo rudi sae-
culo quo adhuc artificia deerant et ipso usu discebantur
utilia, non credo. Sint licet fortunata tempora, cum in 36
medio iacerent beneficia naturae promiscue utenda, ante-
quam avaritia atque luxuria dissociavere mortales et ad
rapinam ex consortio discurrere, non erant illi sapientes
viri, etiamsi faciebant facienda sapientibus. Statum qui- 37
dem generis humani non alium quisquam suspexerit ma-
gis, nec si cui permittat deus terrena formare et dare gen-
tibus mores, aliud probaverit quam quod apud illos fuisse
memoratur, apud quos

Nulli subigebant arva coloni,
Ne signare quidem aut partiri limite campum
Fas erat: in medium quaerebant ipsaque tellus
Omnia liberius nullo poscente ferebat.

Quid hominum illo genere felicius? In conmune rerum 38
natura fruebantur. Sufficiebat illa ut parens in tutelam
omnium: haec erat publicarum opum secura possessio.
Quidni ego illud locupletissimum mortalium genus dixe-
rim, in quo pauperem invenire non posses? Inrupit in
res optime positas avaritia et, dum seducere aliquid cupit

atque in suum vertere, omnia fecit aliena et in angustum
se ex inmenso redegit. Avaritia paupertatem intulit et
39 multa concupiscendo omnia amisit. Licet itaque velit nunc
concurrere et reparare quod perdidit. Licet agros agris
adiciat, vicinum vel pretio pellens vel iniuria. Licet in pro-
vinciarum spatium rura dilatet et possessionem vocet per
sua longam peregrinationem, nulla nos finium propagatio
eo reducet, unde discessimus; cum omnia fecerimus,
40 multum habebimus: universum habebamus. Terra ipsa
fertilior erat inlaborata et in usus populorum non diripi-
entium larga. Quidquid natura protulerat, id non minus
invenisse quam inventum monstrare alteri voluptas erat,
nec ulli aut superesse poterat aut deesse: inter concor-
des dividebatur. Nondum valentior imposuerat infirmiori
manum. Nondum avarus abscondendo quod sibi iace-
ret, alium necessariis quoque excluserat: par erat alte-
41 rius ac sui cura. Arma cessabant incruentaeque humano
sanguine manus odium omne in feras verterant. Illi quos
aliquod nemus densum a sole protexerat qui adversus
saevitiam hiemis aut imbris vili receptaculo tuti sub fron-
de vivebant, placidas transigebant sine suspirio noctis;
sollicitudo nos in nostra purpura versat et acerrimis ex-
citat stimulis. At quam mollem somnum illis dura tellus
42 dabat! Non impendebant caelata laquearia, sed in aperto
iacentes sidera superlabebantur et insigne spectaculum
noctium. Mundus in praeceps agebatur silentio tantum
opus ducens. Tam interdiu illis quam nocte patebant pro-
spectus huius pulcherrimae domus. Libebat intueri signa
ex media coeli parte vergentia, rursus ex occulto alia sur-
43 gentia. Quidni iuvaret vagari inter tam late sparsa mira-
cula? at vos ad omnem tectorum pavetis sonum et inter
picturas vestras, si quid increpuit, fugitis adtoniti. Non
habebant domos instar urbium. Spiritus ac liber inter
aperta perflatus et levis umbra rupis aut arboris et perlu-

cidi fontes rivique non opere nec fistula nec ullo coacto
itinere obsolefacti, sed sponte currentes et prata sine arte
formosa, inter haec agreste domicilium rustica politum
manu: haec erat secundum naturam domus, in qua libe-
bat habitare nec ipsam nec pro ipsa timentem. Nunc
magna pars nostri metus tecta sunt. Sed quamvis egregia 44
illis vita fuerit et carens fraude, non fuere sapientes,
quando hoc iam in opere maximo nomen est. Non tamen
negaverim fuisse alti spiritus viros et, ut ita dicam, a dis
recentes. Neque enim dubium est, quin meliora mundus
nondum effetus ediderit. Quemadmodum autem omni-
bus indoles fortior fuit et ad labores paratior, ita non
erant ingenia omnibus consummata. Non enim dat natura
virtutem: ars est bonum fieri. Illi quidem non aurum 45
nec argentum nec perlucidos lapides ima terrarum
faece quaerebant parcebantque adhuc etiam mutis ani-
malibus: tantum aberat ut homo hominem non iratus,
non timens, tantum spectaturus occideret. Nondum ves-
tis illis erat picta, nondum texebatur aurum; adhuc nec
eruebatur. Quid ergo? ignorantia rerum innocentes 46
erant. Multum autem interest, utrum peccare aliquis
nolit an nesciat. Deerat illis iustitia, deerat prudentia,
deerat temperantia ac fortitudo. Omnibus his virtutibus
habebat similia quaedam rudis vita; virtus non contingit
animo nisi instituto et edocto et ad summum adsidua
exercitatione perducto. Ad hoc quidem, sed sine hoc
nascimur et in optimis quoque, antequam erudias, virtu-
tis materia, non virtus est. Vale.

Lib. XVIII., 5 (108).

Haec rettuli, ut probarem tibi quam vehementis habe- 23
rent tirunculi impetus primos ad optima quaeque, si quis

exhortaretur illos, si quis impelleret. Sed aliquid praecipientium vitio peccatur qui nos docent disputare, non vivere, aliquid discentium qui propositum adferunt ad praeceptores suos non animum excolendi, sed ingenium.
24 Itaque quae philosophia fuit, facta philologia est. Multum autem ad rem pertinet, quo proposito ad quamque rem accedas. Qui grammaticus futurus Vergilium scrutatur, non hoc animo legit illud egregium

Fugit inreparabile tempus.

Vigilandum est; nisi properamus, relinquemur. Agit nos agiturque velox dies. Inscii rapimur. Omnia in futurum disponimus et inter praecipitia lenti sumus, sed ut observet, quotiens Vergilius de celeritate temporum dicit, hoc uti verbo illum fugit.

Optima quaeque dies miseris mortalibus aevi
Prima fugit: subeunt morbi tristisque senectus
Et labor et durae rapit inclementia mortis.

25 Ille qui ad philosophiam spectat, haec eadem quo debet, adducit: 'Numquam Vergilius,' inquit, 'dies dicit ire, sed fugere quod currendi genus concitatissimum est, et optimos quosque primos rapi; quid ergo cessamus nos ipsi concitare, ut velocitatem rapidissimae rei possimus aequare? meliora praetervolant, deteriora succedunt.
26 Quemadmodum ex amphora primum quod est, sincerissimum effluit, gravissimum quodque turbidumque subsidit, sic in aetate nostra quod est optimum, in primo est. Id exhauriri aliis potius patimur, ut nobis faecem reservemus? Inhaereat istud animo et tamquam missum oraculo placeat:

Optima quaeque dies miseris mortalibus aevi
Prima fugit.

27 Quare optima? quia quod restat incertum est. Quare optima? quia iuvenes possumus discere, possumus facilem animum et adhuc tractabilem ad meliora convertere.

Quia hoc tempus idoneum est laboribus, idoneum agitan-
dis per studia ingeniis et exercendis per opera corpori-
bus; quod superest, segnius et languidius est et propius
a fine. Itaque toto hoc agamus animo et omissis ad quae
devertimur, in rem unam laboremus, ne hanc temporis
pernicissimi celeritatem quam retinere non possumus, re-
licti demum intellegamus. Primus quisque tamquam
optimus dies placeat et redigatur in nostrum. Quod
fugit occupandum est. Haec non cogitat ille qui gram- 28
matici oculis carmen istud legit, ideo optimum quemque
primum esse diem, quia subeunt morbi, quia senectus pre-
mit et adhuc adulescentiam cogitantibus supra caput est,
sed ait Vergilium semper una ponere morbos et senectu-
tem: non mehercules inmerito. Senectus enim insana-
bilis morbus est. 'Praeterea,' inquit, 'hoc senectuti 29
cognomen imposuit, tristem illam vocat:

Subeunt morbi tristisque senectus.

Alio loco dicit:

Pallentesque habitant morbi tristisque senectus.'

Non est quod mireris ex eadem materia suis quemque
studiis apta conligere; in eodem prato bos herbam quaerit,
canis leporem, ciconia lacertam. Cum Ciceronis librum 30
de republica prendit hinc philologus aliquis, hinc gram-
maticus, hinc philosophiae deditus, alius alio curam suam
mittat; philosophus admiratur contra iustitiam dici tam
multa potuisse. Cum ad hanc eandem lectionem philo-
logus accessit, hoc subnotat: duos Romanos reges esse quo-
rum alter patrem non habet, alter matrem: nam de Servii
matre dubitatur. Anci pater nullus; Numae nepos dici-
tur. Praeterea notat eum quem nos dictatorem dicimus 31
et in historiis ita nominari legimus, apud antiquos magi-
strum populi vocatum. Hodieque id extat in augurali-
bus libris et testimonium est quod qui ab illo nominatur,
magister equitum est. Aeque notat Romulum perisse

solis defectione; provocationem ad populum etiam a regi-
bus fuisse; id ita in pontificalibus libris et alii putant
32 et Fenestella. Eosdem libros cum grammaticus expli-
cuit, primum verba expressa, reapse dici a Cicerone, id
est re ipsa, in conmentarium refert, nec minus sepse,
id est se ipse. Deinde transit ad ea quae consuetudo
saeculi mutavit, tamquam ait Cicero: 'quoniam sumus ab
ipsa calce eius interpellatione revocati.' Hanc quam nunc
33 in circo cretam vocamus, calcem antiqui dicebant. Deinde
Ennianos conligit versus et in primis illos de Africano
scriptos:

cui nemo civis neque hostis
Quivit pro factis reddere operae pretium.

Ex eo se ait intellegere, apud antiquos non tantum auxi-
lium significasse sed †operam. Ait enim Ennius neminem
potuisse Scipioni neque civem neque hostem reddere
34 operae pretium. Felicem deinde se putat quod invenerit,
unde visum sit Vergilio dicere:

quem super ingens
Porta tonat caeli.

Ennium hoc ait Homero subripuisse, Ennio Vergilium.
Esse enim apud Ciceronem in his ipsis de republica hoc
epigramma Ennii:

Si fas endo plagas coelestum ascendere cuiquam est,
mi soli caeli maxima porta patet.

35 Sed ne et ipse, dum aliud ago, in philologum aut gram-
maticum delabar, illud admoneo, auditionem philosopho-
rum lectionemque ad propositum beatae vitae trahendam,
non ut verba prisca aut ficta captemus et translationes im-
probas figurasque dicendi, sed ut profutura praecepta et
magnificas voces et animosas, quae mox in rem transfe-
rantur; sic ista ediscamus, ut quae fuerint verba, sint
36 opera. Nullos autem peius mereri de omnibus mortali-
bus iudico quam qui philosophiam velut aliquod artificium

venale didicerunt, qui aliter vivunt quam vivendum esse
praecipiunt. Exempla enim se ipsos inutilis disciplinae
circumferunt nulli non vitio quod insecuntur obnoxii.
Non magis mihi potest quisquam talis prodesse praeceptor 37
quam gubernator in tempestate nausiabundus. Tenendum
est rapiente fluctu gubernaculum, luctandum cum ipso
mari, eripienda sunt vento vela. Quid me potest adiuvare
rector navigii adtonitus et vomitans? quanto maiore putas
vitam tempestate iactari quam ullam ratem? non est lo-
quendum, sed gubernandum. Omnia quae dicunt, quae 38
turba audiente iactant, aliena sunt; dixit illa Platon, dixit
Zenon, dixit Chrysippus et Posidonius, at ingens agmen
tot ac talium quomodo probare possint sua esse? mon-
strabo: faciant quae dixerint. Quoniam quae volue- 39
ram ad te perferre, iam dixi, nunc desiderio tuo satisfa-
ciam et in alteram epistulam integrum quod exegeras,
transferam, ne ad rem spinosam et auribus erectis curio-
sisque audiendam lassus accedas. Vale.

Lib. XIX., 5 (114).

Quare quibusdam temporibus provenerit conrupti gene- 1
ris oratio quaeris et quomodo in quaedam vitia incli-
natio ingeniorum facta sit, ut aliquando inflata explicatio
vigeret, aliquando infracta et in morem cantici ducta.
Quare alias sensus audaces et fidem egressi placuerint, alias
abruptae sententiae et suspiciosae in quibus plus intelle-
gendum esset quam audiendum, quare aliqua aetas fuerit
quae translationis iure uteretur inverecunde. Hoc quod
audire vulgo soles, quod apud Graecos in proverbium ces-
sit: talis hominibus fuit oratio, qualis vita. Quemadmodum 2
autem uniuscuiusque actio dicenti similis est, sic genus
dicendi aliquando imitatur publicos mores, si disciplina

civitatis laboravit et se in delicias dedit. Argumentum est
luxuriae publicae orationis lascivia, si modo non in uno
3 aut in altero fuit, sed adprobata est et recepta. Non potest
alius esse ingenio, alius animo color: si ille sanus est, si
compositus, gravis, temperans, ingenium quoque siccum
ac sobrium est; illo vitiato hoc quoque adflatur. Non
vides, si animus elanguit, trahi membra et pigre moveri
pedes? si ille effeminatus est, in ipso incessu adparere
mollitiam? si ille acer est et ferox, concitari gradum? si
furit aut, quod furori simile est, irascitur, turbatum esse
corporis motum nec ire, sed ferri? quanto hoc magis ac-
cidere ingenio putas, quod totum animo permixtum est,
4 ab illo fingitur, illi paret, inde legem petit. Quomodo
Maecenas vixerit notius est, quam ut narrari nunc de-
beat, quomodo ambulaverit, quam delicatus fuerit, quam
cupierit videri, quam vitia sua latere noluerit. Quid ergo?
non oratio eius aeque soluta est quam ipse discinctus?
non tam insignita illius verba sunt quam cultus, quam
comitatus, quam domus, quam uxor? magni vir ingenii
fuerat, si illud egisset via rectiore, si non vitasset intellegi,
si non etiam in oratione diffiueret. Videbis itaque elo-
quentiam ebrii hominis, involutam et errantem et licentiae
5 plenam. Quid turpius? 'Amne silvisque ripa comanti-
bus vide ut alveum lintribus arent. Versoque vado re-
mittunt hortos [. . .] Inremediabilis factio: rimantur epu-
lis lagonaque temptant domos et spe mortem exigunt.
Genium festo vix suo testem—tenuisve cerei fila et cre-
pacem molam focum mater aut uxor investiunt.'

6 Non statim, cum haec legeris, hoc tibi occurret, hunc
esse qui solutis tunicis in urbe semper incesserit? nam
etiam cum absentis Caesaris partibus fungeretur, signum
a discincto petebatur; hunc esse qui in tribunali, in ro-
stris, in omni publico coetu sic adparuerit, ut pallio ve-
laretur caput exclusis utrimque auribus, non aliter quam

in mimo divites fugitivi solent [. . .] Haec verba tam im- 7
probe structa, tam neglegenter abiecta, tam contra con-
suetudinem omnium posita ostendunt mores quoque non
minus novos et pravos et singularis fuisse. Maxima laus
illi tribuitur mansuetudinis: pepercit gladio, sanguine
abstinuit nec ulla alia re quid posset quam licentia osten-
dit. Hanc ipsam laudem suam conrupit istis orationis por-
tentosissimae deliciis. Adparet enim mollem fuisse, non
mitem. Hoc istae ambages compositionis, hoc verba trans- 8
versa, hoc sensus, magni quidem saepe, sed enervati, dum
exeunt, cuivis manifestum facient; motum illi felicitate
nimia caput. Quod vitium hominis interdum esse, inter-
dum temporis solet. Vbi luxuriam late felicitas fudit, 9
cultus primum corporum esse diligentior incipit. Deinde
supellectili laboratur. Deinde in ipsas domos impenditur
cura, ut in laxitatem ruris excurrant, ut parietes advectis
trans maria marmoribus fulgeant, ut tecta varientur auro,
ut lacunaribus pavimentorum respondeat nitor. Deinde
ad cenas lautitia transfertur et illic conmendatio ex novi-
tate et soliti ordinis conmutatione captatur, ut ea quae in-
cludere solebant cenam, prima ponantur, ut quae adve-
nientibus dabantur, exeuntibus dentur. Cum adsuevit 10
animus fastidire quae ex more sunt, et illi pro sordidis
solita sunt, etiam in oratione quod novum est, quaerit
et modo antiqua verba atque exoleta revocat ac profert,
modo fingit et ignota ac deflectit, modo, id quod nuper
increbruit, pro cultu habetur audax translatio ac fre-
quens. Sunt qui sensus praecidant et hoc gratiam spe- 11
rent, si sententia pependerit et audienti suspicionem sui
fecerit. Sunt qui illos detineant et porrigant. Sunt qui
non usque ad vitium accedant, necesse est enim hoc
facere aliquid grande temptanti, sed qui ipsum vitium
ament. Itaque ubicumque videris orationem conruptam
placere, ibi mores quoque a recto descivisse non erit du-

bium. Quomodo conviviorum luxuria, quomodo vestium
aegrae civitatis indicia sunt, sic orationis licentia, si modo
frequens est, ostendit animos quoque, a quibus verba
12 exeunt, procidisse. Mirari quidem non debes conrupta
excipi non tantum a corona sordidiore, sed ab hac quoque
turba cultiore. Togis enim inter se isti, non iudiciis dis-
tant: hoc magis mirari potes, quod non tantum vitiosa,
sed vitia laudentur. Nam illud semper factum est: nul-
lum sine venia placuit ingenium. Da mihi, quemcumque
vis, magni nominis virum; dicam, quid illi aetas sua igno-
verit, quid in illo sciens dissimulaverit. Multos tibi dabo
quibus vitia non nocuerint, quosdam quibus profuerint.
Dabo, inquam, maximae famae et inter admiranda propo-
sitos quos, si quis conrigit, delet; sic enim vitia virtutibus
13 inmixta sunt, ut illas secum tractura sint. Adice nunc,
quod oratio certam regulam non habet, consuetudo illam
civitatis quae numquam in eodem diu stetit, versat. Multi
ex alieno seculo petunt verba, duodecim tabulas locun-
tur. Gracchus illis et Crassus et Curio nimis culti et re-
centes sunt, ad Appium usque et ad Coruncanium redeunt;
quidam contra, dum nihil nisi tritum et usitatum volunt,
14 in sordis incidunt. Vtrumque diverso genere conruptum
est, tam mehercules quam nolle nisi splendidis uti ac so-
nantibus et poeticis, necessaria atque in usu posita vitare.
Tam hunc dicam peccare quam illum; alter se plus iusto
colit, alter plus iusto neglegit. Ille et crura, hic ne alas
15 quidem vellit. Ad compositionem transeamus: quot ge-
nera tibi in hac dabo, quibus peccetur? Quidam praefrac-
tam et asperam probant, disturbant de industria, si quid
placidius effluxit. Nolunt sine salebra esse iuncturam.
Virilem putant et fortem quae aurem inaequalitate per-
cutiat. Quorumdam non est compositio, modulatio est,
16 adeo blanditur et molliter labitur. Quid de illa loquar,
in qua verba differuntur et diu exspectata vix ad clausu-

las redeunt? quid illa in exitu lenta, qualis Ciceronis est,
devexa et molliter detinens nec aliter quam solet, ad mo-
rem suum pedemque respondens? Non tantum in genere
sententiarum vitium est, si aut pusillae sunt et pueriles
aut improbae et plus ausae quam pudore salvo licet; sed
si floridae sunt et nimis dulces, si in vanum exeunt et
sine effectu nihil amplius quam sonant. Haec vitia unus 17
aliquis inducit sub quo tunc eloquentia est, ceteri imi-
tantur et alter alteri tradunt; sic Sallustio vigente ampu-
tatae sententiae et verba ante exspectatum cadentia et
obscura brevitas fuere pro cultu. L. Arruntius, vir rarae
frugalitatis qui historias belli Punici scripsit, fuit Sallu-
stianus et in illud genus nitens. Est apud Sallustium:
'exercitum argento fecit,' id est, pecunia paravit. Hoc
Arruntius amare coepit, posuit illud omnibus paginis.
Dicit quodam loco: 'fugam nostris fecere.' Alio loco:
'Hiero, rex Syracusanorum, bellum fecit.' Et alio loco:
'quae audita Panhormitanos dedere Romanis fecere.' Gu- 18
stum tibi dare volui, totus his contexitur liber. Quae
apud Sallustium rara fuerunt, apud hunc crebra sunt et
paene continua, nec sine causa; ille enim in haec incide-
bat, at hic illa quaerebat. Vides autem, quid sequatur,
ubi alicui vitium pro exemplo est. Dixit Sallustius: aquis 19
hiemantibus. Arruntius in primo libro belli Punici ait:
'repente hiemavit tempestas.' Et alio loco cum dicere vel-
let frigidum annum fuisse, ait: 'totus hiemavit annus.' Et
alio loco: 'inde sexaginta onerarias levis praeter militem et
necessarios nautarum hiemante aquilone misit.' Non de-
sinit omnibus locis hoc verbum infulcire. Quodam loco
dicit Sallustius: 'inter arma civilia aequi bonique famas
petit.' Arruntius non temperavit, quo minus primo statim
libro poneret: 'ingentes esse famas de Regulo.' Haec ergo 20
et eiusmodi vitia quae alicui impressit imitatio, non sunt
indicia luxuriae nec animi conrupti; propria enim esse

debent et ex ipso nata, ex quibus tu aestimes alicuius adfectus. Iracundi hominis iracunda oratio est, conmoti
21 nimis incitata, delicati tenera et fluxa. Quot vides istos sequi qui aut vellunt barbam aut intervellunt, qui labra pressius tondent et abradunt servata et submissa cetera parte, qui lacernas coloris improbi sumunt, qui perlucentem togam, qui nolunt facere quidquam quod hominum oculis transire liceat? inritant illos et in se advertunt. Volunt vel reprehendi, dum conspici. Talis est oratio Maecenatis omniumque aliorum qui non casu errant sed
22 scientes volentesque. Hoc a magno animi malo oritur. Quomodo in vino non ante lingua titubat quam mens cessit oneri et inclinata vel perdita est, ita ista oratio quid aliud quam ebrietas? nulli molesta est, nisi animus labat; ideo ille curetur, ab illo sensus, ab illo verba exeunt, ab illo nobis est habitus, vultus, incessus. Illo sano ac valente oratio quoque robusta, fortis, virilis est, si ille procubuit, et cetera ruinam secuntur.

Apocolocyntosis.

1. Quid actum sit in caelo ante diem III idus Octobris 1 anno novo, initio saeculi felicissimi, volo memoriae tradere. Nihil nec offensae nec gratiae dabitur. Haec ita vera. Si quis quaesiverit unde sciam, primum, si noluero, non respondebo. Quis coacturus est? ego scio me liberum factum, ex quo suum diem obiit ille qui verum proverbium fecerat, aut regem aut fatuum nasci oportere. Si libuerit respondere, dicam quod mihi in buccam venerit. Quis umquam ab historico iuratores exegit? tamen si necesse fuerit auctorem producere, quaerito ab eo qui Drusillam euntem in caelum vidit: idem Claudium vidisse se dicet iter facientem 'non passibus aequis.' Velit, nolit, necesse est illi omnia videre quae in caelo aguntur: Appiae viae curator est qua scis et divum Augustum et Tiberium Caesarem ad deos isse. Hunc si interrogaveris, soli narrabit; coram pluribus numquam verbum faciet. Nam ex quo in senatu iuravit se Drusillam vidisse caelum ascendentem et illi pro tam bono nuntio nemo credidit verbis conceptis adfirmavit se non indicaturum, etiamsi in medio foro hominem occisum vidisset. Ab hoc ego quae tum audivi, certa, clara adfero, ita illum salvum et felicem habeam.

2. Iam Phoebus breviore via contraxerat orbem 2
Lucis et obscuri crescebant tempora somni,
Iamque suum victrix augebat Cynthia regnum
Et deformis hiems gratos carpebat honores
Divitis autumni iussoque senescere Baccho
Carpebat raras serus vindemitor uvas.

Puto magis intellegi, si dixero: mensis erat October, dies III idus Octobris. Horam non possum certam tibi dicere, facilius inter philosophos quam inter horologia conveniet, tamen inter sextam et septimam erat. 'Nimis rustice,' inquies, 'cum omnes poetae, non contenti ortus et occasus describere, etiam medium diem inquietent, tu sic transibis horam tam bonam?'

Iam medium curru Phoebus diviserat orbem
Et propior nocti fessas quatiebat habenas
Obliquo flexam deducens tramite lucem.

8 Claudius animam agere coepit nec invenire exitum poterat. Tum Mercurius, qui semper ingenio eius delectatus esset, unam e tribus Parcis seducit et ait: 'Quid, femina crudelissima, hominem miserum torqueri pateris? nec umquam tam diu cruciatus cesset? annus sexagesimus quartus est ex quo cum anima luctatur. Quid huic et rei publicae invides? patere mathematicos aliquando verum dicere qui illum ex quo princeps factus est, omnibus annis, omnibus mensibus efferunt. Et tamen non est mirum si errant et horam eius nemo novit; nemo enim umquam illum natum putavit. Fac quod faciendum est:

Dede neci, melior vacua sine regnet in aula.'

Sed Clotho: 'ego mehercules,' inquit, 'pusillum temporis adicere illi volebam, dum hos pauculos qui supersunt, civitate donaret'—constituerat enim omnis Graecos, Gallos, Hispanos, Britannos togatos videre—'sed quoniam placet aliquos peregrinos in semen relinqui et tu ita iubes fieri, fiat.' Aperit tum capsulam et tris fusos profert: unus erat Augurini, alter Babae, tertius Claudii. 'Hos,' inquit, 'tris uno anno exiguis intervallis temporum divisos mori iubebo, nec illum incomitatum dimittam. Non oportet enim eum qui modo se tot milia hominum sequentia videbat, tot praecedentia, tot circumfusa, subito solum destitui. Contentus erit his interim convictoribus.'

Haec ait et turpi convolvens stamina fuso 4
Abrupit stolidae regalia tempora vitae.
At Lachesis redimita comas, ornata capillos,
Pieria crinem lauro frontemque coronans
Candida de niveo subtemina vellere sumit
Felici moderanda manu quae ducta colorem
Adsumpsere novum. Mirantur pensa sorores:
Mutatur vilis pretioso lana metallo,
Aurea formoso descendunt saecula filo.
Nec modus est illis, felicia vellera ducunt
Et gaudent implere manus, sunt dulcia pensa.
Sponte sua festinat opus nulloque labore
Mollia contorto descendunt stamina fuso.
Vincunt Tithoni, vincunt et Nestoris annos.
Phoebus adest cantuque iuvat gaudetque futuris
Et laetus nunc plectra movet, nunc pensa ministrat.
Detinet intentas cantu fallitque laborem.
Dumque nimis citharam fraternaque carmina laudant,
Plus solito nevere manus humanaque fata
Laudatum transcendit opus. 'Ne demite, Parcae,'
Phoebus ait, 'vincat mortalis tempora vitae
Ille mihi similis vultu similisque decore
Nec cantu nec voce minor. Felicia lassis
Saecula praestabit legumque silentia rumpet.
Qualis discutiens fugientia Lucifer astra
Aut qualis surgit redeuntibus Hesperus astris,
Qualis cum primum tenebris Aurora solutis
Induxit rubicunda diem, Sol adspicit orbem
Lucidus et primos a carcere concitat axis:
Talis Caesar adest, talem iam Roma Neronem
Adspiciet. Flagrat nitidus fulgore remisso
Vultus et adfuso cervix formosa capillo.'

Haec Apollo. At Lachesis quae et ipsa homini formosissimo faveret, fecit illa plena manu, et Neroni multos annos de suo donat. Claudium autem iubent omnes

χαίροντας, εὐφημοῦντας ἐκπέμπειν δόμων.

Et ille quidem animam ebulliit, et ex eo desiit vivere videri. Expiravit autem dum comoedos audit, ut scias me non sine causa illos timere [. . .]

5 Quae in terris postea sint acta, supervacuum est referre. Scitis enim optime, nec periculum est ne excidant memoriae quae gaudium publicum impresserit: nemo felicitatis suae obliviscitur. In caelo quae acta sint, audite; fides penes auctorem erit. Nuntiatur Iovi venisse quemdam bonae staturae, bene canum; nescio quid illum minari, adsidue enim caput movere; pedem dextrum trahere. Quaesisse se cuius nationis esset; respondisse nescio quid perturbato sono et voce confusa; non intellegere se linguam eius, nec Graecum esse nec Romanum nec ullius gentis notae. Tum Iuppiter Herculem quia totum orbem terrarum pererraverat et nosse videbatur omnis nationes, iubet ire et explorare quorum hominum esset. Tum Hercules primo adspectu sane perturbatus est, ut qui etiam non omnia monstra timuerit. Vt vidit novi generis faciem, insolitum incessum, vocem nullius terrestris animalis sed qualis esse marinis beluis solet, raucam et implicatam, putavit sibi tertium decimum laborem venisse. Diligentius intuenti visus est quasi homo. Accessit itaque et quod facillimum fuit Graeculo, ait:

τίς πόθεν εἶς ἀνδρῶν; πόθι τοι πόλις ἠδὲ τοκῆες;

Claudius gaudet esse illic philologos homines, sperat futurum aliquem historiis suis locum. Itaque et ipse Homerico versu Caesarem se esse significans, ait:

Ἰλιόθεν με φέρων ἄνεμος Κικόνεσσι πέλασσεν.

Erat autem sequens versus verior, aeque Homericus:

ἔνθα δ' ἐγὼ πόλιν ἔπραθον, ὤλεσα δ' αὐτούς.

6 Et imposuerat Herculi minime vafro, nisi fuisset illic

Febris quae fano suo relicto sola cum illo venerat: ceteros omnis deos Romae reliquerat. 'Iste,' inquit, 'mera mendacia narrat. Ego tibi dico quae cum illo tot annis vixi: Luguduni natus est. Marci municipem vides. Quod tibi narro, ad sextum decimum lapidem natus est a Vienna, Gallus germanus. Itaque quod Gallum facere oportebat, Romam cepit. Hunc ego tibi recipio Luguduni natum, ubi Licinus multis annis regnavit. Tu autem qui plura loca calcasti quam ullus mulio perpetuarius, scire debes multa milia inter Xanthum et Rhodanum interesse.' Excandescit hoc loco Claudius et quanto potest murmure irascitur. Quid diceret, nemo intellegebat, ille autem Febrim duci iubebat. Illo gestu solutae manus et ad hoc unum satis firmae quo decollare homines solebat, iusserat illi collum praecidi. Putares omnis illius esse libertos: adeo illum nemo curabat. Tum Hercules, 'audi me,' inquit, 'tu desine fatuari. Venisti huc, ubi mures ferrum 7
rodunt. Citius mihi verum, ne tibi alogias excutiam.' Et quo terribilior esset, tragicus fit et ait:

'Exprome propere, sede qua genitus cluas,
Hoc ne peremptus stipite ad terram accidas;
Haec clava reges saepe mactavit feros.
Quid nunc profatu vocis incerto sonas?
Quae patria, quae gens mobile eduxit caput?
Edissere. Equidem regna tergemini petens
Longinqua regis, unde ab Hesperio mari
Inachiam ad urbem nobile advexi pecus,
Vidi duobus inminens fluviis iugum,
Quod Phoebus ortu semper obverso videt,
Vbi Rhodanus ingens amne praerapido fluit,
Ararque dubitans quo suos cursus agat,
Tacitus quietis adluit ripas vadis.
Estne illa tellus spiritus altrix tui?'

Haec satis animose et fortiter, nihilo minus mentis suae

non est et timet μωροῦ πληγήν. Claudius ut vidit virum valentem, oblitus nugarum intellexit neminem Romae sibi parem fuisse, illic non habere se idem gratiae: gallum in suo sterquilino plurimum posse. Itaque quantum intellegi potuit, haec visus est dicere: 'ego te, fortissime deorum Hercule, speravi mihi adfuturum apud alios et, si qui a me notorem petisset, te fui nominaturus qui me optime nosti. Nam si memoria repetis, ego eram qui Tiburi ante templum tuum ius dicebam totis diebus mense Iulio et Augusto. Tu scis, quantum illic miseriarum tulerim, cum causidicos audirem diem et noctem, in quos si incidisses, valde fortis licet tibi videaris, maluisses cloacas Augeae purgare: multo plus ego stercoris
8 exhausi. Sed quoniam volo' . . .

'Non mirum quod in curiam impetum fecisti: nihil tibi clausi est. Modo dic nobis, qualem deum istum fieri velis. 'Επικούρειος θεὸς non potest esse: οὔτε αὐτὸς πράγματ' ἔχει οὔτε ἄλλοις παρέχει; Stoicus? quomodo potest rotundus esse, ut ait Varro, sine capite, [. . .]? est aliquid in illo Stoici dei, iam video: nec cor nec caput habet. Si mehercules a Saturno petisset hoc beneficium cuius mensem toto anno celebravit Saturnalicius princeps, non tulisset illud, nedum ab Iove quem quantum quidem in illo fuit, damnavit incesti. Silanum enim, generum suum, occidit propterea quod sororem suam, festivissimam omnium puellarum quam omnes Venerem vocarent, maluit Iunonem vocare. "Quare," inquit, "quaero enim, sororem suam?" Stulte, stude: Athenis dimidium licet, Alexandriae totum. "Quia Romae," inquis, "mures molas lingunt." Hic nobis curva conriget? quid in cubiculo suo faciat, nescit, et iam "caeli scrutatur plagas"? Deus fieri vult: parum est quod templum in Britannia habet quod hunc barbari colunt et ut deum orant μωροῦ εὐϊλάτου τυχεῖν?'

Tandem Iovi venit in mentem, privatis intra curiam 9 morantibus non licere sententiam dicere nec disputare. 'Ego,' inquit, 'patres conscripti, interrogare vobis permiseram, vos mera mapalia fecistis. Volo ut servetis disciplinam curiae. Hic qualiscunque est, quid de nobis existimabit?' illo dimisso primus interrogatur sententiam Ianus pater. Is designatus erat in Kal. Iulias postmeridianus consul, homo quantumvis vafer, qui semper videt ἅμα πρόσσω καὶ ὀπίσσω. Is multa diserte, quod in foro vivebat, dixit quae notarius persequi non potuit et ideo non refero, ne aliis verbis ponam quae ab illo dicta sunt. Multa dixit de magnitudine deorum: non debere hunc vulgo dari honorem. 'Olim,' inquit, 'magna res erat deum fieri, iam famam mimum fecistis. Itaque ne videar in personam, non in rem dicere sententiam, censeo ne quis post hunc diem deus fiat ex his qui ἀρούρης καρπὸν ἔδουσιν aut ex his quos alit ζείδωρος ἄρουρα. Qui contra hoc senatus consultum deus factus, fictus pictusve erit, eum dedi Larvis et proximo munere inter novos auctoratos ferulis vapulare placet.' Proximus interrogatur sententiam Diespiter, Vicae Potae filius, et ipse designatus consul, nummulariolus; hoc quaestu se sustinebat, vendere civitatulas solebat. Ad hunc belle accessit Hercules et auriculam illi tetigit. Censet itaque in haec verba: 'cum divus Claudius et divum Augustum sanguine contingat nec minus divam Augustam aviam suam, quam ipse deam esse iussit, longeque omnis mortalis sapientia antecellat, sitque e re publica esse aliquem qui cum Romulo possit "ferventia rapa vorare," censeo uti divus Claudius ex hac die deus sit, ita uti ante eum qui optimo iure factus sit, eamque rem ad metamorphoses Ovidi adiciendam.' Variae erant sententiae et videbatur Claudius sane iam vincere. Hercules enim, qui videret ferrum suum in igne esse, modo huc, modo illuc cursabat et aiebat: 'noli mihi invidere, mea res agitur; deinde tu si quid volueris, in vicem faciam: manus manum lavat.'

10 Tunc divus Augustus surrexit sententiae suae loco dicendae et summa facundia disseruit: 'ego,' inquit, 'patres conscripti, vos testis habeo, ex quo deus factus sum, nullum me verbum fecisse: semper meum negotium ago. Sed non possum amplius dissimulare et dolorem quem graviorem pudor facit, continere. In hoc terra marique pacem peperi? ideo civilia bella compescui? ideo legibus urbem fundavi, operibus ornavi, ut — quid dicam, patres conscripti, non invenio: omnia infra indignationem verba sunt. Confugiendum est itaque ad Messalae Corvini illam sententiam "pudet imperii." Hic, patres conscripti, qui vobis non posse videtur muscam excitare, tam facile homines occidebat quam canis adsidit. Sed quid ego de tot ac talibus viris dicam? non vacat deflere publicas cladis intuenti domestica mala. Itaque illa omittam, haec referam; nam etiam si soror mea nescit, ego scio: ἔγγιον γόνυ κνήμης. Iste quem videtis, per tot annos sub meo nomine latens, hanc mihi gratiam rettulit, ut duas Iulias proneptes meas occideret, alteram ferro, alteram fame; unum abnepotem L. Silanum, videris Iuppiter an in causa mala, certe in tua, si aecus futurus es. Dic mihi, dive Claudi, quare quemquam ex his quos quasque occidisti, antequam de causa cognosceres, antequam audires,
11 damnasti? hoc ubi fieri solet? in caelo non fit. Ecce Iuppiter qui tot annos regnat, uni Volcano crus fregit quem

ῥῖψε ποδὸς τεταγὼν ἀπὸ βηλοῦ θεσπεσίοιο,

et iratus fuit uxori et suspendit illam: numquid occidit? tu Messalinam, cuius aeque avunculus maior eram quam tuus, occidisti. "Nescio," inquis. Di tibi male faciant: adeo istuc turpius est quod nescisti quam quod occidisti. C. Caesarem non desiit mortuum persequi. Occiderat ille socerum, hic et generum. Gaius Crassi filium vetuit Magnum vocari, hic nomen illi reddidit, caput tulit. Occidit in una domo Crassum, Magnum, Scriboniam, Tristionias, Assarionem, nobilis tamen, Crassum vero tam fatuum, ut etiam regnare posset. Hunc nunc deum facere vultis? videte corpus eius dis iratis natum. Ad summam, tria verba cito dicat et servum me ducat. Hunc deum quis colet? quis credet? dum talis deos facitis, nemo vos deos esse credet. Summa rei, patres conscripti, si honeste me inter vos gessi, si nulli clarius respondi, vindicate iniurias meas. Ego pro sententia mea hoc censeo,' atque ita ex tabella recitavit: 'quando quidem divus Claudius occidit socerum suum Appium Silanum, generos duos Magnum Pompeium et L. Silanum, socerum filiae suae Crassum Frugi, hominem tam similem sibi quam ovo ovum, Scriboniam socrum filiae suae, uxorem suam Messalinam et ceteros quorum numerus iniri non potuit, placet mihi in eum severe animadverti nec illi rerum iudicandarum vacationem dari eumque quam primum exportari et caelo intra triginta dies excedere, Olympo intra diem tertium.'

Pedibus in hanc sententiam itum est. Nec mora, Cyllenius illum colo obtorto trahit a caelo

Illuc unde negant redire quemquam.

Dum descendunt per viam sacram, interrogat Mercurius, 12
quid sibi velit ille concursus hominum, num Claudii funus esset? et erat omnium formosissimum et impensa cura, plane ut scires deum efferri: tubicinum, cornicinum, omnis generis aeneatorum tanta turba, tantus concentus, ut etiam Claudius audire posset. Omnes laeti, hilares; populus Romanus ambulabat tamquam liber. Agatho et pauci causidici plorabant, sed plane ex animo. Iurisconsulti e tenebris procedebant, pallidi, graciles, vix animam habentes, tamquam qui tum maxime reviviscerent. Ex his

unus cum vidisset capita conferentes et fortunas suas deplorantes causidicos, accedit et ait: 'dicebam vobis, non semper Saturnalia erunt.' Claudius ut vidit funus suum, intellexit se mortuum esse. Lugenti enim μεγαληγορίᾳ nenia cantabatur anapaestis:

Fundite fletus, edite planctus,
Resonet tristi clamore forum:
Cecidit pulchre cordatus homo,
Quo non alius fuit in toto
Fortior orbe.
Ille citato vincere cursu
Poterat celeres, ille rebellis
Fundere Parthos levibusque sequi
Persida telis, certaque manu
Tendere nervum qui praecipites
Vulnere parvo figeret hostis,
Pictaque Medi terga fugacis.
Ille Britannos ultra noti
Litora ponti
Et caeruleos scuta Brigantas
Dare Romuleis colla catenis
Iussit et ipsum nova Romanae
Iura securis tremere Oceanum.
Deflete virum, quo non alius
Potuit citius discere causas,
Vna tantum parte audita,
Saepe et neutra. Quis nunc iudex
Toto lites audiet anno?
Tibi iam cedet sede relicta
Qui dat populo iura silenti,
Cretaea tenens oppida centum.
Caedite maestis pectora palmis,
O causidici, venale genus.
Vosque poetae lugete novi,

Vosque in primis qui concusso
Magna parastis lucra fritillo.

Delectabatur laudibus suis Claudius et cupiebat diutius 13
spectare. Inicit illi manum Talthybius, deorum nuntius, et trahit capite obvoluto, ne quis eum possit agnoscere, per campum Martium et inter Tiberim et viam tectam descendit ad inferos. Antecesserat iam compendiaria Narcissus libertus ad patronum excipiendum et venienti nitidus, ut erat a balneo, occurrit et ait: 'quid di ad homines?' 'celerius i,' inquit Mercurius, 'et venire nos nuntia.' Dicto citius Narcissus evolat. Omnia proclivia sunt, facile descenditur. Itaque quamvis podagricus esset, momento temporis pervenit ad ianuam Ditis, ubi iacebat Cerberus vel, ut ait Horatius, 'belua centiceps.' Pusillum perturbatur—subalbam canem in deliciis habere adsueverat—ut illum vidit canem nigrum, villosum, sane non quem velis tibi in tenebris occurrere. Et magna voce 'Claudius,' inquit, 'veniet.' Cum plausu procedunt cantantes: εὑρήκαμεν, συγχαίρομεν. Hic erat C. Silius consul designatus, Iuncus praetorius, Sex. Traulus, M. Helvius, Trogus, Cotta, Vettius Valens, Fabius, equites Romani quos Narcissus duci iusserat. Medius erat in hac cantantium turba Mnester pantomimus quem Claudius decoris causa minorem fecerat. Ad Messalinam—cito rumor percrebuit Claudium venisse—convolant: primi omnium liberti Polybius, Myron, Harpocras, Amphaeus, Pheronactus quos Claudius omnis, necubi imparatus esset, praemiserat. Deinde praefecti duo Iustus Catonius et Rufrius Pollio. Deinde amici Saturninus Lusius et Pedo Pompeius et Lupus et Celer Asinius, consulares. Novissime fratris filia, sororis filia, generi, soceri, socrus, omnes plane consanguinei. Et agmine facto Claudio occurrunt. Quos cum vidisset Claudius, exclamat: πάντα φίλων πλήρη, 'quomodo huc venistis?' tum Pedo Pompeius:

'quid dicis, homo crudelissime? quaeris quomodo? quis enim nos alius huc misit quam tu, omnium amicorum interfector? in ius eamus; ego tibi hic sellas ostendam.'

14 Ducit illum ad tribunal Aeaci. Is lege Cornelia quae de sicariis lata est quaerebat. Postulat, nomen eius recipiat; edit subscriptionem: occisos senatores XXXV, equites R. CCXXI, ceteros ὅσα ψάμαθός τε κόνις τε. Advocatum Claudius non invenit. Tandem procedit P. Petronius, vetus convictor eius, homo Claudiana lingua disertus, et postulat advocationem. Non datur. Accusat Pedo Pompeius magnis clamoribus. Incipit patronus velle respondere. Aeacus, homo iustissimus, vetat et illum altera tantum parte audita condemnat et ait: αἴκε πάθοι τά τ' ἔρεξε, δίκη κ' ἰθεῖα γένοιτο. Ingens silentium factum est. Stupebant omnes novitate rei adtoniti, negabant hoc umquam factum. Claudio magis iniquum videbatur quam novum. De genere poenae diu disputatum est, quid illum pati oporteret. Erant qui dicerent, Sisyphum satis diu laturam fecisse, Tantalum siti periturum nisi illi succurreretur, aliquando Ixionis miseri rotam sufflaminandam. Non placuit ulli ex veteranis missionem dari, ne vel Claudius umquam simile speraret. Placuit novam poenam constitui debere, excogitandum illi laborem inritum et alicuius cupiditatis speciem sine effectu. Tum Aeacus iubet illum alea ludere pertuso fritillo. Et iam coeperat fugientis semper tesseras quaerere et nihil proficere:

15 Nam quotiens missurus erat resonante fritillo,
Utraque subducto fugiebat tessera fundo.
Cumque recollectos auderet mittere talos,
Fusuro similis semper semperque petenti,
Decepere fidem: refugit digitosque per ipsos
Fallax adsiduo dilabitur alea furto.
Sic cum iam summi tanguntur culmina montis,
Inrita Sisyphio volvuntur pondera collo.

Adparuit subito C. Caesar et petere illum in servitutem coepit; producit testis qui viderant ab illo flagris, ferulis, colaphis vapulantem. Adiudicatur C. Caesari; Caesar illum Aeaco donat. Is Menandro liberto suo tradidit, ut a cognitionibus esset.

PLINY THE ELDER

C. PLINIUS SECUNDUS was born at Comum, in upper Italy, in 23 A.D., and perished in the eruption of Vesuvius in 79 A.D. In spite of his multifarious duties as a soldier and official in many parts of the empire, he yet found time to develop a most prolific literary activity. His works, enumerated in a letter of the younger Pliny (III., 5) were: *De iaculatione equestri, De vita Pomponi Secundi, Bellorum Germaniae, libri XX.*; *Studiosi*, in three books, a work similar in aim to Quintilian's *Institutio Oratoria*; a history of Rome, in thirty-one books, beginning where *Aufidius Bassus* left off (about 55 A.D.); and, finally, the *Naturalis Historia*, in thirty-seven books, the only one of his writings which has survived. It is an encyclopædia of the arts and sciences, compiled from 146 Roman and 327 Greek authors, enumerated in bibliographical indices at the beginning of each book. Pliny has unfortunately excerpted his sources in a hasty and uncritical manner, but, owing to the loss of nearly all of these, his work will ever remain a storehouse of information which in countless instances is not accessible elsewhere. It was published in 77 A.D, and dedicated to Titus, then crown prince.

Pliny's style is awkward, uneven, and, when he attempts higher flights, rhetorical and not rarely obscure. He has all the faults of the diction of Seneca without any of the latter's virtues, and thus furnishes perhaps the most typical specimen of Silver Latinity.

PLINY THE ELDER

Preface.

Libros Naturalis Historiae, novicium Camenis Quiritium 1
tuorum opus, natos apud me proxima fetura licentiore
epistula narrare constitui tibi, iucundissime imperator—
sit enim haec tui praefatio verissima, dum maximi con-
senescit in patre—namque tu solebas nugas esse aliquid
meas putare, ut obiter emolliam Catullum conterraneum
meum; agnoscis et hoc castrense verbum. Ille enim, ut
scis, permutatis prioribus syllabis duriusculum se fecit
quam volebat existimari a Veraniolis suis et Fabullis.
Simul ut hac mea petulantia fiat quod proxime non fieri 2
questus es in alia procaci epistula nostra, ut in quaedam
acta exeat, sciantque omnes quam ex aequo tecum vivat
imperium, triumphalis et censorius tu sexiesque consul ac 3
tribuniciae potestatis particeps et, quod his nobilius fe-
cisti, dum illud patri pariter et equestri ordini praestas,
praefectus praetorii eius, omniaque haec rei publicae, et
nobis quidem qualis in castrensi contubernio! nec quid-
quam in te mutavit fortunae amplitudo, cunctis nisi ut
prodesse tantum idem posses et velles. Itaque cum cete- 4
ris in venerationem tui pateant omnia illa, nobis ad co-
lendum te familiarius audacia sola superest. Hanc igitur
tibi imputabis et in nostra culpa tibi ignosces. Perfricui
faciem, nec tamen profeci, quoniam alia via occurris ingens

5 et longius etiam submoves ingenii fascibus. Fulgurat in
nullo umquam verius dicta vis eloquentiae, tribunicia
potestas facundiae. Quanto tu ore patris laudes tonas!
quanto fratris famas! quantus in poetica es! o magna fe-
cunditas animi! quemadmodum fratrem quoque imitareris
6 excogitasti. Sed haec quis possit intrepidus aestimare
subiturus ingenii tui iudicium, praesertim lacessitum?
Neque enim similis est condicio publicantium et nomina-
tim tibi dicantium. Tum possem dicere: quid ista legis,
imperator? humili vulgo scripta sunt, agricolarum, opi-
ficum turbae, denique studiorum otiosis. Quid te iudicem
facis? cum hanc operam condicerem, non eras in hoc
albo. Maiorem te sciebam quam ut descensurum huc
7 putarem. Praeterea est quaedam publica etiam erudito-
rum reiectio. Vtitur illa et M. Tullius extra omnem in-
genii aleam positus, et, quod miremur, per advocatum
defenditur: nec doctissimis. Manium Persium haec legere
nolo, Iunium Congum volo. Quod si hoc Lucilius, qui
primus condidit stili nasum, dicendum sibi putavit, Ci-
cero mutuandum, praesertim cum de re publica scriberet,
8 quanto nos causatius ab aliquo iudice defendimus? Sed
haec ego mihi nunc patrocinia ademi nuncupatione, quo-
niam plurimum refert, sortiatur aliquis iudicem an eligat,
multumque adparatus interest apud invitatum hospitem
9 et oblatum. Cum apud Catonem, illum ambitus hostem
et repulsis tamquam honoribus inemptis gaudentem, fla-
grantibus comitiis pecunias deponerent candidati, hoc se
facere quod tum pro innocentia rebus humanis summum
esset profitebantur. Inde illa nobilis M. Ciceronis suspi-
ratio: o te felicem, M. Porci, a quo rem improbam petere
10 nemo audet! Cum tribunos adpellaret L. Scipio Asiati-
cus, inter quos erat Gracchus, hoc adtestabatur vel inimico
iudici se probari posse. Adeo summum quisque causae
suae iudicem facit quemcumque eligit. Vnde provocatio

adpellatur. Te quidem in excelsissimo generis humani 11
fastigio positum, summa eloquentia, summa eruditione
praeditum, religiose adiri etiam a salutantibus scio, et
ideo cura, ut quae tibi dicantur tui digna sint. Verum
dis lacte rustici multaeque gentis et mola tantum salsa
litant qui non habent tura, nec ulli fuit vitio deos co-
lere quoque modo posset. Meae quidem temeritati ac- 12
cessit hoc quoque, quod levioris operae hos tibi dedi-
cavi libellos. Nam nec ingenii sunt capaces, quod alioqui
nobis perquam mediocre erat, neque admittunt excessus
aut orationes sermonesve aut casus mirabilis vel eventus
varios, iucunda dictu aut legentibus blanda. Sterilis 13
materia, rerum natura, hoc est vita, narratur, et haec
sordidissima sui, parte, ut plurimarum rerum aut rusti-
cis vocabulis aut externis, immo barbaris, etiam cum ho-
noris praefatione ponendis. Praeterea iter est non trita 14
auctoribus via nec qua peregrinari animus expetat. Nemo
apud nos qui idem temptaverit, nemo apud Graecos qui
unus omnia ea tractaverit. Magna pars studiorum amoe-
nitates quaerimus, quae vero tractata ab aliis dicuntur
inmensae subtilitatis obscuris rerum in tenebris premun-
tur. Iam omnia adtingenda quae Graeci τῆς ἐγκυκλοπαιδείας
vocant, et tamen ignota aut incerta ingeniis facta, alia vero
ita multis prodita ut in fastidium sint adducta. Res 15
ardua vetustis novitatem dare, novis auctoritatem, obso-
letis nitorem, obscuris lucem, fastiditis gratiam, dubiis
fidem, omnibus vero naturam et naturae suae omnia.
Nobis utique etiam non adsecutis voluisse abunde pul-
chrum atque magnificum est. Equidem ita sentio, pe- 16
culiarem in studiis causam eorum esse qui difficultatibus
victis utilitatem iuvandi praetulerunt gratiae placendi,
idque iam et in aliis operibus ipse feci, et profiteor mirari
T. Livium, auctorem celeberrimum, in historiarum sua-
rum quas repetit ab origine urbis quodam volumine sic

orsum: satis iam sibi gloriae quaesitum, et potuisse se
desidere, ni animus in quiete pasceretur opere. Profecto
enim populi gentium victoris et Romani nominis gloriae,
non suae, composuisse illa decuit. Maius meritum esset
operis amore, non animi causa, perseverasse, et hoc populo
17 Romano praestitisse, non sibi. XX rerum dignarum cura
(quoniam, ut ait Domitius Piso, thesauros oportet esse,
non libros) lectione voluminum circiter II quorum pauca
admodum studiosi adtingunt propter secretum materiae,
ex exquisitis auctoribus centum inclusimus XXXVI volu-
minibus, adiectis rebus plurimis quas aut ignoraverant
18 priores aut postea invenerat vita. Nec dubitamus multa
esse quae et nos praeterierint. Homines enim sumus et
occupati officiis, subsicivisque temporibus ista curamus,
id est nocturnis, ne quis vestrum putet his cessatum
horis. Dies vobis impendimus, cum somno valetudinem
computamus, vel hoc solo praemio contenti quod, dum
ista, ut ait M. Varro, musinamur, pluribus horis vivimus.
19 Profecto enim vita vigilia est. Quibus de causis atque
difficultatibus nihil auso promittere hoc ipsum tu praestas
quod ad te scribimus. Haec fiducia operis, haec est in-
dicatura. Multa valde pretiosa ideo videntur quia sunt
20 templis dicata. Vos quidem omnis, patrem te fratremque,
diximus opere iusto, temporum nostrorum historiam orsi
a fine Aufidii Bassi. Vbi sit ea quaeres? Iam pridem
per acta sancitum et alioqui statutum erat heredi man-
dare, ne quid ambitioni dedisse vita iudicaretur. Proinde
occupantibus locum faveo, ego vero et posteris quos scio
nobiscum decertaturos sicut ipsi fecimus cum prioribus.
21 Argumentum huius stomachi mei habebis quod in his vo-
luminibus auctorum nomina praetexui. Est enim beni-
gnum (ut arbitror) et plenum ingenui pudoris fateri per
quos profeceris, non ut plerique ex his quos adtigi fece-
22 runt. Scito enim conferentem auctores me deprehendisse

a iuratissimis et proximis veteres transscriptos ad verbum
neque nominatos, non illa Vergiliana virtute, ut certarent,
non Tulliana simplicitate qui de re publica Platonis se
comitem profitetur, in consolatione filiae 'Crantorem,' in-
quit, 'sequor'; item Panaetium de officiis quae volumina
ediscenda, non modo in manibus cotidie habenda nosti.
Obnoxii profecto animi et infelicis ingenii est deprehendi 23
in furto malle quam mutuum reddere, cum praesertim
sors fiat ex usura. Inscriptionis apud Graecos mira felici- 24
tas, κηρίον inscripsere, quod volebant intellegi favum, alii
κέρας Ἀμαλθείας, quod copiae cornu, ut vel lactis gallinacei
sperare possis in volumine haustum, ἰωνιά, Μοῦσαι, πανδέ-
κται, ἐγχειρίδια, λειμών, πίναξ, σχεδίων, inscriptionis propter
quas vadimonium deseri possit. At cum intraveris, di
deaeque, quam nihil in medio invenies! Nostri grossi-
ores Antiquitatum Exemplorum Artiumque, facetissimi
Lucubrationum, puto quia Bibaculus erat et vocabatur.
Paulo minus adserit Varro in satiris suis Sesculixe et 25
Flextabula. Apud Graecos desiit nugari Diodorus, et
βιβλιοθήκης historiam suam inscripsit. Apion quidem
grammaticus (hic quem Tiberius Caesar cymbalum mundi
vocabat, cum propriae famae tympanum potius videri
posset) inmortalitate donari a se scripsit ad quos aliqua
componebat. Me non paenitet nullum festiviorem exco- 26
gitasse titulum. Et ne in totum videar Graecos insectari,
ex illis mox velim intellegi pingendi fingendique condito-
ribus quos in libellis his invenies absoluta opera et illa
quoque quae mirando non satiamur pendenti titulo in-
scripsisse, ut Apelles faciebat aut Polyclitus, tamquam in-
cohata semper arte et imperfecta, ut contra iudiciorum
varietates superesset artifici regressus ad veniam velut
emendaturo quidquid desideraretur, si non esset intercep-
tus. Quare plenum verecundiae illud est, quod omnia 27
opera tamquam novissima inscripsere et tamquam singu-

lis fato adempti. Tria non amplius, ut opinor, absolute
traduntur inscripta ; ille fecit quae suis locis reddam.
Quo adparuit summam artis securitatem auctori placuisse,
28 et ob id magna invidia fuere omnia ea. Ego plane meis
adici posse multa confiteor, nec his solis, sed et omnibus
quos edidi, ut obiter caveam istos Homeromastigas (ita
enim verius dixerim), quoniam audio et Stoicos et dia-
lecticos, Epicureos quoque (nam de grammaticis semper
expectavi) parturire adversus libellos quos de grammatica
edidi, et subinde abortus facere iam decem annis, cum
29 celerius etiam elephanti pariant. Ceu vero nesciam ad-
versus Theophrastum, hominem in eloquentia tantum ut
nomen divinum inde invenerit, scripsisse etiam feminam,
et proverbium inde natum suspendio arborem eligendi.
30 Non queo mihi temperare, quo minus ad hoc pertinentia
ipsa censorii Catonis verba ponam, ut adpareat etiam Ca-
toni de militari disciplina conmentanti qui sub Africano,
immo vero et sub Hannibale didicisset militare et ne Afri-
canum quidem ferre potuisset qui imperator triumphum
reportasset, paratos fuisse istos qui obtrectatione alienae
scientiae famam sibi aucupantur. 'Quid enim ?' ait in eo
volumine, 'scio ego quae scripta sunt si palam proferantur,
multos fore qui vitilitigent, sed ii potissimum qui verae
laudis expertes sunt. Eorum ego orationes sivi praeter-
31 fluere.' Nec Plancus inlepide, cum diceretur Asinius Pol-
lio orationes in eum parare quae ab ipso aut liberis post
mortem Planci ederentur, ne respondere posset : cum
mortuis non nisi larvas luctari. Quo dicto sic repercussit
illas, ut apud eruditos nihil impudentius iudicetur. Ergo
securi etiam contra vitilitigatores quos Cato eleganter ex
vitiis et litigatoribus composuit (quid enim illi aliud quam
litigant aut litem quaerunt ?) exequemur reliqua propo-
siti. Quia occupationibus tuis publico bono parcendum
erat, quid singulis contineretur libris huic epistulae sub-

iunxi, summaque cura ne legendos eos haberes operam dedi. Tu per hoc et aliis praestabis ne perlegant, sed ut quisque desiderabit aliquid id tantum quaerat, et sciat quo loco inveniat. Hoc ante me fecit in litteris nostris Valerius Soranus in libris quos ἐποπτίδων inscripsit.

Book II.: Pliny's Theological Views.

1. (1.) Mundum et hoc quodcumque nomine alio cae- 1
lum adpellare libuit cuius circumflexu degunt cuncta,
numen esse credi par est, aeternum, inmensum, neque
genitum neque interiturum umquam. Huius extera in-
dagare nec interest hominum, nec capit humanae con-
iectura mentis. Sacer est, aeternus, inmensus, totus in 2
toto, immo vero ipse totum, infinitus ac finito similis,
omnium rerum certus et similis incerto, extra intra cuncta
complexus in se, idemque rerum naturae opus et rerum
ipsa natura. Furor est mensuram eius animo quosdam 3
agitasse atque prodere ausos, alios rursus occasione hinc
sumpta aut his data innumerabiles tradidisse mundos, ut
totidem rerum naturas credi oporteret, aut, si una omnes
incubarent, totidem tamen solis totidemque lunas et ce-
tera etiam in uno et inmensa et innumerabilia sidera,
quasi non eadem quaestione semper in termino cogitatio-
nis occursura desiderio finis alicuius aut, si haec infinitas
naturae omnium artifici possit adsignari, non idem illud
in uno facilius sit intellegi, tanto praesertim opere. Furor 4
est, profecto furor, egredi ex eo et, tamquam interna eius
cuncta plane iam nota sint, ita scrutari extera, quasi vero
mensuram ullius rei possit agere qui sui nesciat, haud
minor, homines videre quae mundus ipse non capiat.

2. (2.) Formam eius in speciem orbis absoluti globatam 5
esse nomen in primis et consensus in eo mortalium orbem

adpellantium, sed et argumenta rerum docent, non solum
quia talis figura omnibus sui partibus vergit in sese ac
sibi ipsa toleranda est seque includit et continet, nullarum
egens campagium nec finem aut initium ullis sui partibus
sentiens, nec quia ad motum, quo sublime verti mox ad-
parebit, talis aptissima est, sed oculorum quoque proba-
tione, quod convexus mediusque quacumque cernatur,
cum id accidere in alia non possit figura.

6 3. (3.) Hanc ergo formam eius aeterno et inrequieto
ambitu, inenarrabili celeritate, viginti quattuor horarum
spatio circumagi solis exortus et occasus haud dubium
reliquere. An sit inmensus et ideo sensum aurium ex-
cedens tantae molis rotatae vertigine adsidua sonitus non
equidem facile dixerim, non hercule magis quam cir-
cumactorum simul tinnitus siderum suosque volventium
orbes an dulcis quidam et incredibili suavitate concentus.
Nobis qui intus agimus iuxta diebus noctibusque tacitus
7 labitur mundus. Esse innumeras ei effigies animalium
rerumque cunctarum impressas nec, ut in volucrum no-
tamus ovis, levitate continua lubricum corpus, quod cla-
rissimi auctores dixere, rerum argumentis indicatur, quo-
niam inde deciduis rerum omnium seminibus innumerae,
in mari praecipue, ac plerumque confusis monstrificae
gignantur effigies, praeterea visus probatione, alibi ursi,
tauri alibi, alibi literae figura, candidiore medio per verti-
8 cem circulo. 4. Equidem et consensu gentium moveor.
Nam quem κόσμον Graeci nomine ornamenti adpellavere,
eum et nos a perfecta absolutaque elegantia mundum.
Caelum quidem haud dubie caelati argumento diximus, ut
9 interpretatur M. Varro. Adiuvat rerum ordo descripto
circulo qui signifer vocatur in duodecim animalium effigies
et per illas solis cursus congruens tot saeculis ratio.

10 5. (4.) Nec de elementis video dubitari quattuor esse
ea, ignium summum, inde tot stellarum illos conlucentium

oculos, proxumum spirituus, quem Graeci nostrique eodem
vocabulo aera appellant, vitalem hunc et per cuncta rerum
meabilem totoque consertum, huius vi suspensam cum
quarto aquarum elemento librari medio spatii tellurem.
Ita mutuo complexu diversitatis effici nexum et levia pon- 11
deribus inhiberi quo minus evolent, contraque gravia ne
ruant suspendi levibus in sublime tendentibus. Sic pari
in diversa nisu in suo quaeque consistere inrequieto mundi
ipsius constricta circuitu, quo semper in se currente imam
atque mediam in toto esse terram, eandemque universo
cardinem stare pendentem, librantem per quae pendeat,
ita solam inmobilem, circa eam volubili universitate, ean-
demque ex omnibus necti eidemque omnia inniti. 6. Inter 12
hanc caelumque eodem spiritu pendent certis discreta
spatiis septem sidera quae ab incessu vocamus errantia,
cum errent nulla minus illis. Eorum medius sol fertur
amplissima magnitudine ac potestate, nec temporum modo
terrarumque sed siderum etiam ipsorum caelique rector.
Hunc esse mundi totius animum ac planius mentem, hunc
principale naturae regimen ac numen credere decet opera
eius aestimantes. Hic lucem rebus ministrat aufertque 13
tenebras, hic reliqua sidera occultat inlustrat, hic vices
temporum annumque semper renascentem ex usu naturae
temperat, hic caeli tristitiam discutit atque etiam humani
nubila animi serenat, hic suum lumen ceteris quoque
sideribus fenerat, praeclarus, eximius, omnia intuens, om-
nia etiam exaudiens, ut principi literarum Homero pla-
cuisse in uno eo video.

7. (5.) Quapropter effigiem dei formamque quaerere in- 14
becillitatis humanae reor. Quisquis est deus, si modo est
alius, et quacumque in parte, totus est sensus, totus visus,
totus auditus, totus animae, totus animi, totus sui. In-
numeros quidem credere atque etiam ex vitiis hominum,
ut Pudicitiam, Concordiam, Mentem, Spem, Honorem,

Clementiam, Fidem, aut (ut Democrito placuit) duos
omnino, Poenam et Beneficium, maiorem ad socordiam
15 accedit. Fragilis et laboriosa mortalitas in partis ista
digessit infirmitatis suae memor, ut portionibus coleret
quisque quo maxime indigeret. Itaque nomina alia aliis
gentibus et numina in iisdem innumerabilia invenimus,
inferis quoque in genera discriptis, morbisque et multis
etiam pestibus, dum esse placatas trepido metu cupimus.
16 Ideoque etiam publice Febris fanum in Palatio dicatum est,
Orbonae ad aedem Larum et ara Malae Fortunae Esquiliis.
Quamobrem maior caelitum populus etiam quam hominum
intellegi potest, cum singuli quoque ex semetipsis totidem
deos faciant Iunones Geniosque adoptando sibi, gentes
vero quaedam animalia et aliqua etiam obscena pro dis
habeant ac multa dictu magis pudenda, per fetidas cepas,
17 alia et similia iurantes. Matrimonia quidem inter deos
credi tantoque aevo ex his neminem nasci et alios esse
grandaevos semper canosque, alios iuvenes atque pueros,
atri coloris, aligeros, claudos, ovo editos et alternis diebus
viventes morientesque, puerilium prope deliramentorum
est, sed super omnem impudentiam adulteria inter ipsos
fingi, mox iurgia et odia atque etiam furtorum esse et
18 scelerum numina. Deus est mortali iuvare mortalem et
haec ad aeternam gloriam via. Hac proceres iere Romani,
hac nunc caelesti passu cum liberis suis vadit maximus
omnis aevi rector Vespasianus Augustus fessis rebus sub-
19 veniens. Hic est vetustissimus referendi bene merentibus
gratiam mos, ut tales numinibus adscribant. Quippe et
omnium aliorum nomina deorum et quae supra rettuli
siderum ex hominum nata sunt meritis. Iovem quidem
aut Mercurium aliterve alios inter se vocari et esse caele-
stem nomenclaturam? quis non interpretatione naturae
fateatur inridendum? Agere curam rerum humanarum
illud quidquid est summum? anne tam tristi atque multi-

plici ministerio non pollui credamus? dubitemusne?
Vix profecto est iudicare, utrum magis conducat generi
humano, quando aliis nullus est deorum respectus, aliis
pudendus. Externis famulantur sacris, ac digitis deos 21
gestant, monstra quoque colunt, damnant et excogitant
cibos, imperia dira in ipsos ne somno quidem quieto inro-
gant. Non matrimonia, non liberos, non denique quid- 22
quam aliud nisi iuvantibus sacris deligunt. Alii in Capi-
tolio fallunt ac fulminantem periurant Iovem et hos
iuvant scelera, illos sacra sua poenis agunt. Invenit ta-
men inter has utrasque sententias medium sibi ipsa mor-
talitas numen, quo minus etiam plana de deo coniectatio
esset. Toto quippe mundo et omnibus locis omnibusque
horis omnium vocibus Fortuna sola invocatur ac nomina-
tur, una accusatur, una agitur rea, una cogitatur, sola
laudatur, sola arguitur. Et cum conviciis colitur, volu-
bilis, a plerisque vero et caeca existimata, vaga, inconstans,
incerta, varia, indignorumque fautrix. Huic omnia ex-
pensa, huic omnia feruntur accepta, et in tota ratione
mortalium sola utramque paginam facit, adeoque obnoxiae
sumus sortis, ut sors ipsa pro deo sit, qua deus probatur
incertus. Pars alia et hanc pellit astroque suo eventuus 23
adsignat nascendi legibus, semelque in omnis futuros um-
quam deo decretum, in reliquum vero otium datur. Se-
dere coepit sententia haec, pariterque et eruditum vulgus
et rude in eam cursu vadit. Ecce fulgurum monituus, 24
oraculorum praescita, haruspicum praedicta atque etiam
parva dictu in auguriis sternumenta et offensiones pedum.
Divos Augustus prodidit laevum sibi calceum praepostere
inductum, quo die seditione militari prope adflictus est.
Quae singula improvidam mortalitatem involvont, solum 25
ut inter ista vel certum sit nihil esse certi nec quidquam
miserius homine aut superbius. Ceteris quippe animan-
tium sola victus cura est, in quo sponte naturae benignitas

sufficit, uno quidem vel praeferendo cunctis bonis, quod de gloria, de pecunia, ambitione, superque de morte non
26 cogitant. Verum in his deos agere curam rerum humanarum credi ex usu vitae est, poenasque maleficiis aliquando seras, occupato deo in tanta mole, numquam autem inritas esse, nec ideo proximum illi genitum hominem ut vilitate
27 iuxta beluas esset. Imperfectae vero in homine naturae praecipua solatia, ne deum quidem posse omnia—namque nec sibi potest mortem consciscere, si velit, quod homini dedit optimum in tantis vitae poenis, nec mortalis aeternitate donare aut revocare defunctos, nec facere ut qui vixit non vixerit, qui honores gessit non gesserit—nullumque habere in praeterita ius praeterquam oblivionis atque (ut facetis quoque argumentis societas haec cum deo copuletur) ut bis dena viginti non sint aut multa similiter efficere non posse, per quae declaratur haud dubie naturae potentia, idque esse quod deum vocemus. In haec divertisse non fuerit alienum, vulgata iam propter adsiduam quaestionem de deo.

Book VII.: On Memory.

88 24. (24.) Memoria necessarium maxime vitae bonum cui praecipua fuerit haud facile dictu est tam multis eius gloriam adeptis. Cyrus rex omnibus in exercitu suo militibus nomina reddidit, L. Scipio populo Romano, Cineas Pyrrhi regis legatus senatui et equestri ordini Romae postero die quam advenerat. Mithridates duarum et viginti gentium rex totidem linguis iura dixit, pro contione
89 singulas sine interprete adfatus. Charmadas quidam in Graecia quae quis exegerit volumina in bibliothecis legentis modo repraesentavit. Ars postremo eius rei facta et inventa est a Simonide melico, consummata a Metrodoro Scepsio, ut nihil non iisdem verbis redderetur audi-

tum. Nec aliud est aeque fragile in homine morborum 90 et casus iniuria atque etiam metuus sentit, alias particulatim, alias universa. Ictus lapide oblitus est litteras tantum. Ex praealto tecto lapsus matris et adfinium propinquorumque cepit oblivionem, alius aegrotus servorum etiam, sui vero nominis Messala Corvinus orator. Itaque saepe deficere temptat ac meditatur vel quieto corpore et valido. Somno quoque serpente amputatur, ut inanis mens quaerat ubi sit loci.

25. (25.) Animi vigore praestantissimum arbitror genitum 91 Caesarem dictatorem. Nec virtutem constantiamque nunc conmemoro, nec sublimitatem omnium capacem quae caelo continentur, sed proprium vigorem celeritatemque quodam igne volucrem. Scribere aut legere, simul dictare et audire solitum accepimus, epistulas vero tantarum rerum quaternas pariter dictare librariis aut, si nihil aliud ageret, septenas. Idem signis conlatis quinquagiens 92 dimicavit, solus M. Marcellum transgressus qui undequadragiens dimicavit. Nam praeter civilis victorias undeciens centum et nonaginta duo milia hominum occisa proeliis ab eo non equidem in gloria posuerim, tantam etiamsi coactam humani generis iniuriam, quod ita esse confessus est ipse bellorum civilium stragem non prodendo.

(26.) Iustius Pompeio Magno tribuatur DCCCXLVI 93 navis piratis ademisse, Caesari proprium et peculiare sit praeter supra dicta clementiae insigne qua usque ad paenitentiam omnis superavit. Idem magnanimitatis perhibuit exemplum cui comparari non possit aliud. Spectacula 94 enim edita effusasque opes aut operum magnificentiam in hac parte enumerare luxuriae faventis est. Illa fuit vera et incomparabilis invicti animi sublimitas, captis apud Pharsaliam Pompei Magni scriniis epistularum iterumque apud Thapsum Scipionis concremasse ea optima fide atque non legisse.

Illustrious Men.

100 27. (28.) Ceteris virtutum generibus varie et multi fuere praestantes. Cato primus Porciae gentis tris summas in homine res praestitisse existimatur, ut esset optimus orator, optimus imperator, optimus senator, quae mihi omnia, etiamsi non prius, attamen clarius fulsisse in Scipione Aemiliano videntur, dempto praeterea plurimorum odio quo Cato laboravit. Itaque sit proprium Catonis quater et quadragiens causam dixisse, nec quemquam saepius postulatum et semper absolutum.

101 28. (29.) Fortitudo in quo maxime extiterit inmensae quaestionis est, utique si poetica recipiatur fabulositas. Q. Ennius T. Caecilium Teucrum fratremque eius praecipue miratus propter eos sextum decimum adiecit annalem. L. Siccius Dentatus qui tribunus plebei fuit Sp. Tarpeio A. Aternio cos. Haud multo post exactos reges, vel numerosissima suffragia habet centiens viciens proeliatus, octiens ex provocatione victor, quadraginta quinque
102 cicatricibus adverso corpore insignis, nulla in tergo. Idem spolia cepit XXXIIII, donatus hastis puris XVIII, phaleris XXV, torquibus LXXXIII, armillis CLX, coronis XXVI, in is civicis XIIII, aureis VIII, muralibus III, obsidionali una, fisco aeris, X captivis et XX simul bubus, imperatores novem ipsius maxime opera triumphantes secutus, praeterea (quod optumum in operibus eius
103 reor) uno ex ducibus T. Romilio ex consulatu ad populum convicto male imperatae rei militaris. Haud minora forent Capitolini decora, ni perdidisset illa exitu vitae. Ante decem et septem annos bina ceperat spolia. Primus omnium eques muralem acceperat coronam, sex civicas, XXXVII dona, XXIII cicatrices adverso corpore exceperat, P. Servilium magistrum equitum serva-

verat, ipse vulneratus umerum, femur. Super omnia 104
Capitolium summamque rem in eo solus a Gallis serva-
verat, si non regno suo servasset. Verum in his sunt
quidem virtutis opera magna, sed maiora fortunae. M.
Sergio, ut equidem arbitror, nemo quemquam hominum
iure praetulerit, licet pronepos Catilina gratiam nomini
deroget. Secundo stipendio dextram manum perdidit,
stipendiis duobus ter et vicies vulneratus est, ob id
neutra manu, neutro pede satis utilis, animo tantum
salvo, plurimis postea stipendiis debilis miles. Bis ab
Hannibale captus — neque enim cum quolibet hoste res
fuit — bis vinculorum eius profugus, in viginti mensibus
nullo non die in catenis aut compedibus custoditus. Sini- 105
stra manu sola quater pugnavit, duobus equis insidente
eo suffossis. Dextram sibi ferream fecit, eaque religata
proeliatus Cremonam obsidione exemit, Placentiam tutatus
est, duodena castra hostium in Gallia cepit quae omnia
ex oratione eius adparent habita cum in praetura sacris
arceretur a collegis ut debilis, quos hic coronarum acervos
constructurus hoste mutato! Etenim plurimum refert, in 106
quae cuiusque virtus tempora inciderit. Quas Trebia
Ticinusve aut Trasimenus civicas dedere? quae Cannis
corona merita, unde fugisse virtutis summum opus fuit?
ceteri profecto victores hominum fuere, Sergius vicit
etiam fortunam.

29. (30.) Ingeniorum gloriae quis possit agere delectum 107
per tot disciplinarum genera et tantam rerum operumque
varietatem, nisi forte Homero vate Graeco nullum felicius
extitisse convenit, sive operis fortuna sive materie aesti-
metur? Itaque Alexander Magnus — etenim insignibus 108
iudiciis optime citraque invidiam tam superba censura
peragetur — inter spolia Darii Persarum regis unguentorum
scrinio capto quod erat de auro margaritis gemmisque pre-
tiosum, varios eius usuus amicis demonstrantibus, quando

taedebat unguenti bellatorem et militia sordidum, 'immo Hercule,' inquit, 'librorum Homeri custodiae detur,' ut pretiosissimum humani animi opus quam maxime diviti
109 opere servaretur. Idem Pindari vatis familiae penatibusque iussit parci, cum Thebas raperet, Aristotelis philosophi patriam condidit, tantaeque rerum claritati tam benignum testimonium miscuit. Archilochi poetae interfectores Apollo arguit Delphis. Sophoclem tragici cothurni principem defunctum sepelire Liber pater iussit, obsidentibus moenia Lacedaemoniis, Lysandro eorum rege in quiete saepius admonito ut pateretur humari delicias suas. Requisivit rex, quis supremum diem Athenis obisset, nec difficulter ex his quem deus significasset intellexit, pacemque funeri dedit.

110 30. (31.) Platoni sapientiae antistiti Dionysius tyrannus alias saevitiae superbiaeque natus vittatam navem misit obviam, ipse quadrigis albis egredientem in litore excepit. Viginti talentis unam orationem Isocrates vendidit. Aeschines Atheniensis summus orator, cum accusationem qua fuerat usus Rhodis legisset, legit et defensionem Demosthenis qua in illud depulsus fuerat exilium. mirantibusque tum magis fuisse miraturos dixit, si ipsum orantem
111 audivissent, calamitate testis ingens factus inimici. Thucydiden imperatorem Athenienses in exilium egere, rerum conditorem revocavere, eloquentiam mirati cuius virtutem damnaverant. Magnum et Menandro in comico socco testimonium regum Aegypti et Macedoniae contigit classe et per legatos petito, maius ex ipso regiae fortunae prae-
112 lata litterarum conscientia. Perhibuere et Romani proceres etiam exteris testimonia. Cn. Pompeius confecto Mithridatico bello intraturus Posidonii sapientiae professione clari domum forem percuti de more a lictore vetuit, et fascis litterarum ianuae submisit is cui se oriens occidensque submiserat. Cato censorius in illa nobili trium

sapientiae procerum ab Athenis legatione audito Carneade
quam primum legatos eos censuit dimittendos, quoniam
illo viro argumentante quid veri esset haud facile discerni
posset. Quanta morum conmutatio! ille semper alioquin 113
universos ex Italia pellendos censuit Graecos, at pronepos
eius Vticensis Cato unum ex tribunatu militum philo-
sophum, alterum ex Cypria legatione deportavit, ean-
demque linguam ex duobus Catonibus in illo abegisse, in
hoc importasse memorabile est. Sed et nostrorum gloriam 114
percenseamus. Prior Africanus Q. Ennii statuam sepul-
chro suo imponi iussit, clarumque illud nomen, immo vero
spolium ex tertia orbis parte raptum, in cinere supremo
cum poetae titulo legi. Divus Augustus carmina Vergilii
cremari contra testamenti eius verecundiam vetuit, ma-
iusque ita vati testimonium contigit quam si ipse sua pro-
bavisset. M. Varronis in bibliotheca quae prima in orbe 115
ab Asinio Pollione ex manubiis publicata Romae est, unius
viventis posita imago est, haud minore, ut equidem reor,
gloria, principe oratore et cive ex illa ingeniorum quae
tunc fuit multitudine uni hanc coronam dante quam cum
eidem Magnus Pompeius piratico ex bello navalem dedit.
Innumerabilia deinde sunt exempla Romana, si persequi 116
libeat, cum pluris una gens in quocumque genere eximios
tulerit quam ceterae terrae. Sed quo te, M. Tulli, piaculo
taceam, quove maxime excellentem insigni praedicem? quo
potius quam universi populi illius sciscentis amplissimo
testimonio, e tota vita tua consulatus tantum operibus
electis? te dicente legem agrariam, hoc est alimenta sua, 117
abdicarunt tribuus, te suadente Roscio theatralis auctori
legis ignoverunt notatasque se discrimine sedis aequo
animo tulerunt, te orante proscriptorum liberos honores
petere puduit, tuum Catilina fugit ingenium, tu M. An-
tonium proscripsisti. Salve primus omnium parens pa-
triae adpellate, primus in toga triumphum linguaeque

lauream merito, et facundiae Latiarumque litterarum parens atque, ut dictator Caesar hostis quondam tuus de te scripsit, omnium triumphorum laurea maior, quanto plus est ingenii Romani terminos in tantum promovisse quam imperii.

Book XXXIII.: Metals.

1 (1.) Metalla nunc ipsaeque opes et rerum pretia dicen-
tur, tellurem intus exquirente cura multiplici modo, quippe
alibi divitiis foditur quaerente vita aurum, argentum,
electrum, aes, alibi deliciis gemmas et parietum signorum-
que pigmenta, alibi temeritati ferrum, auro etiam gratius
inter bella caedesque. Persequimur omnis eius fibras vi-
vimusque super excavatam, mirantes dehiscere aliquando
aut intremescere illam, ceu vero non hoc et indignatione
2 sacrae parentis exprimi possit. Imus in viscera et in sede
manium opes quaerimus, tamquam parum benigna ferti-
lique qua calcatur. Et inter haec minimum remediorum
gratia scrutamur, quoto enim cuique fodiendi causa medi-
cina est? quamquam et hoc summa sui parte tribuit ut
fruges, larga facilisque in omnibus quaecumque prosunt.
3 Illa nos peremunt, illa nos ad inferos agunt quae occulta-
vit atque demersit, illa quae non nascuntur repente, ut
mens ad inane evolans reputet quae deinde futura sit finis
omnibus saeculis exhauriendi eam quo usque penetratura
avaritia. Quam innocens quam beata, immo vero etiam
delicata esset vita, si nihil aliunde quam supra terras con-
cupisceret, breviterque, nisi quod secum est!
4 (2.) Eruitur aurum et chrysocolla iuxta, ut pretiosior
videatur, nomen ex auro custodiens. Parum enim erat
unam vitae invenisse pestem, nisi in pretio esset auri etiam
sanies. Quaerebat argentum avaritia; boni consuluit in-
terim invenisse minium rubentisque terrae excogitavit

usum. Heu prodiga ingenia, quot modis auximus pretia
rerum! Accessit ars picturae et aurum argentumque cae-
lando carius fecimus. Didicit homo naturam provocare.
Auxere et artem vitiorum inritamenta; in poculis libidines
caelare iuvit ac per obscenitates bibere. Abiecta deinde 5
sunt haec ac sordere coepere, ut auri argentique nimium
fuit. Murrina ex eadem tellure et crystallina effodimus
quibus pretium faceret ipsa fragilitas. Hoc argumentum
opum, haec vera luxuriae gloria existimata est, habere
quod posset statim perire totum. Nec hoc fuit satis.
Turba gemmarum potamus et zmaragdis teximus calices,
ac temulentiae causa tenere Indiam iuvat et aurum iam
accessio est.

1. (3.) Vtinamque posset e vita in totum abdicari 6
sacrum fame, ut celeberrimi auctores dixere, proscissum
conviciis ab optimis quibusque et ad perniciem vitae re-
pertum, quanto feliciore aevo, cum res ipsae permutaban-
tur inter sese, sicut et Troianis temporibus factitatum
Homero credi convenit! ita enim, ut opinor, conmercia
victus gratia inventa. Alios coriis boum, alios ferro 7
captivisque res emptitasse tradit. Quare, quamquam et
ipse iam mirator auri, pecore aestimationes rerum ita fecit,
ut C boum arma aurea permutasse Glaucum diceret cum
Diomedis armis VIIII boum. Ex qua consuetudine multa
legum antiquarum pecore constat etiam Romae.

(4.) Pessimum vitae scelus fecit qui id primus induit 8
digitis, nec hoc quis fecerit traditur. Nam de Prometheo
omnia fabulosa arbitror, quamquam illi quoque ferreum
anulum dedit antiquitas vinculumque id, non gestamen,
intellegi voluit. Midae quidem anulum quo circumacto
habentem nemo cerneret, quis non etiam fabulosiorem fa-
teatur? Manus et prorsus sinistrae maximam auctorita- 9
tem conciliavere auro, non quidem Romanae quarum in
more ferrei erant ut virtutis bellicae insigne. De regibus

Romanis non facile dixerim. Nullum habet Romuli in Capitolio statua nec praeter Numae Serviique Tullii alia ac ne Luci quidem Bruti. Hoc in Tarquiniis maxime miror, quorum e Graecia fuit origo, unde hic anulorum usus venit, quamquam etiam nunc Lacedaemone ferreo
10 utuntur. Sed a Prisco Tarquinio omnium primo filium, cum in praetextae annis occidisset hostem, bulla aurea donatum constat, unde mos bullae duravit, ut eorum qui equo meruissent filii insigne id haberent, ceteri lorum. Et ideo miror Tarquinii eius statuam sine anulo esse. Quamquam et de nomine ipso ambigi video. Graeci a digitis adpellavere, apud nos prisci ungulum vocabant,
11 postea et Graeci et nostri symbolum. Longo certe tempore ne senatum quidem Romanum habuisse aureos manifestum est, siquidem iis tantum qui legati ad exteras gentis ituri essent anuli publice dabantur, credo, quoniam ita exterorum honoratissimi intellegebantur. Neque aliis uti mos fuit quam qui ex ea causa publice accepissent, vulgoque sic triumphabant et, cum corona ex auro Etrusca sustineretur a tergo, anulus tamen in digito ferreus erat aeque triumphantis et servi fortassis coronam sustinentis.
12 Sic triumphavit de Iugurtha C. Marius aureumque non ante tertium consulatum sumpsisse traditur. Ii quoque qui ob legationem acceperant aureos in publico tantum utebantur iis, intra domos vero ferreis, quo argumento etiam nunc sponsae muneris vice ferreus anulus mittitur, isque sine gemma. Equidem nec Iliacis temporibus ullos fuisse anulos video, nusquam certe Homerus dicit, cum et codicillos missitatos epistularum gratia indicet et conditas arcis vestis ac vasa aurea argenteaque, et eas conligatas nodi, non anuli, nota. Sortiri quoque contra provocationes duces non anulis tradit, fabricae etiam deum fibulas et alia muliebris cultus sicut inauris in primordio
13 factitasse, sine mentione anulorum. Et quisquis primus

instituit, cunctanter id fecit: laevis manibus latentibusque induit, cum, si honos securus fuisset, dextra fuerit ostentandus. Quodsi impedimentum potuit in eo aliquod intellegi, etiam serioris usus argumentum esset; maius in laeva fuisset qua scutum capitur. Est quidem apud eundem Homerum virorum crinibus aurum implexum, ideo nescio an prior usus a feminis coeperit.

Book XXXV.: History of Painting.

(1.) Metallorum quibus opes constant adgnascentium- 1
que iis natura indicata propemodum est, ita conexis rebus
ut inmensa medicinae silva officinarumque tenebrae et
morosa caelandi fingendique ac tinguendi subtilitas simul
dicerentur. Restant terrae ipsius genera lapidumque vel
numerosiore serie, plurimis singula a Graecis praecipue
voluminibus tractata. Nos in iis brevitatem sequemur
utilem instituto, modo nihil necessarium aut naturale
omittentes. 1. Primumque dicemus quae restant de pic- 2
tura, arte quondam nobili—tunc cum expeteretur regibus
populisque—et alios nobilitante quos esset dignata poste-
ris tradere, nunc vero in totum marmoribus pulsa, iam
quidem et auro, nec tantum ut parietes toti operiantur,
verum et interraso marmore vermiculatisque ad effigies
rerum et animalium crustis. Non placent iam abaci nec 3
spatia montes in cubiculo dilatantia. Coepimus et lapide
pingere. Hoc Claudii principatu inventum, Neronis vero
maculas, quae non essent in crustis, inserendo unitatem
variare, ut ovatus esset Numidicus, ut purpura distingue-
retur Synnadicus, qualiter illos nasci optassent deliciae.
Montium haec subsidia deficientium, nec cessat luxuria
id agere ut quam plurimum incendiis perdat.

2. (2.) Imaginum quidem pictura qua maxime similes 4

in aevum propagabantur figurae in totum exolevit. Aerei
ponuntur clipei argentea facie, surdo figurarum discrimi-
ne; statuarum capita permutantur, vulgatis iam pridem
salibus etiam carminum. Adeo materiam conspici malunt
omnes quam se nosci. Et inter haec pinacothecas veteri-
bus tabulis consuunt alienasque effigies colunt, ipsi hono-
rem non nisi in pretio ducentes, ut frangat heres furisque
5 detrahat laqueo. Itaque nullius effigie vivente imagines
pecuniae, non suas relincunt. Idem palaestras athleta-
rum imaginibus et ceromata sua exornant, Epicuri vultus
per cubicula gestant ac circumferunt secum. Natali eius
sacrificant, feriasque omni mense vicesima luna custodiunt
quas icadas vocant, ii maxime qui se ne viventes quidem
nosci volunt. Ita est profecto: artis desidia perdidit et
quoniam animorum imagines non sunt, negleguntur etiam
6 corporum. Aliter apud maiores in atriis haec erant quae
spectarentur; non signa externorum artificum nec aera
aut marmora: expressi cera vultus singulis disponebantur
armariis, ut essent imagines quae comitarentur gentilicia
funera, semperque defuncto aliquo totus aderat familiae
eius qui umquam fuerat populus. Stemmata vero lineis
7 discurrebant ad imagines pictas. Tabulina codicibus im-
plebantur et monimentis rerum in magistratu gestarum.
Aliae foris et circa limina animorum ingentium imagines
erant adfixis hostium spoliis quae nec emptori refigere
liceret, triumphabantque etiam dominis mutatis aeternae
domus. Erat haec stimulatio ingens exprobrantibus tectis
cotidie inbellem dominum intrare in alienum triumphum.
8 Exstat Messalae oratoris indignatio quae prohibuit inseri
genti suae Laevinorum alienam imaginem. Similis causa
Messalae seni expressit volumina illa quae de familis con-
didit, cum Scipionis Pomponiani transisset atrium vidis-
setque adoptione testamentaria Salvittones — hoc enim
fuerat cognomen—Africanorum dedecori inrepentes Sci-

pionum nomini. Sed, pace Messalarum dixisse liceat,
etiam mentiri clarorum imagines erat aliquis virtutum
amor, multoque honestius quam mereri, ne quis suas ex-
peteret. Non est praetereundum et novicium inventum, 9
siquidem non ex auro argentove, at certe ex aere in biblio-
thecis dicantur illis quorum inmortales animae in locis is-
dem locuntur, quin immo etiam quae non sunt finguntur,
pariuntque desideria non traditos vultus, sicut in Homero
evenit. Quo maius, ut equidem arbitror, nullum est feli- 10
citatis specimen quam semper omnes scire cupere, qualis
fuerit aliquis. Asini Pollionis hoc Romae inventum qui
primus bibliothecam dicando ingenia hominum rem pub-
licam fecit. An priores coeperint Alexandreae et Pergami
reges qui bibliothecas magno certamine instituere, non fa-
cile dixerim. Imaginum amorem flagrasse quondam testes 11
sunt Atticus ille Ciceronis edito de iis volumine, M. Varro
benignissimo invento insertis voluminum suorum fecundi-
tati, etiam septingentorum inlustrium aliquo modo imagi-
nibus, non passus intercidere figuras aut vetustatem aevi
contra homines valere, inventor muneris etiam dis invidiosi,
quando inmortalitatem non solum dedit, verum etiam in
omnis terras misit, ut praesentes esse ubique ceu di pos-
sent. [. . .]

(5.) De picturae initiis incerta nec instituti operis quae- 15
stio est. Aegyptii sex milibus annorum apud ipsos in-
ventam, priusquam in Graeciam transiret adfirmant vana
praedicatione, ut palam est, Graeci autem alii Sicyone,
alii apud Corinthios repertam, omnes umbra hominis lineis
circumducta, itaque primam talem, secundam singulis co-
loribus et monochromaton dictam, postquam operosior
inventa erat, duratque talis etiam nunc. Inventam linia- 16
rem a Philocle Aegyptio vel Cleanthe Corinthio primi
exercuere Aridices Corinthius et Telephanes Sicyonius,
sine ullo etiamnum hi colore, iam tamen spargentes linias

intus. Ideo et quos pinxerunt adscribere institutum.
Primus invenit eas colore testae, ut ferunt, tritae, Ecphan-
tus Corinthius. Hunc eodem nomine alium fuisse quam
tradit Cornelius Nepos secutum in Italiam Damaratum,
Tarquinii Prisci regis Romani patrem, fugientem a Co-
rintho tyranni iniurias Cypseli mox docebimus.
17 (6.) Iam enim absoluta erat pictura etiam in Italia.
Extant certe hodieque antiquiores urbe picturae Ardeae
in aedibus sacris quibus equidem nullas aeque miror, tam
longo aevo durantis in orbitate tecti veluti recentis. Si-
militer Lanivi, ubi Atalante et Helena cominus pictae
sunt nudae ab eodem artifice, utraque excellentissima
forma, sed altera ut virgo, ne ruinis quidem templi con-
18 cussae. Gaius princeps tollere eas conatus est libidine ac-
census, si tectorii natura permisisset. Durant et Caere
antiquiores et ipsae. Fatebiturque quisquis eas diligenter
aestimaverit nullam artium celerius consummatam, cum
Iliacis temporibus non fuisse eam adpareat.
19 4. (7). Apud Romanos quoque honos mature huic arti
contigit, siquidem cognomina ex ea Pictorum traxerunt
Fabii clarissimae gentis, princepsque eius cognominis ipse
aedem Salutis pinxit anno urbis conditae CCCCL, quae
pictura duravit ad nostram memoriam aede ea Claudi
principatu exusta. Proxime celebrata est in foro boario
aede Herculis Pacuvi poetae pictura. Enni sorore geni-
tus hic fuit, clarioremque artem eam Romae fecit gloria
scaenae. Postea non est spectata honestis manibus, nisi
forte quis Turpilium equitem Romanum e Venetia nos-
trae aetatis velit referre, pulchris eius operibus hodieque
Veronae extantibus. Laeva is manu pinxit, quod de nullo
ante memoratur. Parvis gloriabatur tabellis extinctus
nuper in longa senecta Titedius Labeo praetorius, etiam
proconsulatu provinciae Narbonensis functus, sed ea re
21 inrisa etiam contumeliae erat. Fuit et principum viro-

rum non omittendum de pictura celebre consilium. Cum Q. Pedius, nepos Q. Pedii consularis triumphalisque et a Caesare dictatore coheredis Augusto dati, natura mutus esset. In eo Messala orator, ex cuius familia pueri avia fuerat, picturam docendum censuit, idque etiam divus Augustus comprobavit, puer magni profectus in ea arte obiit.
Dignatio autem praecipua Romae increvit, ut existimo, a 22
M. Valerio Maximo Messala qui princeps tabulam pictam proelii quo Carthaginiensis et Hieronem in Sicilia vicerat, proposuit in latere curiae Hostiliae anno ab urbe condita CCCCLXXXX. Fecit hoc idem et L. Scipio, tabulamque victoriae suae Asiaticae in Capitolio posuit, idque aegre tulisse fratrem Africanum tradunt haud inmerito,
quando filius eius illo proelio captus fuerat. Non dissi- 23
milem offensionem et Aemiliani subiit L. Hostilius Mancinus qui primus Carthaginem inruperat, situm eius oppugnationesque depictas proponendo in foro et ipse adsistens populo spectanti singula enarrando qua comitate proximis comitiis consulatum adeptus est. Habuit et scaena ludis Claudii Pulchri magnam admirationem picturae, cum ad tegularum similitudinem corvi decepti imaginem advolarent.

(8.) Tabulis autem externis auctoritatem Romae publice 24
fecit primus omnium L. Mummius, cui cognomen Achaici victoria dedit. Namque cum in praeda vendenda rex Attalus X |VI| emisset tabulam Aristidis, Liberum patrem, pretium miratus suspicatusque aliquid in ea virtutis, quod ipse nesciret, revocavit tabulam, Attalo multum querente, et in Cereris delubro posuit. Quam primam arbitror pic-
turam externam Romae publicatam, deinde video et in 25
foro positas vulgo. Hinc enim ille Crassi oratoris lepos agentis sub Veteribus, cum testis compellatus instaret: 'dic ergo, Crasse, qualem me noris?' 'Talem,' inquit, ostendens in tabula pictum inficetissime Gallum exerentem

linguam. In foro fuit et illa pastoris senis cum baculo, de qua Teutonorum legatus respondit interrogatus, quantine eum aestimaret, donari sibi nolle talem vivum verumque.

26 (9.) Sed praecipuam auctoritatem publice tabulis fecit Caesar dictator Aiace et Media ante Veneris Genetricis aedem dicatis, post eum M. Agrippa, vir rusticitati propior quam deliciis. Extat certe eius oratio magnifica et maximo civium digna de tabulis omnibus signisque publicandis, quod fieri satius fuisset quam in villarum exilia pelli. Verum eadem illa torvitas tabulas duas Aiacis et Veneris mercata est a Cyzicenis HS. |XII|. In thermarum quoque calidissima parte marmoribus incluserat parvas tabellas, paulo ante, cum reficerentur, sublatas.

27 (10.) Super omnis divus Augustus in foro suo celeberrima in parte posuit tabulas duas quae Belli faciem pictam habent et Triumphum, item Castores ac Victoriam. Posuit et quas dicemus sub artificum mentione in templo Caesaris patris. Idem in curia quoque, quam in comitio consecrabat, duas tabulas impressit parieti. Nemean sedentem supra leonem, palmigeram ipsam, adstante cum baculo sene cuius supra caput tabella bigae dependet, Nicias
28 scripsit se inussisse, tali enim usus est verbo. Alterius tabulae admiratio est puberem filium seni patri similem esse aetatis salva differentia, supervolante aquila draconem complexa. Philochares hoc suum opus esse testatus est. Inmensam, vel unam si tantum hanc tabulam aliquis aestimet, potentia artis, cum propter Philocharen ignobilissimos alioqui Glaucionem filiumque eius Aristippum senatus populi Romani tot saeculis spectet! Posuit et Tiberius Caesar, minime comis imperator, in templo ipsius Augusti quas mox indicabimus. Hactenus dictum sit de dignitate artis morientis. [. . .]

51 (33.) Et nostrae aetatis insaniam in pictura non omit-

tam. Nero princeps iusserat colosseum se pingi cxx pe-
dum linteo, incognitum ad hoc tempus. Ea pictura, cum
peracta esset in Maianis hortis, accensa fulmine cum opti-
ma hortorum parte conflagravit. Libertus eius, cum daret 52
Anti munus gladiatorum, publicas porticus occupavit pic-
tura, ut constat, gladiatorum ministrorumque omnium
veris imaginibus redditis. Hic multis iam saeculis sum-
mus animus in pictura, pingi autem gladiatoria munera
atque in publico exponi coepta a C. Terentio Lucano. Is
avo suo, a quo adoptatus fuerat, triginta paria in foro
per triduum dedit tabulamque pictam in nemore Dianae
posuit.

8. (34.) Nunc celebres in ea arte quam maxima brevitate 53
percurram, neque enim instituti operis est talis executio,
itaque quosdam vel in transcursu et in aliorum mentione
obiter nominasse satis erit, exceptis operum claritatibus
quae et ipsa conveniet adtingi, sive extant sive interci-
dere. Non constat sibi in hac parte Graecorum diligentia 54
multas post olympiadas celebrando pictores quam statua-
rios ac toreutas, primumque olympiade LXXXX, cum et
Phidian ipsum initio pictorem fuisse tradatur clipeumque
Athenis ab eo pictum, praeterea in confesso sit LXXX ter-
tia fuisse fratrem eius Panaenum, qui clipeum intus pinxit
Elide Minervae, quam fecerat Colotes, discipulus Phidiae
et ei in faciendo Iove Olympio adiutor. Quid? quod in 55
confesso perinde est Bularchi pictoris tabulam, in qua erat
Magnetum proelium, a Candaule, rege Lydiae Heraclida-
rum novissimo, qui et Myrsilus vocitatus est, repensam
auro? tanta iam dignatio picturae erat. Circa Romuli id
aetatem acciderit necesse est, etenim duodevicensima
olympiade interiit Candaules aut, ut quidam tradunt,
eodem anno quo Romulus, nisi fallor, manifesta iam tunc
claritate artis, adeo absolutione. Quod si recipi necesse est, 56
simul adparet multo vetustiora principia eosque qui mono-

chromatis pinxerint, quorum aetas non traditur, aliquanto ante fuisse, Hygiaenontem, Dinian, Charmadan et, qui primus in pictura marem a femina discreverit, Eumarum Atheniensem figuras omnis imitari ausum, quique inventa eius excoluerit, Cimonem Cleonaeum. Hic catagrapha invenit, hoc est obliquas imagines, et varie formare vultus, respicientes suspicientesve vel despicientes; articulis membra distinxit, venas protulit, praeterque in vestibus
57 rugas et sinus invenit. Panaenus quidem frater Phidiae etiam proelium Atheniensium adversus Persas apud Marathona factum pinxit. Adeo iam colorum usus increbruerat, adeoque ars perfecta erat, ut in eo proelio iconicos duces pinxisse tradatur, Atheniensium Miltiaden, Callimachum, Cynaegirum, barbarorum Datim, Artaphernen.

58 9. (35.) Quin immo certamen etiam picturae florente eo institutum est Corinthi ac Delphis, primusque omnium certavit cum Timagora Chalcidense, superatus ab eo Pythiis, quod et ipsius Timagorae carmine vetusto adparet chronicorum errore non dubio. Alii quoque post hos clari fuere ante LXXXX olympiadem, sicut *Polygnotus* Thasius, qui primus mulieres tralucida veste pinxit, capita earum mitris versicoloribus operuit plurimumque picturae primus contulit, siquidem instituit os adaperire, dentis ostendere,
59 vultum ab antiquo rigore variare. Huius est tabula in porticu Pompei, quae ante curiam eius fuerat, in qua dubitatur an ascendentem cum clupeo pinxerit an descendentem. Hic Delphis aedem pinxit, hic et Athenis porticum quae Poecile vocatur gratuito, cum partem eius Micon mercede pingeret. Vel maior huic auctoritas, siquidem Amphictyones, quod est publicum Graeciae concilium, hospitia ei gratuita decrevere. Fuit et alius Micon qui minoris cognomine distinguitur, cuius filia Timarete et ipsa pinxit.

60 (36.) LXXXX autem olympiade fuere Aglaophon, Ce-

phisodorus, Erillus, Euenor pater Parrhasi et praeceptor maximi pictoris, de quo suis annis dicemus, omnes iam inlustres, non tamen in quibus haerere exposito debeat festinans ad lumina artis in quibus primus refulsit *Apollodorus* Atheniensis LXXXXIII olympiade. Hic primus species exprimere instituit primusque gloriam penicillo iure contulit. Eius est sacerdos adorans et Aiax fulmine incensus, quae Pergami spectatur hodie. Neque ante eum tabula ullius ostenditur quae teneat oculos. Ab hoc 61
artis fores apertas *Zeuxis* Heracleotes intravit olympiadis LXXXXV anno quarto, audentemque iam aliquid penicillum—de hoc enim adhuc loquamur—ad magnam gloriam perduxit, a quibusdam falso in LXXXVIIII olympiade positus. Confuisse necesse est Demophilum Himeraeum et Nesea Thasium, quoniam utrius eorum discipulus fuerit ambigitur. In eum Apollodorus supra scriptus versum 62
fecit, artem ipsis ablatam Zeuxim ferre secum. Opes quoque tantas adquisivit ut in ostentatione earum Olympiae aureis litteris in palliorum tesseris intextum nomen suum ostentaret. Postea donare opera sua instituit, quod nullo pretio satis digno permutari posse diceret, sicuti Alcmenam Agragantinis, Pana Archelao. Fecit et Pe- 63
nelopen, in qua pinxisse mores videtur, et athletam adeoque in illo sibi placuit, ut versum subscriberet celebrem ex eo, invisurum aliquem facilius quam imitaturum. Magnificus est et Iuppiter eius in throno adstantibus diis et Hercules infans dracones strangulans Alcmena matre coram pavente et Amphitryone. Reprehenditur tamen ceu 64
grandior in capitibus articulisque, alioqui tantus diligentia, ut Agragantinis facturus tabulam, quam in templo Iunonis Laciniae publice dicarent, inspexerit virgines eorum nudas et quinque elegerit, ut quod in quaque laudatissimum esset pictura redderet. Pinxit et monochromata ex albo. Aequales eius et aemuli fuere Timanthes,

65 Androcydes, Eupompus, Parrhasius. 10. Descendisse hic
in certamen cum Zeuxide traditur et, cum ille detulisset
uvas pictas tanto successu, ut in scaenam aves advolarent,
ipse detulisse linteum pictum ita veritate repraesentata,
ut Zeuxis alitum iudicio tumens flagitaret tandem re-
moto linteo ostendi picturam atque intellecto errore con-
cederet palmam ingenuo pudore, quoniam ipse volucres
66 fefelliset, Parrhasius autem se artificem. Fertur et
postea Zeuxis pinxisse puerum uvas ferentem, ad quas
cum advolassent aves, eadem ingenuitate processit ira-
tus operi et dixit: 'uvas melius pinxi quam puerum,
nam si et hoc consummassem, aves timere debuerant.'
Fecit et figlina opera, quae sola in Ambracia relicta sunt,
cum inde Musas Fulvius Nobilior Romam transferret.
Zeuxidis manu Romae Helena est in Philippi porticibus,
67 et in Concordiae delubro Marsyas religatus. *Parrhasius*
Ephesi natus et ipse multa contulit. Primus symme-
trian picturae dedit, primus argutias vultus, elegantiam
capilli, venustatem oris, confessione artificum in liniis ex-
tremis palmam adeptus. Haec est picturae summa supti-
litas. Corpora enim pingere et media rerum est quidem
magni operis, sed in quo multi gloriam tulerint; extrema
corporum facere et desinentis picturae modum includere
68 rarum in successu artis invenitur. Ambire enim se ipsa
debet extremitas et sic desinere, ut promittat alias post se
ostendatque etiam quae occultat. Hanc ei gloriam con-
cessere Antigonus et Xenocrates qui de pictura scripsere,
praedicantes quoque, non solum confitentes. Et alias
multa graphidis vestigia extant in tabulis ac membranis
eius ex quibus proficere dicuntur artifices. Minor tamen
videtur sibi comparatus in mediis corporibus exprimendis.
69 Pinxit demon Atheniensium argumento quoque ingenioso.
Ostendebat namque varium, iracundum, iniustum, incon-
stantem, eundem exorabilem clementem misericordem,

gloriosum, excelsum humilem, ferocem fugacemque et om-
nia pariter. Idem pinxit et Thesea, quae Romae in Capi-
tolio fuit, et navarchum thoracatum et in una tabula, quae
est Rhodi, Meleagrum, Herculem, Persea; haec ibi ter ful-
mine ambusta neque oblitterata hoc ipso miraculum auget.
Pinxit et archigallum, quam picturam amavit Tiberius 70
princeps atque, ut auctor est Deculo, HS. $\overline{LX}$ aestimatam
cubiculo suo inclusit. Pinxit et Thressam nutricem in-
fantemque in manibus eius et Philiscum et Liberum pa-
trem adstante Virtute, et pueros duos in quibus spectatur
securitas et aetatis simplicitas, item sacerdotem adstante
puero cum acerra et corona. Sunt et duae picturae eius 71
nobilissimae, hoplites in certamine ita decurrens, ut sudare
videatur, alter arma deponens ut anhelare sentiatur. Lau-
dantur et Aeneas Castorque ac Pollux in eadem tabula,
item Telephus, Achilles, Agamemnon, Vlixes. Fecundus
artifex, sed quo nemo insolentius usus sit gloria artis,
namque et cognomina usurpavit habrodiaetum se adpel-
lando aliisque versibus principem artis et eam ab se con-
summatam, super omnia Apollinis se radice ortum et Her-
culem, qui est Lindi, talem a se pictum qualem saepe in
quiete vidisset et, cum magnis suffragiis superatus a *Ti-* 72
manthe esset Sami in Aiace armorumque iudicio, herois
nomine se moleste ferre dicebat, quod iterum ab indigno
victus esset. Nam Timanthi vel plurimum adfuit in- 73
genii. Eius enim est Iphigenia oratorum laudibus cele-
brata, qua stante ad aras peritura cum maestos pinxisset
omnis praecipueque patruum et tristitiae omnem imaginem
consumpsisset, patris ipsius vultum velavit, quem digne
non poterat ostendere. Sunt et alia ingenii eius ex- 74
empla, veluti Cyclops dormiens in parvula tabella, cuius
et sic magnitudinem exprimere cupiens pinxit iuxta Sa-
tyros thyrso pollicem eius metientes. Atque in unius
huius operibus intellegitur plus semper quam pingitur

et, cum sit ars summa, ingenium tamen ultra artem est.
Pinxit et heroa absolutissimi operis artem ipsam com-
plexus viros pingendi, quod opus nunc Romae in templo
79 Pacis est. [. . .] Verum omnis prius genitos futu-
rosque postea superavit *Apelles* Cous olympiade centesi-
ma duodecima. Picturae plura solus prope quam ceteri
omnes contulit, voluminibus etiam editis quae doctri-
nam eam continent. Praecipua eius in arte venustas
fuit, cum eadem aetate maximi pictores essent. Quo-
rum opera cum admiraretur omnibus conlaudatis, deesse
illam suam Venerem dicebat, quam Graeci χάριτα vocant;
cetera omnia contigisse, sed hac sola sibi neminem parem.
80 Et aliam gloriam usurpavit, cum Protogenis opus inmensi
laboris ac curae supra modum anxiae miraretur; dixit enim
omnia sibi cum illo paria esse aut illi meliora, sed uno se
praestare, quod manum de tabula sciret tollere, memo-
rabili praecepto nocere saepe nimiam diligentiam. Fuit
autem non minoris simplicitatis quam artis. Melanthio
dispositione cedebat, Asclepiodoro mensuris, hoc est,
81 quanto quid a quoque distare deberet. Scitum est in-
ter Protogenen et eum quod accidit. Ille Rhodi vive-
bat, quo cum Apelles adnavigasset avidus cognoscendi
opera eius fama tantum sibi cogniti, continuo officinam
petiit. Aberat ipse, sed tabulam amplae magnitudinis in
machina aptatam una custodiebat anus. Haec foris esse
Protogenen respondit interrogavitque a quo quaesitum
diceret. Ab hoc, inquit Apelles, adreptoque penicillo
82 liniam ex colore duxit summae tenuitatis per tabulam et
reverso Protogeni quae gesta erant anus indicavit. Ferunt
artificem protinus contemplatum subtilitatem dixisse Apel-
len venisse, non cadere in alium tam absolutum opus; ip-
sumque alio colore tenuiorem liniam in ipsa illa duxisse
abeuntemque praecepisse, si redisset ille, ostenderet adi-
ceretque hunc esse quem quaereret atque ita evenit.

Revertit enim Apelles et vinci erubescens tertio colore
lineas secuit nullum relinquens amplius subtilitati locum.
At Protogenes victum se confessus in portum devolavit 83
hospitem quaerens, placuitque sic eam tabulam posteris
tradi omnium quidem, sed artificum praecipuo miraculo.
Consumptam eam priore incendio Caesaris domus in Pala-
tio audio, spectatam Rhodi ante, spatiose nihil aliud con-
tinentem quam linias visum effugientes inter egregia mul-
torum opera inani similem et eo ipso adlicientem omni-
que opere nobiliorem. Apelli fuit alioqui perpetua con- 84
suetudo numquam tam occupatum diem agendi ut non
lineam ducendo exerceret artem, quod ab eo in proverbium
venit. Idem perfecta opera proponebat in pergula tran-
seuntibus atque ipse post tabulam latens vitia quae nota-
rentur auscultabat, vulgum diligentiorem iudicem quam se
praeferens; feruntque reprehensum a sutore, quod in 85
crepidis una pauciores intus fecisset ansas, eodem postero
die superbo emendatione pristinae admonitionis cavillante
circa crus, indignatum prospexisse denuntiantem, ne supra
crepidam sutor iudicaret, quod et ipsum in proverbium
abiit. Fuit enim et comitas illi, propter quam gratior
Alexandro Magno frequenter in officinam ventitanti—nam,
ut diximus, ab alio se pingi vetuerat edicto—sed in officina
imperite multa disserenti silentium comiter suadebat, ri-
deri eum dicens a pueris qui colores tererent. Tantum 86
erat auctoritati iuris in regem alioqui iracundum. Quam-
quam Alexander honorem ei clarissimo perhibuit exemplo,
namque cum dilectam sibi e pallacis suis praecipue, no-
mine Pancaspen, nudam pingi ob admirationem formae ab
Apelle iussisset eumque, dum paret, captum amore sen-
sisset, dono dedit ei, magnus animo, maior imperio sui
nec minor hoc facto quam victoria alia, quia ipse se vicit 87
nec torum tantum suum sed etiam adfectum donavit arti-
fici, ne dilectae quidem respectu motus, cum modo regis

ea fuisset, modo pictoris esset. Sunt qui Venerem ana-
dyomenen ab illo pictam exemplari putent. Apelles
et in aemulis benignus Protogeni dignationem primus
88 Rhodi constituit. Sordebat suis ut plerumque domestica,
percontantique quanti liceret opera effecta parvum nescio
quid dixerat, at ille quinquagenis talentis poposcit fa-
mamque dispersit se emere, ut pro suis venderet. Ea res
concitavit Rhodios ad intellegendum artificem nec nisi
augentibus pretium cessit. Imagines adeo similitudi-
nis indiscretae pinxit ut—incredibile dictu—Apio gram-
maticus scriptum reliquerit quemdam ex facie hominum
divinantem, quos metoposcopos vocant, ex iis dixisse aut
89 futurae mortis annos aut praeteritae vitae. Non fuerat ei
gratia in comitatu Alexandri cum Ptolemaeo, quo regnante
Alexandriam vi tempestatis expulsus subornato fraude
aemulorum plano regio invitatus ad cenam venit, indig-
nantique Ptolemaeo et vocatores suos ostendenti, ut dice-
ret a quo eorum invitatus esset, adrepto carbone extincto
e foculo imaginem in pariete deliniavit, adgnoscente vultum
90 plani rege incohatum protinus. Pinxit et Antigoni regis
imaginem altero lumine orbati primus excogitata ratione
vitia condendi; obliquam namque fecit, ut quod deerat
corpori, picturae deesse potius videretur, tantumque eam
partem e facie ostendit quam totam poterat ostendere.
Sunt inter opera eius et exspirantium imagines. Quae
91 autem nobilissima sint, non est facile dictu. Venerem
exeuntem e mari divus Augustus dicavit in delubro pa-
tris Caesaris, quae anadyomene vocatur, versibus Graecis
tantopere dum laudatur, aevis victa sed inlustrata. Cuius
inferiorem partem conruptam qui reficeret non potuit re-
periri, verum ipsa iniuria cessit in gloriam artificis. Con-
senuit haec tabula carie, aliamque pro ea substituit Nero
92 in principatu suo Dorothei manu. Apelles incohaverat et
aliam Venerem Coi superaturus etiam illam suam prio-

rem. Invidit mors peracta parte nec qui succederet
operi ad praescripta liniamenta inventus est. Pinxit et
Alexandrum Magnum fulmen tenentem in templo Ephesiae
Dianae viginti talentis auri. Digiti eminere videntur et
fulmen extra tabulam esse—legentes meminerint omnia
ea quattuor coloribus facta—manipretium eius tabulae in
nummo aureo mensura accepit, non numero. Pinxit et 93
megabyzi sacerdotis Dianae Ephesiae pompam, Clitum
cum equo ad bellum festinantem, galeam poscenti armige-
rum porrigentem. Alexandrum et Philippum quotiens
pinxerit, enumerare supervacuum est. Mirantur eius
Habronem Sami, Menandrum regem Cariae, Rhodi, item
Antaeum, Alexandreae Gorgosthenen tragoedum, Romae
Castorem et Pollucem cum Victoria et Alexandro Magno,
item Belli imaginem restrictis ad terga manibus, Alexan-
dro in curru triumphante, quas utrasque tabulas divus 94
Augustus in fori sui celeberrimis partibus dicaverat sim-
plicitate moderata; divus Claudius pluris existimavit
utrique excisa Alexandri facie divi Augusti imagines ad-
dere. Eiusdem arbitrantur manu esse et in Dianae templo
Herculem aversum, ut, quod est difficillimum, faciem
eius ostendat verius pictura quam promittat. Pinxit et
heroa nudum, eaque pictura naturam ipsam provocavit.
Est et equus eius sive fuit pictus in certamine, quo 95
iudicium ad mutas quadripedes provocavit ab hominibus.
Namque ambitu praevalere aemulos sentiens singulorum
picturas inductis equis ostendit, Apellis tantum equo ad-
hinnivere, idque et postea semper evenit, ut experimentum
artis illud ostentaretur. Fecit et Neoptolemum ex equo ad- 96
versus Persas, Archelaum cum uxore et filia, Antigonum tho-
racatum cum equo incedentem. Peritiores artis praeferunt
omnibus eius operibus eundem regem sedentem in equo et
Dianam sacrificantium virginum choro mixtam, quibus
vicisse Homeri versus videtur id ipsum describentis.

Pinxit et quae pingi non possunt, tonitrua, fulgetra,
fulguraque; Bronten, Astrapen, Ceraunobolian adpellant.
97 Inventa eius et ceteris profuere in arte, unum imitari
nemo potuit, quod absoluta opera atramento inlinebat ita
tenui, ut id ipsum cum repercussu claritatis colorem album
excitaret custodiretque a pulvere et sordibus, ad manum
intuenti demum adpareret, sed etiam ratione magna, ne
claritas colorum aciem offenderet veluti per lapidem spe-
cularem intuentibus et e longinquo eadem res nimis flori-
101 dis coloribus austeritatem occulte daret. [. . .] Simul, ut
dictum est, et *Protogenes* floruit. Patria ei Caunus,
gentis Rhodiis subiectae. Summa paupertas initio ar-
tisque summa intentio et ideo minor fertilitas. Quis eum
docuerit non putant constare. Quidam et navis pinxisse
usque ad quinquagensimum annum; argumentum esse,
quod cum Athenis celeberrimo loco Minervae delubri pro-
pylon pingeret, ubi fecit nobilem Paralum et Hammoni-
ada, quam quidam Nausicaan vocant, adiecerit parvulas
navis longas in iis quae pictores parergia adpellant, ut
adpareret a quibus initiis ad arcem ostentationis opera
102 sua pervenissent. Palmam habet tabularum eius Ialysus,
qui est Romae dicatus in templo Pacis. Cum pingeret
eum, traditur madidis lupinis vixisse, quoniam sic simul
et famem sustineret et sitim nec sensus nimia dulcedine
obstrueret. Huic picturae quater colorem induxit ceu tria
subsidia iniuriae et vetustatis, ut decedente superiore in-
ferior succederet. Est in ea canis mire factus ut quem
pariter et casus pinxerit. Non iudicabat se in eo expri-
mere spumam anhelantis, cum in reliqua parte omni, quod
103 difficillimum erat, sibi ipse satisfecisset. Displicebat au-
tem ars ipsa nec minui poterat et videbatur nimia ac
longius a veritate discedere, spumaque pingi, non ex ore
nasci; anxio animi cruciatu, cum in pictura verum esse,
non verisimile vellet, absterserat saepius mutaveratque

penicillum, nullo modo sibi adprobans. Postremo iratus arti, quod intellegeretur, spongeam impegit inviso loco tabulae, et illa reposuit ablatos colores qualiter cura optaverat, fecitque in pictura fortuna naturam. Hoc 104
exemplo eius similis et Nealcen successus spumae equi similiter spongea impacta secutus dicitur, cum pingeret poppyzonta retinentem eum. Ita Protogenes monstravit et fortunam. Propter hunc Ialysum, ne cremaret tabulam, Demetrius rex, cum ab ea parte sola posset Rhodum capere, non incendit, parcentemque picturae fugit occasio victoriae. Erat tunc Protogenes in suburbano suo hortulo, hoc est Demetrii castris, neque interpellatus proeliis inchoata opera intermisit omnino nisi accitus a rege, interrogatusque qua fiducia extra muros ageret, respondit scire se cum Rhodiis illi bellum esse, non cum artibus.

QVINTILIAN

M. Fabius Quintilianus was born about 35 A.D., in Calagurris, Spain. He was educated in Rome, partly by his father, himself a rhetorician of repute, by Domitius Afer, the orator, and by Remmius Palaemon, a famous grammarian. Having returned to his native town, he was subsequently taken back to Rome by Galba, in 68 A.D., where he remained till his death, about 96. After an extraordinarily successful career as a teacher of rhetoric, he retired in 88 A.D., and devoted his well-earned leisure to the composition of the *Institutio Oratoria*, in twelve books. This immortal masterpiece, admirable alike in style and substance, gives a complete system of pedagogy with reference to an oratorical career. The tenth book, owing to a critical survey of the 'best authors' in Greek and Latin literature, has acquired a special popularity.

For a full account of Quintilian and his work, see the introduction to Peterson's edition of Book X., Oxford, 1892.

QVINTILIAN

Book I.: Prooemium.

Post impetratam studiis meis quietem quae per viginti 1 annos erudiendis iuvenibus impenderam, cum a me quidam familiariter postularent, ut aliquid de ratione dicendi componerem: diu sum equidem reluctatus, quod auctores utriusque linguae clarissimos non ignorabam multa quae ad hoc opus pertinerent diligentissime scripta posteris reliquisse. Sed qua ego ex causa faciliorem mihi veniam 2 meae deprecationis arbitrabar fore, hac accendebantur illi magis, quod inter diversas opiniones priorum et quasdam etiam inter se contrarias difficilis esset electio; ut mihi si non inveniendi nova, at certe iudicandi de veteribus iniungere laborem non iniuste viderentur. Quamvis autem non 3 tam me vinceret praestandi, quod exigebatur, fiducia quam negandi verecundia, latius se tamen aperiente materia plus quam imponebatur oneris sponte suscepi; simul ut pleniore obsequio demererer amantissimos mei, simul ne vulgarem viam ingressus alienis demum vestigiis insisterem. Nam ceteri fere qui artem orandi litteris tradi- 4 derunt, ita sunt exorsi, quasi perfectis omni alio genere doctrinae summam eloquentiae manum imponerent; sive contemnentes tanquam parva quae prius discimus, studia, sive non ad suum pertinere officium opinati, quando divisae professionum vices essent: seu, quod proximum vero,

nullam ingenii sperantes gratiam circa res etiamsi neces-
sarias procul tamen ab ostentatione positas; ut operum
5 fastigia spectantur, latent fundamenta. Ego, cum existi-
mem nihil arti oratoriae alienum, sine quo fieri non posse
oratorem fatendum est, nec ad ullius rei summam nisi
praecedentibus initiis perveniri, ad minora illa, sed quae
si negligas, non sit maioribus locus, demittere me non
recusabo, nec aliter quam si mihi tradatur educandus
6 orator, studia eius formare ab infantia incipiam. Quod
opus, Marcelle Vitori, tibi dicamus quem, cum amicis-
simum nobis tum eximio litterarum amore flagrantem,
non propter haec modo (quamquam sunt magna) dignis-
simum hoc mutuae inter nos caritatis pignore iudicaba-
mus; sed quod erudiendo Getae tuo, cuius prima aetas
manifestum iam ingenii lumen ostendit, non inutiles fore
libri videbantur quos ab ipsis discendi velut incunabulis,
per omnis, quae modo aliquid oratori futuro conferant
artis ad summam eius operis perducere destinabamus;
7 atque eo magis, quod duo iam sub nomine meo libri fere-
bantur artis rhetoricae neque editi a me neque in hoc
comparati. Namque alterum, sermone per biduum habi-
to, pueri quibus id praestabatur exceperant; alterum
pluribus sane diebus, quantum notando consequi potue-
rant, interceptum, boni iuvenes sed nimium amantes mei,
8 temerario editionis honore vulgaverant. Quare in his
quoque libris erunt eadem aliqua, multa mutata, plurima
adiecta, omnia vero compositiora et quam nos poterimus,
elaborata.

9 Oratorem autem instituimus illum perfectum qui esse
nisi vir bonus non potest, ideoque non dicendi modo exi-
miam in eo facultatem sed omnis animi virtutes exigimus.
10 Neque enim hoc concesserim, rationem rectae honestaeque
vitae (ut quidam putaverunt) ad philosophos relegandam,
cum vir ille vere civilis et publicarum privatarumque re-

rum administrationi accommodatus qui regere consiliis
urbis, fundare legibus, emendare iudiciis possit, non alius
sit profecto quam orator. Quare, tametsi me fateor usurum 11
quibusdam quae philosophorum libris continentur, tamen
ea iure vereque contenderim esse operis nostri proprieque
ad artem oratoriam pertinere. An, si frequentissime de 12
iustitia, fortitudine, temperantia ceterisque similibus dis-
serendum est, adeo ut vix ulla possit causa reperiri, in
quam non aliqua ex his incidat quaestio, eaque omnia in-
ventione atque elocutione sunt explicanda, dubitabitur,
ubicunque vis ingenii et copia dicendi postulatur, ibi partis
oratoris esse praecipuas? Fueruntque haec, ut Cicero 13
apertissime conligit, quemadmodum iuncta natura, sic of-
ficio quoque copulata, ut eidem sapientes atque eloquentes
haberentur. Scidit deinde se studium atque inertia fac-
tum est, ut artes esse plures viderentur. Nam ut primum
lingua esse coepit in quaestu institutumque eloquentiae
bonis male uti, curam morum qui diserti habebantur re-
liquerunt. Ea vero destituta infirmioribus ingeniis velut 14
praedae fuit. Inde quidam, contempto bene dicendi la-
bore, ad formandos animos statuendasque vitae leges re-
gressi partem quidem potiorem, si dividi posset, retinue-
runt; nomen tamen sibi insolentissimum adrogaverunt, ut
soli sapientiae studiosi vocarentur, quod neque summi im-
peratores neque in consiliis rerum maximarum ac totius
administratione rei publicae clarissime versati sibi umquam
vindicare sunt ausi. Facere enim optima quam promittere
maluerunt. Ac veterum quidem sapientiae professorum 15
multos et honesta praecepisse et, ut praeceperint, etiam
vixisse, facile concesserim; nostris vero temporibus sub
hoc nomine maxima in plerisque vitia latuerunt. Non
enim virtute ac studiis, ut haberentur philosophi, labora-
bant, sed vultum et tristitiam et dissentientem a ceteris
habitum pessimis moribus praetendebant. Haec autem 16

quae velut propria philosophiae adseruntur, passim trac-
tamus omnes. Quis enim non de iusto, aequo ac bono,
modo non et vir pessimus, loquitur? quis non etiam ru-
sticorum aliqua de causis naturalibus quaerit? nam verbo-
rum proprietas ac differentia omnibus qui sermonem curae
17 habent, debet esse conmunis. Sed ea et sciet optime et
eloquetur orator; qui si fuisset aliquando perfectus, non
a philosophorum scholis virtutis praecepta peterentur.
Nunc necesse est ad eos aliquando auctores recurrere qui
desertam, ut dixi, partem oratoriae artis, meliorem prae-
sertim, occupaverunt, et velut nostrum reposcere; non ut
nos illorum utamur inventis, sed ut illos alienis usos esse
18 doceamus. Sit igitur orator vir talis, qualis vere sapiens
adpellari possit, nec moribus modo perfectus (nam id mea
quidem opinione, quamquam sunt qui dissentiant, satis non
19 est) sed etiam scientia et omni facultate dicendi, qualis
fortasse nemo adhuc fuerit, sed non ideo minus nobis ad
summa tendendum est; quod fecerunt plerique veterum
qui, etsi nondum quemquam sapientem repertum puta-
20 bant, praecepta tamen sapientiae tradiderunt. Nam est
certe aliquid consummata eloquentia neque ad eam per-
venire natura humani ingenii prohibet. Quod si non con-
tingat, altius tamen ibunt qui ad summa nitentur quam
qui, praesumpta desperatione quo velint evadendi, protinus
circa ima substiterint.

21 Quo magis impetranda erit venia, si ne minora quidem
illa, verum operi quod instituimus necessaria praeteribo.
Nam liber primus ea quae sunt ante officium rhetoris
continebit. Secundo prima apud rhetorem elementa et
quae de ipsa rhetorices substantia quaeruntur tractabimus.
22 Quinque deinceps inventioni, nam huic et dispositio sub-
iungitur, quattuor elocutioni, in cuius partem memoria ac
pronuntiatio veniunt, dabuntur. Vnus accedet in quo no-
bis orator ipse informandus est, et qui mores eius, quae in

suscipiendis, discendis, agendis causis ratio, quod elo-
quentia genus, quis agendi debeat esse finis, quae post
finem studia, quantum nostra valebit infirmitas, disse-
ramus. His omnibus admiscebitur, ut quisque locus po- 23
stulabit, docendi ratio quae non eorum modo scientia,
quibus solis quidam nomen artis dederunt, studiosos instru-
at et (ut sic dixerim) ius ipsum rhetorices interpretetur,
sed alere facundiam, viris augere eloquentiae possit. Nam 24
plerumque nudae illae artes nimia subtilitatis adfectatione
frangunt atque concidunt quidquid est in oratione gene-
rosius et omnem sucum ingenii bibunt et ossa detegunt,
quae ut esse et adstringi nervis suis debent, sic corpore
operienda sunt. Ideoque nos non particulam illam, sicut 25
plerique, sed quidquid utile ad instituendum oratorem
putabamus, in hos duodecim libros contulimus breviter
omnia demonstraturi. Nam si quantum de quaque re
dici potest persequamur, finis operis non reperietur. Illud 26
tamen in primis testandum est, nihil praecepta atque artis
valere nisi adiuvante natura. Quapropter ei cui deerit
ingenium, non magis haec scripta sint quam de agrorum
cultu sterilibus terris. Sunt et alia ingentia quaedam 27
adiumenta, vox, latus patiens laboris, valetudo, constantia,
decor; quae si modica obtigerunt, possunt ratione am-
pliari, sed nonnunquam ita desunt, ut bona etiam ingenii
studiique conrumpant; sicut et haec ipsa sine doctore
perito, studio pertinaci, scribendi, legendi, dicendi multa
et continua exercitatione per se nihil prosunt.

Book I., 1: Quemadmodum Prima Elementa Tradenda Sint.

Igitur nato filio pater spem de illo primum quam 1
optimam capiat; ita diligentior a principiis fiet. Falsa
enim est querella, paucissimis hominibus vim percipiendi

quae tradantur esse concessam, plerosque vero laborem
ac tempora tarditate ingenii perdere. Nam contra pluris
reperias et facilis in excogitando et ad discendum promp-
tos. Quippe id est homini naturale: ac sicut aves ad
volatum, equi ad cursum, ad saevitiam ferae gignuntur,
ita nobis propria est mentis agitatio atque sollertia, unde
2 origo animi caelestis creditur. Hebetes vero et indociles
non magis secundum naturam homines eduntur quam
prodigiosa corpora et monstris insignia, sed hi pauci ad-
modum. Fuerit argumentum, quod in pueris elucet spes
plurimorum quae cum emoritur aetate, manifestum est
3 non naturam defecisse sed curam. Praestat tamen ingenio
alius alium. Concedo; sed plus efficiet aut minus; nemo
reperitur qui sit studio nihil consecutus. Hoc qui per-
viderit, protinus ut erit parens factus acrem quam maxime
curam spei futuri oratoris impendat.

4 Ante omnia ne sit vitiosus sermo nutricibus quas, si fieri
posset, sapientes Chrysippus optavit, certe quantum res
pateretur optimas eligi voluit. Et morum quidem in his
haud dubie prior ratio est, recte tamen etiam loquantur.
5 Has primum audiet puer harum verba effingere imitando
conabitur. Et natura tenacissimi sumus eorum quae ru-
dibus annis percepimus; ut sapor quo nova imbuas durat,
nec lanarum colores quibus simplex ille candor mutatus
est, elui possunt. Et haec ipsa magis pertinaciter haerent
quo deteriora sunt. Nam bona facile mutantur in peius;
num quando in bonum verteris vitia? Non adsuescat ergo,
nedum infans quidem est, sermoni qui dediscendus sit.

6 In parentibus vero quam plurimum esse eruditionis
optaverim. Nec de patribus tantum loquor. Nam Grac-
chorum eloquentiae multum contulisse accepimus Corne-
liam matrem, cuius doctissimus sermo in posteros quoque
est epistolis traditus; et Laelia C. filia reddidisse in
loquendo paternam elegantiam dicitur; et Hortensiae Q.

filiae oratio apud Triumviros habita legitur non tantum
in sexus honorem. Nec tamen ei quibus discere ipsis 7
non contigit, minorem curam docendi liberos habeant,
sed sint propter hoc ipsum ad cetera magis diligentes.
De pueris inter quos educabitur ille huic spei desti-
natus, idem quod de nutricibus dictum sit.

De paedagogis hoc amplius, ut aut sint eruditi plane, 8
quam primam esse curam velim aut se non esse eruditos
sciant. Nihil est peius iis qui paulum aliquid ultra primas
litteras progressi falsam sibi scientiae persuasionem indue-
runt. Nam et cedere praecipiendi partibus indignantur
et velut iure quodam potestatis, quo fere hoc hominum
genus intumescit, imperiosi atque interim saevientes stul-
titiam suam perdocent. Nec minus error eorum nocet 9
moribus; siquidem Leonides, Alexandri paedagogus, ut a
Babylonio Diogene traditur, quibusdam eum vitiis imbuit
quae robustum quoque et iam maximum regem ab illa
institutione puerili sunt persecuta.

Si cui multa videor exigere, cogitet oratorem institui, 10
rem arduam, etiam cum ei formando nihil defuerit;
praeterea plura ac difficiliora superesse. Nam et studio
perpetuo et praestantissimis praeceptoribus et plurimis
disciplinis opus est. Quapropter praecipienda sunt opti- 11
ma; quae si quis gravabitur, non rationi defuerit, sed
homini.

Si tamen non continget, quales maxime velim nutrices,
pueros, paedagogos habere: at unus certe sit adsiduus lo-
quendi non imperitus qui, si qua erunt ab his praesente
alumno dicta vitiose, conrigat protinus nec insidere illi
sinat; dum tamen intellegatur, id quod prius dixi, bonum
esse hoc remedium.

A sermone Graeco puerum incipere malo, quia Latinum 12
qui pluribus in usu est, vel nobis nolentibus perbibet, si-
mul quia disciplinis quoque Graecis prius instituendus est,

13 unde et nostrae fluxerunt. Non tamen hoc adeo supersti-
tiose fieri velim, ut diu tantum Graece loquatur aut discat,
sicut plerisque moris est. Hinc enim accidunt et oris
plurima vitia in peregrinum sonum conrupti et sermonis,
cui cum Graecae figurae adsidua consuetudine haeserunt,
in diversa quoque loquendi ratione pertinacissime durant.
14 Non longe itaque Latina subsequi debent et cito pariter
ire. Ita fiet ut, cum aequali cura linguam utramque tueri
coeperimus, neutra alteri officiat.

15 Quidam litteris instituendos qui minores septem annis
essent non putaverunt, quod illa primum aetas et intellec-
tum disciplinarum capere et laborem pati posset. In qua
sententia Hesiodum esse plurimi tradunt qui ante gram-
maticum Aristophanen fuerunt; nam is primus ὑποθήκας,
in quo libro scriptum hoc invenitur, negavit esse huius
16 poëtae. Sed alii quoque auctores, inter quos Eratosthenes,
idem praeceperunt. Melius autem qui nullum tempus
vacare cura volunt, ut Chrysippus. Nam is, quamvis nu-
tricibus triennium dederit, tamen ab illis quoque iam for-
mandam quam optimis institutis mentem infantium iudi-
17 cat. Cur autem non pertineat ad litteras aetas quae ad
mores iam pertinet? neque ignoro toto illo de quo lo-
quor tempore vix tantum effici, quantum conferre unus
postea possit annus, sed tamen mihi qui dissenserunt
videntur non tam discentibus in hac parte quam docenti-
18 bus pepercisse. Quid melius alioqui facient, ex quo loqui
poterunt? faciant enim aliquid necesse est. Aut cur
hoc, quantulumcunque est, usque ad septem annos lucrum
fastidiamus? nam certe quamlibet parvum sit quod con-
tulerit aetas prior, maiora tamen aliqua discet puer ipso
19 illo anno quo minora didicisset. Hoc per singulos annos
prorogatum in summam proficit, et quantum in infantia
praesumptum est temporis, adolescentiae adquiritur. Idem
etiam de sequentibus annis praeceptum sit, ne quod cui-

que discendum est, sero discere incipiat. Non ergo per-
damus primum statim tempus atque eo minus, quod initia
litterarum sola memoria constant quae non modo iam est
in parvis, sed tum etiam tenacissima est. Nec sum adeo 20
aetatum imprudens, ut instandum protinus teneris acerbe
putem exigendamque plane operam. Nam id in primis
cavere oportebit, ne studia qui amare nondum potest oderit
et amaritudine semel percepta etiam ultra rudis annos re-
formidet. Lusus hic sit: et rogetur et laudetur et num-
quam non fecisse se gaudeat, aliquando ipso nolente do-
ceatur alius cui invideat; contendat interim et saepius
vincere se putet et praemiis etiam quae capit illa aetas
evocetur.

Parva docemus oratorem instituendum professi, sed est 21
sua etiam studiis infantia; et ut corporum mox fortissi-
morum educatio a lacte cunisque initium ducit, ita futu-
rus eloquentissimus edidit aliquando vagitum et loqui
primum incerta voce temptavit et haesit circa formas litte-
rarum. Nec si quid discere satis non est, ideo nec necesse
est. Quodsi nemo reprehendit patrem qui haec non negle- 22
genda in suo filio putet, cur improbetur, si quis ea quae
domi suae recte faceret in publicum promit? atque eo
magis quod minora etiam facilius minores percipiunt; et
ut corpora ad quosdam membrorum flexus formari nisi te-
nera non possunt, sic animos quoque ad pleraque duriores
robur ipsum facit. An Philippus Macedonum rex Alex- 23
andro filio suo prima litterarum elementa tradi ab Aristo-
tele, summo eius aetatis philosopho, voluisset, aut ille
suscepisset hoc officium, si non studiorum initia et a per-
fectissimo quoque optime tractari et pertinere ad summam
cresididset? fingamus igitur Alexandrum dari nobis 24
impositum gremio, dignum tanta cura infantem (quam-
quam suus cuique dignus est), pudeatne me in ipsis sta-
tim elementis etiam brevia docendi monstrare compendia?

Neque enim mihi illud saltem placet quod fieri in plurimis video, ut litterarum nomina et contextum prius quam 25 formas parvuli discant. Obstat hoc agnitioni earum non intendentibus mox animum ad ipsos ductus, dum antecedentem memoriam secuntur. Quae causa est praecipientibus, ut etiam, cum satis adfixisse eas pueris recto illo quo primum scribi solent contextu videntur, retroagant rursus et varia permutatione turbent, donec litteras qui instituuntur facie norint, non ordine. Quapropter optime sicut hominum pariter et habitus et nomina edoce- 26 buntur. Sed quod in litteris obest, in syllabis non nocebit. Non excludo autem, id quod est notum, inritandae ad discendum infantiae gratia eburneas etiam litterarum formas in lusum offerre; vel si quid aliud quo magis illa aetas gaudeat, inveniri potest quod tractare, intueri, nominare iucundum sit.

27 Cum vero iam ductus sequi coeperit, non inutile erit eas tabellae quam optime insculpi, ut per illos velut sulcos ducatur stilus. Nam neque errabit, quemadmodum in ceris, (continebitur enim utrimque marginibus neque extra praescriptum egredi poterit) et celerius ac saepius sequendo certa vestigia firmabit articulos neque egebit adiutorio manum suam manu superimposita regentis. 28 Non est aliena res quae fere ab honestis neglegi solet, cura bene ac velociter scribendi. Nam cum sit in studiis praecipuum, quoque solo verus ille profectus et altis radicibus nixus paretur, scribere; ipsam tardior stilus cogitationem moratur, rudis et confusus intellectu caret: unde sequitur alter dictandi quae transferenda sunt labor. 29 Quare cum semper et ubique tum praecipue in epistulis secretis et familiaribus delectabit ne hoc quidem neglectum reliquisse.

30 Syllabis nullum compendium est; perdiscendae omnes nec, ut fit plerumque, difficillima quaeque earum differen-

da, ut in nominibus scribendis deprehendantur. Quin 31
immo ne primae quidem memoriae temere credendum;
repetere et diu inculcare fuerit utilius, et in lectione
quoque non properare ad continuandam eam vel accele-
randam, nisi cum inoffensa atque indubitata litterarum
inter se coniunctio subpeditare sine ulla cogitandi saltem
mora poterit. Tunc ipsis syllabis verba complecti et his
sermonem connectere incipiat. Incredibile est, quantum 32
morae lectioni festinatione adiciatur. Hinc enim accidit
dubitatio, intermissio, repetitio plus quam possunt auden-
tibus, deinde, cum errarunt, etiam eis quae iam sciunt
diffidentibus. Certa sit ergo in primis lectio, deinde con- 33
iuncta et diu lentior, donec exercitatione contingat emen-
data velocitas. Nam prospicere in dextrum (quod omnes 34
praecipiunt) et providere, non rationis modo sed usus
quoque est, quoniam sequentia intuenti priora dicenda
sunt, et, quod difficillimum est, dividenda intentio animi,
ut aliud voce, aliud oculis agatur. Illud non paenitebit
curasse, cum scribere nomina puer (quemadmodum moris
est) coeperit, ne hanc operam in vocabulis vulgaribus et
forte occurrentibus perdat. Protinus enim potest inter- 35
pretationem linguae secretioris quas Graeci γλώσσας vo-
cant, dum aliud agitur, ediscere et inter prima elementa
consequi rem postea proprium tempus desideraturam. Et
quoniam circa res adhuc tenuis moramur, ei quoque ver-
sus qui ad imitationem scribendi proponentur, non otiosas
velim sententias habeant sed honestum aliquid monentes.
Prosequitur haec memoria in senectutem et impressa ani- 36
mo rudi usque ad mortem in mores proficiet. Etiam dicta
clarorum virorum et electos ex poëtis maxime (namque
eorum cognitio parvis gratior est) locos ediscere inter
lusum licet. Nam et maxime necessaria est oratori (sicut
suo loco dicam) memoria et ea praecipue firmatur atque
alitur exercitatione et in eis de quibus nunc loquimur,

aetatibus quae nihildum ipsae generare ex se queunt, 37 prope sola est quae iuvari cura docentium possit. Non alienum fuerit exigere ab his aetatibus quo sit absolutius os et expressior sermo, ut nomina quaedam versusque adfectatae difficultatis ex pluribus et asperrime coëuntibus inter se syllabis catenatos et velut confragosos quam citatissime volvant; χαλινοί Graece vocantur. Res modica dictu qua tamen omissa multa linguae vitia, nisi primis eximuntur annis, inemendabili in posterum pravitate durantur.

Book I., 2: Vtilius Domi an in Scholis Erudiantur?

1 Sed nobis iam paulatim accrescere puer et exire de gremio et discere serio incipiat. Hoc igitur potissimum loco tractanda quaestio est, utilius ne sit domi atque intra privatos parietes studentem continere an frequentiae 2 scholarum et velut publicis praeceptoribus tradere. Quod quidem, cum iis a quibus clarissimarum civitatum mores sunt instituti, tum eminentissimis auctoribus video placuisse. Non est tamen dissimulandum, esse nonnullos qui ab hoc prope publico more privata quadam persuasione dissentiant. Hi duas praecipue rationes sequi videntur: unam, quod moribus magis consulant fugiendo turbam hominum eius aetatis quae sit ad vitia maxime prona, unde causas turpium factorum saepe extitisse utinam falso iactaretur; alteram, quod, quisquis futurus est ille praeceptor, liberalius tempora sua impensurus uni videtur 3 quam si eadem in pluris partiatur. Prior causa prorsus gravis. Nam si studiis quidem scholas prodesse, moribus autem nocere constaret, potior mihi ratio vivendi honeste quam vel optime dicendi videretur. Sed mea quidem sententia iuncta ista atque indiscreta sunt. Neque enim esse oratorem nisi bonum virum iudico et fieri etiamsi possit nolo. De hac re igitur prius.

Conrumpi mores in scholis putant; nam et conrum- 4
puntur interim, sed domi quoque, et sunt multa eius rei
exempla tam hercule laesae quam conservatae sanctissime
utrobique opinionis. Natura cuiusque totum curaque
distat. Da mentem ad peiora facilem, da neglegentiam
formandi custodiendique in aetata prima pudoris, non
minorem flagitiis occasionem secreta praebuerint. Nam
et potest turpis esse domesticus ille praeceptor nec tutior
inter servos malos quam ingenuos parum modestos con-
versatio est. At si bona ipsius indoles, si non caeca ac 5
sopita parentum socordia est, et praeceptorem eligere
sanctissimum quemque (cuius rei praecipua prudentibus
cura est) et disciplinam quae maxime severa fuerit, licet,
et nihilominus amicum gravem virum aut fidelem libertum
lateri filii sui adiungere, cuius adsiduus comitatus etiam
illos meliores faciat qui timebuntur.

Facile erat huius metus remedium. Vtinam liberorum 6
nostrorum mores non ipsi perderemus. Infantiam statim
deliciis solvimus. Mollis illa educatio quam indulgentiam
vocamus, nervos omnis mentis et corporis frangit. Quid
non adultus concupiscet qui in purpuris repit? nondum
prima verba exprimit, iam coccum intellegit, iam conchy-
lium poscit. Ante palatum eorum quam os instituimus.
In lecticis crescunt; si terram adtigerunt, e manibus 7
utrimque sustinentium pendent. Gaudemus, si quid li-
centius dixerint. Verba ne Alexandrinis quidem permit-
tenda deliciis risu et osculo excipimus. Nec mirum; nos
docuimus, ex nobis audiunt, nostras amicas, nostros 8
concubinos vident, omne convivium obscenis canticis stre-
pit, pudenda dictu spectantur. Fit ex his consuetudo,
deinde natura. Discunt haec miseri, antequam sciant
vitia esse; inde soluti ac fluentes non accipiunt ex scholis
mala ista, sed in scholas adferunt.

'Verum in studiis magis vacabit unus uni.' Ante omnia 9

nihil prohibet esse illum nescio quem unum etiam cum eo
qui in scholis eruditur. Sed etiamsi iungi utrumque non
posset, lumen tamen illud conventus honestissimi tenebris
ac solitudini praetulissem. Nam optimus quisque prae-
10 ceptor frequentia gaudet ac maiore se theatro dignum
putat. At fere minores ex conscientia suae infirmitatis hae-
rere singulis et officio fungi quodam modo paedagogorum
11 non indignantur. Sed praestet alicui vel gratia vel pecu-
nia vel amicitia, ut doctissimum atque incomparabilem
magistrum domi habeat: num tamen ille totum in uno
diem consumpturus est? aut potest esse ulla tam perpetua
discentis intentio quae non ut visus oculorum obtutu con-
tinuo fatigetur, cum praesertim multo plus secreti tem-
12 poris studia desiderent? neque enim scribenti, ediscenti,
cogitanti praeceptor adsistit, quorum aliquid agentibus
cuiuscumque interventus impedimento est. Lectio quo-
que non omnis nec semper praeeunte vel interpretante
eget. Quando enim tot auctorum notitia contingeret?
Modicum ergo tempus est quo in totum diem velut opus
13 ordinetur. Ideoque per pluris ire possunt etiam quae
singulis tradenda sunt. Pleraque vero hanc condicionem
habent, ut eadem voce ad omnis simul perferantur. Ta-
ceo de partitionibus et declamationibus rhetorum, quibus
certe quantuscunque numerus adhibeatur, tamen unusquis-
14 que totum feret. Non enim vox illa praeceptoris ut cena
minus pluribus sufficit, sed ut sol universis idem lucis ca-
lorisque largitur. Grammaticus quoque si de loquendi ra-
tione disserat, si quaestiones explicet, historias exponat,
15 poëmata enarret, tot illa discent quot audient. 'At enim
emendationi praelectionique numerus obstat.' Sit incom-
modum (nam quid fere undique placet?), mox illud com-
parabimus conmodis. Nec ego tamen eo mitti puerum
volo, ubi neglegatur. Sed neque praeceptor bonus maiore
se turba quam ut sustinere eam possit, oneraverit, et in

primis ea habenda cura est, ut is omni modo fiat nobis fa-
miliariter amicus nec officium in docendo spectet sed ad-
fectum. Ita numquam erimus in turba. Nec sane quis- 16
quam litteris saltem leviter imbutus eum, in quo studium
ingeniumque perspexerit, non in suam quoque gloriam
peculiariter fovebit. Sed ut fugiendae sint magnae scholae
(cui ne ipsi quidem rei adsentior, si ad aliquem merito
concurritur), non tamen hoc eo valet, ut fugiendae sint
omnino scholae. Aliud est enim vitare eas, aliud eligere.
Et si refutavimus quae contra dicuntur, iam explicemus 17
quid ipsi sequamur. Ante omnia futurus orator, cui in 18
maxima celebritate et in media rei publicae luce vivendum
est, adsuescat iam a tenero non reformidare homines neque
illa solitaria et velut umbratica vita pallescere. Excitanda
mens et adtollenda semper est, quae in eiusmodi secretis aut
languescit et quendam velut in opaco situm ducit aut contra
tumescit inani persuasione; necesse est enim nimium tribuat
sibi qui se nemini comparat. Deinde cum proferenda sunt 19
studia, caligat in sole et omnia nova offendit, ut qui solus
didicerit quod inter multos faciendum est. Mitto amicitias 20
quae ad senectutem usque firmissime durant religiosa qua-
dam necessitudine imbutae. Neque enim est sanctius sacris
iisdem quam studiis initiari. Sensum ipsum qui conmunis
dicitur, ubi discet, cum se a congressu qui non hominibus
solum sed mutis quoque animalibus naturalis est, segregarit?
adde quod domi ea sola discere potest quae ipsi praeci- 21
pientur, in schola etiam quae aliis. Audiet multa cotidie
probari, multa conrigi; proderit alicuius obiurgata desidia,
proderit laudata industria; excitabitur laude aemulatio,
turpe ducet cedere pari, pulchrum superasse maiores. 22
Accendunt omnia haec animos et, licet ipsa vitium sit
ambitio, frequenter tamen causa virtutum est. Non inu- 23
tilem scio servatum esse a praeceptoribus meis morem
qui, cum pueros in classis distribuerent, ordinem dicendi

secundum viris ingenii dabant, et ita superiore loco
24 quisque declamabat, ut praecedere profectu videbatur.
Huius rei iudicia praebebantur, ea nobis ingens palma,
ducere vero classem multo pulcherrimum. Nec de hoc
semel decretum erat, tricesimus dies reddebat victo cer-
taminis potestatem. Ita nec superior successu curam
remittebat et dolor victum ad depellendam ignominiam
25 concitabat. Id nobis acriores ad studia dicendi faces
subdidisse quam exhortationem docentium, paedagogo-
rum custodiam, vota parentum, quantum animi mei
26 coniectura conligere possum, contenderim. Sed sicut
firmiores in litteris profectus alit aemulatio, ita incipien-
tibus atque adhuc teneris condiscipulorum quam prae-
ceptoris iucundior hoc ipso, quod facilior imitatio est.
Vix enim se prima elementa ad spem tollere effingendae,
quam summam putant, eloquentiae audebunt; proxima
amplectentur magis, ut vites arboribus adplicitae inferiores
27 prius adprehendendo ramos in cacumina evadunt. Quod
adeo verum est, ut ipsius etiam magistri, si tamen am-
bitiosis utilia praeferet, hoc opus sit, cum adhuc rudia
tractabit ingenia, non statim onerare infirmitatem discen-
tium sed temperare viris suas et ad intellectum audientis
28 descendere. Nam ut vascula oris angusti superfusam
humoris copiam respuunt, sensim autem influentibus vel
etiam instillatis complentur, sic animi puerorum quantum
excipere possint videndum est. Nam maiora intellectu
velut parum apertos ad percipiendum animos non sub-
29 ibunt. Vtile igitur habere quos imitari primum, mox
vincere velit. Ita paulatim et superiorum spes erit. His
adicio, praeceptores ipsos non idem mentis ac spiritus in
dicendo posse concipere singulis tantum praesentibus quod
30 illa celebritate audientium instinctos. Maxima enim pars
eloquentiae constat animo. Hunc adfici, hunc concipere
imagines rerum et transformari quodam modo ad naturam

eorum de quibus loquimur necesse est. Is porro, quo
generosior celsiorque est, hoc maioribus velut organis
conmovetur, ideoque et laude crescit et impetu augetur
et aliquid magnum agere gaudet. Est quaedam tacita 31
dedignatio, vim dicendi tantis comparatam laboribus ad
unum auditorem demittere; pudet supra modum sermonis
adtolli. Et sane concipiat quis mente vel declamantis
habitum vel orantis vocem, incessum, pronuntiationem,
illum denique animi et corporis motum, sudorem, ut alia
praeteream, et fatigationem, audiente uno, nonne quid-
dam pati furori simile videatur? non esset in rebus hu-
manis eloquentia, si tantum cum singulis loqueremur.

Book I., 3: Qua Ratione in Parvis Ingenia Dignoscantur et Qua Tractanda Sint.

Tradito sibi puero docendi peritus ingenium eius in 1
primis naturamque perspiciat. Ingenii signum in par-
vis praecipuum memoria est. Eius duplex virtus, facile
percipere et fideliter continere. Proximum imitatio; nam
id quoque est docilis naturae, sic tamen, ut ea quae discit
effingat, non habitum forte et ingressum et si quid in
peius notabile est. Non dabit mihi spem bonae indolis 2
qui hoc imitandi studio petet, ut rideatur. Nam probus
quoque in primis erit ille vere ingeniosus; alioqui non
peius duxerim tardi esse ingenii quam mali. Probus
autem ab illo segni et iacente plurimum aberit. Hic 3
meus quae tradentur non difficulter accipiet, quaedam
etiam interrogabit, sequetur tamen magis quam prae-
curret. Illud ingeniorum velut praecox genus non temere
umquam pervenit ad frugem. Hi sunt qui parva facile 4
faciunt et audacia provecti, quidquid illud possunt, statim
ostendunt. Possunt autem id demum, quod in proximo

est; verba continuant, haec vultu interrito, nulla tardati
verecundia proferunt. Non multum praestant, sed cito.
5 Non subest vera vis nec penitus inmissis radicibus nititur,
ut quae summo solo sparsa sunt semina, celerius se effun-
dunt et imitatae spicas herbulae inanibus aristis ante
messem flavescunt. Placent haec annis comparata, deinde
stat profectus, admiratio decrescit.

6 Haec cum animadverterit, perspiciat deinceps, quonam
modo tractandus sit discentis animus. Sunt quidam, nisi
institeris, remissi, quidam imperia indignantur, quosdam
continet metus, quosdam debilitat, alios continuatio ex-
7 tundit, in aliis plus impetus facit. Mihi ille detur puer,
quem laus excitet, quem gloria iuvet, qui victus fleat.
Hic erit alendus ambitu, hunc mordebit obiurgatio, hunc
honor excitabit, in hoc desidiam numquam verebor.

8 Danda est tamen omnibus aliqua remissio, non solum
quia nulla res est quae perferre possit continuum laborem
atque ea quoque quae sensu et anima carent, ut servare
vim suam possint, velut quiete alterna retenduntur, sed
quod studium discendi voluntate quae cogi non potest
9 constat. Itaque et virium plus adferunt ad discendum
renovati ac recentes et acriorem animum qui fere neces-
10 sitatibus repugnat. Nec me offenderit lusus in pueris;
(est et hoc signum alacritatis) neque illum tristem sem-
perque demissum sperare possim erectae circa studia men-
tis fore, cum in hoc quoque maxime naturali aetatibus
11 illis impetu iaceat. Modus tamen sit remissionibus, ne
aut odium studiorum faciant negatae aut otii consuetudi-
nem nimiae. Sunt etiam nonnulli acuendis puerorum in-
geniis non inutiles lusus, cum positis invicem cuiuscunque
generis quaestiunculis aemulantur. Mores quoque se inter
12 ludendum simplicius detegunt, modo nulla videatur aetas
tam infirma quae non protinus quid rectum pravumque
sit discat. Tum vel maxime mens est formanda, cum

simulandi nescia est et praecipientibus facillime cedit.
Frangas enim citius quam conrigas quae in pravum indu-
ruerunt. Protinus ergo, ne quid cupide, ne quid improbe, 13
ne quid impotenter faciat, monendus est puer, haben-
dumque in animo semper illud Vergilianum : *Adeo in te-
neris consuescere multum est.*

Caedi vero discentes, quamlibet et receptum sit et
Chrysippus non improbet, minime velim. Primum, quia
deforme atque servile est et certe, quod convenit, si aeta- 14
tem mutes, iniuria ; deinde, quod, si cui tam est mens
inliberalis, ut obiurgatione non conrigatur, is etiam ad
plagas ut pessima quaeque mancipia durabitur ; postremo,
quod ne opus erit quidem hac castigatione, si adsiduus
studiorum exactor adstiterit. Nunc fere neglegentia paeda- 15
gogorum sic emendari videtur, ut pueri non facere quae
recta sunt cogantur sed, cum non fecerint, puniantur.
Denique cum parvulum verberibus coegeris, quid iuveni
facias cui nec adhiberi potest hic metus et maiora di-
scenda sunt ? adde quod multa vapulantibus dictu de- 16
formia et mox verecundiae futura saepe dolore vel metu
acciderunt qui pudor frangit animum et abicit atque
ipsius lucis fugam et taedium dictat. Iam si minor in 17
eligendis custodum vel praeceptorum moribus fuit cura,
pudet dicere in quae probra nefandi homines isto caedendi
iure abutantur, quam det aliis quoque nonnumquam occa-
sionem hic miserorum metus. Non morabor in parte hac ;
nimium est quod intellegitur. Quare hoc dixisse satis est :
in aetatem infirmam et iniuriae obnoxiam nemini debet
nimium licere.

Book I., 12: An Plura Eodem Tempore Doceri Prima Aetas Possit.

1 Quaeri solet, an, etiamsi discenda sint haec, eodem tem-
pore tamen tradi omnia et percipi possint. Negant enim
quidam, quia confundatur animus ac fatigetur tot disci-
plinis in diversum tendentibus, ad quas nec mens nec
corpus nec dies ipse sufficiat et, si maxime patiatur hoc
aetas robustior, puerilis annos onerari non oporteat.
2 Sed non satis perspiciunt, quantum natura humani in-
genii valeat, quae ita est agilis ac velox, sic in omnem
partem, ut ita dixerim, spectat, ut ne possit quidem ali-
quid agere tantum unum, in plura vero non eodem die
modo, sed eodem temporis momento vim suam intendat.
3 An vero citharoedi non simul et memoriae et sono vocis
et plurimis flexibus serviunt, cum interim alios nervos dex-
tra percurrunt, alios laeva trahunt, continent, praebent,
ne pes quidem otiosus certam legem temporis servat et
4 haec pariter omnia? quid? nos agendi subita necessitate
deprehensi nonne alia dicimus, alia providemus, cum pari-
ter inventio rerum, electio verborum, compositio, gestus,
pronuntiatio, vultus, motusque desiderentur? quae si
velut sub uno conatu tam diversa parent simul, cur non
pluribus curis horas partiamur? cum praesertim reficiat
animos ac reparet varietas ipsa, contraque sit aliquanto
difficilius in labore uno perseverare. Ideo et stilus lectione
requiescit et ipsius lectionis taedium vicibus levatur.
5 Quamlibet multa egerimus, quodam tamen modo recentes
sumus ad id quod incipimus. Quis non obtundi potest, si
per totum diem cuiuscumque artis unum magistrum ferat?
Mutatione recreabitur, sicut in cibis, quorum diversitate
reficitur stomachus et pluribus minore fastidio alitur.
6 Aut dicant isti mihi quae sit alia ratio discendi. Gram-

matico soli deserviamus, deinde geometrae tantum, omit-
tamus interim quod didicimus? mox transeamus ad musi-
cum, excidant priora? et cum Latinis studebimus litteris,
non respiciamus ad Graecas et, ut semel finiam, nihil
faciamus nisi novissimum? cur non idem suademus 7
agricolis, ne arva simul et vineta et oleas et arbustum
colant? ne pratis et pecoribus et hortis et alvearibus avi-
busque accommodent curam? cur ipsi aliquid forensibus
negotiis, aliquid desideriis amicorum, aliquid rationibus
domesticis, aliquid curae corporis, nonnihil voluptatibus
cotidie damus? quarum nos una res quaelibet nihil inter-
mittentis fatigaret. Adeo facilius est multa facere quam
unum diu.

Illud quidem minime verendum est, ne laborem stu- 8
diorum pueri difficilius tolerent, neque enim ulla aetas
minus fatigatur. Mirum sit forsitan, sed experimentis
deprehendas. Nam et dociliora sunt ingenia, priusquam 9
obduruerunt. Id vel hoc argumento patet, quod intra
biennium quam verba recte formare potuerunt, quamvis
nullo instante, omnia fere locuntur; at noviciis nostris
per quot annos sermo Latinus repugnat! Magis scias, si
quem iam robustum instituere litteris coeperis, non sine
causa dici παιδομαθεῖς eos qui in sua quidque arte optime
faciant. Et patientior est laboris natura pueris quam 10
iuvenibus. Videlicet ut corpora infantium nec casus quo
in terram totiens deferuntur, tam graviter adfligit nec
illa per manus et genua reptatio nec post breve tempus
continui lusus et totius diei discursus, quia pondus illis
abest nec sese ipsi gravant; sic animi quoque, credo, quia
minore conatu moventur nec suo nisu studiis insistunt, sed
formandos se tantummodo praestant, non similiter fatigan-
tur. Praeterea secundum aliam aetatis illius facilitatem 11
velut simplicius docentes secuntur nec quae iam egerint
metiuntur. Abest illis adhuc etiam laboris iudicium.

Porro, ut frequenter experti sumus, minus adficit sensus
fatigatio quam cogitatio.
12 Sed ne temporis quidem umquam plus erit, quia his
aetatibus omnis in audiendo profectus est. Cum ad stilum
secedet, cum generabit ipse aliquid atque componet, tum
incohare haec studia vel non vacabit vel non libebit.
13 Ergo cum grammaticus totum occupare diem non possit
nec debeat, ne discentis animum taedio avertat, quibus
potius studiis haec temporum velut subsiciva donabi-
14 mus? nam nec ego consumi studentem in his artibus volo,
nec moduletur aut musicis notis cantica excipiat nec
utique ad minutissima usque geometriae opera descendat;
non comoedum in pronuntiando nec saltatorem in gestu
facio; quae si omnia exigerem, subpeditabat tamen tem-
pus. Longa est enim quae discit aetas, et ego non de
15 tardis ingeniis loquor. Denique cur in his omnibus quae
discenda oratori futuro puto eminuit Plato, qui non con-
tentus disciplinis quas praestare poterant Athenae, non
Pythagoreorum, ad quos in Italiam navigaverat, Aegypti
quoque sacerdotes adiit atque eorum arcana perdidicit?
16 Difficultatis patrocinia praeteximus segnitiae. Neque
enim nobis operis amor est, nec, quia sit honesta ac rerum
pulcherrima eloquentia, petitur ipsa, sed ad vilem usum
17 et sordidum lucrum accingimur. Dicant sine his in foro
multi et adquirant, dum sit locupletior aliquis sordidae
mercis negotiator et plus voci suae debeat praeco. Nec
velim quidem lectorem dari mihi, quid studia referant
18 computaturum. Qui vero imaginem ipsam eloquentiae
divina quadam mente conceperit, quique illam, ut ait non
ignobilis tragicus, *reginam rerum orationem* ponet ante
oculos, fructumque non ex stipe advocationum, sed ex
animo suo et contemplatione ac scientia petet perpetuum
illum nec fortunae subiectum, facile persuadebit sibi, ut
tempora quae spectaculis, campo, tesseris, otiosis denique

sermonibus, ne dicam somno et conviviorum mora, con-
teruntur, geometrae potius ac musico impendat, quanto
plus delectationis habiturus quam ex illis ineruditis vo-
luptatibus. Dedit enim hoc providentia hominibus munus, 19
ut honesta magis iuvarent. Sed nos haec ipsa dulcedo
longius duxit.

Book II., 2: De Moribus et Officiis Praeceptoris.

Ergo cum ad eas in studiis viris pervenerit puer, ut 1
quae prima esse praecepta rhetorum diximus, mente con-
sequi possit, tradendus eius artis magistris erit, quorum
in primis inspici mores oportebit. Quod ego non idcirco 2
potissimum in hac parte tractare sum adgressus, quia non
in ceteris quoque doctoribus idem hoc examinandum quam
diligentissime putem, sicut testatus sum libro priore, sed
quod magis necessariam eius rei mentionem facit aetas
ipsa discentium. Nam et adulti fere pueri ad hos prae- 3
ceptores transferuntur et apud eos iuvenes etiam facti per-
severant, ideoque, maior adhibenda tum cura est, ut et
teneriores annos ab iniuria sanctitas docentis custodiat et
ferociores a licentia gravitas deterreat. Neque vero sat 4
est summam praestare abstinentiam, nisi disciplinae seve-
ritate convenientium quoque ad se mores adstrinxerit.

Sumat igitur ante omnia parentis erga discipulos suos
animum ac succedere se in eorum locum a quibus sibi
liberi tradantur existimet. Ipse nec habeat vitia nec 5
ferat. Non austeritas eius tristis, non dissoluta sit comi-
tas, ne inde odium, hinc contemptus oriatur. Plurimus
ei de honesto ac bono sermo sit; nam quo saepius monue-
rit, hoc rarius castigabit. Minime iracundus nec tamen
eorum quae emendanda erunt dissimulator, simplex in
docendo, patiens laboris, adsiduus potius quam inmodi-

6 cus. Interrogantibus libenter respondeat, non interro-
gantes percontetur ultro. In laudandis discipulorum dic-
tionibus nec malignus nec effusus, quia res altera taedium
7 laboris, altera securitatem parit. In emendando quae con-
rigenda erunt non acerbus minimeque contumeliosus;
nam id quidem multos a proposito studendi fugat, quod
8 quidam sic obiurgant quasi oderint. Ipse aliquid, immo
multa cotidie dicat quae secum auditores referant. Licet
enim satis exemplorum ad imitandum ex lectione subpe-
ditet, tamen viva illa, ut dicitur, vox alit plenius praeci-
pueque eius praeceptoris quem discipuli, si modo recte
sunt instituti, et amant et verentur. Vix autem dici pot-
est, quanto libentius imitemur eos quibus favemus.

9 Minime vero permittenda pueris, ut fit apud plerosque,
adsurgendi exultandique in laudando licentia; quin etiam
iuvenum modicum esse, cum audient, testimonium debet.
Ita fiet, ut ex iudicio praeceptoris discipulus pendeat
atque id se dixisse recte, quod ab eo probabitur, credat.
10 Illa vero vitiosissima quae iam humanitas vocatur, invicem
qualiacunque laudandi, cum est indecora et theatralis et
severe institutis scholis aliena, tum studiorum pernicio-
sissima hostis. Supervacua enim videntur cura ac labor,
11 parata, quidquid effuderint, laude. Vultum igitur prae-
ceptoris intueri tam qui audiunt debent quam ipse qui
dicit: ita enim probanda atque improbanda discernent,
12 sic stilo facultas continget, auditione iudicium. At nunc
proni atque succincti ad omnem clausulam non exsurgunt
modo, verum etiam excurrunt et cum indecora exsulta-
tione conclamant. Id mutuum est et ibi declamationis
fortuna. Hinc tumor et vana de se persuasio usque adeo.
ut illo condiscipulorum tumultu inflati, si parum a prae-
13 ceptore laudentur, ipsi de illo male sentiant. Sed se
quoque praeceptores intente ac modeste audiri velint;
non enim iudicio discipulorum dicere debet magister sed

discipulus magistri. Quin, si fieri potest, intendendus ani-
mus in hoc quoque, ut perspiciat quae quisque et quo-
modo laudet et placere quae bene dicet, non suo magis
quam eorum nomine delectetur qui recte iudicabunt.
Pueros adulescentibus permixtos sedere non placet 14
mihi. Nam etiamsi vir talis qualem esse oportet studiis
moribusque praepositum, modestam habere potest etiam
iuventutem: tamen vel infirmitas a robustioribus sepa-
randa est et carendum non solum crimine turpitudinis,
verum etiam suspicione. Haec notanda breviter existi- 15
mavi. Nam ut absit ab ultimis vitiis ipse praeceptor ac
schola, ne praecipiendum quidem credo. Ac si quis est
qui flagitia manifesta in eligendo filii praeceptore non
vitet, iam hinc sciat cetera quoque quae ad utilitatem iu-
ventutis componere conamur, esse sibi hac parte omissa
supervacua.

Book II., 3: An Protinus Praeceptore Optimo Sit Vtendum.

Ne illorum quidem persuasio silentio transeunda est 1
qui, etiam cum idoneos rhetori pueros putaverunt, non
tamen continuo tradendos eminentissimo credunt, sed
apud minores aliquamdiu detinent, tamquam instituendis
artibus magis sit apta mediocritas praeceptoris cum ad in-
tellectum atque ad imitationem facilior, tum ad suscipien-
das elementorum molestias minus superba. Qua in re 2
mihi non arbitror diu laborandum, ut ostendam, quanto
sit melius optimis imbui, quanta in eluendis, quae semel
insederint, vitiis difficultas consequatur, cum geminatum
onus succedentes premat et quidem dedocendi gravius ac
prius quam docendi. Propter quod Timotheum, clarum 3
in arte tibiarum, ferunt duplices ab eis quos alius insti-
tuisset, solitum exigere mercedes, quam si rudes traderen-

tur. Error tamen est in re duplex: unus, quod interim
sufficere illos minores existimant et bono sane stomacho
4 contenti sunt; quae quamquam est ipsa reprehensione
digna securitas, tamen esset utcumque tolerabilis, si eius
modi praeceptores minus docerent, non peius; alter ille
etiam frequentior, quod eos qui ampliorem dicendi faculta-
tem sint consecuti, non putant ad minora descendere,
idque interim fieri, quia fastidiant praestare hanc inferio-
5 ribus curam, interim quia omnino non possint. Ego por-
ro eum, qui nolit, in numero praecipientium non habeo,
posse autem maxime, si velit, optimum quemque contendo;
primum, quod eum qui eloquentia ceteris praestet, illa
quoque per quae ad eloquentiam pervenitur, diligentis-
6 sime percepisse credibile est, deinde, quia plurimum in
praecipiendo valet ratio quae doctissimo cuique plenissi-
ma est, postremo, quia nemo sic in maioribus eminet, ut
eum minora deficiant. Nisi forte Iovem quidem Phidias
optime fecit, illa autem quae in ornamentum operis eius
accedunt, alius melius elaborasset; aut orator loqui ne-
sciet; aut leviores morbos curare non poterit praestan-
tissimus medicus.

7 Quid ergo? non est quaedam eloquentia maior quam ut
eam intellectu consequi puerilis infirmitas possit? Ego
vero confiteor, sed hunc disertum praeceptorem prudentem
quoque et non ignarum docendi esse oportebit, submitten-
tem se ad mensuram discentis, ut velocissimus quisque, si
forte iter cum parvulo faciat, det manum et gradum suum
8 minuat nec procedat ultra quam comes possit. Quid? si
plerumque accidit, ut faciliora sint ad intellegendum et
lucidiora multo quae a doctissimo quoque dicuntur? nam
et prima est eloquentiae virtus perspicuitas et, quo quis
ingenio minus valet, hoc se magis adtollere et dilatare
conatur, ut statura brevis in digitos eriguntur et plura
9 infirmi minantur. Nam tumidos et conruptos et tinnulos

et quocunque alio cacozeliae genere peccantes, certum habeo non virium sed infirmitatis vitio laborare, ut corpora non robore sed valetudine inflantur et recto itinere lassi plerumque devertunt. Erit ergo etiam obscurior, quo quisque deterior.

Non excidit mihi, scripsisse me in libro priore, cum 10
potiorem in scholis eruditionem esse quam domi dicerem, libentius se prima studia tenerosque profectus ad imitationem condiscipulorum quae facilior esset, erigere; quod a quibusdam sic accipi potest, tamquam haec quam nunc tueor, sententia priori diversa sit. Id a me procul aberit; 11
namque ea causa vel maxima est, cur optimo cuique praeceptori sit tradendus puer, quod apud eum discipuli quoque melius instituti aut dicent, quod inutile non sit imitari aut, si quid erraverint, statim conrigentur, at indoctus ille etiam probabit fortasse vitiosa et placere audientibus iudicio suo coget. Sit ergo tam eloquentia quam moribus praestantissimus qui ad Phoenicis Homerici exemplum dicere ac facere doceat.

Book VI.: Prooemium.

Haec, Marcelle Vitori, ex tua voluntate maxime in- 1
gressus, tum si qua ex nobis ad iuvenes bonos pervenire posset utilitas, novissime paene etiam necessitate quadam officii delegati mihi sedulo laborabam; respiciens tamen illam curam meae voluptatis, quod filio, cuius eminens ingenium sollicitam quoque parentis diligentiam merebatur, hanc optimam partem relicturus hereditatis videbar, ut, si me, quod aequum et optabile fuit, fata intercepissent, praeceptore tamen patre uteretur. At me fortuna 2
id agentem diebus ac noctibus festinantemque metu meae mortalitatis ita subito prostravit, ut laboris mei fructus ad

neminem minus quam ad me pertineret. Illum enim de
quo summa conceperam et in quo spem unicam senectutis
3 reponebam, repetito vulnere orbitatis amisi. Quid nunc
agam? aut quem ultra esse usum mei, deis repugnantibus,
credam? nam ita forte accidit, ut eum quoque librum
quem de causis conruptae eloquentiae emisi, iam scribere
adgressus ictu simili ferirer. Non igitur optimum fuit,
infaustum opus, et quidquid hoc est in me infelicium
litterarum, super inmaturum funus consumpturis viscera
mea flammis inicere neque hanc impiam vivacitatem novis
4 insuper curis fatigare? quis enim mihi bonus parens
ignoscat, si studere amplius possum, ac non oderit hanc
animi mei firmitatem, si quis in me alius usus vocis quam
ut incusem deos superstes omnium meorum? nullam in
terras despicere providentiam tester; si non meo casu, cui
tamen nihil obici, quam quod vivam, potest, at illorum
certe quos utique inmeritos mors acerba damnavit, erepta
prius mihi matre eorundem quae nondum expleto aetatis
undevicesimo anno duos enixa filios, quamvis acerbissimis
5 rapta fatis, non infelix decessit? Ego vel hoc uno malo sic
eram adflictus, ut me iam nulla fortuna posset efficere
felicem. Nam cum omni virtute quae in feminas cadit
functa insanabilem adtulit marito dolorem, tum aetate
tam puellari, praesertim meae comparata, potest et ipsa nu-
6 merari inter vulnera orbitatis. Liberis tamen superstiti-
bus et, quod nefas erat, sed optabat ipsa, me salvo ma-
ximos cruciatus praecipiti via effugit. Mihi filius minor
quintum egressus annum prior alterum ex duobus eruit
7 lumen. Non sum ambitiosus in malis nec augere la-
crimarum causas volo, utinamque esset ratio minuendi.
Sed dissimulare qui possum, quid ille gratiae in vultu,
quid iucunditatis in sermone, quos ingenii igniculos,
quam substantiam placidae et, quod scio vix posse
credi, iam tum altae mentis ostenderit; qualis amorem

quicunque alienus infans mereretur. Illud vero insidi- 8
antis, quo me validius cruciaret, fortunae fuit, ut ille mihi blandissimus me suis nutricibus, me aviae educanti, me omnibus qui sollicitare illas aetates solent, anteferret. Quapropter illi dolori quem ex matre optima atque omnem laudem supergressa paucos ante mensis ceperam, gratulor. Minus enim est, quod flendum meo nomine
quam quod illius gaudendum est. Vna post haec Quin- 9
tiliani mei spe ac voluptate nitebar et poterat sufficere solacio. Non enim flosculos, sicut prior, sed iam decimum aetatis ingressus annum, certos ac deformatos fructus osten-
derat. Iuro per mala mea, per infelicem conscientiam, 10
per illos manis, numina mei doloris, has me in illo vidisse virtutes ingenii, non modo ad percipiendas disciplinas, quo nihil praestantius cognovi plurima expertus, studiique iam tum non coacti (sciunt praeceptores) sed probitatis, pietatis, humanitatis, liberalitatis, ut prorsus posset hinc esse tanti fulminis metus, quod observatum fere est celerius occidere festinatam maturitatem et esse nescio quam, quae spes tantas decerpat, invidiam, ne videlicet ultra
quam homini datum est, nostra provehantur. Etiam illa 11
fortuita aderant omnia, vocis iucunditas claritasque, oris suavitas et in utracunque lingua, tamquam ad eam demum natus esset, expressa proprietas omnium litterarum. Sed haec spes adhuc; illa maiora, constantia, gravitas, contra dolores etiam ac metus robur. Nam quo ille animo qua medicorum admiratione mensium octo valetudinem tulit? ut me in supremis consolatus est? quam etiam deficiens iamque non noster ipsum illum alienatae mentis errorem
circa scholas ac litteras habuit? Tuosne ego, o meae 12
spes inanes, labentes oculos, tuum fugientem spiritum vidi? tuum corpus frigidum, exsangue complexus animam recipere auramque conmunem haurire amplius potui? dignus his cruciatibus quos fero, dignus his cogitationi-

melius sonantia, debent esse non solum nota omnia sed in promptu atque, ut ita dicam, in conspectu, ut, cum se iudicio dicentis ostenderint, facilis ex his optimorum sit

7 electio. Et quae idem significarent solitos scio ediscere quo facilius et occurreret unum ex pluribus et, cum essent usi aliquo, si breve intra spatium rursus desideraretur, effugiendae repetitionis gratia sumerent aliud quod idem intellegi posset. Quod cum est puerile et cuiusdam infelicis operae tum etiam utile parum; turbam tantum modo congregat, ex qua sine discrimine occupet proximum quodque.

8 Nobis autem copia cum iudicio paranda est vim orandi, non circulatoriam volubilitatem spectantibus. Id autem consequemur optima legendo atque audiendo. Non enim solum nomina ipsa rerum cognoscemus hac cura, sed quod

9 quoque loco sit aptissimum. Omnibus enim fere verbis praeter pauca, quae sunt parum verecunda, in oratione locus est. Nam scriptores quidem iamborum veterisque comoediae etiam in illis saepe laudantur, sed nobis nostrum opus intueri sat est. Omnia verba, exceptis de quibus dixi, sunt alicubi optima; nam et humilibus interim et vulgaribus est opus et quae nitidiore in parte videntur

10 sordida, ubi res poscit, proprie dicuntur. Haec ut sciamus atque eorum non significationem modo sed formas etiam mensurasque norimus, ut, ubicunque erunt posita, conveniant, nisi multa lectione atque auditione adsequi nullo modo possumus, cum omnem sermonem auribus primum accipiamus. Propter quod infantes a mutis nutricibus iussu regum in solitudine educati, etiamsi verba quaedam emisisse traduntur, tamen loquendi facultate

11 caruerunt. Sunt autem alia huius naturae, ut idem pluribus vocibus declarent, ita ut nihil significationis, quo potius utaris, intersit, ut 'ensis' et 'gladius'; alia vero etiamsi propria rerum aliquarum sint nomina, τροπικῶς

quasi tamen ad eundem intellectum feruntur, ut 'ferrum'
et 'mucro.' Nam per abusionem sicarios etiam omnis vo- 12
camus qui caedem telo quocunque conmiserunt. Alia cir-
cuitu verborum plurium ostendimus, quale est: *Et pressi*
copia lactis. Plurima vero mutatione figuramus: 'Scio,'
'Non ignoro' et 'Non me fugit' et 'Non me praeterit' et
'Quis nescit?' et 'Nemini dubium est.' Sed etiam ex prox- 13
imo mutuari licet. Nam et 'intellego' et 'sentio' et 'video'
saepe idem valent quod 'scio.' Quorum nobis ubertatem
ac divitias dabit lectio, ut non solum quomodo occurrent
sed etiam quomodo oportet utamur. Non semper enim 14
haec inter se idem faciunt; nec sicut de intellectu animi
recte dixerim 'video,' ita de visu oculorum 'intellego,' nec
ut 'mucro' gladium sic mucronem 'gladius' ostendit. Sed 15
ut copia verborum sic paratur, ita non verborum tantum
gratia legendum vel audiendum est. Nam omnium, quae-
cunque docemus, hoc sunt exempla potentiora etiam ipsis
quae traduntur artibus, cum eo qui discit perductus est,
ut intellegere ea sine demonstrante et sequi iam suis viri-
bus possit, quia quae doctor praecepit, orator ostendit.

Alia vero audientes, alia legentes magis adiuvant. Ex- 16
citat qui dicit spiritu ipso, nec imagine et ambitu rerum
sed rebus incendit. Vivunt omnia enim et moventur,
excipimusque nova illa velut nascentia cum favore ac
sollicitudine. Nec fortuna modo iudicii sed etiam ipso-
rum qui orant periculo adficimur. Praeter haec vox, 17
actio decora, accommodata, ut quisque locus postulabit,
pronuntiandi vel potentissima in dicendo ratio et, ut semel
dicam, pariter omnia docent. In lectione certius iudi-
cium quod audienti frequenter aut suus cuique favor aut
ille laudantium clamor extorquet. Pudet enim dissentire, 18
et velut tacita quadam verecundia inhibemur plus nobis
credere, cum interim et vitiosa pluribus placent, et a
conrogatis laudantur etiam quae non placent. Sed e con- 19

trario quoque accidit, ut optime dictis gratiam prava
iudicia non referant. Lectio libera est nec actionis im-
petu transcurrit, sed repetere saepius licet, sive dubites
sive memoriae adfigere velis. Repetamus autem et tracte-
mus, et ut cibos mansos ac prope liquefactos demittimus
quo facilius digerantur, ita lectio non cruda sed multa
iteratione mollita et velut confecta memoriae imitationi-
que tradatur.

20 Ac diu non nisi optimus quisque et qui credentem sibi
minime fallat legendus est, sed diligenter ac paene ad scri-
bendi sollicitudinem, nec per partis modo scrutanda om-
nia, sed perlectus liber utique ex integro resumendus,
praecipue oratio cuius virtutes frequenter ex industria
21 quoque occultantur. Saepe enim praeparat, dissimulat,
insidiatur orator, eaque in prima parte actionis dicit quae
sunt in summa profutura. Itaque suo loco minus placent,
adhuc nobis quare dicta sint ignorantibus; ideoque erunt
22 cognitis omnibus repetenda. Illud vero utilissimum, nosse
eas causas quarum orationes in manus sumpserimus et,
quotiens continget, utrinque habitas legere actiones: ut
Demosthenis atque Aeschinis inter se contrarias, et Ser-
vii Sulpicii atque Messalae quorum alter pro Aufidia, con-
tra dixit alter, et Pollionis et Cassii reo Asprenate alias-
23 que plurimas. Quin etiam si minus pares videbuntur
aliquae tamen ad cognoscendam litium quaestionem recte
requirentur, ut contra Ciceronis orationes Tuberonis in
Ligarium et Hortensii pro Verre. Quin etiam, easdem
causas ut quisque egerit, utile erit scire. Nam de domo
Ciceronis dixit Calidius et pro Milone orationem Brutus
exercitationis gratia scripsit, etiamsi egisse eum Cornelius
24 Celsus falso existimat, et Pollio et Messala defenderunt
eosdem, et nobis pueris insignes pro Voluseno Catulo Do-
mitii Afri, Crispi Passieni, Decimi Laelii orationes fere-
bantur. Neque id statim legenti persuasum sit, omnia

quae optimi auctores dixerint, utique esse perfecta. Nam
et labuntur aliquando et oneri cedunt et indulgent ingeni-
orum suorum voluptati, nec semper intendunt animum,
nonnumquam fatigantur, cum Ciceroni dormitare interim
Demosthenes, Horatio vero etiam Homerus ipse videatur.
Summi enim sunt, homines tamen, acciditque his qui, 25
quidquid apud illos repererunt, dicendi legem putant, ut
deteriora imitentur, (id enim est facilius) ac se abunde
similis putent, si vitia magnorum consequantur. Modesto 26
tamen et circumspecto iudicio de tantis viris pronuntian-
dum est, ne, quod plerisque accidit, damnent quae non
intellegunt. Ac si necesse est in alteram errare partem,
omnia eorum legentibus placere quam multa displicere
maluerim.

Plurimum dicit oratori conferre Theophrastus lectionem 27
poetarum, multique eius iudicium secuntur, neque in-
merito. Namque ab his in rebus spiritus et in verbis sub-
limitas et in adfectibus motus omnis et in personis decor
petitur, praecipueque velut adtrita cotidiano actu forensi
ingenia optime rerum talium blanditia reparantur. Ideo-
que in hac lectione Cicero requiescendum putat. Memi- 28
nerimus tamen, non per omnia poetas esse oratori sequen-
dos nec libertate verborum nec licentia figurarum; poet-
icam ostentationi comparatam et praeter id quod solam
petit voluptatem eamque etiam fingendo non falsa modo
sed etiam quaedam incredibilia sectatur, patrocinio quoque
aliquo iuvari: quod adligata ad certam pedum necessita- 29
tem non semper uti propriis possit, sed depulsa recta via
necessario ad eloquendi quaedam deverticula confugiat,
nec mutare quaedam modo verba sed extendere, corri-
pere, convertere, dividere cogatur; nos vero armatos stare
in acie et summis de rebus decernere et ad victoriam niti.
Neque ego arma squalere situ ac rubigine velim, sed ful- 30
gorem in iis esse qui terreat, qualis est ferri, quo mens

simul visusque praestringitur, non qualis auri argentique, imbellis et potius habenti periculosus.

31 Historia quoque alere oratorem quodam uberi iucundoque suco potest, verum et ipsa sic est legenda, ut sciamus, plerasque eius virtutes oratori esse vitandas. Est enim proxima poetis et quodam modo carmen solutum et scribitur ad narrandum, non ad probandum; totumque opus non ad actum rei pugnamque praesentem sed ad memoriam posteritatis et ingenii famam componitur; ideoque et verbis remotioribus et liberioribus figuris narrandi taedium
32 evitat. Itaque, ut dixi, neque illa Sallustiana brevitas qua nihil apud auris vacuas atque eruditas potest esse perfectius, apud occupatum variis cogitationibus iudicem et saepius ineruditum captanda nobis est, neque illa Livii lactea ubertas satis docebit eum qui non speciem exposi-
33 tionis sed fidem quaerit. Adde quod M. Tullius ne Thucydidem quidem aut Xenophontem utilis oratori putat, quamquam illum *bellicum canere*, huius ore *Musas esse locutas* existimet. Licet tamen nobis in digressionibus uti vel historico nonnumquam nitore, dum in his de quibus erit quaestio meminerimus, non athletarum toris sed militum lacertis opus esse, nec versicolorem illam qua Demetrius Phalereus dicebatur uti, vestem bene ad forensem pulve-
34 rem facere. Est et alius ex historiis usus et is quidem maximus, sed non ad praesentem pertinens locum, ex cognitione rerum exemplorumque quibus in primis instructus esse debet orator, ne omnia testimonia expectet a litigatore, sed pleraque ex vetustate diligenter sibi cognita sumat, hoc potentiora quod ea sola criminibus odii et gratiae vacant.

35 A philosophorum vero lectione ut essent multa nobis petenda, vitio factum est oratorum qui quidem illis optima sui operis parte cesserunt. Nam et de iustis, honestis, utilibus, iisque quae sint istis contraria, et de rebus divinis

maxime dicunt et argumentantur acriter Stoici, et alterca-
tionibus atque interrogationibus oratorem futurum optime
Socratici praeparant. Sed his quoque adhibendum est 36
simile iudicium, ut etiam cum in rebus versemur isdem,
non tamen eandem esse condicionem sciamus litium ac
disputationum, fori et auditorii, praeceptorum et pericu-
lorum.

Credo exacturos plerosque, cum tantum esse utilitatis 37
in legendo iudicemus, ut id quoque adiungamus operi qui
sint legendi, quae in auctore quoque praecipua virtus. Sed
persequi singulos infiniti fuerit operis. Quippe cum in 38
Bruto M. Tullius tot milibus versuum de Romanis tantum
oratoribus loquatur et tamen de omnibus aetatis suae,
exceptis Caesare atque Marcello, silentium egerit: quis
erit modus, si et illos et qui postea fuerunt et Graecos
omnis persequamur? Fuit igitur brevitas illa tutissima 39
quae est apud Livium in epistola ad filium scripta, *Le-
gendos Demosthenem atque Ciceronem, tum ita, ut quisque
esset Demostheni et Ciceroni simillimus.* Non est tamen 40
dissimulanda nostri quoque iudicii summa. Paucos enim
vel potius vix ullum ex his qui vetustatem pertulerunt
existimo posse reperiri, quin iudicium adhibentibus adla-
turus sit utilitatis aliquid, cum se Cicero ab illis quoque
vetustissimis auctoribus, ingeniosis quidem sed arte caren-
tibus, plurimum fateatur adiutum. Nec multo aliud de
novis sentio. Quotus enim quisque inveniri tam demens 41
potest qui ne minima quidem alicuius certe fiducia partis
memoriam posteritatis speraverit? qui si quis est, intra
primos statim versus deprehendetur et citius nos dimittet,
quam ut eius nobis magno temporis detrimento constet ex-
perimentum. Sed non quidquid ad aliquam partem scien- 42
tiae pertinet, protinus ad faciendam etiam phrasin de qua
loquimur accommodatum.

Verum antequam de singulis loquar, pauca in universum

43 de varietate opinionum dicenda sunt. Nam quidam solos
veteres legendos putant neque in ullis aliis esse naturalem
eloquentiam et robur viris dignum arbitrantur; alios recens
haec lascivia deliciaeque et omnia ad voluptatem multi-
44 tudinis imperitae composita delectant. Ipsorum etiam qui
rectum dicendi genus sequi volunt alii pressa demum et
tenuia et quae minimum ab usu cotidiano recedant, sana
et vere Attica putant, quosdam elatior ingenii vis et magis
concitata et plena spiritus capit; sunt etiam lenis et nitidi
et compositi generis non pauci amatores. De qua diffe-
rentia disseram diligentius, cum de genere dicendi quae-
rendum erit. Interim summatim, quid et a qua lectione
petere possint qui confirmare facultatem dicendi volent,
45 adtingam. Paucos (sunt enim eminentissimi) excerpere in
animo est. Facile est autem studiosis qui sint his simil-
limi iudicare; ne quisquam queratur, omissos forte quos
ipse valde probet. Fateor enim pluris legendos esse quam
qui a me nominabuntur. [. . .]

Scriptores Romani.

85 Idem nobis per Romanos quoque auctores ordo ducendus
est. Itaque ut apud illos Homerus, sic apud nos *Vergilius*
auspicatissimum dederit exordium, omnium eius generis
poetarum Graecorum nostrorumque haud dubie proximus.
86 Vtor enim verbis eisdem quae ex Afro Domitio iuvenis ex-
cepi qui mihi interroganti, quem Homero crederet maxime
accedere, 'Secundus,' inquit, 'est Vergilius, propior ta-
men primo quam tertio.' Et hercule ut illi naturae cae-
lesti atque inmortali cesserimus, ita curae et diligentiae
vel ideo in hoc plus est, quod ei fuit magis laborandum, et
quantum eminentibus vincimur, fortasse aequalitate pen-
87 samus. Ceteri omnes longe sequentur. Nam *Macer* et

Lucretius legendi quidem, sed non ut phrasin, id est cor-
pus eloquentiae faciant, elegantes in sua quisque materia,
sed alter humilis, alter difficilis. *Atacinus Varro* in eis
per quae nomen est adsecutus, interpres operis alieni, non
spernendus quidem, verum ad augendam facultatem dicendi
parum locuples. *Ennium* sicut sacros vetustate lucos ado- 88
remus in quibus grandia et antiqua robora iam non tantam
habent speciem quantam religionem. Propiores alii atque
ad hoc de quo loquimur magis utiles. Lascivus quidem
in herois quoque *Ovidius* et nimium amator ingenii sui,
laudandus tamen in partibus. *Cornelius* autem *Severus*, 89
etiamsi sit versificator quam poeta melior, si tamen, ut est
dictum, ad exemplar primi libri bellum Siculum perscrip-
sisset, vindicaret sibi iure secundum locum. *Serranum*
consummari mors inmatura non passa est, puerilia tamen
eius opera et maximam indolem ostendunt et admirabilem
praecipue in aetate illa recti generis voluntatem. Multum 90
in *Valerio Flacco* nuper amisimus. Vehemens et poeticum
ingenium *Saleii Bassi* fuit, nec ipsum senectute maturuit.
Rabirius ac *Pedo* non indigni cognitione, si vacet. *Luca-
nus* ardens et concitatus et sententiis clarissimus et, ut
dicam quod sentio, magis oratoribus quam poetis imitan-
dus. Hos nominavimus, quia *Germanicum Augustum* ab 91
institutis studiis deflexit cura terrarum, parumque dis
visum est esse eum maximum poetarum. Quid tamen his
ipsis eius operibus, in quae donato imperio iuvenis seces-
serat, sublimius, doctius, omnibus denique numeris prae-
stantius? quis enim caneret bella melius quam qui sic
gerit? quem praesidentes studiis deae propius audirent?
cui magis suas artis aperiret familiare numen Minerva?
dicent haec plenius futura saecula, nunc enim ceterarum 92
fulgore virtutum laus ista praestringitur. Nos tamen sacra
litterarum colentes feras, Caesar, si non tacitum hoc prae-
terimus et Vergiliano certe versu testamur:

Inter victrices hederam tibi serpere laurus.

93 Elegia quoque Graecos provocamus, cuius mihi tersus atque elegans maxime videtur auctor *Tibullus*. Sunt qui *Propertium* malint. *Ovidius* utroque lascivior, sicut durior *Gallus*. Satira quidem tota nostra est, in qua primus insignem laudem adeptus *Lucilius* quosdam ita deditos sibi adhuc habet amatores, ut eum non eiusdem modo operis
94 auctoribus sed omnibus poetis praeferre non dubitent. Ego quantum ab illis tantum ab Horatio dissentio qui, Lucilium 'fluere lutulentum et esse aliquid quod tollere possis,' putat. Nam eruditio in eo mira et libertas atque inde acerbitas et abunde salis. Multum eo est tersior ac purus magis *Horatius* et, nisi labor eius amore, praecipuus. Multum et verae gloriae quamvis uno libro *Persius* meruit.
95 Sunt clari hodieque et qui olim nominabuntur. Alterum illud etiam prius satirae genus sed non sola carminum varietate mixtum condidit *Terentius Varro*, vir Romanorum eruditissimus. Plurimos hic libros et doctissimos composuit, peritissimus linguae Latinae et omnis antiquitatis et rerum Graecarum nostrarumque, plus tamen scientiae
96 conlaturus quam eloquentiae. Iambus non sane a Romanis celebratus est ut proprium opus, sed aliis quibusdam interpositus: cuius acerbitas in *Catullo, Bibaculo, Horatio*, quamquam illi epodos intervenit, reperietur. At lyricorum idem *Horatius* fere solus legi dignus. Nam et insurgit aliquando et plenus est iucunditatis et gratiae et variis figuris et verbis felicissime audax. Si quem adicere velis, is erit *Caesius Bassus* quem nuper vidimus, sed eum
97 longe praecedunt ingenia viventium. Tragoediae scriptores veterum *Accius* atque *Pacuvius* clarissimi gravitate sententiarum, verborum pondere, auctoritate personarum. Ceterum nitor et summa in excolendis operibus manus magis videri potest temporibus quam ipsis defuisse. Virium tamen Accio plus tribuitur; Pacuvium videri doctio-

rem qui esse docti adfectant volunt. Iam *Varii* Thyestes 98
cuilibet Graecarum comparari potest. *Ovidii* Medea vide-
tur mihi ostendere, quantum ille vir praestare potuerit,
si ingenio suo imperare quam indulgere maluisset. Eorum
quos viderim longe princeps *Pomponius Secundus* quem
senes quidem parum tragicum putabant, eruditione ac
nitore praestare confitebantur. In comoedia maxime 99
claudicamus, licet Varro 'Musas,' Aelii Stilonis sententia,
'Plautino' dicat 'sermone locuturas fuisse, si Latine loqui
vellent,' licet *Caecilium* veteres laudibus ferant, licet *Teren-
tii* scripta ad Scipionem Africanum referantur, quae tamen
sunt in hoc genere elegantissima et plus adhuc habitura gra-
tiae, si intra versus trimetros stetissent. Vix levem conse- 100
quimur umbram, adeo ut mihi sermo ipse Romanus non re-
cipere videatur illam solis concessam Atticis venerem, cum
eam ne Graeci quidem in alio genere linguae suae obtinue-
rint. Togatis excellit *Afranius;* utinam non inquinasset
argumenta puerorum foedis amoribus mores suos fassus.

At non historia cesserit Graecis, nec opponere Thucydi- 101
di *Sallustium* verear. Neque indignetur sibi Herodotus
aequari *T. Livium*, cum in narrando mirae iucunditatis
clarissimique candoris, tum in contionibus supra quam
enarrari potest eloquentem; ita quae dicuntur omnia cum
rebus, tum personis accommodata sunt; adfectus quidem,
praecipueque eos qui sunt dulciores, ut parcissime dicam,
nemo historicorum conmendavit magis. Ideoque inmor- 102
talem illam Sallustii velocitatem diversis virtutibus con-
secutus est. Nam mihi egregie dixisse videtur *Servilius
Nonianus*, 'pares eos magis quam similes,' qui et ipse a no-
bis auditus est, clarus vi ingenii et sententiis creber sed
minus pressus quam historiae auctoritas postulat. Quam 103
paulum aetate praecedens eum *Bassus Aufidius* egregie,
utique in libris belli Germanici, praestitit genere ipso,
probabilis in omnibus, in quibusdam suis ipse viribus mi-

104 nor. Superest adhuc et exornat aetatis nostrae gloriam
vir saeculorum memoria dignus, qui olim nominabitur,
nunc intellegitur. Habet amatores nec inmerito *Cremuti*
libertas, quamquam circumcisis quae dixisset, ei nocuerit.
Sed elatum abunde spiritum et audaces sententias depre-
hendas etiam in his quae manent. Sunt et alii scriptores
boni, sed nos genera degustamus, non bibliothecas excu-
timus.

105 Oratores vero vel praecipue Latinam eloquentiam pa-
rem facere Graecae possint. Nam *Ciceronem* cuicumque
eorum fortiter opposuerim. Nec ignoro, quantam mihi
concitem pugnam, cum praesertim non sit id propositi, ut
eum Demostheni comparem hoc tempore; neque enim
adtinet, cum Demosthenem in primis legendum vel edi-
106 scendum potius putem. Quorum ego virtutes plerasque
arbitror similis, consilium, ordinem, dividendi, praeparan-
di, probandi rationem, denique quae sunt inventionis.
In eloquendo est aliqua diversitas: densior ille hic co-
piosior; ille concludit astrictius, hic latius; pugnat ille
acumine semper, hic frequenter et pondere; illi nihil de-
trahi potest, huic nihil adici; curae plus in illo, in hoc
107 naturae. Salibus certe et conmiseratione qui duo pluri-
mum in adfectibus valent, vincimus. Et fortasse epilogos
illi mos civitatis abstulerit; sed et nobis illa quae Attici
mirantur, diversa Latini sermonis ratio minus permiserit.
In epistulis quidem, quamquam sunt utriusque, dialogisve,
108 quibus nihil ille, nulla contentio est. Cedendum vero in
hoc, quod et prior fuit et ex magna parte Ciceronem,
quantus est, fecit. Nam mihi videtur M. Tullius, cum se
totum ad imitationem Graecorum contulisset, effinxisse
vim Demosthenis, copiam Platonis, iucunditatem Isocratis.
109 Nec vero quod in quoque optimum fuit, studio consecutus
est tantum, sed plurimas vel potius omnis ex se ipso
virtutes extulit inmortalis ingenii beatissima ubertate.

Non enim 'pluvias,' ut ait Pindarus, 'aquas conligit, sed
vivo gurgite exundat,' dono quodam providentiae geni-
tus in quo totas viris suas eloquentia experiretur. Nam 110
quis docere diligentius, movere vehementius potest? cui
tanta umquam iucunditas adfuit? ut ipsa illa quae extor-
quet, impetrare eum credas, et cum transversum vi sua
iudicem ferat: tamen ille non rapi videatur, sed sequi.
Iam in omnibus quae dicit, tanta auctoritas inest, ut dis- 111
sentire pudeat, nec advocati studium sed testis aut iudicis
adferat fidem; cum interim haec omnia quae vix singula
quisquam intentissima cura consequi posset, fluunt inlabo-
rata et illa qua nihil pulchrius auditum est oratio prae
se fert tamen felicissimam facilitatem. Quare non in- 112
merito ab hominibus aetatis suae regnare in iudiciis dictus
est, apud posteros vero id consecutus, ut Cicero iam non
hominis nomen, sed eloquentiae habeatur. Hunc igitur
spectemus, hoc propositum nobis sit exemplum, ille se
profecisse sciat cui Cicero valde placebit. Multa in *Asi-* 113
nio Pollione inventio, summa diligentia, adeo ut quibus-
dam etiam nimia videatur, et consilii et animi satis; a
nitore et iucunditate Ciceronis ita longe abest, ut videri
possit saeculo prior. At *Messala* nitidus et candidus et
quodam modo praeferens in dicendo nobilitatem suam,
viribus minor. *C.* vero *Caesar* si foro tantum vacasset, 114
non alius ex nostris contra Ciceronem nominaretur. Tan-
ta in eo vis est, id acumen, ea concitatio, ut illum eodem
animo dixisse quo bellavit adpareat; exornat tamen haec
omnia mira sermonis, cuius proprie studiosus fuit, ele-
gantia. Multum ingenii in *Caelio* et praecipue in accu- 115
sando multa urbanitas, dignusque vir cui et mens melior
et vita longior contigisset. Inveni qui *Calvum* praefer-
rent omnibus, inveni qui Ciceroni crederent, eum nimia
contra se calumnia verum sanguinem perdidisse, sed est
et sancta et gravis oratio et custodita et frequenter vehe-

mens quoque. Imitator autem est Atticorum, fecitque
illi properata mors iniuriam, si quid adiecturus sibi, non
116 si quid detracturus fuit. Et *Servius Sulpicius* insignem
non inmerito famam tribus orationibus meruit. Multa,
si cum iudicio legatur, dabit imitatione digna *Cassius*
Severus, qui si ceteris virtutibus colorem et gravitatem
orationis adiecisset, ponendus inter praecipuos foret.
117 Nam et ingenii plurimum est in eo et acerbitas mira, et
urbanitas et vis summa, sed plus stomacho quam consilio
dedit. Praeterea ut amari sales, ita frequenter amaritudo
118 ipsa ridicula est. Sunt alii multi diserti quos persequi
longum est. Eorum quos viderim *Domitius Afer* et *Iulius*
Africanus longe praestantissimi. Arte ille et toto genere
dicendi praeferendus et quem in numero veterum habere
non timeas; hic concitatior sed in cura verborum nimius
et compositione nonnumquam longior et translationibus
119 parum modicus. Erant clara et nuper ingenia. Nam et
Trachalus plerumque sublimis et satis apertus fuit et quem
velle optima crederes, auditus tamen maior; nam et vocis,
quantam in nullo cognovi, felicitas et pronuntiatio vel
scenis suffectura et decor, omnia denique ei quae sunt
extra superfuerunt: et *Vibius Crispus* compositus et iu-
cundus et delectationi natus, privatis tamen causis quam
120 publicis melior. *Iulio Secundo*, si longior contigisset
aetas, clarissimum profecto nomen oratoris apud posteros
foret. Adiecisset enim atque adiciebat ceteris virtutibus
suis quod desiderari potest. Id est autem, ut esset multo
magis pugnax et saepius ad curam rerum ab elocutione
121 respiceret. Ceterum interceptus quoque magnum sibi
vindicat locum: ea est facundia, tanta in explicando quod
velit gratia, tam candidum et lene et speciosum dicendi
genus, tanta verborum etiam quae adsumpta sunt proprie-
tas, tanta in quibusdam ex periculo petitis significantia.
122 Habebunt qui post nos de oratoribus scribent, magnam

eos qui nunc vigent materiam vere laudandi. Sunt enim
summa hodie, quibus inlustratur forum, ingenia. Nam-
que et consummati iam patroni veteribus aemulantur et
eos iuvenum ad optima tendentium imitatur ac sequitur
industria.

Supersunt qui de philosophia scripserunt, quo in genere 123
paucissimos adhuc eloquentis litterae Romanae tulerunt.
Idem igitur *M. Tullius* qui ubique, etiam in hoc opere
Platonis aemulus extitit. Egregius vero multoque quam
in orationibus praestantior *Brutus* suffecit ponderi rerum;
scias eum sentire quae dicit. Scripsit non parum multa 124
Cornelius Celsus, Sextios secutus, non sine cultu ac nitore.
Plautus in Stoicis rerum cognitioni utilis. In Epicureis
levis quidem, sed non iniucundus tamen auctor est *Catius.*
Ex industria *Senecam* in omni genere eloquentiae distuli 125
propter vulgatam falso de me opinionem qua damnare
eum et invisum quoque habere sum creditus. Quod ac-
cidit mihi, dum conruptum et omnibus vitiis fractum
dicendi genus revocare ad severiora iudicia contendo.
Tum autem solus hic fere in manibus adolescentium fuit. 126
Quem non equidem omnino conabar excutere, sed potioribus
praeferri non sinebam quos ille non destiterat incessere,
cum diversi sibi conscius generis placere se in dicendo
posse eis quibus illi placent diffideret. Amabant autem
eum magis quam imitabantur tantumque ab eo defluebant,
quantum ille ab antiquis descenderat. Foret enim optan- 127
dum, paris ac saltem proximos illi viro fieri. Sed place-
bat propter sola vitia et ad ea se quisque dirigebat effin-
genda quae poterat; deinde cum se iactaret eodem modo
dicere, Senecam infamabat. Cuius et multae alioqui et 128
magnae virtutes fuerunt, ingenium facile et copiosum,
plurimum studii, multa rerum cognitio, in qua tamen
aliquando ab his, quibus inquirenda quaedam mandabat,
deceptus est. Tractavit etiam omnem fere studiorum

a result due in no small part to the consummate dramatic skill with which his characters are made to unfold themselves. The trustworthiness of Tacitus has in modern times been frequently impugned, and it must be admitted that his austere temperament and an intense indignation, caused by the contemplation of past servitude, cruelty, and degeneration, prevented him from impartially distributing light and shade. But sombre as is the background of his historical canvas, crushing as is his unmatched power of innuendo, he nevertheless spared no effort to get access to all the sources of information which lay in profusion around him, and, as a result, his narrative, though one-sided, is essentially true, honest, and reliable.

Of exhaustive commentaries to his works may be mentioned: *Dialogus*, by Gudeman, Boston, 1894, pp. 584; *Germania* (1894), *Agricola* (1898), *Annals*, Vol. I.[2] (1896), II. (1891), by Furneaux, Oxford; *Histories*, by Spooner, London, 1891.

TACITVS

Dialogus de Oratoribus: Aper's Defence of Oratory.

‘Securus sit,’ inquit Aper, ‘et Saleius Bassus et quis- 5
quis alius studium poeticae et carminum gloriam fovet, cum causas agere non possit. Ego enim, quatenus arbitrum litis huius inveni, non patiar Maternum societate plurium defendi, sed ipsum solum apud nos arguam, quod natus ad eloquentiam virilem et oratoriam qua parere simul et tueri amicitias, adsciscere necessitudines, complecti provincias possit, omittit studium, quo non aliud in civitate nostra vel ad utilitatem fructuosius vel ad voluptatem dulcius vel ad dignitatem amplius vel ad urbis famam pulchrius vel ad totius imperii atque omnium gentium notitiam inlustrius excogitari potest. Nam si ad utilitatem vitae omnia consilia factaque nostra dirigenda sunt, quid est tutius quam eam exercere artem qua semper armatus praesidium amicis, opem alienis, salutem periclitantibus, invidis vero et inimicis metum et terrorem ultro feras, ipse securus et velut quadam perpetua potentia ac potestate munitus? cuius vis et utilitas rebus prospere fluentibus aliorum perfugio et tutela intellegitur: sin proprium periculum increpuit, non hercule lorica et gladius in acie firmius munimentum quam reo et periclitanti eloquentia, praesidium simul ac telum quo propugnare pariter et incessere sive in iudicio vel in senatu sive apud princi-

pem possis. Quid aliud infestis patribus nuper Eprius Marcellus quam eloquentiam suam opposuit? qua accinctus et minax disertam quidem, sed inexercitatam et eius modi certaminum rudem Helvidii sapientiam elusit. Plura de utilitate non dico, cui parti minime contra dicturum Maternum meum arbitror.

6 'Ad voluptatem oratoriae eloquentiae transeo cuius iucunditas non uno aliquo momento, sed omnibus prope diebus ac prope omnibus horis contingit. Quid enim dulcius libero et ingenuo animo et ad voluptates honestas nato quam videre plenam semper et frequentem domum suam concursu splendidissimorum hominum? idque scire non pecuniae, non orbitati, non officii alicuius administrationi, sed sibi ipsi dari? ipsos quin immo orbos et locupletes et potentes venire plerumque ad iuvenem et pauperem, ut aut sua aut amicorum discrimina commendent. Vllane tanta ingentium opum ac magnae potentiae voluptas quam spectare homines veteres et senes et totius urbis gratia subnixos in summa rerum omnium abundantia confitentes, id quod optimum sit se non habere? iam vero qui togatorum comitatus et egressus! quae in publico species! quae in iudiciis veneratio! quod gaudium consurgendi adsistendique inter tacentes et in unum conversos! coire populum et circumfundi coronam et accipere adfectum, quemcumque orator induerit! vulgari dicentium gaudia et imperitorum quoque oculis exposita percenseo: illa secretiora et tantum ipsis orantibus nota maiora sunt. Sive accuratam meditatamque profert orationem, est quoddam sicut ipsius dictionis, ita gaudii pondus et constantia; sive novam et recentem curam non sine aliqua trepidatione animi adtulerit, ipsa sollicitudo commendat eventum et lenocinatur voluptati. Sed extemporalis audaciae atque ipsius temeritatis vel praecipua iucunditas est; nam in ingenio quoque, sicut

in agro, quamquam quae seruntur atque elaborantur grata, gratiora tamen quae sua sponte nascuntur.

'Equidem, ut de me ipse fatear, non eum diem laetio- 7
rem egi, quo mihi latus clavus oblatus est, vel quo homo novus et in civitate minime favorabili natus quaesturam aut tribunatum aut praeturam accepi quam eos quibus mihi pro mediocritate huius quantulaecumque in dicendo facultatis aut apud patres reum prospere defendere aut apud centumviros causam aliquam feliciter orare aut apud principem ipsum illos libertos et procuratores principum tueri et defendere datur. Tum mihi supra tribunatus et praeturas et consulatus ascendere videor, tum habere quod, si non in animo oritur, nec codicillis datur nec cum gratia venit. Quid? fama et laus cuius artis cum oratorum gloria comparanda est? quid? non inlustres sunt in urbe non solum apud negotiosos et rebus intentos, sed etiam apud iuvenes vacuos et adulescentis quibus modo recta est indoles et bona spes sui? quorum nomina prius parentes liberis suis ingerunt? quos saepius vulgus quoque imperitum et tunicatus hic populus transeuntis nomine vocat et digito demonstrat? advenae quoque et peregrini iam in municipiis et coloniis suis auditos, cum primum urbem adtigerunt, requirunt ac velut adgnoscere concupiscunt.

'Ausim contendere Marcellum hunc Eprium, de quo 8
modo locutus sum, et Crispum Vibium (libentius enim novis et recentibus quam remotis et oblitteratis exemplis utor) non minores esse in extremis partibus terrarum quam Capuae aut Vercellis, ubi nati dicuntur. Nec hoc illis alterius bis, alterius ter milies sestertium praestat, quamquam ad has ipsas opes possunt videri eloquentiae beneficio venisse, sed ipsa eloquentia; cuius numen et caelestis vis multa quidem omnibus saeculis exempla edidit, ad quam usque fortunam homines ingenii viribus pervenerint, sed

haec, ut supra dixi, proxima et quae non auditu cognoscenda, sed oculis spectanda haberemus. Nam quo sordidius et abiectius nati sunt quoque notabilior paupertas et angustiae rerum nascentis eos circumsteterunt, eo clariora et ad demonstrandam oratoriae eloquentiae utilitatem inlustriora exempla sunt, quod sine commendatione natalium, sine substantia facultatum, neuter moribus egregius, alter habitu quoque corporis contemptus, per multos iam annos potentissimi sunt civitatis ac, donec libuit, principes fori, nunc principes in Caesaris amicitia agunt feruntque cuncta atque ab ipso principe cum quadam reverentia diliguntur, quia Vespasianus, venerabilis senex et patientissimus veri, bene intellegit ceteros quidem amicos suos iis niti quae ab ipso acceperint quaeque et ipsis accumulare et in alios congerere promptum sit, Marcellum autem et Crispum adtulisse ad amicitiam suam quod non a principe acceperint nec accipi possit. Minimum inter tot ac tanta locum optinent imagines ac tituli et statuae quae neque ipsa tamen negleguntur, tam hercule quam divitiae et opes, quas facilius invenies qui vituperet quam qui fastidiat. His igitur et honoribus et ornamentis et facultatibus refertas domos eorum videmus qui se ab ineunte aetate causis forensibus et oratorio studio dederunt.

9 'Nam carmina et versus, quibus totam vitam Maternus insumere optat (inde enim omnis fluxit oratio), neque dignitatem ullam auctoribus suis conciliant neque utilitates alunt; voluptatem autem brevem, laudem inanem et infructuosam consecuntur. Licet haec ipsa et quae deinceps dicturus sum auris tuae, Materne, respuant, cui bono est, si apud te Agamemnon aut Iason diserte loquitur? quis ideo domum defensus et tibi obligatus redit? quis Saleium nostrum, egregium poetam vel, si hoc honorificentius est, praeclarissimum vatem, deducit aut salutat aut prosequitur? nempe si amicus eius, si propinquus, si

denique ipse in aliquod negotium inciderit, ad hunc Secundum recurret aut ad te, Materne, non quia poeta es, neque ut pro eo versus facias, hi enim Basso domi nascuntur, pulchri quidem et iucundi, quorum tamen hic exitus est, ut cum toto anno, per omnes dies, magna noctium parte unum librum excudit et elucubravit, rogare ultro et ambire cogatur, ut sint qui dignentur audire, et ne id quidem gratis; nam et domum mutuatur et auditorium exstruit et subsellia conducit et libellos dispergit. Et ut beatissimus recitationem eius eventus prosequatur, omnis illa laus intra unum aut alterum diem, velut in herba vel flore praecerpta, ad nullam certam et solidam pervenit frugem, nec aut amicitiam inde refert aut clientelam aut mansurum in animo cuiusquam beneficium, sed clamorem vagum et voces inanis et gaudium volucre. Laudavimus nuper, ut miram et eximiam, Vespasiani liberalitatem, quod quingenta sestertia Basso donasset. Pulchrum id quidem, indulgentiam principis ingenio mereri: quanto tamen pulchrius, si ita res familiaris exigat, se ipsum colere, suum genium propitiare, suam experiri liberalitatem! adice quod poetis, si modo dignum aliquid elaborare et efficere velint, relinquenda conversatio amicorum et iucunditas urbis, deserenda cetera officia, utque ipsi dicunt, in nemora et lucos, id est in solitudinem secedendum est.

'Ne opinio quidem et fama cui soli serviunt et quod 10
unum esse pretium omnis laboris sui fatentur, aeque poetas quam oratores sequitur, quoniam mediocris poetas nemo novit, bonos pauci. Quando enim vel rarissimarum recitationum fama in totam urbem penetrat? nedum ut per tot provincias innotescat. Quotus quisque, cum ex Hispania vel Asia, ne quid de Gallis nostris loquar, in urbem venit, Saleium Bassum requirit? atque adeo si quis requirit, ut semel vidit, transit et contentus est, ut

si picturam aliquam vel statuam vidisset. Neque hunc meum sermonem sic accipi volo, tamquam eos quibus natura sua oratorium ingenium denegavit, deterream a carminibus, si modo in hac studiorum parte oblectare otium et nomen inserere possunt famae. Ego vero omnem eloquentiam omnisque eius partis sacras et venerabilis puto, nec solum cothurnum vestrum aut heroici carminis sonum, sed lyricorum quoque iucunditatem et elegorum lascivias et iamborum amaritudinem et epigrammatum lusus et quamcumque aliam speciem eloquentia habet, anteponendam ceteris aliarum artium studiis credo. Sed tecum mihi, Materne, res est, quod, cum natura tua in ipsam arcem eloquentiae te ferat, errare mavis et summa adepturus in levioribus subsistis. Vt si in Graecia natus esses, ubi ludicras quoque artis exercere honestum est, ac tibi Nicostrati robur ac viris di dedissent, non paterer inmanes illos et ad pugnam natos lacertos levitate iaculi aut iactu disci vanescere, sic nunc te ab auditoriis et theatris in forum et vera proelia voco, cum praesertim ne ad illud quidem confugere possis, quod plerisque patrocinatur, tamquam minus obnoxium sit offensae poetarum quam oratorum studium. Effervescit enim vis pulcherrimae naturae tuae, nec pro amico aliquo, sed, quod periculosius est, pro Catone offendis. Nec excusatur offensa necessitudine officii aut fide advocationis aut fortuitae et subitae dictionis impetu: meditatus videris elegisse personam notabilem et cum auctoritate dicturam. Sentio quid responderi possit: hinc ingentis adsensus, haec in ipsis auditoriis praecipue laudari et mox omnium sermonibus ferri. Tolle igitur quietis et securitatis excusationem, cum tibi sumas adversarium superiorem. Nobis satis sit privatas et nostri saeculi controversias tueri in quibus si quando necesse sit pro periclitante amico potentiorum auris offendere, et probata sit fides et libertas excusata.'

Maternus's Defense of Poetry.

Quae cum dixisset Aper acrius, ut solebat, et intento 11
ore, remissus et subridens Maternus 'parantem me,' inquit, 'non minus diu accusare oratores quam Aper laudaverat (fore enim arbitrabar ut a laudatione eorum digressus detrectaret poetas atque carminum studium prosterneret) arte quadam mitigavit, concedendo iis qui causas agere non possent, ut versus facerent. Ego autem, sicut in causis agendis efficere aliquid et eniti fortasse possum, ita recitatione tragoediarum et ingredi famam auspicatus sum, cum quidem in Neronem improbam et studiorum quoque sacra profanantem Vatinii potentiam fregi et hodie, si quid in nobis notitiae ac nominis est, magis arbitror carminum quam orationum gloria partum. Ac iam me deiungere a forensi labore constitui, nec comitatus istos et egressus aut frequentiam salutantium concupisco, non magis quam aera et imagines quae etiam me nolente in domum meam inruperunt. Nam statum cuiusque ac securitatem melius innocentia tuetur quam eloquentia, nec vereor ne mihi umquam verba in senatu nisi pro alterius discrimine facienda sint.

Nemora vero et luci et secretum ipsum, quod Aper 12
increpabat, tantam mihi adferunt voluptatem, ut inter praecipuos carminum fructus numerem, quod non in strepitu nec sedente ante ostium litigatore nec inter sordes ac lacrimas reorum componuntur, sed secedit animus in loca pura atqua innocentia fruiturque sedibus sacris. Haec eloquentiae primordia, haec penetralia; hoc primum habitu cultuque conmendata mortalibus in illa casta et nullis contacta vitiis pectora influxit: sic oracula loquebantur. Nam lucrosae huius et sanguinantis eloquentiae usus recens et malis moribus natus, atque, ut tu dicebas,

Aper, in locum teli repertus. Ceterum felix illud et, ut more nostro loquar, aureum saeculum, et oratorum et criminum inops, poetis et vatibus abundabat qui bene facta canerent, non qui male admissa defenderent. Nec ullis aut gloria maior erat aut augustior honor, primum apud deos, quorum proferre responsa et interesse epulis ferebantur, deinde apud illos dis genitos sacrosque reges, inter quos neminem causidicum, sed Orphea et Linum ac, si introspicere altius velis, ipsum Apollinem accepimus. Vel si haec fabulosa nimis et composita videntur, illud certe mihi concedes, Aper, non minorem honorem Homero quam Demostheni apud posteros, nec angustioribus terminis famam Euripidis aut Sophoclis quam Lysiae aut Hyperidis includi. Pluris hodie reperies qui Ciceronis gloriam quam qui Vergilii detrectent: nec ullus Asinii aut Messalae liber tam inlustris est quam Medea Ovidii aut Varii Thyestes.

13 Ac ne fortunam quidem vatum et illud felix contubernium comparare timuerim cum inquieta et anxia oratorum vita. Licet illos certamina et pericula sua vel ad consulatus evexerint, malo securum et quietum Vergilii secessum, in quo tamen neque apud divum Augustum gratia caruit neque apud populum Romanum notitia. Testes Augusti epistulae, testis ipse populus, qui auditis in theatro Vergilii versibus surrexit universus et forte praesentem spectantemque Vergilium veneratus est sic quasi Augustum. Ne nostris quidem temporibus Secundus Pomponius Afro Domitio vel dignitate vitae vel perpetuitate famae cesserit. Nam Crispus iste et Marcellus, ad quorum exempla me vocas, quid habent in hac sua fortuna concupiscendum? quod timent, an quod timentur? quod cum cotidie aliquid rogentur, ii quibus non praestant indignantur? quod adligati omnis adulatione nec imperantibus umquam satis servi videntur nec nobis satis li-

beri? quae haec summa eorum potentia est? tantum posse liberti solent. Me vero, ‘dulces,’ ut Vergilius ait, ‘Musae,’ remotum a sollicitudinibus et curis et necessitate cotidie aliquid contra animum faciendi, in illa sacra illosque fontis ferant; nec insanum ultra et lubricum forum famamque pallentem trepidus experiar. Non me fremitus salutantium nec anhelans libertus excitet, nec incertus futuri testamentum pro pignore scribam, nec plus habeam quam quod possim cui velim relinquere, quandoque fatalis et meus dies veniet, statuar tumulo non maestus et atrox, sed hilaris et coronatus, et pro memoria mei nec consulat quisquam nec roget.

Speech of Messala on the Causes of the Decline of Oratory.

‘Parce,’ inquit Maternus, ‘et potius exsolve promis- 27
sum. Neque enim hoc conligi desideramus, disertiores esse antiquos, quod apud me quidem in confesso est, sed causas exquirimus quas te solitum tractare dixisti, paulo ante plane mitior et eloquentiae temporum nostrorum minus iratus, antequam te Aper offenderet maiores tuos lacessendo.’

‘Non sum,’ inquit, ‘offensus Apri mei disputatione, nec vos offendi decebit, si quid forte auris vestras perstringat, cum sciatis hanc esse eius modi sermonum legem, iudicium animi citra damnum adfectus proferre.’

‘Perge,’ inquit Maternus, ‘et cum de antiquis loquaris, utere antiqua libertate, a qua vel magis degeneravimus quam ab eloquentia.’

Cui Messala, ‘non reconditas, Materne, causas re- 28
quiris, nec aut tibi ipsi aut huic Secundo vel huic Apro ignotas, etiamsi mihi partis adsignatis proferendi in medium quae omnes sentimus. Quis enim ignorat et elo-

quentiam et ceteras artis descivisse ab illa vetere gloria non inopia hominum, sed desidia iuventutis et neglegentia parentum et inscientia praecipientium et oblivione moris antiqui? quae mala primum in urbe nata, mox per Italiam fusa, iam in provincias manant. Quamquam vestra vobis notiora sunt: ego de urbe et huius propriis ac vernaculis vitiis loquar quae natos statim excipiunt et per singulos aetatis gradus cumulantur, si prius de severitate ac disciplina maiorum circa educandos formandosque liberos pauca praedixero. Nam pridem suus cuique filius, ex casta parente natus, non in cellula emptae nutricis, sed in gremio ac sinu matris educabatur, cuius praecipua laus erat tueri domum et inservire liberis. Aut eligebatur maior aliqua natu propinqua, cuius probatis spectatisque moribus omnis eiusdem familiae suboles conmitteretur; coram qua neque dicere fas erat quod turpe dictu, neque facere quod inhonestum factu videretur. Ac non studia modo curasque, sed remissiones etiam lususque puerorum sanctitate quadam ac verecundia temperabat. Sic Corneliam Gracchorum, sic Aureliam Caesaris, sic Atiam Augusti praefuisse educationibus ac produxisse principes liberos accepimus. Quae disciplina ac severitas eo pertinebat, ut sincera et integra et nullis pravitatibus detorta unius cuiusque natura toto statim pectore adriperet artis honestas et sive ad militarem rem sive ad iuris scientiam sive ad eloquentiae studium inclinasset, id solum ageret, id universum hauriret.

29 'At nunc natus infans delegatur Graeculae alicui ancillae, cui adiungitur unus aut alter ex omnibus servis, plerumque vilissimus nec cuiquam serio ministerio accommodatus. Horum fabulis et erroribus virides statim et rudes animi imbuuntur; nec quisquam in tota domo pensi habet, quid coram infante domino aut dicat aut faciat. Quin etiam ipsi parentes non probitati neque modestiae

parvulos adsuefaciunt, sed lasciviae et dicacitati, per quae paulatim impudentia inrepit. Iam vero propria et peculiaria huius urbis vitia paene in utero matris concipi mihi videntur, histrionalis favor et gladiatorum equorumque studia: quibus occupatus et obsessus animus quantulum loci bonis artibus relinquit? quotum quemque invenies qui domi quidquam aliud loquatur? quos alios adulescentulorum sermones excipimus, si quando auditoria intravimus? ne praeceptores quidem ullas crebriores cum auditoribus suis fabulas habent; conligunt enim discipulos non severitate disciplinae nec ingenii experimento, sed ambitione salutationum et inlecebris adulationis.

‘Transeo prima discentium elementa in quibus et ipsis 30
parum laboratur: nec in auctoribus cognoscendis nec in evolvenda antiquitate nec in notitia vel rerum vel hominum vel temporum satis operae insumitur. Sed expetuntur quos rhetoras vocant; quorum professio quando primum in hanc urbem introducta sit quamque nullam apud maiores nostros auctoritatem habuerit . . . statim referam necesse est animum ad eam disciplinam qua usos esse eos oratores accepimus quorum infinitus labor et cotidiana meditatio et in omni genere studiorum adsiduae exercitationes ipsorum etiam continentur libris. Notus est vobis utique Ciceronis liber qui Brutus inscribitur, in cuius extrema parte (nam prior conmemorationem veterum oratorum habet) sua initia, suos gradus, suae eloquentiae velut quandam educationem refert: se apud Q. Mucium ius civile didicisse, apud Philonem Academicum, apud Diodotum Stoicum omnis philosophiae partis penitus hausisse; neque iis doctoribus contentum quorum ei copia in urbe contigerat, Achaiam quoque et Asiam peragrasse, ut omnem omnium artium varietatem complecteretur. Itaque hercle in libris Ciceronis deprehendere licet, non geometriae, non musicae, non grammaticae, non de-

nique ullius ingenuae artis scientiam ei defuisse. Ille dialecticae subtilitatem, ille moralis partis utilitatem, ille rerum motus causasque cognoverat. Ita est enim, optimi viri, ita est: ex multa eruditione et plurimis artibus et omnium rerum scientia exundat et exuberat illa admirabilis eloquentia; neque orationis vis et facultas, sicut ceterarum rerum, angustis et brevibus terminis cluditur, sed is est orator qui de omni quaestione pulchre et ornate et ad persuadendum apte dicere pro dignitate rerum, ad utilitatem temporum, cum voluptate audientium possit.'

Iamque super triginta milia armatorum adspicieban- 29
tur et adhuc adfluebat omnis iuventus et quibus cruda ac viridis senectus, clari bello et sua quisque decora gestantes, cum inter pluris duces virtute et genere praestans nomine Calgacus apud contractam multitudinem proelium poscentem in hunc modum locutus fertur:

'Quotiens causas belli et necessitatem nostram in- 30
tueor, magnus mihi animus est hodiernum diem consensumque vestrum initium libertatis toti Britanniae fore; nam et universi servitutis expertes et nullae ultra terrae ac ne mare quidem securum inminente nobis classe Romana. Ita proelium atque arma quae fortibus honesta, eadem etiam ignavis tutissima sunt. Priores pugnae quibus adversus Romanos varia fortuna certatum est, spem ac subsidium in nostris manibus habebant, quia nobilissimi totius Britanniae eoque in ipsis penetralibus siti nec servientium litora adspicientes, oculos quoque a contactu dominationis inviolatos habebamus. Nos terrarum ac libertatis extremos recessus ipse ac sinus famae in hunc diem defendit; atque omne ignotum pro magnifico est. Sed nunc terminus Britanniae patet, nulla iam ultra gens, nihil nisi fluctus et saxa et infestiores Romani, quorum superbiam frustra per obsequium ac modestiam effugeris. Raptores orbis, postquam cuncta vastantibus defuere terrae, iam et mare scrutantur: si locuples hostis est, avari; si pauper, ambitiosi; quos non Oriens, non Occidens satiaverit. Soli omnium opes atque inopiam pari adfectu

armis tenemus: inventa Britannia et subacta. Equidem saepe in agmine, cum vos paludes montesque et flumina fatigarent, fortissimi cuiusque voces audiebam: "quando dabitur hostis, quando cominus veniet?" veniunt, e latebris suis extrusi et vota virtusque in aperto, omniaque prona victoribus atque eadem victis adversa. Nam ut superasse tantum itineris, silvas evasisse, transisse aestuaria pulchrum ac decorum in frontem, ita fugientibus periculosissima quae hodie prosperrima sunt; neque enim nobis aut locorum eadem notitia aut conmeatuum eadem abundantia, sed manus et arma et in his omnia. Quod ad me adtinet, iam pridem mihi decretum est neque exercitus neque ducis terga tuta esse. Proinde et honesta mors turpi vita potior, et incolumitas ac decus eodem loco sita sunt; nec inglorium fuerit in ipso terrarum ac naturae fine cecidisse.

34 'Si novae gentes atque ignota acies constitisset, aliorum exercituum exemplis vos hortarer: nunc vestra decora recensete, vestros oculos interrogate. Hi sunt quos proximo anno unam legionem furto noctis adgressos clamore debellastis; hi ceterorum Britannorum fugacissimi ideoque tam diu superstites. Quo modo silvas saltusque penetrantibus fortissimum quodque animal contra ruĕre, pavida et inertia ipso agminis sono pellebantur, sic acerrimi Britannorum iam pridem ceciderunt, reliquus est numerus ignavorum et metuentium. Quos quod tandem invenistis, non restiterunt, sed deprehensi sunt; novissimae res et extremus metus corpora defixere in his vestigiis in quibus pulchram et spectabilem victoriam ederetis. Transigite cum expeditionibus, imponite quinquaginta annis magnum diem, adprobate rei publicae numquam exercitui imputari potuisse aut moras belli aut causas rebellandi.'

Agricola's Return and Life in Rome.

Tradiderat interim Agricola successori suo provinciam 40
quietam tutamque. Ac ne notabilis celebritate et frequentia occurrentium introitus esset, vitato amicorum officio noctu in urbem, noctu in Palatium, ita ut praeceptum erat, venit; exceptusque brevi osculo et nullo sermone turbae servientium inmixtus est. Ceterum uti militare nomen, grave inter otiosos, aliis virtutibus temperaret, tranquillitatem atque otium penitus hausit, cultu modicus, sermone facilis, uno aut altero amicorum comitatus, adeo uti plerique quibus magnos viros per ambitionem aestimare mos est, viso adspectoque Agricola quaererent famam, pauci interpretarentur.

Crebro per eos dies apud Domitianum absens accu- 41
satus, absens absolutus est. Causa periculi non crimen ullum aut querella laesi cuiusquam, sed infensus virtutibus princeps et gloria viri ac pessimum inimicorum genus, laudantes. Et ea insecuta sunt rei publicae tempora quae sileri Agricolam non sinerent: tot exercitus in Moesia Daciaque et Germania et Pannonia temeritate aut per ignaviam ducum amissi, tot militares viri cum tot cohortibus expugnati et capti; nec iam de limite imperii et ripa, sed de hibernis legionum et possessione dubitatum. Ita cum damna damnis continuarentur atque omnis annus funeribus et cladibus insigniretur, poscebatur ore vulgi dux Agricola, comparantibus cunctis vigorem et constantiam et expertum bellis animum cum inertia et formidine ceterorum. Quibus sermonibus satis constat Domitiani quoque auris verberatas, dum optimus quisque libertorum amore et fide, pessimi malignitate et livore pronum deterioribus principem exstimulabant. Sic Agricola simul suis virtutibus, simul vitiis aliorum in ipsam gloriam praeceps agebatur.

42 Aderat iam annus quo proconsulatum Africae et Asiae sortiretur, et occiso Civica nuper nec Agricolae consilium deerat nec Domitiano exemplum. Accessere quidam cogitationum principis periti qui, iturusne esset in provinciam, ultro Agricolam interrogarent. Ac primo occultius quietem et otium laudare, mox operam suam in adprobanda excusatione offerre, postremo non iam obscuri suadentes simul terrentesque pertraxere ad Domitianum. Qui paratus simulatione, in adrogantiam compositus et audiit preces excusantis et, cum aduuisset, agi sibi gratias passus est, nec erubuit beneficii invidia. Salarium tamen proconsulare solitum offerri et quibusdam a se ipso concessum Agricolae non dedit, sive offensus non petitum, sive ex conscientia, ne quod vetuerat videretur emisse. Proprium humani ingenii est odisse quem laeseris: Domitiani vero natura praeceps in iram et, quo obscurior, eo inrevocabilior, moderatione tamen prudentiaque Agricolae leniebatur, quia non contumacia neque inani iactatione libertatis famam fatumque provocabat. Sciant quibus moris est inlicita mirari, posse etiam sub malis principibus magnos viros esse, obsequiumque ac modestiam, si industria ac vigor adsint, eo laudis escendere quo plerique per abrupta, sed in nullum rei publicae usum, ambitiosa morte inclaruerunt.

His Death.

43 Finis vitae eius nobis luctuosus, amicis tristis, extraneis etiam ignotisque non sine cura fuit. Vulgus quoque et hic aliud agens populus et ventitavere ad domum et per fora et circulos locuti sunt; nec quisquam audita morte Agricolae aut laetatus est aut statim oblitus. Augebat miserationem constans rumor veneno interceptum: nobis nihil comperti, quod firmare ausim. Ceterum per

omnem valetudinem eius crebrius quam ex more principatus, per nuntios visentis et libertorum intimi et medicorum primi venere, sive cura illud sive inquisitio erat. Supremo quidem die momenta ipsa deficientis per dispositos cursores nuntiata constabat, nullo credente sic accelerari quae tristis audiret. Speciem tamen doloris animi vultu prae se tulit, securus iam odii et qui facilius dissimularet gaudium quam metum. Satis constabat lecto testamento Agricolae, quo coheredem optimae uxori et piissimae filiae Domitianum scripsit, laetatum eum velut honore iudicioque. Tam caeca et conrupta mens adsiduis adulationibus erat, ut nesciret a bono patre non scribi heredem nisi malum principem.

Natus erat Agricola Gaio Caesare iterum consule Idibus 44
Iuniis: excessit quinto et quinquagesimo anno, decumo Kalendas Septembris Conlega Priscoque consulibus. Quod si habitum quoque eius posteri noscere velint, decentior quam sublimior fuit; nihil metus in vultu, gratia oris supererat. Bonum virum facile crederes, magnum libenter. Et ipse quidem, quamquam medio in spatio integrae aetatis ereptus, quantum ad gloriam, longissimum aevum peregit. Opibus nimiis non gaudebat, speciosae non contigerant. Quippe et vera bona quae in virtutibus sita sunt, impleverat, et consulari ac triumphalibus ornamentis praedito quid aliud adstruere fortuna poterat, filia atque uxore superstitibus? Potest videri etiam beatus incolumi dignitate, florente fama, salvis adfinitatibus et amicitiis futura effugisse. Nam sicut ei non licuit durare in hanc beatissimi saeculi lucem ac principem Traianum videre, quod augurio votisque apud nostras auris ominabatur, ita festinatae mortis grande solacium tulit evasisse postremum illud tempus quo Domitianus non iam per intervalla ac spiramenta temporum, sed continuo et velut uno ictu rem publicam exhausit.

45 Non vidit Agricola obsessam curiam et clausum armis senatum et eadem strage tot consularium caedis, tot nobilissimarum feminarum exilia et fugas. Vna adhuc victoria Carus Metius censebatur, et intra Albanam arcem sententia Messalini strepebat, et Massa Baebius nondum reus erat: mox nostrae duxere Helvidium in carcerem manus; nos Maurici Rusticique visus, nos innocenti sanguine Senecio perfudit. Nero tamen subtraxit oculos suos iussitque scelera, non spectavit: praecipua sub Domitiano miseriarum pars erat videre et adspici, cum suspiria nostra subscriberentur, cum denotandis tot hominum palloribus sufficeret saevus ille vultus et rubor quo se contra pudorem muniebat.

Tu vero felix, Agricola, non vitae tantum claritate, sed etiam opportunitate mortis. Vt perhibent qui interfuerunt novissimis sermonibus tuis, constans et libens fatum excepisti, tamquam pro virili portione innocentiam principi donares. Sed mihi filiaeque eius praeter acerbitatem parentis erepti auget maestitiam quod adsidere valetudini, fovere deficientem, satiari vultu complexuque non contigit. Excepissemus certe mandata vocesque quas penitus animo figeremus. Noster hic dolor, nostrum vulnus, nobis tam longae absentiae condicione ante quadriennium amissus est. Omnia sine dubio, optime parentum, adsidente amantissima uxore superfuere honori tuo: paucioribus tamen lacrimis comploratus es, et novissima in luce desideravere aliquid oculi tui.

46 Si quis piorum manibus locus, si, ut sapientibus placet, non cum corpore extinguuntur magnae animae, placide quiescas, nosque domum tuam ab infirmo desiderio et muliebribus lamentis ad contemplationem virtutum tuarum voces quas neque lugeri neque plangi fas est. Admiratione potius et immortalibus laudibus et, si natura sudpeditet, similitudine te colamus: is verus honos, ea

coniunctissimi cuiusque pietas. Id filiae quoque uxorique praeceperim, sic patris, sic mariti memoriam venerari, ut omnia facta dictaque eius secum revolvant, formamque ac figuram animi magis quam corporis complectantur, non quia intercedendum putem imaginibus quae marmore aut aere finguntur, sed, ut vultus hominum, ita simulacra vultus imbecilla ac mortalia sunt, forma mentis aeterna quam tenere et exprimere non per alienam materiam et artem, sed tuis ipse moribus possis. Quidquid ex Agricola amavimus, quidquid mirati sumus, manet mansurumque est in animis hominum, in aeternitate temporum, in fama rerum; nam multos veterum velut inglorios et ignobilis oblivio obruit: Agricola posteritati narratus et traditus superstes erit.

Historiae, Book I., 1–3: Introduction.

1 Initium mihi operis Servius Galba, iterum Titus Vinius consules erunt. Nam post conditam urbem octingentos et viginti prioris aevi annos multi auctores rettulerunt, dum res populi Romani memorabantur pari eloquentia ac libertate : postquam bellatum apud Actium atque omnem potentiam ad unum conferri pacis interfuit, magna illa ingenia cessere ; simul veritas pluribus modis infracta, primum inscitia rei publicae ut alienae, mox libidine adsentandi aut rursus odio adversus dominantis : ita neutris cura posteritatis inter infensos vel obnoxios. Sed ambitionem scriptoris facile averseris, obtrectatio et livor pronis auribus accipiuntur ; quippe adulationi foedum crimen servitutis, malignitati falsa species libertatis inest. Mihi Galba Otho Vitellius nec beneficio nec iniuria cogniti. Dignitatem nostram a Vespasiano incohatam, a Tito auctam, a Domitiano longius provectam non abnuerim, sed inconruptam fidem professis neque amore quisquam et sine odio dicendus est. Quod si vita subpeditet, principatum divi Nervae et imperium Traiani, uberiorem securioremque materiam, senectuti seposui, rara temporum felicitate, ubi sentire quae velis et quae sentias dicere licet.

2 Opus adgredior opimum casibus, atrox proeliis, discors seditionibus, ipsa etiam pace saevum. Quattuor principes ferro interempti ; trina bella civilia, plura externa ac plerumque permixta ; prosperae in Oriente, adversae in Occidente res ; turbatum Illyricum, Galliae nutantes, perdomita Britannia et statim missa ; coortae in nos Sarmatarum ac Sueborum gentes, nobilitatus cladibus

mutuis Dacus, mota prope etiam Parthorum arma falsi Neronis ludibrio. Iam vero Italia novis cladibus vel post longam saeculorum seriem repetitis adflicta. Haustae aut obrutae urbes, fecundissima Campaniae ora, et urbs incendiis vastata, consumptis antiquissimis delubris, ipso Capitolio civium manibus incenso. Pollutae caerimoniae, magna adulteria; plenum exiliis mare, infecti caedibus scopuli. Atrocius in urbe saevitum; nobilitas, opes, omissi gestique honores pro crimine et ob virtutes certissimum exitium. Nec minus praemia delatorum invisa quam scelera, cum alii sacerdotia et consulatus ut spolia adepti, procurationes alii et interiorem potentiam, agerent verterent cuncta odio et terrore. Conrupti in dominos servi, in patronos liberti; et quibus deerat inimicus, per amicos oppressi.

Non tamen adeo virtutum sterile saeculum, ut non 3
et bona exempla prodiderit. Comitatae profugos liberos matres, secutae maritos in exilia coniuges; propinqui audentes, constantes generi, contumax etiam adversus tormenta servorum fides; supremae clarorum virorum necessitates, ipsa necis fortiter tolerata et laudatis antiquorum mortibus pares exitus. Praeter multiplices rerum humanarum casus caelo terraque prodigia et fulminum monitus et futurorum praesagia, laeta tristia, ambigua manifesta; nec enim umquam atrocioribus populi Romani cladibus magisve iustis indiciis adprobatum est non esse curae deis securitatem nostram, esse ultionem.

Book I., 49: Character of Galba.

Hunc exitum habuit Servius Galba, tribus et septua- 49
ginta annis quinque principes prospera fortuna emensus et alieno imperio felicior quam suo. Vetus in familia nobilitas, magnae opes: ipsi medium ingenium, magis

extra vitia quam cum virtutibus. Famae nec incuriosus nec venditator; pecuniae alienae non adpetens, suae parcus, publicae avarus; amicorum libertorumque, ubi in bonos incidisset, sine reprehensione patiens, si mali forent, usque ad culpam ignarus. Sed claritas natalium et metus temporum obtentui, ut, quod segnitia erat, sapientia vocaretur Dum vigebat aetas, militari laude apud Germanias floruit. Pro consule Africam moderate, iam senior citeriorem Hispaniam pari iustitia continuit, maior privato visus, dum privatus fuit, et omnium consensu capax imperii, nisi imperasset.

Book II., 46–49: The Death of Otho.

46 Opperiebatur Otho nuntium pugnae nequaquam trepidus et consilii certus. Maesta primum fama, dein profugi e proelio perditas res patefaciunt. Non expectavit militum ardor vocem imperatoris; bonum haberet animum iubebant: superesse adhuc novas viris, et ipsos extrema passuros ausurosque. Neque erat adulatio: ire in aciem, excitare partium fortunam furore quodam et instinctu flagrabant. Qui procul adstiterant tendere manus, et proximi prensare genua, promptissimo Plotio Firmo. Is praetorii praefectus identidem orabat, ne fidissimum exercitum, ne optime meritos milites desereret; maiore animo tolerari adversa quam relinqui, fortis et strenuos etiam contra fortunam insistere spei, timidos et ignavos ad desperationem formidine properare. Quas inter voces ut flexerat vultum aut induraverat Otho, clamor et gemitus. Nec praetoriani tantum, proprius Othonis miles, sed praemissi e Moesia eandem obstinationem adventantis exercitus, legiones Aquileiam ingressas nuntiabant, ut nemo dubitet potuisse renovari bellum atrox, lugubre, incertum victis et victoribus.

Ipse aversus a consiliis belli 'hunc,' inquit, 'animum, 47
hanc virtutem vestram ultra periculis obicere nimis grande vitia meae pretium puto. Quanto plus spei ostenditis, si vivere placeret, tanto pulchrior mors erit. Experti in vicem sumus ego ac fortuna. Nec tempus conputaveritis; difficilius est temperare felicitati qua te non putes diu usurum. Civile bellum a Vitellio coepit et, ut de principatu certaremus armis, initium illic fuit; ne plus quam semel certemus, penes me exemplum erit, hinc Othonem posteritas aestimet. Fruetur Vitellius fratre, coniuge, liberis, mihi non ultione neque solaciis opus est. Alii diutius imperium tenuerint, nemo tam fortiter reliquerit. An ego tantum Romanae pubis, tot egregios exercitus sterni rursus et rei publicae eripi patiar? Eat hic mecum animus, tamquam perituri pro me fueritis, sed este superstites. Nec diu moremur, ego incolumitatem vestram, vos constantiam meam. Plura de extremis loqui pars ignaviae est. Praecipuum destinationis meae documentum habete, quod de nemine queror; nam incusare deos vel homines eius est qui vivere velit.'

Talia locutus, ut cuique aetas aut dignitas, comiter ad- 48
pellatos, irent propere neu remanendo iram victorisas perarent, iuvenes auctoritate, senes precibus movebat, placidus ore, intrepidus verbis, intempestivas suorum lacrimas coërcens. Dari navis ac vehicula abeuntibus iubet; libellos epistulasque studio erga se aut in Vitellium contumeliis insignis abolet; pecunias distribuit parce nec ut periturus. Mox Salvium Cocceianum, fratris filium prima iuventa, trepidum et maerentem ultro solatus est laudando pietatem eius, castigando formidinem: an Vitellium tam inmitis animi fore, ut pro incolumi tota domo ne hanc quidem sibi gratiam redderet? mereri se festinato exitu clementiam victoris; non enim ultima desperatione, sed poscente proelium exercitu remisisse rei publicae

novissimum casum. Satis sibi nominis, satis posteris suis nobilitatis quaesitum. Post Iulios Claudios Servios se primum in familiam novam imperium intulisse. Proinde erecto animo capesseret vitam, neu patruum sibi Othonem fuisse aut oblivisceretur umquam aut nimium meminisset.

49 Post quae dimotis omnibus paulum requievit. Atque illum supremas iam curas animo volutantem repens tumultus avertit, nuntiata consternatione ac licentia militum; namque abeuntibus exitium minitabantur, atrocissima in Verginium vi quem clausa domo obsidebant. Increpitis seditionis auctoribus regressus vacavit abeuntium adloquiis, donec omnes inviolati digrederentur. Vesperascente die sitim haustu gelidae aquae sedavit. Tum adlatis pugionibus duobus, cum utrumque pertemptasset, alterum capiti subdidit. Et explorato iam profectos amicos, noctem quietam, utque adfirmatur, non insomnem egit: luce prima in ferrum pectore incubuit.

Book II., 74–77: Vespasian and Mucianus.

74 In tanta mole belli plerumque cunctatio; et Vespasianus modo in spem erectus, aliquando adversa reputabat: quis ille dies foret quo sexaginta aetatis annos et duos filios iuvenes bello permitteret? esse privatis cogitationibus progressum, et prout velint, plus minusve sumi ex fortuna: imperium cupientibus nihil medium inter summa aut praecipitia.

75 Versabatur ante oculos Germanici exercitus robur, notum viro militari, suas legiones civili bello inexpertas, Vitellii victrices, et apud victos plus querimoniarum quam virium. Fluxam per discordias militum fidem et periculum ex singulis; quid enim profuturas cohortes alasque, si unus

alterque praesenti facinore paratum ex diverso praemium petat? sic Scribonianum sub Claudio interfectum, sic percussorem eius Volaginium e gregario ad summa militiae provectum: facilius universos impelli quam singulos vitari.

76 His pavoribus nutantem et alii legati amicique firmabant et Mucianus post multos secretosque sermones iam et coram ita locutus: 'omnes qui magnarum rerum consilia suscipiunt aestimare debent, an quod incohatur rei publicae utile, ipsis gloriosum, an promptum effectu aut certe non arduum sit; simul ipse qui suadet considerandus est, adiciatne consilio periculum suum et, si fortuna coeptis adfuerit, cui summum decus adquiratur. Ego te, Vespasiane, ad imperium voco, quam salutare rei publicae, quam tibi magnificum, iuxta deos in tua manu positum est. Nec speciem adulantis expaveris: a contumelia quam a laude propius fuerit post Vitellium eligi. Non adversus divi Augusti acerrimam mentem nec adversus cautissimam Tiberii senectutem, ne contra Gai quidem aut Claudii vel Neronis fundatam longo imperio domum exsurgimus; cessisti etiam Galbae imaginibus; torpere ultra et polluendam perdendamque rem publicam relinquere sopor et ignavia videretur, etiam si tibi quam inhonesta, tam tuta servitus esset. Abiit iam et transvectum est tempus quo posses videri concupisse, confugiendum est ad imperium. An excidit trucidatus Corbulo? splendidior orgine quam nos sumus, fateor, sed et Nero nobilitate natalium Vitellium anteibat. Satis clarus est apud timentem quisquis timetur. Et posse ab exercitu principem fieri sibi ipse Vitellius documento, nullis stipendiis, nulla militari fama, Galbae odio provectus. Ne Othonem quidem ducis arte aut exercitus vi, sed praepropera ipsius desperatione victum, iam desiderabilem et magnum principem fecit, cum interim spargit legiones, exarmat cohortes, nova cotidie bello semina ministrat. Si quid ardoris ac ferociae miles habuit, popinis et

comissationibus et principis imitatione deteritur; tibi e Iudaea et Suria et Aegypto novem legiones integrae, nulla acie exhaustae, non discordia conruptae, sed firmatus usu miles et belli domitor externi; classium alarum cohortium robora et fidissimi reges et tua ante omnis experientia.

77 Nobis nihil ultra adrogabo quam ne post Valentem et Caecinam numeremur. Ne tamen Mucianum socium spreveris, quia aemulum non experiris. Me Vitellio antepono, te mihi. Tuae domui triumphale nomen, duo iuvenes, capax iam imperii alter et primis militiae annis apud Germanicos quoque exercitus clarus. Absurdum fuerit non cedere imperio ei cuius filium adoptaturus essem, si ipse imperarem. Ceterum inter nos non idem prosperarum adversarumque rerum ordo erit; nam si vincimus, honorem quem dederis habebo, discrimen ac pericula ex aequo patiemur. Immo, ut melius est, tu tuos exercitus rege, mihi bellum et proeliorum incerta trade. Acriore hodie disciplina victi quam victores agunt. Hos ira, odium, ultionis cupiditas ad virtutem accendit; illi per fastidium et contumacia hebescunt. Aperiet et recludet contecta et tumescentia victricium partium vulnera bellum ipsum; nec mihi maior in tua vigilantia parsimonia sapientia fiducia est quam in Vitellii torpore inscitia saevitia. Sed meliorem in bello causam quam in pace habemus; nam qui deliberant, desciverunt.'

Book IV., 5–8: Helvidius Priscus and Marcellus.

5 Helvidius Priscus e Caracinae municipio Cluviis, patre, qui ordinem primi pili duxisset, ingenium inlustre altioribus studiis iuvenis admodum dedit, non, ut plerique, ut nomine magnifico segne otium velaret, sed quo firmior adversus fortuita rem publicam capesseret. Doctores sapientiae

secutus est qui sola bona quae honesta, mala tantum quae turpia putant, potentiam nobilitatem ceteraque extra animum neque bonis neque malis adnumerant. Quaestorius adhuc a Paeto Thrasea gener delectus e moribus soceri nihil aeque ac libertatem hausit, civis, senator, maritus, gener, amicus, cunctis vitae officiis aequabilis, opum contemptor, recti pervicax, constans adversus metus.

Erant quibus adpetentior famae videretur, quando 6
etiam sapientibus cupido gloriae novissima exuitur. Ruina soceri in exilium pulsus, ut Galbae principatu rediit, Marcellum Eprium, delatorem Thraseae, accusare adgreditur. Ea ultio, incertum maior an iustior, senatum in studia diduxerat; nam si caderet Marcellus, agmen reorum sternebatur. Primo minax certamen et egregiis utriusque orationibus testatum; mox dubia voluntate Galbae, multis senatorum deprecantibus, omisit Priscus, variis, ut sunt hominum ingenia, sermonibus moderationem laudantium aut constantiam requirentium.

Ceterum eo senatus die quo de imperio Vespasiani censebant, placuerat mitti ad principem legatos. Hinc inter Helvidium et Eprium acre iurgium. Priscus eligi nominatim a magistratibus iuratis, Marcellus urnam postulabat quae consulis designati sententia fuerat.

Sed Marcelli studium proprius rubor excitabat, ne 7
aliis electis posthabitus crederetur. Paulatimque per altercationem ad continuas et infestas orationes provecti sunt, quaerente Helvidio, quid ita Marcellus iudicium magistratuum pavesceret: esse illi pecuniam et eloquentiam quis multos anteiret, ni memoria flagitiorum urgueretur. Sorte et urna mores non discerni, suffragia et existimationem senatus reperta, ut in cuiusque vitam famamque penetrarent. Pertinere ad utilitatem rei publicae, pertinere ad Vespasiani honorem occurrere illi quos innocentissimos senatus habeat, qui honestis sermonibus

auris imperatoris imbuant. Fuisse Vespasiano amicitiam cum Thrasea, Sorano, Sentio, quorum accusatores etiam si puniri non oporteat, ostentari non debere. Hoc senatus iudicio velut admoneri principem, quos probet, quos reformidet. Nullum maius boni imperii instrumentum quam bonos amicos esse. Satis Marcello, quod Neronem in exitium tot innocentium impulerit; frueretur praemiis et impunitate, Vespasianum melioribus relinqueret.

8 Marcellus non suam sententiam impugnari, sed consulem designatum censuisse dicebat, secundum vetera exempla quae sortem legationibus posuissent, ne ambitioni aut inimicitiis locus foret. Nihil evenisse, cur antiquitus instituta exolescerent aut principis honor in cuiusquam contumeliam verteretur; sufficere omnis obsequio. Id magis vitandum, ne pervicacia quorundam inritaretur animus novo principatu suspensus et vultus quoque ac sermones omnium circumspectans. Se meminisse temporum quibus natus sit, quam civitatis formam patres avique instituerint; ulteriora mirari, praesentia sequi; bonos imperatores voto expetere, qualiscumque tolerare. Non magis sua oratione Thraseam quam iudicio senatus adflictum; saevitiam Neronis per eius modi imagines inlusisse, nec minus sibi anxiam talem amicitiam quam aliis exilium. Denique constantia fortitudine Catonibus et Brutis aequaretur Helvidius: se unum esse ex illo senatu qui simul servierit. Suadere etiam Prisco, ne supra principem scanderet, ne Vespasianum senem triumphalem, iuvenum liberorum patrem, praeceptis coërceret. Quo modo pessimis imperatoribus sine fine dominationem, ita quamvis egregiis modum libertatis placere. Haec magnis utrimque contentionibus iactata diversis studiis accipiebantur. Vicit pars quae sortiri legatos malebat, etiam mediis patrum adnitentibus retinere morem; et splendidissimus quisque eodem inclinabat metu invidiae, si ipsi eligerentur.

Annales, Book IV., 32 f.: Tacitus on his Work.

Pleraque eorum quae rettuli quaeque referam, parva 32
forsitan et levia memoratu videri non nescius sum: sed nemo annalis nostros cum scriptura eorum contenderit qui veteres populi Romani res composuere. Ingentia illa bella, expugnationes urbium, fusos captosque reges, aut si quando ad interna praeverterent, discordias consulum adversum tribunos, agrarias frumentariasque leges, plebis et optimatium certamina libero egressu memorabant: nobis in arto et inglorius labor; inmota quippe aut modice lacessita pax, maestae urbis res et princeps proferendi imperii incuriosus erat. Non tamen sine usu fuerit introspicere illa primo adspectu levia ex quis magnarum saepe rerum motus oriuntur.

Nam cunctas nationes et urbis populus aut primo- 33
res aut singuli regunt; delecta ex iis et consociata rei publicae forma laudari facilius quam evenire, vel si evenit, haud diuturna esse potest. Igitur ut olim plebe valida, vel cum patres pollerent, noscenda vulgi natura et quibus modis temperanter haberetur, senatusque et optimatium ingenia qui maxime perdidicerant, callidi temporum et sapientes credebantur, sic converso statu neque alia re Romana, quam si unus imperitet, haec conquiri tradique in rem fuerit, quia pauci prudentia honesta ab deterioribus, utilia ab noxiis discernunt, plures aliorum eventis docentur. Ceterum ut profutura, ita minimum oblectationis adferunt. Nam situs gentium, varietates proeliorum, clari ducum

exitus retinent ac redintegrant legentium animum; nos saeva iussa, continuas accusationes, fallacis amicitias, perniciem innocentium et easdem exitu causas coniungimus, obvia rerum similitudine et satietate. Tum quod antiquis scriptoribus rarus obtrectator, neque refert cuiusquam Punicas Romanasve acies laetius extuleris; at multorum qui Tiberio regente poenam vel infamias subiere, posteri manent. Vtque familiae ipsae iam extinctae sint, reperies qui ob similitudinem morum aliena malefacta sibi obiectari putent. Etiam gloria ac virtus infensos habet, ut nimis ex propinquo diversa arguens. Sed ad inceptum redeo.

Book IV., 34 f.: On Freedom of Speech.

34 Cornelio Cosso Asinio Agrippa consulibus Cremutius Cordus postulatur, novo ac tunc primum audito crimine quod editis annalibus laudatoque M. Bruto C. Cassium Romanorum ultimum dixisset. Accusabant Satrius Secundus et Pinarius Natta, Seiani clientes. Id perniciabile reo et Caesar truci vultu defensionem accipiens quam Cremutius, relinquendae vitae certus, in hunc modum exorsus est: 'verba mea, patres conscripti, arguuntur, adeo factorum innocens sum. Sed neque haec in principem aut principis parentem quos lex maiestatis amplectitur. Brutum et Cassium laudavisse dicor, quorum res gestas cum plurimi composuerint, nemo sine honore memoravit. Titus Livius, eloquentiae ac fidei praeclarus in primis, Cn. Pompeium tantis laudibus tulit, ut Pompeianum eum Augustus adpellaret; neque id amicitiae eorum offecit. Scipionem, Afranium, hunc ipsum Cassium, hunc Brutum nusquam latrones et parricidas, quae nunc vocabula imponuntur, saepe ut insignis viros nominat. Asinii Pollionis scripta egregiam eorundem memoriam tradunt; Mes-

salla Corvinus imperatorem suum Cassium praedicabat, et uterque opibus atque honoribus perviguere. Marci Ciceronis libro quo Catonem caelo aequavit, quid aliud dictator Caesar quam rescripta oratione, velut apud iudices, respondit? Antonii epistulae, Bruti contiones falsa quidem in Augustum probra, sed multa cum acerbitate habent; carmina Bibaculi et Catulli referta contumeliis Caesarum leguntur, sed ipse divus Iulius, ipse divus Augustus et tulere ista et reliquere, haud facile dixerim, moderatione magis an sapientia. Namque spreta exolescunt; si irascare, adgnita videntur.

'Non adtingo Graecos quorum non modo libertas, 35
etiam libido impunita; aut si quis advertit, dictis dicta ultus est. Sed maxime solutum et sine obtrectatore fuit prodere de iis quos mors odio aut gratiae exemisset. Num enim armatis Cassio et Bruto ac Philippenses campos optinentibus belli civilis causa populum per contiones incendo? an illi quidem septuagensimum ante annum peremti, quo modo imaginibus suis noscuntur quas ne victor quidem abolevit, sic partem memoriae apud scriptores retinent? suum cuique decus posteritas rependit; nec deerunt, si damnatio ingruit qui non modo Cassii et Bruti, sed etiam mei meminerint.' Egressus dein senatu vitam abstinentia finivit. Libros per aediles cremandos censuere patres, sed manserunt, occultati et editi. Quo magis socordiam eorum inridere libet qui praesenti potentia credunt extingui posse etiam sequentis aevi memoriam. Nam contra punitis ingeniis gliscit auctoritas, neque aliud externi reges aut qui eadem saevitia usi sunt, nisi dedecus sibi atque illis gloriam peperere.

Book VI., 22 (28): Reflections on Fate.

22 (28.) Sed mihi haec ac talia audienti in incerto iudicium est, fatone res mortalium et necessitate inmutabili an forte volvantur. Quippe sapientissimos veterum quique sectas eorum aemulantur diversos reperies, ac multis insitam opinionem non initia nostri, non finem, non denique homines dis curae; ideo creberrime tristia in bonos, laeta apud deteriores esse. Contra alii fatum quidem ingruere rebus putant, sed non e vagis stellis, verum apud principia et nexus naturalium causarum; ac tamen electionem vitae nobis relinquunt quam ubi elegeris, certum inminentium ordinem. Neque mala vel bona quae vulgus putet: multos qui conflictari adversis videantur, beatos, at plerosque quamquam magnas per opes miserrimos, si illi gravem fortunam constanter tolerent, hi prospera inconsulte utantur. Ceterum plurimis mortalium non eximitur, quin primo cuiusque ortu ventura destinentur, sed quaedam secus quam dicta sint cadere, fallaciis ignara dicentium: ita conrumpi fidem artis, cuius clara documenta et antiqua aetas et nostra tulerit.

Book I., 1–4: Introduction.

1 Urbem Romam a principio reges habuere; libertatem et consulatum L. Brutus instituit. Dictaturae ad tempus sumebantur; neque decemviralis potestas ultra biennium, neque tribunorum militum consulare ius diu valuit. Non Cinnae, non Sullae longa dominatio; et Pompei Crassique potentia cito in Caesarem, Lepidi atque Antonii arma in Augustum cessere, qui cuncta discordiis civilibus fessa nomine principis sub imperium accepit. Sed veteris populi

Romani prospera vel adversa claris scriptoribus memorata sunt; temporibusque Augusti dicendis non defuere decora ingenia, donec gliscente adulatione deterrerentur. Tiberii Gaique et Claudii ac Neronis res florentibus ipsis ob metum falsae, postquam occiderant, recentibus odiis compositae sunt. Inde consilium mihi pauca de Augusto et extrema tradere, mox Tiberii principatum et cetera, sine ira et studio, quorum causas procul habeo.

Postquam Bruto et Cassio caesis nulla iam publica 2
arma, Pompeius apud Siciliam oppressus exutoque Lepido, interfecto Antonio ne Iulianis quidem partibus nisi Caesar dux reliquus, posito triumviri nomine consulem se ferens et ad tuendam plebem tribunicio iure contentum, ubi militem donis, populum annona, cunctos dulcedine otii pellexit, insurgere paulatim, munia senatus magistratuum legum in se trahere, nullo adversante, cum ferocissimi per acies aut proscriptione cecidissent, ceteri nobilium, quanto quis servitio promptior, opibus et honoribus extollerentur ac novis ex rebus aucti tuta et praesentia quam vetera et periculosa mallent. Neque provinciae illum rerum statum abnuebant, suspecto senatus populique imperio ob certamina potentium et avaritiam magistratuum, invalido legum auxilio, quae vi, ambitu, postremo pecunia turbabantur.

Ceterum Augustus subsidia dominationi Claudium Mar- 3
cellum, sororis filium, admodum adulescentem pontificatu et curuli aedilitate, M. Agrippam, ignobilem loco, bonum militia et victoriae socium, geminatis consulatibus extulit, mox defuncto Marcello generum sumpsit; Tiberium Neronem et Claudium Drusum privignos imperatoriis nominibus auxit, integra etiam tum domo sua. Nam genitos Agrippa Gaium ac Lucium in familiam Caesarum induxerat, necdum posita puerili praetexta principes iuventutis adpellari, destinari consules specie recusantis flagrantissime cupiverat. Vt Agrippa vita concessit, Lu-

cium Caesarem euntem ad Hispaniensis exercitus, Gaium remeantem Armenia et vulnere invalidum mors fato propera vel novercae Liviae dolus abstulit, Drusoque pridem extincto Nero solus e privignis erat, illuc cuncta vergere: filius, conlega imperii, consors tribuniciae potestatis adsumitur omnisque per exercitus ostentatur, non obscuris, ut antea, matris artibus, sed palam hortatu. Nam senem Augustum devinxerat adeo, uti nepotem unicum, Agrippam Postumum, in insulam Planasiam proiecerit, rudem sane bonarum artium et robore corporis stolide ferocem, nullius tamen flagitii compertum. At hercule Germanicum Druso ortum octo apud Rhenum legionibus imposuit adscirique per adoptionem a Tiberio iussit, quamquam esset in domo Tiberii filius iuvenis, sed quo pluribus munimentis insisteret.

Bellum ea tempestate nullum nisi adversus Germanos supererat, abolendae magis infamiae ob amissum cum Quintilio Varo exercitum quam cupidine proferendi imperii aut dignum ob praemium. Domi res tranquillae, eadem magistratuum vocabula; iuniores post Actiacam victoriam, etiam senes plerique inter bella civium nati: quotus quisque reliquus qui rem publicam vidisset?

4 Igitur verso civitatis statu nihil usquam prisci et integri moris: omnes exuta aequalitate iussa principis aspectare, nulla in praesens formidine, dum Augustus aetate validus seque et domum et pacem sustentavit. Postquam provecta iam senectus aegro et corpore fatigabatur aderatque finis et spes novae, pauci bona libertatis in cassum disserere, plures bellum pavescere, alii cupere. Pars multo maxima inminentis dominos variis rumoribus differebant: trucem Agrippam et ignominia accensum non aetate neque rerum experientia tantae moli parem, Tiberium Neronem maturum annis, spectatum bello, sed vetere atque insita Claudiae familiae superbia, multaque indicia

saevitiae, quamquam premantur, erumpere. Hunc et prima ab infantia eductum in domo regnatrice; congestos iuveni consulatus, triumphos; ne iis quidem annis quibus Rhodi specie secessus exul egerit, aliud quam iram et simulationem et secretas lubidines meditatum. Accedere matrem muliebri impotentia; serviendum feminae duobusque insuper adulescentibus qui rem publicam interim premant, quandoque distrahant.

Book I., 5–15: Death of Augustus and Succession of Tiberius.

Haec atque talia agitantibus gravescere valetudo Au- 5
gusti, et quidam scelus uxoris suspectabant. Quippe rumor incesserat, paucos ante mensis Augustum, electis consciis et comite uno Fabio Maximo, Planasiam vectum ad visendum Agrippam, multas illic utrimque lacrimas et signa caritatis spemque ex eo fore ut iuvenis penatibus avi redderetur: quod Maximum uxori Marciae aperuisse, illam Liviae. Gnarum id Caesari; neque multo post extincto Maximo, dubium an quaesita morte, auditos in funere eius Marciae gemitus semet incusantis, quod causa exitii marito fuisset. Vtcumque se ea res habuit, vixdum ingressus Illyricum Tiberius properis matris litteris accitur, neque satis compertum est, spirantem adhuc Augustum apud urbem Nolam an exanimem reppererit. Acribus namque custodiis domum et vias saepserat Livia, laetique interdum nuntii vulgabantur, donec provisis quae tempus monebat simul excessisse Augustum et rerum potiri Neronem fama eadem tulit.

Primum facinus novi principatus fuit Postumi Agrip- 6
pae caedes, quem ignarum inermumque quamvis firmatus animo centurio aegre confecit. Nihil de ea re Tiberius apud senatum disseruit; patris iussa simulabat quibus

praescripsisset tribuno custodiae adposito, ne cunctaretur Agrippam morte adficere, quandoque ipse supremum diem explevisset. Multa sine dubio saevaque Augustus de moribus adulescentis questus, ut exilium eius senatus consulto sanciretur, perfecerat; ceterum in nullius umquam suorum necem duravit neque mortem nepoti pro securitate privigni inlatam credibile erat. Propius vero Tiberium ac Liviam, illum metu, hanc novercalibus odiis, suspecti et invisi iuvenis caedem festinavisse. Nuntianti centurioni, ut mos militiae, factum esse quod imperasset, neque imperasse sese et rationem facti reddendam apud senatum respondit. Quod postquam Sallustius Crispus, particeps secretorum (is ad tribunum miserat codicillos) comperit, metuens ne reus subderetur, iuxta periculoso ficta seu vera promeret, monuit Liviam, ne arcana domus, ne consilia amicorum, ministeria militum vulgarentur, neve Tiberius vim principatus resolveret cuncta ad senatum vocando: eam condicionem esse imperandi, ut non aliter ratio constet quam si uni reddatur.

7 At Romae ruere in servitium consules, patres, eques. Quanto quis inlustrior, tanto magis falsi ac festinantes, vultuque composito, ne laeti excessu principis neu tristiores primordio, lacrimas gaudium, questus adulationem miscebant. Sex. Pompeius et Sex. Appuleius consules primi in verba Tiberii Caesaris iuravere, apudque eos Seius Strabo et C. Turranius, ille praetoriarum cohortium praefectus, hic annonae; mox senatus milesque et populus. Nam Tiberius cuncta per consules incipiebat, tamquam vetere re publica et ambiguus imperandi; ne edictum quidem quo patres in curiam vocabat, nisi tribuniciae potestatis praescriptione posuit sub Augusto acceptae. Verba edicti fuere pauca et sensu permodesto: de honoribus parentis consulturum neque abscedere a corpore idque unum ex publicis muneribus usurpare. Sed

defuncto Augusto signum praetoriis cohortibus ut imperator dederat; excubiae, arma, cetera aulae; miles in forum, miles in curiam comitabatur. Litteras ad exercitus tamquam adepto principatu misit, nusquam cunctabundus, nisi cum in senatu loqueretur. Causa praecipua ex formidine, ne Germanicus, in cuius manu tot legiones, inmensa sociorum auxilia, mirus apud populum favor, habere imperium quam expectare mallet. Dabat et famae, ut vocatus electusque potius a re publica videretur quam per uxorium ambitum et senili adoptione inrepsisse. Postea cognitum est ad introspiciendas etiam procerum voluntates inductam dubitationem, nam verba vultus in crimen detorquens recondebat.

8 Nihil primo senatus die agi passus est nisi de supremis Augusti, cuius testamentum inlatum per virgines Vestae Tiberium et Liviam heredes habuit. Livia in familiam Iuliam nomenque Augustum adsumebatur; in spem secundam nepotes pronepotesque, tertio gradu primores civitatis scripserat, plerosque invisos sibi, sed iactantia gloriaque ad posteros. Legata non ultra civilem modum, nisi quod populo et plebi quadringentiens triciens quinquiens, praetoriarum cohortium militibus singula nummum milia, urbanis quingenos, legionariis aut cohortibus civium Romanorum trecenos nummos viritim dedit. Tum consultatum de honoribus; ex quis, ut maxime insignes visi, ut porta triumphali duceretur funus, Gallus Asinius, ut legum latarum tituli, victarum ab eo gentium vocabula anteferentur, L. Arruntius censuere. Addebat Messala Valerius renovandum per annos sacramentum in nomen Tiberii; interrogatusque a Tiberio, num se mandante eam sententiam prompsisset, sponte dixisse respondit, neque in iis quae ad rem publicam pertinerent consilio nisi suo usurum, vel cum periculo offensionis. Ea sola species adulandi supererat. Conclamant patres corpus ad rogum umeris senatorum ferendum. Re-

misit Caesar adroganti moderatione, populumque edicto monuit ne, ut quondam nimiis studiis funus divi Iulii turbassent, ita Augustum in foro potius quam in campo Martis, sede destinata, cremari vellent. Die funeris milites velut praesidio stetere, multum inridentibus qui ipsi viderant quique a parentibus acceperant diem illum crudi adhuc servitii et libertatis inprospere repetitae, cum occisus dictator Caesar aliis pessimum, aliis pulcherrimum facinus videretur: nunc senem principem, longa potentia, provisis etiam heredum in rem publicam opibus, auxilio scilicet militari tuendum, ut sepultura eius quieta foret.

9 Multus hinc ipso de Augusto sermo, plerisque vana mirantibus, quod idem dies accepti quondam imperii princeps et vitae supremus, quod Nolae in domo et cubiculo in quo pater eius Octavius vitam finivisset. Numerus etiam consulatuum celebrabatur quo Valerium Corvum et C. Marium simul aequaverat, continuata per septem et triginta annos tribunicia potestas, nomen imperatoris semel atque viciens partum aliaque honorum multiplicata aut nova. At apud prudentes vita eius varie extollebatur arguebaturve. Hi pietate erga parentem et necessitudine rei publicae in qua nullus tunc legibus locus, ad arma civilia actum quae neque parari possent neque haberi per bonas artis. Multa Antonio, dum interfectores patris ulcisceretur, multa Lepido concessisse. Postquam hic socordia senuerit, ille per libidines pessum datus sit, non aliud discordantis patriae remedium fuisse quam ut ab uno regeretur. Non regno tamen neque dictatura, sed principis nomine constitutam rem publicam; mari Oceano aut amnibus longinquis saeptum imperium; legiones, provincias, classis, cuncta inter se conexa; ius apud civis, modestiam apud socios; urbem ipsam magnifico ornatu; pauca admodum vi tractata quo ceteris quies esset.

10 Dicebatur contra: pietatem erga parentem et tem-

pora rei publicae obtentui sumpta; ceterum cupidine dominandi concitos per largitionem veteranos, paratum ab adulescente privato exercitum, conruptas consulis legiones, simulatam Pompeianarum gratiam partium; mox ubi decreto patrum fascis et ius praetoris invaserit, caesis Hirtio et Pansa, sive hostis illos, seu Pansam venenum vulneri adfusum, sui milites Hirtium et machinator doli Caesar abstulerat, utriusque copias occupavisse; extortum invito senatu consulatum, armaque quae in Antonium acceperit contra rem publicam versa; proscriptionem civium, divisiones agrorum ne ipsis quidem qui fecere laudatas. Sane Cassii et Brutorum exitus paternis inimicitiis datos, quamquam fas sit privata odia publicis utilitatibus remittere, sed Pompeium imagine pacis, sed Lepidum specie amicitiae deceptos; post Antonium, Tarentino Brundisinoque foedere et nuptiis sororis inlectum, subdolae adfinitatis poenas morte exsolvisse. Pacem sine dubio post haec, verum cruentam: Lollianas Varianasque cladis, interfectos Romae Varrones, Egnatios, Iulos. Nec domesticis abstinebatur: abducta Neroni uxor et consulti per ludibrium pontifices, an concepto necdum edito partu rite nuberet; Q. † Tedii et Vedii Pollionis luxus; postremo Livia gravis in rem publicam mater, gravis domui Caesarum noverca. Nihil deorum honoribus relictum, cum se templis et effigie numinum per flamines et sacerdotes coli vellet. Ne Tiberium quidem caritate aut rei publicae cura successorem adscitum, sed quoniam adrogantiam saevitiamque eius introspexerit, comparatione deterrima sibi gloriam quaesivisse. Etenim Augustus paucis ante annis, cum Tiberio tribuniciam potestatem a patribus rursum postularet, quamquam honora oratione, quaedam de habitu cultuque et institutis eius iecerat quae velut excusando exprobraret. Ceterum sepultura more perfecta templum et caelestes religiones decernuntur.

11 Versae inde ad Tiberium preces. Et ille varie disserebat de magnitudine imperii, sua modestia. Solam divi Augusti mentem tantae molis capacem; se in partem curarum ab illo vocatum experiendo didicisse quam arduum, quam subiectum fortunae regendi cuncta onus. Proinde in civitate tot inlustribus viris subnixa non ad unum omnia deferrent, pluris facilius munia rei publicae sociatis laboribus exsecuturos. Plus in oratione tali dignitatis quam fidei erat; Tiberioque etiam in rebus quas non occuleret, seu natura sive adsuetudine, suspensa semper et obscura verba: tunc vero nitenti, ut sensus suos penitus abderet, in incertum et ambiguum magis implicabantur. At patres quibus unus metus, si intellegere viderentur, in questus lacrimas vota effundi; ad deos, ad effigiem Augusti, ad genua ipsius manus tendere, cum proferri libellum recitarique iussit. Opes publicae continebantur, quantum civium sociorumque in armis, quot classes, regna, provinciae, tributa aut vectigalia, et necessitates ac largitiones. Quae cuncta sua manu perscripserat Augustus addideratque consilium coercendi intra terminos imperii, incertum metu an per invidiam.

12 Inter quae senatu ad infimas obtestationes procumbente, dixit forte Tiberius se ut non toti rei publicae parem, ita quaecumque pars sibi mandaretur, eius tutelam suscepturum. Tum Asinius Gallus 'interrogo,' inquit, 'Caesar, quam partem rei publicae mandari tibi velis.' Perculsus improvisa interrogatione paulum reticuit, dein conlecto animo respondit nequaquam decorum pudori suo legere aliquid aut evitare ex eo cui in universum excusari mallet. Rursum Gallus (etenim vultu offensionem coniectaverat) non idcirco interrogatum ait, ut divideret quae separari nequirent, sed ut sua confessione argueretur, unum esse rei publicae corpus atque unius animo regendum. Addidit laudem de Augusto Tiberiumque ipsum

victoriarum suarum quaeque in toga per tot annos egregie fecisset admonuit. Nec ideo iram eius lenivit, pridem invisus, tamquam ducta in matrimonium Vipsania, M. Agrippae filia, quae quondam Tiberii uxor fuerat, plus quam civilia agitaret Pollionisque Asinii patris ferociam retineret.

13 Post quae L. Arruntius haud multum discrepans a Galli oratione perinde offendit, quamquam Tiberio nulla vetus in Arruntium ira, sed divitem, promptum, artibus egregiis et pari fama publice, suspectabat. Quippe Augustus supremis sermonibus cum tractaret, quinam adipisci principem locum suffecturi abnuerent aut imparis vellent vel idem possent cuperentque, M. Lepidum dixerat capacem sed adspernantem, Gallum Asinium avidum et minorem, L. Arruntium non indignum et, si casus daretur, ausurum. De prioribus consentitur, pro Arruntio quidam Cn. Pisonem tradidere; omnesque praeter Lepidum variis mox criminibus struente Tiberio circumventi sunt. Etiam Q. Haterius et Mamercus Scaurus suspicacem animum perstrinxere, Haterius cum dixisset 'quousque patieris, Caesar, non adesse caput rei publicae?' Scaurus quia dixerat, spem esse ex eo non inritas fore senatus preces, quod relationi consulum iure tribuniciae potestatis non intercessisset. In Haterium statim invectus est; Scaurum, cui implacabilius irascebatur, silentio tramisit. Fessusque clamore omnium, expostulatione singulorum flexit paulatim, non ut fateretur suscipi a se imperium, sed ut negare et rogari desineret. Constat Haterium, cum deprecandi causa Palatium introisset ambulantisque Tiberii genua advolveretur, prope a militibus interfectum, quia Tiberius casu an manibus eius impeditus prociderat. Neque tamen periculo talis viri mitigatus est, donec Haterius Augustam oraret eiusque curatissimis precibus protegeretur.

14 Multa patrum et in Augustam adulatio. Alii parentem, alii matrem patriae adpellandam, plerique ut nomini Caesaris adscriberetur 'Iuliae filius' censebant. Ille moderandos feminarum honores dictitans eademque se temperantia usurum in iis quae sibi tribuerentur, ceterum anxius invidia et muliebre fastigium in deminutionem sui accipiens ne lictorem quidem ei decerni passus est aramque adoptionis et alia huiusce modi prohibuit. At Germanico Caesari proconsulare imperium petivit, missique legati qui deferrent, simul maestitiam eius ob excessum Augusti solarentur. Quo minus idem pro Druso postularetur, ea causa quod designatus consul Drusus praesensque erat. Candidatos praeturae duodecim nominavit, numerum ab Augusto traditum; et hortante senatu ut augeret, iure iurando obstrinxit se non excessurum.

15 Tum primum e campo comitia ad patres translata sunt, nam ad eam diem, etsi potissima arbitrio principis, quaedam tamen studiis tribuum fiebant. Neque populus ademptum ius questus est nisi inani rumore, et senatus largitionibus ac precibus sordidis exsolutus libens tenuit, moderante Tiberio, ne pluris quam quattuor candidatos commendaret, sine repulsa et ambitu designandos. Inter quae tribuni plebei petivere, ut proprio sumptu ederent ludos qui de nomine Augusti fastis additi Augustales vocarentur. Sed decreta pecunia ex aerario, utque per circum triumphali vesti uterentur, curru vehi haud permissum. Mox celebratio ad praetorem translata cui inter civis et peregrinos iurisdictio evenisset.

Book I., 16–30: Revolt of the Pannonian Legions.

16 Hic rerum urbanarum status erat, cum Pannonicas legiones seditio incessit, nullis novis causis, nisi quod mu-

tatus princeps licentiam turbarum et ex civili bello spem praemiorum ostendebat. Castris aestivis tres simul legiones habebantur, praesidente Iunio Blaeso qui fine Augusti et initiis Tiberii auditis ob iustitium aut gaudium intermiserat solita munia. Eo principio lascivire miles, discordare, pessimi cuiusque sermonibus praebere auris, denique luxum et otium cupere, disciplinam et laborem aspernari. Erat in castris Percennius quidam, dux olim theatralium operarum, dein gregarius miles, procax lingua et miscere coetus histrionali studio doctus. Is imperitos animos et quaenam post Augustum militiae condicio ambigentis impellere paulatim nocturnis conloquiis aut flexo in vesperam die et dilapsis melioribus deterrimum quemque congregare.

Postremo promptis iam et aliis seditionis ministris 17
velut contionabundus interrogabat, cur paucis centurionibus, paucioribus tribunis in modum servorum oboedirent. Quando ausuros exposcere remedia, nisi novum et nutantem adhuc principem precibus vel armis adirent? satis per tot annos ignavia peccatum quod tricena aut quadragena stipendia senes et plerique truncato ex vulneribus corpore tolerent. Ne dimissis quidem finem esse militiae, sed apud vexillum tendentis alio vocabulo eosdem labores perferre. Ac si quis tot casus vita superaverit, trahi adhuc diversas in terras, ubi per nomen agrorum uligines paludum vel inculta montium accipiant. Enimvero militiam ipsam gravem, infructuosam; denis in diem assibus animam et corpus aestimari; hinc vestem arma tentoria, hinc saevitiam centurionum et vacationes munerum redimi. At hercule verbera et vulnera, duram hiemem, exercitas aestates, bellum atrox aut sterilem pacem sempiterna. Nec aliud levamentum quam si certis sub legibus militia iniretur, ut singulos denarios mererent, sextus decumus stipendii annus finem adferret, ne ultra sub vexillis tene-

rentur, sed isdem in castris praemium pecunia solveretur. An praetorias cohortis quae binos denarios acceperint, quae post sedecim annos penatibus suis reddantur, plus periculorum suscipere? non obtrectari a se urbanas excubias, sibi tamen apud horridas gentis e contuberniis hostem adspici.

18 Adstrepebat vulgus, diversis incitamentis, hi verberum notas, illi canitiem, plurimi detrita tegmina et nudum corpus exprobrantes. Postremo eo furoris venere, ut tris legiones miscere in unam agitaverint. Depulsi aemulatione, quia suae quisque legioni eum honorem quaerebant, alio vertunt atque una tris aquilas et signa cohortium locant; simul congerunt caespites, exstruunt tribunal quo magis conspicua sedes foret. Properantibus Blaesus advenit, increpabatque ac retinebat singulos, clamitans 'mea potius caede imbuite manus, leviore flagitio legatum interficietis quam ab imperatore desciscitis. Aut incolumis fidem legionum retinebo, aut iugulatus paenitentiam adcelerabo.'

19 Aggerabatur nihilo minus caespes iamque pectori usque adcreverat, cum tandem pervicacia victi inceptum omisere. Blaesus multa dicendi arte non per seditionem et turbas desideria militum ad Caesarem ferenda ait, neque veteres ab imperatoribus priscis neque ipsos a divo Augusto tam nova petivisse; et parum in tempore incipientis principis curas onerari. Si tamen tenderent in pace temptare quae ne civilium quidem bellorum victores expostulaverint, cur contra morem obsequii, contra fas disciplinae vim meditentur? decernerent legatos seque coram mandata darent. Adclamavere ut filius Blaesi tribunus legatione ea fungeretur peteretque militibus missionem ab sedecim annis, cetera mandaturos, ubi prima provenissent. Profecto iuvene modicum otium, sed superbire miles, quod filius legati orator publicae causae satis osten-

deret necessitate expressa quae per modestiam non obtinuissent.

20 Interea manipuli ante coeptam seditionem Nauportum missi ob itinera et pontis et alios usus, postquam turbatum in castris accepere, vexilla convellunt direptisque proximis vicis ipsoque Nauporto, quod municipii instar erat, retinentis centuriones inrisu et contumeliis, postremo verberibus insectantur, praecipua in Aufidienum Rufum praefectum castrorum ira, quem dereptum vehiculo sarcinis gravant aguntque primo in agmine, per ludibrium rogitantes an tam inmensa onera, tam longa itinera libenter ferret. Quippe Rufus diu manipularis, dein centurio, mox castris praefectus, antiquam duramque militiam revocabat, vetus operis ac laboris et eo inmitior, quia toleraverat.

21 Horum adventu redintegratur seditio et vagi circumiecta populabantur. Blaesus paucos, maxime praeda onustos, ad terrorem ceterorum adfici verberibus, claudi carcere iubet, nam etiam tum legato a centurionibus et optimo quoque manipularium parebatur. Illi obniti trahentibus, prensare circumstantium genua, ciere modo nomina singulorum, modo centuriam quisque cuius manipularis erat, cohortem, legionem, eadem omnibus inminere clamitantes. Simul probra in legatum cumulant, caelum ac deos obtestantur, nihil reliqui faciunt quo minus invidiam misericordiam metum et iras permoverent. Adcurritur ab universis, et carcere effracto solvunt vincula desertoresque ac rerum capitalium damnatos sibi iam miscent.

22 Flagrantior inde vis, plures seditioni duces. Et Vibulenus quidam gregarius miles, ante tribunal Blaesi adlevatus circumstantium umeris, apud turbatos et quid pararet intentos 'vos quidem,' inquit, 'his innocentibus et miserrimis lucem et spiritum reddidistis: sed quis fratri

meo vitam, quis fratrem mihi reddit? quem missum ad vos a Germanico exercitu de conmunibus conmodis nocte proxima iugulavit per gladiatores suos, quos in exitium militum habet atque armat. Responde, Blaese, ubi cadaver abieceris, ne hostes quidem sepultura invident. Cum osculis, cum lacrimis dolorem meum implevero, me quoque trucidari iube, dum interfectos nullam ob scelus, sed quia utilitati legionum consulebamus, hi sepeliant.'

23 Incendebat haec fletu et pectus atque os manibus verberans. Mox disiectis quorum per umeros sustinebatur, praeceps et singulorum pedibus advolutus tantum consternationis invidiaeque concivit, ut pars militum gladiatores qui e servitio Blaesi erant, pars ceteram eiusdem familiam vincirent, alii ad quaerendum corpus effunderentur. Ac ni propere neque corpus ullum reperiri et servos adhibitis cruciatibus abnuere caedem, neque illi fuisse umquam fratrem pernotuisset, haud multum ab exitio legati aberant. Tribunos tamen ac praefectum castrorum extrusere, sarcinae fugientium direptae, et centurio Lucilius interficitur, cui militaribus facetiis vocabulum 'cedo alteram' indiderant, quia fracta vite in tergo militis alteram clara voce ac rursus aliam poscebat. Ceteros latebrae texere, uno retento Clemente Iulio, qui perferendis militum mandatis habebatur idoneus ob promptum ingenium. Quin ipsae inter se legiones octava et quinta decuma ferrum parabant, dum centurionem cognomento Sirpicum illa morti deposcit, quintadecumani tuentur, ni miles nonanus preces et adversum aspernantis minas interiecisset.

24 Haec audita quamquam abstrusum et tristissima quaeque maxime occultantem Tiberium perpulere, ut Drusum filium cum primoribus civitatis duabusque praetoriis cohortibus mitteret, nullis satis certis mandatis, ex re consulturum. Et cohortes delecto milite supra solitum firmatae. Additur magna pars praetoriani equitis et ro-

bora Germanorum, qui tum custodes imperatori aderant; simul praetorii praefectus Aelius Seianus, conlega Straboni patri suo datus, magna apud Tiberium auctoritate, rector iuveni et ceteris periculorum praemiorumque ostentator. Druso propinquanti quasi per officium obviae fuere legiones, non laetae, ut adsolet, neque insignibus fulgentes, sed inluvie deformi et vultu, quamquam maestitiam imitarentur, contumaciae propiores.

Postquam vallum introiit, portas stationibus firmant, 25
globos armatorum certis castrorum locis opperiri iubent: ceteri tribunal ingenti agmine circumveniunt. Stabat Drusus silentium manu poscens. Illi quotiens oculos ad multitudinem rettulerant, vocibus truculentis strepere, rursum viso Caesare trepidare; murmur incertum, atrox clamor et repente quies; diversis animorum motibus pavebant terrebantque. Tandem interrupto tumultu litteras patris recitat in quis perscriptum erat, praecipuam ipsi fortissimarum legionum curam, quibuscum plurima bella toleravisset; ubi primum a luctu requiesset animus, acturum apud patres de postulatis eorum; misisse interim filium, ut sine cunctatione concederet quae statim tribui possent; cetera senatui servanda quem neque gratiae neque severitatis expertem haberi par esset.

Responsum est a contione, mandata Clementi centu- 26
rioni quae perferret. Is orditur de missione a sedecim annis, de praemiis finitae militiae, ut denarius diurnum stipendium foret, ne veterani sub vexillo haberentur. Ad ea Drusus cum arbitrium senatus et patris obtenderet, clamore turbatur. Cur venisset, neque augendis militum stipendiis neque adlevandis laboribus, denique nulla bene faciendi licentia? at hercule verbera et necem cunctis permitti. Tiberium olim nomine Augusti desideria legionum frustrari solitum, easdem artis Drusum rettulisse. Numquamne ad se nisi filios familiarum venturos? novum

id plane quod imperator sola militis conmoda ad senatum reiciat. Eundem ergo senatum consulendum, quotiens supplicia aut proelia indicantur; an praemia sub dominis, poenas sine arbitro esse?

27 Postremo deserunt tribunal, ut quis praetorianorum militum amicorumve Caesaris occurreret, manus intentantes, causam discordiae et initium armorum, maxime infensi Cn. Lentulo, quod is ante alios aetate et gloria belli firmare Drusum credebatur et illa militiae flagitia primus aspernari. Nec multo post digredientem cum Caesare ac provisu periculi hiberna castra repetentem circumsistunt, rogitantes quo pergeret, ad imperatorem an ad patres, ut illic quoque conmodis legionum adversaretur; simul ingruunt, saxa iaciunt. Iamque lapidis ictu cruentus et exitii certus adcursu multitudinis quae cum Druso advenerat protectus est.

28 Noctem minacem et in scelus erupturam fors lenivit, nam luna claro repente caelo visa languescere. Id miles rationis ignarus omen praesentium accepit, suis laboribus defectionem sideris adsimulans, prospereque cessura qua pergerent, si fulgor et claritudo deae redderetur. Igitur aeris sono, tubarum cornuumque concentu strepere; prout splendidior obscuriorve, laetari aut maerere; et postquam ortae nubes offecere visui creditumque conditam tenebris, ut sunt mobiles ad superstitionem perculsae semel mentes, sibi aeternum laborem portendi, sua facinora aversari deos lamentantur. Vtendum inclinatione ea Caesar et quae casus obtulerat in sapientiam vertenda ratus circumiri tentoria iubet; accitur centurio Clemens et si alii bonis artibus grati in vulgus. Hi vigiliis, stationibus, custodiis portarum se inserunt, spem offerunt, metum intendunt. 'Quousque filium imperatoris obsidebimus? quis certaminum finis? Percennione et Vibuleno sacramentum dicturi sumus? Percennius et Vibulenus stipendia militibus,

agros emeritis largientur? denique pro Neronibus et Drusis imperium populi Romani capessent? quin potius, ut novissimi in culpam, ita primi ad paenitentiam sumus? tarda sunt quae in conmune expostulantur; privatam gratiam statim mereare, statim recipias.' Conmotis per haec mentibus et inter se suspectis, tironem a veterano, legionem a legione dissociant. Tum redire paulatim amor obsequii: omittunt portas, signa unum in locum principio seditionis congregata suas in sedes referunt.

29 Drusus orto die et vocata contione, quamquam rudis dicendi, nobilitate ingenita incusat priora, probat praesentia; negat se terrore et minis vinci, flexos ad modestiam si videat, si supplices audiat, scripturum patri ut placatus legionum preces exciperet. Orantibus rursum idem Blaesus et L. Apronius, eques Romanus e cohorte Drusi, Iustusque Catonius, primi ordinis centurio, ad Tiberium mittuntur. Certatum inde sententiis, cum alii opperiendos legatos atque interim comitate permulcendum militem censerent, alii fortioribus remediis agendum. Nihil in vulgo modicum; terrere, ni paveant, ubi pertimuerint, impune contemni, dum superstitio urgeat, adiciendos ex duce metus sublatis seditionis auctoribus. Promptum ad asperiora ingenium Druso erat, vocatos Vibulenum et Percennium interfici iubet. Tradunt plerique intra tabernaculum ducis obrutos, alii corpora extra vallum abiecta ostentui.

30 Tum ut quisque praecipuus turbator conquisiti et pars, extra castra palantes, a centurionibus aut praetoriarum cohortium militibus caesi; quosdam ipsi manipuli documentum fidei tradidere. Auxerat militum curas praematura hiems imbribus continuis adeoque saevis, ut non egredi tentoria, congregari inter se, vix tutari signa possent quae turbine atque unda raptabantur. Durabat et formido caelestis irae, nec frustra adversus impios hebe-

scere sidera, ruere tempestates: non aliud malorum levamentum quam si linquerent castra infausta temerataque et soluti piaculo suis quisque hibernis redderentur. Primum octava, dein quinta decuma legio rediere; nonanus opperiendas Tiberii epistulas clamitaverat, mox desolatus aliorum discessione inminentem necessitatem sponte praevenit. Et Drusus non expectato legatorum regressu, quia praesentia satis consederant, in urbem rediit.

Book II., 69–73, 75: Death of Germanicus.

69 Germanicus Aegypto remeans cuncta quae apud legiones aut urbes iusserat, abolita vel in contrarium versa cognoscit. Hinc graves in Pisonem contumeliae, nec minus acerba quae ab illo in Caesarem intentabantur. Dein Piso abire Suria statuit. Mox adversa Germanici valetudine detentus, ubi recreatum accepit votaque pro incolumitate solvebantur, admotas hostias, sacrificalem adparatum, festam Antiochensium plebem per lictores proturbat. Tum Seleuciam degreditur, opperiens aegritudinem quae rursum Germanico acciderat. Saevam vim morbi augebat persuasio veneni a Pisone accepti; et reperiebantur solo ac parietibus erutae humanorum corporum reliquiae, carmina et devotiones et nomen Germanici plumbeis tabulis insculptum, semusti cineres ac tabo obliti aliaque malefica, quis creditur animas numinibus infernis sacrari. Simul missi a Pisone incusabantur, ut valetudinis adversa rimantes.

70 Ea Germanico haud minus ira quam per metum accepta. Si limen obsideretur, si effundendus spiritus sub oculis inimicorum foret, quid deinde miserrimae coniugi, quid infantibus liberis eventurum? lenta videri veneficia, festinare et urguere, ut provinciam, ut legiones solus ha-

beat. Sed non usque eo defectum Germanicum neque praemia caedis apud interfectorem mansura. Componit epistulas quis amicitiam ei renuntiabat, addunt plerique iussum provincia decedere. Nec Piso moratus ultra navis solvit, moderabaturque cursui, quo propius regrederetur, si mors Germanici Suriam aperuisset.

Caesar paulisper ad spem erectus, dein fesso corpore, 71
ubi finis aderat, adsistentes amicos in hunc modum adloquitur: 'si fato concederem, iustus mihi dolor etiam adversus deos esset, quod me parentibus liberis patriae intra iuventam praematuro exitu raperent, nunc scelere Pisonis et Plancinae interceptus ultimas preces pectoribus vestris relinquo; referatis patri ac fratri, quibus acerbitatibus dilaceratus, quibus insidiis circumventus miserrimam vitam pessima morte finierim. Si quos spes meae, si quos propinquus sanguis, etiam quos invidia erga viventem movebat, inlacrimabunt quondam florentem et tot bellorum superstitem muliebri fraude cecidisse. Erit vobis locus querendi apud senatum, invocandi leges. Non hoc praecipuum amicorum munus est, prosequi defunctum ignavo questu, sed quae voluerit meminisse, quae mandaverit exsequi. Flebunt Germanicum etiam ignoti; vindicabitis vos, si me potius quam fortunam meam fovebatis. Ostendite populo Romano divi Augusti neptem eandemque coniugem meam, numerate sex liberos. Misericordia cum accusantibus erit, fingentibusque scelesta mandata aut non credent homines aut non ignoscent.' Iuravere amici, dextram morientis contingentes, spiritum ante quam ultionem amissuros.

Tum ad uxorem versus per memoriam sui, per com- 72
munis liberos oravit, exueret ferociam, saevienti fortunae submitteret animum, neu regressa in urbem aemulatione potentiae vălidiores inritaret. Haec palam et alia secreto per quae ostendere credebatur metum ex Tiberio. Neque

multo post extinguitur, ingenti luctu provinciae et circumiacentium populorum. Indoluere exterae nationes regesque: tanta illi comitas in socios, mansuetudo in hostis; visuque et auditu iuxta venerabilis, cum magnitudinem et gravitatem summae fortunae retineret, invidiam et adrogantiam effugerat.

73 Funus sine imaginibus et pompa per laudes ac memoriam virtutum eius celebre fuit. Et erant qui formam, aetatem, genus mortis ob propinquitatem etiam locorum in quibus interiit, Magni Alexandri fatis adaequarent. Nam utrumque corpore decoro, haud multum triginta annos egressum, suorum insidiis externas inter gentis occidisse; sed hunc mitem erga amicos, modicum voluptatum, uno matrimonio, certis liberis egisse, neque minus proeliatorem, etiam si temeritas afuerit praepeditusque sit perculsas tot victoriis Germanias servitio premere. Quod si solus arbiter rerum, si iure et nomine regio fuisset, tanto promptius adsecuturum gloriam militiae, quantum clementia, temperantia, ceteris bonis artibus praestitisset. Corpus antequam cremaretur nudatum in foro Antiochensium, qui locus sepulturae destinabatur, praetuleritne veneficii signa, parum constitit; nam ut quis misericordia in Germanicum et praesumpta suspicione aut favore in Pisonem pronior, diversi interpretabantur. [. . .]

75 Agrippina, quamquam defessa luctu et corpore aegro, omnium tamen quae ultionem morarentur intolerans, ascendit classem cum cineribus Germanici et liberis, miserantibus cunctis, quod femina nobilitate princeps, pulcherrimo modo matrimonio inter venerantis gratantisque adspici solita, tunc feralis reliquias sinu ferret, incerta ultionis, anxia sui et infelici fecunditate fortunae totiens obnoxia. Pisonem interim apud Coum insulam nuntius adsequitur excessisse Germanicum. Quo intem-

peranter accepto caedit victimas, adit templa, neque ipse gaudium moderans et magis insolescente Plancina, quae luctum amissae sororis tum primum laeto cultu mutavit.

Book III., 1–6: Funeral of Germanicus.

Nihil intermissa navigatione hiberni maris Agrippina 1
Corcyram insulam advehitur, litora Calabriae contra sitam. Illic paucos dies componendo animo insumit, violenta luctu et nescia tolerandi. Interim adventu eius audito intimus quisque amicorum et plerique militares, ut quique sub Germanico stipendia fecerant, multique etiam ignoti vicinis e municipiis, pars officium in principem rati, plures illos secuti, ruere ad oppidum Brundisium, quod naviganti celerrimum fidissimumque adpulsu erat. Atque ubi primum ex alto visa classis, complentur non modo portus et proxima maris, sed moenia ac tecta, quaque longissime prospectari poterat, maerentium turba et rogitantium inter se, silentione an voce aliqua egredientem exciperent. Neque satis constabat quid pro tempore foret, cum classis paulatim successit, non alacri, ut adsolet, remigio, sed cunctis ad tristitiam compositis. Postquam duobus cum liberis, feralem urnam tenens, egressa navi defixit oculos, idem omnium gemitus; neque discerneres proximos alienos, virorum feminarumve planctus, nisi quod comitatum Agrippinae longo maerore fessum obvii et recentes in dolore anteibant.

Miserat duas praetorias cohortis Caesar, addito ut magi- 2
stratus Calabriae Apulique et Campani suprema erga memoriam filii sui munia fungerentur. Igitur tribunorum centurionumque umeris cineres portabantur; praecedebant incompta signa, versi fasces; atque ubi colonias transgrederentur, atrata plebes, trabeati equites pro opibus

loci vestem odores aliaque funerum sollemnia cremabant. Etiam quorum diversa oppida, tamen obvii et victimas atque aras dis Manibus statuentes lacrimis et conclamationibus dolorem testabantur. Drusus Tarracinam progressus est cum Claudio fratre liberisque Germanici qui in urbe fuerant. Consules M. Valerius et M. Aurelius (iam enim magistratum occeperant) et senatus ac magna pars populi viam complevere, disiecti et ut cuique libitum flentes; aberat quippe adulatio, gnaris omnibus laetam Tiberio Germanici mortem male dissimulari.

3 Tiberius atque Augusta publico abstinuere, inferius maiestate sua rati, si palam lamentarentur, an ne omnium oculis vultum eorum scrutantibus falsi intellegerentur. Matrem Antoniam non apud auctores rerum, non diurna actorum scriptura reperio ullo insigni officio functam, cum super Agrippinam et Drusum et Claudium ceteri quoque consanguinei nominatim perscripti sint, seu valetudine praepediebatur, seu victus luctu animus magnitudinem mali perferre visu non toleravit. Facilius crediderim Tiberio et Augusta, qui domo non excedebant, cohibitam, ut par maeror et matris exemplo avia quoque et patruus adtineri viderentur.

4 Dies quo reliquiae tumulo Augusti inferebantur, modo per silentium vastus, modo ploratibus inquies; plena urbis itinera, conlucentes per campum Martis faces. Illic miles cum armis, sine insignibus magistratus, populus per tribus concidisse rem publicam, nihil spei reliquum clamitabant, promptius apertiusque quam ut meminisse imperitantium crederes. Nihil tamen Tiberium magis penetravit quam studia hominum accensa in Agrippinam, cum decus patriae, solum Augusti sanguinem, unicum antiquitatis specimen adpellarent versique ad caelum ac deos integram illi subolem ac superstitem iniquorum precarentur.

Fuere qui publici funeris pompam requirerent compa- 5
rarentque quae in Drusum patrem Germanici honora et magnifica Augustus fecisset. Ipsum quippe asperrimo hiemis Ticinum usque progressum neque abscedentem a corpore simul urbem intravisse, circumfusas lecto Claudiorum Iuliorumque imagines, defletum in foro, laudatum pro rostris, cuncta a maioribus reperta aut quae posteri invenerint cumulata, at Germanico ne solitos quidem et cuicumque nobili debitos honores contigisse. Sane corpus ob longinquitatem itinerum externis terris quoquo modo crematum, sed tanto plura decora mox tribui par fuisse, quanto prima fors negavisset. Non fratrem, nisi unius diei via, non patruum saltem porta tenus obvium. Vbi illa veterum instituta, propositam toro effigiem, meditata ad memoriam virtutis carmina et laudationes, et lacrimas vel doloris imitamenta?

Gnarum id Tiberio fuit; utque premeret vulgi sermo- 6
nes, monuit edicto multos inlustrium Romanorum ob rem publicam obisse, neminem tam flagranti desiderio celebratum. Idque et sibi et cunctis egregium, si modus adiceretur. Non enim eadem decora principibus viris et imperatori populo quae modicis domibus aut civitatibus. Convenisse recenti dolori luctum et ex maerore solacia; sed referendum iam animum ad firmitudinem, ut quondam divus Iulius amissa unica filia, ut divus Augustus ereptis nepotibus abstruserint tristitiam. Nil opus vetustioribus exemplis, quotiens populus Romanus cladis exercituum, interitum ducum, funditus amissas nobilis familias constanter tulerit. Principes mortalis, rem publicam aeternam esse. Proin repeterent sollemnia et, quia ludorum Megalesium spectaculum suberat, etiam voluptates resumerent.

Book XIII., 1–5: The Beginning of Nero's Reign.

1 Prima novo principatu mors Iunii Silani proconsulis Asiae ignaro Nerone per dolum Agrippinae paratur, non quia ingenii violentia exitium inritaverat, segnis et dominationibus aliis fastiditus, adeo ut Gaius Caesar pecudem auream eum adpellare solitus sit; verum Agrippina fratri eius L. Silano necem molita ultorem metuebat, crebra vulgi fama anteponendum esse vixdum pueritiam egresso Neroni et imperium per scelus adepto virum aetate composita, insontem, nobilem et, quod tunc spectaretur, e Caesarum posteris: quippe et Silanus divi Augusti abnepos erat. Haec causa necis. Ministri fuere P. Celer eques Romanus et Helius libertus, rei familiari principis in Asia impositi. Ab his proconsuli venenum inter epulas datum est apertius, quam ut fallerent. Nec minus properato Narcissus, Claudii libertus, de cuius iurgiis adversus Agrippinam rettuli, aspera custodia et necessitate extrema ad mortem agitur, invito principe, cuius abditis adhuc vitiis per avaritiam ac prodigentiam mire congruebat.

2 Ibaturque in caedis, nisi Afranius Burrus et Annaeus Seneca obviam issent. Hi rectores imperatoriae iuventae et, rarum in societate potentiae, concordes, diversa arte ex aequo pollebant, Burrus militaribus curis et severitate morum, Seneca praeceptis eloquentiae et comitate honesta, iuvantes in vicem, quo facilius lubricam principis aetatem, si virtutem aspernaretur, voluptatibus concessis retinerent. Certamen utrique unum erat contra ferociam Agrippinae, quae cunctis malae dominationis cupidinibus flagrans habebat in partibus Pallantem, quo auctore Claudius nuptiis incestis et adoptione exitiosa semet perverterat. Sed neque Neroni infra servos ingenium, et Pallas tristi adro-

gantia modum liberti egressus taedium sui moverat. Propalam tamen omnes in eam honores cumulabantur, signumque more militiae petenti tribuno dedit optimae matris. Decreti et a senatu duo lictores, flamonium Claudiale, simul Claudio censorium funus et mox consecratio.

Die funeris laudationem eius princeps exorsus est, dum 3
antiquitatem generis, consulatus ac triumphos maiorum enumerabat, intentus ipse et ceteri; liberalium quoque artium conmemoratio et nihil regente eo triste rei publicae ab externis accidisse pronis animis audita, postquam ad providentiam sapientiamque flexit, nemo risui temperare, quamquam oratio a Seneca composita multum cultus praeferret, ut fuit illi viro ingenium amoenum et temporis eius auribus accommodatum. Adnotabant seniores quibus otiosum est vetera et praesentia contendere, primum ex iis qui rerum potiti essent, Neronem alienae facundiae eguisse. Nam dictator Caesar summis oratoribus aemulus et Augusto prompta ac profluens quaeque deceret principem eloquentia fuit. Tiberius artem quoque callebat qua verba expenderet, tum validus sensibus aut consulto ambiguus. Etiam Gai Caesaris turbata mens vim dicendi non conrupit. Nec in Claudio, quotiens meditata dissereret, elegantiam requireres. Nero puerilibus statim annis vividum animum in alia detorsit: caelare, pingere, cantus aut regimen equorum exercere et aliquando carminibus pangendis inesse sibi elementa doctrinae ostendebat.

Ceterum peractis tristitiae imitamentis curiam ingressus 4
et de auctoritate patrum et consensu militum praefatus, consilia sibi et exempla capessendi egregie imperii memoravit, neque iuventam armis civilibus aut domesticis discordiis imbutam; nulla odia, nullas iniurias nec cupidinem ultionis adferre. Tum formam futuri principatus praescripsit, ea maxime declinans quorum recens flagrabat in-

vidia. Non enim se negotiorum omnium iudicem fore, ut clausis unam intra domum accusatoribus et reis paucorum potentia grassaretur; nihil in penatibus suis venale aut ambitioni pervium; discretam domum et rem publicam. Teneret antiqua munia senatus, consulum tribunalibus Italia et publicae provinciae adsisterent: illi patrum aditum praeberent, se mandatis exercitibus consulturum.

5 Nec defuit fides, multaque arbitrio senatus constituta sunt: ne quis ad causam orandam mercede aut donis emeretur, ne designatis quaestoribus edendi gladiatores necessitas esset. Quod quidem adversante Agrippina, tamquam acta Claudii subverterentur, obtinuere patres qui in Palatium ob id vocabantur, ut adstaret additis a tergo foribus velo discreta, quod visum arceret, auditus non adimeret. Quin et legatis Armeniorum causam gentis apud Neronem orantibus escendere suggestum imperatoris et praesidere simul parabat, nisi ceteris pavore defixis Seneca admonuisset, venienti matri occurreret. Ita specie pietatis obviam itum dedecori.

Book XIV., 3–11: Nero the Matricide.

3 Nero vitare secretos eius congressus, abscedentem in hortos aut Tusculanum vel Antiatem in agrum laudare, quod otium capesseret. Postremo, ubicumque haberetur, praegravem ratus interficere constituit, hactenus consultans, veneno an ferro vel qua alia vi. Placuitque primo venenum. Sed inter epulas principis si daretur, referri ad casum non poterat tali iam Britannici exitio; et ministros temptare arduum videbatur mulieris usu scelerum adversus insidias intentae, atque ipsa praesumendo remedia munierat corpus. Ferrum et caedes quonam modo occultaretur, nemo reperiebat; et ne quis illi tanto

facinori delectus iussa sperneret metuebant. Obtulit ingenium Anicetus libertus, classi apud Misenum praefectus et pueritiae Neronis educator ac mutuis odiis Agrippinae invisus. Ergo navem posse componi docet cuius pars ipso in mari per artem soluta effunderet ignaram; nihil tam capax fortuitorum quam mare et, si naufragio intercepta sit, quem adeo iniquum, ut sceleri adsignet quod venti et fluctus deliquerint? additurum principem defunctae templum et aras et cetera ostentandae pietati.

Placuit sollertia, tempore etiam iuta, quando Quinqua- 4
truum festos dies apud Baias frequentabat. Illuc matrem elicit, ferendas parentium iracundias et placandum animum dictitans, quo rumorem reconciliationis efficeret acciperetque Agrippina, facili feminarum credulitate ad gaudia. Venientem dehinc obvius in litora (nam Antio adventabat) excepit manu et complexu ducitque Baulos. Id villae nomen est quae promunturium Misenum inter et Baianum lacum flexo mari adluitur. Stabat inter alias navis ornatior, tamquam id quoque honori matris daretur; quippe sueverat triremi et classiariorum remigio vehi. Ac tum invitata ad epulas erat, ut occultando facinori nox adhiberetur. Satis constitit extitisse proditorem et Agrippinam auditis insidiis, an crederet ambiguam, gestamine sellae Baias pervectam. Ibi blandimentum sublevavit metum, comiter excepta superque ipsum conlocata. Iam pluribus sermonibus, modo familiaritate iuvenili Nero et rursus adductus, quasi seria consociaret, tracto in longum convictu, prosequitur abeuntem, artius oculis et pectori haerens, sive explenda simulatione, seu periturae matris supremus adspectus quamvis ferum animum retinebat.

Noctem sideribus inlustrem et placido mari quietam 5
quasi convincendum ad scelus dii praebuere. Nec multum erat progressa navis, duobus e numero familiarium Agrippinam comitantibus ex quis Crepereius Gallus haud procul

gubernaculis adstabat, Acerronia super pedes cubitantis reclinis paenitentiam filii et reciperatam matris gratiam per gaudium memorabat, cum dato signo ruere tectum loci multo plumbo grave, pressusque Crepereius et statim exanimatus est. Agrippina et Acerronia eminentibus lecti parietibus ac forte validioribus quam ut oneri cederent, protectae sunt. Nec dissolutio navigii sequebatur, turbatis omnibus et quod plerique ignari etiam conscios impediebant. Visum dehinc remigibus unum in latus inclinare atque ita navem submergere, sed neque ipsis promptus in rem subitam consensus et alii contra nitentes dedere facultatem lenioris in mare iactus. Verum Acerronia, imprudentia dum se Agrippinam esse utque subveniretur matri principis clamitat, contis et remis et quae fors obtulerat navalibus telis conficitur: Agrippina silens eoque minus adgnita (unum tamen vulnus umero excepit) nando, deinde occursu lenunculorum Lucrinum in lacum vecta villae suae infertur.

6 Illic reputans ideo se fallacibus litteris accitam et honore praecipuo habitam, quodque litus iuxta, non ventis acta, non saxis impulsa navis summa sui parte veluti terrestre machinamentum concidisset, observans etiam Acerroniae necem, simul suum vulnus adspiciens, solum insidiarum remedium esse, si non intellegerentur; misitque libertum Agerinum, qui nuntiaret filio benignitate deum et fortuna eius evasisse gravem casum; orare ut quamvis periculo matris exterritus visendi curam differret; sibi ad praesens quiete opus. Atque interim securitate simulata medicamina vulneri et fomenta corpori adhibet, testamentum Acerroniae requiri bonaque obsignari iubet, id tantum non per simulationem.

7 At Neroni nuntios patrati facinoris opperienti adfertur evasisse ictu levi sauciam et hactenus adito discrimine, ne auctor dubitaretur. Tum pavore exanimis et iam iamque

adfore obtestans vindictae properam, sive servitia armaret vel militem accenderet, sive ad senatum et populum pervaderet, naufragium et vulnus et interfectos amicos obiciendo. Quod contra subsidium sibi? nisi quid Burrus et Seneca, quos statim acciverat, incertum, an aperiens et ante ignaros. Igitur longum utriusque silentium, ne inriti dissuaderent, an eo descensum credebant, ut, nisi praeveniretur Agrippina, pereundum Neroni esset. Post Seneca hactenus promptius, ut respiceret Burrum ac sciscitaretur, an militi imperanda caedes esset. Ille praetorianos toti Caesarum domui obstrictos memoresque Germanici nihil adversus progeniem eius atrox ausuros respondit, perpetraret Anicetus promissa. Qui nihil cunctatus poscit summam sceleris. Ad eam vocem Nero illo sibi die dari imperium auctoremque tanti muneris libertum profitetur, iret propere duceretque promptissimos ad iussa. Ipse audito venisse missu Agrippinae nuntium Agerinum, scaenam ultro criminis parat, gladiumque, dum mandata perfert, abicit inter pedes eius, tum quasi deprehenso vincla inici iubet, ut exitium principis molitam matrem et pudore deprehensi sceleris sponte mortem sumpsisse confingeret.

8 Interim vulgato Agrippinae periculo, quasi casu evenisset, ut quisque acceperat, decurrere ad litus. Hi molium obiectus, hi proximas scaphas scandere; alii, quantum corpus sinebat, vadere in mare; quidam manus protendere; questibus, votis, clamore diversa rogitantium aut incerta respondentium omnis ora compleri; adfluere ingens multitudo cum luminibus, atque ubi incolumem esse pernotuit, ut ad gratandum sese expedire, donec adspectu armati et minitantis agminis disiecti sunt. Anicetus villam statione circumdat refractaque ianua obvios servorum abripit, donec ad foris cubiculi veniret, cui pauci adstabant, ceteris terrore inrumpentium exterritis. Cubiculo modicum lu-

men inerat et ancillarum una, magis ac magis anxia Agrippina, quod nemo a filio ac ne Agerinus quidem; aliam fore laetae rei faciem, nunc solitudinem ac repentinos strepitus et extremi mali indicia. Abeunte dehinc ancilla 'tu quoque me deseris' prolocuta respicit Anicetum, trierarcho Herculeio et Obarito centurione classiario comitatum ac, si ad visendum venisset, refotam nuntiaret, sin facinus patraturus, nihil se de filio credere; non imperatum parricidium. Circumsistunt lectum percussores et prior trierarchus fusti caput eius adflixit. Iam in mortem centurioni ferrum destringenti protendens uterum 'ventrem feri' exclamavit multisque vulneribus confecta est.

9 Haec consensu produntur. Adspexeritne matrem exanimem Nero et formam corporis eius laudaverit, sunt qui tradiderint, sunt qui abnuant. Cremata est nocte eadem convivali lecto et exsequiis vilibus neque, dum Nero rerum potiebatur, congesta aut clausa humus. Mox domesticorum cura levem tumulum accepit, viam Miseni propter et villam Caesaris dictatoris quae subiectos sinus editissima prospectat. Accenso rogo libertus eius cognomento Mnester se ipse ferro transegit, incertum caritate in patronam an metu exitii. Hunc sui finem multos ante annos crediderat Agrippina contempseratque. Nam consulenti super Nerone responderunt Chaldaei fore ut imperaret matremque occideret atque illa 'occidat,' inquit, 'dum imperet.'

10 Sed a Caesare perfecto demum scelere magnitudo eius intellecta est. Reliquo noctis modo per silentium defixus, saepius pavore exsurgens et mentis inops lucem opperiebatur tamquam exitium adlaturam. Atque eum auctore Burro prima centurionum tribunorumque adulatio ad spem firmavit prensantium manum gratantiumque, quod discrimen improvisum et matris facinus evasisset. Amici dehinc adhire templa et coepto exemplo proxima Campaniae

municipia victimis et legationibus laetitiam testari: ipse diversa simulatione maestus et quasi incolumitati suae infensus ac morti parentis inlacrimans. Quia tamen non, ut hominum vultus, ita locorum facies mutantur, obversabaturque maris illius et litorum gravis adspectus (et erant qui crederent sonitum tubae collibus circum editis planctusque tumulo matris audiri), Neapolim concessit litterasque ad senatum misit quarum summa erat repertum cum ferro percussorem Agerinum, ex intimis Agrippinae libertis, et luisse eam poenam conscientia, quasi scelus paravisset.

Adiciebat crimina longius repetita, quod consortium im- 11
perii iuraturasque in feminae verba praetorias cohortis idemque dedecus senatus et populi speravisset ac postquam frustra habita sit, infensa militi patribusque et plebi dissuasisset donativum et congiarium periculaque viris inlustribus struxisset. Quanto suo labore perpetratum, ne inrumperet curiam, ne gentibus externis responsa daret. Temporum quoque Claudianorum obliqua insectatione cuncta eius dominationis flagitia in matrem transtulit, publica fortuna extinctam referens. Namque et naufragium narrabat, quod fortuitum fuisse, quis adeo hebes inveniretur, ut crederet? aut a muliere naufraga missum cum telo unum qui cohortis et classis imperatoris perfringeret? ergo non iam Nero cuius inmanitas omnium questus anteibat, sed Seneca adverso rumore erat quod oratione tali confessionem scripsisset.

Book XV., 38–44: The Burning of Rome.

Sequitur clades, forte an dolo principis incertum (nam 38
utrumque auctores prodidere), sed omnibus quae huic urbi per violentiam ignium acciderunt, gravior atque atrocior. Initium in ea parte circi ortum quae Palatino Caelioque montibus contigua est, ubi per tabernas quibus id

mercimonium inerat, quo flamma alitur, simul coeptus ignis et statim validus ac vento citus longitudinem circi conripuit. Neque enim domus munimentis saeptae vel templa muris cincta aut quid aliud morae interiacebat. Impetu pervagatum incendium plana primum, deinde in edita adsurgens et rursus inferiora populando, anteiit remedia velocitate mali et obnoxia urbe artis itineribus hucque et illuc flexis atque enormibus vicis, qualis vetus Roma fuit. Ad hoc lamenta paventium feminarum, fessa aetate aut rudis pueritiae quique sibi, quique aliis consulebant, dum trahunt invalidos aut opperiuntur, pars mora, pars festinans, cuncta impediebant. Et saepe, dum in tergum respectant, lateribus aut fronte circumveniebantur vel, si in proxima evaserant, illis quoque igni conreptis, etiam quae longinqua crediderant in eodem casu reperiebant. Postremo, quid vitarent, quid peterent ambigui, complere vias, sterni per agros; quidam amissis omnibus fortunis, diurni quoque victus alii caritate suorum quos eripere nequiverant, quamvis patente effugio interiere. Nec quisquam defendere audebat, crebris multorum minis restinguere prohibentium et quia alii palam facis iaciebant atque esse sibi auctorem vociferabantur, sive ut raptus licentius exercerent seu iussu.

39 Eo in tempore Nero Antii agens non ante in urbem regressus est, quam domui eius, qua Palatium et Maecenatis hortos continuaverat, ignis propinquaret. Neque tamen sisti potuit, quin et Palatium et domus et cuncta circum haurirentur. Sed solacium populo exturbato ac profugo campum Martis ac monumenta Agrippae, hortos quin etiam suos patefecit et subitaria aedificia exstruxit quae multitudinem inopem acciperent; subvectaque utensilia ab Ostia et propinquis municipiis, pretiumque frumenti minutum usque ad ternos nummos. Quae, quamquam popularia, in inritum cadebant, quia pervaserat

rumor ipso tempore flagrantis urbis inisse eum domesti-
cam scaenam et cecinisse Troianum excidium, praesentia
mala vetustis cladibus adsimulantem.

Sexto demum die apud imas Esquilias finis incendio 40
factus, prorutis per inmensum aedificiis, ut continuae
violentiae campus et velut vacuum caelum occurreret.
Necdum positus metus aut redierat plebi spes, rursum
grassatus ignis patulis magis urbis locis, eoque strages
hominum minor: delubra deum et porticus amoenitati
dicatae latius procidere. Plusque infamiae id incendium
habuit, quia praediis Tigellini Aemilianis proruperat; vi-
debaturque Nero condendae urbis novae et cognomento
suo adpellandae gloriam quaerere. Quippe in regiones
quattuordecim Roma dividitur quarum quattuor integrae
manebant, tres solo tenus deiectae, septem reliquis pauca
tectorum vestigia supererant, lacera et semusta.

Domuum et insularum et templorum quae amissa sunt, 41
numerum inire haud promptum fuerit, sed vetustissima
religione quod Servius Tullius Lunae et magna ara fa-
numque quae praesenti Herculi Arcas Euander sacraverat,
aedesque Statoris Iovis vota Romulo Numaeque regia et
delubrum Vestae cum Penatibus populi Romani exusta;
iam opes tot victoriis quaesitae et Graecarum artium de-
cora, exim monumenta ingeniorum antiqua et incorrupta,
ut quamvis in tanta resurgentis urbis pulchritudine multa
seniores meminerint quae reparari nequibant. Fuere qui
adnotarent XIII Kal. Sextilis principium incendii huius
ortum, quo et Senones captam urbem inflammaverint.
Alii eo usque cura progressi sunt, ut totidem annos men-
sisque et dies inter utraque incendia numerent.

Ceterum Nero usus est patriae ruinis exstruxitque do- 42
mum in qua haud proinde gemmae et aurum miraculo
essent, solita pridem et luxu vulgata quam arva et stagna
et in modum solitudinum hinc silvae, inde aperta spatia

et prospectus, magistris et machinatoribus Severo et Celere, quibus ingenium et audacia erat etiam quae natura denegavisset, per artem temptare et viribus principis inludere. Namque ab lacu Averno navigabilem fossam usque ad ostia Tiberina depressuros promiserant, squalenti litore aut per montis adversos. Neque enim aliud umidum gignendis aquis occurrit quam Pomptinae paludes, cetera abrupta aut arentia ac, si perrumpi possent, intolerandus labor nec satis causae. Nero tamen, ut erat incredibilium cupitor, effodere proxima Averno iuga conisus est manentque vestigia inritae spei.

43 Ceterum urbis quae domus perierant non, ut post Gallica incendia, nulla distinctione nec passim erecta, sed dimensis vicorum ordinibus et latis viarum spatiis cohibitaque aedificiorum altitudine ac patefactis areis additisque porticibus quae frontem insularum protegerent. Eas porticus Nero sua pecunia exstructurum purgatasque areas dominis traditurum pollicitus est. Addidit praemia pro cuiusque ordine et rei familiaris copiis, finivitque tempus, intra quod effectis domibus aut insulis apiscerentur. Ruderi accipiendo Ostiensis paludes destinabat, utique naves quae frumentum Tiberi subvectassent, onustae rudere decurrerent, aedificiaque ipsa certa sui parte sine trabibus saxo Gabino Albanove solidarentur, quod is lapis ignibus impervius est nec conmunione parietum, sed propriis quaeque muris ambirentur; iam aqua privatorum licentia intercepta quo largior et pluribus locis in publicum flueret, custodes et subsidia reprimendis ignibus in propatulo quisque haberet. Ea ex utilitate accepta decorem quoque novae urbi adtulere. Erant tamen qui crederent, veterem illam formam salubritati magis conduxisse, quoniam angustiae itinerum et altitudo tectorum non perinde solis vapore perrumperentur; at nunc patulam latitudinem et nulla umbra defensam graviore aestu ardescere.

Et haec quidem humanis consiliis providebantur. Mox 44
petita dis piacula aditique Sibyllae libri ex quibus supplicatum Vulcano et Cereri Proserpinaeque ac propitiata Iuno per matronas, primum in Capitolio, deinde apud proximum mare, unde hausta aqua templum et simulacrum deae perspersum est; et sellisternia ac pervigilia celebravere feminae quibus mariti erant. Sed non ope humana, non largitionibus principis aut deum placamentis decedebat infamia, quin iussum incendium crederetur. Ergo abolendo rumori Nero subdidit reos et quaesitissimis poenis adfecit quos per flagitia invisos vulgus Christianos adpellabat. Auctor nominis eius Christus Tiberio imperitante per procuratorem Pontium Pilatum supplicio adfectus erat; repressaque in praesens exitiabilis superstitio rursum erumpebat, non modo per Iudaeam, originem eius mali, sed per urbem etiam, quo cuncta undique atrocia aut pudenda confluunt celebranturque. Igitur primum conrepti qui fatebantur, deinde indicio eorum multitudo ingens haud proinde in crimine incendii quam odio humani generis convicti sunt. Et pereuntibus addita ludibria, ut ferarum tergis contecti laniatu canum interirent, multi crucibus adfixi aut flamma usti, aliique, ubi defecisset dies, in usum nocturni luminis urerentur. Hortos suos ei spectaculo Nero obtulerat et circense ludicrum edebat, habitu aurigae permixtus plebi vel curriculo insistens. Vnde quamquam adversus sontis et novissima exempla meritos miseratio oriebatur, tamquam non utilitate publica, sed in saevitiam unius absumerentur.

Book II., 88: Arminius.

88 Reperio apud scriptores senatoresque eorundem temporum Adgandestrii principis Chattorum lectas in senatu litteras quibus mortem Arminii promittebat, si patrandae neci venenum mitteretur; responsumque esse non fraude neque occultis, sed palam et armatum populum Romanum hostis suos ulcisci. Qua gloria aequabat se Tiberius priscis imperatoribus qui venenum in Pyrrum regem vetuerant prodiderantque. Ceterum Arminius abscedentibus Romanis et pulso Maroboduo regnum adfectans libertatem popularium adversam habuit, petitusque armis cum varia fortuna certaret, dolo propinquorum cecidit: liberator haud dubie Germaniae et qui non primordia populi Romani, sicut alii reges ducesque, sed florentissimum imperium lacessierit, proeliis ambiguus, bello non victus. Septem et triginta annos vitae, duodecim potentiae explevit, caniturque adhuc barbaras apud gentis, Graecorum annalibus ignotus qui sua tantum mirantur, Romanis haud perinde celebris, dum vetera extollimus, recentium incuriosi.

Book III., 55: Social Conditions in Rome.

55 Dites olim familiae nobilium aut claritudine insignes studio magnificentiae prolabebantur. Nam etiam tum plebem socios regna colere et coli licitum; ut quisque opibus domo paratu speciosus, per nomen et clientelas inlustrior habebatur. Postquam caedibus saevitum et magnitudo famae exitio erat, ceteri ad sapientiora convertere. Simul novi homines e municipiis et coloniis atque etiam

provinciis in senatum crebro adsumpti domesticam parsimoniam intulerunt et, quamquam fortuna vel industria plerique pecuniosam ad senectam pervenirent, mansit tamen prior animus. Sed praecipuus adstricti moris auctor Vespàsianus fuit, antiquo ipse cultu victuque. Obsequium inde in principem et aemulandi amor validior quam poena ex legibus et metus. Nisi forte rebus cunctis inest quidam velut orbis, ut quem ad modum temporum vices, ita morum vertantur, nec omnia apud priores meliora, sed nostra quoque aetas multa laudis et artium imitanda posteris tulit. Verum haec nobis in maiores certamina ex honesto maneant.

Book XVI., 16: On the Character of His Own Work.

Etiam si bella externa et obitas pro re publica mortis 16
tanta casuum similitudine memorarem, meque ipsum satias cepisset aliorumque taedium exspectarem, quamvis honestos civium exitus, tristis tamen et continuos aspernantium: at nunc patientia servilis tantumque sanguinis domi perditum fatigant animum et maestitia restringunt. Neque aliam defensionem ab iis quibus ista noscentur, exegerim quam ne oderim tam segniter pereuntis. Ira illa numinum in res Romanas fuit quam non, ut in cladibus exercituum aut captivitate urbium, semel edito transire licet. Detur hoc inlustrium virorum posteritati, ut quo modo exsequiis a promisca sepultura separantur, ita in traditione supremorum accipiant habeantque propriam memoriam.

PLINY THE YOUNGER

C. Plinius Caecilius Secundus, nephew and adopted son of the author of the *Natural History*, was born at Comum in 62 A.D. His teachers were Quintilian and Nicetes Sacerdos. He occupied the various curule offices, reaching the consulship in 100. He was appointed imperial legate for the province of Bithynia about 112, and seems to have died shortly after.

Though a man of great wealth, he was an active advocate and accounted one of the leaders of the Roman bar.

His speeches were carefully elaborated for publication, and he also wrote poetry; but of his writings only the *Panegyricus*, a declamatory eulogy of the Emperor Trajan, and his *Correspondence*, have survived. It is upon the latter that his fame rests. The letters, furnishing an accurate reflex of the intellectual and social conditions of his time, were all written with a view to publication. They are full of autobiographical detail, and were evidently designed to set off the author in the best possible light. But Pliny's vanity and intense yearning for immortality are too ingenuous and naïve to be offensive, and the reader carries away the impression that the writer must have been a very lovable man, endowed with a fair amount of talent and imbued with high ideals of culture and virtue. The picture which he draws of contemporary society presents a welcome contrast to the fulminations of Juvenal and the pessimistic views of his intimate and admired friend, Tacitus. The letters to Trajan, together with the Emperor's answers, eighty in number, form an independent group, which were evidently not intended for publication. The letters concerning the Christians, with Trajan's reply, and the two addressed to Tacitus, containing the vivid description of an eye-witness of the eruption of Vesuvius, at which Pliny's uncle perished, have acquired a special celebrity.

PLINY THE YOUNGER

Book I., 6: To Tacitus.—Hunting and Literature.

Ridebis et licet rideas. Ego ille quem nosti apros tris 1
et quidem pulcherrimos cepi. 'Ipse?' inquis. Ipse; non
tamen ut omnino ab inertia mea et quiete discederem. Ad
retia sedebam: erat in proximo non venabulum aut lancea,
sed stilus et pugillares. Meditabar aliquid enotabamque,
ut, si manus vacuas, plenas tamen ceras reportarem. Non 2
est quod contemnas hoc studendi genus. Mirum est ut
animus agitatione motuque corporis excitetur. Iam undi-
que silvae et solitudo ipsumque illud silentium quod ve-
nationi datur magna cogitationis incitamenta sunt. Pro- 3
inde cum venabere, licebit auctore me ut panarium et
lagunculam sic etiam pugillaris feras. Experieris non
Dianam magis montibus quam Minervam inerrare. Vale.

Book IX., 10: To Tacitus.—The same.

Cupio praeceptis tuis parere, sed aprorum tanta penu- 1
ria est, ut Minervae et Dianae, quas ais pariter colendas,
convenire non possit. Itaque Minervae tantum servien- 2
dum est, delicate tamen, ut in secessu et aestate. In via
plane non nulla leviora statimque delenda ea garrulitate
qua sermones in vehiculo seruntur extendi. His quaedam

addidi in villa, cum aliud non liberet. Itaque poëmata
quoque crescunt quae tu inter nemora et lucos conmo-
3 dissime perfici putas. Oratiunculam unam alteramve re-
tractavi; quamquam id genus operis inamabile, inamoe-
num magisque laboribus ruris quam voluptatibus simile.
Vale.

Book I., 9: To Fundanus.—City and Country Life.

1 Mirum est quam singulis diebus in urbe ratio aut con-
stet aut constare videatur, pluribus iunctisque non constet.
2 Nam si quem interroges 'hodie quid egisti?' respondeat
'officio togae virilis interfui, sponsalia aut nuptias fre-
quentavi, ille me ad signandum testamentum, ille in ad-
3 vocationem, ille in consilium rogavit.' Haec quo die fe-
ceris necessaria, eadem, si cotidie fecisse te reputes, inania
videntur, multo magis cum secesseris. Tunc enim subit
recordatio 'quot dies quam frigidis rebus absumpsi!'
4 Quod evenit mihi, postquam in Laurentino meo aut lego
aliquid aut scribo aut etiam corpori vaco, cuius fulturis
5 animus sustinetur. Nihil audio quod audisse, nihil dico
quod dixisse paeniteat: nemo apud me quemquam sini-
stris sermonibus carpit, neminem ipse reprehendo, nisi
tamen me, cum parum conmode scribo; nulla spe, nullo
timore sollicitor, nullis rumoribus inquietor, mecum tan-
6 tum et cum libellis loquor. O rectam sinceramque vitam,
o dulce otium honestumque ac paene omni negotio pul-
chrius! O mare, o litus, verum secretumque μουσεῖον,
7 quam multa invenitis, quam multa dictatis! Proinde tu
quoque strepitum istum inanemque discursum et multum
ineptos labores, ut primum fuerit occasio, relinque teque
8 studiis vel otio trade. Satius est enim, ut Atilius noster
eruditissime simul et facetissime dixit, otiosum esse quam
nihil agere. Vale.

Book I., 10: To Attius Clemens.—Euphrates the Philosopher.

Si quando urbs nostra liberalibus studiis floruit, nunc 1
maxime floret. Multa claraque exempla sunt; sufficeret 2
unum, Euphrates philosophus. Hunc ego in Syria, cum
adulescentulus militarem, penitus et domi inspexi amari-
que ab eo laboravi, etsi non erat laborandum. Est enim
obvius et expositus plenusque humanitate quam praecipit.
Atque utinam sic ipse quam spem tunc ille de me concepit 3
impleverim, ut ille multum virtutibus suis addidit! aut
ego nunc illas magis miror, quia magis intellego. Quam-
quam ne nunc quidem satis intellego. Vt enim de pic- 4
tore scalptore fictore nisi artifex iudicare, ita nisi sapiens
non potest perspicere sapientem. Quantum tamen mihi 5
cernere datur, multa in Euphrate sic eminent et elucent,
ut mediocriter quoque doctos advertant et adficiant. Di-
sputat subtiliter graviter ornate, frequenter etiam Platoni-
cam illam sublimitatem et latitudinem effingit. Sermo
est copiosus et varius, dulcis in primis, et qui repugnantis
quoque ducat impellat. Ad hoc proceritas corporis, deco- 6
ra facies, demissus capillus, ingens et cana barba; quae
licet fortuita et inania putentur, illi tamen plurimum vene-
rationis adquirunt. Nullus horror in cultu, nulla tristitia, 7
multum severitatis; reverearis occursum, non reformides.
Vitae sanctitas summa, comitas par; insectatur vitia, non
homines, nec castigat errantes sed emendat. Sequaris
monentem adtentus et pendens et persuaderi tibi, etiam
cum persuaserit, cupias. Iam vero liberi tres, duo mares 8
quos diligentissime instituit. Socer Pompeius Iulianus,
cum cetera vita tum vel hoc uno magnus et clarus, quod
ipse provinciae princeps, inter altissimas conditiones. gene-
rum non honoribus principem sed sapientia elegit. Quam- 9

quam quid ego plura de viro quo mihi frui non licet? an
ut magis angar quod non licet? Nam distringor officio
ut maximo, sic molestissimo. Sedeo pro tribunali, subnoto
libellos, conficio tabulas, scribo plurimas sed inlitteratissi-
10 mas litteras. Soleo non numquam (nam id ipsum quando
contingit!) de his occupationibus apud Euphraten queri.
Ille me consolatur, adfirmat etiam esse hanc philosophiae
et quidem pulcherrimam partem, agere negotium publi-
cum, cognoscere, iudicare, promere et exercere iustitiam,
11 quaeque ipsi doceant in usu habere. Mihi tamen hoc unum
non persuadet, satius esse ista facere quam cum illo dies
totos audiendo discendoque consumere. Quo magis te,
cui vacat, hortor, cum in urbem proxime veneris (venias
autem ob hoc maturius), illi te expoliendum limandumque
12 permittas. Neque enim ego, ut multi, invideo aliis bono
quo ipse careo, sed contra sensum quendam voluptatemque
percipio, si ea quae mihi denegantur amicis video supe-
resse. Vale.

Book III., 5: To Baebius Macer.—The Writings of Pliny the Elder.

1 Pergratum est mihi quod tam diligenter libros avunculi
mei lectitas, ut habere omnis velis quaerasque qui sint
2 omnes. Fungar indicis partibus atque etiam quo sint
ordine scripti notum tibi faciam: est enim haec quoque
3 studiosis non iniucunda cognitio. 'De iaculatione eque-
stri unus,' hunc, cum praefectus alae militaret, pari in-
genio curaque composuit. 'De vita Pomponi Secundi duo,'
a quo singulariter amatus hoc memoriae amici quasi de-
4 bitum munus exsolvit. 'Bellorum Germaniae viginti,'
quibus omnia quae cum Germanis gessimus bella conlegit.
Incohavit, cum in Germania militaret, somnio monitus;

adstitit ei quiescenti Drusi Neronis effigies, qui Germaniae
latissime victor ibi periit, conmendabat memoriam suam
orabatque ut se ab iniuria oblivionis adsereret. 'Studiosi 5
tres,' in sex volumina propter amplitudinem divisi quibus
oratorem ab incunabulis instituit et perficit. 'Dubii ser-
monis octo,' scripsit sub Nerone novissimis annis, cum
omne studiorum genus paulo liberius et erectius periculo-
sum servitus fecisset. 'A fine Aufidi Bassi triginta unus.' 6
'Naturae historiarum triginta septem,' opus diffusum,
eruditum, nec minus varium quam ipsa natura. Miraris 7
quod tot volumina multaque in his tam scrupulosa homo
occupatus absolverit. Magis miraberis, si scieris illum
aliquamdiu causas actitasse, decessisse anno sexto et quin-
quagensimo, medium tempus distentum impeditumque
qua officiis maximis, qua amicitia principum egisse. Sed 8
erat acre ingenium, incredibile studium, summa vigilantia.
Lucubrare Vulcanalibus incipiebat, non auspicandi causa
sed studendi, statim a nocte multa, hieme vero ab hora
septima, vel cum tardissime, octava, saepe sexta. Erat
sane somni paratissimi, non numquam etiam inter ipsa
studia instantis et deserentis. Ante lucem ibat ad Vespa- 9
sianum imperatorem (nam ille quoque noctibus utebatur),
inde ad delegatum sibi officium. Reversus domum, quod
relicum temporis, studiis reddebat. Post cibum saepe 10
quem interdiu levem et facilem veterum more sumebat,
aestate, si quid otii, iacebat in sole, liber legebatur, adno-
tabat excerpebatque. Nihil enim legit quod non excerpe-
ret; dicere etiam solebat nullum esse librum tam malum
ut non aliqua parte prodesset. Post solem plerumque 11
frigida lavabatur, deinde gustabat dormiebatque mini-
mum, mox quasi alio die studebat in cenae tempus.
Super hanc liber legebatur, adnotabatur et quidem cur-
sim. Memini quemdam ex amicis, cum lector quaedam 12
perperam pronuntiasset, revocasse et repeti coëgisse, huic

avunculum meum dixisse 'intellexeras nempe?' cum
ille adnuisset, 'cur ergo revocabas? decem amplius ver-
13 sus hac tua interpellatione perdidimus.' Tanta erat par-
simonia temporis. Surgebat aestate a cena luce, hieme
intra primam noctis et tamquam aliqua lege cogente.
14 Haec inter medios labores urbisque fremitum. In secessu
solum balinei tempus studiis eximebatur; cum dico ba-
linei, de interioribus loquor, nam dum destringitur ter-
15 giturque, audiebat aliquid aut dictabat. In itinere quasi
solutus ceteris curis huic uni vacabat, ad latus notarius
cum libro et pugillaribus cuius manus hieme manicis
muniebantur, ut ne caeli quidem asperitas ullum studiis
tempus eriperet, qua ex causa Romae quoque sella vehe-
16 batur. Repeto me conreptum ab eo cur ambularem: 'po-
teras,' inquit, 'has horas non perdere,' nam perire omne
17 tempus arbitrabatur quod studiis non impenderetur. Hac
intentione tot ista volumina peregit electorumque com-
mentarios centum sexaginta mihi reliquit, opisthographos
quidem et minutissime scriptos, qua ratione multiplicatur
hic numerus. Referebat ipse potuisse se, cum procuraret
in Hispania, vendere hos commentarios Largio Licino
quadringentis milibus nummum et tunc aliquanto pau-
18 ciores erant. Nonne videtur tibi recordanti quantum
legerit, quantum scripserit, nec in officiis ullis nec in
amicitia principis fuisse, rursus, cum audis quid studiis
laboris impenderit, nec scripsisse satis nec legisse? quid
est enim quod non aut illae occupationes impedire aut
19 haec instantia non possit efficere? itaque soleo ridere,
cum me quidam studiosum vocant, qui, si comparer illi,
sum desidiosissimus. Ego autem tantum quem partim
publica, partim amicorum officia distringunt? quis ex
istis qui tota vita litteris adsident conlatus illi non quasi
20 somno et inertiae deditus erubescat? extendi epistulam,
cum hoc solum quod requirebas scribere destinassem quos

libros reliquisset; confido tamen haec quoque tibi non minus grata quam ipsos libros futura quae te non tantum ad legendos eos, verum etiam ad simile aliquid elaborandum possunt aemulationis stimulis excitare. Vale.

Book III., 7: To Caninius Rufus.—Death of Silius Italicus, the Poet (about 101 A.D.).

Modo nuntiatus est Silius Italicus in Neapolitano suo 1
inedia finisse vitam. Causa mortis valetudo. Erat illi 2
natus insanabilis clavus cuius taedio ad mortem inrevocabili constantia decucurrit, usque ad supremum diem beatus et felix, nisi quod minorem ex liberis duobus amisit, sed maiorem melioremque florentem atque etiam consularem reliquit. Laeserat famam suam sub Nerone, crede- 3
batur sponte accusasse, sed in Vitelli amicitia sapienter se et comiter gesserat, ex proconsulatu Asiae gloriam reportaverat, maculam veteris industriae laudabili otio abluerat. Fuit inter principes civitatis sine potentia, sine 4
invidia; salutabatur, colebatur, multumque in lectulo iacens cubiculo semper non ex fortuna frequenti doctissimis sermonibus dies transigebat, cum a scribendo vacaret. Scribebat carmina maiore cura quam ingenio, non 5
numquam iudicia hominum recitationibus experiebatur.
Novissime ita suadentibus annis ab urbe secessit, seque in 6
Campania tenuit ac ne adventu quidem novi principis inde conmotus est. Magna Caesaris laus sub quo hoc 7
liberum fuit, magna illius qui hac libertate ausus est uti.
Erat φιλόκαλος usque ad emacitatis reprehensionem. Pluris 8
isdem in locis villas possidebat adamatisque novis priores neglegebat. Multum ubique librorum, multum statuarum, multum imaginum quas non habebat, modo verum etiam venerabatur, Vergilii ante omnis cuius natalem re-

ligiosius quam suum celebrabat, Neapoli maxime, ubi mo-
9 nimentum eius adire ut templum solebat. In hac tran-
quillitate annum quintum et septuagensimum excessit,
delicato magis corpore quam infirmo; utque novissimus a
Nerone factus est consul, ita postremus ex omnibus quos
10 Nero consules fecerat decessit. Illud etiam notabile, ulti-
mus ex Neronianis consularibus obiit quo consule Nero
periit. Quod me recordantem fragilitatis humanae mise-
11 ratio subit. Quid enim tam circumcisum, tam breve quam
hominis vita longissima? an non videtur tibi Nero modo
modo fuisse? cum interim ex iis qui sub illo gesserant con-
12 sulatum nemo iam superest. Quamquam quid hoc miror?
nuper L. Piso, pater Pisonis illius qui a Valerio Festo per
summum facinus in Africa occisus est, dicere solebat ne-
minem se videre in senatu quem consul ipse sententiam
13 rogavisset. Tam angustis terminis tantae multitudinis
vivacitas ipsa concluditur, ut mihi non venia solum dignae,
verum etiam laude videantur illae regiae lacrimae. Nam
ferunt Xerxen, cum inmensum exercitum oculis obisset,
inlacrimasse, quod tot milibus tam brevis inmineret oc-
14 casus. Sed tanto magis hoc, quidquid est temporis futilis
et caduci, si non datur factis (nam horum materia in aliena
manu), certe studiis proferamus et, quatenus nobis dene-
gatur diu vivere, relinquamus aliquid quo nos vixisse te-
15 stemur. Scio te stimulis non egere, me tamen tui caritas
evocat ut currentem quoque instigem, sicut tu soles me.
Ἀγαθὴ δ' ἔρις, cum invicem se mutuis exhortationibus
amici ad amorem inmortalitatis exacuunt. Vale.

Book III., 16: To Metilius Nepos.—Arria's Heroism.

1 Adnotasse videor facta dictaque virorum feminarumque
2 alia clariora esse, alia maiora. Confirmata est opinio mea

hesterno Fanniae sermone. Neptis haec Arriae illius quae
marito et solacium mortis et exemplum fuit. Multa refe-
rebat aviae suae non minora hoc sed obscuriora, quae tibi
existimo tam mirabilia legenti fore quam mihi audienti
fuerunt. Aegrotabat Caecina Paetus, maritus eius, aegro- 3
tabat et filius, uterque mortifere, ut videbatur; filius de-
cessit eximia pulchritudine, pari verecundia et parentibus
non minus ob alia carus quam quod filius erat. Huic illa 4
ita funus paravit, ita duxit exequias ut ignoraret maritus.
Quin immo, quotiens cubiculum eius intraret, vivere filium
atque etiam commodiorem esse simulabat ac persaepe in-
terroganti quid ageret puer respondebat 'bene quievit,
libenter cibum sumpsit.' Deinde, cum diu cohibitae la- 5
crimae vincerent prorumperentque, egrediebatur. Tunc
se dolori dabat. Satiata siccis oculis composito vultu re-
dibat, tamquam orbitatem foris reliquisset. Praeclarum 6
quidem illud eiusdem, ferrum stringere, perfodere pectus,
extrahere pugionem, porrigere marito, addere vocem in-
mortalem ac paene divinam 'Paete, non dolet.' Sed
tamen ista facienti, ista dicenti gloria et aeternitas ante
oculos erant, quo maius est sine praemio aeternitatis, sine
praemio gloriae abdere lacrimas, operire luctum, amis-
soque filio matrem adhuc agere. Scribonianus arma in 7
Illyrico contra Claudium moverat; fuerat Paetus in par-
tibus et occiso Scriboniano Romam trahebatur. Erat 8
ascensurus navem, Arria milites orabat ut simul impone-
retur. 'Nempe enim,' inquit, 'daturi estis consulari viro
servulos aliquos quorum e manu cibum capiat, a quibus
vestiatur, a quibus calcietur; omnia sola praestabo.' Non
impetravit. Conduxit piscatoriam nauculam ingensque 9
navigium minimo secuta est. Eadem apud Claudium uxori
Scriboniani, cum illa profiteretur indicium, 'ego,' inquit,
'te audiam, cuius in gremio Scribonianus occisus est, et
vivis?' ex quo manifestum est ei consilium pulcherrimae

10 mortis non subitum fuisse. Quin etiam, cum Thrasea, ge-
ner eius, deprecaretur ne mori pergeret interque alia dixis-
set, 'vis ergo filiam tuam, si mihi pereundum fuerit, mori
mecum?' respondit, 'si tam diu tantaque concordia vixerit
11 tecum quam ego cum Paeto, volo.' Auxerat hoc responso
curam suorum, adtentius custodiebatur; sensit et 'nihil
agitis,' inquit, 'potestis enim efficere ut male moriar, ut
12 non moriar non potestis.' Dum haec dicit, exiluit cathe-
dra adversoque parieti caput ingenti impetu impegit et
conruit. Focilata 'dixeram,' inquit, 'vobis inventuram me
quamlibet duram ad mortem viam, si vos facilem negas-
13 setis.' Videnturne haec tibi maiora illo, 'Paete, non do-
let,' ad quod per haec perventum est? cum interim illud
quidem ingens fama, haec nulla circumfert. Vnde con-
ligitur quod initio dixi, alia esse clariora, alia maiora.
Vale.

Book III., 21: To Cornelius Priscus.—Death of the Poet Martial (about 102 A.D.).

1 Audio Valerium Martialem decessisse et moleste fero.
Erat homo ingeniosus acutus acer et qui plurimum in
scribendo et salis haberet et fellis nec candoris minus.
2 Prosecutus eram viatico secedentem; dederam hoc amici-
tiae, dederam etiam versiculis quos de me composuit.
3 Fuit moris antiqui eos qui vel singulorum laudes vel
urbium scripserant aut honoribus aut pecunia ornare;
nostris vero temporibus ut alia speciosa et egregia, ita hoc
in primis exolevit. Nam postquam desiimus facere lau-
4 danda, laudari quoque ineptum putamus. Quaeris qui
sint versiculi quibus gratiam rettuli? remitterem te ad
ipsum volumen, nisi quosdam tenerem: tu, si placuerint
5 hi, ceteros in libro requires. Adloquitur Musam, mandat
ut domum meam Esquilis quaerat, adeat reverenter;

Sed ne tempore non tuo disertam
Pulses ebria ianuam videto:
Totos dat tetricae dies Minervae,
Dum centum studet auribus virorum
Hoc quod saecula posterique possint
Arpinis quoque comparare chartis.
Seras tutior ibis ad lucernas:
Haec hora est tua, cum furit Lyaeus,
Cum regnat rosa, cum madent capilli:
Tunc me vel rigidi legant Catones.

Meritone eum qui haec de me scripsit et tunc dimisi ami- 6
cissime et nunc ut amicissimum defunctum esse doleo?
dedit enim mihi quantum maximum potuit, daturus am-
plius, si potuisset. Tametsi quid homini potest dari maius
quam gloria et laus et aeternitas? 'at non erunt aeterna
quae scripsit.' Non erunt fortasse, ille tamen scripsit tam-
quam essent futura. Vale.

Book V., 10 (11): To Suetonius Tranquillus.

Libera tandem hendecasyllaborum meorum fidem qui 1
scripta tua communibus amicis spoponderunt. Adpel-
lantur cotidie et flagitantur ac iam periculum est, ne
cogantur ad exhibendum formulam accipere. Sum et 2
ipse in edendo haesitator, tu tamen meam quoque cuncta-
tionem tarditatemque vicisti. Proinde aut rumpe iam
moras aut cave ne eosdem istos libellos quos tibi hendeca-
syllabi nostri blanditiis elicere non possunt, convicio sca-
zontes extorqueant. Perfectum opus absolutumque est 3
nec iam splendescit lima sed adteritur. Patere me videre
titulum tuum, patere audire describi legi venire volumina
Tranquilli mei. Aequum est nos in amore tam mutuo
eandem percipere ex te voluptatem, qua tu perfrueris ex
nobis. Vale.

Book VI., 15: To Romanus.—An Anecdote.

1 Mirificae rei non interfuisti; ne ego quidem, sed me re-
cens fabula excepit. Passennus Paullus, splendidus eques
Romanus et in primis eruditus, scribit elegos. Gentili-
cium hoc illi, est enim municeps Properti atque etiam
2 inter maiores suos Propertium numerat. Is cum recitaret,
ita coepit dicere 'Prisce, iubes.' Ad hoc Iavolenus Pri-
scus (aderat enim, ut Paullo amicissimus), 'ego vero non
3 iubeo.' Cogita qui risus hominum, qui ioci. Est omnino
Priscus dubiae sanitatis, interest tamen officiis, adhibetur
consiliis atque etiam ius civile publice respondet, quo
magis quod tunc fecit et ridiculum et notabile fuit. In-
terim Paullo aliena deliratio aliquantum frigoris adtulit.
Tam sollicite recitaturis providendum est non solum ut
sint ipsi sani, verum etiam ut sanos adhibeant. Vale.

Book VI., 16: To Tacitus.—Death of Pliny the Elder at the Eruption of Vesuvius (79 A.D.).

1 Petis ut tibi avunculi mei exitum scribam, quo verius
tradere posteris possis. Gratias ago, nam video morti
eius, si celebretur a te, inmortalem gloriam esse proposi-
2 tam. Quamvis enim pulcherrimarum clade terrarum, ut
populi, ut urbes, memorabili casu quasi semper victurus
occiderit, quamvis ipse plurima opera et mansura condi-
derit; multum tamen perpetuitati eius scriptorum tuorum
3 aeternitas addet. Equidem beatos puto quibus deorum
munere datum est aut facere scribenda aut scribere le-
genda, beatissimos vero quibus utrumque. Horum in
numero avunculus meus et suis libris et tuis erit. Quo
4 libentius suscipio, deposco etiam quod iniungis. Erat

Miseni classemque imperio praesens regebat. Nonum
Kal. Septembris, hora fere septima, mater mea indicat ei
adparere nubem inusitata et magnitudine et specie. Vsus 5
ille sole, mox frigida, gustaverat iacens studebatque; po-
scit soleas, ascendit locum ex quo maxime miraculum illud
conspici poterat. Nubes, incertum procul intuentibus ex
quo monte (Vesuvium fuisse postea cognitum est), orie-
batur, cuius similitudinem et formam non alia magis arbor
quam pinus expresserit. Nam longissimo velut trunco 6
elata in altum quibusdam ramis diffundebatur, credo, quia
recenti spiritu evecta, dein senescente eo destituta aut
etiam pondere suo victa in latitudinem vanescebat; candida
interdum, interdum sordida et maculosa, prout terram
cineremve sustulerat. Magnum propiusque noscendum, 7
ut eruditissimo viro, visum. Iubet Liburnicam aptari;
mihi, si venire una vellem, facit copiam. Respondi studere
me malle et forte ipse quod scriberem dederat. Egredie- 8
batur domo, accipit codicillos Rectinae Tasci inminenti
periculo exterritae (nam villa eius subiacebat, nec ulla
nisi navibus fuga); ut se tanto discrimini eriperet orabat.
Vertit ille consilium et quod studioso animo incohaverat 9
obit maximo. Deducit quadriremes, ascendit ipse, non
Rectinae modo sed multis (erat enim frequens amoenitas
orae) laturus auxilium. Properat illuc unde alii fugiunt, 10
rectumque cursum, recta gubernacula in periculum tenet,
adeo solutus metu ut omnis illius mali motus, omnis figu-
ras, ut deprenderat oculis, dictaret enotaretque. Iam 11
navibus cinis incidebat, quo propius accederent, calidior
et densior, iam pumices etiam nigrique et ambusti et fracti
igne lapides, iam vadum subitum ruinaque montis litora
obstantia. Cunctatus paulum an retro flecteret, mox gu-
bernatori ut ita faceret monenti 'fortes,' inquit, 'fortuna
iuvat: Pomponianum pete.' Stabiis erat, diremptus sinu 12
medio, nam sensim circumactis curvatisque litoribus mare

infunditur. Ibi, quamquam nondum periculo adpropin-
quante, conspicuo tamen, et cum cresceret, proximo, sar-
cinas contulerat in navis, certus fugae, si contrarius ventus
resedisset, quo tunc avunculus meus secundissimo in-
vectus complectitur trepidantem, consolatur, hortatur,
utque timorem eius sua securitate leniret, deferri in bali-
neum iubet. Lotus accubat, cenat aut hilaris aut, quod est
13 aeque magnum, similis hilari. Interim e Vesuvio monte
pluribus in locis latissimae flammae altaque incendia re-
lucebant quorum fulgor et claritas tenebris noctis excita-
batur. Ille agrestium trepidatione ignis relictos desertas-
que villas per solitudinem ardere in remedium formidinis
dictitabat. Tum se quieti dedit et quievit verissimo qui-
dem somno. Nam meatus animae qui illi propter ampli-
tudinem corporis gravior et sonantior erat, ab iis qui limini
14 obversabantur audiebatur. Sed area ex qua diaeta adibatur
ita iam cinere mixtisque pumicibus oppleta surrexerat ut,
si longior in cubiculo mora, exitus negaretur. Excitatus
procedit seque Pomponiano ceterisque qui pervigilaverant
15 reddit. In commune consultant, intra tecta subsistant
an in aperto vagentur. Nam crebris vastisque tremoribus
tecta nutabant et quasi emota sedibus suis nunc huc, nunc
16 illuc abire aut referri videbantur. Sub dio rursus quam-
quam levium exesorumque pumicum casus metuebatur,
quod tamen periculorum conlatio elegit. Et apud illum
quidem ratio rationem, apud alios timorem timor vicit.
Cervicalia capitibus imposita linteis constringunt, id mu-
17 nimentum adversus incidentia fuit. Iam dies alibi, illic
nox omnibus noctibus nigrior densiorque, quam tamen
faces multae variaque lumina solabantur. Placuit egredi
in litus et ex proximo adspicere ecquid iam mare admitte-
18 ret, quod adhuc vastum et adversum permanebat. Ibi
super abiectum linteum recubans semel adque iterum frigi-
dam aquam poposcit hausitque. Deinde flammae flam-

marumque praenuntius odor sulpuris alios in fugam ver-
tunt, excitant illum. Innitens servulis duobus adsurrexit 19
et statim concidit, ut ego conligo, crassiore caligine spiritu
obstructo clausoque stomacho qui illi natura invalidus et
angustus et frequenter aestuans erat. Vbi dies redditus 20
(is ab eo quem novissime viderat tertius), corpus inventum
integrum, inlaesum opertumque ut fuerat indutus; habitus
corporis quiescenti quam defuncto similior. Interim Mi- 21
seni ego et mater. Sed nihil ad historiam nec tu aliud
quam de exitu eius scire voluisti. Finem ergo faciam. 22
Vnum adiciam omnia me quibus interfueram quaeque
statim, cum maxime vera memorantur, audieram perse-
cutum. Tu potissima excerpes. Aliud est enim epistu-
lam, aliud historiam, aliud amico, aliud omnibus scribere.
Vale.

Book VI., 20: To Tacitus.—Description of the Eruption.

Ais te adductum litteris quas exigenti tibi de morte 1
avunculi mei scripsi cupere cognoscere quos ego Miseni
relictus (id enim ingressus abruperam) non solum metus,
verum etiam casus pertulerim. Quamquam animus me-
minisse horret, incipiam. Profecto avunculo ipse reli- 2
cum tempus studiis (ideo enim remanseram) impendi,
mox balineum, cena, somnus inquietus et brevis. Prae- 3
cesserat per multos dies tremor terrae minus formidolosus,
quia Campaniae solitus. Illa vero nocte ita invaluit, ut
non moveri omnia, sed verti crederentur. Inrumpit cu- 4
biculum meum mater; surgebam, invicem, si quiesceret,
excitaturus. Residimus in area domus quae mare a tectis
modico spatio dividebat. Dubito constantiam vocare an 5
imprudentiam debeam; agebam enim duodevicensimum
annum: posco librum Titi Livi et quasi per otium lego

atque etiam, ut coeperam, excerpo. Ecce, amicus avunculi, qui nuper ad eum ex Hispania venerat, ut me et matrem sedentis, me vero etiam legentem videt, illius patientiam, securitatem meam conripit; nihilo segnius ego
6 intentus in librum. Iam hora diei prima et adhuc dubius et quasi languidus dies. Iam quassatis circumiacentibus tectis, quamquam in aperto loco, angusto tamen, magnus
7 et certus ruinae metus. Tum demum excedere oppido visum; sequitur vulgus adtonitum, quodque in pavore simile prudentiae, alienum consilium suo praefert ingentique agmine abeuntis premit et impellit. Egressi tecta
8 consistimus. Multa ibi miranda, multas formidines patimur. Nam vehicula quae produci iusseramus, quamquam in planissimo campo, in contrarias partis agebantur ac ne lapidibus quidem fulta in eodem vestigio quiescebant.
9 Praeterea mare in se resorberi et tremore terrae quasi repelli videbamus. Certe processerat litus multaque animalia maris siccis arenis detinebat. Ab altero latere nubes atra et horrenda ignei spiritus tortis vibratisque discursibus rupta in longas flammarum figuras dehiscebat,
10 fulguribus illae et similes et maiores erant. Tum vero idem ille ex Hispania amicus acrius et instantius 'si frater,' inquit, 'tuus, tuus avunculus vivit, vult esse vos salvos; si periit, superstites voluit. Proinde quid cessatis evadere?' Respondimus non conmissuros nos ut de sa-
11 lute illius incerti nostrae consuleremus. Non moratus ultra proripit se effusoque cursu periculo aufertur. Nec multo post illa nubes descendere in terras, operire maria: cinxerat Capreas et absconderat, Miseni quod procurrit
12 abstulerat. Tum mater orare, hortari, iubere quoquo modo fugerem; posse enim iuvenem, se et annis et corpore gravem bene morituram, si mihi causa mortis non fuisset. Ego contra, salvum me nisi una non futurum, dein manum eius amplexus, addere gradum cogo. Paret

aegre incusatque se quod me moretur. Iam cinis, adhuc 13
tamen rarus: respicio; densa caligo tergis inminebat
quae nos torrentis modo infusa terrae sequebatur. 'De-
flectamus,' inquam, 'dum videmus ne in via strati comi-
tantium turba in tenebris opteramur.' Vix consideramus, 14
et nox, non qualis inlunis aut nubila, sed qualis in locis
clausis lumine extincto. Audires ululatus feminarum,
infantum quiritatus, clamores virorum; alii parentes, alii
liberos, alii coniuges vocibus requirebant, vocibus noscita-
bant; hi suum casum, illi suorum miserabantur. Erant
qui metu mortis mortem precarentur, multi ad deos 15
manus tollere, plures nusquam iam deos ullos, aeter-
namque illam et novissimam noctem mundo interpreta-
bantur. Nec defuerunt qui fictis mentitisque terroribus
vera pericula augerent. Aderant qui Miseni illud ruisse,
illud ardere falso, sed credentibus nuntiabant. Paulum 16
reluxit, quod non dies nobis sed adventantis ignis indi-
cium videbatur. Et ignis quidem longius substitit, tene-
brae rursus, cinis rursus multus et gravis. Hunc identi-
dem adsurgentes excutiebamus, operti alioqui atque etiam
oblisi pondere essemus. Possem gloriari non gemitum 17
mihi, non vocem parum fortem in tantis periculis exci-
disse, nisi me cum omnibus, omnia mecum perire misero,
magno tamen mortalitatis solacio credidissem. Tandem 18
illa caligo tenuata quasi in fumum nebulamve discessit,
mox dies verus, sol etiam effulsit, luridus tamen, qualis
esse, cum deficit, solet. Occursabant trepidantibus adhuc
oculis mutata omnia altoque cinere, tamquam nive, ob-
ducta. Regressi Misenum, curatis utcumque corporibus 19
suspensam dubiamque noctem spe ac metu exegimus.
Metus praevalebat, nam et tremor terrae perseverabat et
plerique lymphati terrificis vaticinationibus et sua et
aliena mala ludificabantur. Nobis tamen ne tunc qui- 20
dem, quamquam et expertis periculum et exspectantibus,

abeundi consilium, donec de avunculo nuntius. Haec nequaquam historia digna non scripturus leges et tibi, scilicet qui requisisti, imputabis, si digna ne epistula quidem videbuntur. Vale.

Book VII., 20: To Tacitus.—Their Intimacy.

1 Librum tuum legi et quam diligentissime potui adnotavi
quae conmutanda, quae eximenda arbitrarer. Nam et ego
verum dicere adsuevi et tu libenter audire. Neque enim
ulli patientius reprehenduntur quam qui maxime laudari
merentur. Nunc a te librum meum cum adnotationibus
2 tuis expecto. O iucundas, o pulchras vices! Quam me
delectat quod, si qua posteris cura nostri, usquequaque
3 narrabitur qua concordia simplicitate fide vixerimus! Erit
rarum et insigne duos homines aetate dignitate propemo-
dum aequalis, non nullius in litteris nominis (cogor enim
de te quoque parcius dicere, quia de me simul dico), al-
4 terum alterius studia fovisse. Equidem adulescentulus,
cum iam tu fama gloriaque floreres, te sequi, tibi longo sed
proximus intervallo et esse et haberi concupiscebam. Et
erant multa clarissima ingenia, sed tu mihi (ita similitudo
naturae ferebat) maxime imitabilis, maxime imitandus
5 videbaris. Quo magis gaudeo quod, si quis de studiis ser-
mo, una nominamur, quod de te loquentibus statim occur-
6 ro. Nec desunt qui utrique nostrum praeferantur. Sed
nos, nihil interest mea quo loco, iungimur, nam mihi
primus qui a te proximus. Quin etiam in testamentis
debes adnotasse, nisi quis forte alterutri nostrum amicis-
7 simus, eadem legata et quidem pariter accipimus. Quae
omnia huc spectant ut invicem ardentius diligamus, cum
tot vinculis nos studia, mores, fama, suprema denique
hominum iudicia constringant. Vale.

Book VII., 33: To Tacitus.—A Notable Act of Pliny.

Auguror, nec me fallit augurium, historias tuas im- 1
mortales futuras, quo magis illis, ingenue fatebor, inseri
cupio. Nam si esse nobis curae solet ut facies nostra ab 2
optimo quoque artifice exprimatur, nonne debemus optare
ut operibus nostris similis tui scriptor praedicatorque con-
tingat? demonstro ergo, quamquam diligentiam tuam 3
fugere non possit, cum sit in publicis actis, demonstro
tamen, quo magis credas iucundum mihi futurum, si fac-
tum meum cuius gratia periculo crevit, tuo ingenio, tuo
testimonio ornaveris. Dederat me senatus cum Herennio 4
Senecione advocatum provinciae Beaticae contra Baebium
Massam, damnatoque Massa censuerat ut bona eius pu-
blice custodirentur. Senecio, cum explorasset consules
postulationibus vacaturos, convenit me et 'qua concordia,'
inquit, 'iniunctam nobis accusationem exsecuti sumus, hac
adeamus consules petamusque ne bona dissipare sinant
quorum esse in custodia debent.' Respondi, 'cum simus 5
advocati a senatu dati, dispice num peractas putes partis
nostras senatus cognitione finita.' Et ille, 'tu quem voles
tibi terminum statues, cui nulla cum provincia necessitudo
nisi ex beneficio tuo et hoc recenti; ipse et natus ibi et
quaestor in ea fui.' Tum ego, 'si fixum tibi istud ac de- 6
liberatum, sequar te, ut, si qua ex hoc invidia, non tantum
tua.' Venimus ad consules, dicit Senecio quae res ferebat, 7
aliqua subiungo. Vixdum conticueramus et Massa questus
Senecionem non advocati fidem, sed inimici amaritudinem
implesse, impietatis reum postulat. Horror omnium: ego 8
autem, 'vereor,' inquam, 'clarissimi consules, ne mihi Mas-
sa silentio suo praevaricationem obiecerit, quod non et me
reum postulavit.' Quae vox et statim excepta et postea
multo sermone celebrata est. Divus quidem Nerva (nam 9

privatus quoque adtendebat his quae recte in publico fie-
rent) missis ad me gravissimis litteris non mihi solum ve-
rum etiam saeculo est gratulatus, cui exemplum (sic enim
10 scripsit) simile antiquis contigisset. Haec, utcumque se
habent, notiora clariora maiora tu facies, quamquam non
exigo ut excedas actae rei modum. Nam nec historia
debet egredi veritatem et honeste factis veritas sufficit.
Vale.

Book VIII., 23: To Maximus.—Pliny's Fame.

1 Frequenter agenti mihi evenit ut centumviri, cum diu
se intra iudicum auctoritatem gravitatemque tenuissent,
omnes repente quasi victi coactique consurgerent lauda-
2 rentque; frequenter e senatu famam, qualem maxime opta-
veram, rettuli: numquam tamen maiorem cepi volupta-
tem quam nuper ex sermone Corneli Taciti. Narrabat
sedisse se cum quodam Circensibus proximis: hunc post
varios eruditosque sermones requisisse, 'Italicus es an pro-
vincialis?' se respondisse, 'nosti me et quidem ex studiis.'
3 Ad hoc illum, 'Tacitus es an Plinius?' Exprimere non
possum quam sit iucundum mihi quod nomina nostra,
quasi litterarum propria, non hominum, litteris redduntur,
quod uterque nostrum his etiam ex studiis notus quibus
4 aliter ignotus est. Accidit aliud ante pauculos dies simile.
Recumbebat mecum vir egregius, Fadius Rufinus, super
eum municeps ipsius, qui illo die primum venerat in ur-
bem, cui Rufinus, demonstrans me, 'vides hunc?' Multa
5 deinde de studiis nostris. Et ille, 'Plinius est,' inquit.
Verum fatebor, capio magnum laboris mei fructum. An,
si Demosthenes iure laetatus est quod illum anus Attica
ita noscitavit, οὗτός ἐστι Δημοσθένης, ego celebritate nomi-
nis mei gaudere non debeo? ego vero et gaudeo et gau-

dere me dico. Neque enim vereor ne iactantior videar, 6
cum de me aliorum iudicium, non meum profero, praeser-
tim apud te qui nec ullius invides laudibus et faves no-
stris. Vale.

XCVI.: *To Trajan.—Concerning the Treatment of the Christians.*

Sollemne est mihi, domine, omnia de quibus dubito ad 1
te referre. Quis enim potest melius vel cunctationem
meam regere vel ignorantiam extruere? cognitionibus
de Christianis interfui numquam, ideo nescio quid et qua-
tenus aut puniri soleat aut quaeri. Nec mediocriter hae- 2
sitavi sitne aliquod discrimen aetatum an quamlibet teneri
nihil a robustioribus differant, detur paenitentiae venia an
ei qui omnino Christianus fuit desisse non prosit, nomen
ipsum, si flagitiis careat, an flagitia cohaerentia nomini
puniantur. Interim in iis qui ad me tamquam Christiani
deferebantur hunc sum secutus modum. Interrogavi ip- 3
sos an essent Christiani. Confitentes iterum ac tertio in-
terrogavi, supplicium minatus; perseverantes duci iussi.
Neque enim dubitabam, qualecumque esset quod fateren-
tur, pertinaciam certe et inflexibilem obstinationem de-
bere puniri. Fuerunt alii similis amentiae quos, quia 4
cives Romani erant, adnotavi in urbem remittendos. Mox
ipso tractatu, ut fieri solet, diffundente se crimine plures
species inciderunt. Propositus est libellus sine auctore 5
multorum nomina continens. Qui negabant esse se Chri-
stianos aut fuisse, cum praeeunte me deos adpellarent et
imagini tuae, quam propter hoc iusseram cum simulacris
numinum adferri, ture ac vino supplicarent, praeterea male
dicerent Christo, quorum nihil posse cogi dicuntur qui
sunt re vera Christiani, dimittendos esse putavi. Alii ab 6

indice nominati esse se Christianos dixerunt et mox nega-
verunt; fuisse quidem, sed desisse, quidam ante pluris
annos, non nemo etiam ante viginti quoque. Omnes et
imaginem tuam deorumque simulacra venerati sunt et
7 Christo malo dixerunt. Adfirmabant autem hanc fuisse
summam vel culpae suae vel erroris, quod essent soliti
stato die ante lucem convenire carmenque Christo quasi
deo dicere secum invicem, seque sacramento non in scelus
aliquod obstringere, sed ne furta, ne latrocinia, ne adulte-
ria conmitterent, ne fidem fallerent, ne depositum adpel-
lati abnegarent. Quibus peractis morem sibi discedendi
fuisse, rursusque ad capiendum cibum, promiscuum tamen
et innoxium, quod ipsum facere desisse post edictum
meum, quo secundum mandata tua hetaerias esse vetue-
8 ram. Quo magis necessarium credidi ex duabus ancillis
quae ministrae dicebantur, quid esset veri et per tormenta
quaerere. Nihil aliud inveni quam superstitionem pra-
vam inmodicam. Ideo dilata cognitione ad consulendum
9 te decucurri. Visa est enim mihi res digna consultatione,
maxime propter periclitantium numerum. Multi enim
omnis aetatis, omnis ordinis, utriusque sexus etiam, vocan-
tur in periculum et vocabuntur. Neque civitates tantum
sed vicos etiam atque agros superstitionis istius contagio
10 pervagata est, quae videtur sisti et conrigi posse. Certe
satis constat prope iam desolata templa coepisse celebrari
et sacra sollemnia diu intermissa repeti pastumque venire
victimarum cuius adhuc rarissimus emptor inveniebatur.
Ex quo facile est opinari quae turba hominum emendari
possit, si sit paenitentiae locus.

XCVII.: Trajan's Answer.

Actum quem debuisti, mi Secunde, in excutiendis cau- 1
sis eorum qui Christiani ad te delati fuerant secutus es.
Neque enim in universum aliquid quod quasi certam for-
mam habeat constitui potest. Conquirendi non sunt; si 2
deferantur et arguantur, puniendi sunt, ita tamen ut qui
negaverit se Christianum esse idque re ipsa manifestum
fecerit, id est supplicando deis nostris, quamvis suspectus
in praeteritum, veniam ex paenitentia impetret. Sine
auctore vero propositi libelli in nullo crimine locum ha-
bere debent. Nam et pessimi exempli nec nostri saeculi
est.

SVETONIVS

C. Suetonius Tranquillus seems to have been born in the reign of Vespasian (69–79). The place of his birth, as well as the date of his death, is unknown. About the year 108, Pliny urges him to publish his writings; about 112, the same friend secured for him the *ius trium liberorum*. He was an imperial secretary under Hadrian, about 120, and after his dismissal appears to have devoted himself wholly to historical composition and literary research.

Suetonius was not only a very prolific author, but a very painstaking and trustworthy scholar, and his works served for ages as a welcome repository of varied information not elsewhere accessible in so convenient a form. He is a kind of Varro in miniature, and the compendious nature of his writings may to some extent have accelerated the loss of the encyclopedic works of his great predecessor.

Of his numerous writings only two call for mention here:

First, *De viris illustribus*—viz. (1) de poetis, (2) de oratoribus, (3) de historicis, (4) de philosophis, and (5) de grammaticis et rhetoribus. The lives of the poets Terence, Horace, Lucan, of the orator Passienus Crispus, of Pliny the Elder, and very extensive portions of (5) have been preserved. Much of the information imbedded in this work passed into the Chronicle of St. Jerome, and the extant lives of Vergil probably also contain considerable Suetonian material.

Secondly, the *Lives of the Caesars*, twelve in number, from Iulius Caesar down to Domitian. These biographies, written in a pure, unostentatious style, are of inestimable value, chiefly because of the historical material, culled from the best sources, therein accumulated. The schematic form in which the career of each emperor is narrated became the model for biographical composition for many centuries.

SVETONIVS

Life of Terence.

Publius Terentius Afer, Karthagine natus, serviit Romae Terentio Lucano senatori a quo ob ingenium et formam non institutus modo liberaliter sed et mature manumissus est. Quidam captum esse existimant, quod fieri nullo modo potuisse Fenestella docet, cum inter finem secundi Punici belli et initium tertii natus sit et mortuus; nec si a Numidis et Gaetulis captus sit, ad ducem Romanum pervenire potuisse, nullo conmercio inter Italicos et Afros nisi post deletam Karthaginem coepto. Hic cum multis nobilibus familiariter vixit, sed maxime cum Scipione Africano et C. Laelio quibus etiam corporis gratia conciliatus existimatur. Quod et ipsum Fenestella arguit, contendens utroque maiorem natu fuisse, quamvis et Nepos aequalis omnis fuisse tradat et Porcius suspicionem de consuetudine per haec faciat:

Dum lasciviam nobilium et laudis fucosas petit,
Dum Africani vocem divinam inhiat avidis auribus,
Dum ad Philum se cenitare et Laelium pulchrum putat,
Dum in Albanum crebro rapitur ob florem aetatis suae.
Post sublatis rebus ad summam inopiam redactus est.
Itaque e conspectu omnium abit Graeciam in terram ultimam,
Mortuust Stymphalo, Arcadiae in oppido. Nil Publio

Scipio profuit, nil illi Laelius, nil Furius,
Tres per id tempus qui agitabant nobiles facillime.
Eorum ille opera ne domum quidem habuit conducticiam,
Saltem ut esset quo referret obitum domini servulus.

Scripsit comoedias sex, ex quibus primam Andriam cum aedilibus daret, iussus ante Caecilio recitare, ad cenantem cum venisset, dicitus initium quidem fabulae, quod erat contemptiore vestitu, in subsellio iuxta lectulum residens legisse, post paucos vero versus invitatus ut accumberet cenasse una, dein cetera percucurrisse non sine magna Caecilii admiratione. Et hanc autem et quinque reliquas aequaliter populo probavit, quamvis Volcatius dinumeratione omnium ita scribat:

Simitur Hecyra sexta exclusast fabula.

Eunuchus quidem bis die acta est meruitque pretium quantum nulla antea cuiusquam comoedia, id est octo milia nummorum; propterea summa quoque titulo adscribitur. . . Nam Adelphorum principium Varro etiam praefert principio Menandri.

Non obscura fama est adiutum Terentium in scriptis a Laelio et Scipione, eamque ipse auxit numquam nisi leviter refutare conatus, ut in prologo Adelphorum:

Nam quod isti dicunt malevoli, homines nobiles
Hunc adiutare adsidueque una scribere,
Quod illi maledictum vehemens esse existumant:
Eam laudem hic ducit maxumam, cum illis placet
Qui vobis universis et populo placent,
Quorum opera in bello, in otio, in negotio
Suo quisque tempore usus est sine superbia.

Videtur autem levius se defendisse, quia sciebat et Laelio et Scipioni non ingratam esse hanc opinionem, quae tum magis et usque ad posteriora tempora valuit. C. Memmius in oratione pro se, 'P. Africanus,' inquit, 'a Terentio personam mutuatus, quae domui luserat ipse, nomine illius in scaenam detulit.' Nepos auctore certo comperisse se ait, C. Laelium quondam in Puteolano Kal. Martiis admonitum ab uxore temperius ut discumberet, petisse ab ea ne interpellaret, seroque tandem ingressum triclinium dixisse, non saepe in scribendo magis sibi successisse; deinde rogatum ut scripta illa proferret pronuntiasse versus qui sunt in Heauton timorumeno:

Satis pol proterve me Syri promissa huc induxerunt.

Santra Terentium existimat, si modo in scribendo adiutoribus indiguerit, non tam Scipione et Laelio uti potuisse qui tunc adulescentuli fuerunt, quam C. Sulpicio Gallo, homine docto et cuius consularibus ludis initium fabularum dandarum fecerit, vel Q. Fabio Labeone et M. Popillio, consulari utroque ac poeta; ideo ipsum non iuvenes designare qui se adiuvare dicantur, sed viros 'quorum operam et in bello et in otio et in negotio' populus sit expertus.

Post editas comoedias nondum quintum atque vicesimum ingressus annum, causa vitandae opinionis qua videbatur aliena pro suis edere seu percipiendi Graecorum instituta moresque quos non perinde exprimeret in scriptis, egressus est neque amplius rediit. De morte eius Volcatius sic tradit:

Sed ut Afer populo sex dedit comoedias,
Iter hinc in Asiam fecit et, navem ut semel
Conscendit, visus numquam est; sic vita vacat.

Quintus Cosconius redeuntem e Graecia perisse in mari dicit cum centum et octo fabulis conversis a Menandro, ceteri mortuum esse in Arcadia Stymphali sive Leucadiae tradunt, Cn. Cornelio Dolabella M. Fulvio Nobiliore consulibus, morbo implicitum ex dolore ac taedio amissarum sarcinarum quas in nave praemiserat, ac simul fabularum quas novas fecerat.

Fuisse dicitur mediocri statura, gracili corpore, colore fusco. Reliquit filiam quae post equiti Romano nupsit,

item hortulos xx. iugerum via Appia ad Martis. Quo magis miror Porcium scribere : *Nil Publio*
Scipio profuit, nil illi Laelius, nil Furius,
Tres per id tempus qui agitabant nobiles facillime.
Eorum ille opera ne domum quidem habuit conducticiam,
Saltem ut esset quo referret obitum domini servulus.

Hunc Afranius quidem omnibus comicis praefert, scribens in Compitalibus :

Terentio non similem dicas quempiam.

Volcatius autem non solum Naevio et Plauto et Caecilio, sed Licinio quoque et Atilio postponit. Cicero in Limone hactenus laudat :

Tu quoque qui solus lecto sermone, Terenti,
Conversum expressumque Latina voce Menandrum
In medium nobis sedatis vocibus effers,
Quiddam come loquens atque omnia dulcia dicens.

Item C. Caesar :

Tu quoque, tu in summis, o dimidiate Menander,
Poneris, et merito, puri sermonis amator.
Lenibus atque utinam scriptis adiuncta foret vis,
Comica ut aequato virtus polleret honore
Cum Graecis neve hac despectus parte iaceres!
Vnum hoc maceror ac doleo tibi deesse, Terenti.

Life of Caesar: Character and Accomplishments—His Death.

45 Fuisse traditur excelsa statura, colore candido, teretibus membris, ore paulo pleniore, nigris vegetisque oculis, valitudine prospera ; nisi quod tempore extremo repente animo linqui atque etiam per somnum exterreri solebat. Comitiali quoque morbo bis inter res agendas conreptus est. Circa corporis curam morosior, ut non solum ton-

deretur diligenter ac raderetur, sed velleretur etiam, ut
quidam exprobraverunt; calvitii vero deformitatem ini-
quissime ferret, saepe obtrectatorum iocis obnoxiam ex-
pertus. Ideoque et deficientem capillum revocare a ver-
tice adsueverat et ex omnibus decretis sibi a senatu
populoque honoribus non aliud aut recepit aut usurpavit
libentius quam ius laureae coronae perpetuo gestandae.

Etiam cultu notabilem ferunt; usum enim lato clavo ad
manus fimbriato, nec ut umquam aliter quam super eum
cingeretur et quidem fluxiore cinctura; unde emanasse
Sullae dictum optimates saepius admonentis, ut male
praecinctum puerum caverent. Habitavit primo in Su- 46
bura modicis aedibus, post autem pontificatum maximum
in Sacra Via domo publica. Munditiarum lautitiarumque
studiosissimum multi prodiderunt: villam in Nemorensi
a fundamentis incohatam magnoque sumptu absolutam,
quia non tota ad animum ei responderat, totam diruisse,
quamquam tenuem adhuc et obaeratum; in expeditioni-
bus tessellata et sectilia pavimenta circumtulisse; Britan- 47
niam petisse spe margaritarum quarum amplitudinem
conferentem interdum sua manu exegisse pondus; gem-
mas, toreumata, signa, tabulas operis antiqui semper ani-
mosissime comparasse; servitia rectiora politioraque in-
menso pretio et cuius ipsum etiam puderet, sic ut
rationibus vetaret inferri; convivatum adsidue per pro- 48
vincias duobus tricliniis, uno quo sagati palliative, altero
quo togati cum inlustrioribus provinciarum discumberent.
Domesticam disciplinam in parvis ac maioribus rebus dili-
genter adeo severeque rexit, ut pistorem, alium quam sibi
panem convivis subicientem, compedibus vinxerit [. . .]

Vini parcissimum ne inimici quidem negaverunt. Marci 53
Catonis est, 'unum ex omnibus Caesarem ad evertendam
rem publicam sobrium accessisse.' Nam circa victum Gaius
Oppius adeo indifferentem docet, ut quondam ab hospite

conditum oleum pro viridi adpositum, aspernantibus ceteris, solum etiam largius adpetisse scribat, ne hospitem aut

54 neglegentiae aut rusticitatis videretur arguere. Abstinentiam neque in imperiis neque in magistratibus praestitit. Vt enim quidam monumentis suis testati sunt, in Hispania proconsule et a sociis pecunias accepit emendicatas in auxilium aeris alieni et Lusitanorum quaedam oppida, quamquam nec imperata detrectarent et advenienti portas patefacerent, diripuit hostiliter. In Gallia fana templaque deum donis referta expilavit, urbis diruit saepius ob praedam quam ob delictum, unde factum, ut auro abundaret ternisque milibus nummum in libras promercale per Italiam provinciasque divenderet. In primo consulatu tria milia pondo auri furatus e Capitolio, tantundem inaurati aeris reposuit. Societates ac regna pretio dedit, ut qui uni Ptolemaeo prope sex milia talentorum suo Pompeique nomine abstulerit. Postea vero evidentissimis rapinis ac sacrilegis et onera bellorum civilium et triumphorum ac munerum sustinuit impendia.

55 Eloquentia militarique re aut aequavit praestantissimorum gloriam aut excessit. Post accusationem Dolabellae haud dubie principibus patronis adnumeratus est. Certe Cicero ad Brutum, oratores enumerans, negat se videre cui debeat Caesar cedere, aitque eum elegantem, splendidam quoque atque etiam magnificam et generosam quodam modo rationem dicendi tenere, et ad Cornelium Nepotem de eodem ita scripsit: 'Quid? oratorum quem huic antepones eorum qui nihil aliud egerunt? quis sententiis aut acutior aut crebrior? quis verbis aut ornatior aut elegantior?' Genus eloquentiae dumtaxat adulescens adhuc Strabonis Caesaris secutus videtur cuius etiam ex oratione quae inscribitur pro Sardis, ad verbum non nulla transtulit in divinationem suam. Pronuntiasse autem dicitur voce acuta, ardenti motu gestuque, non sine ve-

nustate. Orationes aliquas reliquit inter quas temere quaedam feruntur. Pro Quinto Metello non inmerito Augustus existimat magis ab actuaris exceptam male subsequentibus verba dicentis, quam ab ipso editam; nam in quibusdam exemplaribus invenio ne inscriptam quidem pro Metello, sed quam scripsit Metello, cum ex persona Caesaris sermo sit Metellum seque adversus communium obtrectatorum criminationes purgantis. Apud milites quoque in Hispania idem Augustus vix ipsius putat, quae tamen duplex fertur: una quasi priore habita proelio, altera posteriore quo Asinius Pollio ne tempus quidem contionandi habuisse eum dicit subita hostium incursione.

Reliquit et rerum suarum *commentarios* Gallici civilisque 56
belli Pompeiani. Nam Alexandrini Africique et Hispaniensis incertus auctor est: alii Oppium putant, alii Hirtium qui etiam Gallici belli novissimum imperfectumque librum suppleverit. De conmentariis Caesaris Cicero in eodem Bruto sic refert: 'Conmentarios scripsit valde quidem probandos: nudi sunt, recti et venusti, omni ornatu orationis tamquam veste detracta, sed dum voluit alios habere parata, unde sumerent qui vellent scribere historiam, ineptis gratum fortasse fecit qui illa volent calamistris inurere, sanos quidem homines a scribendo deterruit.' De isdem conmentariis Hirtius ita praedicat: 'Adeo probantur omnium iudicio, ut praerepta, non praebita facultas scriptoribus videatur. Cuius tamen rei maior nostra quam reliquorum est admiratio; ceteri enim, quam bene atque emendate, nos etiam, quam facile atque celeriter eos perscripserit, scimus.' Pollio Asinius parum diligenter parumque integra veritate compositos putat, cum Caesar pleraque et quae per alios erant gesta temere crediderit et quae per se, vel consulto vel etiam memoria lapsus perperam ediderit; existimatque rescripturum et conrecturum fuisse. Reliquit et *de Analogia* duos li-

bros et *Anticatones* totidem ac praeterea poema quod inscribitur *Iter*. Quorum librorum primos in transitu Alpium, cum ex citeriore Gallia conventibus peractis ad exercitum rediret, sequentis sub tempus Mundensis proelii fecit; novissimum, dum ab urbe in Hispaniam ulteriorem quarto et vicensimo die pervenit. Epistulae quoque eius ad senatum extant quas primus videtur ad paginas et formam memorialis libelli convertisse, cum antea consules et duces nonnisi transversa charta scriptas mitterent. Extant et ad Ciceronem, item ad familiaris domesticis de rebus in quibus, si qua occultius perferenda erant, per notas scripsit, id est sic structo litterarum ordine, ut nullum verbum effici posset: quae si quis investigare et persequi volet, quartam elementorum litteram, id est D pro A et perinde reliquas conmutet. Feruntur et a puero et ab adulescentulo quaedam scripta, ut *Laudes Herculis*, tragoedia *Oedipus*, item *Dicta conlectanea*: quos omnis libellos vetuit Augustus publicari in epistula, quam brevem admodum ac simplicem ad Pompeium Macrum, cui ordinandas bibliothecas delegaverat, misit.

57 Armorum et equitandi peritissimus, laboris ultra fidem patiens erat. In agmine nonnumquam equo, saepius pedibus anteibat, capite detecto, seu sol seu imber esset; longissimas vias incredibili celeritate confecit, expeditus, meritoria reda, centena passuum milia in singulos dies; si flumina morarentur, nando traiciens vel innixus inflatis
58 utribus, ut persaepe nuntios de se praevenerit. In obeundis expeditionibus dubium cautior an audentior, exercitum neque per insidiosa itinera duxit umquam nisi perspeculatus locorum situs neque in Britanniam transvexit, nisi ante per se portus et navigationem et accessum ad insulam explorasset. At idem, obsessione castrorum in Germania nuntiata, per stationes hostium Gallico habitu penetravit ad suos. A Brundisio Dyrrachium inter oppositas classis

hieme transmisit cessantibusque copiis quas subsequi ius-
serat, cum ad accersendas frustra saepe misisset, novissime
ipse clam noctu parvulum navigium solus obvoluto capite
conscendit, neque aut quis esset ante detexit aut guberna-
torem cedere adversae tempestati passus est, quam paene
obrutus fluctibus. Ne religione quidem ulla a quoquam 59
incepto absterritus umquam vel retardatus est. Cum in-
molanti aufugisset hostia, profectionem adversus Scipio-
nem et Iubam non distulit. Prolapsus etiam in egressu
navis, verso ad melius omine, 'Teneo te,' inquit, 'Africa.'
Ad eludendas autem vaticinationes quibus felix et invictum
in ea provincia fataliter Scipionum nomen ferebatur, de-
spectissimum quendam ex Corneliorum genere, cui ad op-
probrium vitae Salvitoni cognomen erat, in castris secum
habuit.

Proelia non tantum destinato, sed ex occasione sumebat 60
ac saepe ab itinere statim, interdum spurcissimis tempesta-
tibus, cum minime quis moturum putaret; nec nisi tem-
pore extremo ad dimicandum cunctatior factus est, quo
saepius vicisset, hoc minus experiendos casus opinans,
nihilque se tantum adquisiturum victoria, quantum . . .
hostem fudit, quin castris quoque exueret: ita nullum
spatium perterritis dabat. Ancipiti proelio equos dimit-
tebat et in primis suum, quo maior permanendi necessi-
tas imponeretur auxilio fugae erepto. Vtebatur autem
equo insigni, pedibus prope humanis et in modum digi- 61
torum ungulis fissis quem natum apud se, cum haruspi-
ces imperium orbis terrae significare domino pronuntias-
sent, magna cura aluit nec patientem sessoris alterius
primus ascendit, cuius etiam instar pro aede Veneris Ge-
netricis postea dedicavit. Inclinatam aciem solus saepe
restituit obsistens fugientibus retinensque singulos et
contortis faucibus convertens in hostem et quidem adeo
plerumque trepidos, ut aquilifer moranti se cuspide sit

conminatus, alius in manu detinentis reliquerit signum. Non minora illa constantiae eius, immo maiora etiam indicia fuerint. Post aciem Pharsalicam cum praemissis in Asiam copiis per angustias Hellesponti vectoria navicula traiceret, L. Cassium partis adversae cum decem rostratis navibus obvium sibi neque refugit et conminus tendens, ultro ad deditionem hortatus, supplicem ad se recepit.
64 Alexandriae circa oppugnationem pontis eruptione hostium subita compulsus in scapham, pluribus eodem praecipitantibus, cum desilisset in mare, nando per ducentos passus evasit ad proximam navem, elata laeva, ne libelli quos tenebat madefierent, paludamentum mordicus trahens, ne spolio poteretur hostis.

65 Militem neque a moribus neque a forma probabat, sed tantum a viribus, tractabatque pari severitate atque indulgentia. Non enim ubique ac semper, sed cum hostis in proximo esset, coercebat: tum maxime exactor gravissimus disciplinae, ut neque itineris neque proelii tempus denuntiaret, sed paratum et intentum momentis omnibus quo vellet subito educeret. Quod etiam sine causa plerumque faciebat, praecipue pluviis et festis diebus. Ac subinde, observandum se admonens, repente interdiu vel nocte se subtrahebat augebatque iter, ut serius subse-
66 quentis defetigaret. Fama vero hostilium copiarum perterritos non negando minuendove, sed insuper amplificando ementiendoque confirmabat. Itaque cum expectatio adventus Iubae terribilis esset, convocatis ad contionem militibus, 'Scitote,' inquit, 'paucissimis his diebus regem adfuturum cum decem legionibus, equitum triginta, levis armaturae centum milibus, elephantis trecentis. Proinde desinant quidam quaerere ultra aut opinari, mihique, qui compertum habeo, credant; aut quidem vetustissima nave impositos quocumque vento in quascumque terras iubebo avehi.'

Delicta neque observabat omnia neque pro modo exse- 67
quebatur, sed desertorum ac seditiosorum et inquisitor et
punitor acerrimus, conivebat in ceteris. Ac nonnumquam
post magnam pugnam atque victoriam, remisso officiorum
munere, licentiam omnem passim lasciviendi permittebat,
iactare solitus, milites suos etiam unguentatos bene pu-
gnare posse. Nec milites eos pro contione, sed blandiore
nomine conmilitones adpellabat, habebatque tam cultos
ut argento et auro politis armis ornaret, simul et ad spe-
ciem et quo tenaciores eorum in proelio essent metu
damni. Diligebat quoque usque adeo, ut audita clade
Titnriana barbam capillumque submiserit nec ante demp-
serit quam vindicasset. Quibus rebus et devotissimos sibi 68
et fortissimos reddidit. Ingresso civile bellum centuriones
cuiusque legionis singulos equites e viatico suo optulerunt,
universi milites gratuitam et sine frumento stipendioque
operam; cum tenuiorum tutelam locupletiores in se con-
tulissent. Neque in tam diuturno spatio quisquam omni-
no descivit, plerique capti concessam sibi sub condicione
vitam, si militare adversus eum vellent, recusarunt; fa-
mem et ceteras necessitates, non cum obsiderentur modo
sed et, si ipsi alios obsiderent, tantopere tolerabant, ut
Dyrrachina munitione Pompeius viso genere panis ex her-
ba quo sustinebantur, cum feris sibi rem esse dixerit, amo-
verique ocius nec cuiquam ostendi iusserit, ne patientia et
pertinacia hostis animi suorum frangerentur.

Quanta fortitudine dimicarint, testimonio est quod adverso semel apud Dyrrhachium proelio poenam in se ultro depoposcerunt, ut consolandos eos magis imperator quam puniendos habuerit. Ceteris proeliis innumeras adversariorum copias, multis partibus ipsi pauciores, facile superarunt. Denique una sextae legionis cohors praeposita castello quattuor Pompei legiones per aliquo horas sustinuit, paene omnis confixa multitudine hostilium sagittarum quarum centum ac triginta milia intra vallum reperta sunt. Nec mirum, si quis singulorum facta respiciat, vel Cassi Scaevae centurionis vel Gai Acili militis, ne de pluribus referam. Scaeva, excusso oculo, transfixus femore et humero, centum et viginti ictibus scuto perforato, custodiam portae conmissi castelli retinuit. Acilius navali ad Massiliam proelio, iniecta in puppem hostium dextera et abscisa, memorabile illud apud Graecos Cynaegiri exemplum imitatus, transiluit in navem, umbone obvios agens.

69 Seditionem per decem annos Gallicis bellis nullam omnino moverunt, civilibus aliquas, sed ut celeriter ad officium redierint, nec tam indulgentia ducis quam auctoritate. Non enim cessit umquam tumultuantibus atque etiam obviam semper iit; et nonam quidem legionem apud Placentiam, quamquam in armis adhuc Pompeius esset, totam cum ignominia missam fecit aegreque post multas et supplicis preces, nec nisi exacta de sontibus
70 poena, restituit; decimanos autem Romae cum ingentibus minis summoque etiam urbis periculo missionem et praemia flagitantes, ardente tunc in Africa bello, neque adire cunctatus est, quamquam deterrentibus amicis, neque dimittere; sed una voce, qua Quiritis eos pro militibus adpellarat, tam facile circumegit et flexit, ut ei milites esse confestim responderint et quamvis recusantem ultro in Africam sint secuti; ac sic quoque seditiosissimum quemque et praedae et agri destinati tertia parte multavit.

71 Studium et fides erga clientis ne iuveni quidem defuerunt. Masintham nobilem iuvenem, cum adversus Hiempsalem regem tam enixe defendisset ut Iubae regis filio in altercatione barbam invaserit, stipendiarium quoque pronuntiatum, et abstrahentibus statim eripuit occultavitque apud se diu et mox, ex praetura proficiscens in Hispaniam,

inter officia prosequentium fascisque lictorum lectica sua avexit.

Amicos tanta semper facilitate indulgentiaque tractavit, 72
ut Gaio Oppio comitanti se per silvestre iter conreptoque subita valitudine deversoriolo eo, quod unum erat, cesserit et ipse humi ac sub divo cubuerit. Iam autem rerum potens quosdam etiam infimi generis ad amplissimos honores provexit, cum ob id culparetur, professus palam, si grassatorum et sicariorum ope in tuenda sua dignitate usus esset, talibus quoque se parem gratiam relaturum.

Simultates contra nullas tam gravis excepit umquam, 73
ut non occasione oblata libens deponeret. Gai Memmi, cuius asperrimis orationibus non minore acerbitate rescripserat, etiam suffragator mox in petitione consulatus fuit. Gaio Calvo post famosa epigrammata de reconciliatione per amicos agenti ultro ac prior scripsit. Valerium Catullum, a quo sibi versiculis de Mamurra perpetua stigmata imposita non dissimulaverat, satis facientem eadem die adhibuit cenae hospitioque patris eius, sicut consuerat, uti perseveravit. Sed et in ulciscendo 74
natura lenissimus, piratas a quibus captus est, cum in dicionem redegisset, quoniam suffixurum se cruci ante iuraverat, iugulari prius iussit, deinde suffigi; Cornelio Phagitae, cuius quondam nocturnas insidias aeger ac latens, ne perduceretur ad Sullam, vix praemio dato evaserat, numquam nocere sustinuit; Philemonem a manu servum, qui necem suam per venenum inimicis promiserat, non gravius quam simplici morte puniit; in Publium Clodium, Pompeiae uxoris suae adulterum atque eadem de causa pollutarum caerimoniarum reum, testis citatus, negavit se quidquam comperisse, quamvis et mater Aurelia et soror Iulia apud eosdem iudices omnia ex fide rettulissent; interrogatusque, cur igitur repudiasset uxorem, 'Quoniam,' inquit, 'meos tam suspicione quam crimine iudico

75 carere oportere.' Moderationem vero clementiamque cum in administratione tum in victoria belli civilis admirabilem exhibuit. Denuntiante Pompeio, pro hostibus se habiturum qui rei publicae defuissent, ipse medios et neutrius partis suorum sibi numero futuros pronuntiavit. Quibus autem ex conmendatione Pompei ordines dederat, potestatem transeundi ad eum omnibus fecit. Motis apud Ilerdam deditionis conditionibus, cum, adsiduo inter utrasque partis usu atque conmercio, Afranius et Petreius deprehensos intra castra Iulianos subita paenitentia interfecissent, admissam in se perfidiam non sustinuit imitari. Acie Pharsalica proclamavit ut civibus parceretur, deincepsque nemini non suorum quem vellet unum partis adversae servare concessit. Nec ulli perisse nisi in proelio reperientur, exceptis dumtaxat Afranio et Fausto et Lucio Caesare iuvene; ac ne hos quidem voluntate ipsius interemptos putant quorum tamen et priores post impetratam veniam rebellaverant et Caesar, libertis servisque eius ferro et igni crudelem in modum enectis, bestias quoque ad munus populi comparatas contrucidaverat. Denique tempore extremo etiam quibus nondum ignoverat cunctis in Italiam redire permisit magistratusque et imperia capere; sed et statuas Luci Sullae atque Pompei a plebe disiectas reposuit; ac si qua posthac aut cogitarentur gravius adversus se aut dicerentur, inhibere maluit quam vindicare. Itaque et detectas coniurationes conventusque nocturnos non ultra arguit, quam ut edicto ostenderet esse sibi notas et acerbe loquentibus satis habuit pro contione denuntiare ne perseverarent, Aulique Caecinae criminosissimo libro et Pitholai carminibus maledicentissimis laceratam existimationem suam civili animo tulit.

76 Praegravant tamen cetera facta dictaque eius, ut et abusus dominatione et iure caesus existimetur. Non enim

honores modo nimios recepit: continuum consulatum, perpetuam dictaturam, praefecturamque morum, insuper praenomen Imperatoris, cognomen Patris Patriae, statuam inter reges, suggestum in orchestra; sed et ampliora etiam humano fastigio decerni sibi passus est; sedem auream in curia et pro tribunali, tensam et ferculum circensi pompa, templa, aras, simulacra iuxta deos, pulvinar, flaminem, lupercos, adpellationem mensis e suo nomine ac nullos non honores ad libidinem cepit et dedit. Tertium et quartum consulatum titulo tenus gessit, contentus dictaturae potestate decretae cum consulatibus simul atque utroque anno binos consules substituit sibi in ternos novissimos mensis, ita ut medio tempore comitia nulla habuerit praeter tribunorum et aedilium plebis, praefectosque pro praetoribus constituerit qui apsente se res urbanas administrarent. Pridie autem Kalendas Ianuarias repentina consulis morte cessantem honorem in paucas horas petenti dedit. Eadem licentia spreto patrio more, magistratus in pluris annos ordinavit, decem praetoris viris consularia ornamenta tribuit, civitate donatos et quosdam e semibarbaris Gallorum recepit in curiam. Praeterea monetae publicisque vectigalibus peculiaris servos praeposuit. Trium legionum quas Alexandreae relinquebat curam et imperium Rufini liberti sui filio, exsoleto suo, demandavit. Nec minoris impotentiae voces propalam 77
edebat, ut Titus Ampius scribit, Nihil esse rem publicam, adpellationem modo sine corpore ac specie. Sullam nescisse litteras qui dictaturam deposuerit. Debere homines consideratius iam loqui secum ac pro legibus habere quae dicat. Eoque adrogantiae progressus est, ut, haruspice tristia et sine corde exta quondam nuntiante, futura diceret laetiora, cum vellet; nec pro ostento ducendum, si pecudi cor defuisset.

Verum praecipuam et exitiabilem sibi invidiam hinc 78

maxime movit. Adeuntis se cum plurimis honorificentis-
simisque decretis universos patres conscriptos sedens pro
aede Veneris Genetricis excepit. Quidam putant reten-
tum a Cornelio Balbo, cum conaretur adsurgere: alii, ne
conatum quidem omnino, sed etiam admonentem Gaium
Trebatium ut adsurgeret minus familiari vultu respexisse.
Idque factum eius tanto intolerabilius est visum, quod
ipse triumphanti et subsellia tribunicia praetervehenti
sibi unum e conlegio Pontium Aquilam non adsurrexisse
adeo indignatus sit, ut proclamaverit: 'Repete ergo a me
Aquila rem publicam tribunus!' et nec destiterit per con-
tinuos dies quidquam cuiquam nisi sub exceptione polli-
79 ceri, si tamen per Pontium Aquilam licuerit. Adiecit ad
tam insignem despecti senatus contumeliam multo adro-
gantius factum. Nam cum in sacrificio Latinarum re-
vertente eo inter inmodicas ac novas populi acclamationes
quidam e turba statuae eius coronam lauream candida
fascia praeligata imposuisset et tribuni plebis Epidius
Marullus Caesetiusque Flavus coronae fasciam detrahi
hominemque duci in vincula iussissent; dolens seu parum
prospere motam regni mentionem, sive ut ferebat, ereptam
sibi gloriam recusandi, tribunos graviter increpitos pote-
state privavit. Neque ex eo infamiam adfectati etiam regii
nominis discutere valuit, quamquam et plebei regem se
salutanti, Caesarem se, non regem esse responderit et
Lupercalibus pro rostris a consule Antonio admotum sae-
pius capiti suo diadema reppulerit atque in Capitolium
Iovi Optimo Maximo miserit. Quin etiam varia fama
percrebruit, migraturum Alexandream vel Ilium, transla-
tis simul opibus imperii exhaustaque Italia dilectibus et
procuratione urbis amicis permissa, proximo autem senatu
Lucium Cottam quindecimvirum sententiam dicturam, ut,
quoniam libris fatalibus contineretur, Parthos nisi a rege
80 non posse vinci, Caesar rex adpellaretur. Quae causa con-

iuratis maturandi fuit destinata negotia, ne adsentiri necesse esset.

Consilia igitur, dispersim antea habita et quae saepe bini ternive ceperant, in unum omnes contulerunt, ne populo quidem iam praesenti statu laeto, sed clam palamque detrectante dominationem atque adsertores flagitante. Peregrinis in senatum adlectis, libellus propositus est: 'Bonum factum; ne quis senatori novo curiam monstrare velit!' et illa vulgo canebantur:

Gállos Caesar in triumphum dúcit, idem in cúriam.
Gálli bracas déposuerunt, látum clavum súmpserunt.

Quinto Maximo suffecto trimenstrique consule theatrum introeunte, cum lictor animadverti ex more iussisset, ab universis conclamatum est, non esse eum consulem. Post remotos Caesetium et Marullum tribunos reperta sunt proximis comitiis complura suffragia consules eos declarantium. Subscripsere quidam Luci Bruti statuae: Vtinam viveres! item ipsius Caesaris:

Brútus, quia regés eiecit, cónsul primus fáctus est:
Híc, quia consulés eiecit, réx postremo fáctus est.

Conspiratum est in eum a sexaginta amplius, Gaio Cassio Marcoque et Decimo Bruto principibus conspirationis. Qui primum cunctati, utrumne in Campo per comitia tribus ad suffragia vocantem partibus divisis e ponte deicerent atque exceptum trucidarent, an in Sacra Via vel in aditu theatri adorirentur: postquam senatus Idibus Martiis in Pompei curiam edictus est, facile tempus et locum praetulerunt.

Sed Caesari futura caedes evidentibus prodigiis denun- 81
tiata est. Paucos ante mensis, cum in colonia Capua deducti lege Iulia coloni ad extruendas villas vetustissima sepulchra dissicerent, idque eo studiosius facerent, quod aliquantum vasculorum operis antiqui scrutantes reperiebant, tabula aenea in monimento, in quo dicebatur Capys

conditor Capuae sepultus, inventa est, conscripta litteris verbisque Graecis hac sententia: Quandoque ossa Capyis detecta essent, fore ut Iulo prognatus manu consanguineorum necaretur magnisque mox Italiae cladibus vindicaretur. Cuius rei, ne quis fabulosam aut conmenticiam putet, auctor est Cornelius Balbus, familiarissimus Caesaris. Proximis diebus equorum greges, quos in traiciendo Rubicone flumine consecrarat ac vagos et sine custode dimiserat, comperit pertinacissime pabulo abstinere ubertimque flere. Et inmolantem haruspex Spurinna monuit, caveret periculum, quod non ultra Martias Idus proferretur. Pridie autem easdem Idus avem regaliolum, cum laureo ramulo Pompeianae curiae se inferentem, volucres varii generis ex proximo nemore persecutae ibidem discerpserunt. Ea vero nocte, cui inluxit dies caedis, et ipse sibi visus est per quietem interdum supra nubis volitare, alias cum Iove dextram iungere; et Calpurnia uxor imaginata est, conlabi fastigium domus maritumque in gremio suo confodi; ac subito cubiculi fores sponte patuerunt.

Ob haec simul et ob infirmam valitudinem diu cunctatus, an se contineret et quae apud senatum proposuerat agere differret, tandem Decimo Bruto adhortante, ne frequentis ac iam dudum opperientis destitueret, quinta fere hora progressus est libellumque insidiarum indicem, ab obvio quodam porrectum, libellus ceteris, quos sinistra manu tenebat quasi mox lecturus, conmiscuit. Dein pluribus hostiis caesis cum litare non posset, introiit curiam spreta religione Spurinnamque inridens et ut falsum arguens, quod sine ulla sua noxa Idus Martiae adessent: quamquam is venisse quidem eas diceret, sed non prae-
82 terisse. Adsidentem conspirati specie officii circumsteterunt; ilicoque Cimber Tillius qui primis partis susceperat, quasi aliquid rogaturus propius accessit renuentique et gestu in aliud tempus differenti ab utroque umero togam

adprehendit, deinde clamantem: 'Ista quidem vis est,' alter e Cascis aversum vulnerat, paulum infra iugulum. Caesar Cascae brachium adreptum graphio traiecit, conatusque prosilire alio vulnere tardatus est; utque animadvertit undique se strictis pugionibus peti, toga caput obvolvit, simul sinistra manu sinum ad ima crura deduxit, quo honestius caderet etiam inferiore corporis parte velata. Atque ita tribus et viginti plagis confossus est, uno modo ad primum ictum gemitu sine voce edito; etsi tradiderunt quidam Marco Bruto inruenti dixisse: Καὶ σὺ τέκνον; Exanimis, diffugientibus cunctis, aliquamdiu iacuit, donec lecticae impositum, dependente brachio, tres servoli domum rettulerunt. Nec in tot vulneribus, ut Antistius medicus existimabat, letale ullum repertum est, nisi quod secundo loco in pectore acceperat.

Fuerat animus coniuratis corpus occisi in Tiberim trahere, bona publicare, acta rescindere, sed metu Marci Antoni consulis et magistri equitum Lepidi destiterunt. Postulante ergo Lucio Pisone socero testamentum eius 83
aperitur recitaturque in Antoni domo, quod Idibus Septembribus proximis in Lavicano suo fecerat demandaveratque virgini Vestali maximae. Quintus Tubero tradit, heredem ab eo scribi solitum ex consulatu ipsius primo usque ad initium civilis belli Cn. Pompeium, idque militibus pro contione recitatum. Sed novissimo testamento tris instituit heredes sororum nepotes, Gaium Octavium ex dodrante, et Lucium Pinarium et Quintum Pedium ex quadrante reliquo; in ima cera Gaium Octavium etiam in familiam nomenque adoptavit; plerosque percussorum in tutoribus fili, si qui sibi nasceretur, nominavit, Decimum Brutum etiam in secundis heredibus. Populo hortos circa Tiberim publice, et viritim trecenos sestertios legavit.

Funere indicto rogus exstructus est in Martio cam- 84
po iuxta Iuliae tumulum et pro rostris aurata aedes ad

simulacrum templi Veneris Genetricis conlocata; intraque lectus eburneus auro ac purpura stratus et ad caput tropaeum cum veste in qua fuerat occisus. Praeferentibus munera, quia suffecturus dies non videbatur, praeceptum, ut omisso ordine, quibus quisque vellet itineribus urbis, portaret in Campum. Inter ludos cantata sunt quaedam ad miserationem et invidiam caedis eius accommodata ex Pacuvi Armorum iudicio:

. . . *mén servasse, ut éssent qui me pérderent!*

et ex Electra Atili ad similem sententiam. Laudationis loco consul Antonius per praeconem pronuntiavit senatus consultum, quo omnia simul ei divina atque humana decreverat, item ius iurandum, quo se cuncti pro salute unius adstrinxerant; quibus perpauca a se verba addidit. Lectum pro rostris in forum magistratus et honoribus functi detulerunt. Quem cum pars in Capitolini Iovis cella cremare, pars in curia Pompei destinaret, repente duo quidam, gladiis succincti ac bina iacula gestantes, ardentibus cereis succenderunt, confestimque circumstantium turba virgulta arida et cum subselliis tribunalia, quidquid praeterea idoneum aderat, congessit. Deinde tibicines et scenici artifices vestem quam ex triumphorum instrumento ad praesentem usum induerant, detractam sibi atque discissam iniecere flammae, et veteranorum militum legionarii arma sua quibus exculti funus celebrabant; matronae etiam pleraeque ornamenta sua quae gerebant et liberorum bullas atque praetextas.

In summo publico luctu exterarum gentium multitudo circulatim suo quaeque more lamentata est, praecipueque Iudaei qui etiam noctibus continuis bustum frequentarunt.

85 Plebs statim a funere ad domum Bruti et Cassii cum facibus tetendit atque aegre repulsa, obvium sibi Helvium Cinnam per errorem nominis, quasi Cornelius is esset, quem graviter pridie contionatum de Caesare requirebat,

occidit caputque eius praefixum hastae circumtulit; postea solidam columnam prope viginti pedum lapidis Numidici in foro statuit scripsitque: Parenti Patriae. Apud eam longo tempore sacrificare, vota suscipere, controversias quasdam interposito per Caesarem iure iurando distrahere perseveravit.

Suspicionem Caesar quibusdam suorum reliquit, neque 86 voluisse se diutius vivere, neque curasse quod valitudine minus prospera uteretur, ideoque et quae religiones monerent et quae renuntiarent amici neglexisse. Sunt qui putent, confisum eum novissimo illo senatus consulto ac iure iurando etiam custodias Hispanorum cum gladiis adinspectantium se removisse. Alii e diverso opinantur, insidias undique inminentis subire semel quam cavere . . . solitum ferunt: Non tam sua quam rei publicae interesse, uti salvus esset: se iam pridem potentiae gloriaeque abunde adeptum; rem publicam, si quid sibi eveniret, neque quietam fore et aliquanto deteriore conditione civilia bella subituram. Illud plane inter omnis fere constitit, talem ei 87 mortem paene ex sententia obtigisse. Nam et quondam, cum apud Xenophontem legisset Cyrum ultima valitudine mandasse quaedam de funere suo, aspernatus tam lentum mortis genus subitam sibi celeremque optaverat; et pridie quam occideretur, in sermone nato super cenam apud Marcum Lepidum, quisnam esset finis vitae conmodissimus, repentinum inopinatumque praetulerat.

Periit sexto et quinquagensimo aetatis anno atque in 88 deorum numerum relatus est, non ore modo decernentium sed et persuasione vulgi. Siquidem ludis, quos primos consecrato ei heres Augustus edebat, stella crinita per septem continuos dies fulsit, exoriens circa undecimam horam, creditumque est animam esse Caesaris in caelum recepti; et hac de causa simulacro eius in vertice additur stella.

Curiam, in qua occisus est, obstrui placuit Idusque Martias parricidium nominari, ac ne umquam eo die senatus ageretur. Percussorum autem fere neque triennio quisquam amplius supervixit, neque sua morte defunctus est. Damnati omnes alius alio casu periit, pars naufragio, pars proelio; non nulli semet eodem illo pugione quo Caesarem violaverant interemerunt.

Life of Nero.

20 Inter ceteras disciplinas pueritiae tempore imbutus et musica, statim ut imperium adeptus est, Terpnum citharoedum, vigentem tunc praeter alios, arcessiit diebusque continuis post cenam canenti in multam noctem adsidens, paulatim et ipse meditari exercerique coepit, neque eorum quidquam omittere quae generis eius artifices vel conservandae vocis causa vel augendae factitarent; sed et plumbeam chartam supinus pectore sustinere et clystere vomituque purgari et abstinere pomis cibisque officientibus; donec blandiente profectu (quamquam exiguae vocis et fuscae) prodire in scenam concupiit, subinde inter familiaris Graecum proverbium iactans, occultae musicae nullum esse respectum. Et prodit Neapoli primum ac ne concusso quidem repente motu terrae theatro ante cantare destitit quam incohatum absolveret nomon. Ibidem saepius et per compluris cantavit dies; sumpto etiam ad reficiendam vocem brevi tempore, impatiens secreti a balineis in theatrum transiit, mediaque in orchestra frequente populo epulatus, si paulum subbibisset, aliquid se sufferti tinniturum Graeco sermone promisit. Captus autem modulatis Alexandrinorum laudationibus qui de novo commeatu Neapolim confluxerant, pluris Alexàndria evocavit. Neque eo segnius adulescentulos equestris ordinis et quin-

que amplius milia e plebe robustissimae iuventutis undique elegit qui divisi in factiones, plausuum genera condiscerent (bombos et imbrices et testas vocabant) operamque navarent cantanti sibi, insignes pinguissima coma et excellentissimo cultu † pueris ac sine anulo laeviis quorum duces quadringena milia sestertia merebant.

Cum magni aestimaret cantare etiam Romae, Neroneum 21 agona ante praestitutam diem revocavit, flagitantibusque cunctis caelestem vocem respondit quidem in hortis se copiam volentibus facturum, sed adiuvante vulgi preces etiam statione militum, quae tunc excubabat, repraesentaturum se pollicitus est libens; ac sine mora nomen suum in albo profitentium citharoedorum iussit adscribi, sorticulaque in urnam cum ceteris demissa, intravit ordine suo, simul praefecti praetorii citharam sustinentes, post tribuni militum, iuxtaque amicorum intimi. Vtque constitit, peracto principio, Niobam se cantaturum per Cluvium Rufum consularem pronuntiavit et in horam fere decimam perseveravit, coronamque eam et reliquam certaminis partem in annum sequentem distulit, ut saepius canendi occasio esset. Quod cum tardum videretur, non cessavit identidem se publicare. Dubitavit etiam an privatis spectaculis operam inter scaenicos daret, quodam praetorum sestertium decies offerente. Tragoedias quoque cantavit personatus, heroum deorumque item heroidum ac dearum personis effectis ad similitudinem oris sui et feminae, prout quamque diligeret. Inter cetera cantavit Canacen parturientem, Oresten matricidam, Oedipodem excaecatum, Herculem insanum. In qua fabula fama est, tirunculum militem positum ad custodiam aditus, cum eum ornari ac vinciri catenis, sicut argumentum postulabat, videret, accurrisse ferendae opis gratia.

Equorum studio vel praecipue ab ineunte aetate fla- 22
gravit, plurimusque illi sermo, quamquam vetaretur, de

circensibus erat; et quondam tractum prasinum agitatorem inter condiscipulos querens, obiurgante paedagogo, de Hectore se loqui ementitus est. Sed cum inter initia imperii eburneis quadrigis cotidie in abaco luderet, ad omnis etiam minimos circensis e secessu conmeabat, primo clam, deinde propalam, ut nemini dubium esset, eo die utique adfuturum. Neque dissimulabat velle se palmarum numerum ampliare; quare spectaculum multiplicatis missibus in serum protrahebatur, ne dominis quidem iam factionum dignantibus nisi ad totius diei cursum greges ducere. Mox et ipse aurigare atque etiam spectari saepius voluit, positoque in hortis inter servitia et sordidam plebem rudimento, universorum se oculis in circo maximo praebuit, aliquo liberto mittente mappam unde magistratus solent. Nec contentus harum artium experimenta Romae dedisse, Achaiam, ut diximus, petit, hinc maxime motus: instituerant civitates apud quas musici agones edi solent, omnis citharoedorum coronas ad ipsum mittere. Eas adeo grate recipiebat, ut legatos qui pertulissent non modo primos admitteret, sed etiam familiaribus epulis interponeret. A quibusdam ex his rogatus ut cantaret super cenam, exceptusque effusius, 'solos scire audire Graecos, solosque se et studiis suis dignos' ait. Nec profectione dilata, ut primum Cassiopen traiecit, statim ad aram Iovis Casii cantare auspicatus, certamina dein-
23 ceps obiit omnia. Nam et quae diversissimorum temporum sunt, cogi in unum annum, quibusdam etiam iteratis, iussit et Olympiae quoque praeter consuetudinem musicum agona conmisit. Ac ne quid circa haec occupatum avocaret detineretve, cum praesentia eius urbicas res egere a liberto Helio admoneretur, rescripsit his verbis: 'Quamvis nunc tuum consilium sit et votum celeriter reverti me, tamen suadere et optare potius debes, ut Nerone dignus revertar.'

Cantante eo, ne necessaria quidem causa excedere theatro licitum est. Itaque et enixae quaedam in spectaculis dicuntur et multi taedio audiendi laudandique, clausis oppidorum portis, aut furtim desiluisse de muro aut morte simulata funere elati. Quam autem trepide anxieque certaverit, quanta adversariorum aemulatione, quo metu iudicum, vix credi potest. Adversarios, quasi plane conditionis eiusdem, observare, captare, infamare secreto, non numquam ex occursu maledictis incessere ac, si qui arte praecellerent, conrumpere etiam solebat. Iudices autem prius quam inciperet reverentissime adloquebatur, 'omnia se facienda fecisse, sed eventum in manu esse Fortunae; illos ut sapientis et doctos viros fortuita debere excludere'; atque, ut auderet hortantibus, aequiore animo recedebat, ac ne sic quidem sine sollicitudine, taciturnitatem pudoremque quorundam pro tristitia et malignitate arguens suspectosque sibi dicens. In certando vero ita 24
legi oboediebat, ut numquam excreare ausus, sudorem quoque frontis brachio detergeret; atque etiam in tragico quodam actu, cum elapsum baculum cito resumpsisset, pavidus et metuens ne ob delictum certamine submoveretur, non aliter confirmatus est quam adiurante hypocrita, non animadversum id inter exultationes succlamationesque populi. Victorem autem se ipse pronuntiabat, qua de causa et praeconio ubique contendit. Ac ne cuius alterius hieronicarum memoria aut vestigium extaret usquam, subverti et unco trahi abicique in latrinas omnium statuas et imagines imperavit. Aurigavit quoque plurifariam, Olympiis vero etiam decemiugem, quamvis id ipsum in rege Mithradate carmine quodam suo reprehendisset; sed excussus curru ac rursus repositus, cum perdurare non posset, destitit ante decursum; neque eo secius coronatus est. Decedens deinde provinciam universam libertate donavit, simulque iudices civitate Romana et pecunia grandi. Quae

beneficia e medio stadio Isthmiorum die sua ipse voce pronuntiavit.

25 Reversus e Graecia Neapolim, quod in ea primum artem protulerat, albis equis introiit, disiecta parte muri, ut mos hieronicarum est; simili modo Antium, inde Albanum, inde Romam. Sed et Romam eo curru quo Augustus olim triumphaverat et in veste purpurea distinctaque stellis aureis clamide, coronamque capite gerens Olympiacam, dextra manu Pythiam, praeeunte pompa ceterarum cum titulis, ubi et quos quo cantionum quove fabularum argumento vicisset; sequentibus currum ovantium ritu plausoribus, Augustianos militesque se triumphi eius clamitantibus. Dehinc, diruto circi maximi arcu, per Velabrum forumque Palatium et Apollinem petit. Incedenti passim victimae caesae sparso per vias identidem croco, ingestaeque aves ac lemnisci et bellaria. Sacras coronas in cubiculis circum lectos posuit, item statuas suas citharoedico habitu, qua nota etiam nummum percussit. Ac post haec tantum afuit a remittendo laxandoque studio, ut conservandae vocis gratia neque milites umquam, nisi absens aut alio verba pronuntiante, adpellaret neque quidquam serio iocove egerit, nisi adstante phonasco qui moneret, 'parceret arteriis ac sudarium ad os adplicaret'; multisque vel amicitiam suam optulerit vel simultatem indixerit, prout quisque se magis parciusve laudasset.

26 Petulantiam, libidinem, luxuriam, avaritiam, crudelitatem sensim quidem primo et occulte et velut iuvenili errore exercuit, sed ut tunc quoque dubium nemini foret, naturae illa vitia, non aetatis esse. [. . .]

32 Ante omnia instituit, ut e libertorum defunctorum bonis pro semisse dextans ei cogeretur qui sine probabili causa eo nomine essent, quo fuissent ullae familiae quas ipse contingeret; deinde, ut ingratorum in principem testamenta ad fiscum pertinerent, ac ne impune esset studiosis

iuris qui scripsissent vel dictassent ea; tunc ut lege maiestatis facta dictaque omnia quibus modo delator non deesset, tenerentur. Revocavit et praemia coronarum quae umquam sibi civitates in certaminibus detulissent. Et cum interdixisset usum amethystini ac Tyrii coloris, submisissetque qui nundinarum die pauculas uncias venderet, praeclusit cunctos negotiatores. Quin etiam inter canendum animadversam matronam in spectaculis vetita purpura cultam demonstrasse procuratoribus suis dicitur, detractamque ilico non veste modo sed et bonis exuit. Nulli delegavit officium ut non adiceret: 'Scis quid mihi opus sit!' et 'Hoc agamus, ne quis quidquam habeat!' Vltimo templis compluribus dona detraxit simulacraque ex auro vel argento fabricata conflavit in iis Penatium deorum quae mox Galba restituit.

Parricidia et caedes a Claudio exorsus est cuius necis 33
etsi non auctor, at conscius fuit, neque dissimulanter, ut qui boletos in quo cibi genere venenum is acceperat, quasi deorum cibum posthac proverbio Graeco conlaudare sit solitus. Certe omnibus rerum verborumque contumeliis mortuum insectatus est, modo stultitiae modo saevitiae arguens; nam et morari eum desisse inter homines producta prima syllaba iocabatur, multaque decreta et constituta, ut insipientis atque deliri, pro inritis habuit; denique bustum eius consepiri, nisi humili levique maceria, neglexit.

Britannicum non minus aemulatione vocis quae illi iucundior subpetebat quam metu ne quandoque apud hominum gratiam paterna memoria praevaleret, veneno adgressus est. Quod acceptum a quadam Lucusta, venenariorum indice, cum opinione tardius cederet, ventre modo Britannici moto, accersitam mulierem sua manu verberavit arguens, pro veneno remedium dedisse; excusantique, minus datum ad occultandam facinoris invidiam, 'Sane,' inquit, 'legem Iuliam timeo!' coegitque se coram in cubiculo quam posset velocissimum ac praesentaneum coquere, deinde in aedo expertus, postquam is quinque horas protraxit, iterum ac saepius recoctum porcello obiecit, quo statim exanimato, inferri in triclinium darique cenanti secum Britannico imperavit. Et cum ille ad primum gustum concidisset, comitiali morbo ex consuetudine conreptum apud convivas ementitus, postero die raptim inter maximos imbris tralaticio extulit funere. Lucustae pro navata opera impunitatem praediaque ampla, sed et discipulos dedit.

34 Matrem, facta dictaque sua exquirentem acerbius et conrigentem, hactenus primo gravabatur ut invidia identidem oneraret, quasi cessurus imperio Rhodumque abiturus, mox et honore omni et potestate privavit, abductaque militum et Germanorum statione, contubernio quoque ac Palatio expulit; neque in divexanda quidquam pensi habuit, submissis qui et Romae morantem litibus et in secessu quiescentem per convicia et iocos terra marique praetervehentes inquietarent. Verum minis eius ac violentia territus perdere statuit; et cum ter veneno temptasset sentiretque antidotis praemunitam, lacunaria, quae noctu super dormientem laxata machina deciderent, paravit. Hoc consilio per conscios parum celato, solutilem navem cuius vel naufragio vel camarae ruina periret, commentus est atque ita reconciliatione simulata, iucundissimis litteris Baias evocavit ad sollemnia Quinquatruum simul celebranda; datoque negotio trierarchis qui liburnicam qua advecta erat velut fortuito concursu confringerent, protraxit convivium, repetentique Baulos in locum conrupti navigii machinosum illud optulit, hilare prosecutus atque in digressu papillas quoque exosculatus. Relicum temporis cum magna trepidatione vigilavit, opperiens coeptorum exitum. Sed ut diversa omnia nando-

que evasisse eam comperit, impos consilii L. Agerinum libertum eius, salvam et incolumem cum gaudio nuntiantem, abiecto clam iuxta pugione ut percussorem sibi subornatum adripi constringique iussit, matrem occidi, quasi deprehensum crimen voluntaria morte vitasset. Adduntur his atrociora, nec incertis auctoribus: ad visendum interfectae cadaver accurrisse, contrectasse membra, alia vituperasse, alia laudasse, sitique interim oborta bibisse. Neque tamen conscientiam sceleris, quamquam et militum et senatus populique gratulationibus confirmaretur, aut statim aut umquam postea ferre potuit, saepe confessus exagitari se materna specie verberibusque Furiarum ab taedis ardentibus. Quin et facto per Magos sacro evocare Manis et exorare temptavit. Peregrinatione quidem Graeciae et Eleusinis sacris quorum initiatione impii et scelerati voce praeconis submoventur, interesse non ausus est. [. . .]

Nec minore saevitia foris et in exteros grassatus est. 36
Stella crinita, quae summis potestatibus exitium portendere vulgo putatur, per continuas noctis oriri coeperat. Anxius ea re, ut ex Balbillo astrologo didicit, solere reges talia ostenta caede aliqua inlustri expiare atque a semet in capita procerum depellere, nobilissimo cuique exitium destinavit; enimvero multo magis et quasi per iustam causam duabus coniurationibus provulgatis quarum prior maiorque Pisoniana Romae, posterior Viniciana Beneventi conflata atque detecta est. Coniurati e vinculis triplicium catenarum dixere causam, cum quidam ultro crimen faterentur, non nulli etiam imputarent, tamquam aliter illi non possent nisi morte succurrere dedecorato flagitiis omnibus. Damnatorum liberi urbe pulsi enectique veneno aut fame; constat, quosdam cum paedagogis et capsaris uno prandio pariter necatos, alios diurnum victum prohibitos quaerere.

Nullus posthac adhibitus dilectus aut modus interi- 37

mendi quoscumque libuisset quacumque de causa. Sed ne de pluribus referam, Salvidieno Orfito obiectum est, quod tabernas tris de domo sua circa forum civitatibus ad stationem locasset, Cassio Longino iuris consulto ac luminibus orbato, quod in vetere gentili stemmate C. Cassi percussoris Caesaris imagines retinuisset, Paeto Thraseae tristior et paedagogi vultus. Mori iussis non amplius quam duarum horarum spatium dabat; ac ne quid morae interveniret, medicos admovebat qui cunctantis continuo curarent, ita enim vocabatur venas mortis gratia incidere. Creditur etiam polyphago cuidam Aegypti generis, crudam carnem et quidquid daretur mandere adsueto, concupisse vivos homines laniandos absumendosque obicere. Elatus inflatusque tantis velut successibus, negavit quemquam principum scisse quid sibi liceret, multasque nec dubias significationes saepe iecit, ne reliquis quidem se parsurum senatoribus, eumque ordinem sublaturum quandoque e re publica ac provincias et exercitus equiti Romano ac libertis permissurum. Certe neque adveniens neque proficiscens quemquam osculo impertiit, ac ne resalutatione quidem; et in auspicando opere Isthmi magna frequentia clare ut sibi ac populo Romano bene res verteret optavit, dissimulata senatus mentione.

38 Sed nec populo aut moenibus patriae pepercit. Dicente quodam in sermone conmuni:

Ἐμοῦ θανόντος γαῖα μιχθήτω πυρί!

'Immo,' inquit, 'ἐμοῦ ζῶντος!' planeque ita fecit. Nam quasi offensus deformitate veterum aedificiorum et angustiis flexurisque vicorum, incendit urbem tam palam, ut plerique consulares cubicularios eius, cum stuppa taedaque in praediis suis deprehensos, non adtigerint; et quaedam horrea circa domum Auream quorum spatium maxime desiderabat, ut bellicis machinis labefacta atque inflammata sint, quod saxeo muro constructa erant. Per sex dies septemque noctis ea clade saevitum est, ad monumentorum bustorumque diversoria plebe compulsa. Tunc praeter inmensum numerum insularum domus priscorum ducum arserunt hostilibus adhuc spoliis adornatae, deorumque aedes ab regibus ac deinde Punicis et Gallicis bellis votae dedicataeque et quidquid visendum atque memorabile ex antiquitate duraverat. Hoc incendium e turre Maecenatiana prospectans laetusque 'flammae,' ut aiebat, 'pulchritudine' Halosin Ilii in illo suo scaenico habitu decantavit. Ac ne non hinc quoque quantum posset praedae et manubiarum invaderet, pollicitus cadaverum et ruderum gratuitam egestionem, nemini ad reliquias rerum suarum adire permisit; conlationibusque non receptis modo verum et efflagitatis provincias privatorumque census prope exhausit. Accesserunt tantis ex principe malis probrisque quaedam et fortuita: pestilentia unius autumni quo triginta funerum milia in rationem Libitinae venerunt; clades Britannica qua duo praecipua oppida magna civium sociorumque caede direpta sunt; ignominia ad Orientem, legionibus in Armenia sub iugum missis aegreque Syria retenta. Mirum et vel praecipue notabile inter haec fuerit, nihil eum patientius quam maledicta et convitia hominum tulisse, neque in ullos leniorem quam qui se dictis aut carminibus lacessissent extitisse. Multa Graece Latineque proscripta aut vulgata sunt, sicut illa:

Νέρων Ὀρέστης Ἀλκμέων μητροκτόνοι.

Νεόνυμφον Νέρων ἰδίαν μητέρα ἀπέκτεινε.

Quis negat Aeneae magnae de stirpe Neronem?
Sustulit hic matrem, sustulit ille patrem.

Dum tendit citharam noster, dum cornua Parthus,
Noster erit Paean, ille Hecatebeletes.

Roma domus fiet: Veios migrate, Quirites,
Si non et Veios occupat ista domus.

Sed neque auctores requisiit et quosdam per indicem delatos ad senatum adfici graviore poena prohibuit. Transeuntem eum Isidorus Cynicus in publico clara voce conripuerat, 'quod Naupli mala bene cantitaret, sua bona male disponeret'; et Datus Atellanarum histrio in cantico quodam Ὑγίαινε πάτερ, ὑγίαινε μῆτερ! ita demonstraverat, ut bibentem natantemque faceret, exitum scilicet Claudi Agrippinaeque significans et in novissima clausula 'Orcus vobis ducit pedes' senatum gestu notarat. Histrionem et philosophum Nero nihil amplius quam urbe Italiaque submovit, vel contemptu omnis infamiae vel ne fatendo dolorem inritaret ingenia.

40 Talem principem paulo minus quattuordecim annos perpessus terrarum orbis tandem destituit, initium facientibus Gallis duce Iulio Vindice qui tum eam provinciam pro praetore optinebat.

Praedictum a mathematicis Neroni olim erat, fore, ut quandoque destitueretur; unde illa vox eius celeberrima: Τὸ τέχνιον ἡμᾶς διαθρέψει, quo maiore scilicet venia meditaretur citharoedicam artem, principi sibi gratam, privato necessariam. Spoponderant tamen quidam destituto Orientis dominationem, nonnulli nominatim regnum Hierosolymorum, plures omnis pristinae fortunae restitutionem. Cui spei pronior, Britannia Armeniaque amissa ac rursus utraque recepta, defunctum se fatalibus malis existimabat. Vt vero, consulto Delphis Apolline, septuagensimum ac tertium annum cavendum sibi audivit, quasi eo demum obiturus, ac nihil coniectans de aetate Galbae, tanta fiducia non modo senectam sed etiam perpetuam singularemque concepit felicitatem, ut amissis naufragio pretiosissimis rebus non dubitaverit inter suos dicere, 'piscis eas sibi relaturos.'

Neapoli de motu Galliarum cognovit die ipso quo matrem occiderat, adeoque lente ac secure tulit ut gaudentis etiam suspicionem praeberet, tamquam occasione nata spoliandarum iure belli opulentissimarum provinciarum; statimque in gymnasium progressus, certantis athletas effusissimo studio spectavit. Cenae quoque tempore interpellatus tumultuosioribus litteris, hactenus excanduit, ut malum iis qui descissent minaretur. Denique per octo continuos dies non rescribere cuiquam, non mandare quid aut praecipere conatus, rem silentio oblitteravit. Edictis 41
tandem Vindicis contumeliosis et frequentibus permotus, senatum epistula in ultionem sui reique publicae adhortatus est, excusato languore faucium, propter quem non adesset. Nihil autem aeque doluit, quam ut malum se citharoedum increpitum ac pro Nerone Aenobarbum adpellatum. Et nomen quidem gentile, quod sibi per contumeliam exprobraretur, resumpturum se professus est, deposito adoptivo, cetera convicia, ut falsa, non alio argumento refellebat quam quod etiam inscitia sibi tanto opere elaboratae perfectaeque a se artis obiceretur, singulos subinde rogitans, nossentne quemquam praestantiorem. Sed urgentibus aliis super alios nuntiis, Romam praetrepidus rediit; leviterque modo in itinere frivolo auspicio mente recreata, cum adnotasset insculptum monumento militem Gallum ab equite Romano obpressum trahi crinibus, ad eam speciem exiluit gaudio caelumque adoravit. Ac ne tunc quidem aut senatu aut populo coram adpellato, quosdam e primoribus viris domum evocavit, transactaque raptim consultatione, reliquam diei partem per organa hydraulica novi et ignoti generis circumduxit, ostendensque singula, de ratione ac difficultate cuiusque disserens, iam se etiam prolaturum omnia in theatrum adfirmavit, si per Vindicem liceat.

Postquam deinde etiam Galbam et Hispanias descivisse 42

cognovit, conlapsus animoque male fracto diu sine voce et prope intermortuus iacuit, utque resipiit, veste discissa, capite converberato, actum de se pronuntiavit, consolantique nutriculae et aliis quoque iam principibus similia accidisse memoranti, se vero praeter ceteros inaudita et incognita pati respondit qui summum imperium vivus amitteret. Nec eo secius quidquam et consuetudine luxus atque desidiae omisit vel inminuit; quin immo, cum prosperi quiddam ex provinciis nuntiatum esset, super abundantissimam cenam iocularia in defectionis duces carmina lasciveque modulata quae vulgo notuerunt, etiam gesticulatus est; ac spectaculis theatri clam inlatus, cuidam scaenico placenti nuntium misit, abuti eum occupationibus suis.

43 Initio statim tumultus, multa et inmania, verum non abhorrentia a natura sua creditur destinasse: successores percussoresque submittere exercitus et provincias regentibus, quasi conspiratis idemque et unum sentientibus; quidquid ubique exulum, quidquid in urbe hominum Gallicanorum esset contrucidare, illos ne desciscentibus adgregarentur, hos ut conscios popularium suorum atque fautores; Gallias exercitibus diripiendas permittere; senatum universum veneno per convivia necare; urbem incendere, feris in populum inmissis, quo difficilius defenderentur. Sed absterritus non tam paenitentia quam perficiendi desperatione, credensque expeditionem necessariam, consules ante tempus privavit honore atque in utriusque locum solus iniit consulatum, quasi fatale esset, non posse Gallias debellari nisi a se consule. Ac susceptis fascibus, cum post epulas triclinio digrederetur, innixus umeris familiarium, adfirmavit, simul ac primum provinciam adtigisset, inermem se in conspectum exercituum prodituram nec quidquam aliud quam fleturum, revocatisque ad paenitentiam defectoribus insequenti die laetum

inter laetos cantaturum epinicia quae iam nunc sibi componi oporteret. [. . .]

Nuntiata interim etiam ceterorum exercituum defec- 47
tione, litteras prandenti sibi redditas concerpsit, mensam subvertit, duos scyphos gratissimi usus, quos Homerios a caelatura carminum Homeri vocabat, solo inlisit ac sumpto a Lucusta veneno et in auream pyxidem condito, transiit in hortos Servilianos, ubi, praemissis libertorum fidissimis Ostiam ad classem praeparandam, tribunos centurionesque praetorii de fugae societate temptavit. Sed partim tergiversantibus, partim aperte detrectantibus, uno vero etiam proclamante: 'usque adeone mori miserum est?' varie agitavit, Parthosne an Galbam supplex peteret, an atratus prodiret in publicum proque rostris quanta maxima posset miseratione veniam praeteritorum precaretur ac, ni flexisset animos, vel Aegypti praefecturam concedi sibi oraret. Inventus est postea in scrinio eius hac de re sermo formatus; sed deterritum putant, ne prius quam in forum perveniret discerperetur.

Sic cogitatione in posterum diem dilata, ad mediam fere noctem excitatus, ut comperit stationem militum recessisse, prosiluit e lecto misitque circum amicos, et quia nihil a quoquam renuntiabatur, ipse cum paucis hospitia singulorum adiit. Verum clausis omnium foribus, respondente nullo, in cubiculum rediit, unde iam et custodes diffugerant, direptis etiam stragulis, amota et pyxide veneni; ac statim Spiculum myrmillonem vel quemlibet alium percussorem, cuius manu periret, requisiit, et nemine reperto, 'Ergo ego,' inquit, 'nec amicum habeo nec inimicum?' procurritque, quasi praecipitaturus se in Tiberim. Sed revo- 48
cato rursus impetu, aliquid secretioris latebrae ad conligendum animum desideravit, et offerente Phaonte liberto suburbanum suum inter Salariam et Nomentanam viam circa quartum miliarium, ut erat nudo pede atque tunica-

tus, paenulam obsoleti coloris superinduit, adopertoque capite et ante faciem optento sudario equum inscendit, quattuor solis comitantibus inter quos et Sporus erat. Statimque tremore terrae et fulgure adverso pavefactus, audiit e proximis castris clamorem militum et sibi adversa et Galbae prospera ominantium, etiam ex obviis viatoribus quendam dicentem: 'Hi Neronem persecuntur,' alium sciscitantem: 'Ecquid in urbe novi de Nerone?' Equo autem ex odore abiecti in via cadaveris consternato, detecta facie agnitus est a quodam missicio praetoriano et salutatus. Vt ad deverticulum ventum est, dimissis equis, inter fruticeta ac vepris per arundineti semitam aegre nec nisi strata sub pedibus veste ad aversum villae parietem evasit. Ibi hortante eodem Phaonte, ut interim in specum egestae arenae concederet, negavit se vivum sub terram iturum, ac parumper conmoratus, dum clandestinus ad villam introitus pararetur, aquam ex subiecta lacuna poturus manu hausit et 'Haec est,' inquit, 'Neronis decocta!' dein, divolsa sentibus paenula, traiectos surculos rasit. Atque ita quadripes per angustias effossae cavernae receptus in proximam cellam, decubuit super lectum modica culcita, vetere pallio strato, instructum; fameque et iterum siti interpellante, panem quidem sordidum oblatum aspernatus est, aquae autem tepidae aliquantum bibit.

49 Tunc uno quoque hinc inde instante ut quam primum se impendentibus contumeliis eriperet, scrobem coram fieri imperavit, dimensus ad corporis sui modulum, componique simul, si qua invenirentur, frusta marmoris et aquam simul ac ligna conferri curando mox cadaveri, flens ad singula atque identidem dictitans: 'qualis artifex pereo!'

Inter moras perlatos a cursore Phaonti codicillos praeripuit legitque, se hostem a senatu iudicatum et quaeri, ut puniatur more maiorum, interrogavitque quale id genus esset poenae; et cum comperisset, nudi hominis cervicem inseri furcae, corpus virgis ad necem caedi, conterritus duos pugiones quos secum extulerat, adripuit, temptataque utriusque acie rursus condidit, causatus nondum adesse fatalem horam; ac modo Sporum hortabatur ut lamentari ac plangere inciperet, modo orabat ut se aliquis ad mortem capessendam exemplo iuvaret; interdum segnitiem suam his verbis increpabat: 'Vivo deformiter, turpiter pereo—*οὐ πρέπει Νέρωνι, οὐ πρέπει—νήφειν δεῖ ἐν τοῖς τοιούτοις—ἄγε ἔγειρε σεαυτόν*!' Iamque equites adpropinquabant quibus praeceptum erat ut vivum eum adtraherent. Quod ut sensit, trepidanter effatus:

Ἵππων μ' ὠκυπόδων ἀμφὶ κτύπος οὔατα βάλλει—

ferrum iugulo adegit, iuvante Epaphrodito a libellis. Semianimisque adhuc inrumpenti centurioni et paenula ad vulnus adposita in auxilium se venisse simulanti non aliud respondit quam 'Sero!' et 'Haec est fides!' Atque in ea voce defecit, extantibus rigentibusque oculis usque ad horrorem formidinemque visentium. Nihil prius aut magis a comitibus exegerat quam ne potestas cuiquam capitis sui fieret, sed ut quoquo modo totus cremaretur. Permisit hoc Icelus, Galbae libertus, non multo ante vinculis exolutus in quae primo tumultu coniectus fuerat.

Funeratus est impensa ducentorum milium, stragulis 50
albis auro intextis quibus usus Kal. Ian. fuerat. Reliquias Ecloge et Alexandria nutrices cum Acte concubina gentili Domitiorum monimento condiderunt, quod prospicitur e campo Martio impositum colli Hortulorum. In eo monimento solium porphyretici marmoris, superstante Lunensi ara, circumseptum est lapide Thasio.

Statura fuit prope iusta, corpore maculoso et faetido, 51
subflavo capillo, vultu pulchro magis quam venusto, oculis caesis et hebetioribus, cervice obesa, ventre proiecto, gracillimis cruribus, valitudine prospera, nam qui luxuriae inmoderatissimae esset, ter omnino per quattuordecim

annos languit atque ita ut neque vino neque consuetudine
reliqua abstineret; circa cultum habitumque adeo pu-
dendus, ut comam semper in gradus formatam peregrina-
tione Achaica etiam pone verticem submiserit ac ple-
rumque synthesinam indutus ligato circum collum sudario
prodierit in publicum sine cinctu et discalciatus.
52 Liberalis disciplinas omnis fere puer adtigit. Sed a
philosophia eum mater avertit, monens imperaturo con-
trariam esse; a cognitione veterum oratorum Seneca prae-
ceptor, quo diutius in admiratione sui detineret. Itaque
ad poeticam pronus, carmina libenter ac sine labore com-
posuit nec, ut quidam putant, aliena pro suis edidit.
Venere in manus meas pugillares libellique cum quibusdam
notissimis versibus, ipsius chirographo scriptis, ut facile
adpareret non tralatos aut dictante aliquo exceptos, sed
plane quasi a cogitante atque generante exaratos; ita
53 multa et deleta et inducta et superscripta inerant. Ha-
buit et pingendi fingendique non mediocre studium.

Maxime autem popularitate efferebatur, omnium aemu-
lus qui quoquo modo animum vulgi moverent. Exiit
opinio, post scaenicas coronas proximo lustro descensurum
eum ad Olympia inter athletas; nam et luctabatur adsidue,
nec aliter certamina gymnica tota Graecia spectaverat
quam brabeutarum more in stadio humi adsidens ac, si
qua paria longius recessissent, in medium manibus suis
protrahens. Destinaverat etiam, quia Apollinem cantu,
Solem aurigando aequiperare existimaretur, imitari et
Herculis facta; praeparatumque leonem aiunt, quem vel
clava vel brachiorum nexibus in amphitheatri arena spec-
54 tante populo nudus eliderет. Sub exitu quidem vitae
palam voverat, si sibi incolumis status permansisset, pro-
diturum se partae victoriae ludis etiam hydraulam et
choraulam et utricularium, ac novissimo die histrionem
saltaturumque Vergilii Turnum. Et sunt qui tradant,

Paridem histrionem occisum ab eo quasi gravem adversarium. Erat illi aeternitatis perpetuaeque famae cupido, sed inconsulta. Ideoque multis rebus ac locis, vetere adpellatione detracta, novam indixit ex suo nomine, mensem quoque Aprilem Neroneum adpellavit; destinaverat et Romam Neropolim nuncupare. [. . .]

Religionum usque quaque contemptor, praeter unius 56
Deae Syriae. Hanc mox ita sprevit ut [. . .] contaminaret, alia superstitione captus in qua sola pertinacissime haesit. Siquidem icunculam puellarem, cum quasi remedium insidiarum a plebeio quodam et ignoto muneri accepisset, detecta confestim coniuratione, pro summo numine trinisque in die sacrificiis colere perseveravit, volebatque credi monitione eius futura praenoscere. Ante paucos quam periret mensis adtendit et extispicio nec umquam litavit.

Obiit tricensimo et secundo aetatis anno, die quo quon- 57
dam Octaviam interemerat, tantumque gaudium publice praebuit, ut plebs pilleata tota urbe discurreret. Et tamen non defuerunt qui per longum tempus vernis aestivisque floribus tumulum eius ornarent, ac modo imagines praetextatas in rostris proferrent, modo edicta quasi viventis et brevi magno inimicorum malo reversuri. Quin etiam Vologaesus Parthorum rex, missis ad senatum legatis de instauranda societate, hoc etiam magno opere oravit ut Neronis memoria coleretur. Denique cum post viginti annos, adulescente me, extitisset conditionis incertae qui se Neronem esse iactaret, tam favorabile nomen eius apud Parthos fuit, ut vehementer adiutus et vix redditus sit.

IVSTINVS

In the year 9 A.D. one *Pompeius Trogus* finished his *Historiae Philippicae*, in forty-four books, the first universal history in Roman literature. Its title, though doubtless suggested by that of Theopompus's famous work, is in a large measure justified by the paramount attention given to Macedonian affairs. The work opened with the history of Assyria and Persia; with Book VII. began the story of Macedon, which takes up the greater part of the narrative down to Book XL.; Books XLI. and XLII. deal with the Parthians; Books XLIII. and XLIV. treat briefly of early Rome, down to Tarquinius Priscus, closing with an account of Carthaginian and Spanish affairs.

This bulky work has not come down to us, but we possess a Table of Contents to all the books, the so-called Prologi; and about the end of the second century one M. Iunianus *Iustinus* made an epitome of Trogus, according to principles outlined in the Preface.

An eccentric feature of the original work, and without precedent in classical historiography, was the protest of the author against the practice of inserting speeches in direct discourse, on the ground, to use his own words, 'quod modum historiae excesserint.' Trogus does not, however, as we should expect, discard fictitious speeches altogether, but gives them invariably in *oratio obliqua*.

The original abounded in geographical and ethnological episodes; but of independent research there is no trace, the great bulk of his material being apparently taken from the Περὶ βασιλέων, a celebrated work by Timagenes, a Greek historian of the time of Augustus.

The style of Trogus, for the epitome seems to have preserved his diction as far as possible, is of classic purity, often eloquent and characterized by satirical side-glances and ethical reflections.

IVSTINVS

Preface.

Cum multi ex Romanis, etiam consularis dignitatis viri, 1
res Romanas Graeco peregrinoque sermone in historiam
contulissent, seu aemulatione gloriae sive varietate et no-
vitate operis delectatus vir priscae eloquentiae, Trogus
Pompeius, Graecas et totius orbis historias Latino ser-
mone composuit, ut, cum nostra Graece, Graeca quoque
nostra lingua legi possent, prorsus rem magni et animi et
corporis adgressus. Nam cum plerisque auctoribus singu- 2
lorum regum vel populorum res gestas scribentibus opus
suum ardui laboris videatur, nonne nobis Pompeius Her-
culea audacia orbem terrarum adgressus videri debet,
cuius libris omnium saeculorum, regum, nationum po-
pulorumque res gestae continentur? et quae historici 3
Graecorum prout conmodum cuique fuit inter se segregati
occupaverunt, omissis quae sine fructu erant, ea omnia
Pompeius divisa temporibus et serie rerum digesta compo-
suit. Horum igitur quattuor et quadraginta voluminum 4
(nam tot idem edidit) per otium, quo in urbe versabamur,
cognitione quaeque dignissima excerpsi et omissis his,
quae nec cognoscendi voluptate iucunda nec exemplo
erant necessaria, breve veluti florum corpusculum feci, ut
haberent et qui Graece didicissent, quo admonerentur et
qui non didicissent, quo instruerentur. Quod ad te non 5

tam cognoscendi quam magis emendandi causa transmisi,
simul ut otii mei, cuius et Cato reddendam rationem pu-
6 tat, apud te ratio constaret. Sufficit enim mihi in tem-
pore iudicium tuum, apud posteros, cum obtrectationis
invidia decesserit, industriae testimonium habituro.

Book XXIV., 6: The Gauls under Brennus at Delphi.

1 6. Interea Brennus, quo duce portio Gallorum in Grae-
ciam se effuderat, audita victoria suorum qui Belgio duce
Macedonas vicerant, indignatus parta victoria opimam
praedam et Orientis spoliis onustam tam facile relictam
esse, ipse adunatis centum et quinquaginta milibus pedi-
tum et quindecim milibus equitum in Macedoniam inrum-
2 pit. Cum agros villasque popularetur, occurrit ei cum
instructo exercitu Macedonum Sosthenes; sed pauci a
3 pluribus, trepidi a valentibus facile vincuntur. Itaque
cum victi se Macedones intra muros urbium condidissent,
victor Brennus nemine prohibente totius Macedoniae agros
4 depraedatur. Inde quasi terrena iam spolia sorderent,
animum ad deorum inmortalium templa convertit, scur-
riliter iocatus locupletes deos largiri hominibus oportere.
5 Statim igitur Delphos iter vertit, praedam religioni, au-
rum offensae deorum inmortalium praeferens quos nullis
opibus egere, ut qui eas largiri hominibus soleant, adfirma-
6 bat. Templum autem Apollinis Delphici positum est in
monte Parnaso, rupe undique inpendente; ibi civitatem
frequentia hominum fecit qui admiratione maiestatis un-
7 dique concurrentes in eo saxo consedere. Atque ita tem-
plum et civitatem non muri, sed praecipitia, nec manu
facta, sed naturalia praesidia defendunt, prorsus ut incer-
tum sit, utrum munimentum loci an maiestas dei plus hic
8 admirationis habeat. Media saxi rupes in formam thea-

tri recessit. Quamobrem et hominum clamor et si quan-
do accidit tubarum sonus, personantibus et respondenti-
bus inter se rupibus multiplex audiri ampliorque quam
editur resonare solet. Quae res maiorem maiestatis ter-
rorem ignaris rei et admiratione stupentibus plerumque
adfert. In hoc rupis amfractu media ferme montis alti- 9
tudine planities exigua est atque in ea profundum terrae
foramen, quod in oracula patet ex quo frigidus spiritus
vi quadam velut amento in sublime expulsus mentis va-
tum in vecordiam vertit impletasque deo responsa consu-
lentibus dare cogit. Multa igitur ibi et opulenta regum 10
populorumque visuntur munera quae magnificentia sui
reddentium vota gratam voluntatem ob deorum responsa
manifestant.

7. Igitur Brennus cum in conspectu haberet templum, 1
diu deliberavit, an confestim rem adgrederetur an vero
fessis via militibus noctis spatium ad resumendas viris
daret. Aenianum et Thessalorum duces qui se ad prae- 2
dae societatem iunxerant amputari moras iubebant, dum
imparati hostes et recens adventus sui terror esset; inter- 3
iecta nocte et animos hostibus, forsitan et auxilia accessura,
et vias quae tunc pateant obstructum iri. Sed Gallorum 4
vulgus ex longa inopia, ubi primum vino ceterisque con-
meatibus referta rura invenit, non minus abundantia quam
victoria laetum per agros se sparserat, desertisque signis ad 5
occupanda omnia pro victoribus vagabantur. Quae res
dilationem Delphis dedit. Prima namque opinione ad- 6
ventus Gallorum prohibiti agrestis oraculis fuerant messis
vinaque villis efferre. Cuius rei salutare praeceptum non 7
prius intellectum est quam vini ceterarumque copiarum
abundantia velut mora Gallis obiecta auxilia finitimorum
convenirent. Prius itaque urbem suam Delphi aucti viri- 8
bus sociorum permunivere quam Galli vino velut praedae
incubantes ad signa revocarentur. Habebat Brennus lecta 9

ex omni exercitu peditum sexaginta quinque milia; Del-
phorum sociorumque non nisi quattuor milia erant, quo-
10 rum contemptu Brennus ad acuendos suorum animos
praedae ubertatem omnibus ostendebat statuasque cum
quadrigis, quarum ingens copia procul visebatur, solido
auro fusas esse plusque in pondere quam in specie habere
praedae adfirmabat.
1 8. Hac adseveratione incitati Galli, simul et hesterno
mero saucii, sine respectu periculorum in bellum ruebant.
2 Contra Delphi plus in deo quam in viribus reponentes cum
contemptu hostium resistebant scandentisque Gallos e
summo montis vertice partim saxis, partim armis obrue-
3 bant. In hoc partium certamine repente universorum
templorum antistites, simul et ipsae vates sparsis crinibus
cum insignibus atque infulis pavidi vecordesque in primam
4 pugnantium aciem procurrunt. Advenisse deum clamant,
eumque se vidisse desilientem in templum per culminis
5 aperta fastigia, dum omnes opem dei suppliciter implorant,
iuvenem supra humanum modum insignis pulchritudinis;
comitesque ei duas armatas virgines ex propinquis duabus
6 Dianae Minervaeque aedibus occurrisse; nec oculis tan-
tum haec se perspexisse, audisse etiam stridorem arcus ac
7 strepitum armorum. Proinde ne cunctarentur diis ante-
signanis hostem caedere et victoriae deorum socios se ad-
8 iungere summis obsecrationibus monebant. Quibus vocibus
9 incensi omnes certatim in proelium prosiliunt. Praesen-
tiam dei et ipsi statim sensere, nam et terrae motu portio
montis abrupta Gallorum stravit exercitum et confertis-
simi cunei non sine vulneribus hostium dissipati ruebant.
10 Insecuta deinde tempestas est quae grandine et frigore
11 saucios ex vulneribus absumpsit. Dux ipse Brennus cum
dolorem vulnerum ferre non posset, pugione se finivit.
12 Alter ex ducibus punitis belli auctoribus cum decem mili-
13 bus sauciorum citato agmine Graecia excedit. Sed nec

fugientibus fortuna conmodior fuit, siquidem pavidis nulla
sub tectis acta nox, nullus sine labore et periculo dies; ad- 14
sidui imbres et gelu nix concreta et fames et lassitudo et
super haec maximum pervigiliae malum miseras infelicis
belli reliquias obterebant. Gentes quoque nationesque, 15
per quas iter habebant, palantes velut praedam sectaban-
tur. Quo pacto evenit, ut nemo ex tanto exercitu qui 16
paulo ante fiducia virium etiam adversus deos contendebat,
velut ad memoriam tantae cladis superesset.

Book XXXI., 1–8: Antiochus and Hannibal.

1. Mortuo Ptolomeo Philopatore, rege Aegypti, contemp- 1
taque parvuli filii eius aetate qui in spem regni relictus
praedae etiam domesticis erat, Antiochus, rex Syriae, oc-
cupare Aegyptum statuit. Itaque Phoenicen ceterasque 2
Syriae quidem, sed iuris Aegypti civitates cum invasisset,
legatos ad eum senatus mittit, qui denuntiarent ei, absti-
neret regno pupilli postremis patris precibus fidei suae
traditi. Quibus spretis interiecto tempore alia legatio 3
supervenit quae omissa pupilli persona civitates iure belli
factas populi Romani in integrum restitui iubebat. Ab- 4
nuenti bellum denuntiatum, quod ille facile susceptum
infeliciter gessit.

Eodem tempore et Nabis tyrannus multas Graeciae civi- 5
tates occupaverat. Igitur senatus, ne uno tempore du- 6
plici bello Romanae vires detinerentur, scripsit Flaminino,
si ei videatur, sicuti a Philippo Graeciam, ita et a Nabide
liberet. Ob quam causam imperium ei prorogatum. 7
Terribile quippe Antiochi bellum Hannibalis nomen
faciebat, quem aemuli eius occultis mandatis cum Anti-
ocho inisse societatem apud Romanos criminabantur, ne-
gentes eum aequo animo sub legibus vivere adsuetum 8

imperio et inmoderata licentia militari; semperque taedio
9 quietis urbanae novas belli causas circumspicere. Quae
etsi falsa nuntiata fuissent, apud timentis tamen pro veris
habebantur.

1 2. Denique senatus metu perculsus ad speculandos actus
Hannibalis legatum in Africam Cn. Servilium mittit eique
tacitis mandatis praecipit, ut, si posset, eum per aemulos
eius interficeret metuque invisi nominis tandem populum
2 Romanum liberaret. Sed res Hannibalem non diu latuit,
virum ad prospicienda cavendaque pericula paratum nec
minus in secundis adversa quam in adversis secunda cogi-
3 tantem. Igitur cum tota die in oculis principum lega-
tique Romani in foro Karthaginiensium observatus in
supremum fuisset, adpropinquante vespere equum con-
scendit et rus suburbanum quod propter litus maris habe-
bat, ignaris servis iussisque ad portam revertentem oppe-
4 riri, contendit. Habebat ibi navem cum remigibus occulto
sinu litoris absconditam; erat et grandis in eo agro pecu-
nia praeparata, ut, cum res exegisset, nec facultas fugam
5 nec inopia moraretur. Lecta igitur servorum iuventute,
quorum copiam Italicorum captivorum numerus augebat,
6 navem conscendit cursumque ad Antiochum dirigit. Po-
stera die civitas principem suum ac tum temporis consulem
7 in foro expectabat. Quem ut profectum nuntiatum est,
non aliter quam si urbs capta esset, omnes trepidavere
8 exitiosamque sibi fugam eius ominati sunt. Legatus vero
Romanus, quasi iam bellum inlatum Italiae ab Hannibale
esset, tacitus Romam regreditur trepidumque nuntium
refert.

1 3. Interim in Graecia Flamininus iuncta cum quibusdam
civitatibus societate Nabidem tyrannum duobus continuis
bellis subigit gravibusque pacis legibus fractum velut ex-
2 sanguem in regno relinquit. Sed libertate Graeciae resti-
tuta deductisque ab urbibus praesidiis, cum Romanus

exercitus in Italiam reportatus esset, velut vacua rursus
possessione sollicitatus multas civitates repentino bello
oppressit. Quibus rebus exterriti Achaei, ne vicinale 3
malum etiam ad se serperet, bellum adversus Nabidem
decernunt ducemque praetorem suum Philopoemenem,
insignis industriae virum, constituunt cuius in eo bello 4
tanta virtus enituit, ut opinione omnium Flaminino, Ro-
mano imperatori, compararetur.

Eodem tempore Hannibal, cum ad Antiochum perve- 5
nisset, velut deorum munus excipitur, tantusque eius ad- 6
ventu ardor animis regis accessit, ut non tam de bello
quam de praemiis victoriae cogitaret. Sed Hannibal, cui 7
nota Romana virtus erat, negabat opprimi Romanos nisi
in Italia posse. Ad hoc sibi centum navis et decem 8
milia peditum et mille equitum poscebat, promittens
hac manu non minus bellum quam gesserit Italiae re-
stauraturum et in Asia regi sedenti aut victoriam de Ro- 9
manis aut aequas pacis condiciones relaturum; quippe 10
et Hispaniis bello flagrantibus ducem tantum deesse et
Italiam notiorem sibi nunc quam pridem fuisse; sed nec
Karthaginem quieturam sociamque se ei sine mora praebi-
turam.

4. Cum regi consilia placuissent, mittitur Karthaginem 1
unus ex comitibus Hannibalis, qui belli cupidos hortetur
Hannibalemque cum copiis adfuturum nuntiet; nihil dicat
partibus nisi animos Karthaginiensium deesse: Asiam et
viris belli et sumptum praebituram. Haec cum perlata 2
Karthaginem essent, nuntius ipse ab inimicis Hannibalis
comprehenditur perductusque in senatum cum interroga-
retur ad quem missus esset, Punico ingenio respondit se
ad universum senatum missum; nec enim hoc opus singu-
lorum, sed universorum esse. Dum multis diebus deli- 3
berant, an eum Romam ad purgandam publicam conscien-
tiam mittant, tacitus conscensa nave ad Hannibalem

revertitur. Quo cognito Karthaginienses ultro rem Ro-
4 mam per legatum deferunt. Romani quoque legatos ad
Antiochum misere, qui sub specie legationis et regis adparatum
specularentur et Hannibalem aut Romanis mitigarent
aut adsiduo conloquio suspectum invisumque regi
5 redderent. Itaque legati cum Ephesi convenissent Antio-
6 chum, mandata ei senatus tradunt. Dum responsum expectant,
omnibus diebus adsidui circa Hannibalem fuere,
dicentes timide eum a patria recessisse, cum pacem Romani
non tam cum re publica eius quam cum eo factam
7 summa fide custodiant; nec bella eum Romanorum magis
odio quam patriae amore gessisse, cui ab optimo quoque
etiam spiritus ipse debeatur. Has enim publicas inter
populos, non privatas inter duces bellandi causas esse.
8 Inde res gestas eius laudare. Quorum sermone laetus
saepius cupidiusque cum legatis conloquebatur, ignarus
quod familiaritate Romana odium sibi apud regem crea-
9 ret. Quippe Antiochus tam adsiduo conloquio reconciliatam
eius cum Romanis gratiam existimans nihil ad eum,
sicut solebat, referre, expertemque totius consilii et veluti
hostem proditoremque suum odisse coepit. Quae res tantum
adparatum belli cessante imperatoria arte conrupit.
10 Senatus mandata fuerant, contentus terminis Asiae esset,
ne ipsis Asiam ingrediendi necessitatem imponeret. Quibus
spretis non accipiendum bellum statuit, sed inferendum.

1 5. Dicitur, cum frequenter de bello consilium remoto
Hannibale habuisset, tandem eum vocari iussisse, non ut
ex sententia eius aliquid ageret, sed ne per omnia sprevisse
videretur, omnibusque praerogatis postremum interrogasse.
2 Quo ille animadverso intellegere se professus est, non quia
egeat consilio, sed ad supplendum numerum sententiarum
se vocatum; tamen et odio Romanorum et amore regis,
apud quem solum tutum exilium sibi relictum sit, se

viam gerendi belli edissertaturum. Veniam deinde liber- 3
tati praefatus nihil se aut consiliorum aut coeptorum prae-
sentium probare ait, neque sedem belli Graeciam sibi pla-
cere, cum Italia uberior materia sit; quippe Romanos vinci 4
non nisi armis suis posse nec Italiam aliter quam Italicis
viribus subigi; siquidem diversum ceteris mortalibus esse
illud et hominum et belli genus. Aliis bellis plurimum 5
momenti habere priorem aliquam cepisse occasionem loci
temporisque, agros rapuisse, urbis aliquas expugnasse;
cum Romano, seu occupaveris prior aliqua seu viceris,
tamen etiam cum victo et iacente luctandum esse. Quam 6
ob rem siquis eos in Italia lacessat, suis eos opibus, suis
viribus, suis armis posse vincere, sicut ipse fecerit. Sin 7
vero quis illis Italia velut fonte virium cesserit, proinde
falli ac si quis amnis non ab ipsis fontium primordiis deri-
vare, sed concretis iam aquarum molibus avertere vel ex-
siccare velit. Haec et secreto se censuisse ultroque mini- 8
sterium consilii sui obtulisse et nunc praesentibus amicis
ideo repetisse, ut scirent omnes rationem gerendi cum
Romanis belli, eosque foris invictos, domi fragilis esse.
Nam prius illos urbe quam imperio, prius Italia quam 9
provinciis exui posse; quippe et a Gallis captos et a se
prope deletos esse; neque umquam se victum prius quam
terris eorum cesserit; reverso Karthaginem statim cum
loco fortunam belli mutatam.

6. Huic sententiae obtrectatores amici regis erant, non 1
utilitatem rei cogitantes, sed verentes, ne probato consilio
eius primum apud regem locum gratiae occuparet. Et 2
Antiocho non tantum consilium quam auctor displicebat,
ne gloria victoriae Hannibalis, non sua esset. Omnia igi- 3
tur variis adsentationum adulationibus conrumpebantur,
nihil consilio vel ratione agebatur. Rex ipse per hiemem
in luxuriam lapsus novis cotidie nuptiis deditus erat.
Contra Acilius, Romanus consul qui ad hoc bellum mis- 4

sus erat, copias, arma ceteraque bello necessaria summa in-
dustria parabat, civitates socias confirmabat, dubias inli-
ciebat; nec alius exitus belli quam adparatus utriusque
5 partis fuit. Itaque prima belli congressione cum cedentis
suos rex cerneret, non laborantibus auxilium tulit, sed fu-
gientibus se ducem praebuit castraque ditia victoribus re-
6 liquit. Deinde cum in Asiam praeda Romanis occupatis
fugiendo pervenisset, paenitere neglecti consilii coepit re-
vocatoque in amicitiam Hannibale omnia ex sententia eius
7 agere. Interim nuntiatur C. Livium, Romanum ducem,
cum octoginta rostratis navibus ad bellum navale a senatu
missum adventare quae res spem illi restituendae for-
8 tunae dedit. Itaque priusquam sociae civitates ad hostis
deficerent, decernere navali proelio statuit, sperans cladem
in Graecia acceptam nova posse victoriae gloria aboleri.
9 Tradita igitur Hannibali classe proelium committitur.
Sed neque Asiani milites Romanis neque naves eorum
pares rostratis navibus fuere; minor tamen clades ducis
sollertia fuit.

1 7. Romam nondum opinio victoriae venerat et idcirco in
consulibus creandis suspensa civitas erat. Sed adversus
Hannibalem ducem quis melius quam Africani frater crea-
2 retur, cum vincere Poenos opus Scipionum esset? crea-
tur igitur consul Lucius Scipio, eique datur legatus frater
Africanus, ut intellegeret Antiochus non maiorem fiduciam
se in Hannibale victo quam Romanos in victore Scipione
3 habere. Traicientibus in Asiam Scipionibus exercitum
iam utrubique profligatum bellum nuntiatum est, vic-
tumque Antiochum terrestri, Hannibalem navali bello in-
4 venerunt. Primo igitur adventu eorum legatos pacem
petentis Antiochus ad eos mittit peculiare donum Afri-
cano ferentis filium ipsius quem rex parvo navigio trai-
5 cientem ceperat. Sed Africanus privata beneficia a rebus
publicis secreta esse dixit, aliaque esse patris officia, alia

patriae iura quae non liberis tantum, verum etiam vitae
ipsi praeponantur. Proinde gratum se munus accipere 6
privatoque impendio munificentiae regis responsurum.
Quod ad bellum pacemque pertineat, nihil neque gratiae
dari neque de iure patriae decedi posse respondit. Nam 7
de redimendo filio numquam tractavit nec senatum de eo
agere permisit, sed, ut dignum maiestate eius erat, armis
se recepturum filium dixerat. Post haec leges pacis di- 8
cuntur: ut Asia Romanis cederet, contentus Syriae regno
esset, navis universas, captivos et transfugas traderet sump-
tumque omnem belli Romanis restitueret. Quae cum nun- 9
tiata Antiocho essent, nondum ita victum se esse respondit,
ut spoliari se regno pateretur, bellique ea inritamenta, non
pacis blandimenta esse.

8. Igitur cum ab utrisque bellum pararetur ingressique 1
Asiam Romani Ilium venissent, mutua gratulatio Ilien-
sium ac Romanorum fuit, Iliensibus Aenean ceterosque
cum eo duces a se profectos, Romanis se ab his procreatos
referentibus; tantaque laetitia omnium fuit, quanta esse 2
post longum tempus inter parentes et liberos solebat.
Iuvabat Iliensis nepotes suos Occidente et Africa domita 3
Asiam ut avitum regnum vindicare, optabilem Troiae
ruinam fuisse dicentes, ut tam feliciter renasceretur.
Contra Romanos avitos laris et incunabula maiorum tem- 4
plaque ac deorum simulacra inexplebile desiderium vi-
sendi tenebat. Profectis ab Ilio Romanis Eumenes rex 5
cum auxiliis occurrit. Nec multo post proelio cum An-
tiocho conmisso, cum inclusa dexteriore cornu legio Ro- 6
mana maiore dedecore quam periculo ad castra fugeret,
M. Aemilius, tribunus militum, ad tutelam castrorum
relictus armare se milites suos et extra vallum progredi
iubet strictisque gladiis fugientibus minari, morituros di-
cens, ni in proelium revertantur, infestioraque sua quam
hostium castra inventuros. Adtonita tam ambiguo peri- 7

culo legio comitantibus conmilitonibus qui fugere eos prohibuerant, in proelium revertitur, magnaque caede edita initium victoriae fuit. Caesa hostium quinquaginta
8 milia, capta undecim. Antiocho pacem petenti nihil ad superiores condiciones additum, Africano praedicante, Romanos neque, si vincantur, animos minuere neque, si
9 vincant, secundis rebus insolescere. Captas civitates inter socios divisere, muneris Romani aptiorem Asiam quam possessiones voluptarias iudicantes; quippe victoriae gloriam Romano nomini vindicandam, opum luxuriam sociis relinquendam.

Book XXXII., 4: Death of Hannibal, Scipio, and Philopoemen, in 183 B.C.

2 4. Inter Prusiam regem, ad quem Hannibal post pacem Antiocho a Romanis datam profugerat, et Eumenen bellum ortum est, quod Prusias Hannibalis fiducia rupto
3 foedere prior intulit. Namque Hannibal, cum ab Antiocho Romani inter ceteras condiciones pacis deditionem eius deposcerent, admonitus a rege in fugam versus Cre-
4 tam defertur. Ibi cum diu quietam vitam egisset invidiosumque se propter nimias opes videret, amphoras plumbo repletas in templo Dianae, quasi fortunae suae praesidia,
5 deponit atque ideo nihil de illo sollicita civitate, quoniam velut pignus opes eius tenebat, ad Prusiam contendit, auro suo in statuis quas secum portabat infuso, ne con-
6 spectae opes vitae nocerent. Dein, cum Prusias terrestri bello ab Eumene victus esset proeliumque in mare transtulisset, Hannibal novo conmento auctor victoriae fuit: quippe omne serpentium genus in fictilis lagoenas coici
7 iussit medioque proelio in navis hostium mittit. Id primum Ponticis ridiculum visum, fictilibus dimicare qui ferro nequeant. Sed ubi serpentibus coepere navis re-

pleri, ancipiti periculo circumventi hosti victoriam con-
cesserunt. Quae ubi Romam nuntiata sunt, missi a senatu 8
legati sunt, qui utrumque regem in pacem cogerent Han-
nibalemque deposcerent. Sed Hannibal re cognita sumpto
veneno legationem morte praevenit.

Insignis hic annus trium toto orbe maximorum impera- 9
torum mortibus fuit, Hannibalis et Philopoemenis et Sci-
pionis Africani. Ex quibus constat Hannibalem nec tum, 10
cum Romano tonante bello Italia contremuit, nec cum
reversus Karthaginem summum imperium tenuit, aut cu-
bantem cenasse aut plus quam sextario vini indulsisse 11
pudicitiamque eum tantam inter tot captivas habuisse, ut
in Africa natum quivis negaret. Moderationis certe eius 12
fuit, ut, cum diversarum gentium exercitus rexerit, neque
insidiis suorum militum sit petitus umquam neque fraude
proditus, cum utrumque hostes saepe temptassent.

Book XXXVII., 1–4: Mithridates.

1. Capto Aristonico Massilienses pro Phocaeensibus, con- 1
ditoribus suis quorum urbem senatus et omne nomen, quod
et tunc et antea Antiochi bello infesta contra populum Ro-
manum arma tulerant, deleri iusserat, legatos Romam de
precatum misere veniamque his a senatu obtinuere. Post 2
haec regibus qui adversus Aristonicum auxilia tulerant,
praemia persoluta: Mithridati Pontico Phrygia maior,
filiis Ariarathis, regis Cappadociae qui eodem bello cecide-
rat, Lycaonia et Cilicia datae. Fidiorque populus Ro- 3
manus in socii filios quam mater in liberos fuit; quippe
hinc parvulis auctum regnum, inde vita adempta. Nam- 4
que Laodice ex numero sex filiorum quos virilis sexus ex
Ariarathe rege susceperat, timens, ne non diutina admini-
stratione regni adultis quibusdam potiretur, quinque parri-
cidali veneno necavit; unum parvulum sceleri matris 5

cognatorum custodia eripuit qui post necem Laodices
(nam eam propter crudelitatem populus extinxerat) solus
6 regno potitus est. Mithridates quoque repentina morte
interceptus filium, qui et ipse Mithridates dictus est, re-
7 liquit; cuius postea ea magnitudo fuit, ut non sui tantum
temporis, verum etiam superioris aetatis omnis reges maie-
state superaverit bellaque cum Romanis per sex et viginti
8 annos varia victoria gesserit, cum eum summi imperatores,
Sulla, Lucullus ceterique, in summa Cn. Pompeius ita vi-
cerint, ut maior clariorque in restaurando bello resurgeret
9 damnisque suis terribilior redderetur. Denique ad postre-
mum non vi hostili victus, sed voluntaria morte in avito
regno senex herede filio decessit.
1 2. Huius futuram magnitudinem etiam caelestia ostenta
2 praedixerant. Nam et eo quo genitus est anno et eo quo
regnare primum coepit stella cometes per utrumque tem-
pus septuagenis diebus ita luxit, ut caelum omne confla-
3 grare videretur. Nam et magnitudine sui quartam par-
tem caeli occupaverat et fulgore sui solis nitorem vicerat;
et cum oreretur occideretque, quattuor horarum spatium
4 consumebat. Puer tutorum insidias passus est qui eum
5 fero equo impositum equitare iacularique cogebant; qui
conatus cum eos fefellissent supra aetatem regente equum
6 Mithridate, veneno eum adpetivere. Quod metuens anti-
dota saepius bibit et ita se adversus insidias exquisitiori-
bus remediis stagnavit, ut ne volens quidem senex veneno
7 mori potuerit. Timens deinde, ne inimici, quod veneno
non potuerant, ferro peragerent, venandi studium finxit,
quo per septem annos neque urbis neque ruris tecto usus
8 est, sed per silvas vagatus diversis montium regionibus
pernoctabat ignaris omnibus quibus esset locis adsuetus
feras cursu aut fugare aut persequi, cum quibusdam etiam
9 viribus congredi. Quibus rebus et insidias vitavit et cor-
pus ad omnem virtutis patientiam duravit.

3. Ad regni deinde administrationem cum accessisset, 1
statim non de regendo, sed de augendo regno cogitavit.
Itaque Scythas invictos antea, qui Zopyriona, Alexandri 2
Magni ducem, cum triginta milibus armatorum deleverant,
qui Cyrum, Persarum regem, cum ducentis milibus truci-
daverant, qui Philippum, Macedonum regem, fugacem fece-
rant, ingenti felicitate perdomuit. Auctus igitur viribus 3
Pontum quoque ac deinceps Colchida occupavit. Cum de 4
Asia tractaret, tacitus cum quibusdam amicis a regno pro-
fectus universam nemine sentiente pervagatus est omni-
umque urbium situm ac regiones cognovit. Inde in Bi- 5
thyniam transcendit et quasi dominus Asiae opportuna
quaeque victoriae suae metatus est. Post haec in regnum, 6
cum iam perisse crederetur, reversus est invento parvulo
filio quem per absentiam eius soror uxorque Laodice
enixa fuerat. Sed inter gratulationes post longam pere- 7
grinationem adventus sui et filii geniti veneno periclitatus
est, siquidem Laodice cum perisse eum crederet, in con-
cubitus amicorum mariti proiecta, quasi admissum facinus
maiori scelere deleri posset, venenum advenienti paravit.
Quod cum ex ancillis Mithridates cognovisset, facinus in 8
auctores vindicavit.

4. Hieme deinde adpetente non in convivio sed in cam- 1
po, nec in avocationibus sed in exercitationibus, nec inter
sodales sed inter coaequales aut equo aut cursu aut viri-
bus contendebat. Exercitum quoque suum ad parem la- 2
boris patientiam cotidiana exercitatio indurabat atque
ita invictus ipse inexpugnabilem exercitum fecerat. Inita 3
deinde cum Nicomede societate Paphlagoniam invadit
victamque cum socio dividit. Quam cum teneri a regibus 4
senatui nuntiatum esset, legatos ad utrumque misit, qui
gentem restitui in pristinum statum iuberent. Mithridates, 5
cum se iam parem magnitudini Romanorum crederet, su-
perho responso hereditarium patri suo regnum obvenisse

respondit, mirarique se, quod cum ei relata controversia
6 non fuerit, sibi referatur. Nec territus minis Galatiam
7 quoque occupat. Nicomedes, quoniam se tueri iure non
8 poterat, iusto regi redditurum respondit. Atque ita fili-
um suum mutato nomine Pylaemenen, Paphlagonum re-
gum nomine, adpellat et quasi stirpi regiae reddidisset
9 regnum, falso nomine tenet. Sic ludibrio habiti legati
Romam revertuntur.

Book XXXVIII., 3–7: The Speech of Mithridates against the Romans.

1 3. Erat eo tempore Tigranes, rex Armeniae, obses Parthis
ante multum temporis datus, nec olim ab eisdem in reg-
num paternum remissus. Hunc Mithridates mire ad socie-
tatem Romani belli, quod olim meditabatur, perlicere cu-
2 piebat. Nihil igitur de offensa Romanorum sentientem
per Gordium impellit, ut Ariobarzani, segni admodum,
bellum inferat et, ne quis dolus subesse videatur, filiam
3 suam ei Cleopatram in matrimonium tradit. Primo igitur
adventu Tigranis Ariobarzanes sublatis rebus suis Romam
contendit atque ita per Tigranen rursus Cappadocia iuris
4 esse Mithridatis coepit. Eodem tempore mortuo Nico-
mede etiam filius eius et ipse Nicomedes, regno a Mithri-
date pellitur qui, cum supplex Romam venisset, decernitur
in senatu, ut uterque in regnum restituantur, in quam
5 rem missi M. Aquilius et Manlius Malthinus legati. His
cognitis Mithridates societatem cum Tigrane bellum ad-
versus Romanos gesturus iungit, pactique inter se sunt, ut
urbes agrique Mithridati, homines vero et quaecumque
6 auferri possent, Tigrani cederent. Post haec Mithridates
intellecto quantum bellum suscitaret, legatos ad Cimbros,
alios ad Gallograecos et Sarmatas Bastarnasque auxilia
7 petitum mittit. Nam omnis has gentes Romanum medi-

tabundus bellum variis beneficiorum muneribus iam ante
inlexerat. A Scythia quoque exercitum venire iubet om-
nemque Orientem adversus Romanos armat. Non magno 8
igitur labore Aquilium et Malthinum Asiano exercitu in-
structos vincit, quibus simul cum Nicomede pulsis ingenti
favore civitatium excipitur. Multum ibi auri argenti- 9
que studio veterum regum cumulatum magnumque belli
adparatum invenit, quibus instructus debita civitatibus
publica privataque remittit et vacationem quinquennii
concedit. Tunc ad contionem milites vocat eosque variis 10
exhortationibus ad Romana bella incitat. Quam oratio- 11
nem dignam duxi cuius exemplum brevitati huius operis
insererem, quam obliquam Pompeius Trogus exposuit,
quoniam in Livio et in Sallustio reprehendit, quod con-
tiones directas pro sua ratione operi suo inserendo histo-
riae modum excesserint.

4. Optandum sibi fuisse ait, ut de eo liceret consulere, 1
bellumne sit cum Romanis an pax habenda; quin vero sit 2
resistendum impugnantibus, ne eos quidem dubitare qui
spe victoriae careant; quippe adversus latronem, si ne-
queant pro salute, pro ultione tamen sua omnis ferrum
stringere. Ceterum quia non id agatur, an liceat quie- 3
scere non tantum animo hostiliter, sed etiam proelio con-
gressis, consulendum, qua ratione ac spe coepta bella su-
stineant. Esse autem sibi victoriae fiduciam, si sit illis 4
animus; Romanosque vinci posse cognitum non sibi magis
quam ipsis militibus qui et in Bithynia Aquilium et Mal-
thinum in Cappadocia fuderint. Ac si quem aliena magis 5
exempla quam sua experimenta moveant, audire se a Pyr-
ro, rege Epiri, non amplius quinque milibus Macedonum
instructo fusos tribus proeliis Romanos. Audire Hanni- 6
balem sedecim annis Italiae victorem inmoratum, et quin
ipsam caperet urbem, non Romanorum illi viris obstitisse,
sed domesticae aemulationis atque invidiae studium. Au- 7

dire populos Transalpinae Galliae Italiam ingressos maxi-
mis eam plurimisque urbibus . . . et possidere latius aliquan-
to solum finium, quam in Asia, quae dicatur imbellis, idem
8 Galli occupavissent. Nec victam solum dici sibi Romam
a Gallis, sed etiam captam, ita ut unius illis montis tantum
cacumen relinqueretur; nec bello hostem, sed pretio re-
9 motum. Gallorum autem nomen, quod semper Romanos
terruerit, in parte virium suarum ipsi numerent. Nam
10 hos qui Asiam incolant Gallos ab illis qui Italiam occu-
paverint, sedibus tantum distare, originem quidem ac vir-
tutem genusque pugnae idem habere; tantoque his acriora
esse quam illis ingenia, quo longiore ac difficiliore spatio per
Illyricum Thraciamque prodierint, paene operosius tran-
11 sitis illorum finibus quam ubi consedere possessis. Iam
ipsam Italiam audire se numquam, ut Roma condita sit,
satis illis pacatam, sed adsidue per omnis annos pro liber-
tate alios, quosdam etiam pro vice imperii bellis continuis
12 perseverasse; et a multis civitatibus Italiae deletos Ro-
manorum exercitus ferri, a quibusdam novo contumeliae
13 more sub iugum missos. Ac ne veteribus inmoretur ex-
emplis, hoc ipso tempore universam Italiam bello Marsico
consurrexisse, non iam libertatem, sed consortium imperii
14 civitatisque poscentem; nec gravius vicino Italiae bello
quam domesticis principum factionibus urbem premi, mul-
15 toque periculosius accessisse Italico civile bellum. Simul
et a Germania Cimbros, inmensam militiam ferorum atque
inmitium populorum, more procellae inundasse Italiam
16 quorum etiamsi singula bella sustinere Romani possint,
universis tamen obruantur, ut ne vacaturos quidem bello
suo putet.

1 5. Vtendum igitur occasione et rapienda incrementa
virium, ne, si illis occupatis quieverint, mox adversus
2 vacuos et quietos maius negotium habeant. Non enim
quaeri, an capienda sint arma, sed utrum sua potius occa-

sione an illorum. Nam bellum quidem iam tunc secum 3
ab illis geri coeptum, cum sibi pupillo maiorem Phrygiam
ademerint, quam patri suo praemium lati adversus Aristo-
nicum auxilii concesserant, gentem quam et proavo suo
Mithridati Seleucus Callinicus in dotem dedisset. Quid, 4
cum Paphlagonia se cedere iusserint, non alterum illud
genus belli fuisse? quae non vi, non armis, sed adoptione
testamenti et regum domesticorum interitu hereditaria
patri suo obvenisset. Cum inter hanc decretorum amari- 5
tudinem parendo non tamen eos mitigarit, quin acerbius
se in dies gerant, non obtinuisse. Quod enim a se non 6
praebitum illis obsequium? non Phrygiam Paphlagoniam-
que dimissas? non Cappadocia filium eductum, quam iure
gentium victor occupaverat? ruptum tamen in se victo- 7
riae ius ab illis quorum nihil est nisi bello quaesitum.
Non regem Bithyniae Chreston, in quem senatus arma 8
decreverat, a se in gratiam illorum occisum? tamen nihilo
minus imputari sibi quae Gordius aut Tigranes faciat.
Libertatem etiam in contumeliam sui a senatu ultro de- 9
latam Cappadociae quam reliquis gentibus abstulerunt;
dein populo Cappadocum pro libertate oblata Gordium
regem orante ideo tantum, quoniam amicus suus esset,
non obtinuisse. Nicomeden praecepto illorum bellum sibi 10
intulisse, quia ultum ierit se, ab ipsis ventum obviam;
et nunc eam secum bellandi illis causam fore, quod non
impune se Nicomedi lacerandum, saltatricis filio, prae-
buerit.

6. Quippe non delicta regum illos, sed viris ac maiestatem 1
insequi neque in uno se, sed in aliis quoque omnibus hac
semper arte grassatos. Sic et avum suum Pharnacen per 2
cognitionum arbitria succidaneum regi Pergameno Eu-
meni datum; sic rursus Eumenen, cuius classibus primum 3
in Asiam fuere transiecti, cuius exercitu magis quam suo
et magnum Antiochum et Gallos in Asia et mox in Mace-

4 donia regem Persen domuerant, et ipsum pro hoste habi-
tum eique interdictum Italia, et quod cum ipso deforme
sibi putaverant, cum filio eius Aristonico bellum gessisse.
Nullius apud eos maiora quam Masinissae, regis Numida-
5 rum, haberi merita; huic imputari victum Hannibalem,
huic captum Syphacem, huic Karthaginem deletam, hunc
inter duos illos Africanos tertium servatorem urbis referri:
6 tamen cum huius nepote bellum modo in Africa gestum
adeo inexpiabile, ut ne victum quidem patris memoriae
donarent, quin carcerem ac triumphi spectaculum experi-
7 retur. Hanc illos omnibus regibus legem odiorum dixisse,
scilicet quia ipsi talis reges habuerint quorum etiam no-
minibus erubescant, aut pastores Aboriginum aut aruspi-
ces Sabinorum aut exules Corinthiorum aut servos ver-
nasque Tuscorum aut, quod honoratissimum nomen fuit
inter haec, Superbos; atque ut ipsi ferant conditores suos
8 lupae uberibus alitos, sic omnem illum populum luporum
animos inexplebiles, sanguinis atque imperii divitiarumque
avidos ac ieiunos habere.

1 7. Se autem, seu nobilitate illis comparetur, clariorem
illa conluvie convenarum esse qui paternos maiores suos
a Cyro Dareoque, conditoribus Persici regni, maternos a
Magno Alexandro ac Nicatore Seleuco, conditoribus im-
perii Macedonici, referat, seu populis illorum conferat
suos, earum se regem gentium esse quae non modo Ro-
mano imperio sint pares, sed Macedonico quoque obstite-
2 rint. Nullam subiectarum sibi gentium expertam pere-
grina imperia, nullis umquam nisi domesticis regibus
paruisse, Cappadociam velint an Paphlagoniam recensere,
rursus Pontum an Bithyniam, itemque Armeniam maiorem
minoremque, quarum gentium nullam neque Alexander
ille, qui totam pacavit Asiam, nec quisquam successo-
3 rum eius aut posterorum adtigisset. Scythiam duos um-
quam ante se reges non pacare, sed tantum intrare ausos,

Dareum et Philippum, aegre inde fugam sibi expedisse,
unde ipse magnam adversus Romanos partem virium ha-
beret. Multoque se timidius ac diffidentius bella Pontica 4
ingressum, cum ipse rudis ac tiro esset, Scythae praeter
arma virtutemque animi locorum quoque vel solitudini-
bus vel frigoribus instructi per quae denuntiaretur ingens
militiae periculum ac labor. Inter quas difficultates ne 5
praemii quidem spes foret ex hoste vago nec tantum
pecuniae, sed etiam sedis inope. Nunc se diversam belli 6
condicionem ingredi. Nam neque caelo Asiae esse tem-
peratius aliud, nec solo fertilius nec urbium multitudine
amoenius; magnamque temporis partem non ut militiam,
sed ut festum diem acturos bello dubium facili magis an
uberi, si modo aut proximas regni Attalici opes aut vete- 7
res Lydiae Ioniaeque audierint quas non expugnatum eant,
sed possessum; tantumque se avida expectet Asia, ut etiam 8
vocibus vocet: adeo illis odium Romanorum incussit ra-
pacitas proconsulum, sectio publicanorum, calumniae li-
tium. Sequantur se modo fortiter et conligant, quid se 9
duce possit efficere tantus exercitus quem sine cuiusquam
militum auxilio suamet unius opera viderint Cappadociam
caeso rege cepisse, qui solus mortalium Pontum omnem
Scythiamque pacaverit quam nemo ante transire tuto
atque adire potuit. Nam iustitiae atque liberalitatis suae 10
nec ipsos milites qui experiantur testes refugere et illa in-
dicia habere, quod solus regum omnium non paterna so-
lum, verum etiam externa regna hereditatibus propter
munificentiam adquisita possideat, Colchos, Paphlago-
niam, Bosphorum.

8. Sic excitatis militibus post annos tris et viginti 1
sumpti regni in Romana bella descendit.

Book XLI., 1–6: The Parthians.

1 1. Parthi, penes quos velut divisione orbis cum Romanis
facta nunc Orientis imperium est, Scytharum exules fuere.
2 Hoc etiam ipsorum vocabulo manifestatur, nam Scythico
3 sermone exules 'parthi' dicuntur. Hi et Assyriorum et
Medorum temporibus inter Orientis populos obscurissimi
4 fuere. Postea quoque, cum imperium Orientis a Medis
ad Persas translatum est, veluti vulgus sine nomine prae-
5 da victorum fuere. Postremo Macedonibus triumphato
6 Oriente servierunt, ut cuivis mirum videatur ad tantam
eos felicitatem per virtutem provectos, ut imperent gen-
tibus sub quarum imperio veluti servile vulgus fuere.
7 A Romanis quoque trinis bellis per maximos duces floren-
tissimis temporibus lacessiti soli ex omnibus gentibus non
8 pares solum, verum etiam victores fuere; quamquam plus
gloriae sit inter Assyria et Medica Persicaque memorata
olim regna et opulentissimum illud mille urbium Bactria-
narum imperium emergere potuisse quam longinqua bella
9 vicisse, cum praeterea gravibus Scythicis et vicinalibus
bellis adsidue vexati variis periculorum casibus urgerentur.
10 Hi domesticis seditionibus Scythia pulsi solitudines inter
Hyrcaniam et Dahas et Apartanos et Margianos furtim
11 occupavere. Fines deinde non intercedentibus primo
finitimis, postea etiam prohibentibus in tantum protulere,
ut non inmensa tantum ac profunda camporum, verum
etiam praerupta collium montiumque ardua occupaverint.
12 Ex quo fit, ut Parthiae pleraque finium aut aestus aut
frigoris magnitudo possideat, quippe cum montis nix,
campos aestus infestet.

1 2. Administratio gentis post defectionem Macedonici im-
2 perii semper sub regibus fuit. Proximus maiestati regum
ipsorum probulorum ordo est; ex hoc duces in bello, ex

hoc in pace rectores habent. Sermo his inter Scythicum 3
Medicumque medius et utrimque mixtus. Vestis olim 4
sui moris; posteaquam accessere opes, ut Medis perlucida
ac fluida. Armorum patrius ac Scythicus mos. Exerci- 5
tum non, ut aliae gentes, liberorum, sed maiorem partem
servitiorum habent quorum vulgus nulli manumittendi
potestate permissa ac per hoc omnibus servis nascentibus
in dies crescit. Hos pari ac liberos suos cura et equitare
et sagittare magna industria docent. Locupletissimus ut 6
quisque est, ita pluris in bella equites regi suo praebet.
Denique Antonio bellum Parthis inferenti cum quinqua-
ginta milia equitum occurrissent, soli quadringenti liberi
fuere. Cominus in acie proeliari aut obsessas expugnare 7
urbis nesciunt. Pugnant aut procurrentibus equis aut ter-
ga dantibus; saepe etiam fugam simulant, ut incautiores
adversus vulnera insequentis habeant. Signum his in 8
proelio non tuba, sed tympano datur. Nec pugnare diu
possunt; ceterum intolerandi forent, si, quantus eis est
impetus et vis, tanta et perseverantia esset. Plerumque 9
in ipso ardore certaminis proelia deserunt ac paulo post
pugnam ex fuga repetunt, ut, cum maxime vicisse te putes,
tunc tibi discrimen subeundum sit. Munimentum ipsis 10
equisque loricae plumatae sunt quae utrumque toto cor-
pore tegunt. Auri argentique nullus nisi in armis usus.

3. Vxores dulcedine variae libidinis singuli pluris ha- 1
bent, nec ulla delicta adulteriis gravius vindicant. Quamo- 2
brem feminis non convivia tantum virorum, verum etiam
conspectum interdicunt. Carne non nisi venatibus quae- 3
sita vescuntur. Equis omni tempore vectantur; illis 4
bella, illis convivia, illis publica ac privata officia obeunt;
super illos ire, consistere, mercari, conloqui. Hoc denique
discrimen inter servos liberosque est, quod servi pedibus,
liberi non nisi equis incedunt. Sepultura vulgo aut avium 5
aut canum laniatus est; nuda demum ossa terra obruunt.

6 In superstitionibus ac cura deorum praecipua omnibus
7 veneratio est. Ingenia genti tumida, seditiosa, fraudu-
lenta, procacia; quippe violentiam viris, mansuetudinem
8 mulieribus adsignant. Semper aut in externos aut in do-
mesticos motus inquieti, natura taciti, ad faciendum quam
ad dicendum promptiores; proinde secunda adversaque
9 silentio tegunt. Principibus metu, non pudore parent.
10 In libidinem proiecti, in cibum parci. Fides dicti pro-
missique nulla, nisi quatenus expedit.
1 4. Post mortem Alexandri Magni cum inter successores
eius Orientis regna dividerentur, nullo Macedonum dig-
nante Parthorum imperium, Staganori, externo socio, tra-
2 duntur. Postea diductis Macedonibus in bellum civile
cum ceteris superioris Asiae populis Eumenen secuti sunt,
3 quo victo ad Antigonum transiere. Post hunc a Nicatore
Seleuco ac mox ab Antiocho et successoribus eius possessi,
a cuius pronepote Seleuco primum defecere primo Punico
bello, L. Manlio Vulsone, M. Atilio Regulo consulibus.
4 Huius defectionis impunitatem illis duorum fratrum re-
gum, Seleuci et Antiochi, discordia dedit qui dum in-
vicem eripere sibi regnum volunt, persequi defectores
5 omiserunt. Eodem tempore etiam Diodotus, mille ur-
bium Bactrianarum praefectus, defecit regemque se ad-
pellari iussit, quod exemplum secuti totius Orientis po-
6 puli a Macedonibus defecere. Erat eo tempore Arsaces,
7 vir, sicut incertae originis, ita virtutis expertae. Hic soli-
tus latrociniis et rapto vivere accepta opinione Seleucum
a Gallis in Asia victum, solutus regis metu, cum praedo-
num manu Parthos ingressus praefectum eorum Andra-
goran oppressit sublatoque eo imperium gentis invasit.
8 Non magno deinde post tempore Hyrcanorum quoque
regnum occupavit atque ita duarum civitatium imperio
praeditus grandem exercitum parat, metu cum Seleuci
9 tum et Diodoti, Bactrianorum regis. Sed cito morte

Diodoti metu liberatus cum filio eius et ipso Diodoto,
foedus ac pacem fecit, nec multo post cum Seleuco rege
ad defectores persequendos veniente congressus victor fuit,
quem diem Parthi exinde sollemnem velut initium liberta- 10
tis observant.

5. Revocato deinde Seleuco novis motibus in Asiam dato 1
laxamento regnum Parthicum format, militem legit, ca-
stella munit, civitates firmat; urbem quoque nomine Da- 2
ram in monte Apaortenon condit cuius loci ea condicio
est, ut neque munitius quidquam esse neque amoenius
possit. Ita enim et praeruptis rupibus undique cingitur, 3
ut tutela loci nullis defensoribus egeat et soli circumia-
centis tanta ubertas, ut propriis opibus expleatur et fon- 4
tium silvarumque ea copia est, ut et aquarum abundantia
inrigetur et venationum voluptatibus exornetur. Sic 5
Arsaces quaesito simul constitutoque regno non minus
memorabilis Parthis quam Persis Cyrus, Macedonibus
Alexander, Romanis Romulus matura senectute decedit,
cuius memoriae hunc honorem Parthi tribuerunt, ut omnes 6
exinde reges suos Arsacis nomine nuncupent. Huius 7
filius et successor regni, Arsaces et ipse nomine, adversus
Antiochum, Seleuci filium, centum milibus peditum et
viginti milibus equitum instructum mira virtute pugnavit,
ad postremum in societatem eius adsumptus est. Tertius 8
Parthis rex Priapatius fuit, sed et ipse Arsaces dictus.
Hic actis in regno quindecim annis decessit relictis duo- 9
bus filiis, Mithridate et Phrahate. Quorum maior Phra-
hates, more gentis heres regni, Mardos, validam gentem,
bello domuit nec multo post decessit pluribus filiis relic-
tis, quibus praeteritis fratri potissimum Mithridati, insig- 10
nis virtutis viro, reliquit imperium, plus regio quam patrio
deberi nomini ratus potiusque patriae quam liberis consu-
lendum.

6. Eodem ferme tempore, sicut in Parthis Mithridates, 1

ita in Bactris Eucratides, magni uterque viri, regna ineunt.
2 Sed Parthorum fortuna felicior ad summum hoc duce
3 imperii fastigium eos perduxit. Bactriani autem per varia bella iactati non regnum tantum, verum etiam libertatem amiserunt, siquidem Sogdianorum et Arachotorum et Drangarum et Areorum Indorumque bellis fatigati ad postremum ab invalidioribus Parthis velut exsangues op-
4 pressi sunt. Multa tamen Eucratides bella magna virtute gessit quibus adtritus cum obsidionem Demetrii, regis Indorum, pateretur, cum trecentis militibus sexaginta milia hostium adsiduis eruptionibus vicit. Quinto itaque
5 mense liberatus Indiam in potestatem redegit. Vnde cum se reciperet, a filio, quem socium regni fecerat, in itinere interficitur qui non dissimulato parricidio, velut hostem, non patrem interfecisset et per sanguinem eius currum egit et corpus abici insepultum iussit.

6 Dum haec apud Bactros geruntur, interim inter Parthos et Medos bellum oritur. Cum varius utriusque populi casus fuisset, ad postremum victoria penes Parthos fuit.
7 His viribus auctus Mithridates Mediae Vagasin praeponit,
8 ipse in Hyrcaniam proficiscitur. Vnde reversus bellum cum Elymaeorum rege gessit, quo victo hanc quoque gentem regno adiecit imperiumque Parthorum a monte Caucaso multis populis in dicionem redactis usque flumen
9 Euphraten protulit. Atque ita adversa valetudine adreptus, non minor Arsace proavo, gloriosa senectute decedit.

APVLEIVS

Apuleius (the praenomen is uncertain) was born of wealthy parents, in Madaura, Africa, about 124 A.D. Having received the best education which his time afforded, chiefly at Athens and Carthage, he travelled extensively, and then lived for many years in Rome as an advocate. Subsequently he became an itinerant lecturer on philosophy, and seems finally to have settled in Carthage, where he occupied the high position of *sacerdos provinciae.* The year of his death is unknown.

Apuleius was one of the most learned and variously accomplished men of his age, a most prolific author in Greek and Latin, and in both prose and verse.

His style, with its obtrusive striving for rhetorical effect, his fondness for archaisms, and lack of restraint generally, accurately reflects the restless spirit of the times. In mere richness of vocabulary he has few equals, and he is often genuinely eloquent, brilliant, and invariably interesting. No other Latin writer, moreover, save Ovid, possessed the rare gift of narrative in so consummate a degree.

Deeply versed in mystic lore, he has a touch of the *charlanterie* of Empedocles, but without his originality as a philosophic thinker. Like Vergil, he was in the Middle Ages regarded as a magician; his works were always eagerly read, and exerted a powerful influence upon later writers, many apocryphal treatises passing under his name.

Of his numerous publications, the most noteworthy are the *Apologia*, a successful defence against the charge of magic practices; the *Florida*, an anthology of his speeches; treatises on *Plato* and on the daemonium of Socrates (*De genio Socratis*). But the work upon which the fame of Apuleius chiefly rests is the *Metamorphoses*, in eleven books. It takes its name from the circumstance that one Lucius of Corinth, magically transformed into an ass by an error, relates his marvellous adventures. The original seems to have been a Greek work, entitled *Lucius; or, The Ass*, which has come down to us among the writings of Lucian.

The gem of the entire narrative—though a mere episode in it—is the famous story of Cupid and Psyche, related by an old woman to console an imprisoned maiden, and as told by Apuleius it is unquestionably one of the most precious productions of ancient literature. Its nucleus is an Indo-European folk-tale, subsequently transformed and elaborated, probably under Hellenic influence, into a philosophical allegory of the soul passing through various processes of purification.

APVLEIVS

Book IV., 28 ff.: Amor et Psyche.

Erant in quadam civitate rex et regina. Hi tris nu- 28
mero filias forma conspicuas habuere, sed maiores quidem natu quamvis gratissima specie, idonee tamen celebrari posse laudibus humanis credebantur, ut vero puellae iunioris tam praecipua, tam praeclara pulchritudo nec exprimi ac ne sufficienter quidem laudari sermonis humani penuria poterat. Multi denique civium et advenae copiosi quos eximii spectaculi rumor studiosa celebritate congregabat, inaccessae formositatis admiratione stupidi et admoventes oribus suis dexteram primore digito in erectum pollicem residente, ut ipsam prorsus deam Venerem venerabantur religiosis adorationibus. Iamque proximas civitates et adtiguas regiones fama pervaserat deam quam caerulum profundum pelagi peperit et ros spumantium fluctuum educavit, iam numinis sui passim tributa venia in mediis conversari populi coetibus, vel certe rursum novo caelestium stillarum germine non maria sed terras Venerem aliam virginali flore praeditam pullulasse. Sic 29
inmensum procedit in dies opinio, sic insulas iam proxumas et terrae plusculum provinciasque plurimas fama porrecta pervagatur. Iam multi mortalium longis itineribus atque altissimis maris meatibus ad saeculi specimen gloriosum confluebant. Paphon nemo, Cnidon nemo ac

ne ipsa quidem Cythera ad conspectum deae Veneris navigabant. Sacra diae praetereuntur, templa deformantur, pulvinaria deseruntur, caerimoniae negleguntur, incoronata simulacra et arae viduae frigido cinere foedatae. Puellae supplicatur et in humanis vultibus deae tantae numina placantur et in matutino progressu virginis victimis et epulis Veneris absentis numen propitiatur, iamque per plateas conmeantem populi frequenter floribus sertis et solutis adprecantur.

Haec honorum caelestium ad puellae mortalis cultum
inmodica translatio verae Veneris vehementer incendit
animos et impatiens indignationis capite quassanti fremens
altius sic secum disserit: 'en rerum naturae prisca pa-
80 rens, en elementorum origo initialis, en orbis totius alma
Venus quae cum mortali puella partiario maiestatis honore tractor et nomen meum caelo conditum terrenis sordibus profanatur! nimirum conmuni numinis piamento vicariae venerationis incertum sustinebo et imaginem meam circumferet puella moritura. Frustra me pastor ille, cuius iustitiam fidemque magnus comprobavit Iuppiter, ob eximiam speciem tantis praetulit deabus. Sed non adeo gaudens ista, quaecumque est, meos honores, usurpaverit: iam faxo huius eam ipsius inlicitae formositatis paeniteat.'

Et vocat confestim puerum suum pinnatum illum et
satis temerarium qui malis suis moribus contempta disciplina publica, flammis et sagittis armatus per alienas domos nocte discurrens et omnium matrimonia conrumpens impune conmittit tanta flagitia et nihil prorsus boni facit. Hunc quamquam genuina licentia procacem verbis quoque insuper stimulat et perducit ad illam civitatem et
81 Psychen—hoc enim nomine puella nuncupabatur—coram
ostendit et, tota illa perlata de formositatis aemulatione fabula, gemens ac fremens indignatione 'per ego te,' in-

quit, 'maternae caritatis foedera deprecor, per tuae sagittae dulcia vulnera, per flammae istius mellitas uredines, vindictam tuae parenti sed plenam tribue et in pulchritudinem contumacem severiter vindica idque unum et pro omnibus unicum volens effici: virgo ista amore flagrantissimo teneatur hominis extremi quem et dignitatis et patrimonii simul et incolumitatis ipsius Fortuna damnavit, tamque infirmi ut per totum orbem non inveniat miseriae suae comparem.'

Sic effata et osculis hiantibus filium diu ac pressule saviata proximas oras reflui liquoris petit, plantisque roseis vibrantium fluctuum summo rore calcato, ecce iam profundum maris sudo resedit vertice et ipsum quod incipit velle, ei statim, quasi pridem praeceperit, non moratur marinum obsequium. Adsunt Nerei filiae chorum canentes et Portunus caerulis barbis hispidus et gravis piscoso sinu Salacia et auriga parvulus delphini Palaemon. Iam passim maria persultantes Tritonum catervae hic concha sonaci leniter bucinat, ille serico tegmine flagrantiae solis obsistit inimici, alius sub oculis dominae speculum progerit, currus biiuges alii subnatant. Talis ad Oceanum pergentem Venerem comitatur exercitus.

Interea Psyche cum sua sibi perspicua pulchritudine 82
nullum decoris sui fructum percipit. Spectatur ab omnibus, laudatur ab omnibus, nec quisquam, non rex, non regius, nec de plebe saltem cupiens eius nuptiarum petitor accedit. Mirantur quidem divinam speciem sed ut simulacrum fabre politum mirantur omnes. Olim duae maiores sorores, quarum temperatam formositatem nulli diffamarant populi, procis regibus desponsae iam beatas nuptias adeptae sunt, sed Psyche virgo vidua domi residens deflet desertam suam solitudinem aegra corporis, animi saucia et quamvis gentibus totis complacitam odit in se suam formositatem. Sic infortunatissimae filiae

miserrimus pater suspectatis caelestibus odiis et irae superum metuens dei Milesii vetustissimum percontatur oraculum et ex tanto numine precibus et victimis ingratae virgini petit nuptias et maritum. Sed Apollo quamquam Graecus et Ionicus propter Milesiae conditorem sic Latina sorte respondit:

33 *Montis in excelsi scopulo, rex, siste puellam*
Ornatam mundo funerei thalami.
Nec speres generum mortali stirpe creatum
Sed saevum atque ferum vipereumque malum,
Qui pinnis volitans super aethera cuncta fatigat
Flammaque et ferro singula debilitat:
Quo tremit ipse Iovis, quo numina terrificantur,
Flumina quem horrescunt et Stygiae tenebrae.

Rex olim beatus adfatu sanctae vaticinationis accepto pigens tristisque retro domum pergit suaeque coniugi praecepta sortis enodat infaustae. Maeretur, fletur, lamentatur diebus plusculis. Sed dirae sortis iam urguet taeter effectus. Iam feralium nuptiarum miserrimae virgini choragium struitur, iam taedae lumen atrae fuliginis cinere marcescit et sonus tibiae zygiae mutatur in querulum Lydium modum cantusque laetus hymenaei lugubri finitur ululatu et puella nuptura deterget lacrimas ipso suo flammeo. Sic adfectae domus triste fatum cuncta etiam civitas congemebat luctuque publico confestim congruens edicitur iustitium.

34 Sed monitis caelestibus parendi necessitas misellam Psychen ad destinatam poenam efflagitabat. Perfectis igitur feralis thalami cum summo maerore sollemnibus toto prosequente populo vinum producitur, funus et lacrimosa Psyche comitatur non nuptias sed exequias suas. Ac dum maesti parentes et tanto malo perciti nefarium facinus perficere cunctantur, ipsa illa filia talibus eos adhortatur vocibus:

'Quid infelicem senectam fletu diutino cruciatis? quid spiritum vestrum, qui magis meus est, crebris ciulatibus fatigatis? quid lacrimis inefficacibus ora mihi veneranda foedatis? quid laceratis in vestris oculis mea lumina? quid canitiem scinditis? quid pectora, quid ubera sancta tunditis? Haece sunt vobis egregiae formositatis meae praeclara praemia. Invidiae nefariae letali plaga percussi sero sentitis. Cum gentes et populi celebrarent nos divinis honoribus, cum novam me Venere more consono nuncuparent, tunc dolere, tunc flere, tunc me iam quasi peremptam lugere debuistis. Iam sentio, iam video solo me nomine Veneris perisse. Ducite me et cui sors addixit scopulo sistite. Festino felicis istas nuptias obire, festino generosum illum maritum meum videre. Quid differo? quid detrecto venientem qui totius orbis exitio natus est?'

Sic profata virgo conticuit ingressuque iam valido Pom- 35
pae populi prosequentis sese miscuit. Itur ad constitutum scopulum montis ardui, cuius in summo cacumine statutam puellam cuncti deserunt, taedasque nuptialis quibus praeluxerant ibidem lacrimis suis extinctas relinquentes deiectis capitibus domuitionem parant. Et miseri quidem parentes eius tanta clade defessi clausae domus abstrusi tenebris perpetuae nocti sese dedidere. Psychen autem paventem ac trepidam et in ipso scopuli vertice deflentem mitis aura molliter spirantis Zephyri, vibratis hinc inde laciniis et reflato sinu, sensim levatam suo tranquillo spiritu vehens paulatim per devexa rupis excelsae, vallis subditae florentis cespitis gremio leniter delapsam reclinat.

Book V., 1–31.

1 Psyche teneris et herbosis locis in ipso toro roscidi graminis suave recubans tanta mentis perturbatione sedata dulce conquievit. Iamque sufficienti recreata somno placido resurgit animo. Videt lucum proceris et vastis arboribus consitum, videt fontem vitreo latice perlucidum medio luci meditullio. Prope fontis adlapsum domus regia est, aedificata non humanis manibus sed divinis artibus. Iam scires ab introitu primo dei cuiuspiam luculentum et amoenum videre te diversoria. Nam summa laquearia citro et ebore curiose cavata subeunt aureae columnae, parietes omnes argenteo caelamine conteguntur, bestiis et indigenis pecudibus occurrentibus ob os introeuntium. Mirus prorsum homo, immo semideus vel certe deus qui magnae artis suptilitate tantum efferavit argentum. Enim vero pavimenta ipsa lapide pretioso caesim deminuto in varia picturae genera discriminantur. Vehementer iterum ac saepius beatos illos qui super gemmas et monilia calcant! iam ceterae partes longe lateque dispositae domus sine pretio pretiosae totique parietes solidati massis aureis splendore proprio coruscant, ut diem suum sibi domus faciat licet sole nolente: sic cubicula, sic porticus, sic ipsae valvae fulgurant. Nec secius opes ceterae maiestati domus respondent, ut equidem illud recte videatur ad conversationem humanam magno Iovi fabricatum caeleste palatium.

2 Invitata Psyche talium locorum oblectatione propius accessit et paulo fidentior intra limen sese facit, mox prolectante studio pulcherrimae visionis rimatur singula et altrinsecus aedium horrea sublimi fabrica perfecta magnisque congesta gazis conspicit. Nec est quidquam quod ibi non erat. Sed praeter ceteram tantarum divitiarum

admirationem hoc erat praecipue mirificum, quod nullo
vinculo, nullo claustro, nullo custode totius orbis thesau-
rus ille muniebatur. Haec ei summa cum voluptate vi-
senti offert sese vox quaedam corporis sui nuda et 'quid,'
inquit, 'domina, tantis obstupescis opibus? tua sunt haec
omnia. Prohinc cubiculo te refer et lectulo lassitudinem
refove et ex arbitrio lavacrum pete. Nos quarum voces
accipis, tuae famulae sedulo tibi praeministrabimus nec
corporis curatae tibi regales epulae morabuntur.'

Sensit Psyche divinae providentiae beatitudinem mo- 3
nitusque, voces informis audiens et prius somno et mox
lavacro fatigationem sui diluit, visoque statim proximo
semirotundo suggestu, propter instrumentum cenatorium
rata refectui suo conmodum, libens accumbit. Et ilico
vini nectarei eduliumque variorum fercula copiosa, nullo
serviente sed tantum spiritu quodam impulsa, submini-
strantur. Nec quemquam tamen illa videre poterat, sed
verba tantum audiebat excidentia et solas voces famulas
habebat. Post opimas dapes quidam introcessit et canta-
vit invisus et alius citharam pulsavit quae videbatur nec
ipsa. Tunc modulatae multitudinis conferta vox aures
eius adfertur ut, quamvis hominum nemo pareret, chorus
tamen esse pateret. [. . .] Haec diutino tempore sic age- 4
bantur. Atque, ut est natura redditum, novitas per ad-
siduam consuetudinem delectationem ei conmendarat et
sonus vocis incertae solitudinis erat solacium.

Interea parentes eius indefesso luctu atque maerore con-
senescebant, latiusque porrecta fama sorores illae maiores
cuncta cognorant propereque maestae atque lugubres de-
serto lare certatim ad parentum suorum conspectum ad-
fatumque perrexerant. Ea nocte ad suam Psychen sic 5
infit maritus—namque praeter oculos et manibus et auri-
bus is nihilo secius sentiebatur:

'Psyche dulcissima et cara uxor, exitiabile tibi periculum minatur fortuna saevior. quod observandum pressiore cautela censeo. Sorores iam tuae mortis opinione turbatae tuumque vestigium requirentes scopulum istum protinus aderunt, quarum siquas forte lamentationes acceperis, neque respondeas, immo nec prospicias omnino; ceterum mihi quidem gravissimum dolorem, tibi vero summum creabis exitium.'

Adnuit et ex arbitrio mariti se facturam spopondit. Sed eo simul cum nocte dilapso diem totum lacrimis ac plangoribus misella consumit, se nunc maxime prorsus perisse iterans quae beati carceris custodia saepta et humanae conversationis conloquio viduata nec sororibus suis de se maerentibus opem salutarem ferre ac ne videre eas quidem omnino posset. Nec lavacro nec cibo nec ulla denique refectione recreata flens ubertim decessit ad som-
6 num. Nec mora cum paulo maturius lectum maritus accubans eamque etiam nunc lacrimantem complexus sic expostulat:

'Haecine mihi pollicebare, Psyche mea? quid iam de te tuus maritus expecto, quid spero? et perdia et pernox nec inter amplexus coniugalis desinis cruciatum. Age iam nunc ut voles et animo tuo damnosa poscenti pareto! Tantum memineris meae seriae monitionis cum coeperis sero paenitere.'

Tunc illa precibus et dum se morituram conminatur extorquet a marito cupitis adnuat, ut sorores videat, luctus mulceat, ora conferat. Sic ille novae nuptae precibus veniam tribuit et insuper quibuscumque vellet eas auri vel monilium donare concessit, sed identidem monuit ac saepe terruit, ne quando sororum pernicioso consilio suasa de forma mariti quaerat neve se sacrilega curiositate de tanto fortunarum suggestu pessum deiciat nec suum postea contingat amplexum. Gratias egit marito iamque laetior animo, 'sed prius,' inquit, 'centies moriar quam tuo isto dulcissimo conubio caream. Amo enim te et efflictim te, quicumque es, diligo aeque ut meum spiritum, nec ipsi Cupidini comparo. Sed istud etiam meis precibus, oro, largire et illi tuo famulo Zephyro praecipe, simili vectura sorores hic mihi sistat,' et imprimens oscula suasoria et ingerens verba mulcentia et inserens membra cohibentia haec etiam blanditiis adstruit, 'mi mellite, mi marite, tuae Psychae dulcis anima.' Vi ac potestate veneris susurrus invitus succubuit maritus et cuncta se facturum spopondit atque iam luce proximante de manibus uxoris evanuit.

At illae sorores percontatae scopulum locumque illum, 7
quo fuerat Psyche deserta, festinanter adveniunt ibique difflebant oculos et plangebant ubera, quoad crebris earum eiulatibus saxa cautesque parilem sonum resultarent. Iamque nomine proprio sororem miseram ciebant, quoad sono penetrabili vocis ululabilis per prona delapso amens et trepida Psyche procurrit e domo et 'quid,' inquit, 'vos miseris lamentationibus nequiquam adfligitis? quam lugetis, adsum. Lugubris voces desinite et diutinis lacrimis madentis genas siccate tandem, quippe cum iam possitis quam plangebatis amplecti.'

Tunc vocatum Zephyrum praecepti maritalis admonet. Nec mora, cum ille parens imperio statim clementissimis flatibus innoxia vectura deportat illas. Iam mutuis amplexibus et festinantibus saviis sese perfruuntur et illae sedatae lacrimae postliminio redeunt prolectante gaudio 'Sed et tectum,' inquit, 'et larem nostrum laetae succedite et adflictas animas cum Psyche vestra recreate.' Sic 8
adlocuta summas opes domus aureae vocumque servientium populosam familiam demonstrat auribus earum lavacroque pulcherrimo et inhumanae mensae lautitiis eas opipare reficit, ut illarum prorsus caelestium divitiarum copiis adfluentibus satiatae iam praecordiis penitus nutrirent invidiam. Denique altera earum satis scrupulose

curioseque percontari non desinit, quis illarum caelestium rerum dominus, quisve vel qualis ipsius sit maritus. Nec tamen Psyche coniugale illud praeceptum ullo pacto temerat vel pectoris arcanis exigit, sed e re nata confingit esse iuvenem quendam et speciosum, commodum lanoso barbitio genas inumbrantem, plerumque rurestribus ac montanis venatibus occupatum, et nequa sermonis procedentis labe consilium tacitum proderetur, auro facto gemmosisque monilibus onustas eas statim vocata Zephyro tradit reportandas.

9 Quo protenus perpetrato sorores egregiae domum redeuntes iamque gliscentis invidiae felle flagrantes multa secum sermonibus mutuis perstrepebant. Sic denique infit altera:

'En orba et saeva et iniqua Fortuna! hocine tibi complacuit, ut utroque pari parente prognatae diversam sortem sustineremus et nos quidem, quae natu maiores sumus, maritis advenis ancillae deditae, extorres et lare et ipsa patria degamus longe parentum velut exulantes, haec autem novissima, quam fetu satiante postremus partus effudit, tantis opibus et deo marito potita sit quae nec uti recte tanta bonorum copia novit? vidisti, soror, quanta in domo iacent et qualia monilia quae praenitent vestes, quae splendicant gemmae, quantum praeterea passim calcatur aurum. Quod si maritum etiam tam formosum tenet ut adfirmat, nulla nunc in orbe toto felicior vivit. Fortassis tamen procedente consuetudine et adfectione roborata deam quoque illam deus maritus efficiet. Sic est hercules, sic se gerebat ferebatque. Iam iam sursum respicit et deam spirat mulier quae voces ancillas habet et ventis ipsis imperitat. At ego misera primum patre meo seniorem maritum sortita sum, dein cucurbita calviorem et quovis puero pusilliorem, cunctam domum seris et catenis obditam custodientem.'

Suscipit altera 'ego vero maritum articulari etiam 10
morbo complicatum curvatumque ac per hoc rarissimo venerem meam recolentem sustineo, plerumque detortos et duratos in lapidem digitos eius perfricans, fomentis olidis et pannis paedidis et faetidis cataplasmatibus manus tam delicatas istas adurens, nec uxoris officiosam faciem sed medicae laboriosam personam sustinens. Et tu quidem, soror, videris quam patienti vel potius servili—dicam enim libere quod sentio—haec perferas animo. Enim vero ego nequeo sustinere ulterius tam beatam fortunam conlapsam indignae. Recordare enim quam superbe, quam adroganter nobiscum egerit et ipsa iactatione inmodicae ostentationis tumentem suum prodiderit animum deque tantis divitiis exigua nobis invita proiecerit confestimque praesentia nostra gravata propelli et efflari exsibilarique nos iusserit. Nec sum mulier nec omnino spiro, nisi eam pessum de tantis opibus deiecero. Ac si tibi etiam, ut par est, inacuit nostra contumelia, consilium validum requiramus ambae. Iamque ista quae ferimus, non parentibus nostris ac nec ulli monstremus alii, immo nec omnino quidquam de eius salute norimus. Sat est quod ipsae vidimus quae vidisse paeniteat, nedum ut genitoribus et omnibus populis tam beatum eius differamus praeconium. Nec sunt enim beati quorum divitias nemo novit. Sciet se non ancillas sed sorores habere maiores. Et nunc quidem concedamus ad maritos et laris pauperes nostros sed plane sobrios revisamus donique cogitationibus pressioribus instructae ad superbiam puniendam firmiores redeamus.'

Placet pro bono duabus malis malum consilium totisque 11
illis tam pretiosis muneribus absconditis comam trahentes et proinde ut maererent ora lacerantes simulatos redintegrant fletus. Ac sic parentes quoque redulcerato rursum dolore, raptim deterrentes vesania turgidae domus suas

contendunt, dolum scelestum, immo vero parricidium struentes contra sororem insontem.

Interea Psychen maritus ille quem nescit rursum suis illis nocturnis sermonibus sic conmonet: 'videsne, quantum tibi periculum velitatur Fortuna eminus? ac, nisi longe firmiter praecaves, mox cominus congredietur. Perfidae lupulae magnis conatibus nefarias insidias tibi comparant quarum summa est, ut te suadeant meos explorare vultus quos, ut tibi saepe praedixi, non videbis, si videris. Ergo igitur si posthac pessimae illae lamiae noxiis animis armatae venerint—venient autem, scio—neque omnino sermonem conferas et, si id tolerare pro genuina simplicitate proque animi tui terneritudine non potueris, certe de marito nil quidquam vel audias vel respondeas. [. . .]

12 Sed iam pestes illae taeterrimaeque furiae anhelantes vipereum virus et festinantes impia celeritate navigabant. Tunc sic iterum momentarius maritus suam Psychen admonet: 'est dies ultima et casus extremus. Et sexus infestus et sanguis inimicus iam sumpsit arma et castra conmovit et aciem direxit et classicum personavit. Iam mucrone destricto iugulum tuum nefariae tuae sorores petunt. Heu quantis urguemur cladibus, Psyche dulcissima! Tui nostrique miserere religiosaque continentia domum, maritum teque et istum parvulum nostrum inminentis ruinae infortunio libera. Nec illas scelestas feminas quas tibi post internecivum odium et calcata sanguinis foedera sorores adpellare non licet, vel videas vel audias, cum in morem Sirenum scopulo prominentes funestis vocibus saxa personabunt.'

13 Suscipit Psyche singulta lacrimoso sermonem incertans 'iam dudum, quod sciam, fidei atque parciloquio meo perpendisti documenta, nec eo secius adprobabitur tibi nunc etiam firmitas animi mei. Tu modo Zephyro nostro rursum praecipe, fungatur obsequio et in vicem denegatae

sacrosanctae imaginis tuae redde saltem conspectum sororum. Per istos cinnameos et undique pendulos crinis tuos, per teneras et teretis et mei similes genas [. . .] supplicis anxiae piis precibus erogatus germani complexus indulge fructum et tibi devotae devinctaeque Psychae animam gaudio recrea. Nec quidquam amplius in tuo vultu requiro, iam nil officiunt mihi vel ipsae nocturnae tenebrae : teneo te, meum lumen.'

His verbis et amplexibus mollibus decantatus maritus lacrimasque eius suis crinibus detergens se facturum spopondit et praevertit statim lumen nascentis diei.

Iugum sororium consponsae factionis, ne parentibus 14
quidem visis, recta de navibus scopulum petunt illum praecipiti cum velocitate, nec venti ferentis oppertae praesentiam licentiosa cum temeritate prosiliunt in altum. Nec inmemor Zephyrus regalis edicti, quamvis invitus, susceptas eas gremio spirantis aurae solo reddidit. At illae incunctatae statim conferto vestigio domum penetrant complexaeque praedam suam, sorores nomine mentientes thesaurumque penitus abditae fraudis vultu laeto tegentes sic adulant :

'Psyche non ita pridem parvula et ipsa iam mater eris [. . .] quantis gaudiis totam domum nostram hilarabis! o nos beatas quas infantis aurei nutrimenta laetabunt! qui si parentum, ut oportet, pulchritudini responderit, prorsus Cupido nascetur.'

Sic adfectione simulata paulatim sororis invadunt ani- 15
mum. Statimque eas lassitudine viae sedilibus refotas et balnearum vaporosis fontibus curatas pulcherrime triclinio mirisque illis et beatis edulibus atque tuccetis oblectat. Iubet citharam loqui, psallitur ; tibias agere, sonatur ; choros canere, cantatur. Quae cuncta nullo praesente dulcissimis modulis animos audientium remulcebant. Nec tamen scelestarum feminarum nequitia vel ipsa mellita

cantus dulcedine mollita conquievit sed ad destinatam fraudium pedicam sermonem conferentes dissimulanter occipiunt sciscitari, qualis ei maritus et unde natalium, secta cuia proveniret. Tunc illa simplicitate nimia pristini sermonis oblita novum conmentum instruit atque maritum suum de provincia proxima magnis pecuniis negotiantem iam medium cursum aetatis agere, interspersum rara canitie. Nec in sermone isto tantillum morata rursum opiparis muneribus eas onustas ventoso vehiculo reddidit.

16 Sed dum Zephyri tranquillo spiritu sublimatae domum redeunt, sic secum altercantes: 'quid, soror, dicimus de tam monstruoso fatuae illius mendacio? tunc adulescens modo florenti lanugine barbam instruens, nunc aetate media candenti canitie lucidus. Quis ille quem temporis modici spatium repentina senecta reformavit? nil aliud reperies, mi soror, quam vel mendacio istam pessimam feminam confingere vel formam mariti sui nescire. Quorum utrum verum est, opibus istis quam primum exterminanda est. Quod si viri sui faciem ignorat, deo profecto denupsit [. . .] ergo interim ad parentes nostros redeamus et exordio sermonis huius quam concoloris fallacias adtexamus.'

17 Sic inflammatae parentibus fastidienter adpellatis et nocte turbatis vigiliis, perditae matutino scopulum pervolant et inde solito venti praesidio clementer devolant lacrimisque pressura palpebrarum coactis hoc astu puellam adpellant: 'tu quidem felix et ipsa tanti mali ignorantia beata sedes incuriosa periculi tui, nos autem quae pervigili cura rebus tuis excubamus, cladibus tuis misere cruciamur. Pro vero namque comperimus nec te, sociae scilicet doloris casusque tui, celare possumus inmanem colubrum multinodis voluminibus serpentem, veneno noxio colla sanguinantem hiantemque ingluvie profunda

tecum noctibus latenter adquiescere. Nunc recordare
sortis Pythicae quae te trucis bestiae nuptiis destinatam
esse clamavit. Et multi coloni quique circumsecus ve-
nantur et accolae plurimi viderunt eum vespera rede-
untem e pastu proximique fluminis vadis innatantem.
[. . .] Ad haec iam tua est existimatio, utrum sororibus 18
pro tua cara salute sollicitis adsentiri velis et declinata
morte nobiscum secura periculi vivere an saevissimae be-
stiae sepeliri visceribus. [. . .]

Tunc Psyche misella, utpote simplex et animi tenella,
rapitur verborum tam tristium formidine: extra termi-
num mentis suae posita prorsus omnium mariti monitio-
num suarumque promissionum memoriam effudit et in
profundum calamitatis sese praecipitavit tremensque et
exsangui colore lurida, tertiata verba semihianti voce
substrepens sic ad illas ait

'Vos quidem, carissimae sorores, ut par erat, in officio 19
vestrae pietatis permanetis, verum et illi qui talia vobis
adfirmant non videntur mihi mendacium fingere. Nec
enim umquam viri mei vidi faciem vel omnino cuiatis sit
novi, sed tantum nocturnis subaudiens vocibus maritum
incerti status et prorsus lucifugam tolero bestiamque ali-
quam recte dicentibus vobis merito consentio. Me quippe
magnopere semper a suis terret adspectibus malumque
grande de vultus curiositate praeminatur. Nunc siquam
salutarem opem periclitanti sorori vestrae potestis adferre,
iam nunc subsistite; ceterum incuria sequens prioris pro-
videntiae beneficia conrumpit.'

Tunc nanctae iam portis patentibus nudatum sororis
animum facinerosae mulieres, omissis tectae machinae
latibulis, destrictis gladiis fraudium simplicis puellae
paventis cogitationes invadunt. Sic denique altera 'quo- 20
niam nos originis nexus pro tua incolumitate periculum
quidem nullum ante oculos habere compellit, viam qua

sola deducit iter ad salutem diu diuque cogitatam monstravimus tibi. Novaculam praeacutam adpulsu etiam palmulae lenientis exasperatam tori qua parte cubare consuesti latenter absconde lucernamque concinnem completam oleo, claro lumine praemicantem subde aliquo claudentis aululae tegmine omnique isto adparatu tenacissime dissimulato, postquam sulcatos intrahens gressus cubile solitum conscenderit iamque porrectus et exordio somni prementis implicitus altum soporem flare coeperit, toro delapsa nudoque vestigio pensilem gradum paululatim minuens, caecae tenebrae custodia liberata lucerna, praeclari tui facinoris opportunitatem de luminis consilio mutuare et ancipiti telo illo audaciter, prius dextera sursum elata, nisu quam valido noxii serpentis nodum cervicis et capitis abscide. Nec nostrum tibi deerit subsidium sed, cum primum illius morte salutem tibi feceris, anxiae praestolabimur cunctisque istis ocius tecum relatis votivis nuptiis hominem te iungemus homini.'

21 Tali verborum incendio flammata viscera sororis iam prorsus ardent; istae deserentes ipsam protinus, tanti mali confinium sibi etiam eximie metuentes, flatus alitis impulsu solito provectae super scopulum, ilico pernici se fuga proripiunt statimque conscensis navibus abeunt.

At Psyche relicta sola, nisi quod infestis furiis agitata sola non est, aestu pelagi simile maerendo fluctuat et, quamvis statuto consilio et obstinato animo, iam tamen facinori manus admovens adhuc incerta consilii titubat multisque calamitatis suae distrahitur adfectibus. Festinat, differt; audet, trepidat; diffidit, irascitur et, quod est ultimum, in eodem corpore odit bestiam, diligit maritum. Vespera tamen iam noctem trahente praecipiti festinatione nefarii sceleris instruit adparatum. Nox erat et maritus aderat protinusque [. . .] in altum soporem
22 descenderat. Tunc Psyche et corporis et animi alioquin

infirma, fati tamen saevitia subministrante viribus roboratur et prolata lucerna et adrepta novacula sexum audacia mutatur. Sed cum primum luminis oblatione tori secreta claruerunt, videt omnium ferarum mitissimam dulcissimamque bestiam, ipsum illum Cupidinem formosum deum formose cubantem, cuius adspectu lucernae quoque lumen hilaratum increbruit et acuminis sacrilegi novacula praenitebat. At vero Psyche tanto adspectu deterrita et impos animi, marcido pallore defecta tremensque desedit in imos poplites et ferrum quaerit abscondere sed in suo pectore. Quod profecto fecisset, nisi ferrum timore tanti flagitii manibus temerariis delapsum evolasset. Iamque lassa, salute defecta, dum saepius divini vultus intuetur pulchritudinem, recreatur animi. Videt capitis aurei genialem caesariem ambrosia temulentam, cervices lacteas genasque purpureas pererrantis crinium globos decoriter impeditos, alios antependulos, alios retropendulos quorum splendore nimio fulgurante iam et ipsum lumen lucernae vaccillabat. Per umeros volatilis dei pinnae roscidae micanti flore candicant et quamvis alis quiescentibus extimae plumulae tenellae ac delicatae tremule resultantes inquieta lasciviunt. Ceterum corpus glabellum atque luculentum et quale peperisse Venerem non paeniteret. Ante lectuli pedes iacebat arcus et pharetra et sagittae, magni dei propitia tela. Quae 23
dum insatiabili animo Psyche satis curiosa rimatur atque pertrectat et mariti sui miratur arma, depromit unam de pharetra sagittam et puncto pollicis extremam aciem periclitabunda trementis etiam nunc articuli nisu fortiore pupugit altius, ut per summam cutem roraverint parvulae sanguinis rosei guttae. Sic ignara Psyche sponte in Amoris incidit amorem. Tunc magis magisque cupidine flagrans Cupidinis, prona in eum efflictim inhians, patulis ac petulantibus saviis festinanter ingestis, de somni mensura

metuebat. Sed dum bono tanto percita saucia mente fluctuat, lucerna illa, sive perfidia pessima sive invidia noxia sive quod tale corpus contingere et quasi basiare et ipsa gestiebat, evomuit de summa luminis sui stillam ferventis olei super umerum dei dexterum. Hem, audax et temeraria lucerna et amoris vile ministerium, ipsum ignis totius deum aduris? cum te scilicet amator aliquis, ut diutius cupitis etiam nocte potiretur, primus invenerit. Sic inustus exiluit deus visaque defectae fidei conluvie protinus ex osculis et manibus infelicissimae coniugis taci-
24 tus avolavit. At Psyche statim resurgentis eius crure dextero manibus ambabus adrepto sublimis evectionis adpendix miseranda et per nubilas plagas penduli comitatus extrema consequia tandem fessa delabitur solo.

Nec deus amator humi iacentem deserens involavit proximam cupressum deque eius alto cacumine sic eam graviter conmotus adfatur

'Ego quidem, simplicissima Psyche, parentis meae Veneris praeceptorum inmemor quae te miseri extremique hominis devinctam cupidine infimo matrimonio addici iusserat, ipse potius amator advolavi tibi. Sed hoc feci leviter, scio, et praeclarus ille sagittarius ipse me telo meo percussi teque coniugem meam feci, ut bestia scilicet tibi viderer et ferro caput excideres meum, quod istos amatores tuos oculos gerit! Haec tibi identidem semper cavenda censebam, haec benevole remonebam. Sed illae quidem consiliatrices egregiae tuae tam perniciosi magisterii dabunt actutum mihi poenas, te vero tantum fuga mea punivero' et cum termino sermonis pinnis in altum se proripuit.

25 Psyche vero humi prostrata et quantum visi poterat volatus mariti prosequens extremis adfligebat lamentationibus animum. Sed ubi remigio plumae raptum maritum proceritas spatii fecerat alienum, per proximi fluminis

marginem praecipitem sese dedit. Sed mitis fluvius in honorem dei scilicet qui et ipsas aquas urere consuevit, metuens sibi confestim eam innoxio volumine super ripam florentem herbis exposuit. Tunc forte Pan deus rusticus iuxta supercilium amnis sedebat, complexus Echo montanam deam eamque voculas omnimodas edocens reccinere; proxime ripam vago pastu lasciviunt comam fluvii tondentes capellae. Hircuosus deus sauciam Psychen atque defectam, utcumque casus eius non inscius, clementer ad se vocatam sic permulcet verbis lenientibus:

'Puella scitula, sum quidem rusticanus et upilio, sed senectutis prolixae beneficio multis experimentis instructus. Verum si recte coniecto, quod profecto prudentes viri divinationem autumant, ab isto titubante et saepius vaccillante vestigio deque nimio pallore corporis et adsiduo suspiritu, immo et ipsis maerentibus oculis tuis, amore nimio laboras. Ergo mihi ausculta nec te rursus praecipitio vel ullo mortis accersitae genere perimas. Luctum desine et pone maerorem precibusque potius Cupidinem deorum maximum percole et utpote adulescentem delicatum luxuriosumque blandis obsequiis promerere.'

Sic locuto deo pastore nulloque sermone reddito sed 26
adorato tantum numine salutari Psyche pergit ire. Sed cum aliquam multum viae laboranti vestigio pererrasset inscio quodam tramite, iam die labente accedit quandam civitatem in qua regnum maritus unius sororis eius optinebat. Qua re cognita Psyche nuntiari praesentiam suam sorori desiderat; mox inducta, mutuis amplexibus alternae salutationis expletis, percontanti causas adventus sui sic incipit.

'Meministi consilium vestrum, scilicet quo mihi suasistis ut bestiam quae mariti mentito nomine mecum quiescebat, priusquam ingluvie voraci me misellam hauriret, ancipiti novacula peremerem. Sed cum primum, ut aeque placuerat, conscio lumine vultus eius adspexi, video mirum divinumque prorsus spectaculum: ipsum illum deae Veneris filium, ipsum, inquam, Cupidinem leni quiete sopitum. Ac dum tanti boni spectaculo percita et nimia voluptatis copia turbata fruendi laborarem inopia, casu scilicet pessumo lucerna fervens oleum rebullivit in eius umerum. Quo dolore statim somno recussus, ubi me ferro et igni conspexit armatam, 'tu quidem,' inquit, 'ob istud tam dirum facinus confestim toro meo divorte tibique res tuas habeto, ego vero sororem tuam'—et nomen quo tu censeris aiebat—'iam mihi confestim confarreatis nuptiis coniugabo,' et statim Zephyro praecipit ultra terminos me domus eius efflaret.'

27 Necdum sermonem Psyche finierat, illa vesanae libidinis et invidiae noxiae stimulis agitata vafre concinnato mendacio fallens maritum, quasi de morte parentum aliquid comperisset, statim navem ascendit et ad illum scopulum protinus pergit et quamvis alio flante vento, caeca spe tamen inhians, 'accipe me,' dicens, 'Cupido, dignam te coniugem et tu, Zephyre, suscipe dominam!' saltu se maximo praecipitem dedit. Nec tamen ad illum locum vel saltem mortua pervenire potuit. Nam per saxa cautium membris iactatis atque dissipatis et proinde ut merebatur laceratis, visceribus suis alitibus bestiisque obvium ferens pabulum interiit.

Nec vindictae sequentis poena tardavit. Nam Psyche rursus errabundo gradu pervenit ad civitatem aliam in qua pari modo soror morabatur altera nec secius et ipsa fallacie germanitatis inducta et in sororis sceleratas nuptias aemula festinavit ad scopulum inque simile mortis exitium cecidit.

28 Interim dum Psyche quaestioni Cupidinis intenta populos circumibat, ille vulnere lucernae dolens in ipso thalamo matris iacens ingemebat. Tunc avis peralba illa

gavia quae super fluctus marinos pinnis natat, demergit sese propere ad Oceani profundum gremium. Ibi commodum Venerem lavantem natantemque propter adsistens indicat adustum filium eius, gravi vulneris dolore maerentem, dubium salutis iacere, iamque per cunctorum ora populorum rumoribus conviciisque variis omnem Veneris familiam male audire. Quod ille quidem montano scortatu, tu vero marino natatu secesseritis ac per hoc non voluptas ulla, non gratia, non lepos, sed incompta et agrestia et horrida cuncta sint, non nuptiae coniugales, non amicitiae sociales, non liberum caritates, sed enormis conluvies et squalentium foederum insuave fastidium. Haec illa verbosa et satis curiosa avis in auribus Veneris fili lacerans existimationem ganniebat. At Venus irata solidum exclamat repente, 'ergo iam ille bonus filius meus habet amicam aliquam! prome agedum quae sola mihi servis amanter, nomen eius quae puerum ingenuum et investem sollicitavit, sive illa de Nympharum populo seu de Horarum numero seu de Musarum choro vel de mearum Gratiarum ministerio.'

Nec loquax illa conticuit avis, sed 'nescio,' inquit, 'domina: puto puellam illum—si probe memini, Psyches nomine dicitur—efflicte cupere.'

Tunc indignata Venus exclamavit vel maxime, 'Psychen illam meae formae succubam, mei nominis aemulam si vere diligit, nimirum illud incrementum lenam me putavit cuius monstratu puellam illam cognosceret.'

Haec quiritans properiter emergit e mari suumque pro- 29
tinus aureum thalamum petit et reperto, sicut audierat, aegroto puero iam inde a foribus quam maxime boans, 'honesta,' inquit, 'haec et natalibus nostris bonaeque tuae frugi congruentia? ut primum quidem tuae parentis, immo dominae praecepta calcares, nec sordidis amoribus inimicam meam cruciares, verum etiam hoc aetatis puer

tuis licentiosis et inmaturis iungeres amplexibus, ut ego nurum scilicet tolerarem inimicam! sed utique praesumis, nugo et conruptor et inamabilis, te solum generosum, nec me iam per aetatem posse concipere. Velim ergo scias multo te meliorem filium alium genituram, immo, ut contumeliam magis sentias, aliquem de meis adoptaturam vernulis eique donaturam istas pinnas et flammas et arcum et ipsas sagittas et omnem meam supellectilem quam tibi non ad hos usus dederam. Nec enim de patris tui bonis
80 ad instructionem istam quidquam concessum est. Sed male prima a pueritia inductus es et acutas manus habes et maiores tuos inreverenter pulsasti totiens et ipsam matrem tuam, me, inquam, ipsam parricida denudas cotidie et percussisti saepius et quasi viduam utique contemnis nec vitricum tuum, fortissimum illum maximumque bellatorem, metuis. [. . .] Sed iam faxo te lusus huius paeniteat et sentias acidas et amaras istas nuptias. Sed nunc inrisui habita quid agam? quo me conferam? quibus modis stelionem istum cohibeam? petamne auxilium ab inimica mea Sobrietate, quam propter huius ipsius luxuriam offendi saepius? at rusticae squalentisque feminae conloquium horresco. Nec tamen vindictae solacium undeunde spernendum est. Illa mihi prorsus adhibenda est, nec ulla alia quae castiget asperrime nugonem istum, pharetram explicet, sagittas dearmet, arcum enodet, taedam deflammet, immo et ipsum corpus eius acrioribus remediis coerceat. Tunc iniuriae meae litatum crediderim, cum eius comas quas istis manibus meis subinde aureo nitore perstrinxi, deraserit, pinnas quas meo gremio nectarei fontis infeci, praetotonderit.'

81 Sic effata foras sese proripit infesta et stomachata bilis Venerias. Sed eam protinus Ceres et Iuno continuatur visamque vultu tumido quaesiere, cur truci supercilio tantam venustatem micantium oculorum coerceret. At

illa, 'opportune,' inquit, 'ardenti prorsus isto meo pectori violentiam scilicet perpetraturae venitis. Sed totis, oro, vestris viribus Psychen, illam fugitivam volaticam, mihi requirite. Nec enim vos utique domus meae famosa fabula et non dicendi filii mei facta latuerunt.'

Tunc illae ignarae quae gesta sunt, palpare Veneris iram saevientem sic adortae: 'quid tale, domina, deliquit tuus filius ut animo pervicaci voluptates illius impugnes et quam ille diligit tu quoque perdere gestias? quod autem, oramus, isti crimen si puellae lepidae libenter adrisit? an ignoras eum masculum et iuvenem esse vel certe iam quot sit annorum oblita es? an quod aetatem portat bellule, puer tibi semper videtur? mater autem tu et praeterea cordata mulier filii tui lusus semper explorabis curiose et in eo luxuriem culpabis et amores revinces et tuas artis tuasque delicias in formoso filio reprehendes? quis autem te deum, quis hominum patietur passim cupidines populis disseminantem, cum tuae domus amores amare coerceas et vitiorum muliebrium publicam praecludas officinam?'

Sic illae metu sagittarum patrocinio gratioso Cupidini quamvis absenti blandiebantur. Sed Venus indignata ridicule tractari suas iniurias praeversis illis alte altrovorsus concito gradu pelago viam capessit.

Book VI., 1–23.

Interea Psyche variis iactabatur discursibus, dies noctis- 1
que mariti vestigationibus inquieta animo, tanto cupidior iratum licet si non uxoris blanditiis lenire, certe servilibus precibus propitiare. Et prospecto templo quodam in ardui montis vertice 'unde autem,' inquit, 'scio, an istic meus degat dominus?' et ilico dirigit citatum gradum

quem defectum prorsus adsiduis laboribus spes incitabat et votum. Iamque naviter emensis celsioribus iugis pulvinaribus sese proximans intulit. Videt spicas frumentarias in acervo et alias flexilis in corona et spicas hordei videt. Erant et falces et operae messoriae mundus omnis, sed cuncta passim iacentia et incuria confusa et, ut solet aestu, laborantium manibus proiecta. Haec singula Psyche curiose dividit et discretim semota rite componit, rata scilicet nullius dei fana ac caerimonias neglegere se debere sed omnium benevolam misericordiam conrogare.

2 Haec eam sollicite seduloque curantem Ceres alma deprehendit et longum exclamat protinus, 'ain, Psyche miseranda, totum per orbem Venus anxia disquisitione tuum vestigium furens animi requirit teque ad extremum supplicium expetit et totis numinis sui viribus ultionem flagitat. Tu vero rerum mearum tutelam nunc geris et aliud quidquam cogitas nisi de tua salute?'

Tunc Psyche pedes eius advoluta et uberi fletu rigans deae vestigia humumque verrens crinibus suis, multiiugis precibus editis, veniam postulabat 'per ego te frugiferam tuam dexteram istam deprecor, per laetificas messium caerimonias, per tacita secreta cistarum et per famulorum tuorum draconum pinnata curricula et glebae Siculae sulcamina et currum rapacem et terram tenacem et inluminarum Proserpinae nuptiarum demeacula et luminosarum filiae inventionum remeacula et cetera quae silentio tegit Eleusinis Atticae sacrarium, miserandae Psyches animae, supplicis tuae, subsiste. Inter istam spicarum congeriem patere vel pauculos dies delitescam, quoad deae tantae saeviens ira spatio temporis mitigetur vel certe meae vires diutino labore fessae quietis intervallo leventur.'

3 Suscipit Ceres, 'tuis quidem lacrimosis precibus et commoveor et opitulari cupio sed cognatae meae, cum qua etiam foedus antiquum amicitiae colo, bonae praete-

rea feminae malam gratiam subire nequeo. Decede itaque de istis aedibus protinus et quod a me retenta custoditaque non fueris optimi consule.’

Contra spem suam repulsa Psyche et adflicta duplici maestitia iter retrorsum porrigens inter subsitae convallis sublucidum lucum prospicit fanum sollerti fabrica structum nec ullam vel dubiam spei melioris viam volens omittere sed adire cuiuscumque dei veniam, sacratis foribus proximat. Videt dona pretiosa et lacinias auro litteratas ramis arborum postibusque suffixas, quae cum gratia facti nomen deae cui fuerant dicata testabantur. Tunc genu nixa et manibus aram tepentem amplexa detersis ante lacrimis sic adprecatur :

‘Magni Iovis germana et coniuga, sive tu Sami, quae 4
sola partu vagituque et alimonia tua gloriatur, tenes vetusta delubra ; sive celsae Carthaginis, quae te virginem vectura leonis caelo conmeantem percolit, beatas sedes frequentas ; sive prope ripas Inachi, qui te iam nuptam Tonantis et reginam deorum memorat, inclitis Argivorum praesides moenibus, quam cunctus oriens Zygiam veneratur et omnis occidens Lucinam adpellat : sis meis extremis casibus Iuno Sospita meque in tantis exanclatis laboribus defessam inminentis periculi metu libera. Quod sciam soles praegnatibus periclitantibus ultro subvenire.’

Ad istum modum supplicanti statim sese Iuno cum totius sui numinis augusta dignitate praesentat et protinus, ‘quam vellem,’ inquit, ‘per fidem, nutum meum precibus tuis accommodare ! sed contra voluntatem Veneris, nurus meae, quam filiae semper dilexi loco, praestare me pudor non sinit. Tunc etiam legibus, quae servos alienos perfugas invitis dominis vetant suscipi, prohibeor.’

Isto quoque fortunae naufragio Psyche perterrita nec 5
indipisci iam maritum volatilem quiens, tota spe salutis deposita, sic ipsa suas cogitationes consuluit : ‘iam quae

possunt alia meis aerumnis temptari vel adhiberi subsidia cui nec dearum quidem quamquam volentium potuerunt prodesse suffragia? quorsum itaque tantis laqueis inclusa vestigium porrigam? quibusque tectis vel etiam tenebris abscondita magnae Veneris inevitabilis oculos effugiam? quin igitur masculum tandem sumis animum et cassae speculae renuntias fortiter et ultroneam te dominae tuae reddis et vel sera modestia saevientis impetus eius mitigas? qui scias an etiam quem diu quaeritas illic in domo matris reperies?' Sic ad indubium obsequium, immo ad certum exitium praeparata principium futurae secum meditabatur obsecrationis.

6 At Venus terrenis remediis inquisitionis abnuens caelum petit. Iubet construi currum quem ei Vulcanus aurifex subtili fabrica studiose poliverat et ante thalami rudimentum nuptiale munus obtulerat, limae tenuantis detrimento conspicuum et ipsius auri damno pretiosum. De multis quae circa cubiculum dominae stabulant, procedunt quattuor candidae columbae et hilaris incessibus picta colla torquentes iugum gemmeum subeunt susceptaque domina laetae subvolant. Currum deae prosequentes gannitu constrepenti lasciviunt passeres et ceterae quae dulce cantitant aves melleis modulis suave resonantes adventum deae praenuntiant. Cedunt nubes et caelum filiae panditur et summus aether cum gaudio suscipit deam. Nec obvias aquilas vel accipitres rapacis pertimescit magnae Veneris canora familia.

7 Tunc se protinus ad Iovis regias arces dirigit et petitu superbo Mercurii, dei vocalis, operae necessariam usuram postulat. Nec renuit Iovis caerulum supercilium. Tunc ovans ilico comitante etiam Mercurio Venus caelo demeat eique sollicite serit verba, 'frater Arcadi, scis nempe sororem tuam Venerem sine Mercuri praesentia nil umquam fecisse, nec te praeterit utique quanto iam tempore deli-

tescentem ancillam nequiverim reperire. Nil ergo superest quam tuo praeconio praemium investigationis publicitus edicere. Fac ergo mandatum matures meum et indicia qui possit agnosci, manifeste designes, ne siquis occultationis inlicitae crimen subierit, ignorantiae se possit excusatione defendere.' Haec simul dicens libellum ei porrigit, ubi Psyches nomen continebatur et cetera. Quo facto protinus domum secessit.

Nec Mercurius omisit obsequium. Nam per omnium 8
ora populorum passim discurrens sic mandatae praedicationis munus exequebatur: 'siquis a fuga retrahere vel occultam demonstrare poterit fugitivam regis filiam, Veneris ancillam, nomine Psychen, conveniat retro metas Murtias Mercurium praedicatorem, accepturus indicivae nomine ab ipsa Venere septem savia suavia et unum blandientis adpulsu linguae longe mellitum.'

Ad hunc modum pronuntiante Mercurio tanti praemii cupido certatim omnium mortalium studium adrexerat. Quae res nunc vel maxime sustulit Psyches omnem cunctationem. Iamque fores ei dominae proximanti occurrit una de famulitione Veneris nomine Consuetudo statimque quantum maxime potuit exclamat, 'tandem, ancilla nequissima, dominam habere te scire coepisti? an pro cetera morum tuorum temeritate istud quoque nescire te fingis, quantos labores circa tuas inquisitiones sustinuerimus? sed bene quod meas potissimum manus incidisti et inter Orci cancros iam ipsos obhaesisti, datura scilicet actutum tantae contumaciae poenas.' Et audaciter in capillos eius 9
inmissa manu trahebat eam nequaquam renitentem. Quam ubi primum inductam oblatamque sibi conspexit Venus, saevissimum cachinnum extollit et qualem frequentant irati, caputque quatiens et ascalpens aurem dexteram. 'Tandem,' inquit, 'dignata es socrum tuam salutare? an potius maritum qui tuo vulnere periclitatur,

intervisere venisti? sed esto secura, iam enim excipiam te ut bonam nurum condecet.' Et 'ubi sunt,' inquit, 'Sollicitudo atque Tristities, ancillae meae?' quibus intro vocatis torquendam tradidit eam. At illae sequentes erile praeceptum Psychen misellam flagellis adflictam et ceteris tormentis excruciatam iterum dominae conspectui reddunt. [. . .]

10 Involat eam vestemque plurifariam diloricat capilloque discisso et capite conquassato graviter adfligit et accepto frumento et hordeo et milio et papavere et cicere et lente et faba conmixtisque acervatim confusis in unum grumulum sic ad illam: 'videris enim mihi tam deformis ancilla nullo alio sed tantum sedulo ministerio amatores tuos promereri. Iam ergo et ipsa frugem tuam periclitabor. Discerne seminum istorum passivam congeriem singulisque granis rite dispositis atque seiugatis ante istam vesperam opus expeditum adprobato mihi.'

Sic adsignato tantorum seminum cumulo ipsa cenae nuptiali concessit. Nec Psyche manus admolitur inconditae illi et inextricabili moli sed inmanitate praecepti consternata silens obstupescit. Tunc formicula illa parvula atque ruricula, certa tamen difficultatis tantae laborisque, miserta contubernalis magni dei socrusque saevitiam execrata discurrens naviter convocat conrogatque cunctam formicarum accolarum classem, 'miseremini terrae omniparentis agiles alumnae, miseremini et Amoris uxori, puellae lepidae, periclitanti prompta velocitate succurrite.' Ruunt aliae superque aliae sepedum populorum undae summoque studio singulae granatim totum digerunt acervum separatimque distributis dissitisque generibus e conspectu perniciter abeunt.

11 Sed initio noctis e convivio nuptiali vino madens et flagrans balsama Venus remeat totumque revincta corpus rosis micantibus visaque diligentia miri laboris. 'Non

tuum,' inquit, 'nequissima, nec tuarum manuum istud opus sed illius cui tuo, immo et ipsius malo placuisti' et frusto cibarii panis ei proiecto cubitum facessit. Interim Cupido solus interioris domus unici cubiculi custodia clausus coercebatur acriter, partim ne petulanti luxurie vulnus gravaret, partim ne cum sua cupita conveniret. Sic ergo distentis et sub uno tecto separatis amatoribus tetra nox exanclata.

Sed Aurora conmodum caelum inequitante vocatae Psychae Venus infit talia; 'videsne illud nemus quod, fluvio praeterluenti ripisque longis adtenditur? cuius imi gurgites ubi vicinum fontem despiciunt, oves ibi nitentes aurique colore florentes incustodito pastu vagantur. Inde de coma pretiosi velleris floccum mihi confestim quoquo modo quaesitum adferas censeo.'

Perrexit Psyche volenter, non obsequium quidem illa 12
functura, sed requiem malorum praecipitio fluvialis rupis habitura. Sed inde de fluvio musicae suavis nutricula leni crepitu dulcis aurae divinitus inspirata sic vaticinatur arundo viridis: 'Psyche, tantis aerumnis exercita, neque tua miserrima morte meas sanctas aquas polluas nec vero istud horae contra formidabilis ovis feras aditum, quoad de solis flagrantia mutuatae calorem truci rabie solent efferri cornuque acuto et fronte saxea et non numquam venenatis morsibus in exitium saevire mortalium. Sed dum meridies solis sedaverit vaporem et pecuda spiritus fluvialis serenitate conquieverint, poteris sub illa procerissima platano quae mecum simul unum fluentum bibit latenter abscondere. Et cum primum mitigata furia laxaverint oves animum, percussis frondibus adtigui nemoris lanosum aurum reperies quod passim stirpibus conexis obhaerescit.'

Sic arundo simplex et humana Psychen aegerrimam sa- 18
lutem suam docebat. Nec auscultatu impaenitendo dili-

genter instructa illa cessavit sed observatis omnibus furatrina facili flaventis auri mollitie congestum gremium Veneri reportat. Nec tamen apud dominam saltem secundi laboris periculum secundum testimonium meruit sed contortis superciliis subridens amarum sic inquit: 'nec me praeterit huius quoque facti auctor adulterinus. Sed iam nunc ego sedulo periclitabor, an oppido forti animo singularique prudentia sis praedita. Videsne insistentem celsissimae illi rupi montis ardui verticem de quo fontis atri fuscae defluunt undae proximaeque conceptaculo vallis inclusae Stygias inrigant paludes et rauca Cocyti fluenta nutriunt? Indidem mihi de summi fontis penita scaturrigine rorem rigentem hauritum ista confestim defers urnula.'

Sic aiens crustallo dedolatum vasculum in superei graviora conminata tradidit.

14 At illa studiose gradum celerans montis extremum petit cumulum certe vel illic inventura vitae pessimae finem. Sed cum primum praedicti iugi conterminos locos adpulit, videt rei vastae letalem difficultatem. Namque saxum inmani magnitudine procerum et inaccessa salebritate lubricum mediis e faucibus lapidis fontis horridos evomebat, qui statim proni foraminis lacunis editi perque proclive delapsi et angusti canalis exarto contecti tramite proximam convallem latenter incidebant. Dextra laevaque cautibus cavatis proserpunt longa colla porrecti saevi dracones inconivae vigiliae luminibus addictis et in perpetuam lucem pupulis excubantibus. Iamque et ipsae semet muniebant vocales aquae. Nam et 'discede' et 'quid facis? vide' et 'quid agis? cave' et 'fuge' et 'peribis' subinde clamant. Sic impossibilitate ipsa mutata in lapidem Psyche quamvis praesenti corpore sensibus tamen aberat et inextricabilis periculi mole prorsus obruta lacrimarum etiam
15 extremo solacio carebat. Nec Providentiae bonae gravis

oculos innocentis animae latuit aerumna. Nam supremi Iovis regalis ales illa repente propansis utrimque pinnis adfuit rapax aquila, memorque veteris obsequii, quo ductu Cupidinis Iovi pocillatorem Phrygium sustulerat, opportunam ferens opem deique numen in uxoris laboribus percolens, alti culminis dialis vias deserit et ob os puellae praevolans incipit: 'at tu simplex alioquin et expers rerum talium, speras quippe te sanctissimi nec minus truculenti fontis vel unam stillam posse furari vel omnino contingere! Diis etiam ipsique Iovi formidabilis aquas istas Stygias vel fando comperisti? quodque vos deieratis per numina deorum, deos per Stygis maiestatem solere? sed cedo istam urnulam' et protinus adreptam completumque festinat, libratisque pinnarum nutantium molibus inter genas saevientium dentium et trisulca vibramina draconum remigium dextra laevaque porrigens nolentes aquas et ut abiret innoxius praeminantis excipit, conmentus ob iussum Veneris petere eique se praeministrare, qua re paulo facilior adeundi fuit copia. Sic acceptam cum gaudio plenam urnulam Psyche Veneri citata rettulit.

16 Nec tamen nutum deae saevientis vel tunc expiare potuit. Nam sic eam maiora atque peiora flagitia conminans adpellat renidens exitiabile: 'iam tu quidem maga videris quaedam mihi et alta prorsus malefica quae talibus praeceptis meis obtemperasti naviter. Sed adhuc istud, mea pupula, ministrare debebis. Sume istam pyxidem, protinusque ad inferos et ipsius Orci feralis penates te derige. Tunc conferens pyxidem Proserpinae "petit de te Venus" dicito, "modicum de tua mittas ei formositate vel ad unam saltem dieculam sufficiens. Nam quod habuit, dum filium curat aegrotum, consumpsit atque contrivit omne." Sed haud inmaturius redito, quia me necesse est indidem delitam theatrum deorum frequentare.'

17 Tunc Psyche vel maxime sensit ultimas fortunas suas et velamento reiecto ad promptum exitium sese compelli manifeste comperit. Quidni? quae suis pedibus ultro ad Tartarum Manisque conmeare cogeretur. Nec cunctata diutius pergit ad quampiam turrim praealtam indidem sese datura praecipitem; sic enim rebatur ad inferos recta atque pulcherrime se posse descendere. Sed turris prorumpit in vocem subitam et 'quid te,' inquit, 'praecipitem, o misella, quaeris extinguere? quidque iam novissimo periculo laborique isto temere succumbis? nam si spiritus corpore tuo semel fuerit seiugatus, ibis quidem profecto ad imum Tartarum, sed inde nullo pacto redire poteris.

18 Mihi ausculta. Lacedaemo Achaiae nobilis civitas non longe sita est: huius conterminam, deviis abditam locis, quaere Taenarum. Inibi spiraculum Ditis et per portas hiantis monstratur iter invium cui te limite transmeato simul conmiseris, iam canale directo perges ad ipsam Orci regiam. Sed non hactenus vacua debebis per illas tenebras incedere, sed offas polentae mulso concretas ambabus gestare manibus, at in ipso ore duas ferre stipis. Iamque confecta bona parte mortiferae viae continaberis claudum asinum lignorum gerulum cum agasone simili qui te rogabit decidentis sarcinae fusticulos aliquos porrigas ei; sed tu nulla voce deprompta tacita praeterito. Nec mora cum ad flumen mortuum venies cui praefectus Charon protenus expetens portorium, sic ad ripam ulteriorem sutili cumba deducit conmeantis. Ergo et inter mortuos avaritia vivit nec Charon ille, Ditis portitor, tantus deus, quidquam gratuito facit sed moriens pauper viaticum debet quaerere et aes si forte prae manu non fuerit, nemo eum expirare patietur. Huic squalido seni dabis nauli nomine de stipibus quas feres alteram, sic tamen ut ipse sua manu de tuo sumat ore. Nec secius tibi pigrum fluentum transmeanti quidam supernatans senex mortuus

putris adtollens manus orabit, ut eum intra navigium trahas, nec tu tamen inlicita adflectare pietate. Transito 19
fluvio modicum te progressam textrices orabunt anus telam struentes, manus paulisper accommodes, nec id tamen tibi contingere fas est. Nam haec omnia tibi et multa alia de Veneris insidiis orientur, ut vel unam de manibus omittas offulam. Nec putes futile istud polentacium damnum leve. Altera enim perdita, lux haec tibi prorsus denegabitur. Canis namque praegrandis, teriugo et satis amplo capite praeditus, inmanis et formidabilis, tonantibus oblatrans faucibus, mortuos quibus iam nil mali potest facere, frustra territando ante ipsum limen et atra atria Proserpinae semper excubans servat vacuam Ditis domum. Hunc offrenatum unius offulae praeda facile praeteribis, ad ipsamque protinus Proserpinam introibis quae te comiter excipiet ac benigne, ut et molliter adsidere et prandium opipare suadeat sumere. Sed tu et humi reside et panem sordidum petitum esto, deinde nuntiato quid adveneris susceptoque quod offeretur rursus remeans canis saevitiam offula reliqua redime ac deinde avaro navitae data quam reservaveras stipe transitoque eius fluvio, recalcans priora vestigia ad istum caelestium siderum redies chorum. Sed inter omnia hoc observandum praecipue tibi censeo, ne velis aperire vel inspicere illam quam feres pyxidem vel omnino divinae formositatis abditum curiosius thesaurum.'

Sic turris illa prospicua vaticinationis munus explicuit. 20
Nec morata Psyche pergit Taenarum sumptisque rite stipibus illis et offulis infernum decurrit meatum transitoque per silentium asinario debili et amnica stipe vectori data, neglecto supernatantis mortui desiderio et spretis textricum subdolis precibus et offulae cibo sopita canis horrenda rabie domum Proserpinae penetrat. Nec offerentis hospitae sedile delicatum vel cibum beatum amplexa sed ante

pedes eius residens humilis, cibario pane contenta, Veneriam pertulit legationem. Statimque secreto repletam conclusamque pyxidem suscipit et offulae sequentis fraude caninis latratibus obseratis residuaque navitae reddita stipe longe vegetior ab inferis recurrit. Et repetita atque adorata candida ista luce, quamquam festinans obsequium terminare, mentem capitur temeraria curiositate et ‘ecce,’ inquit, ‘inepta ego divinae formositatis gerula quae ne tantillum quidem indidem mihi delibo, vel sic illi amatori meo formoso placitura’ et cum dicto reserat pyxidem.

21 Nec quidquam ibi rerum nec formositas ulla sed infernus somnus ac vere Stygius qui statim coperculo revelatus invadit eam crassaque soporis nebula cunctis eius membris perfunditur et in ipso vestigio ipsaque semita conlapsam possidet. Et iacebat inmobilis et nihil aliud quam dormiens cadaver. Sed Cupido iam cicatrice solidata revalescens nec diutinam suae Psyches absentiam tolerans per altissimam cubiculi quo cohibebatur elapsus fenestram refectisque pinnis aliquanta quiete longe velocius provolans Psychen adcurrit suam detersoque somno curiose et rursum in pristinam pyxidis sedem recondito Psychen innoxio punctulo sagittae suae suscitat et ‘ecce,’ inquit, ‘rursum perieras, misella, simili curiositate. Sed interim quidem tu provinciam quae tibi matris meae praecepto mandata est, exsequere naviter, cetera egomet videro.’ His dictis amator levis in pinnas se dedit, Psyche vero confestim Veneri munus reportat Proserpinae.

22 Interea Cupido amore nimio peresus et aegra facie, matris suae repentinam sobrietatem pertimescens ad armillum redit alisque pernicibus caeli penetrato vertice magno Iovi supplicat suamque causam probat. Tunc Iuppiter prehensa Cupidinis buccula manuque ad os suum relata consaviat atque sic ad illum, ‘licet tu,’ inquit,’ ‘domine fili, numquam mihi concessu deum decretum serva-

ris honorem, sed istud pectus meum quo leges elementorum et vices siderum disponuntur convulneraris adsiduis ictibus crebrisque terrenae libidinis foedaveris, casibus contraque leges et ipsam Iuliam disciplinamque publicam turpibus adulteriis existimationem famamque meam laeseris, in serpentis, in ignis, in feras, in avis et gregalia pecua serenos vultus meos sordide reformando, at tamen modestiae meae memor quodque inter istas meas manus creveris, cuncta perficiam, dum tamen scias aemulos tuos cavere ac, siqua nunc in terris puella praepollet pulchritudine, praesentis beneficii vicem per eam mihi repensare te debere.'

Sic fatus iubet Mercurium deos omnis ad contionem 23
protinus convocare ac siqui coetu caelestium defuisset, in poenam decem milium nummum conventum iri pronuntiare. Quo metu statim completo caelesti theatro pro sede sublimi sedens procerus Iuppiter sic enuntiat:

'Dei conscripti Musarum albo, adulescentem istum quod manibus meis alumnatus sim, profecto scitis omnes, cuius primae iuventutis caloratos impetus freno quodam cohercendos existimavi. Sat est cotidianis eum fabulis ob adulteria cunctasque conruptelas infamatum. [. . .] Puellam elegit [. . .] teneat, possideat, amplexus Psychen semper suis amoribus perfruatur.' Et ad Venerem conlata facie, 'nec tu,' inquit, 'filia, quidquam contristere nec prosapiae tantae tuae statuque de matrimonio mortali metuas. Iam faxo nuptias non imparis sed legitimas et iure civili congruas.' Et ilico per Mercurium adripi Psychen et in caelum perduci iubet. Porrecto ambrosiae poculo 'sume,' inquit, 'Psyche et inmortalis esto nec umquam digredietur a tuo nexu Cupido, sed istae vobis erunt perpetuae nuptiae.'

Nec mora cum cena nuptialis adfluens exhibetur. Ac- 24
cumbebat summum torum maritus, Psychen gremio suo

complexus. Sic et cum sua Iunone Iuppiter ac deinde per ordinem toti dei. Tunc, poculum nectaris Iovi quidem suus pocillator, ille rusticus puer, ceteris vero Liber ministrabat. Vulcanus cenam coquebat, Horae rosis et ceteris floribus purpurabant omnia, Gratiae spargebant balsama, Musae voce canora personabant, Apollo cantabat ad citharam, Venus suavi musicae superingressa formosa saltabat, scaena sibi sic concinnata, ut Musae quidem chorum canerent, tibias inflaret Satyrus et Paniscus ad fistulam diceret. Sic rite Psyche convenit in manum Cupidinis et nascitur illis maturo partu filia quam Voluptatem nominamus.

MINVCIVS FELIX

M. Minucius Felix was a lawyer, who, with his intimate friend, Octavius Januaris, became converted to Christianity. The date of the writing of the dialogue is still a subject of bitter controversy, the question whether Tertullian, in his *Apologeticus*, is indebted to Minucius, or the reverse, being intimately connected with it. Very recently, however, it has been convincingly shown (by Schanz) that the defence of paganism and the attack upon Christianity put into the mouth of Caecilius Natalis are in all probability based upon a similar work by Fronto, the teacher of Marcus Aurelius (161–180), and that the defence of Christianity, assigned to Octavius, is simply an answer to it, and, at the same time, a protest against the archaizing style of that strangely influential rhetorician. This hypothesis alone plausibly accounts for the otherwise inexplicable circumstance that the *Octavius*, so unlike the propagandist writings of Tertullian and his followers, contains no quotations from the Scriptures, no mention of Christ by name, no allusion to the Trinity, the Revelation, or other fundamental tenets of Christianity. In striking contrast with the fanatical Tertullian and others, the author is mild and conciliatory in tone, and writes in a style which, in spite of certain rhetorical mannerisms, is singularly charming, pure, and eloquent.

Minucius has drunk deeply of classic lore; he is well acquainted with the poets, *e.g.*, Lucretius, Vergil, and Horace, but is indebted chiefly to Cicero's *De natura deorum*, and to Seneca, for much of his material.

As a defence of the new religion, the *Octavius* has the distinction of being the earliest extant work in Latin Christian literature, and as a piece of literary art — the dramatic structure exhibits many points of resemblance to the *Dialogus* of Tacitus—it is justly entitled to the term *aureus libellus*, so often bestowed upon it.

The work has, by a curious error, been handed down as the *liber octavus* of Arnobius's *Adversus gentes*, and although both Lactantius and St. Jerome repeatedly cited the *Octavius* of Minucius Felix, it was not published under his name till 1560. There is a fairly good commentary (in English) by Holden (1853), but an exhaustive critical and exegetical edition, by E. Norden, is in course of publication.

MINVCIVS FELIX

Octavius.—Introduction.

1. Cogitanti mihi et cum animo meo Octavi boni et 1
fidelissimi contubernalis memoriam recensenti tanta dul-
cedo et adfectio hominis inhaesit, ut ipse quodam modo
mihi viderer in praeterita redire, non ea quae iam transacta
et decursa sunt, recordatione revocare: ita eius contem- 2
platio quantum subtracta est oculis, tantum pectori meo
ac paene intimis sensibus implicata est. Nec inmerito 3
decedens vir eximius et sanctus inmensum sui desiderium
nobis reliquit, utpote cum et ipse tanto nostri semper
amore flagraverit, ut et in ludicris et seriis pari mecum
voluntate concineret eadem velle vel nolle: crederes unam
mentem in duobus fuisse divisam. Sic solus in amoribus 4
conscius, ipse socius in erroribus et, cum discussa caligine
de tenebrarum profundo in lucem sapientiae et veritatis
emergerem, non respuit comitem, sed quod est gloriosius,
praecucurrit. Itaque cum per universam convictus nostri 5
et familiaritatis aetatem mea cogitatio volveretur, in illo
praecipue sermone eius mentis meae resedit intentio, quo
Caecilium superstitiosis vanitatibus etiamnunc inhaeren-
tem disputatione gravissima ad veram religionem re-
formavit.

2. Nam negotii et visendi mei gratia Romam contende- 1
rat, relicta domo, coniuge, liberis, et quod est in liberis ama-

bilius, adhuc animis innocentibus et adhuc dimidiata verba temptantibus, loquellam ipso offensantis linguae fragmine
2 dulciorem. Quo in adventu eius non possum exprimere sermonibus, quanto quamque impatienti gaudio exultaverim, cum augeret maxime laetitiam meam amicissimi homi-
3 nis inopinata praesentia. Igitur post unum et alterum diem, cum iam et aviditatem desiderii frequens adsiduitatis usus implesset et quae per absentiam mutuam de nobis nesciebamus, relatione alterna comperissemus, placuit Ostiam petere, amoenissimam civitatem, quod esset corpori meo siccandis umoribus de marinis lavacris blanda et adposita curatio: sane et ad vindemiam feriae iudiciariam curam relaxaverant. Nam id temporis post aestivam diem
4 in temperiem semet autumnitas dirigebat. Itaque cum diluculo ad mare inambulando litore pergeremus, ut et aura adspirans leniter membra vegetaret et cum eximia voluptate molli vestigio cedens arena subsideret, Caecilius simulacro Serapidis denotato, ut vulgus superstitiosum solet, manum ori admovens labiis osculum impressit.

1 3. Tunc Octavius ait: 'non boni viri est, Marce frater, hominem domi forisque lateri tuo inhaerentem sic in hac imperitiae vulgaris caecitate deserere, ut tam luculento die in lapides eum patiaris impingere, effigiatos sane et unctos et coronatos, cum scias huius erroris non minorem ad te
2 quam ad ipsum infamiam redundare.' Cum hoc sermone eius medium spatium civitatis emensi iam liberum litus
3 tenebamus. Ibi arenas extimas, velut sterneret ambulacro, perfundens lenis unda tendebat et, ut semper mare etiam positis flatibus inquietum est, etsi non canis spumosisque fluctibus exibat ad terram, tamen crispis tortuosisque identidem erroribus delectati perquam sumus, cum in ipso aequoris limine plantas tingueremus, quod vicissim nunc adpulsum nostris pedibus adluderet fluctus, nunc
4 relabens ac vestigia retrahens in sese resorberet. Sensim

itaque tranquilleque progressi oram curvi molliter litoris
iter fabulis fallentibus legebamus. Hae fabulae erant
Octavi disserentis de navigatione narratio. Sed ubi eundi 5
spatium satis iustum cum sermone consumpsimus, eandem
emensi viam rursus versis vestigiis terebamus et, cum ad
id loci ventum est, ubi subductae naviculae substratis ro-
boribus a terrena labe suspensae quiescebant, pueros vidi-
mus certatim gestientis testarum in mare iaculationibus
ludere. Is lusus est testam teretem iactatione fluctuum 6
levigatam legere de litore, eam testam plano situ digitis
comprehensam inclinem ipsum àtque humilem quantum
potest super undas inrotare, ut illud iaculum vel dorsum
maris raderat enataret, dum leni impetu labitur, vel sum-
mis fluctibus tonsis emicaret, emergeret, dum adsiduo
saltu sublevatur. Is se in pueris victorem ferebat cuius
testa et procurreret longius et frequentius exsiliret.

4. Igitur cum omnes hac spectaculi voluptate capere- 1
mur, Caecilius nihil intendere neque de contentione ridere,
sed tacens, anxius, segregatus dolere nescio quid vultu
fatebatur. Cui ego: 'quid hoc est rei? cur non agnosco, 2
Caecili, alacritatem tuam illam et illam oculorum etiam
in seriis hilaritatem requiro.' Tum ille: 'iam dudum me 3
Octavi nostri acriter angit et remordet oratio qua in te
invectus obiurgavit neglegentiae, ut me dissimulanter
gravius argueret inscientiae. Itaque progrediar ulterius; 4
de toto, de integro mihi cum Octavio res est. Si placet,
ut est istius sectae homo cum eo disputem, iam profecto
intelleget facilius esse in contubernalibus disputare quam
conserere sapientiam; modo in istis ad tutelam balnearum 5
iactis et in altum procurrentibus petrarum obicibus resi-
damus, ut et requiescere de itinere possimus et intentius
disputare.' Et cum dicto eius adsedimus, ita ut me ex 6
tribus medium lateris ambitione protegerent, nec hoc
obsequi fuit aut ordinis aut honoris, quippe cum amicitia

paris semper aut accipiat aut faciat, sed ut arbiter et utrisque proximus auris darem et disceptantis duos medius segregarem.

Speech of Caecilius.—(a) Defence of Paganism.

1 5. Tum sic Caecilius exorsus est: Quamquam tibi,
Marce frater, de quo cum maxime quaerimus non sit am-
biguum, utpote cum diligenter in utroque vivendi genere
versatus repudiaris alterum, alterum comprobaris, in prae-
sentiarum tamen ita tibi informandus est animus, ut libram
teneas aequissimi iudicis nec in alteram partem propensus
incumbas, ne non tam ex nostris disputationibus nata sen-
2 tentia quam ex tuis sensibus prolata videatur. Proinde si
mihi quasi novus aliqui et quasi ignarus partis utriusque
considas, nullum negotium est patefacere, omnia in rebus
humanis dubia, incerta, suspensa magisque omnia verisi-
3 milia quam vera. Quo minus mirum est nonnullos taedio
investigandae penitus veritatis cuilibet opinioni temere
succumbere quam in explorando pertinaci diligentia per-
severare. Itaque indignandum omnibus, omnibus indo-
4 lescendum est audere quosdam, et hoc studiorum rudes,
litterarum profanos, expertes artium etiam sordidarum,
certum aliquid de summa rerum ac maiestate dei decernere
de qua tot omnibus saeculis sectarum plurimarum usque
5 adhuc ipsa philosophia deliberat. Nec inmerito, cum
tantum absit ab exploratione divina humana mediocritas,
ut neque quae supra nos caelo suspensa sublata sunt
neque quae infra terram profunda demersa sunt, aut scire
sit datum aut scrutari permissum aut suspicari religiosum
et beati satis satisque prudentes iure videamur, si secun-
6 dum illud vetus sapientis oraculum nosmet ipsos fami-
liarius noverimus. Sed quatenus indulgentes insano atque

inepto labori ultra humilitatis nostrae terminos evagamur
et in terram proiecti caelum ipsum et ipsa sidera audaci
cupiditate transcendimus, vel hunc errorem saltem non
vanis et formidulosis opinionibus implicemus. Sint prin- 7
cipio omnium semina natura in se coeunte densata, quis
hic auctor deus? sint fortuitis concursionibus totius mundi
membra coalita, digesta, formata, quis deus machinator?
sidera licet ignis accenderit et caelum licet sua materia
suspenderit, licet terram sua fundaverit pondere et mare
licet confluxerit e liquore, unde haec religio, unde dei for-
mido? quae superstitio est? homo et animal omne quod 8
nascitur, inspiratur, adtollitur, elementorum ut volunta-
ria concretio est in quae rursum homo et animal omne
dividitur, solvitur, dissipatur: ita in fontem refluunt et
in semet omnia revolvuntur, nullo artifice nec iudice
nec auctore. Sic congregatis ignium seminibus soles 9
alios atque alios semper splendere, sic exalatis terrae va-
poribus nebulas semper adolescere quibus densatis coactis-
que nubis altius surgere, isdem labentibus pluvias fluere,
flare ventos, grandines increpare, vel nimbis conlidentibus
tonitrua mugire, rutilare fulgora, fulmina praemicare:
adeo passim cadunt, montes inruunt, arboribus incurrunt,
sine dilectu tangunt loca sacra et profana, homines noxios
feriunt et saepe religiosos. Quid tempestates loquar varias 10
et incertas quibus nullo ordine vel examine rerum omnium
impetus volutatur? in naufragiis bonorum malorumque
fata mixta, merita confusa? in incendiis interitum conve-
nire insontium nocentiumque? et cum tabe pestifera caeli
tractus inficitur, sine discrimine omnis deperire? et cum
belli ardore saevitur, meliores potius occumbere? in pace 11
etiam non tantum aequatur nequitia melioribus, sed et
colitur, ut in pluribus nescias, utrum sit eorum detestanda
pravitas an optanda felicitas. Quod si mundus divina 12
providentia et alicuius numinis auctoritate regeretur, num-

quam mereretur Phalaris et Dionysius regnum, numquam
Rutilius et Camillus exilium, numquam Socrates venenum.
13 Ecce arbusta frugifera, ecce iam seges cana, iam temulenta
vindemia imbri conrumpitur, grandine caeditur. Adeo aut
incerta nobis veritas occultatur et premitur aut, quod ma-
gis credendum est, variis et lubricis casibus soluta legibus
fortuna caeca dominatur.

1 6. Cum igitur aut fortuna caeca aut incerta natura sit,
quanto venerabilius ac melius antistitem veritatis maiorum
excipere disciplinam, religiones traditis colere, deos quos
a parentibus ante imbutus es timere quam nosse familia-
rius, adorare, nec de numinibus ferre sententiam, sed pri-
oribus credere qui adhuc rudi saeculo in ipsis mundi
natalibus meruerunt deos vel famulos habere vel reges?
inde adeo per universa imperia, provincias, oppida vide-
mus singulos sacrorum ritus gentilis habere et deos colere
municipes, ut Eleusinios Cererem, Phrygas Matrem, Epi-
daurios Aesculapium, Chaldaeos Belum, Astarten Syros,
Dianam Taurios, Gallos Mercurium, numina universa Ro-
2 manos. Sic eorum potestas et auctoritas totius orbis am-
bitum occupavit, sic imperium suum ultra solis vias et
ipsius Oceani limites propagavit, dum exercent in armis
virtutem religiosam, dum urbem muniunt sacrorum reli-
gionibus, castis virginibus, multis honoribus ac nominibus
sacerdotum, dum obsessi et citra solum Capitolium capti
colunt deos quos alius iam sprevisset iratus et per Gallo-
rum acies mirantium superstitionis audaciam pergunt telis
inermes, sed cultu religionis armati, dum captis hostilibus
moenibus adhuc ferociente victoria numina victa veneran-
tur, dum undique hospites deos quaerunt et suos faciunt,
dum aras extruunt, interdum etiam ignotis numinibus et
3 manibus. Sic dum universarum gentium sacra suscipiunt,
etiam regna meruerunt. Hinc perpetuus venerationis te-
nor manavit quae longa aetate non infringitur, sed augetur:

quippe antiquitas caerimoniis atque fanis tantum sanctita-
tis tribuere consuevit quantum adstruxerit vetustatis.
7. Nec tamen temere (ausim enim interim et ipse con- 1
cedere et sic melius errare) maiores nostri aut observandis
auguriis aut extis consulendis aut instituendis sacris aut
delubris dedicandis operam navaverunt. Specta de libris 2
memoriam: iam eos deprehendes initiasse ritus omnium
religionum, vel ut remuneraretur divina indulgentia, vel
ut averteretur inminens ira aut iam tumens et saeviens
placaretur. Testis mater Idaea quae adventu suo et pro- 3
bavit matronae castitatem et urbem metu hostili liberavit;
testes equestrium fratrum in lacu, sicut se ostenderant,
statuae consecratae, qui anheli spumantibus equis atque
fumantibus de Perse victoriam eadem die qua fecerant
nuntiaverunt; testis ludorum offensi Iovis de somnio ple-
bei hominis iteratio; testes et Deciorum devotio rata;
et Curtius qui equi et sui vel mole vel honore hia-
tum profundae voraginis coaequavit. Frequentius etiam 4
quam volebamus deorum praesentiam contempta auspicia
contestata sunt. Sic Allia nomen infaustum, sic Claudi
et Iuni non proelium in Poenos, sed ferale naufragium est,
et ut Trasymenus Romanorum sanguine et maior esset et
decolor, sprevit auguria Flaminius, et ut Parthos signa
repeteremus, dirarum imprecationes Crassus et meruit et
inrisit. Omitto cetera quae multa sunt et de deorum na- 5
talibus, donis, muneribus neglego carmina poetarum, prae-
dicta etiam de oraculis fata transilio, ne vobis antiquitas
nimium fabulosa videatur. Intende templis ac delubris
deorum quibus Romana civitas et protegitur et ornatur:
magis sunt augusta numinibus incolis praesentibus, in-
quilinis quam cultu, insignibus et muneribus opulenta.
Inde adeo pleni et mixti deo vates futura praecerpunt, 6
dant cautelam periculis, morbis medellam, spem adflictis,
opem miseris, solacium calamitatibus, laboribus levamen-

tum. Etiam per quietem deos videmus, audimus, agnoscimus, quos impie per diem negamus, nolumus, peieramus.

1 8. Itaque cum omnium gentium de dis inmortalibus,
quamvis incerta sit vel ratio vel origo, maneat tamen firma
consensio, neminem fero tanta audacia tamque inreligiosa
nescio qua prudentia tumescentem qui hanc religionem
tam vetustam, tam utilem, tam salubrem dissolvere aut in-
2 firmare nitatur. Sit licet ille Theodorus Cyrenaeus, vel
qui prior Diagoras Melius cui atheon cognomen adposuit
antiquitas, qui uterque nullos deos adseverando timorem
omnem quo humanitas regitur, venerationemque penitus
sustulerunt: numquam tamen in hac impietatis disciplina
simulatae philosophiae nomine atque auctoritate pollebunt.
3 Cum Abderiten Protagoram Athenienses viri inconsulte
potius quam profane de divinitate disputantem et expulerint suis finibus et in contione eius scripta deusserint, quid homines (sustinebitis enim me impetum susceptae actionis liberius exerentem) homines, inquam, deploratae, inlicitae ac desperatae factionis grassari in deos non ingemescendum est?

(b) *Attack upon Christianity.*

4 Qui de ultima faece conlectis imperitioribus et mulieri-
bus credulis sexus sui facilitate labentibus plebem pro-
fanae coniurationis instituunt, quae nocturnis congrega-
tionibus et ieiuniis sollemnibus et inhumanis cibis non
sacro quodam, sed piaculo foederatur, latebrosa et lucifuga
natio, in publicum muta, in angulis garrula: templa ut
vetusta despiciunt, deos despuunt, rident sacra, miserentur
5 miseri ipsi, si fas est, sacerdotum, honores et purpuras
despiciunt, ipsi seminudi, pro mira stultitia et incredibili

audacia! spernunt tormenta praesentia, dum incerta metuunt et futura, et dum mori post mortem timent, interim mori non timent: ita illis pavorem fallax spes solacio redivivo blanditur.

9. Ac iam, ut fecundius nequiora proveniunt, serpenti- 1
bus in dies perditis moribus per universum orbem sacraria ista taeterrima impiae coitionis adolescunt. Eruenda
prorsus haec et execranda consensio. Occultis se notis 2
et insignibus noscunt et amant mutuo paene antequam noverint. Passim etiam inter eos velut quaedam libidinum religio miscetur, ac se promisce adpellant fratres et
sorores. [. . .] Nec de ipsis, nisi subsisteret veritas, ma- 3
xime nefaria et honore praefanda sagax fama loqueretur. Audio eos turpissimae pecudis caput asini consecratum inepta nescio qua persuasione venerari: digna et nata re-
ligio talibus moribus! [. . .] et qui hominem summo 4
supplicio pro facinore punitum et crucis ligna feralia eorum caerimonias fabulatur, congruentia perditis scele-
ratisque tribuit altaria, ut id colant quod merentur. Iam 5
de initiandis tirunculis fabula tam detestanda quam nota est. Infans farre contectus, ut decipiat incautos, adponitur ei qui sacris imbuatur. Is infans a tirunculo farris superficie quasi ad innoxios ictus provocato caecis occultisque vulneribus occiditur. Huius, pro nefas! sitienter sanguinem lambunt, huius certatim membra dispertiunt, hac foederantur hostia, hac conscientia sceleris ad
silentium mutuum pignerantur. Haec sacra sacrilegiis 6
omnibus taetriora. Et de convivio notum est: passim omnes locuntur, id etiam Cirtensis nostri testatur oratio. [. . .]

10. Multa praeterea consulto omitto nam et haec nimis 1
multa sunt quae aut omnia aut pleraque vera declarat
ipsius pravae religionis obscuritas. Cur etenim occultare 2
et abscondere quidquid illud colunt magnopere nituntur,

cum honesta semper publico gaudeant, scelera secreta
sint? cur nullas aras habent, templa nulla, nulla nota
simulacra, numquam palam loqui, numquam libere con-
gregari, nisi illud, quod colunt et interprimunt, aut pu-
3 niendum est aut pudendum? unde autem vel quis ille
aut ubi deus unicus, solitarius, destitutus quem non gens
libera, non regna, non saltem Romana superstitio nove-
4 runt? Iudaeorum sola et misera gentilitas unum et ipsi
deum, sed palam, sed templis, aris, victimis caerimoniisque
coluerunt cuius adeo nulla vis nec potestas est, ut sit
5 Romanis numinibus cum sua sibi natione captivus. At
iam Christiani quanta monstra, quae portenta confingunt!
Deum illum suum quem nec ostendere possunt nec videre,
in omnium mores, actus omnium, verba denique et oc-
cultas cogitationes diligenter inquirere, discurrentem
scilicet atque ubique praesentem. Molestum illum vo-
lunt, inquietum, impudenter etiam curiosum, siquidem
adstat factis omnibus, locis omnibus intererrat, cum nec
singulis inservire possit per universa districtus nec uni-
versis sufficere in singulis occupatus.

1 11. Quid? quod toto orbi et ipsi mundo cum sideribus
suis minantur incendium, ruinam moliuntur, quasi aut
naturae divinis legibus constitutus aeternus ordo turbetur
aut rupto elementorum omnium foedere et caelesti con-
page divisa moles ista qua continetur et cingitur, subrua-
2 tur. Nec hac furiosa opinione contenti anilis fabulas
adstruunt et adnectunt: renasci se ferunt post mortem
et cineres et favillas et nescio qua fiducia mendaciis suis
3 invicem credunt: putes eos iam revixisse. Anceps malum
et gemina dementia, caelo et astris quae si relinquimus,
ut invenimus, interitum denuntiare, sibi mortuis extinctis
qui sicut nascimur et interimus, aeternitatem repromit-
4 tere! Inde videlicet et execrantur rogos et damnant
ignium sepulturas, quasi non omne corpus, etsi flammis

subtrahatur, annis tamen et aetatibus in terram resolvatur,
nec intersit, utrum ferae diripiant an maria consumant
an humus contegat an flamma subducat, cum cadave-
ribus omnis sepultura, si sentiunt, poena sit; si non sen-
tiunt, ipsa conficiendi celeritate medicina. Hoc errore 5
decepti beatam sibi ut bonis et perpetem vitam mortuis
pollicentur, ceteris ut iniustis poenam sempiternam.
Multa ad haec subpetunt, ni festinet oratio. Iniustos
ipsos magis nec laboro, iam docui: quamquam, etsi iustos
darem, culpam tamen vel innocentiam fato tribui sen-
tentia est plurimorum et haec vestra consensio est. Nam 6
quidquid agimus, ut alii fato, ita vos deo addicitis: sic
sectae vestrae non spontaneos cupere, sed electos. Igi- 7
tur iniquum iudicem fingitis qui sortem in hominibus
puniat, non voluntatem. Vellem tamen sciscitari, utrum-
ne cum corporibus an sine corporibus, et corporibus
quibus, ipsisne an innovatis resurgatur? sine corpore?
hoc, quod sciam, neque mens neque anima nec vita
est. Ipso corpore? sed iam ante dilapsum est. Alio cor-
pore? ergo homo novus nascitur, non prior ille reparatur.
Et tamen tanta aetas abiit, saecula innumera fluxerunt: 8
quis unus ullus ab inferis vel Protesilai sorte remeavit,
horarum saltem permisso conmeatu, vel ut exemplo crede-
remus? omnia ista figmenta male sanae opinionis et in-
epta solacia a poetis fallacibus in dulcedinem carminis
lusa a vobis nimium credulis in deum vestrum turpiter
reformata sunt.

12. Nec saltem de praesentibus capitis experimentum, 1
quam vos inritae pollicitationis cassa vota decipiant: quid
post mortem impendeat, miseri, dum adhuc vivitis, aesti-
mate. Ecce pars vestrum maior et melior, ut dicitis, 2
egetis algetis, opere fame laboratis, et Deus patitur dis-
simulat, non vult aut non potest opitulari suis: ita aut in-
validus aut iniquus est. Tu, qui inmortalitatem post amam 3

somnias, cum periculo quateris, cum febribus ureris, cum
dolore laceraris, nondum condicionem tuam sentis? non-
dum adgnoscis fragilitatem? invitus miser infirmitatis
4 argueris nec fateris. Sed omitto communia. Ecce vobis
minae, supplicia, tormenta, et iam non adorandae sed sub-
eundae cruces, ignes etiam quos et praedicitis et timetis:
ubi deus ille qui subvenire revivescentibus potest, viventi-
5 bus non potest? nonne Romani sine vestro deo imperant
regnant, fruuntur orbe toto vestrique dominantur? vos
vero suspensi interim atque solliciti honestis voluptatibus
abstinetis, non spectacula visitis, non pompis interestis,
convivia publica absque vobis, sacra certamina, praecerptos
cibos et delibatos altaribus potus abhorretis. Sic reformi-
6 datis deos quos negatis. Non floribus caput nectitis, non
corpus odoribus honestatis: reservatis unguenta funeri-
bus, coronas etiam sepulcris denegatis, pallidi trepidi,
misericordia digni sunt, et nostrorum deorum. Ita nec re-
7 surgitis miseri nec interim vivitis. Proinde si quid sapi-
entiae vobis aut verecundiae est, desinite caeli plagas et
mundi fata et terrae secreta rimari: satis est pro pedibus
adspicere maxime indoctis impolitis, rudibus agrestibus
quibus non est datum intellegere civilia, multo magis
denegatum est disserere divina.

1 13. Quamquam si philosophandi libido est, Socraten,
sapientiae principem, quisque vestrum tantus est, si po-
tuerit, imitetur. Eius viri, quotiens de caelestibus roga-
batur, nota responsio est: quod supra nos, nihil ad
2 nos. Merito ergo de oraculo testimonium meruit pru-
dentiae singularis. Quod oraculum, idem ipse persen-
sit, idcirco universis se esse praepositum, non quod om-
nia comperisset, sed quod nihil se scire didicisset: ita
3 confessae imperitiae summa prudentia est. Hoc fonte de-
fluxit Arcesilae nec multo post Carneadis et Pyrronis et
Academicorum plurimorum in summis quaestionibus tuta

dubitatio, quo genere philosophari et caute indocti possunt
et docti gloriose. Quid, Simonidis melici nonne admi- 4
randa omnibus et sectanda cunctatio? qui Simonides, cum
de eo, quid et quales arbitraretur deos, ab Hierone tyranno
quaereretur, primo deliberationi diem petiit, postridie bi-
duum prorogavit, mox alterum tantum admonitus adiun-
xit. Postremo cum causas tantae morae tyrannus inqui-
reret, respondit ille, quod sibi quanto inquisitio tardior
pergeret, tanto veritas fieret obscurior. Mea quoque opini- 5
one quae sunt dubia, ut sunt, relinquenda sunt, nec tot ac
tantis viris deliberantibus temere et audaciter in alteram
partem ferenda sententia est, ne aut anilis inducatur su-
perstitio aut omnis religio destruatur.

Speech of Octavius.—(a) Attack upon Paganism.

14. Sic Caecilius et renidens (nam indignationis eius 1
tumorem effusae orationis impetus relaxaverat): 'Ecquid
ad haec,' ait, 'audet homo Plautinae prosapiae, ut pis-
torum praecipuus, ita postremus philosophorum?' 'Parce,'
inquam, 'in eum plaudere: neque enim prius exultare te 2
dignum est concinnitate sermonis quam utrimque pleni-
us fuerit peroratum, maxime cum non laude, sed veri-
tate disceptatio vestra nitatur. Et quamquam magnum 3
in modum me subtili varietate tua delectarit oratio, tamen
altius moveor, non de praesenti actione, sed de toto genere
disputandi, quod plerumque pro disserentium viribus et
eloquentiae potestate etiam perspicuae veritatis condicio
mutetur. Id accidere pernotum est auditorum facilitate 4
qui dum verborum lenocinio a rerum intentionibus avo-
cantur, sine dilectu adsentiuntur dictis omnibus nec a
rectis falsa secernunt, nescientes inesse et in incredibili
verum et in verisimili mendacium. Itaque quo saepius 5

adseverantioribus credunt, eo frequentius a peritioribus
arguuntur: sic adsidue temeritate decepti culpam iudicis
transferunt ad incerti querellam, ut damnatis opinionibus
omnibus malint universa suspendere quam de fallacibus
6 iudicare. Igitur nobis providendum est, ne odio indidem
sermonum omnium laboremus ita, ut in execrationem et
odium hominum plerique simpliciores efferantur. Nam
incaute creduli circumveniuntur ab iis quos bonos putave-
runt: mox errore consimili iam suspectis omnibus ut im-
probos metuunt etiam quos optimos sentire potuerunt.
7 Nos proinde solliciti, quod utrimque omni in negotio dis-
seratur et ex altera parte plerumque obscura sit veritas,
ex altero latere mira subtilitas quae nonnumquam uber-
tate dicendi fidem confessae probationis imitetur, dili-
genter quantum potest singula ponderemus, ut argutias
quidem laudare, ea vero quae recta sunt, eligere, probare,
suscipere possimus.'

1 15. 'Decedis,' inquit Caecilius, 'officio iudicis religiosi:
nam periniurium est viris te actionis meae intergressu
gravissimae disputationis infringere, cum Octavius integra
2 et inlibata habeat singula, si potest, refutare.' 'Id quod
criminaris,' inquam, 'in commune, nisi fallor, compendium
protuli, ut examine scrupuloso nostram sententiam non
eloquentiae tumore, sed rerum ipsarum soliditate libre-
mus. Nec avocanda, quod quereris, diutius intentio, cum
toto silentio liceat responsionem Ianuari nostri iam gestien-
tis audire.'

1 16. Et Octavius: 'Dicam equidem pro viribus et
adnitendum tibi mecum est, ut conviciorum amarissi-
mam labem verborum veracium flumine diluamus. Nec
dissimulabo principio ita Natalis mei errantem, vagam,
lubricam nutasse sententiam, ut sit nobis ambigendum,
utrum versutia turbata sit, an vacillaverit per errorem.
2 Nam interim deos credere, interim se deliberare variavit,

ut propositionis incerto incertior responsionis nostrae in-
tentio fundaretur. Sed in Natali meo versutiam nolo,
non credo: procul est ab eius simplicitate subtilis urba-
nitas. Quid igitur? ut qui rectam viam nescit, ubi, ut 3
fit, in pluris una diffinditur, haeret anxius nec singulas
audet eligere nec universas probare: sic cui non est
veri stabile iudicium, prout infida suspicio spargitur, ita
eius dubia opinio dissipatur. Nullum itaque miracu- 4
lum est, si Caecilius identidem in contrariis ac repug-
nantibus iactetur, aestuet, fluctuetur. Quod ne fiat
ulterius, convincam et redarguam. Quamvis sint diversa
quae dicta sunt, una veritate confirmata probataque nec
dubitandum ei de cetero est nec vagandum. Et quoniam 5
meus frater erupit, aegre se ferre, stomachari, indignari,
dolere, inliteratos, pauperes, imperitos de rebus caelestibus
disputare, sciat omnis homines sine dilectu aetatis, sexus,
dignitatis rationis et sensus capaces et habilis procreatos
nec fortuna nanctos, sed natura insitos esse sapientiam:
quin ipsos etiam philosophos, vel si qui alii artium reper-
tores in memorias exierunt, priusquam sollertia mentis
parerent nominis claritatem, habitos esse plebeios, in-
doctos, seminudos: adeo divites facultatibus suis inli-
gatos magis aurum suspicere consuesse quam caelum,
nostrates pauperes et conmentos esse prudentiam et tra-
didisse ceteris disciplinam. Vnde apparet ingenium non
dari facultatibus nec studio parari, sed cum ipsa mentis
formatione generari. Nihil itaque indignandum vel do- 6
lendum, si quicumque de divinis quaerat, sententiam
proferat, cum non disputantis auctoritas, sed disputa-
tionis ipsius veritas requiratur. Atque etiam, quo imperi-
tior sermo, hoc inlustrior ratio est, quoniam non fucatur
pompa facundiae et gratiae, sed, ut est, recti regula susti-
netur.

17. Nec recuso, quod Caecilius adserere inter praecipua 1

conisus est, hominem nosse se et circumspicere debere,
quid sit, unde sit, quare sit: utrum elementis concretus
an concinnatus atomis, an potius a Deo factus, formatus,
2 animatus. Quod ipsum explorare et eruere sine universi-
tatis inquisitione non possumus, cum ita cohaerentia,
conexa, concatenata sint, ut nisi divinitatis rationem dili-
genter excusseris, nescias humanitatis, nec possis pulchre
gerere rem civilem, nisi cognoveris hanc conmunem om-
nium mundi civitatem, praecipue cum a feris beluis hoc
differamus, quod illa prona in terramque vergentia nihil
nata sunt prospicere nisi pabulum. Nos, quibus vultus
erectus, quibus suspectus in caelum datus est, sermo et
ratio per quae Deum adgnoscimus, sentimus, imitamur,
ignorare nec fas nec licet ingerentem sese oculis et sensi-
3 bus nostris caelestem claritatem: sacrilegii enim vel maxi-
mi instar est, humi quaerere quod in sublimi debeas inve-
nire. Quo magis mihi videntur qui hunc mundi totius
ornatum non divina ratione perfectum volunt, sed frustis
quibusdam temere cohaerentibus conglobatum, mentem,
4 sensum, oculos denique ipsos non habere. Quid enim
potest esse tam apertum, tam confessum tamque perspi-
cuum, cum oculos in caelum sustuleris et quae sunt infra
circaque lustraveris, quam esse aliquod numen praestan-
tissimae mentis, quo omnis natura inspiretur, moveatur,
5 alatur, gubernetur? Caelum ipsum vide, quam late tendi-
tur, quam rapide volvitur, vel quod in noctem astris di-
stinguitur, vel quod in diem sole lustratur: iam scies,
quam sit in eo summi moderatoris mira et divina libratio.
Vide et annum, ut solis ambitus faciat, et mensem vide,
6 ut luna auctu, senio, labore circumagat. Quid tenebra-
rum et luminis dicam recursantis vicis, ut sit nobis operis
et quietis alterna reparatio? relinquenda vero astrologis
prolixior de sideribus oratio, vel quod regant cursum na-
vigandi, vel quod arandi metendique tempus indicant.

Quae singula non modo ut crearentur, fierent, disponeren-
tur, summi opificis et perfectae rationis eguerunt, verum
etiam sentiri, perspici, intellegi sine summa sollertia et
ratione non possunt. Quid, cum ordo temporum ac fru- 7
gum stabili varietate distinguitur, nonne auctorem suum
parentemque testatur ver aeque cum suis floribus et aestas
cum suis messibus et autumni maturitas grata et hiberna
olivitas necessaria? qui ordo facile turbaretur, nisi maxi-
ma ratione consisteret. Iam providentiae quantae, ne 8
hiems sola glacie urgeret aut sola aestas ardore torreret,
autumni et veris inserere medium temperamentum, ut per
vestigia sua anni revertentis occulti et innoxii transitus
laberentur. Mari intende, lege litoris stringitur; quic- 9
quid arborum est vide, quam e terrae visceribus animatur;
adspice oceanum, refluit reciprocis aestibus; vide fontis,
manant venis perennibus; fluvios intuere, eunt semper
exercitis lapsibus. Quid loquar apte disposita recta mon- 10
tium, collium flexa, porrecta camporum? quidve animan-
tium loquar adversus sese tutelam multiformem? alias
armatas cornibus, alias dentibus saeptas et fundatas un-
gulis et spicatas aculeis aut pedum celeritate liberas aut
elatione pinnarum? ipsa praecipue formae nostrae pul- 11
chritudo Deum fatetur artificem: status rigidus, vultus
erectus, oculi in summo velut in specula constituti et
omnes ceteri sensus velut in arce compositi.

18. Longum est ire per singula. Nihil in homine 1
membrorum est, quod non et necessitatis causa sit et de-
coris, et quod magis mirum est, eadem figura omnibus,
sed quaedam unicuique liniamenta deflexa: sic et similes
universi videmur et inter se singuli dissimiles invenimur. 2
Quid nascendi ratio? cupido generandi nonne a Deo data
est, et ut ubera partu maturescente lactescant et ut tener
fetus ubertate lactei roris adolescat? Nec universitati 3
solummodo Deus, sed et partibus consulit. Britannia

sole deficitur, sed circumfluentis maris tepore recreatur:
Aegypti siccitatem temperat Nilus amnis, Euphrates Meso-
potamiam pro imbribus pensat, Indus flumen et serere Ori-
4 entem dicitur et rigare. Quod si ingressus aliquam domum
omnia exculta, disposita, ornata vidisses, utique praeesse ei
crederes dominum et illis bonis rebus multo esse meliorem.
Ita in hac mundi domo cum caelum terramque perlustrans
perspicias providentiam, ordinem, legem, crede esse uni-
versitatis dominum parentemque ipsis sideribus et totius
5 mundi partibus pulchriorem. Ni forte, quoniam de provi-
dentia nulla dubitatio est, inquirendum putas, utrum unius
imperio an arbitrio plurium caeleste regnum guberne-
tur; quod ipsum non est multi laboris aperire cogitanti
6 imperia terrena a quibus exempla utique de caelo. Quando
umquam regni societas aut cum fide coepit aut sine cruore
desiit? omitto Persas de equorum hinnitu augurantis
principatum et Thebanorum par, mortuam fabulam, tran-
seo. Ob pastorum et casae regnum de geminis memoria
notissima est. Generi et soceri bella toto orbe diffusa
7 sunt et tam magni imperii duos fortuna non cepit. Vide
cetera: rex unus apibus, dux unus in gregibus, in armentis
rector unus. Tu in caelo summam maiestatem dividi cre-
das et scindi veri illius ac divini imperii totam potestatem,
cum palam sit parentem omnium Deum nec principium
habere nec terminum qui nativitatem omnibus praestet,
sibi perpetuitatem qui ante mundum fuerit sibi ipse pro
mundo: qui universa, quaecumque sunt, verbo iubet,
8 ratione dispensat, virtute consummat. Hic non videri
potest, visu clarior est, nec comprendi, tactu purior est,
nec aestimari, sensibus maior est, infinitus, inmensus et
soli sibi tantus, quantus est, notus: nobis vero ad intel-
lectum pectus angustum est, et ideo sic eum digne aesti-
9 mamus, dum inaestimabilem dicimus. Eloquar quaemad-
modum sentio: magnitudinem Dei qui se putat nosse,

minuit: qui non vult minuere, non novit. Nec nomen
Deo quaeras, Deus nomen est. Illic vocabulis opus est, 10
cum per singulos propriis adpellationum insignibus multi-
tudo dirimenda est: Deo, qui solus est, Dei vocabulum
totum est. Quem si patrem dixero, carnalem opineris; si
regem, terrenum suspiceris; si dominum, intellegis utique
mortalem. Aufer additamenta nominum et perspicies
eius claritatem. Quid quod omnium de isto habeo con- 11
sensum? audio vulgus: cum ad caelum manus tendunt,
nihil aliud quam 'Deum,' dicunt, et 'Deus magnus est' et
'Deus verus est' et 'si Deus dederit.' Vulgi iste naturalis
sermo est an Christiani confitentis oratio? et qui Iovem
principem volunt, falluntur in nomine, sed de una pote-
state consentiunt.

19. Audio poetas quoque unum patrem divum atque 1
hominum praedicantis et talem esse mortalium mentem
qualem parens omnium diem induxerit. Quid Mantuanus 2
Maro? nonne apertius, proximius, verius principio ait
caelum ac terras et cetera mundi membra spiritus intus
alit et infusa mens agitat, inde hominum pecudumque
genus et quidquid aliud animalium? idem alio loco men-
tem istam et spiritum deum nominat. Haec enim verba
sunt:

Deum namque ire per omnis
Terrasque tractusque maris caelumque profundum,
Vnde hominum genus pecudes, unde imber et ignes.

Quid aliud et a nobis Deus quam mens et ratio et spiritus 3
praedicatur? recenseamus, si placet, disciplinam philoso-
phorum: deprehendes eos, etsi sermonibus varios, ipsis
tamen rebus in hanc unam coire et conspirare sententiam.
Omitto illos rudis et veteres qui de suis dictis sapientis 4
esse meruerunt. Sit Thales Milesius omnium primus qui
de caelestibus disputavit. Is autem Milesius Thales re-
rum initium aquam dixit, deum autem eam mentem quae

ex aqua cuncta formaverit. Esto altior et sublimior aquae
et spiritus ratio, quam ut ab homine potuerit inveniri, a
deo traditum: vides philosophi principalis nobiscum peni-
5 tus opinionem consonare. Anaximenes deinceps et post
Apolloniates Diogenes aëra deum statuunt infinitum et
inmensum: horum quoque similis de divinitate consensio
6 est. Anaxagorae vero descriptio et motus infinitae mentis
deus dicitur et Pythagorae deus est animus per universam
rerum naturam conmeans et intentus ex quo etiam ani-
7 malium omnium vita carpatur. Xenophanen notum est
omne infinitum cum mente deum tradere et Antisthenen
popularis deos multos, sed naturalem unum praecipuum,
Speusippum vim naturamve animalem qua omnia re-
8 gantur, Deum nosse. Quid? Democritus, quamvis ato-
morum primus inventor, nonne plerumque naturam quae
imagines fundat et intellegentiam deum loquitur? Straton
quoque et ipse naturam? etiam Epicurus ille qui deos aut
9 otiosos fingit aut nullos, naturam tamen superponit. Ari-
stoteles variat et designat tamen unam potestatem: nam
interim mentem, mundum interim deum dicit, interim
mundo deum praeficit. Heraclides Ponticus quoque deo
10 divinam mentem quamvis varie adscribit. Theophrastus
etiam variat, alias mundo, alias menti divinae tribuens prin-
cipatum. Zenon et Chrysippus et Cleanthes sunt et ipsi
multiformes, sed ad unitatem providentiae omnes revolvun-
tur. Cleanthes enim modo mentem, modo animum, modo
aethera, plerumque rationem deum disseruit. Zenon, eius-
dem magister, naturalem legem atque divinam et aethera
interim interdumque rationem vult omnium esse principi-
um; idem interpretando Iunonem aëra, Iovem caelum,
Neptunum mare, ignem esse Vulcanum et ceteros simili-
ter vulgi deos elementa esse monstrando publicum arguit
11 graviter et revincit errorem. Eadem fere Chrysippus:
vim divinam, rationalem naturam et mundum interim et

fatalem necessitatem deum credit Zenonemque interpreta-
tione physiologica in Hesiodi, Homeri Orpheique carmin-
ibus imitatur. Babylonio etiam Diogeni disciplina est 12
exponendi et disserendi, Iovis partum et ortum Minervae
et hoc genus cetera rerum vocabula esse, non deorum.
Nam Socraticus Xenophon formam dei veri negat videri 13
posse et ideo quaeri non oportere, Ariston Stoicus com-
prehendi omnino non posse : uterque maiestatem Dei in-
tellegendi desperatione senserunt. Platoni apertior de
deo et rebus ipsis et nominibus oratio est et quae tota esset
caelestis, nisi persuasionis civilis non numquam admixtione
sordesceret. Platoni itaque in Timaeo deus est ipso suo 14
nomine mundi parens, artifex animae, caelestium terreno-
rumque fabricator quem et invenire difficile prae nimia
et incredibili potestate et, cum inveneris, in publicum di-
cere impossibile praefatur. Eadem fere et ista quae no- 15
stra sunt : nam et Deum novimus et parentem omnium
dicimus et numquam publice nisi interrogati praedicamus.

20. Exposui opiniones omnium ferme philosophorum 1
quibus inlustrior gloria est; deprehendimus eos Deum
unum multis licet designasse nominibus, ut quivis arbi-
tretur, aut nunc Christianos philosophos esse aut philoso-
phos fuisse iam tunc Christianos. Quod si providentia 2
mundus regitur et unius Dei nutu gubernatur, non nos
debet antiquitas imperitorum more fabellis suis delectata
vel capta ad errorem mutui rapere consensus, cum philoso-
phorum suorum sententiis refellatur quibus et rationis et
vetustatis adsistit auctoritas. Maioribus enim nostris 3
tam facilis in mendaciis fides fuit, ut temere crediderint
etiam alia monstruosa mera miracula : Scyllam multipli-
cem, Chimaeram multiformem et Hydram felicibus vul-
neribus renascentem et Centauros equos suis hominibus
implexos, et quidquid famae licet fingere, illis erat libenter
audire. Quid illas anilis fabulas, de hominibus avis et 4

feras, et de hominibus arbores atque flores? quae si es-
sent facta, fierent; quia fieri non possunt, ideo nec fient
5 nec facta sunt. Similiter erraverunt erga deos quoque
maiores nostri: improvidi, creduli rudi simplicitate credi-
derunt: dum reges suos colunt religiose, dum defunc-
tos eos desiderant in imaginibus videre, dum gestiunt
eorum memorias in statuis detinere, sacra facta sunt quae
6 fuerant adsumpta solacia. Denique et antequam con-
merciis orbis pateret et antequam gentes ritus suos mo-
resque miscerent, unaquaeque natio conditorem suum aut
ducem inclytum aut reginam pudicam sexu suo fortiorem
aut alicuius muneris vel artis repertorem venerabatur ut
civem bonae memoriae: sic et defunctis praemium et
futuris dabatur exemplum.
1 21. Lege historicorum scripta vel scripta sapientium:
eadem mecum recognosces. Ob merita virtutis aut mu-
neris deos habitos Euhemerus exsequitur et eorum na-
talis, patrias, sepulcra dinumerat et per provincias mon-
strat, Dictaei Iovis et Apollinis Delphici et Phariae Isidis
2 et Cereris Eleusiniae. Prodicus adsumptos in deos loqui-
tur qui arando inventis novis utilitati hominum profue-
runt. In eandem sententiam et Persaeus philosophatur
et adnectit inventas fruges et frugum ipsarum repertores
isdem dicit nominibus, ut comicus sermo est, Venerem
3 sine Libero et Cerere frigere. Alexander, ille magnus
Macedo, insigni volumine ad matrem suam scripsit, metu
suae potestatis proditum sibi de diis hominibus a sacer-
dote secretum: illic Vulcanum facit omnium principem,
4 et postea Iovis gentem. Saturnum enim principem huius
generis et examinis omnes scriptores vetustatis Graeci
Romanique hominem prodiderunt. Scit hoc Nepos et
Cassius in historia, et Thallus ac Diodorus hoc locuntur.
5 Is itaque Saturnus Creta profugus Italiam metu filii sae-
vientis accesserat, ei Iani susceptus hospitio rudis illos

homines et agrestis multa docuit ut Graeculus et politus,
litteras imprimere, nummos signare, instrumenta conficere.
Itaque latebram suam, quod tuto latuisset, vocari maluit 6
Latium et urbem Saturniam condidit de suo nomine et
Ianiculum Ianus ad memoriamque uterque posteritatis
reliquerunt. Homo igitur utique qui fugit, homo utique 7
qui latuit, et pater hominis et natus ex homine: Terrae
enim et Caeli filius, quod apud Italos esset ignotis parenti-
bus proditus, ut in hodiernum inopinato visos caelo mis-
sos, ignobilis et ignotos terrae filios nominamus. Eius 8
filius Iuppiter Cretae excluso parente regnavit, illic obiit,
illic filios habuit: adhuc antrum Iovis visitur et sepul-
crum eius ostenditur et ipsis sacris suis humanitatis ar-
guitur.
Otiosum est ire per singulos et totam seriem generis 9
istius explicare, cum in primis parentibus probata morta-
litas in ceteros ipso ordine successionis influxerit. Nisi
forte post mortem deos fingitis et perierante Proculo deus
Romulus et Iuba Mauris volentibus deus est et divi ce-
teri reges, qui consecrantur non ad fidem numinis, sed ad
honorem emeritae potestatis. Invitis his denique hoc 10
nomen adscribitur: optant in homine perseverare, fieri se
deos metuunt, etsi iam senes nolunt. Ergo nec de mor-
tuis dii, quoniam Deus mori non potest, nec de natis,
quoniam moritur omne quod nascitur: divinum autem id
est, quod nec ortum habet nec occasum. Cur enim, si 11
nati sunt, non hodieque nascuntur? nisi forte iam Iuppi-
ter senuit et partus in Iunone defecit et Minerva canuit
antequam peperit an ideo cessavit ista generatio, quoniam
nulla huiusmodi fabulis praebetur adsensio? ceterum si 12
dii creare possent, interire non possent, pluris totis homi-
nibus deos haberemus, ut iam eos nec caelum contineret
nec aër caperet nec terra gestaret. Vnde manifestum est
homines illos fuisse quos et natos legimus et mortuos

scimus. † Et despicis Isidis ad hirundinem, sistrum et
ad sparsis membris inanem tui Serapidis sive Osiris tu-
mulum.
1 22. Considera denique sacra ipsa et ipsa mysteria: inve-
nies exitus tristis, fata et funera et luctus atque planctus
miserorum deorum. Isis perditum filium cum Cynoce-
phalo suo et calvis sacerdotibus luget, plangit, inquirit
et Isiaci miseri caedunt pectora et dolorem infelicissimae
matris imitantur: mox invento parvulo gaudet Isis, ex-
ultant sacerdotes, Cynocephalus inventor gloriatur, nec
desinunt annis omnibus vel perdere quod inveniunt vel
2 invenire quod perdunt. Nonne ridiculum est vel lugere
quod colas vel colere quod lugeas? haec tamen Aegyptia
quondam nunc et sacra Romana sunt. Ceres facibus
accensis et serpente circumdata errore subreptam et con-
ruptam Liberam anxia et sollicita vestigat: haec sunt
3 Eleusinia. Et quae Iovis sacra sunt? nutrix capella est
et avido patri subtrahitur infans, ne voretur, et Coryban-
tum cymbalis, ne pater audiat vagitus, tinnitus eliditur.
5 [. . .] Quid? formae ipsae et habitus nonne arguunt
ludibria et dedecora deorum vestrorum? Vulcanus clau-
dus deus et debilis, Apollo tot aetatibus levis, Aesculapius
bene barbatus, etsi semper adulescentis Apollinis filius,
Neptunus glaucis oculis, Minerva caesiis, bubulis Iuno,
pedibus Mercurius alatis, Pan ungulatis, Saturnus compe-
ditis. Ianus vero frontis duas gestat, quasi et aversus
incedat: Diana interim est alte succincta venatrix et
Ephesia mammis multis et uberibus exstructa et Trivia
6 trinis capitibus et multis manibus horrifica. Quid ipse
Iuppiter vester? modo imberbis statuitur, modo barbatus
locatur; et cum Hammon dicitur, habet cornua et cum
Capitolinus, tunc gerit fulmina et cum Latiaris, cruore
perfunditur et cum Feretrius manu iacitur, non auditur.
Et ne longius multos Iovis obeam, tot sunt Iovis monstra

quot nomina. Erigone suspensa de laqueo est, ut virgo 7
inter astra ignita sit, Castores alternis moriuntur ut
vivant, Aesculapius ut in deum surgat fulminatur, Her-
cules ut hominem exuat, Oetaeis ignibus concrematur.

23. Has fabulas et errores et ab imperitis parentibus 1
discimus et, quod est gravius, ipsi studiis et disciplinis
elaboramus, carminibus praecipue poetarum qui plurimum
quantum veritati ipsi sua auctoritate nocuerunt. Et Plato 2
ideo praeclare Homerum illum inclytum laudatum et coro-
natum de civitate quam in sermone instituebat, eiecit.
Hic enim praecipuus bello Troico deos vestros, etsi ludos 3
facit, tamen in hominum rebus et actibus miscuit, hic
eorum paria composuit, sauciavit Venerem, Martem vinxit,
vulneravit, fugavit. Iovem narrat Briareo liberatum, ne 4
a diis ceteris ligaretur et Sarpedonem filium, quoniam
morti non poterat eripere, cruentis imbribus flevisse . . .
Alibi Hercules stercora egerit et Apollo Admeto pecus 5
pascit. Laomedonti vero muros Neptunus instituit, nec
mercedem operis infelix structor accipit. Illic Iovis 6
fulmen cum Aeneae armis in incude fabricatur, cum
caelum et fulmina et fulgura longe ante fuerint quam
Iuppiter in Creta nasceretur et flammas veri fulminis nec
Cyclops potuerit imitari nec ipse Iuppiter non vereri.
[. . .] Quae omnia in hoc prodita, ut vitiis hominum 7
quaedam auctoritas pararetur. His atque huiusmodi 8
figmentis et mendaciis dulcioribus conrumpuntur ingenia
puerorum et isdem fabulis inhaerentibus adusque summae
aetatis robur adolescunt et in isdem opinionibus miseri
consenescunt, cum sit veritas obvia, sed requirentibus.

Quis ergo dubitat hominum imagines consecratas vulgus 9
orare et publice colere, dum opinio et mens imperitorum
artis concinnitate decipitur, auri fulgore praestringitur,
argenti nitore et candore eboris hebetatur? quodsi in ani- 10
mum quis inducat, tormentis quibus et quibus machinis

simulacrum omne formetur, erubescet timere se materiem
11 ab artifice, ut deum faceret, inlusam. Deus enim ligneus,
rogi fortasse vel infelicis stipitis portio, suspenditur, cae-
12 ditur, dolatur, runcinatur. Et deus aereus vel argenteus
de inmundo vasculo, ut accepimus factum Aegyptio regi,
conflatur, tunditur malleis et in incudibus figuratur: et
lapideus deus caeditur, scalpitur et ab impurato homine
levigatur, nec sentit suae nativitatis iniuriam, ita ut nec
postea de vestra veneratione culturam. Nisi forte nondum
13 deus saxum est vel lignum vel argentum. Quando igitur
hic nascitur? ecce funditur, fabricatur, sculpitur: non-
dum deus est: ecce plumbatur, construitur, erigitur: nec
adhuc deus est: ecce ornatur, consecratur, oratur: tunc
postremo deus est, cum homo illum voluit et dedicavit.
1 24. Quanto verius de diis vestris animalia muta natu-
raliter iudicant! mures, hirundines, milvi non sentire eos
sciunt: rodunt, inculcant, insident, ac nisi abigatis, in
ipso dei vestri ore nidificant: araneae vero faciem eius
2 intexunt et de ipso capite sua fila suspendunt. Vos ter-
getis, mundatis, eraditis et illos quos facitis protegitis,
et timetis, dum unusquisque vestrum non cogitat prius
se debere deum nosse quam colere, dum inconsulte gesti-
unt parentibus oboedire, dum fieri malunt alieni erroris
accessio quam sibi credere, dum nihil ex his quae timent
norunt. Sic in auro et argento avaritia consecrata est,
sic statuarum inanium consignata forma, sic nata Romana
superstitio. Quorum ritus si percenseas, ridenda quam
3 multa, quam multa etiam miseranda sunt! Nudi cruda
hieme discurrunt, alii incedunt pilleati, scuta vetera cir-
cumferunt, pellis caedunt, mendicantis vicatim deos
ducunt: quaedam fana semel anno adire permittunt,
quaedam in totum nefas visere: est quo viro non licet,
nonnulla absque feminis sacra sunt, etiam servo quibusdam
caerimoniis interesse piaculare flagitium est [. . .]

25. At tamen ista ipsa superstitio Romanis dedit, auxit, 1
fundavit imperium, cum non tam virtute quam religione
et pietate pollerent. Nimirum insignis et nobilis iustitia
Romana ab ipsis imperii nascentis incunabulis auspicata
est. Nonne in ortu suo et scelere conlecti et muniti 2
immanitatis suae terrore creverunt? nam asylo prima
plebs congregata est: confluxerant perditi, facinerosi,
incesti, sicarii, proditores, et ut ipse Romulus imperator
et rector populum suum facinore praecelleret, parricidium
fecit. Haec prima sunt auspicia religiosae civitatis. Mox 3
alienas virgines iam desponsatas, iam destinatas et non-
nullas de matrimonio mulierculas sine more rapuit, viola-
vit, inlusit et, cum earum parentibus, id est cum soceris
suis bellum miscuit, propinquum sanguinem fudit. Quid
inreligiosius, quid audacius, quid ipsa sceleris confidentia
turpius? iam finitimos agro pellere, civitates proximas 4
evertère cum templis et altaribus, captos cogere, damnis
alienis et suis sceleribus adolescere cum Romulo regibus
ceteris et posteris ducibus disciplina conmunis est. Ita 5
quidquid Romani tenent, colunt, possident, audaciae
praeda est: templa omnia de manubiis, id est de ruinis
urbium, de spoliis deorum, de caedibus sacerdotum. Hoc
insultare et inludere est, victis religionibus servire, cap-
tivas eas post victorias adorare. Nam adorare quae manu
ceperis, sacrilegium est consecrare, non numina. Totiens 6
ergo Romanis impiatum est quotiens triumphatum, tot de
diis spolia quot de gentibus et tropaea. Igitur Romani
non ideo tanti, quod religiosi, sed quod impune sacrilegi.
Neque enim potuerunt in ipsis bellis deos adiutores ha- 7
bere, adversus quos arma rapuerunt et quos detriumpha-
tos colere coeperunt. Quid autem isti dii pro Romanis
possunt qui nihil pro suis adversus eorum arma value-
runt? Romanorum enim vernaculos deos novimus: Romu-
lus, Picus, Tiberinus et Consus et Pilumnus ac Volumnus

8 dii. Cloacinam Tatius et invenit et coluit, Pavorem Ho-
stilius atque Pallorem, mox a nescio quo Febris dedicata:
haec alumna urbis istius superstitio. morbi et malae vale-
tudines. Sane et Acca Larentia et Flora, meretrices pro-
pudiosae, inter morbos Romanorum et deos computandae.
9 Isti scilicet adversus céteros qui in gentibus colebantur,
Romanorum imperium protulerunt: neque enim eos ad-
versum suos homines vel Mars Thracius vel Iuppiter Creti-
cus vel Iuno nunc Argiva, nunc Samia, nunc Poena, vel
Diana Taurica vel Mater Idaea vel Aegyptia illa non nu-
mina, sed portenta uverunt. [. . .]
1 26. Iam enim venio ad illa auspicia et auguria Romana
quae summo labore conlecta testatus es et paenitenter
2 omissa et observata feliciter. Clodius scilicet et Flami-
nius et Iunius ideo exercitus perdiderunt, quod pullo-
rum solistimum tripudium exspectandum non putaverunt.
3 Quid Regulus? nonne auguria servavit et captus est?
Mancinus religionem tenuit et sub iugum missus est et
deditus. Pullos edacis habuit et Paulus, apud Cannas
tamen cum maiore populi Romani parte prostratus est.
4 Gaius Caesar, ne ante brumam in Africam navigia trans-
mitteret, auguriis et auspiciis retinentibus, sprevit: eo
5 facilius et navigavit et vicit. Quae vero et quanta de ora-
culis prosequar? post mortem Amphiaraus ventura re-
spondit qui proditum iri se ob monile ab uxore nescivit.
6 Tiresias caecus futura videbat qui praesentia non videbat.
De Pyrro Ennius Apollinis Pythi responsa confinxit, cum
iam Apollo versus facere desisset: cuius tunc cautum illud
et ambiguum defecit oraculum, cum et politiores homines
et minus creduli esse coeperunt. Et Demosthenes, quod
sciret responsa simulata, φιλιππίζειν Pythiam querebatur.
7 At non numquam tamen veritatem vel auspicia vel ora-
cula tetigerunt. Quamquam inter multa mendacia videri
possit industriam casus imitatus, adgrediar tamen fontem

ipsum erroris et pravitatis, unde omnis caligo ista manavit,
et altius eruere et aperire manifestius. Spiritus sunt in-
sinceri, vagi, a caelesti vigore terrenis labibus et cupidita-
tibus degravati. Isti igitur spiritus, posteaquam simplici- 8
tatem substantiae suae onusti et inmersi vitiis perdiderunt,
ad solacium calamitatis suae non desinunt perditi iam per-
dere et depravati errorem pravitatis infundere et alienati
a Deo inductis pravis religionibus a Deo segregare. Eos 9
spiritus daemonas esse poetae sciunt, philosophi disserunt,
Socrates novit qui ad nutum et arbitrium adsidentis sibi
daemonis vel declinabat negotia vel petebat. Magi quoque 10
non tantum sciunt daemonas, sed etiam quidquid miraculi
ludunt, per daemonas faciunt: illis adspirantibus et in-
fundentibus praestigias edunt, vel quae non sunt videri,
vel quae sunt non videri. Eorum magorum et eloquio et 11
negotio primus Hostanes et verum Deum merita maiestate
prosequitur et angelos, id est ministros et nuntios, Dei
sedem tueri veri, eiusque venerationi novit adsistere, ut et
nutu ipso et vultu domini territi contremescant. Idem
etiam daemonas prodidit terrenos, vagos, humanitatis ini-
micos. Quid Plato qui invenire Deum negotium credidit, 12
nonne et angelos sine negotio narrat et daemonas? et in
Symposio etiam suo naturam daemonum exprimere coniti-
tur? vult enim esse substantiam inter mortalem inmorta-
lemque, id est inter corpus et spiritum mediam, terreni
ponderis et caelestis levitatis admixtione concretam, ex
qua monet etiam † nos procupidinem amoris et dicit in-
formari et inlabi pectoribus humanis et sensum movere et
adfectus fingere et ardorem cupiditatis infundere.

27. Isti igitur impuri spiritus, daemones, ut ostensum 1
a magis, a philosophis sub statuis et imaginibus con-
secratis delitescunt et adflatu suo auctoritatem quasi
praesentis numinis consecuntur, dum inspirant inte-
rim vates, cum fanis inmorantur, dum non numquam

extorum fibras animant, avium volatus gubernant, sortis
2 regunt, oracula efficiunt, falsis pluribus involuta. Nam
et falluntur et fallunt, ut et nescientes sinceram veritatem
et quam sciunt, in perditionem sui non confitentes. Sic a
caelo deorsum gravant et a Deo vero ad materias avocant,
vitam turbant, somnos inquietant, inrepentis etiam corporibus occulte ut spiritus tenuis morbos fingunt, terrent
mentis, membra distorquent, ut ad cultum sui cogant, ut
nidore altarium vel hostiis pecudum saginati, remissis quae
3 constrinxerant, curasse videantur. Hinc sunt et furentes
quos in publicum videtis excurrere, vates et ipsi absque
templo, sic insaniunt, sic bacchantur, sic rotantur : par et
in illis instigatio daemonis sed argumentum dispar furoris.
4 De ipsis etiam illa quae paulo ante tibi dicta sunt, ut Iuppiter ludos repeteret ex somnio, ut cum equis Castores
viderentur, ut cingulum matronae navicula sequeretur.
5 Haec omnia sciunt pleraque pars vestrum ipsos daemonas
de semetipsis confiteri, quotiens a nobis tormentis verbo-
6 rum et orationis incendiis de corporibus exiguntur. Ipse
Saturnus et Serapis et Iuppiter et quidquid daemonum colitis, victi dolore quod sunt eloquuntur, nec utique in turpitudinem sui, non nullis praesertim vestrum adsistentibus,
7 mentiuntur. Ipsis testibus, esse eos daemonas, credite
fassis : adiurati enim per Deum verum et solum inviti
miseri corporibus inhorrescunt et vel exiliunt statim vel
evanescunt gradatim, prout fides patientis adiuvat aut
gratia curantis adspirat. Sic Christianos de proximo fugi-
8 tant quos longe a coetibus per vos lacessant. Ideo inserti
mentibus imperitorum odium nostri serunt occulte per
timorem : naturale est enim et odisse quem timeas, et
quem metueris infestare, si possis. Sic occupant animos
et obstruunt pectora, ut ante nos incipiant homines odisse
quam nosse, ne cognitos aut imitari possint aut damnare
non possint.

(*b*) *Defence of Christianity.*

28. Quam autem inicum sit, de incognitis et inexplora- 1
tis iudicare, quod facitis, nobis ipsis paenitentibus credite.
Et nos enim idem fecimus et eadem vobiscum quondam 2
adhuc caeci et hebetes sentiebamus, quasi Christiani mon-
stra colerent, infantes vorarent, convivia incesta miscerent,
nec intellegebamus ab his fabulas istas semper ventilari
et numquam vel investigari vel probari, nec tanto tempore
aliquem existere qui proderet, non tantum facti veniam,
verum etiam indicii gratiam consecuturum : malum autem
adeo non esse, ut Christianus reus nec erubesceret nec
timeret et unum solummodo, quod non ante fuerit, paeni-
teret. Nos tamen cum sacrilegos aliquos et incestos, par- 3
ricidas etiam defendendos et tuendos suscipiebamus, hos
nec audiendos in totum putabamus, non numquam etiam
miserantis eorum crudelius saeviebamus, ut torqueremus
confitentis ad negandum, videlicet ne perirent, exercentis
in his perversam quaestionem, non quae verum erueret,
sed quae mendacium cogeret. Et si qui infirmior malo 4
pressus et victus Christianum se negasset, favebamus ei,
quasi eierato nomine iam omnia facta sua illa negatione
purgaret. Adgnoscitisne eadem nos sensisse et egisse 5
quae sentitis et geritis ? cum si ratio, non instigatio dae-
monis iudicaret, urguendi magis, non ut diffiterentur se
Christianos, sed ut de incestis stupris, de impiatis sacris,
de infantibus inmolatis faterentur. His enim et huius- 6
modi fabulis idem daemones ad execrationis horrorem im-
peritorum auris adversus nos referserant. Nec tamen
mirum, quoniam fama, quae semper insparsis mendaciis
alitur, ostensa veritate consumitur, sic est negotium daemo- 7
num ; ab ipsis enim rumor falsus et seritur et fovetur.

Inde est quod audire te dicis, caput asini rem nobis esse
divinam. Quis tam stultus, ut hoc colat? quis stultior,
ut hoc coli credat? nisi quod vos et totos asinos in stabu-
lis cum vestra vel sua Epona consecratis et eosdem asinos
cum Iside religiose decoratis, item boum capita et capita
vervecum et inmolatis et colitis, de capro etiam et homine
mixtos deos et leonum et canum vultibus deos dedicatis.
8 Nonne et Apim bovem cum Aegyptiis adoratis et pascitis?
nec eorum sacra damnatis instituta serpentibus, crocodillis,
beluis ceteris et avibus et piscibus, quorum aliquem deum
si quis occiderit, etiam capite punitur. [. . .]
2 29. Quod religioni nostrae hominem noxium et crucem
eius adscribitis, longe de vicinia veritatis erratis qui pu-
tatis Deum credi aut meruisse noxium aut potuisse terre-
3 num. Ne ille miserabilis cuius in homine mortali spes
omnis innititur; totum enim eius auxilium cum extincto
4 homine finitur. Aegyptii sane hominem sibi quem colant
eligunt: illum unum propitiant, illum de omnibus consu-
lunt, illi victimas caedunt. At ille qui ceteris deus, sibi
certe homo est, velit nolit: nec enim conscientiam suam
5 decipit, si fallit alienam. Etiam principibus et regibus,
non ut magnis et electis viris, sicut fas est, sed ut deis
turpiter adulatio falsa blanditur, cum et praeclaro viro
honor verius et optimo amor dulcius praebeatur. Sic
eorum numen vocant, ad imagines supplicant, genium, id
est daemonem eorum implorant, et est eis tutius per Iovis
genium peierare quam regis. Cruces etiam nec colimus
6 nec optamus. Vos plane qui ligneos deos consecratis,
cruces ligneas ut deorum vestrorum partis forsitan adora-
7 tis. Nam et signa ipsa et cantabra et vexilla castrorum
quid aliud quam inauratae cruces sunt et ornatae? tro-
paea vestra victricia non tantum simplicis crucis faciem,
8 verum et adfixi hominis imitantur. Signum sane crucis
naturaliter visimus in navi, cum velis tumentibus vehitur,

cum expansis palmulis labitur, et cum erigitur iugum, crucis signum est et cum homo porrectis manibus Deum pura mente veneratur. Ita signo crucis aut ratio naturalis innititur aut vestra religio formatur.

30. Illum iam velim convenire qui initiari nos dicit aut 1
credit de caede infantis et sanguine. Putas posse fieri, ut tam molle, tam parvulum corpus fata vulnerum capiat? ut quisquam illum rudem sanguinem novelli et vixdum hominis caedat, fundat, exhauriat? nemo hoc potest cre-
dere nisi qui possit audere. Vos enim video procreatos 2
filios nunc feris et avibus exponere, nunc adstrangulatos
misero mortis genere elidere [. . .]Et haec utique de 3
deorum vestrorum disciplina descendunt: nam Saturnus filios suos non exposuit, sed voravit. Merito ei in non nullis Africae partibus a parentibus infantes inmolabantur, blanditiis et osculo comprimente vagitum, ne
flebilis hostia inmolaretur. Tauris etiam Ponticis et 4
Aegyptio Busiridi ritus fuit hospites inmolare, et Mercurio Gallis humanas vel inhumanas victimas caedere, Romani Graecum et Graecam, Gallum et Gallam sacrificii viventis obruere, hodieque ab ipsis Latiaris Iuppiter homicidio colitur et, quod Saturni filio dignum est, mali et
noxii hominis sanguine saginatur. Ipsum credo docuisse 5
sanguinis foedere coniurare Catilinam et Bellonam sacrum suum haustu humani cruoris imbuere et comitialem morbum hominis sanguine, id est morbo graviore sanare.
Non dissimiles qui de arena feras devorant inlitas et in- 6
fectas cruore vel membris hominis et viscere saginatas. Nobis homicidium nec videre fas nec audire, tantumque ab humano sanguine cavemus, ut nec edulium pecorum in cibis sanguinem noverimus. [. . .]

Nec de ultima statim plebe consistimus, si honores 6
vestros et purpuras recusamus nec factiosi sumus, si omnes unum bonum sapimus eadem congregati quiete qua

singuli nec in angulis garruli, si audire nos publice aut
7 erubescitis aut timetis. Et quod in dies noster numerus
augetur, non est crimen erroris, sed testimonium laudis;
nam in pulcro genere vivendi et perstat et perseverat suus
8 et adcrescit alienus. Sic nos denique non notaculo corpo-
ris, ut putatis, sed innocentiae ac modestiae signo facile
dinoscimus; sic nos mutuo, quod doletis, amore diligimus,
quoniam odisse non novimus; sic nos, quod invidetis,
fratres vocamus, ut unius parentis omnes, ut consortes
fidei, ut spei coheredes. Vos enim nec invicem adgnos-
citis et in mutua odia saevitis, nec fratres vos nisi sane
ad parricidium recognoscitis.
1 32. Putatis autem nos occultare quod colimus, si delu-
bra et aras non habemus? quod enim simulacrum Deo
fingam, cum, si recte existimes, sit Dei homo ipse simula-
crum? templum quod ei extruam, cum totus hic mundus
eius opere fabricatus eum capere non possit? et cum homo
latius maneam, intra unam aediculam vim tantae maie-
2 statis includam? nonne melius in nostra dedicandus est
mente? in nostro immo consecrandus est pectore? hostias
et victimas Deo offeram quas in usum mei protulit, ut
reiciam ei suum munus? ingratum est, cum sit litabilis
hostia bonus animus et pura mens et sincera conscientia.
3 Igitur qui innocentiam colit, Deo supplicat, qui iustitiam,
Deo libat, qui fraudibus abstinet, propitiat Deum, qui ho-
minem periculo subripit, opimam victimam caedit. Haec
nostra sacrificia, haec Dei sacra sunt: sic apud nos re-
4 ligiosior est ille qui iustior. At enim quem colimus Deum,
nec ostendimus nec videmus. Immo ex hoc Deum credi-
mus, quod eum sentire possumus, videre non possumus.
In operibus enim eius et in mundi omnibus motibus
virtutem eius semper praesentem adspicimus, cum tonat,
5 fulgurat, fulminat, cum serenat. Nec mireris, si Deum
non vides: vento et flatibus omnia impelluntur, vibrantur,

agitantur et sub oculis tamen non venit ventus et flatus.
In solem adeo qui videndi omnibus causa est, videre non
possumus, radiis acies submovetur, obtutus intuentis he-
betatur et, si diutius inspicias, omnis visus extinguitur.
Quid ? ipsum solis artificem, illum luminis fontem, possis 6
sustinere, cum te ab eius fulgoribus avertas, a fulminibus
abscondas ? Deum oculis carnalibus vis videre, cum ipsam
animam tuam qua vivificaris et loqueris nec aspicere possis
nec tenere ? sed enim Deus actum hominis ignorat et in 7
caelo constitutus non potest aut omnis obire aut singulos
nosse. Erras, o homo, et falleris : unde enim Deus longe
est, cum omnia caelestia terrenaque et quae extra istam
orbis provinciam sunt Deo cognita plena sint ? ubique
non tantum nobis proximus, sed infusus est. In solem 8
adeo rursus intende : caelo adfixus, sed terris omnibus
sparsus est, pariter praesens ubique interest et miscetur
omnibus, nusquam eius claritudo violatur. Quanto magis 9
Deus auctor omnium ac speculator omnium, a quo nullum
potest esse secretum, tenebris interest, interest cogita-
tionibus nostris, quasi alteris tenebris ! non tantum sub
illo agimus, sed et cum illo, ut prope dixerim, vivimus.

33. Nec nobis de nostra frequentia blandiamur : multi 1
nobis videmur, sed Deo admodum pauci sumus. Nos
gentis nationesque distinguimus, Deo una domus est
mundus hic totus. Reges tamen regni sui per officia
ministrorum universam noverunt, Deo indiciis opus non
est ; non enim solum in oculis eius, sed in sinu vivimus.
Sed Iudaeis nihil profuit, quod unum et ipsi Deum aris 2
atque templis maxima superstitione coluerunt. Ignorantia
laberis, si priorum aut oblitus aut inscius posteriorum
recordaris. Nam et ipsi Deum nostrum, idem enim om- 3
nium Deus est, experti sunt. Quamdiu enim eum caste,
innoxie religioseque coluerunt, quamdiu praeceptis salu-
bribus obtemperaverunt, de paucis innumeri facti, de

egentibus divites, de servientibus reges; modici multos,
inermi armatos, dum fugiunt insequentes, Dei iussu et
4 elementis adnitentibus obruerunt. Scripta eorum relege
vel, si Romanis magis gaudes, ut transeamus veteres,
Antonii Iuliani de Iudaeis require: iam scies, nequitia sua
hanc eos meruisse fortunam, nec quidquam accidisse quod
non sit iis, si in contumacia perseverarent, ante praedictum.
5 Ita prius eos deseruisse comprehendes quam esse desertos
nec, ut impie loqueris, cum Deo suo captos, sed a Deo ut
disciplinae transfugas deditos.

1 34. Ceterum de incendio mundi, improvisum ignem ca-
2 dere aut difficile aut non credere vulgaris erroris est. Quis
enim sapientium dubitat, quis ignorat, omnia quae orta sunt
occidere, quae facta sunt, interire? caelum quoque cum
omnibus quae caelo continentur, ita ut coepisse desinere
. . . fontium dulcis aqua maria nutrire, in vim ignis abi-
turum, Stoicis constans opinio est, quod consumpto umore
3 mundus hic omnis ignescat. Et Epicureis de elemento-
rum conflagratione et mundi ruina eadem ista sententia
4 est. Similiter loquitur Plato: partis orbis nunc inundare
dicit, nunc alternis vicibus ardescere, et cum ipsum mun-
dum perpetuum et insolubilem diceret esse fabricatum,
addidit tamen, ipsi artifici Deo soli et solubilem et esse
5 mortalem. Ita nihil mirum est, si ista moles ab eo quo
exstructa est, destruatur. Animadvertis philosophos eadem
disputare quae dicimus, non quod nos simus eorum vesti-
gia subsecuti, sed quod illi de divinis praedictionibus pro-
6 fetarum umbram interpolatae veritatis imitati sint. Sic
etiam condicionem renascendi sapientium clariores, Pytha-
goras primus et praecipuus Plato, conrupta et dimidiata
fide tradiderunt: nam corporibus dissolutis solas animas
volunt et perpetuo manere et in alia nova corpora saepius
7 conmeare. Addunt istis et illa ad retorquendam verita-
tem, in pecudes, avis, beluas hominum animas redire.

Non philosophi sane studio, sed mimi convicio digna ista
sententia est; sed ad propositum satis est, etiam in hoc 9
sapientis vestros in aliquem modum nobiscum consonare.
Ceterum quis tam stultus aut brutus est, ut audeat re- 10
pugnare, hominem a Deo, ut primum potuisse fingi, ita
posse denuo reformari? nihil esse post obitum et ante
ortum nihil fuisse? sicut de nihilo nasci licuit, ita de
nihilo licere reparari? Porro difficilius esse, id quod non
sit incipere, quam id quod fuerit iterare. Tu perire et
Deo credis, si quid oculis nostris hebetibus subtrahitur?
corpus omne sive arescit in pulverem sive in umorem sol-
vitur vel in cinerem comprimitur vel in nidorem tenuatur,
subducitur nobis, sed Deo elementorum custodi reserva-
tur. Nec, ut creditis, ullum damnum sepulturae time-
mus, sed veterem et meliorem consuetudinem humandi
frequentamus. Vide adeo quam in solacium nostri resur- 11
rectionem futuram omnis natura meditetur. Sol de-
mergit et renascitur, astra labuntur et redeunt, flores occi-
dunt et revivescunt, post senium arbusta frondescunt,
semina nonnisi conrupta revirescunt: ita corpus in sepul-
cro, ut arbores in hiberno, occultant virorem ariditate 12
mentita. Quid festinas, ut cruda adhuc hieme revivescat
et redeat? expectandum nobis etiam corporis ver est.
Nec ignoro plerosque conscientia meritorum nihil se esse
post mortem magis optare quam credere, malunt enim
extingui penitus quam ad supplicia reparari. Quorum
error augetur et in saeculo libertate remissa et Dei patien-
tia maxima, cuius quanto iudicium tardum, tanto magis
iustum est.

35. Et tamen admonentur homines doctissimorum libris 1
et carminibus poetarum illius ignei fluminis et de Stygia
palude saepius ambientis ardoris quae cruciatibus aeternis
praeparata et daemonum indiciis et de oraculis profetarum
cognita tradiderunt. Et ideo apud eos etiam ipse rex 2

Iuppiter per torrentis ripas et atram voraginem iurat re-
ligiose; destinatam enim sibi cum suis cultoribus poenam
3 praescius perhorrescit. Nec tormentis aut modus ullus
aut terminus. Illic sapiens ignis membra urit et reficit,
carpit et nutrit. Sicut ignes fulminum corpora tangunt
nec absumunt, sicut ignes Aetnaei montis et Vesuvi
montis et ardentium ubique terrarum flagrant nec ero-
gantur: ita poenale illud incendium non damnis arden-
tium pascitur, sed inexesa corporum laceratione nutritur.
4 Eos autem merito torqueri qui Deum nesciunt, ut impios,
ut iniustos, nisi profanus nemo deliberat, cum parentem
omnium et omnium dominum non minoris sceleris sit ig-
5 norare quam laedere. Et quamquam imperitia Dei suffi-
ciat ad poenam, ita ut notitia prosit ad veniam, tamen si
vobiscum Christiani comparemur, quamvis in non nullis
disciplina nostra minor est, multo tamen vobis meliores
6 deprehendemur. Vos enim adulteria prohibetis et facitis,
nos uxoribus nostris solummodo viri nascimur; vos scelera
admissa punitis, apud nos et cogitare peccare est; vos
conscios timetis, nos etiam conscientiam solam, sine qua
esse non possumus; denique de vestro numero carcer ex-
aestuat, Christianus ibi nullus nisi aut reus suae religi-
onis aut profugus.

1 36. Nec de fato quisquam aut solacium captet aut ex-
cuset eventum: sit sors fortunae, mens tamen libera est
2 et ideo actus hominis, non dignitas iudicatur. Quid enim
aliud est fatum quam quod de unoquoque nostrum Deus
fatus est? qui cum possit praescire materiam, pro meritis
et qualitatibus singulorum etiam fata determinat. Ita in
nobis non genitura plectitur, sed ingenii natura punitur.
Ac de fato satis, vel si pauca pro tempore, disputaturi
3 alias et uberius et plenius. Ceterum quod plerique pau-
peres dicimur, non est infamia nostra, sed gloria; animus
4 enim ut luxu solvitur, ita frugalitate firmatur. Et tamen

qui potest pauper esse qui non eget, qui non inhiat alieno,
qui Deo dives est? magis pauper ille est qui cum multa
habeat, plura desiderat. Dicam tamen quemadmodum 5
sentio: nemo tam pauper potest esse quam natus est.
Aves sine patrimonio vivunt et in diem pascuntur et haec
nobis tamen nata sunt quae omnia, si non concupiscimus,
possidemus. Igitur ut qui viam terit, eo felicior quo levior 6
incedit, ita beatior in hoc itinere vivendi qui paupertate
se sublevat, non sub divitiarum onere suspirat. Et tamen 7
facultates, si utilis putaremus, a Deo posceremus, utique
indulgere posset aliquantum cuius est totum. Sed nos
contemnere malumus opes quam contingere, innocentiam
magis cupimus, magis patientiam flagitamus, malumus nos
bonos esse quam prodigos. Et quod corporis humana vitia
sentimus et patimur, non est poena, militia est. Fortitudo 8
enim in infirmitatibus roboratur et calamitas saepius di-
sciplina virtutis est; vires denique et mentis et corporis
sine laboris exercitatione torpescunt. Omnes adeo vestri
viri fortes quos in exemplum praedicatis, aerumnis suis in-
clyti floruerunt. Itaque et nobis Deus nec non potest sub- 9
venire nec despicit, cum sit et omnium rector et amator
suorum, sed in adversis unumquemque explorat et exami-
nat, ingenium singulorum periculis pensitat, usque ad ex-
tremam mortem voluntatem hominis sciscitatur, nihil sibi
posse perire securus. Itaque ut aurum ignibus, sic nos
discriminibus arguimur.

37. Quam pulchrum spectaculum Deo, cum Christianus 1
cum dolore congreditur, cum adversum minas et supplicia
et tormenta componitur, cum strepitum mortis et horrorem
carnificis inridens inculcat, cum libertatem suam adversus
reges et principes erigit et soli Deo, cuius est, cedit, cum
triumphator et victor ipsi qui adversum se sententiam
dixit insultat! Vicit enim qui quod contendit obtinuit.
Quis non miles sub oculis imperatoris audacius periculum 2

provocet? nemo enim praemium percipit ante experi-
mentum. Et imperator tamen quod non habet, non dat;
non potest propagare vitam, potest honestare militiam.
3 At enim Dei miles nec in dolore deseritur nec morte fini-
tur. Sic Christianus miser videri potest, non potest in-
veniri. Vos ipsi calamitosos viros fertis ad caelum, ut
Mucium Scaevolam qui, cum errasset in regem, perisset in
4 hostibus, nisi dexteram perdidisset. Et quot ex nostris,
non dextram solum, sed totum corpus uri, cremari sine
ullis eiulatibus pertulerunt, cum dimitti praesertim habe-
5 rent in sua potestate! viros cum Mucio vel cum Aquilio
aut Regulo comparo? pueri et mulierculae nostrae cruces
et tormenta, feras et omnis suppliciorum terriculas inspi-
6 rata patientia doloris inludunt. Nec intellegitis, o miseri,
neminem esse qui aut sine ratione velit poenam subire aut
7 tormenta sine Deo possit sustinere. Nisi forte vos decipit,
quod Deum nescientes divitiis afluant, honoribus floreant,
polleant potestatibus. Miseri in hoc altius tolluntur, ut
decidant altius. Hi enim ut victimae ad supplicium sagi-
nantur, ut hostiae ad poenam coronantur: in hoc adeo
quidam imperiis ac dominationibus eriguntur, ut ingenium
eorum perditae mentes licentia potestatis libere nundinen-
8 tur. Absque enim notitia Dei quae potest esse solida feli-
citas, cum mors sit? somnio similis antequam tenetur,
9 elabitur. Rex es? sed tam times quam timeris et, quam-
libet sis multo comitatu stipatus, ad periculum tamen solus
es. Dives es? sed fortunae male creditur et magno via-
10 tico breve vitae iter non instruitur, sed oneratur. Fasci-
bus et purpuris gloriaris? vanus error hominis et inanis
cultus dignitatis, fulgere purpura, mente sordescere. No-
bilitate generosus es? parentis tuos laudas? omnes
tamen pari sorte nascimur, sola virtute distinguimur.
11 Nos igitur, qui moribus et pudore censemur, merito malis
voluptatibus et pompis vestris et spectaculis abstinemus,

quorum et de sacris originem novimus et noxia blandi-
menta damnamus. Nam in ludis currulibus quis non hor-
reat populi in se rixantis insaniam? in gladiatoriis homi- 12
cidii disciplinam? in scenicis etiam non minor furor et
turpitudo prolixior; nunc enim mimus vel exponit adul-
teria vel monstrat, nunc enervis histrio amorem dum fingit,
infligit: idem deos vestros induendo stupra, suspiria, odia
dedecorat, idem simulatis doloribus lacrimas vestras vanis
gestibus et nutibus provocat: sic homicidium in vero fla-
gitatis, in mendacio fletis.

38. Quod vero sacrificiorum reliquias et pocula delibata 1
contemnimus, non confessio timoris est, sed verae libertatis
adsertio. Nam etsi omne quod nascitur ut inviolabile Dei
munus nullo opere conrumpitur, abstinemus tamen, ne
quis nos existimet aut daemoniis, quibus libatum est,
cedere aut nostrae religionis pudere. Quis autem ille qui 2
dubitat, vernis indulgere nos floribus, cum carpamus et
rosam veris et lilium et quidquid aliud in floribus blandi
coloris et odoris est? his enim et sparsis utimur mobilibus
ac solutis et sertis colla complectimur. Sane quod caput
non coronamus, ignoscite: auram bonam floris naribus
ducere, non occipitio capillisve solemus haurire. Nec 3
mortuos coronamus. Ego vos in hoc magis miror, quem-
admodum tribuatis exanimi aut sentienti facem aut non
sentienti coronam, cum et beatus non egeat et miser non
gaudeat floribus. At enim nos exsequias adornamus eadem 4
tranquillitate qua vivimus, nec adnectimus arescentem
coronam, sed a Deo aeternis floribus vividam sustinemus:
quieti, modesti, Dei nostri liberalitate securi spem futurae
felicitatis fide praesentis eius maiestatis animamus. Sic
et beati resurgimus et futuri contemplatione iam vivimus.
Proinde Socrates scurra Atticus viderit, nihil se scire con- 5
fessus, testimonio licet fallacissimi daemonis gloriosus, Ar-
cesilas quoque et Carneades et Pyrro et omnis Academico-

rum multitudo deliberet, Simonides etiam in perpetuum
comperendinet: philosophorum supercilia contemnimus
quos conruptores et adulteros novimus et tyrannos et sem-
6 per adversus sua vitia facundos. Nos, qui non habitu sa-
pientiam sed mente praeferimus, non eloquimur magna
sed vivimus, gloriamur nos consecutos quod illi summa in-
tentione quaesiverunt nec invenire potuerunt. Quid in-
grati sumus, quid nobis invidemus, si veritas divinitatis
nostri temporis aetate maturuit? fruamur bono nostro et
recti sententiam temperemus: cohibeatur superstitio, im-
pietas expietur, vera religio reservetur.'

Epilogue.

1 39. Cum Octavius perorasset, aliquamdiu nos ad silen-
tium stupefacti intentos vultus tenebamus et, quod ad me
est, magnitudine admirationis evanui, quod ea quae facilius
est sentire quam dicere et, argumentis et exemplis et lec-
tionum auctoritatibus adornasset et, quod malevolos isdem
illis quibus armantur, philosophorum telis retudisset, osten-
disset etiam veritatem non tantummodo facilem sed et fa-
1 vorabilem. 40. Dum istaec igitur apud me tacitus evolvo,
Caecilius erupit: 'Ego Octavio meo plurimum quantum,
sed et mihi gratulor nec expecto sententiam. Vicimus et
ita, vel improbe usurpo victoriam. Nam ut ille mei vic-
2 tor est, ita ego triumphator erroris. Itaque, quod perti-
neat ad summam quaestionis et de providentia fateor et
de Deo cedo et de sectae iam nostrae sinceritate consentio.
Etiam nunc tamen aliqua consubsidunt non obstrepentia
veritati sed perfectae institutioni necessaria de quibus
crastino, quod iam sol occasui declivis est, ut de toto con-
3 gruentes promptius requiremus.' 'At ego,' inquam, 'pro-
lixius omnium nostrum vice gaudeo, quod etiam mihi

Octavius vicerit, cum maxima iudicandi mihi invidia detracta sit. Nec tamen possum meritum eius verborum laudibus repensare, testimonium et hominis et unius infirmum est. Habet Dei munus eximium a quo et inspiratus oravit et obtinuit adiutus.'

Post haec laeti hilaresque discessimus, Caecilius quod 4
crediderit, Octavius gaudere quod vicerit, ego et quod hic crediderit et hic vicerit.

AMMIANVS MARCELLINVS

THE last, and one of the greatest, of Roman historians was a Greek, born at Antiochia about 330 A.D. Like Velleius, he followed the career of a soldier, serving with distinction in the Orient under Ursicinus, whom he later accompanied to Italy and Gaul, and fighting under Julian against the Alemanni.

The remaining twenty years of his life—he died about 400—seem to have been devoted to his history, which began at the point where Tacitus left off and concluded with the death of Valens. Of this long period, from 96 to 378, only the narrative of his own time, from 353 down, comprising books XIV.–XXXI., has been preserved.

Ammianus bears many resemblances to Tacitus, whose work he continued, and who also served as his model. His is a strong and independent individuality, with decided likes and dislikes, but withal of an honest intent to give the truth as he saw it. He is a shrewd observer and a keen analyst of character. His education seems to have been largely autodidactic, and he is naïvely fond of displaying his by no means despicable erudition.

His diction has all the faults of the decline, in an accentuated degree. It is inartistic in spite of its rhetorical coloring, and often involved to the point of obscurity; but when it is remembered that Greek, not Latin, was his mother-tongue, we shall think less harshly of his stylistic shortcomings, and rather honor this sturdy old soldier who, in a period intellectually and morally so sadly out of joint as his could still rise superior to his corrupting environment and give to posterity so painstaking and impartial, so trustworthy and invaluable a history of the momentous struggles of his age.

AMMIANVS MARCELLINVS

Book XXXI., 16, 9: The Author on his Work.

Haec ut miles quondam et Graecus, a principatu Caesaris 9
Nervae exorsus ad usque Valentis interitum pro virium explicavi mensura: opus veritatem professum numquam, ut arbitror, sciens silentio ausus conrumpere vel mendacio. Scribant reliqua potiores, aetate doctrinisque florentes. Quos id, si libuerit, aggressuros, procudere linguas ad maiores moneo stilos.

Book XIV., 6: The Degeneracy of Roman Society.

Et quoniam mirari posse quosdam peregrinos existimo 2
haec lecturos forsitan, si contigerit, quamobrem cum oratio ad ea monstranda deflexerit quae Romae gererentur, nihil praeter seditiones narratur et tabernas et vilitates harum similis alias, summatim causas perstringam nusquam a veritate sponte propria digressurus.

Tempore quo primis auspiciis in mundanum fulgorem 3
surgeret victura dum erunt homines Roma, ut augeretur sublimibus incrementis, foedere pacis aeternae Virtus convenit atque Fortuna plerumque dissidentes, quarum si altera defuisset, ad perfectam non venerat summitatem.
Eius populus ab incunabulis primis ad usque pueritiae 4
tempus extremum, quod annis circumcluditur fere tre-

centis, circummurana pertulit bella, deinde aetatem in-
gressus adultam post multiplices bellorum aerumnas Alpis
transcendit et fretum, in iuvenem erectus et virum ex
omni plaga quam orbis ambit inmensus, reportavit laureas
et triumphos, iamque vergens in senium et nomine solo
5 aliquotiens vincens ad tranquilliora vitae discessit. Ideo
urbs venerabilis post superbas efferatarum gentium cervi-
ces oppressas latasque leges fundamenta libertatis et reti-
nacula sempiterna velut frugi parens et prudens et dives
Caesaribus tamquam liberis suis regenda patrimonii iura
6 permisit. Et olim licet otiosae sint tribus pacataeque
centuriae et nulla suffragiorum certamina sed Pompiliani
redierit securitas temporis, per omnis tamen quotquot
sunt partis terrarum, ut domina suscipitur et regina et
ubique patrum reverenda cum auctoritate canities populi-
que Romani nomen circumspectum et verecundum.
7 Sed laeditur hic coetuum magnificus splendor levitate
paucorum incondita, ubi nati sunt non reputantium, sed
tamquam indulta licentia vitiis ad errores lapsorum ac
lasciviam. Vt enim Simonides lyricus docet, beate per-
fecta ratione victuro ante alia patriam esse convenit glo-
8 riosam. Ex his quidam aeternitati se conmendari posse
per statuas aestimantes eas ardenter adfectant quasi plus
praemii de figmentis aereis sensibus carentibus adepturi
quam ex conscientia honeste recteque factorum, easque
auro curant inbracteari, quod Acilio Glabrioni delatum
est primo, cum consiliis armisque regem superasset Antio-
chum. Quam autem sit pulchrum exigua haec spernentem
et minima ad adscensus verae gloriae tendere longos et
arduos, ut memorat vates Ascraeus, Censorius Cato mon-
stravit. Qui interrogatus quam ob rem inter multos iam
statuam non haberet 'malo,' inquit, 'ambigere bonos
quam ob rem id non meruerim quam, quod est gravius, cur
impetraverim mussitare.'

Alii summum decus in carruchis solito altioribus et 9
ambitioso vestium cultu ponentes sudant sub ponderibus
lacernarum, quas in collis insertas cingulis ipsis adnectunt
nimia subtegminum tenuitate perflabilis, expandentes eas
crebris agitationibus maximeque sinistra, ut longiores fim-
briae tunicaeque perspicue luceant varietate liciorum
effigiatae in species animalium multiformis. Alii nullo 10
quaerente vultus severitate adsimulata patrimonia sua in
inmensum extollunt, cultorum ut puta feracium multi-
plicantis annuos fructus quae a primo ad ultimum solem
se abunde iactitant possidere, ignorantes profecto maiores
suos, per quos ita magnitudo Romana porrigitur, non
divitiis eluxisse sed per bella saevissima, nec opibus nec
victu nec indumentorum vilitate gregariis militibus dis-
crepantis opposita cuncta superasse virtute. Hac ex causa 11
conlaticia stipe Valerius humatur ille Publicola et subsi-
diis amicorum mariti inops cum liberis uxor alitur Reguli
et dotatur ex aerario filia Scipionis, cum nobilitas florem
adultae virginis diuturnum absentia pauperis erubesceret
patris.

At nunc si ad aliquem bene nummatum tumentemque 12
ideo honestus advena salutatum introieris, primitus tam-
quam exoptatus suscipieris et interrogatus multa coactus-
que mentiri, miraberis numquam antea visus summatem
virum tenuem te sic enixius observantem, ut paeniteat ob
haec bona tamquam praecipua non vidisse ante decennium
Romam. Hacque adfabilitate confisus cum eadem postri- 13
die feceris, ut incognitus haerebis et repentinus, hortatore
illo hesterno . . . ruminando, qui sis vel unde venias diu-
tius ambigente. Agnitus vero tandem et adscitus in
amicitiam si te salutandi adsiduitati dederis triennio in-
discretus et per tot dierum defueris tempus, reverteris ad
paria perferenda, nec ubi esses interrogatus et quo tandem
miser discesseris, aetatem omnem frustra in stipite con-

14 teres submittendo. Cum autem conmodis intervallata
temporibus convivia longa et noxia coeperint adparari vel
distributio sollemnium sportularum, anxia deliberatione
tractatur an exceptis his quibus vicissitudo debetur, pere-
grinum invitari conveniet et, si digesto plene consilio id
placuerit fieri, is adhibetur qui pro domibus excubat auri-
garum aut artem tesserariam profitetur aut secretiora
15 quaedam se nosse confingit. Homines enim eruditos et
sobrios ut infaustos et inutilis vitant, eo quoque accedente
quod et nomenclatores adsueti haec et talia venditare, mer-
cede accepta lucris quosdam et prandiis inserunt subdi-
ticios ignobilis et obscuros.

16 Mensarum enim voragines et varias voluptatum illece-
bras, ne longius progrediar, praetermitto illuc transiturus
quod quidam per ampla spatia urbis subversasque silices
sine periculi metu properantes equos velut publicos signa-
tis quod dicitur calceis agitant, familiarium agmina tam-
quam praedatorios globos post terga trahentes ne Sannione
quidem, ut ait comicus, domi relicto. Quos imitatae ma-
tronae complures opertis capitibus et basternis per latera
17 civitatis cuncta discurrunt. Vtque proeliorum periti rec-
tores primo catervas densas opponunt et fortis, deinde
levis armaturas, post iaculatores ultimasque subsidialis
acies, si fors adegerit, iuvaturas, ita praepositis urbanae
familiae sua pensa digerentibus sollicite quos insignis
faciunt virgae dexteris aptatae velut tessera data castrensi
iuxta vehiculi frontem omne textrinum incedit: huic
atratum coquinae iungitur ministerium, dein totum pro-
miscue servitium cum otiosis plebeiis de vicinitate con-
iunctis [. . .].

18 Quod cum ita sit, paucae domus studiorum seriis cultibus antea celebratae nunc ludibriis ignaviae torpentis exundant, vocali sonu, perflabili tinnitu fidium resultantes. Denique pro philosopho cantor et in locum oratoris doctor

artium ludicrarum accitur et bibliothecis sepulcrorum ritu
in perpetuum clausis organa fabricantur hydraulica et
lyrae ad speciem carpentorum ingentes tibiaeque et histri-
onici gestus instrumenta non levia.

Postremo ad id indignitatis est ventum, ut cum pere- 19
grini ob formidatam haud ita dudum alimentorum inopiam
pellerentur ab urbe praecipites, sectatoribus disciplinarum
liberalium impendio paucis sine respiratione ulla extrusis,
tenerentur minimarum adseclae veri, quique id simularunt
ad tempus et tria milia saltatricum ne interpellata quidem
cum choris todidemque remanerent magistris. Et licet 20
quocumque oculos flexeris feminas adfatim multas spectare
cirratas, quibus, si nupsissent, per aetatem ter iam nixus
poterat subpetere liberorum, ad usque taedium pedibus
pavimenta tergentes iactari volucriter gyris, dum expri-
munt innumera simulacra quae finxere fabulae theatrales.

Illud autem non dubitatur quod cum esset aliquando 21
virtutum omnium domicilium Roma, ingenuos advenas
plerique nobilium, ut Homerici bacarum suavitate Lo-
tophagi, humanitatis multiformibus officiis retentabant.
Nunc vero inanes flatus quorundam vile esse quidquid ex- 22
tra urbis pomerium nascitur aestimant praeter orbos et
caelibes, nec credi potest qua obsequiorum diversitate co-
luntur homines sine liberis Romae. [. . .]

Ex turba vero imae sortis et paupertinae in tabernis 25
aliqui pernoctant vinariis, non nulli velariis umbraculorum
theatralium latent quae Campanam imitatus lasciviam
Catulus in aedilitate sua suspendit omnium primus; aut
pugnaciter aleis certant turpi sono fragosis naribus intror-
sum reducto spiritu concrepantes; aut quod est studiorum
omnium maximum ab orto lucis ad vesperam sole fatiscunt
vel pluviis, per minutias aurigarum equorumque praecipua
vel delicta scrutantes. Et est admodum mirum videre 26
plebem innumeram mentibus ardore quodam infuso cum

dimicationum curulium eventu pendentem. Haec similiaque memorabile nihil vel serium agi Romae permittunt.

Book XVI., 10, 5: The Beauty of Rome.

5 Cumque urbi propinquaret, senatus officia reverendasque
patriciae stirpis effigies ore sereno contemplans non ut
Cineas ille Pyrri legatus in unum coactam multitudinem
6 regum sed asylum mundi totius adesse existimabat. Vnde
cum se vertisset ad plebem, stupebat, qua celeritate omne
quod ubique est hominum genus confluxerit Romam. Et
tamquam Euphratem armorum specie territurus aut Rhe-
num altrinsecus praeeuntibus signis insidebat aureo solus
ipse carpento fulgenti claritudine lapidum variorum quo
7 micante lux quaedam misceri videbatur alterna. Eumque
post antegressos multiplicis alios purpureis subtegminibus
texti circumdedere dracones hastarum aureis gemmatisque
summitatibus inligati, hiatu vasto perflabiles et ideo velut
ira perciti sibilantes caudarumque volumina relinquentes
8 in ventum. Et incedebat hinc inde ordo geminus arma-
torum clipeatus atque cristatus corusco lumine radians,
nitidis loricis indutus, sparsique cataphracti equites, quos
clibanarios dictitant, personas thoracum muniti tegminibus
et limbis ferreis cincti, ut Praxitelis manu polita crederes
simulacra, non viros: quos lamminarum circuli tenues
apti corporis flexibus ambiebant per omnia membra di-
ducti ut, quocumque artus necessitas conmovisset, vesti-
9 tus congrueret iunctura cohaerenter aptata. Augustus
itaque faustis vocibus adpellatus minime vocum lituo-
rumque intonante fragore cohorruit, talem se tamque
inmobilem, qualis in provinciis suis visebatur, ostendens.
10 Nam et corpus perhumile curvabat portas ingrediens cel-

sas et velut collo munito rectam aciem luminum tendens
nec dextra vultum nec laeva flectebat tamquam figmentum
hominis: non cum rota concuteret nutans, nec spuens aut
os aut nasum tergens vel fricans, manumve agitans visus
est umquam. Quae licet adfectabat, erant tamen haec et 11
alia quaedam in citeriore vita patientiae non mediocris
indicia, ut existimari dabatur, uni illi concessae. Quod 12
autem per omne tempus imperii nec in consessum vehiculi
quemquam suscepit, nec in trabea socium privatum adsci-
vit, ut fecere principes consecrati et similia multa quae
elatus in arduum supercilium tamquam leges aequissimas
observavit, praetereo memor ea me rettulisse cum incidis-
sent.

Proinde Romam ingressus imperii virtutumque omnium 13
larem, cum venisset ad rostra, perspectissimum priscae
potentiae forum, obstupuit perque omne latus quo se oculi
contulissent miraculorum densitate praestrictus, adlocutus
nobilitatem in curia populumque e tribunali, in palatium
receptus favore multiplici, laetitia fruebatur optata, et
saepe, cum equestris ederet ludos, dicacitate plebis oblec-
tabatur nec superbae nec a libertate coalita desciscentis,
reverenter modum ipse quoque debitum servans. Non 14
enim, ut per civitates alias, ad arbitrium suum certamina
finiri patiebatur, sed ut mos est variis casibus permittebat.
Deinde intra septem montium culmina per adclivitatis
planitiemque posita urbis membra conlustrans et sub-
urbana, quidquid viderat primum, id eminere inter alia
cuncta sperabat: Iovis Tarpei delubra, quantum terrenis
divina praecellunt; lavacra in modum provinciarum ex-
structa; amphitheatri molem solidatam lapidis Tiburtini
compage ad cuius summitatem aegre visio humana con-
scendit; Pantheum velut regionem teretem speciosa celsi-
tudine fornicatam; elatosque vertices scansili suggestu
consulum et priorum principum imitamenta portantes et

Vrbis templum forumque Pacis et Pompei theatrum et
Odeum et Stadium aliaque inter haec decora urbis aeter-
15 nae. Verum cum ad Traiani forum venisset, singularem
sub omni caelo structuram, ut opinamur, etiam numinum
adsensione mirabilem, haerebat adtonitus per giganteos
contextus circumferens mentem nec relatu effabiles nec
rursus mortalibus adpetendos. Omni itaque spe huius
modi quidquam conandi depulsa Traiani equum solum
locatum in atrii medio, qui ipsum principem vehit, imitari
16 se velle dicebat et posse. Cui prope adstans regalis Or-
mizda, cuius e Perside discessum supra monstravimus,
respondit astu gentili 'ante,' inquit, 'imperator stabulum
tale condi iubeto, si vales: equus quem fabricare disponis,
ita late succedat, ut iste quem videmus.' Is ipse inter-
rogatus quid de Roma sentiret, id tantum sibi placuisse
17 aiebat, quod didicisset ibi quoque homines mori. Multis
igitur cum stupore visis horrendo imperator in fama que-
rebatur ut invalida vel maligna, quod augens omnia semper
in maius erga haec explicanda quae Romae sunt obsolescit:
deliberansque diu quid ageret, urbis addere statuit orna-
mentis, ut in maximo circo erigeret obeliscum cuius ori-
ginem formamque loco competenti monstrabo.

Book XVI., 12, 1: Battle of Strasburg, 357 A.D.

1 12. Quo dispalato foedo terrore Alamanorum reges
Chonodomarius et Vestralpus, Vrius quin etiam et Vrsi-
cinus cum Serapione et Suomario et Hortario in unum
robore virium suarum omni conlecto consedere prope
urbem Argentoratum, extrema metuentem Caesarem ar-
bitrati retrocessisse cum ille tum etiam perficiendi muni-
2 menti studio stringeretur. Erexit autem confidentiam
caput altius adtollentem Scutarius perfuga qui conmissi

criminis metuens poenam transgressus ad eos post ducis fugati discessum armatorum tredecim milia tantum remansisse cum Iuliano docebat—is enim numerus eum sequebatur—barbara feritate certaminum rabiem undique concitante. Cuius adseveratione eadem subinde repli- 3
cantis ad maiora stimulati fiducia missis legatis satis pro imperio Caesari mandaverunt ut terris abscederet virtute sibi quaesitis et ferro: qui ignarus pavendi nec ira nec dolore perculsus sed fastus barbaricos ridens tentis legatis ad usque perfectum opus castrorum in eodem gradu constantiae stetit inmobilis.

Agitabat autem miscebatque omnia sine modo ubique 4
sese diffunditans et princeps audendi periculosa rex Chonodomarius ardua subrigens supercilia ut saepe secundis rebus elatus. Nam et Decentium Caesarem superavit 5
aequo Marte congressus et civitates erutas multas vastavit et opulentas licentiusque diu nullo refragante Gallias persultavit. Ad cuius roborandam fiduciam recens quoque fuga ducis accessit numero praestantis et viribus. Ala- 6
mani enim scutorum insignia contuentes norant eos milites permisisse paucis suorum latronibus terram quorum metu aliquotiens, cum gradum conferrent, amissis pluribus abiere dispersi. Quae anxie ferebat sollicitus Caesar quod trudente ipsa necessitate digresso periculis cum paucis licet fortibus, populosis gentibus occurrere cogebatur.

Iamque solis radiis rutilantibus tubarumque concinente 7
clangore pedestres copiae lentis incessibus educuntur earumque lateri equestres coniunctae sunt turmae inter quas cataphractarii erant et sagittarii, formidabile genus armorum. Et quoniam a loco, unde Romana promota 8
sunt signa, ad usque vallum barbaricum quarta leuga signabatur et decima, id est unum et viginti milia passuum, utilitati securitatique recte consulens Caesar revocatis praecursatoribus iam antegressis indictaque solitis vocibus

quiete cuneatim circumsistentis adloquitur genuina placiditate sermonis:

9 'Vrget ratio salutis tuendae conmunis, ut parcissime dicam, non iacentis animi Caesarem hortari vos et orare, conmilitones mei, ut adulta robustaque virtute confisi cautiorem viam potius eligamus ad toleranda vel ad depellenda quae sperantur, non praeproperam et ancipitem.
10 Vt enim in periculis iuventutem impigram esse convenit et audacem, ita cum res postulat, regibilem et consultam. Quid igitur censeo, si arbitrium adfuerit vestrum, iustaque
11 sustinet indignatio, paucis absolvam. Iam dies in meridiem vergit, lassitudine nos itineris fatigatos scrupulosi tramites excipient et obscuri, nox senescente luna nullis sideribus adiuvanda, terrae protinus aestu flagrantes nullis aquarum subsidiis fultae: quae si dederit quisquam commode posse transiri, ruentibus hostium examinibus post otium cibique refectionem et potus, quid nos agimus? quo vigore inedia siti laboreque membris marcentibus
12 occurramus? Ergo quoniam negotiis difficillimis saepe dispositio tempestiva prospexit et statum nutantium rerum recto consilio in bonam partem accepto aliquotiens divina remedia repararunt, hic quaeso vallo fossaque circumdati divisis vigiliis quiescamus somnoque et victu congruis potiti pro tempore, pace dei sit dictum, triumphaturas aquilas et vexilla victricia primo lucis moveamus exordio.'

13 Nec finiri perpessi quae dicebantur, stridore dentium infrendentes ardoremque pugnandi hastis inlidendo scuta monstrantes, in hostem se duci iam conspicuum exorabant, caelestis dei favore fiduciaque sui et fortunati rectoris expertis virtutibus freti atque, ut exitus docuit, salutaris quidam genius praesens ad dimicandum eos, dum adesse
14 potuit, incitabat. Accessit huic alacritati plenus celsarum potestatum adsensus maximeque Florentii praefecti

praetorio, periculose quidem sed ratione secunda pugnandum esse censentis dum instarent barbari conglobati, qui si diffluxissent, motum militis in seditiones nativo calore propensioris ferri non posse aiebat, extortam sibi victoriam, ut putavit, non sine ultimorum conatu graviter toleraturi. Addiderat autem fiduciam nostris consideratio 15
gemina recordantibus quod anno nuper emenso Romanis per transrhenana spatia fusius volitantibus nec visus est quisquam laris sui defensor nec obvius stetit sed concaede arborum densa undique semitis clausis sidere urente brumali aegre vixere barbari longius amendati, quodque imperatore terras eorum ingresso nec resistere ausi nec apparere pacem impetraverunt suppliciter obsecrantes. Sed 16
nullus mutatam rationem temporis advertebat quod tunc tripertito exitio premebantur imperatore urgente per Raetias, Caesare proximo nusquam elabi permittente, finitimis, quos hostis fecere discordiae, modo non occipitia conculcantibus hinc indeque cinctorum. Postea vero pace data discesserat imperator et sedata iurgiorum materia vicinae gentes iam concordabant et turpissimus ducis Romani digressus ferociam natura conceptam auxit in maius. Alio 17
itidem modo res est adgravata Romana ex negotio tali. Regii duo fratres vinculo pacis adstricti quam anno praeterito impetraverant a Constantio, nec tumultuare nec conmoveri sunt ausi. Sed paulo postea uno ex his Gundomado, qui potior erat fideique firmioris, per insidias interempto omnis eius populus cum nostris hostibus conspiravit et confestim Vadomarii plebs—ipse enim religione prohibebatur, ut adserebat—agminibus bella cientium barbarorum sese coniunxit.

Cunctis igitur summis infimisque adprobantibus tunc 18
opportune congrediendum nec de rigore animorum quidquam remittentibus exclamavit subito signifer 'perge, felicissime omnium Caesar, quo te fortuna prosperior ducit :

tandem per te virtutem et consilia militare sentimus. I
praevius ut faustus antesignanus et fortis, experieris, quid
miles sub conspectu bellicosi ductoris testisque individui
gerendorum, modo adsit superum numen, viribus efficiet
19 excitatis.' His auditis cum nullae laxarentur indutiae, pro-
motus exercitus prope collem advenit molliter editum,
opertum segetibus iam maturis, a superciliis Rheni haud
longo intervallo distantem; e cuius summitate specula-
tores hostium tres equites exciti subito nuntiaturi Roma-
num exercitum adventare festinarunt ad suos, unus vero
pedes qui sequi non potuit, captus agilitate nostrorum in-
dicavit per triduum et trinoctium flumen transisse Germa-
20 nos. Quos cum iam prope densantes semet in cuneos
nostrorum conspexere ductores, steterunt vestigiis fixis,
antepilanis hastatisque et ordinum primis velut insolubili
21 muro fundatis et pari cautela hostes stetere cuneati. Cum-
que ita, ut ante dictus, docuerat perfuga, equitatum omnem
a dextro latere sibi vidissent oppositum, quidquid apud eos
per equestris copias praepollebat, in laevo cornu locavere
confertum. Isdemque sparsim pedites miscuere discursa-
22 tores et leves profecto ratione tuta poscente. Norant enim
licet prudentem ex equo bellatorem cum clibanario nostro
congressum frena retinentem et scutum, hasta una manu
vibrata, tegminibus ferreis abscondito bellatori nocere non
posse, peditem vero inter ipsos discriminum vertices, cum
nihil caveri solet praeter id quod occurrit, humi occulte
reptantem latere forato iumenti incautum rectorem prae-
23 cipitem agere levi negotio trucidandum. Hoc itaque dis-
posito dextrum sui latus struxere clandestinis insidiis et
obscuris. Ductabant autem populos omnis pugnacis et
saevos Chonodomarius et Serapio potestate excelsiores ante
24 alios reges. Et Chonodomarius quidem, nefarius belli
totius incentor, cuius vertici flammeus torulus aptabatur,
anteibat cornu sinistrum audax et fidens ingenti robore

lacertorum, ubi ardor proelii sperabatur inmanis; equo
spumante sublimior, erectus in iaculum formidandae vasti-
tatis armorumque nitore conspicuus, antea strenuus et
miles et utilis praeter ceteros ductor. Latus vero dextrum 25
Serapio agebat, etiam tum adultae lanuginis iuvenis, effi-
cacia praecurrens aetatem; Mederichi fratris. Chono-
domarii filius, hominis quoad vixerat perfidissimi; ideo
sic adpellatus, quod pater eius diu obsidatus pignore ten-
tus in Galliis doctusque Graeca quaedam arcana hunc
filium suum Agenarichum genitali vocabulo dictitatum ad
Serapionis transtulit nomen. Hos sequebantur potestate 26
proximi reges numero quinque regalesque decem et opti-
matum series magna armatorumque milia triginta et quin-
que, ex variis nationibus partim mercede, partim pacto
vicissitudinis reddendae quaesita.

Iamque torvum concrepantibus tubis Severus dux Ro- 27
manorum aciem dirigens laevam cum prope fossas arma-
torum refertas venisset, unde dispositum erat ut abditi
repente exorti cuncta turbarent, stetit impavidus suspecti-
orque de obscuris nec referre gradum nec ulterius ire
temptavit. Quo viso animosus contra labores maximos 28
Caesar ducentis equitibus saeptus, ut ardor negotii flagi-
tabat, agmina peditum impetu veloci discurrens verbis hor-
tabatur. Et quoniam adloqui pariter omnis nec longitudo 29
spatiorum extenta nec in unum coactae multitudinis per-
mitteret crebritas—et alioqui vitabat gravioris invidiae
pondus, ne videretur id adfectasse quod soli sibi deberi
Augustus existimabat—cautior sui hostium tela praeter-
volans his et similibus notos pariter et ignotos ad facien-
dum fortiter accendebat 'advenit, o socii, iustum pugnandi 30
iam tempus olim exoptatum mihi vobiscum, quod antehac
arcessentes, arma inquietis motibus poscebatis.' Item cum 31
ad alios postsignanos in acie locatos extrema venisset 'en,'
inquit, 'commilitones, diu speratus praesto est dies com-

pellens nos omnis elutis pristinis maculis Romanae maie-
stati reddere proprium decus. Hi sunt barbari quos rabies
et inmodicus furor ad perniciem rerum suarum coegit
32 occurrere nostris viribus opprimendos.' Alios itidem bel-
landi usu diutino callentes aptius ordinans his exhorta-
tionibus adiuvabat 'exsurgamus viri fortes, propellamus
fortitudine congrua inlisa nostris partibus probra, quae
33 contemplans Caesaris nomen cunctando suscepi.' Quos-
cumque autem pugnae signum inconsulte poscentis ruptu-
rosque imperium inrequietis motibus praevideret 'quaeso,'
inquit, 'ne hostis vertendos in fugam sequentis avidius
futurae victoriae gloriam violetis, neu quis ante necessita-
tem ultimam cedat. Nam fugituros procul dubio dese-
ram, hostium terga caesuris adero indiscretus, si hoc pen-
satione moderata fiat et cauta.'

34 Haec aliaque in eundem modum saepius replicando
maiorem exercitus partem primae barbarorum opposuit
fronti et subito Alamanorum peditum fremitus indigna-
tioni mixtus auditus est unanimi conspiratione vociferan-
tium relictis equis secum oportere versari regalis, ne, siquid
contigisset adversum, deserta miserabili plebe facilem dis-
35 cedendi copiam reperirent. Hocque comperto Chonodo-
marius iumento ipse statim desiluit et secuti eum residui
idem facere nihil morati, nec enim eorum quisquam am-
bigebat partem suam fore victricem.

36 Dato igitur aenatorum accentu sollemniter signo ad pugnandum utrimque magnis concursum est viribus. Propilabantur missilia et properantes cito quam considerato cursu Germani telaque dextris explicantes involavere nostrorum equitum turmas frendentes inmania eorumque ultra solitum saevientium comae fluentes horrebant et elucebat quidam ex oculis furor, quos contra pertinax miles scutorum obicibus vertices tegens eiectansque gladios vel tela concrispans mortem minitantia perterrebat.

Cumque in ipso proeliorum articulo eques se fortiter con- 37
turmaret et muniret latera sua firmius pedes, frontem
artissimis conserens parmis, erigebantur crassi pulveris
nubes variique fuere discursus nunc resistentibus, nunc
cedentibus nostris et obnixi genibus quidam barbari peri-
tissimi bellatores hostem propellere laborabant, sed desti-
natione nimia dexterae dexteris miscebantur et umbo
trudebat umbonem caelumque exultantium cadentiumque
resonabat a vocibus magnis et cum cornu sinistrum altius
gradiens urgentium tot agmina Germanorum vi nimia
pepulisset, iretque in barbaros fremens, equites nostri
cornu tenentes dextrum, praeter spem incondite disces-
serunt, dumque primi fugientium postremos impediunt,
gremio legionum protecti fixerunt integrato proelio gra-
dum. Hoc autem exinde acciderat, quod, dum ordinum 38
restituitur series, cataphracti equites viso rectore suo levi-
ter vulnerato et consorte quodam per cervicem equi la-
bentis pondere armorum oppresso dilapsi qua quisque po-
terat peditesque calcando cuncta turbassent, ni conferti
illi sibique vicissim innixi stetissent inmobiles. Igitur
cum equites nihil praeter fugae circumspectantis praesidia
vidisset longius Caesar, concito equo eos velut repagulum
quoddam cohibuit. Quo agnito per purpureum signum 39
draconis, submitati hastae longioris aptatum velut senec-
tutis pendentis exuvias, stetit unius turmae tribunus et pal-
lore timoreque perculsus ad aciem integrandam recurrit.
Vtque in rebus amat fieri dubiis, eosdem lenius increpans 40
Caesar 'quo,' inquit, 'cedimus, viri fortissimi? An igno-
ratis fugam quae salutem numquam repperit, inriti cona-
tus stultitiam indicare? redeamus ad nostros, saltim glo-
riae futuri participes, si eos pro re publica dimicantis non
relinquimus inconsulte.' Haec reverenter dicendo reduxit 41
omnis ad munia subeunda bellandi imitatus salva differen-
tia veterem Syllam qui, cum contra Archelaum Mithridatis

ducem educta acie proelio fatigabatur ardenti, relictus a
militibus cunctis cucurrit in ordinem primum raptoque et
coniecto vexillo in partem hostilem ‘ite,’ dixerat, ‘socii
periculorum electi et scitantibus ubi relictus sim impera-
tor, respondete nihil fallentes: solus in Boeotia pro omni-
bus nobis cum dispendio sanguinis sui decernens.’
42 Proinde Alamani pulsis disiectisque equitibus nostris
primam aciem peditum incesserunt, eam abiecta resis-
43 tendi animositate pulsuri. Sed postquam cominus ven-
tum est, pugnabatur paribus diu momentis. Cornuti
enim et Bracchiati usu proeliorum diuturno firmati eos
iam gestu terrentis barritum ciere vel maximum, qui
clamor ipso fervore certaminum a tenui susurro exoriens
paulatimque adulescens ritu extollitur fluctuum cautibus
inlisorum. Iaculorum deinde stridentium crebritate hinc
indeque convolante pulvis aequali motu adsurgens et
prospectum eripiens arma armis corporaque corporibus
44 obtrudebat. Sed violentia iraque inconpositi barbari in
modum exarsere flammarum nexamque scutorum compa-
gem quae nostros in modum testudinis tuebatur, scinde-
45 bant ictibus gladiorum adsiduis. Quo cognito opitulatum
conturmalibus suis celeri cursu Batavi venere cum regi-
bus—formidabilis manus, extremae necessitatis articulo
circumventos, si iuvisset fors, ereptura—torvumque ca-
46 nentibus classicis adultis viribus certabatur. Verum Ala-
mani bella alacriter ineuntes altius anhelabant velut quo-
dam furoris adfectu opposita omnia deleturi. Spicula
tamen verrutaque missilia non cessabant ferrataeque
arundines fundebantur, quamquam etiam conminus mu-
cro feriebat contra mucronem et loricae gladiis findeban-
tur et vulnerati nondum effuso cruore ad audendum exer-
47 tius consurgebant. Pares enim quodam modo coivere cum
paribus, Alamani robusti et celsiores, milites usu nimio
dociles: illi feri et turbidi, hi quieti et cauti; animis isti

fidentes, grandissimis illi corporibus freti. Resurgebat 48
tamen aliquotiens armorum pondere pulsus loco Romanus
lassatisque impressus genibus laevum reflectens poplitem
barbarus subsidebat hostem ultro lacessens, quod indicium
est obstinationis extremae. Exiluit itaque subito ardens 49
optimatium globus, inter quos decernebant et reges, et
sequente vulgo ante alios agmina nostrorum inrupit et
iter sibi aperiendo ad usque Primanorum legionem perve-
nit locatam in medio—quae confirmatio castra praetoria
dictitatur—ubi densior et ordinibus frequens miles instar
turrium fixa firmitate consistens proelium maiore spiritu
repetivit et vulneribus declinandis intentus seque in mo-
dum mirmillonis operiens hostium latera quae nudabat ira
flagrantior, districtis gladiis perforabat. At illi prodigere 50
vitam pro victoria contendentes temptabant agminis nostri
laxare compagem. Sed continuata serie peremptorum
quos Romanus iam fidentior stravit, succedebant barbari
superstites interfectis auditoque occumbentium gemitu
crebro, pavore perfusi torpebant. Fessi denique tot aerum- 51
nis et ad solam deinceps strenui fugam per diversos tra-
mites tota celeritate egredi festinabant ut e mediis saevien-
tis pelagi fluctibus quocumque avexerit ventus eici nautici
properant et vectores, quod voti magis quam spei fuisse
fatebitur quilibet tunc praesens. Aderatque propitiati nu- 52
minis arbitrium clemens et secans terga cedentium miles
cum interdum flexis ensibus feriendi non subpeterent in-
strumenta, ipsis barbaris tela eorum vitalibus inmerge-
bat, nec quisquam vulnerantium sanguine iram explevit
nec satiavit caede multiplici dexteram vel miseratus sub-
plicantem abscessit. Iacebant itaque plurimi transfixi 53
letaliter remedia mortis compendio postulantes, alii semi-
neces labente iam spiritu lucis usuram oculis morientibus
inquirebant, quorundam capita discissa trabalibus telis
et pendentia iugulis cohaerebant, pars per lutosum et

lubricum solum in sauciorum cruore lapsi intactis ferro
54 corporibus acervis superruentium obruti necabantur.
Quae ubi satis evenere prosperrime, validius instante victore acumina densis ictibus hebescebant splendentesque
galeae sub pedibus volvebantur et scuta, ultimo denique
trudente discrimine barbari, cum elati cadaverum aggeres
exitus impedirent, ad subsidia fluminis petivere quae sola
55 restabant eorum terga iam perstringentis. Et quia cursu
sub armis concito fugientis miles indefessus urgebat, quidam nandi peritia eximi se posse discriminibus arbitrati
animas fluctibus conmiserunt. Qua causa celeri corde
futura praevidens Caesar cum tribunis et ducibus clamore
obiurgatorio prohibebat, ne hostem avidius sequens nostro-
56 rum quisquam se gurgitibus conmitteret verticosis. Vnde
id observatum est ut marginibus insistentis confoderent
telorum varietate Germanos, quorum siquem morti velocitas subtraxisset, iacti corporis pondere ad ima fluminis
57 subsidebat. Et velut in quodam theatrali spect“culo
aulaeis miranda monstrantibus multa licebat iam sine
metu videre, nandi strenuis quosdam nescios adhaerentis,
fluitantis alios cum expeditioribus linquerentur ut stipites et, velut luctante amnis violentia vorari quosdam
fluctibus involutos, non nullos clipeis vectos praeruptas
undarum occursantium moles obliquatis meatibus declinantes ad ripas ulteriores post multa discrimina pervenire.
Spumans denique cruore barbarico decolor alveus insueta
stupebat augmenta.

58 Dum haec aguntur, rex Chonodomarius reperta copia
discedendi lapsus per funerum strues cum satellitibus
paucis celeritate rapida properabat ad castra, quae prope
Tribuncos et Concordiam munimenta Romana fixit intrepidus, ut escensis navigiis dudum paratis ad casus anci-
59 pites in secretis se secessibus amendaret. Et quia non nisi
Rheno transito ad territoria sua poterat pervenire, vultum

ne agnosceretur operiens, sensim rettulit pedem. Cumque
propinquaret iam ripis, lacunam palustribus aquis inter-
fusam circumgrediens ut transiret, calcata mollitie
glutinosa, equo est evolutus et confestim licet obeso
corpore gravior ad subsidium vicini collis evasit, quem
agnitum — nec enim potuit celare qui fuerit, fortunae
prioris magnitudine proditus—statim anhelo cursu cohors
cum tribuno secuta, armis circumdatum aggerem nemo-
rosum cautius obsidebat, perrumpere verita, ne fraude latenti
inter ramorum tenebras exciperetur occultas. Quibus 60
visis compulsus ad ultimos metus ultro se dedit solus
egressus comitesque eius ducenti numero et tres amici
iunctissimi, flagitium arbitrati post regem vivere, vel pro
rege non mori, si ita tulerit casus, tradidere se vinciendos. 61
Vtque nativo more sunt barbari humiles in adversis,
disparesque in secundis, servus alienae voluntatis trahe-
batur pallore confusus claudente noxarum conscientia
linguam, inmensum quantum ab eo differens qui post
feros lugubrisque terrores cineribus Galliarum insultans
multa minabatur et saeva.

Quibus ita favore superni numinis terminatis post ex- 62
actum iam diem occinente liticine revocatus invitissimus
miles prope supercilia Rheni tendebat scutorumque or-
dine multiplicato vallatus victu fruebatur et somno. Ce- 63
ciderunt autem in hac pugna Romani quidem ducenti et
quadraginta et tres rectores vero quattuor; Bainobaudes
Cornutorum tribunus adaeque Laipso et Innocentius cata-
phractarios ducens et vacans quidam tribunus cuius non
subpetit nomen: ex Alamanis vero sex milia corporum num-
erata sunt in campo constrata et inaestimabiles mortuorum
acervi per undas fluminis ferebantur. Tunc Iulianus, ut
erat fortuna sui spectatior meritisque magis quam imperio
potens, Augustus acclamatione concordi totius exercitus ad- 64
pellatus ut agentis petulantius milites increpabat, id se

65 nec sperare nec adipisci velle iurando confirmans. Et ut
augeret eventus secundi laetitiam, concilio convocato pro-
positisque praemiis, propitio ore Chonodomarium sibi iussit
offerri. Qui primo curvatus, deinde humi subpliciter fusus
66 gentilique prece veniam poscens bono animo esse est iussus.
Et diebus postea paucis ductus ad comitatum imperatoris
missusque exinde Romam in castris peregrinis quae in
monte sunt Caelio, morbo veterni consumptus est.

Book XXII., 15: The Nile.

3 Pauca itaque super Nilo, quem Aegyptum Homerus
adpellat, praestringi conveniet, mox ostendendis aliis quae
4 sunt in his regionibus admiranda. Origines fontium Nili,
ut mihi quidem videri solet, sicut adhuc factum est, poste-
rae quoque ignorabunt aetates. Verum quoniam fabu-
lantes poetae variantesque geographi in diversa latentem
notitiam scindunt, opiniones eorum veritati confinis, ut
5 arbitror, expediam paucis. Adfirmant aliqui physicorum
in subiectis septentrioni spatiis, cum hiemes frigidae
cuncta constringunt, magnitudines nivium congelascere,
easque postea vi flagrantis sideris resolutas, fluxis umori-
bus nubis efficere gravidas quae in meridianam plagam
etesiis flantibus pulsae, expressaeque tepore nimio incre-
6 menta ubertim suggerere Nilo creduntur. Ex Aethiopicis
imbribus qui abundantes in tractibus illis per aestus tor-
ridos cadere memorantur, exundationes eius erigi anni
temporibus adserunt alii praestitutis, quod utrumque
dissonare videtur a veritate. Imbres enim apud Aethio-
pas aut numquam aut per intervalla temporum longa
7 cadere memorantur. Opinio est celebrior alia, quod spi-
rantibus prodromis, perque dies quadraginta et quinque
etesiarum continuis flatibus repellentibus eius meatum,

velocitate cohibita, superfusis fluctibus intumescit. Et
reluctante spiritu controverso adulescens in maius, hinc
vi reverberante ventorum, inde urgente cursu venarum
perennium, progrediens in sublime tegit omnia et humo
subpressa per supina camporum speciem exhibet maris.
Rex autem Iuba Punicorum confisus textu librorum a 8
monte quodam oriri eum exponit qui situs in Mauritania
despectat oceanum, hisque indiciis hoc proditum ait, quod
pisces et herbae et beluae similes per eas paludes gignun-
tur. Aethiopiae autem partis praetermeans Nilus nomi- 9
num diversitate decursa quae ei orbem peragranti nationes
indidere compluris, aestuans inundatione ditissima ad cata-
ractas id est praeruptos scopulos venit, e quibus praecipi-
tans ruit potius quam fluit: unde Atos olim accolas usu
aurium fragore adsiduo deminuto necessitas vertere solum
ad quietiora coegit. Exinde lenius means per ostia septem 10
quorum singula perpetuorum amnium usum et faciem
praebent, nullis per Aegyptum aquis externis adiutus
eiectatur. Et praeter amnis plurimos ex alveo derivatos
auctore, cadentisque in subpares eius, septem navigabiles
sunt et undosi quibus subiecta vocabula veteres indide-
runt: Heracleoticus, Sebennyticus, Bolbiticus, Pathmiti-
cus, Mendesius, Taniticus et Pelusiacus. Oriens autem 11
inde, ut dictum est, propellitur e paludibus ad usque
cataractas insulasque efficit pluris quarum aliquae ita
porrectis aquis dicuntur extentae ut singulas aegre tertio
die relinquat. Inter quas duae sunt clarae Meroe et Delta, 12
a triquetrae litterae forma hoc vocabulo signatius adpel-
lata. Cum autem sol per Cancri sidus coeperit vehi, au-
gescens ad usque transitum eius in Libram, diebusque
centum sublatius fluens minuitur postea et mitigatis
ponderibus aquarum navibus antea pervios equitabiles
campos ostendit. Abunde itaque luxurians ita est noxius, 13
ut infructuosus, si venerit parcior: gurgitum enim nimie-

tate umectans diutius terras culturas moratur agrorum, parvitate autem minatur sterilis segetes. Eumque nemo aliquando extolli cubitis altius sedecim possessor optavit. Et si inciderit moderatius, aliquotiens iactae sementes in liquore pinguis cespitis cum augmento fere septuagesimo renascuntur: solusque fluminum auras nullas inspirat.

Book XXII., 16, 7: Alexandria.

7 Alexandria enim vertex omnium est civitatum, quam
multa nobilitant et magnifica conditoris altissimi et archi-
tecti sollertia Dinocratis qui, cum ampla moenia fundaret
et pulchra paenuria calcis ad momentum parum repertae
omnis ambitus linealis farina respersit, quod civitatem
post haec alimentorum uberi copia circumfluere fortuito
8 monstravit. Inibi aurae salubriter spirantes, aer tranquil-
lus et clemens atque, ut periculum docuit per varias con-
lectum aetates, nullo paene die incolentes hanc civitatem
9 solem serenum non vident. Hoc litus cum fallacibus et
insidiosis accessibus adfligeret antehac navigantis dis-
criminibus plurimis, excogitavit in portu Cleopatra turrim
excelsam, quae Pharos a loco ipso cognominatur, praelu-
cendi navibus nocturna suggerens ministeria, cum quondam
ex Parthenio pelago venientes vel Libyco, per pandas oras
et patulas, montium nullas speculas vel collium signa cer-
nentes, arenarum inlisae glutinosae mollitiae frangeren-
10 tur. Haec eadem regina heptastadium, sicut vix credenda
celeritate, ita magnitudine mira construxit ob causam no-
tam et necessariam. Insula Pharos, ubi Protea cum pho-
carum gregibus diversatum Homerus fabulatur inflatius, a
civitatis litore mille passibus disparata Rhodiorum erat
11 obnoxia vectigali. Quod cum in die quodam nimium
quantum petituri venissent, femina callida semper in

fraudes, sollemnium specie feriarum isdem publicanis
secum ad suburbana perductis, opus iusserat inrequietis
laboribus consummari et septem diebus totidem stadia
molibus iactis in mare, solo propinquanti terrae sunt vin-
dicata. Quo cum vehiculo ingressa errare ait Rhodios in-
sularum non continentis portorium flagitantis.

His accedunt altis sufflata fastigiis templa. Inter quae 12
eminet Serapeum, quod licet minuatur exilitate verborum,
atriis tamen columnariis amplissimis et spirantibus signo-
rum figmentis et reliqua operum multitudine ita est exor-
natum, ut post Capitolium, quo se venerabilis Roma in
aeternum adtollit, nihil orbis terrarum ambitiosius cernat.
In quo bibliothecae fuerunt inaestimabiles: et loquitur 13
monumentorum veterum concinens fides septingenta volu-
minum milia, Ptolomaeis regibus vigiliis intentis compo-
sita bello Alexandrino, dum diripitur civitas sub dictatore
Caesare, conflagrasse.

Canopus inde duodecimo disiungitur lapide quem, ut 14
priscae memoriae tradunt, Menelai gubernator sepultus ibi
cognominavit. Hactenus impendio locus fanis et diverso-
riis laetis extructus, auris et salutari temperamento perfla-
bilis, ita ut extra mundum nostrum morari se quisquam
arbitretur in illis tractibus agens, cum saepe aprico spiritu
inmurmurantis audierit mentos.

Sed Alexandria ipsa non sensim, ut aliae urbes, sed inter 15
initia prima aucta per spatiosos ambitus, internisque sedi-
tionibus diu aspere fatigata, ad ultimum multis post annis
Aureliano imperium agente, civilibus iurgiis ad certamina
interneciva prolapsis dirutisque moenibus amisit regionis
maximam partem quae Bruchion adpellabatur, diuturnum
praestantium hominum domicilium. Vnde Aristarchus, 16
grammaticae rei doctrinis excellens et Herodianus artium
minutissimus sciscitator et Saccas Ammonius, Plotini
magister, aliique plurimi scriptores multorum in litteris

nobilium studiorum inter quos Chalcenterus eminuit
Didymus, multiplicis scientiae copia memorabilis, qui in
illis sex libris, ubi non numquam imperfecte Tullium re-
prehendit sillographos imitatus scriptores maledicos, iudi-
cio doctarum aurium incusatur, ut inmania frementem
leonem putredulis vocibus canis catulus longius circum-
17 latrans. Et quamquam veteres cum his quorum memini
floruere complures, tamen ne nunc quidem in eadem urbe
doctrinae variae silent; nam et disciplinarum magistri
quodam modo spirant et nudatur ibi geometrico radio
quidquid reconditum latet, nondumque apud eos penitus
exaruit musica, nec harmonica conticuit et recalet apud
quosdam adhuc licet raros consideratio mundani motus
et siderum, doctique sunt numeros haud pauci, super his
18 scientiam callent quae fatorum vias ostendit. Medicinae
autem, cuius in hac vita nostra nec parca nec sobria desi-
derantur adminicula crebra, ita studia augentur in dies
ut, licet opus ipsum redoleat, pro omni tamen experimento
sufficiat medico ad conmendandam artis auctoritatem, si
19 Alexandriae se dixerit eruditum. Et haec quidem hacte-
nus. Sed si intellegendi divini aditionem multiplicem et
praesensionum originem mente vegeta quisquam voluerit
replicare, per mundum omnem inveniet mathemata huius
20 modi ab Aegypto circumlata. Hic primum homines longe
ante alios ad varia religionum incunabula, ut dicitur, per-
venerunt et initia prima sacrorum caute tuentur condita
21 scriptis arcanis. Hac institutus prudentia Pythagoras
colens secretius deos, quidquid dixit aut voluit auctori-
tatem esse instituit ratam et femur suum aureum apud
Olympiam saepe monstrabat et cum aquila conloquens
22 subinde visebatur. Hinc Anaxagoras lapides e caelo lap-
suros et putealem limum contrectans tremores futuros
praedixerat terrae. Et Solon sententiis adiutus Aegypti
sacerdotum, latis iusto moderamine legibus, Romano

quoque iuri maximum addidit firmamentum. Ex his fontibus per sublimia gradiens sermonum amplitudine Iovis aemulus Platon visa Aegypto militavit sapientia gloriosa.

Homines autem Aegyptii plerique subfusculi sunt et 23
atrati magis quam maesti oris, gracilenti et aridi, ad singulos motus excandescentes, controversi et reposcones acerrimi. Erubescit apud eos siqui non infitiando tributa plurimas in corpore vibices ostendat. Et nulla tormentorum vis inveniri adhuc potuit quae obdurato illius tractus latroni invito elicere potuit, ut nomen proprium dicat.

Id autem notum est, ut annales veteres monstrant, 24
quod Aegyptus omnis sub amicis erat antea regibus, sed superatis apud Actium bello navali Antonio et Cleopatra, provinciae nomen accepit ab Octaviano Augusto possessa. Aridiorem Libyam supremo Apionos regis consecuti sumus arbitrio, Cyrenas cum residuis civitatibus Libyae Pentapoleos Ptolomaei liberalitate suscepimus. Evectus longius ad ordinem remeabo coeptorum.

Book XXV., 3, 15–4, 1: Death of Julian, 363 A.D.

Quae dum ita aguntur, Iulianus in tabernaculo iacens 15
circumstantis adlocutus est demissos et tristis: ‘advenit, o socii, nunc abeundi tempus e vita impendio tempestivum quam reposcenti naturae ut debitor bonae fidei redditurus exulto, non ut quidam opinantur adflictus et maerens, philosophorum sententia generali perdoctus, quantum corpore sit beatior animus, et contemplans, quotiens condicio melior a deteriore secernitur, laetandum esse potius quam dolendum. Illud quoque advertens quod etiam dii caelestes quibusdam piissimis mortem tam-

16 quam summum praemium persolverunt. Munus autem
id mihi delatum optime scio, ne difficultatibus succumbe-
rem arduis, neve me proiciam umquam aut prosternam,
expertus quod dolores omnes ut insultant ignavis, ita per-
17 sistentibus cedunt. Nec me gestorum paenitet aut gravis
flagitii recordatio stringit vel cum in umbra et angustiis
amendarer, vel post principatum susceptum: quem tam-
quam a cognatione caelitum defluentem inmaculatum, ut
existimo, conservavi, et civilia moderatius regens et ex-
aminatis rationibus bella inferens et repellens, tametsi
prosperitas simul utilitasque consultorum non ubique con-
cordent, quoniam coeptorum eventus superae sibi vindi-
18 cant potestates. Reputans autem iusti esse finem imperii,
oboedientium conmodum et salutem, ad tranquilliora
semper ut nostis propensior fui, licentiam omnem actibus
meis exterminans, rerum conruptricem et morum, gau
densque abeo gestiensque ubicumque me velut imperiosa
parens consideratis periculis obiecit res publica, steti
19 fundatus, turbines calcare fortuitorum adsuefactus. Nec
fateri pudebit, interiturum me ferro dudum didici fide
fatidica praecinente. Ideoque sempiternum veneror nu-
men, quod non clandestinis insidiis nec longa morborum
asperitate vel damnatorum fine decedo, sed in medio cursu
florentium gloriarum hunc merui clarum e mundo digres-
sum. Aequo enim iudicio iuxta timidus est et ignavus
qui cum non oportet, mori desiderat, et qui refugiat, cum
20 sit opportunum. Hactenus loqui vigore virium labente
sufficiet. Super imperatore vero creando caute reticeo,
ne per imprudentiam dignum praeteream, aut nominatum
quem habilem reor, anteposito forsitan alio, in discrimen
ultimum trudam. Vt alumnus autem rei publicae frugi,
opto bonum post me reperiri rectorem.'

21 Post haec placide dicta familiaris opes iunctioribus velut
supremo distribuens stilo, Anatolium quaesivit officiorum

magistrum quem, cum beatum fuisse Sallustius respondis-
set praefectus, intellexit occisum acriterque amici casum
ingemuit, qui elate ante contempserat suum. Et flentis 22
inter haec omnis qui aderant auctoritate integra etiam
tum increpabat, humile esse caelo sideribusque conciliatum
lugeri principem dicens. Quibus ideo iam silentibus ipse 23
cum Maximo et Prisco philosophis super animorum sub-
limitate perplexius disputans, hiante latius suffossi lateris
vulnere et spiritum tumore cohibente venarum, epota geli-
da aqua quam petiit medio noctis horrore, vita facilius est
absolutus anno aetatis altero et tricensimo, natus apud
Constantinopolim, a pueritia usque parentis obitu desti-
tutus Constanti, quem post fratris Constantini excessum
inter compluris alios turba consumpsit imperii successo-
rum, et Basilina matre, iam inde a maioribus nobili.

Book XXV., 4: Character of Julian.

Vir profecto heroicis connumerandus ingeniis, claritu- 1
dine rerum et coalita maiestate conspicuus. Cum enim
sint, ut sapientes definiunt, virtutes quattuor praecipuae,
temperantia prudentia iustitia fortitudo, eisque accedentes
extrinsecus aliae scientia rei militaris, auctoritas felicitas
atque liberalitas, intento studio coluit omnis ut singulas.
Et primum ita inviolata castitate enituit ut post amis- 2
sam coniugem nihil umquam venereum agitaret: illud ad-
vertens, quod apud Platonem legitur, Sophoclem tragoe-
diarum scriptorem aetate grandaevum interrogatum ecquid
adhuc feminis misceretur, negantem id adiecisse, quod
gauderet harum rerum amorem ut rabiosum quendam ef-
fugisse dominum et crudelem. Item ut hoc propositum 3
validius confirmaret, recolebat saepe dictum lyrici Bac-
chylidis, quem legebat iucunde id adserentem quod ut

egregius pictor vultum speciosum effingit, ita pudicitia
celsius consurgentem vitam exornat. Quam labem in
adulto robore iuventutis ita caute vitavit, ut ne suspicione
quidem tenus libidinis ullius vel citerioris vitae ministris
incusaretur, ut saepe contingit.

4 Hoc autem temperantiae genus crescebat in maius iu-
vante parsimonia ciborum et somni quibus domi forisque
tenacius utebatur. Namque in pace victus eius mensura
atque tenuitas erat recte noscentibus admiranda, velut ad
pallium mox reversuri, per varios autem procinctus stans
interdum more militiae cibum brevem vilemque sumere
5 visebatur. Vbi vero exigua dormiendi quiete recreasset
corpus laboribus induratum, expergefactus explorabat per
semet ipsum vigiliarum vicis et stationum, post haec seria
6 ad artis confugiens doctrinarum. Et si nocturna lumina,
inter quae lucubrabat, potuissent voces ullae testari, pro-
fecto ostenderant inter hunc et quosdam principes multum
interesse quem norant voluptatibus ne ad necessitatem
quidem indulsisse naturae.

7 Dein prudentiae eius indicia fuere vel plurima e quibus
explicari sufficiet pauca. Armatae rei scientissimus et
togatae, civilitati admodum studens, tantum sibi adrogans
quantum a contemptu et insolentia distare existimabat;
virtute senior quam aetate; studiosus cognitionum omnium
et indeclinabilis aliquotiens iudex; censor moribus regen-
dis acerrimus, placidus, opum contemptor, mortalia cuncta
despiciens, postremo id praedicabat, turpe esse sapienti,
cum habeat animum, captare laudes ex corpore.

8 Quibus autem iustitiae inclaruit bonis, multa significant,
primo quod erat pro rerum omnium distinctione sine cru-
delitate terribilis, deinde quod paucorum discrimine vitia
cohibebat, tum autem quod minabatur ferro potius quam
9 utebatur. Postremo ut multa praeteream, constat eum in
apertos aliquos inimicos insidiatores suos ita consurrexisse

mitissime, ut poenarum asperitatem genuina lenitudine
castigaret.

Fortitudinem certaminum crebritas ususque bellorum 10
ostendit et patientia frigorum inmanium et feruoris.
Cumque corporis munus a milite, ab imperatore vero
animi poscitur. Ipse trucem hostem ictu confecit audac-
ter congressus ac nostros cedentis obiecto pectore suo
aliquotiens cohibuit solus; regnaque furentium Germano-
rum excindens et in pulvere vaporato Persidis augebat
fiduciam militis dimicans inter primos. Castrensium 11
negotiorum scientiam plura declarant et nota: civitatum
oppugnationes et castellorum inter ipsos discriminum
vertices, acies figura multiformi compositae, salubriter et
caute castra metata, praetenturae stationesque agrariae
tutis rationibus ordinatae. Auctoritas adeo valuit, ut di- 12
lectus artissime, dum timetur, ac si periculorum socius et
laborum et inter concertationes acerrimas animadverti
iuberet in desides, et Caesar adhuc sine stipendio regeret
militem feris oppositum gentibus, ut dudum est dictum;
adlocutusque tumentis armatos, discessurum ad vitam
minaretur privatam, ni tumultuare desisterent. Denique 13
id pro multis nosse sufficiet: exhortatum eum simplici
contione militem Gallicanum pruinis adsuetum et Rheno,
peragratis spatiis regionum extentis per tepentem Assy-
riam ad usque confinia traxisse Medorum.

Felicitas ita eminuit ut ipsis quodam modo cervicibus 14
Fortunae aliquam diu bonae gubernatricis evectus victo-
riosis cursibus difficultates superaret inmensas. Et post-
quam ex occidua plaga digressus est, et quoad fuit in
terris, quievere nationes omnes inmobiles ac si quodam
caduceo leniente mundano.

Liberalitatis eius testimonia plurima sunt et verissima, 15
inter quae indicta sunt tributorum admodum levia, coro-
narium indultum, remissa debita multa diuturnitate con-

gesta, aequata fisci iurgia cum privatis, vectigalia civitatibus restituta cum fundis absque his quos velut iure vendidere praeteritae potestates, quodque numquam augendae pecuniae cupidus fuit quam cautius apud dominos servari existimabat, id aliquotiens praedicans Alexandrum Magnum, ubi haberet thesauros interrogatum, 'apud amicos' benevole respondisse.

16 Digestis bonis quae scire potuimus, nunc ad explicanda eius vitia veniamus, licet dicta sint carptim. Levioris ingenii, verum hoc instituto rectissimo temperabat, emen-
17 dari se cum deviaret a fruge bona permittens. Linguae fusioris et admodum raro silentis, praesagiorum sciscitationi nimiae deditus, ut aequiperare videretur in hac parte principem Hadrianum, superstitiosus magis quam sacrorum legitimus observator, innumeras sine parsimonia pecudes mactans, ut aestimaretur, si revertisset de Parthis. boves iam defuturos, Marci illius similis Caesaris, in quem id accipimus dictum :

οἱ βόες οἱ λευκοὶ Μάρκῳ τῷ Καίσαρι χαίρειν.
ἂν πάλι νικήσῃς, ἄμμες ἀπωλόμεθα.

18 Vulgi plausibus laetus, laudum etiam ex minimis rebus intemperans adpetitor, popularitatis cupiditate cum indignis loqui saepe adfectans.

19 Verum tamen cum haec essent, aestimari poterat, ut ipse aiebat, vetus illa Iustitia, quam offensam vitiis hominum Aratus extollit in caelum, eo imperante redisse rursus ad terras, ni quaedam ad arbitrium agens interdum
20 ostenderet se dissimilem sui. Namque et iura condidit non molesta, absolute quaedam iubentia fieri vel arcentia, praeter pauca. Inter quae erat illud inclemens quod docere vetuit magistros rhetoricos et grammaticos Chris-
21 tianos, ni transissent ad numinum cultum. Illud quoque itidem parum ferendum quod municipalium ordinum coetibus patiebatur iniuste quosdam adnecti vel peregri-

nos vel ab his consortiis privilegiis aut origine longe di-
scretos.

Figura talis utique membrorum. Mediocris erat statu- 22
rae, capillis tamquam pexisset mollibus, hirsuta barba in
acutum desinente vestitus, venustate oculorum micantium
flagrans, qui mentis eius argutias indicabant, superciliis
decoris et naso rectissimo ore paulo maiore, labro inferiore
demisso, opima et incurva cervice, umeris vastis et latis,
ab ipso capite usque unguium summitates liniamentorum
recta compage, unde viribus valebat et cursu.

Book XXX., 4, 5–5, 1: Degenerate Rome.

Florebant elegantiae priscae patrociniis tribunalia, cum 5
oratores concitae facundiae, adtenti studiis doctrinarum,
ingenio fide copiis ornamentisque dicendi pluribus emine-
bant, ut Demosthenes, quo dicturo concursus audiendi
causa ex tota Graecia fieri solitos monumentis Atticis con-
tinetur, et Callistratus, quem nobilem illam super Oropo
causam perorantem idem Demosthenes Academia cum
Platone relicta sectatus est: ut Hyperides et Aeschines et
Andocides et Dinarchus et Antiphon ille Rhamnusius,
quem ob defensum negotium omnium primum antiquitas
prodidit accepisse mercedem. Nec minus apud Romanos 6
Rutilii et Galbae et Scauri vita moribus frugalitateque
spectati et postea per varias aevi sequentis aetates censorii
et consulares multi et triumphales, Crassi et Antonii et
cum Philippis Scaevola aliique numerosi post exercitus
prosperrime ductos, post victorias et tropaea civilibus
stipendiorum officiis floruerunt, laureasque fori speciosis
certaminibus occupantes summis gloriae honoribus frue-
bantur. Post quos excellentissimus omnium Cicero, ora- 7
tionis imperiosae fluminibus saepe depressos aliquos iu-

diciorum eripiens flammis 'non defendi homines sine vituperatione fortasse posse, neglegenter defendi sine scelere non posse' firmabat.

8 At nunc videre est per eos omnis tractus violenta et rapacissima genera hominum per fora omnia volitantium et subsidentium divites domus, ut Spartanos canes aut Cretas, vestigia sagacius conligendo ad ipsa cubilia pervenire causarum.

9 In his primus est coetus eorum qui seminando diversa iurgia per vadimonia mille iactantur, viduarum postis et orborum liminia deterentes et aut inter discordantis amicos aut propinquantis vel adfinis, si simultatum levia senserint receptacula, odia struentes infesta, in quibus aetatis progressu non ut aliorum vitia intepescunt, sed magis magisque roborantur; inter rapinas insatiabilis inopes ad capiendam versutis orationibus iudicum fidem, quorum nomen ex iustitia natum est, sicam ingenii de-
10 stringentes. Horum obstinatione libertatem temeritas, constantiam audacia praeceps, eloquentiam inanis quaedam imitatur fluentia loquendi, quarum artium scaevitate, ut Tullius adseverat, nefas est religionem decipi iudicantis. Ait enim: 'cumque nihil tam inconruptum esse debeat in re publica quam suffragium, quam sententia, non intellego cur qui ea pecunia conruperit, poena dignus sit; qui eloquentia, laudem etiam ferat. Mihi quidem hoc plus mali facere videtur qui oratione quam qui pretio iudicem conrumpit, quod pecunia conrumpere pudentem nemo potest, dicendo potest.'

11 Secundum est genus eorum qui iuris professi scientiam, quam repugnantium sibi legum abolevere discidia, velut vinculis ori impositis reticentes, iugi silentio umbrarum sunt similes propriarum. Hi velut fata natalicia praemonstrantes aut Sibyllae oraculorum interpretes, vultus gravitate ad habitum composita tristiorem, ipsum quoque

venditant quod oscitantur. Hi ut altius videantur iura 12
callere, Trebatium locuntur et Cascellium ct Alfenum et
Auruncorum Sicanorumque iam diu leges ignotas, cum
Euandri matre abhinc saeculis obrutas multis. Et si vo-
luntate matrem tuam finxeris occidisse, multas tibi suffra-
gari absolutionem lectiones reconditas pollicentur, si te
senserint esse nummatum.

Tertius eorum est ordo qui, ut in professione turbulenta 13
clarescant, ad expugnandam veritatem ora mercenaria
procudentes, per prostitutas frontis vilisque latratus, quo
velint, aditus sibi patefaciunt crebros, qui inter sollicitu-
dines iudicum per multa distentas inresolubili nexu vinci-
entes negotia, laborant, ut omnis quies litibus implicetur,
et nodosis quaestionibus de industria iudicia circumscri-
bunt, quae cum recte procedunt, delubra sunt aequitatis;
cum depravantur, foveae fallaces et caecae, in quas si
captus ceciderit quisquam, non nisi per multa exiliet
lustra, ad usque ipsas medullas exsuctus.

Quartum atque postremum est genus impudens, pervi- 14
cax et indoctum eorum, qui cum inmature a litterariis
eruperint ludis, per angulos civitatum discurrunt, mi-
miambos non causarum remediis congrua conmentantes,
foris divitum deterendo, cenarum ciborumque aucupantes
delicias exquisitas. Qui cum semel umbraticis lucris et 15
inhiandae undique pecuniae sese dediderint, litigare fru-
stra quoslibet innocentis hortantur et ad defendendam
causam admissi, quod raro contingit, suscepti nomen et
vim negotii sub ore disceptatoris inter ipsos conflictuum
articulos instruuntur, circumlocutionibus indigestis ita
scatentes, ut conluvionis taeterrimae audire existimes ulu-
labili clamore Thersiten. Cum autem ad inopiam muni- 16
endarum venerint adlegationum, ad effrenatam deflectunt
conviciandi licentiam, quo nomine ob adsidua in personas
honorabilis probra diebus dictis aliquotiens sunt damnati,

e quibus ita sunt rudes non nulli ut numquam se codices habuisse meminerint. Et si in circulo doctorum auctoris veteris inciderit nomen, piscis aut edulii peregrinum esse
17 vocabulum arbitrantur; si vero advena quisquam invisitatum sibi antea Marcianum verbo tenus quaesierit oratorem, omnes confestim Marcianos adpellari se fingunt.
18 Nec iam fas ullum prae oculis habent, sed tamquam avaritiae venumdati et usucapti, nihil praeter interminatam petendi licentiam norunt. Et siquem semel intra retia ceperint, cassibus mille impedicant, per morborum simulationem vicissim consulto cessantes; utque pervulgati iuris proferatur lectio vana, septem vendibilis introitus
19 praeparant, dilationum examina longissima contexentes. Et cum nudatis litigatoribus dies cesserint et menses et anni, tandem obtrita vetustate controversia intromissa, ipsa capita splendoris ingressa alia secum advocatorum simulacra inducunt. Cumque intra cancellorum venerint saepta et agi coeperint alicuius fortunae vel salus, atque laborari debeat, ut ab insonte gladius vel calamitosa detrimenta pellantur, conrugatis hinc inde frontibus brachiisque histrionico gestu formatis, ut contionaria Gracchi fistula post occipitium desit, consistitur altrinsecus diu; tandemque ex praemeditato conludio per eum qui est in verba fidentior, suave quoddam principium dicendi exoritur, Cluentianae vel pro Ctesiphonte orationum aemula ornamenta promittens et in eam conclusionem cunctis finem cupientibus desinit, ut nondum se patroni post speciem litis triennium editam causentur instructos, spatioque prorogati temporis impetrato, quasi cum Antaeo vetere conluctati, perseveranter flagitant pulveris periculosi mercedes.

20 Verum tamen haec cum ita sint, non desunt advocatis incommoda plurima, parum sustinenda recte victuro. Namque sellulariis quaestibus inescati, inter se hostiliter

dissident et erupta maledicendi ferocia, ut dictum est,
multos offendunt, quam tunc effutiunt cum conmissarum
sibi causarum infirmitatem rationibus validis convallare
non possunt. Et iudices patiuntur interdum doctos ex 21
Philistionis aut Aesopi cavillationibus, quam ex Aristidis
illius Iusti vel Catonis disciplina productos, qui aere gravi
mercati publicas potestates, ut creditores molesti opes
cuiusque modi fortunae rimantes, alienis gremiis excu-
tiunt praedas. Ad ultimum id habet causidicina cum 22
ceteris metuendum et grave, quod hoc ingenitum est paene
litigantibus cunctis, ut, cum iurgia mille casibus cadant,
accidentia secus in potestate esse existiment patronorum,
et omnem certaminum exitum isdem soleant adsignare et
non vitiis rerum aut iniquitati aliquotiens disceptantium
sed solis defensantibus irascantur. Verum unde huc de-
clinavimus revertamur.

Book XXXI., 2, 1–12: The Huns.

Totius autem sementem exitii et cladum originem di- 1
versarum quas Martius furor incendio solito miscendo
cuncta concivit, hanc comperimus causam. Hunorum
gens monumentis veteribus leviter nota ultra paludes
Maeoticas glacialem oceanum accolens, omnem modum
feritatis excedit. Vbi quoniam ab ipsis nascendi primitiis
infantum ferro sulcantur altius genae, ut pilorum vigor
tempestivus emergens conrugatis cicatricibus hebetetur,
senescunt imberbes absque ulla venustate, spadonibus
similes, compactis omnes firmisque membris et opimis
cervicibus, prodigiosae formae sed pandi, ut bipedes exi-
stimes bestias vel qualis in conmarginandis pontibus effi-
giati stipites dolantur incompte. In hominum autem 3
figura licet insuavi ita visi sunt asperi, ut neque igni

neque saporatis indigeant cibis sed radicibus herbarum
agrestium et semicruda cuiusvis pecoris carne vescantur
quam inter femora sua equorumque terga subsertam fotu
4 calefaciunt brevi. Aedificiis nullis umquam tecti, sed
haec velut ab usu conmuni discreta sepulcra declinant.
Nec enim apud eos vel arundine fastigatum reperiri tu-
gurium potest. Sed vagi montis peragrantes et silvas,
pruinas famem sitimque perferre ab incunabulis adsue-
scunt. Peregre tecta nisi adigente maxima necessitate non
subeunt; nec enim apud eos securos existimant esse sub
5 tectis. [. . .] Indumentis operiuntur linteis vel expellibus
silvestrium murum consarcinatis, nec alia illis domestica
vestis est, alia forensis. Sed semel obsoleti coloris tunica
collo inserta non ante deponitur aut mutatur quam diu-
6 turna carie in pannulos defluxerit defrustata. Galeris
incurvis capita tegunt, hirsuta crura coriis muniendis
haedinis, eorumque calcei formulis nullis aptati vetant in-
cedere gressibus liberis. Qua causa ad pedestris parum
adcommodati sunt pugnas, verum equis prope adfixi, duris
quidem sed deformibus, et muliebriter isdem non num-
quam insidentes funguntur muneribus consuetis. Ex ipsis
quivis in hac natione pernox et perdius emit et vendit,
cibumque sumit et potum, et inclinatus cervici angustae
iumenti in altum soporem ad usque varietatem effunditur
7 somniorum. Et deliberatione super rebus proposita seriis,
hoc habitu omnes in conmune consultant. Aguntur autem
nulla severitate regali sed tumultuario primatum ductu
8 contenti perrumpunt quidquid inciderit. Et pugnant non
numquam lacessiti, sed ineuntes proelia cuneatim variis
vocibus sonantibus torvum. Vtque ad pernicitatem sunt
leves et repentini, ita subito de industria dispersi vige-
scunt et incomposita acie cum caede vasta discurrunt, nec
invadentes vallum nec castra inimica pilantes prae nimia
9 rapiditate cernuntur. Eoque omnium acerrimos facile

dixeris bellatores, quod procul missilibus telis, acutis ossibus pro spiculorum acumine arte mira coagmentatis et distantia percursa cominus ferro sine sui respectu confligunt, hostisque, dum mucronum noxias observant, contortis laciniis inligant, ut laqueatis resistentium membris equitandi vel gradiendi adimant facultatem. Nemo apud 10 eos arat nec stivam aliquando contingit. Omnes enim sine sedibus fixis, absque lare vel lege aut victu stabili dispalantur, semper fugientium similes, cum carpentis in quibus habitant. [. . .] Per indutias infidi inconstantes 11 ad omnem auram incidentis spei novae perquam mobiles, totum furori incitatissimo tribuentes. Inconsultorum animalium ritu, quid honestum inhonestumve sit penitus ignorantes, flexiloqui et obscuri, nullius religionis vel superstitionis reverentia aliquando districti, auri cupidine inmensa flagrantes, adeo permutabiles et irasci faciles ut eodem aliquotiens die a sociis nullo inritante saepe desciscant, itidemque propitientur nemine leniente.

Hoc expeditum indomitumque hominum genus externa 12 praedandi aviditate flagrans inmani, per rapinas finitimorum grassatum et caedes ad usque Halanos pervenit, veteres Massagetas, qui unde sint vel quas incolant terras—quoniam huc res prolapsa est—consentaneum est demonstrare [. . .]

Book XXXI., 2, 17–25: The Halani.

Abundans Hister advenarum magnitudine fluenti Sauro- 13 matas praetermeat ad usque amnem Tanaim pertinentes, qui Asiam terminat ab Europa. Hoc transito in inmensum extentas Scythiae solitudines Halani inhabitant, ex montium adpellatione cognominati, paulatimque nationes conterminas crebritate victoriarum adtritas ad gentilitatem

14 sui vocabuli traxerunt, ut Persae. Inter hos Nervi medi-
terranea incolunt loca, vicini verticibus celsis quos prae-
ruptos geluque torpentis aquilones adstringunt. Post
quos Vidini sunt et Geloni perquam feri qui detractis
peremptorum hostium cutibus indumenta sibi, equisque
tegmina conficiunt, bellatrix gens. Gelonis Agathyrsi
conlimitant, interstincti colore caeruleo corpora simul et
crines, et humiles quidem minutis atque raris, nobiles
15 vero latis, fucatis et densioribus notis. Post hos Melan-
chlaenas et Anthropophagos palari accepimus per diversa,
humanis corporibus victitantes quibus ob haec alimenta
nefanda desertis finitimi omnes longa petiere terrarum.
Ideoque plaga omnis orienti aestivo obiecta usque dum
16 venitur ad Seras, inhabitabilis mansit. Parte alia prope
Amazonum sedes Halani sunt orienti adclines, diffusi
per populosas gentis et amplas, Asiaticos vergentes in
tractus quas dilatari ad usque Gangen accepi fluvium
intersecantem terras Indorum, mareque inundantem au-
strale.

17 Bipertiti per utramque mundi plagam Halani—quorum
gentis varias nunc recensere non refert—licet dirempti
spatiis longis, per pagos ut Nomades vagantur inmensos,
aevi tamen progressu ad unum concessere vocabulum et
summatim omnes Halani cognominantur ob mores et mo-
18 dum efferatum vivendi eandemque armaturam. Nec enim
ulla sunt illisce tuguria aut versandi vomeris cura, sed
carne et copia victitant lactis, plaustris supersidentes quae
operimentis curvatis corticum per solitudines conferunt
sine fine distentas. Cumque ad graminea venerint, in
orbiculatam figuram locatis sarracis ferino ritu vescuntur,
absumptisque pabulis, velut carpentis civitates impositas
vehunt [. . .] et habitacula sunt haec illis perpetua et,
19 quocumque ierint, illic genuinum existimant larem. Ar-
menta prae se agentes cum gregibus pascunt, maximeque

equini pecoris est eis sollicitior cura. Ibi campi semper
herbescunt, intersitis pomiferis locis, atque ideo transe-
untes quolibet, nec alimentis nec pabulis indigent, quod
efficit umectum solum et crebri fluminum praetermean-
tium cursus. Omnis igitur aetas et sexus inbellis circa 20
vehicula ipsa versatur, muniisque distringitur mollibus;
iuventus vero equitandi usu a prima pueritia coalescens,
incedere pedibus existimat vile et omnes multiplici
disciplina prudentes sunt bellatores. Vnde etiam Per-
sae, qui sunt originitus Scythae, pugnandi sunt peritis-
simi.

Proceri autem Halani paene sunt omnes et pulchri, 21
crinibus mediocriter flavis, oculorum temperata torvitate
terribiles et armorum levitate veloces, Hunisque per om-
nia subpares verum victu mitiores et cultu, latrocinando
et venando ad usque Maeotica stagna et Cimmerium Bo-
sporum, itidemque Armenios discurrentes et Mediam. Vt- 22
que hominibus quietis et placidis otium est voluptabile, ita
illos pericula iuvant et bella. Iudicatur ibi beatus qui in
proelio profuderit animam, senescentes enim et fortuitis
mortibus mundo digressos ut degeneres et ignavos convi-
ciis atrocibus insectantur, nec quidquam est quod elatius
iactent quam homine quolibet occiso, proque exuviis glo-
riosis interfectorum avulsis capitibus detractas pellis pro
phaleris iumentis adcommodant bellatoriis. Nec templum 23
apud eos visitur aut delubrum, ne tugurium quidem culmo
tectum cerni usquam potest, sed gladius barbarico ritu
humi figitur nudus, eumque ut Martem, regionum quas
circumcircant, praesulem verecundius colunt. Futura 24
miro praesagiunt modo. Nam rectiores virgas vimineas
conligentes, easque cum incantamentis quibusdam secretis
praestituto tempore discernentes, aperte quid portendatur
norunt. Servitus quid sit ignorant, omnes generoso semi- 25
ne procreati, iudicesque etiam nunc eligunt diuturno bel-

landi usu spectatos. Sed ad reliqua textus propositi revertamur.

Death of Valens, 378 A.D.

1 14. Perit autem hoc exitu Valens quinquagesimo anno
contiguus, cum per annos quattuor imperasset et decem
2 parvo minus. Cuius bona multis cognita dicemus et vitia.
Amicus fidelis et firmus, ultor acer ambitionum, severus
militaris et civilis disciplinae conrector, pervigil semper et
anxius, ne propinquitatem quis praetendens altius semet
ferret, erga deferendas potestates vel adimendas nimium
tardus, provinciarum aequissimus tutor, quarum singulas
ut domum propriam custodiebat indemnes, tributorum
onera studio quodam molliens singulari, nulla vectigalium
admittens augmenta, in adaerandis reliquorum debitis non
molestus, furibus et in peculatu deprehensis iudicibus in-
3 imicus asper et vehemens. Nec sub alio principe in huius
modi negotiis melius secum actum esse meminit oriens.
Super his omnibus liberalis erat cum moderatione, cuius
rei licet abundent exempla, unum tamen sufficiet poni. Vt
sunt in palatiis non nulli alienarum rerum avidi, siqui
caducum vel aliud petisset ex usu, cum magna iustorum
iniustorumque distinctione contradictori copia servata,
donabat ei qui petierat, tris vel quattuor alios absentis
aliquotiens impetratorum participes iungens; ut castiga-
tius agerent inquieti, lucra quibus inhiabant, hoc minui
4 conmento cernentes. Super aedificiis autem quae per
diversas urbis et oppida vel instauravit vel a primis in-
struxit auspiciis—ne sim longior—taceo, rebus ipsis id
apertius monstrare concedens. Haec bonis omnibus aemu-
landa sunt, ut existimo; nunc eius vitia percurramus.
5 Magnarum opum intemperans adpetitor, laborum impa-
tiens, duritiamque magis adfectans inmanem in crude-

litatem proclivior, subagrestis ingenii, nec bellicis nec
liberalibus studiis eruditus; alienis gemitibus libenter
emolumenta fructusque conquirens, tuncque magis intole-
rabilis cum incidentia crimina ad contemptam vel laesam
principis amplitudinem trahens in sanguinem saeviebat et
dispendia locupletum. Illud quoque ferri non poterat 6
quod, cum legibus litis omnis quaestionesque committere
videri se vellet, destinatisque velut lectis iudicibus nego-
tia spectanda mandabat, nihil agi contra libidinem suam
patiebatur; iniuriosus alias et iracundus et criminantibus
sine differentia veri vel falsi facillime patens quae vitiorum
labes etiam in his privatis cotidianisque rationibus im-
pendio est formidanda.

Cessator et piger: nigri coloris, pupula oculi unius ob- 7
structa, sed ita, ut non eminus adpareret, figura bene com-
pacta membrorum, staturae nec procerae nec humilis,
incurvis cruribus extanteque mediocriter ventre.

Haec super Valente dixisse sufficiet quae vera esse 8
aequalis nobis memoria plene testatur. Illud autem prae-
teriri non convenit, quod cum oraculo tripodis quem mo-
visse Patricium docuimus et Hilarium, tris versus illos
fatidicos comperisset, quorum ultimus est:

ἐν πεδίοισι Μίμαντος ἀγαιομένοιο Ἄρηος,

ut erat inconsummatus et rudis, inter initia contemnebat,
processu vero luctuum maximorum abiecte etiam timidus,
eiusdem sortis recordatione Asiae nomen horrebat; ubi
Erythraeo oppido superpositum montem Mimanta et Ho-
merum scripsisse et Tullium doctis referentibus audiebat.
Denique post interitum eius discessumque hostilem, prope 9
locum in quo cecidisse existimatus est, inventus dicitur
saxeus monumenti suggestus cui lapis adfixus incisis lit-
teris Graecis, sepultum ibi nobilem quendam Mimanta
veterem indicabat.

BOETHIVS

Anicius Manlius Torquatus Severinus Boethius is the last great name in Latin literature. He was born of a noble family, about 480, and was married to a daughter of Symmachus, who has earned the gratitude of posterity by his zeal in preserving many Latin classics from destruction. Boethius was on intimate terms with the Emperor Theoderic, and was consul in 510. Being unjustly accused of complicity in a plot to dethrone Theoderic, he was imprisoned and finally executed under torture in 524.

Among his many philosophical, theological, and mathematical treatises, there are extant, translations and commentaries to the logical works of Aristotle; the greater part of a commentary to Cicero's *Topica*; treatises *De institutione musica* and *De institutione arithmetica*; but his fame at the present day chiefly rests upon the *De consolatione philosophiae*, written in prison. While bewailing his unhappy fate, philosophy appears to him and endeavors to allay his sorrow by a long series of arguments of a strongly Platonic and Stoical coloring, for although a Christian, the work breathes a pagan spirit throughout.

The form of the *Consolatio* is partly that of the Satira Menippea, partly that of dialogue. The metres of the poems, thirty-nine in all, are extremely varied, and in a number of instances not paralleled in our extant literature. Their phraseology is strongly influenced by Seneca's tragedies. The diction of Boethius, though naturally not untainted by the style of his age, is fluent, eloquent, and clear, and withal not unworthy of the close of the literature of pagan Rome. The *Consolatio* enjoyed an immense popularity (it was even translated into the Greek, by Maximus Planudes), and, although now somewhat neglected, still amply repays an attentive perusal.

BOETHIVS

Book I.: Philosophy appears to Boethius in prison.

Carmina qui quondam studio florente peregi,
  Flebilis, heu, maestos cogor inire modos.
Ecce mihi lacerae dictant scribenda Camenae
  Et veris elegi fletibus ora rigant.
Has saltem nullus potuit pervincere terror,
  Ne nostrum comites prosequerentur iter.
Gloria felicis olim viridisque iuventae
  Solantur maesti nunc mea fata senis.
Venit enim properata malis inopina senectus
  Et dolor aetatem iussit inesse suam.
Intempestivi funduntur vertice cani
  Et tremit effeto corpore laxa cutis.
Mors hominum felix, quae se nec dulcibus annis
  Inserit et maestis saepe vocata venit.
Eheu, quam surda miseros avertitur aure
  Et flentis oculos claudere saeva negat.
Dum levibus male fida bonis fortuna faveret,
  Paene caput tristis merserat hora meum,
Nunc quia fallacem mutavit nubila vultum,
  Protrahit ingratas impia vita moras.
Quid me felicem totiens iactastis amici?
  Qui cecidit, stabili non erat ille gradu.

Haec dum mecum tacitus ipse reputarem querimoniamque lacrimabilem stili officio signarem, adstitisse mihi supra verticem visa est mulier reverendi admodum vultus, oculis ardentibus, et ultra conmunem hominum valentiam perspicacibus, colore vivido atque inexhausti vigoris, quamvis ita aevi plena foret, ut nullo modo nostrae crederetur aetatis, statura discretionis ambiguae. Nam nunc quidem ad conmunem sese hominum mensuram cohibebat, nunc vero pulsare caelum summi verticis cacumine videbatur, quae cum altius caput extulisset, ipsum etiam caelum penetrabat respicientiumque hominum frustrabatur intuitum. Vestes erant tenuissimis filis, subtili artificio, indissolubili materia perfectae quas, uti post eadem prodente cognovi, suis manibus ipsa texuerat. Quarum speciem, veluti fumosas imagines solet, caligo quaedam neglectae vetustatis obduxerat. Harum in extremo margine *II*, in supremo vero Θ legebatur intextum. Atque inter utrasque litteras in scalarum modum gradus quidam insigniti videbantur, quibus ab inferiore ad superius elementum esset adscensus. Eandem tamen vestem violentorum quorumdam sciderant manus et particulas, quas quisque potuit, abstulerant. Et dextra quidem eius libellos sceptrum vero sinistra gestabat. Quae ubi poeticas Musas vidit nostro adsistentis toro fletibusque meis verba dictantis, conmota paullisper ac torvis inflammata luminibus, 'quis,' inquit, 'has scenicas meretriculas ad hunc aegrum permisit accedere quae dolores eius non modo nullis remediis foverent, verum dulcibus insuper alerent venenis? Hae sunt enim quae infructuosis adfectum spinis, uberem fructibus rationis segetem necant, hominumque mentis adsuefaciunt morbo, non liberant. At si quem profanum, uti vulgo solitum vobis, blanditiae vestrae detraherent, minus moleste ferendum putarem; nihil quippe in eo nostrae operae laederentur. Hunc vero Eleaticis atque Academicis studiis innutritum? Sed abite potius Sirenes usque in exitium dulces meisque eum Musis curandum sanandumque relinquite.' His ille chorus increpitus deiecit humi maestior vultum, confessusque rubore verecundiam limen tristis excessit. At ego, cuius acies lacrimis mersa caligaret, nec dinoscere possem, quaenam haec esset mulier tam imperiosae auctoritatis, obstupui visuque in terram defixo, quidnam deinceps esset actura, expectare tacitus coepi. Tum illa propius accedens in extrema lectuli mei parte consedit, meumque intuens vultum luctu gravem atque in humum maerore deiectum his versibus de nostrae mentis perturbatione conquesta est.

Heu, quam praecipiti mersa profundo 2
Mens hebet et propria luce relicta
Tendit in externas ire tenebras,
Terrenis quotiens flatibus aucta
Crescit in inmensum noxia cura!
Hic quondam caelo liber aperto
Suetus in aetherios ire meatus
Cernebat rosei lumina solis,
Visebat gelidae sidera lunae,
Et quaecunque vagos stella recursus
Exercet varios flexa per orbis,
Comprensam numeris victor habebat.
Quin etiam causas, unde sonora
Flamina sollicitent aequora ponti,
Quis volvat stabilem spiritus orbem,
Vel cur Hesperias sidus in undas
Casurum rutilo surgat ab ortu,
Quis veris placidas temperet horas,
Vt terram roseis floribus ornet,
Quis dedit ut pleno fertilis anno
Autumnus gravidis influat uvis,
Rimari solitus atque latentis
Naturae varias reddere causas.

Nunc iacet effeto lumine mentis
Et pressus gravibus colla catenis
Declivemque gerens pondere vultum,
Cogitur heu stolidam cernere terram.

'Sed medicinae,' inquit, 'tempus est, non querellae.' Tum vero totis in me intenta luminibus: 'Tune ille es,' ait, 'qui nostro quondam lacte nutritus, nostris educatus alimentis, in virilis animi robur evaseras? atqui talia contuleramus arma quae nisi prior abiecisses, invicta te firmitate tuerentur. Agnoscisne me? quid taces? pudore an stupore siluisti? mallem pudore, sed te, ut video, stupor oppressit.' Cumque me non modo tacitum, sed elinguem prorsus mutumque vidisset, admovit pectori meo leniter manum; et 'nihil,' inquit, 'periculi est, lethargum patitur communem inlusarum mentium morbum. Sui paullisper oblitus est; recordabitur facile, si quidem nos ante cognoverit. Quod ut possit, paullisper lumina eius mortalium rerum nube caligantia tergamus.' Haec dixit oculosque meos fletibus undantis contracta in rugam veste siccavit.

3 Tunc me discussa liquerunt nocte tenebrae
Luminibusque prior rediit vigor,
Vt cum praecipiti glomerantur nubila Coro
Nimbosisque polus stetit imbribus,
Sol latet ac nondum caelo venientibus astris,
Desuper in terram nox funditur.
Hanc si Threicio Boreas emissus ab antro
Verberet et clausum reseret diem,
Emicat et subito vibratus lumine Phoebus
Mirantis oculos radiis ferit.

Boethius Recognizes Her.

Haud aliter tristitiae nebulis dissolutis hausi caelum et ad cognoscendam medicantis faciem mentem recepi.

Itaque ubi in eam deduxi oculos intuitumque defixi, respicio nutricem meam cuius ab adulescentia laribus obversatus fueram, Philosophiam. 'Et quid,' inquam, 'tu in has exilii nostri solitudines, o omnium magistra virtutum, supero cardine delapsa venisti? an ut tu quoque mecum rea falsis criminationibus agiteris?' 'An,' inquit illa, 'te alumne desererem nec sarcinam quam mei nominis invidia sustulisti, communicato tecum labore partirer? atqui Philosophiae fas non erat incomitatum relinquere iter innocentis, meam scilicet criminationem vererer et quasi novum aliquid acciderit, perhorrescerem? nunc enim primum censes apud improbos mores lacessitam periculis esse sapientiam? Nonne apud veteres quoque ante nostri Platonis aetatem magnum certamen saepe cum stultitiae temeritate certavimus? eodemque superstite praeceptor eius Socrates iniustae victoriam mortis me adstante promeruit? Cuius hereditatem cum deinceps Epicureum vulgus ac Stoicum ceterique pro sua quisque parte raptum ire molirentur meque reclamantem renitentemque velut in partem praedae detraherent, vestem quam meis texueram manibus, disciderunt, abreptisque ab ea panniculis totam me sibi cessisse credentes abiere. In quibus quoniam quaedam nostri habitus vestigia videbantur, meos esse familiaris imprudentia rata, non nullos eorum profanae multitudinis errore pervertit. Quod si nec Anaxagorae fugam nec Socratis venenum nec Zenonis tormenta, quoniam sunt peregrina, novisti, at Canios, at Senecas, at Soranos quorum nec pervetusta nec incelebris memoria est, scire potuisti. Quos nihil aliud in cladem detraxit, nisi quod nostris moribus instituti studiis improborum dissimillimi videbantur. Itaque nihil est quod admirere, si in hoc vitae salo circumflantibus agitemur procellis quibus hoc maxime propositum est, pessimis displicere. Quorum quidem tametsi numerosus est exercitus, spernendus tamen est, quoniam nullo duce regitur, sed errore tantum temere ac passim limphante raptatur. Qui si quando contra nos aciem struens valentior incubuerit, nostra quidem dux copias suas in arcem contrahit, illi vero circa diripiendas inutilis sarcinulas occupantur. At nos desuper inridemus vilissima rerum quaeque rapientes securi totius furiosi tumultus eoque vallo muniti quo grassanti stultitiae adspirare fas non sit.'

4 Quisquis composito serenus aevo
Fatum sub pedibus dedit superbum
Fortunamque tuens utramque rectus,
Invictum potuit tenere vultum;
Non illum rabies minaeque ponti
Versum funditus excitantis aestum,
Nec ruptis quotiens vagus caminis
Torquet fumificos Vesevus ignis,
Aut celsas soliti ferire turris
Ardentis via fulminis movebit.
Quid tantum miseri feros tyrannos
Mirantur sine viribus furentes?
Nec speres aliquid nec extimescas,
Exarmaveris impotentis iram:
At quisquis trepidus pavet vel optat,
Quod non sit stabilis suique iuris,
Abiecit clipeum locoque motus
Nectit qua valeat trahi catenam.

The Defence of Boethius.

'Sentisne,' inquit, 'haec atque animo inlabuntur tuo? an ὄνος λύρας? Quid fles, quid lacrimis manas? ἐξαύδα, μὴ κεῦθε νόῳ. Si operam medicantis expectas, oportet vulnus detegas.' Tum ego conlecto in viris animo: 'Anne adhuc eget admonitione, nec per se satis eminet fortunae in nos saevientis asperitas? nihilne te ipsa loci facies movet? haeccine est bibliotheca quam certissimam tibi sedem nostris in laribus ipsa delegeras? in qua mecum saepe residens de humanarum divinarumque rerum scientia disserebas? Talis habitus talisque vultus erat cum tecum naturae secreta rimrarer, cum mihi siderum vias radio describeres, cum mores nostros totiusque vitae rationem ad caelestis ordinis exemplar formares. Haeccine praemia referimus tibi obsequentes? atqui tu hanc sententiam Platonis ore sanxisti: "Beatas fore respublicas, si eas vel studiosi sapientiae regerent, vel earum rectores studere sapientiae contigisset." Tu eiusdem viri ore hanc sapientibus capessendae reipublicae necessariam causam esse monuisti, ne improbis flagitiosisque civibus urbium relicta gubernacula, pestem bonis ac perniciem inferrent. Hanc igitur auctoritatem secutus, quod a te inter secreta otia didiceram, transferre in actum publicae administrationis optavi. Tu mihi et qui te sapientium mentibus inseruit deus conscii nullum me ad magistratum nisi conmune bonorum omnium studium detulisse. Inde cum improbis graves inexorabilesque discordiae et, quod conscientiae libertas habet, pro tuendo iure spreta potentiorum semper offensio? quotiens ego Conigastum in imbecillis cuiusque fortunas impetum facientem obvius excepi, quotiens Triguillam regiae praepositum domus ab incepta perpetrata iam prorsus iniuria deieci, quotiens miseros quos infinitis calumniis impunita barbarorum semper avaritia vexabat, obiecta periculis auctoritate protexi! Numquam me ab iure ad iniuriam quisquam detraxit. Provincialium fortunas, tum privatis rapinis, tum publicis vectigalibus pessumdari non aliter quam qui patiebantur indolui. Cum acerbae famis tempore gravis atque inexplicabilis indicta coemptio profligatura inopia Campaniam provinciam videretur, certamen adversum praefectum praetorii conmunis conmodi ratione suscepi, rege cognoscente contendi et, ne coemptio exigeretur, evici. Paulinum consularem virum, cuius opes palatinae canes iam spe atque ambitione devorassent, ab ipsis hiantium faucibus traxi. Ne Albinum consularem virum praeiudicatae accusationis poena conriperet, odiis me Cypriani delatoris opposui. Satisne in me magnas videor exacervasse discordias? sed esse apud ceteros tutior debui qui mihi amore iustitiae nihil apud aulicos, quo magis essem tutior, reservavi. Quibus autem deferentibus perculsi sumus? quorum Basilius olim regio ministerio depulsus in delationem nostri nominis alieni aeris necessitate compulsus est. Opilionem vero atque Gaudentium, cum ob innumeras multiplicesque fraudes ire in exilium regia censura decrevisset, cumque illi parere nolentes sacrarum sese aedium defensione tuerentur compertumque id regi foret, edixit: uti nī intra praescriptum diem Ravenna urbe decederent, notas insigniti frontibus pellerentur. Quid huic severitati posse adstrui videtur? atqui in eodem die deferentibus eisdem nominis nostri delatio suscepta est. Quid igitur? nostraene artes ita meruerunt? an illos accusatores iustos fecit praemissa damnatio? itane nihil fortunam puduit, si minus accusatae innocentiae, at accusantium vilitatis? at, cuius criminis arguimur, summam quaeris? senatum dicimur salvum esse voluisse. Modum desideras? delatorem, ne documenta deferret quibus senatum maiestatis reum faceret, impedisse criminamur. Quid igitur o magistra censes? infitiabimur crimen, ne tibi pudori simus? at volui, nec unquam velle desistam. Fatebimur? sed impediendi delatoris opera cessabit. An optasse illius ordinis salutem nefas vocabo? ille quidem suis de me decretis, uti hoc nefas esset, effecerat; sed sibi semper mentiens imprudentia, rerum merita non potest inmutare, nec mihi Socratico decreto fas esse arbitror vel occuluisse veritatem vel concessisse mendacium. Verum id quoquo modo sit, tuo sapientiumque iudicio aestimandum relinquo. Cuius rei seriem atque veritatem, ne latere posteros queat, stilo etiam memoriaeque mandavi. Nam de compositis falso litteris quibus libertatem arguor sperasse Romanam, quid adtinet dicere? quarum fraus aperta patuisset, si nobis ipsorum confessione delatorum, quod in omnibus negotiis maximas viris habet, uti licuisset. Nam quae sperari reliqua libertas potest? atque utinam posset ulla! respondissem Canii verbo, qui cum a C. Caesare Germanici filio conscius contra se factae coniurationis fuisse diceretur: "si ego," inquit, "scissem, tu nescisses." Qua in re non ita sensus nostros maeror hebetavit, ut impios scelerata contra virtutem querar molitos, sed quae speraverint effecisse vehementer admiror. Nam deteriora velle nostri fuerit fortasse defectus, posse contra innocentiam quae sceleratus quisque conceperit inspectante deo, monstri simile est. Vnde haud iniuria tuorum quidem familiarium quaesivit: "si quidem deus," inquit, "est, unde mala? bona vero unde, si non est?" Sed fas fuerit nefarios homines qui bonorum omnium totiusque senatus sanguinem petunt, nos etiam, quos propugnare bonis senatuique viderant, perditum ire voluisse. Sed num idem de patribus quoque merebamur? Meministi, ut opinor, quoniam me dicturum quid facturumve praesens semper ipsa dirigebas. Meministi, inquam, Veronae cum rex avidus exitii conmunis, maiestatis crimen in Albinum delatae ad cunctum senatus ordinem transferre moliretur, universi innocentiam senatus quanta periculi mei securitate defenderim. Scis me haec et vera proferre et in nulla unquam mei laude iactasse. Minuit enim quodam modo se probantis conscientiae secretum, quotiens ostentando quis factum recipit famae pretium. Sed innocentiam nostram quis exceperit eventus vides; pro verae virtutis praemiis falsi sceleris poenas subimus et cuius umquam facinoris manifesta confessio ita iudices habuit in severitate concordes, ut non aliquos vel ipse ingenii error humani vel fortunae condicio cunctis mortalibus incerta submitteret? Si inflammare sacras aedis voluisse, si sacerdotes impio iugulare gladio, si bonis omnibus necem struxisse diceremur, praesentem tamen sententia confessum convictumve punisset. Nunc quingentis fere passuum milibus procul moti atque indefensi ob studium propensius in senatum morti proscriptionique damnamur: o meritos de simili crimine neminem posse convinci! cuius dignitatem reatus ipsi etiam qui detulere viderunt: quam uti alicuius sceleris admixtione fuscarent, ob ambitum dignitatis sacrilegio me conscientiam polluisse mentiti sunt. Atqui et tu insita nobis, omnem rerum mortalium cupidinem de nostri animi sede pellebas, et sub tuis oculis sacrilegio locum esse fas non erat. Instillabas enim auribus cogitationibusque meis cotidie Pythagoricum illud ἕπου θεῷ. Nec conveniebat vilissimorum me spirituum praesidia captare quem tu in hanc excellentiam componebas, ut consimilem deo faceres. Praeterea penetral innocens domus, honestissimorum coetus amicorum, socer etiam sanctus et aeque actu ipso reverendus ab omni nos huius criminis suspicione defendunt. Sed o nefas! illi vero de te tanti criminis fidem capiunt atque hoc ipso videbimur adfinis fuisse maleficio, quod tuis imbuti disciplinis, tuis instituti moribus sumus. Ita non est satis nihil mihi tuam profuisse reverentiam, nisi ultro tu mea potius offensione lacereris. At vero hic etiam nostris malis cumulus accedit, quod existimatio plurimorum non rerum merita, sed fortunae spectat eventum, eaque tantum iudicat esse provisa quae felicitas commendaverit. Quo fit, ut existimatio bona prima omnium deserat infelices. Qui nunc populi rumores quam dissonae multiplicesque sententiae, piget reminisci. Hoc tantum dixerim: ultimam esse adversae fortunae sarcinam, quod dum miseris aliquod crimen adfingitur quae perferunt, meruisse creduntur; et ego quidem bonis omnibus pulsus, dignitatibus exutus, existimatione foedatus, ob beneficium supplicium tuli. Videre autem videor nefarias sceleratorum officinas gaudio laetitiaque fluitantis, perditissimum quemque novis delationum fraudibus imminentem, iacere bonos nostri discriminis terrore prostratos, flagitiosum quemque ad audendum quidem facinus impunitate, ad efficiendum vero praemiis incitari: insontes autem non modo securitate, verum ipsa etiam defensione privatos. Itaque libet exclamare:

O stelliferi conditor orbis,
Qui perpetuo nixus solio
Rapido caelum turbine versas
Legemque pati sidera cogis,
Vt nunc pleno lucida cornu
Totis fratris obvia flammis
Condat stellas luna minores,
Nunc obscuro pallida cornu,
Phoebo propior lumina perdat.
Et qui primae tempore noctis
Agit algentis Hesperus ortus,
Solitas iterum mutet habenas
Phoebi pallens Lucifer ortu.
Tu frondifluae frigore brumae
Stringis lucem breviore mora:
Tu, cum fervida venerit aestas,
Agilis noctis dividis horas.
Tua vis varium temperat annum,
Vt quas Boreae spiritus aufert,
Revehat mitis Zephyrus frondis:
Quaeque Arcturus semina vidit,

Sirius altas urat segetes.
Nihil antiqua lege solutum
Linquit propriae stationis opus,
Omnia certo fine gubernans
Hominum solos respuis actus
Merito rector cohibere modo.
Nam cur tantas lubrica versat
Fortuna vicis ? premit insontis
Dempta sceleri noxia poena,
At perversi resident celso
Mores solio sanctaque calcant
Iniusta vice colla nocentes.
Latet obscuris condita virtus
Clara tenebris iustusque tulit
Crimen iniqui.
Nil periuria, nil nocet ipsis
Fraus mendaci compta colore.
Sed cum libuit viribus uti,
Quos innumeri metuunt populi,
Summos gaudent subdere reges.
O iam miseras respice terras,
Quisquis rerum foedera nectis.
Operis tanti pars non vilis
Homines quatimur fortunae sale.
Rapidos rector comprime fluctus,
Et quo caelum regis inmensum
Firma stabiles foedere terras.'

Reply of Philosophy.

Haec ubi continuato dolore delatravi, illa vultu placido nihilque meis questibus mota : 'cum te,' inquit, 'maestum lacrimantemque vidissem, illico miserum exulemque cognovi. Sed quam id longinquum esset exilium, nisi tua prodidisset oratio, nesciebam. Sed tu quam procul a patria non quidem pulsus es, sed aberrasti ac, si te pulsum existimari mavis, te potius ipse pepulisti; nam id quidem de te numquam cuiquam fas fuisset. Si enim cuius oriundo sis patriae reminiscare, non, uti Atheniensium quondam, multitudinis imperio regitur, sed εἷς κοίρανός ἐστιν, εἷς βασιλεύς qui frequentia civium non depulsione laetatur, cuius agi frenis atque obtemperare iustitiae summa libertas est. An ignoras illam tuae civitatis antiquissimam legem, qua sancitum est, ei ius exulare non esse, quisquis in ea sedem fundare maluerit? nam qui vallo eius ac munimine continetur, nullus metus est, ne exul esse mereatur. At quisquis inhabitare eam velle desierit, pariter desinit etiam mereri. Itaque non tam me loci huius quam tua facies movet, nec bibliothecae potius comptos ebore ac vitro parietes quam tuae mentis sedem requiro, in qua non libros, sed id quod libris pretium facit, librorum quondam meorum sententias conlocavi. Et tu quidem de tuis in conmune bonum meritis vera quidem, sed pro multitudine gestorum tibi pauca dixisti; de obiectorem tibi vel honestate vel falsitate cunctis nota memorasti; de sceleribus fraudibusque delatorum recte tu quidem strictim adtingendum putasti, quod ea melius uberiusque recognoscentis omnia vulgi ore celebrentur. Increpuisti etiam vehementer iniusti factum senatus: de nostra etiam criminatione doluisti, laesae quoque opinionis damna flevisti: postremus adversus fortunam dolor incanduit, conquestusque non aequa meritis praemia pensari. In extremo Musae saevientis, uti quae caelum, terras quoque pax regeret, vota posuisti. Sed quoniam plurimus tibi adfectuum tumultus incubuit, diversumque te dolor, ira, maeror distrahunt, uti nunc mentis es, nondum te validiora remedia contingunt. Itaque lenioribus paullisper utemur, ut quae in tumorem perturbationibus influentibus induruerunt, ad acrioris vim medicaminis recipiendam tactu blandiore mollescant.

Book II.: Philosophy's Second Address.

1 Post haec paullisper obticuit atque ubi adtentionem meam modesta taciturnitate conlegit, sic exorsa est: Si penitus aegritudinis tuae causas habitumque cognovi, fortunae prioris adfectu desiderioque tabescis, ea tantum animi tui statum, sicuti tu tibi fingis, mutata pervertit. Intellego multiformes illius prodigii fucos, et eo usque cum his quos eludere nititur, blandissimam familiaritatem, dum intolerabili dolore confundat quos insperata reliquerit. Cuius si naturam, mores ac meritum reminiscare, nec habuisse te in ea pulchrum aliquid nec amisisse cognosces, sed, ut arbitror, haud multum tibi haec in memoriam revocare laboraverim. Solebas enim praesentem quoque blandientemque virilibus incessere verbis, eamque de nostro adyto prolatis insectabare sententiis; verum omnis subita mutatio rerum non sine quodam quasi fluctu contingit animorum. Sic factum est, ut tu quoque paullisper a tua tranquillitate discederes; sed tempus est, haurire te aliquid ac degustare molle atque iucundum, quod ad interiora transmissum validioribus haustibus viam fecerit. Adsit igitur rhetoricae suadela dulcedinis quae tum tantum recto calle procedit, cum nostra instituta non deserit, cumque hac musica laris nostri vernula nunc leviores, nunc graviores modos succinat. Quid est igitur o homo, quod te in maestitiam luctumque deiecit? novum credo aliquid inusitatumque vidisti. Tu fortunam putas erga te esse mutatam: erras. Hi semper eius mores sunt, ista natura. Servavit circa te propriam potius in ipsa sui mutabilitate constantiam. Talis erat, cum blandiebatur, cum tibi falsae inlecebris felicitatis adluderet. Deprehendisti caeci numi-

nis ambiguos vultus. Quae sese adhuc velat aliis, tota tibi prorsus innotuit. Si probas, utere moribus, ne queraris. Si perfidam perhorrescis, sperne atque abice perniciosa ludentem: nam quae nunc tibi est tanti causa maeroris, haec eadem tranquillitatis esse debuisset. · Reliquit enim te quam non relicturam nemo umquam poterit esse securus. An vero tu pretiosam aestimas abituram felicitatem? et cara tibi est fortuna praesens, nec manendi fida et cum discesserit adlatura maerorem. Quod si nec ex arbitrio retineri potest et calamitosos fugiens facit, quid est aliud fugax quam futurae quoddam calamitatis indicium? Neque enim quod ante oculos situm est, suffecerit intueri; rerum exitus prudentia metitur, eademque in alterutro mutabilitas nec formidandas fortunae minas nec exoptandas facit esse blanditias. Postremo aequo animo toleres oportet, quidquid intra fortunae aream geritur, cum semel iugo eius colla submiseris. Quod si manendi abeundique scribere legem velis ei quam tu tibi dominam sponte elegisti, nonne iniurius fueris, et impatienta sortem exacerbes quam permutare non possis? Si ventis vela conmitteres, non quo voluntas peteret, sed quo flatus impellerent, promoveres: si arvis semina crederes, feracis inter se annos sterilisque pensares. Fortunae te regendum dedisti, dominae moribus oportet obtemperes. Tu vero volventis rotae impetum retinere conaris? at omnium mortalium stolidissime, si manere incipit, fors esse desistit.

Haec cum superba verterit vices dextra,
Exaestuantis more fertur Euripi.
Dudum tremendos saeva proterit reges,
Humilemque victi sublevat fallax vultum:
Non illa miseros audit aut curat fletus,
Vltroque gemitus, dura quos fecit, ridet.
Sic illa ludit, sic suas probat viris,

Suisque magnum monstrat ostentum, si quis
Visatur una stratus ac felix hora.

The Address of Fortuna.

2 Vellem autem pauca tecum fortunae ipsius verbis agitare. Tu igitur an ius postulet, animadverte. Quid tu homo ream me cotidianis agis querellis, quam tibi fecimus iniuriam? quae tibi tua detraximus bona? quovis iudice de opum dignitatumque mecum possessione contende. Et si cuiusquam mortalium proprium quid horum esse monstraveris, ego iam tua fuisse quae repetis, sponte concedam. Cum te matris utero natura produxit, nudum rebus omnibus inopemque suscepi, meis opibus fovi et, quod te nunc impatientem nostri facit, favore prona indulgentius educavi, et omnium quae mei sunt iuris, adfluentia et splendore circumdedi. Nunc mihi retrahere manum libet; habes gratiam, velut usus alienis, non habes ius querellae, tamquam prorsus tua perdideris. Quid igitur ingemiscis? nulla tibi a nobis est adlata violentia. Opes, honores ceteraque talium mei sunt iuris. Dominam famulae cognoscunt, mecum veniunt, me abeunte discedunt. Audacter adfirmarem, si tua forent quae amissa conquereris, nullo modo perdidisses. An ego sola meum ius exercere prohibebor? licet caelo proferre lucidos dies eosdemque tenebrosis noctibus condere, licet anno terrae vultum nunc floribus frugibusque redimire, nunc nimbis frigoribusque confundere. Ius est mari, nunc strato aequore blandiri, nunc procellis ac fluctibus inhorrescere. Nos ad constantiam nostris moribus alienam inexpleta hominum cupiditas adligabit? Haec nostra vis est, hunc continuum ludum ludimus: rotam volubili orbe versamus, infima summis, summa infimis mutare gaudemus. Ascende si placet, sed ea lege, ne, cum ludicri mei

ratio poscet, descendere iniuriam putes. An tu mores ignorabas meos? nesciebas Croesum, regem Lydorum, Cyro paulo ante formidabilem, mox deinde miserandum rogi flammis traditum, misso caelitus imbre defensum? num te praeterit Paulum Persi regis a se capti calamitatibus pias impendisse lacrimas? quid tragoediarum clamor aliud deflet, nisi indiscreto ictu fortunam felicia regna vertentem? nonne adulescentulus *δοιοὺς πίθους τὸν μὲν ἕνα κακῶν, τὸν δὲ ἕτερον ἐάων*, in Iovis limine iacere didicisti? quid si uberius de bonorum parte sumpsisti? quid si a te non tota discessi? quid si haec ipsa mei mutabilitas iusta tibi causa est sperandi meliora? tamen ne animo contabescas et intra conmune omnibus regnum locatus proprio iure vivere desideres.

Si quantas rapidis flatibus incitus
  Pontus versat arenas,
Aut quot stelliferis edita noctibus
  Caelo sidera fulgent,
Tantas fundat opes, nec retrahat manum
  Pleno copia cornu,
Humanum miseras haud ideo genus
  Cesset flere querellas.
Quamvis vota libens excipiat deus
  Multi prodigus auri,
Et claris avidos ornet honoribus,
  Nil iam parta videntur:
Sed quaesita vorans saeva rapacitas
  Alios pandit hiatus.
Quae iam praecipitem frena cupidinem
  Certo fine retentent,
Largis cum potius muneribus fluens
  Satis ardescit habendi?
Numquam dives agit qui trepidus gemens
  Sese credit egentem.

APPENDIX CRITICA

ω = scriptura tradita unius codicis vel plurimorum.

Reliqua sigla ex editionibus sumpta sunt.

Lectiones a recensionibus infra laudatis discrepantes uncos praecedunt.

[. . .] in ipso textu designat genuina verba ab editore varias ob causas omissa.

. . . = lacunae in libris.

SENECA RHETOR, ed. H. I. Müller, 1887.

CONTR. I, pr. 9, *ut nati:* Sander] quod nati. — *in vita:* Sander] inviti. — 15, *dixerat:* ω] dicebat. — II, pr. 3, *hoc unum concupiscentem nihil concupiscere, nisi <ut>*: Gertz] <hoc . . . concupiscentem> n. . . . ut. — *tandem:* Linde] tantum. — III, pr. 10, *aberant:* ω] aberrant. — *cognomini meo:* Kiessling] Nomio. — 14, *in loco:* Bursian] loco. — *audiri:* Kiessling] videri dicere. — X, pr. 4, *non apte quidem:* Linde] non quidem.

SUAS. VI, 16, *si iam:* Kiessling] propositum. — † *sumpti poculi:* ω] sumite pocula. — 17, <*T. Livi*>: inclusi] T. Livi n. — *hoc.* Gertz] id. — *trucidati:* Haase] truncata. — 19, *sed omnia:* W. Müller] omnia. — *saepissime:* C. Schenkl] saepius. — *in quibus:* Schulting] quibus. — *artus singulos laceratus:* W. Müller] artus sublatus. — 22, *filiae exitu:* Madvig] filiae morte, . . . exitu. — <*erat*>: inclusi] erat, tulit. — 23, *nihil . . . paene:* ω] paene nihil . . . <paene> maxime. — *aut:* scripsi] ac. — 24, <Asini Pollionis>: inclusi] Asini Pollionis. — (*magna munera deum*): parenthesin notavi] magno, munere deum. — 26, *fecerat:* Kiessling] fecit in.

Velleivs Patercvlvs, ed. C. Halm, 1876.

I, 16, 2, *alioque:* AP] aliove. — *similitudinem:* AP] similitudine. — 3, *Aristophane Eupolide:* scripsi] Aristophaneque et E. — *aetatis non:* Haase] non aetatis. — *imitanda:* AP] imitandam. — 4, *arta tum:* scripsi] artatum.—5, *nequiverit:* scripsi] nequiverint. — 17, 2, *et historicos:* scripsi] historicos etiam. — 4, *scalptoribusque ut quisque:* R. Ellis] scalptoribus quisquis. — *eminentia — circumdata:* Kuhnken] eminentiam — circumdatam. — *recedentisque in:* E. Thomas] recedentis in quodque. — *semper:* AP] saepe. — 6, *maturequs:* Acidalius] naturaque. — 18, 1, *omnis . . . operibus:* Froehlich] auctoribus — operibusque. — 3, *in alia:* scripsi] in alia talium.

II, 34, 3, *qui:* AP] quique. — 4, *eruit:* Lipsius] aperuit. — 35, 1, *altissime inluminavit:* Rhenanus] in altissimo culmine locavit. — 36, 2, *suspecto operis sui carmine:* scripsi, *ἀπ..εἰρ.* statuens] suscepto carminis sui opere. — 3, *proxime:* Burman] maxime. — 41, 1, *quos . . . antiquissimos constat:* ego Ieepium secutus] quod . . . antiquitatis studiosos constabat. — 42, 3, *idem* (vel *is*) *enim cum Asiam tum eam:* scripsi] is enim cum Asia eam. — 70, 3, *occubuit:* A] incubuit. — 71, 3, *M. Varro:* scripsi] Varro. — 87, 3, *eius:* AP] ei. — 88, 2, *possessione:* E. Thomas] † pene. — *minus maiora:* A. Tittler] minora. — 89, 1, *occursu:* R. Ellis] quo occursu. — 6, *fatigant:* AP] fatigarent. — 106, 1, *Germania:* Herelius] G. est. — 3, *a plurimarum:* E. Thomas] plurimarum. — 107, 1, *conatum motumque:* Iacobs] motum conatumque. — 108, 2, *quis praediximus:* MA] quos pr. — 131, 2, *omnium:* Laurentius] hominum.

Q. Cvrtivs Rvfvs, ed. Th. Vogel, 1893.

VI, 3, 5, *ipsarum:* ω] ipsa. — VII, 8, 11, *hominibus moribusque:* scripsi] moribus hominibusque. — 17. *bovum:* coni. Vogel] boum. — 25, *quae . . . habet:* ω] <quae . . . habet>. — X, 5, 8, *totam:* ω] tantam.

C. Petronivs Arbiter, ed. F. Buecheler, 1882.

c. 2, *Sophocles et:* scripsi] S. aut. — 88, *Eudoxus quoque:* vetus emendator] E <quidem> — 118, *testis est et:* coni. Buecheler] testis et.

Cena Trimalchionis, c. 30 ff. — 30, *notabantur* . . . : Friedländer] notabantur. — 32, *minutissima:* L] munitissima. — 33, *voluptatem:* H] omnem v. — *audivi:* scripsi] ut audivi. — 34, *supellecticarius:* Dousa] lecticarius. — *tangomenas:* H] tengomenas. — *vinum vita est:* Goesius] vita vinum est. — *ut catenatio:* O. Iahn] et c. — 36, <*hoc est ius cenae*>: del. Reiske] h. e. i. c. — *ita:* H] itaque. — 38, *credrae:* H] cedrae. — *cularit:* coni. Buecheler] testiculavit. — *vernaculas quaesunt:* scripsi] vernaculae quae sunt. — *culcitras:* H] culcitas. — *piscatores:* Heinsius] pistores. — 39, *putastis:* coni. Buecheler] putatis. — *iam mei:* idem] iam. — *supra:* H] super. — *male:* H] mali. — 40, *duravi:* H] decrevi. — 42, *balniscus:* Scheffer] baliscus. — 43, *oricularios:* Reinesius] auricularios. — 44, *simila si siligine inferior esset:* coni. Buecheler] similia sicilia interiores et. — *directum:* Reiske] derectum. — *non trium:* coni. Buecheler] trium. — *in patrimonio:* Thielmann] patrimonium. — 45, *saperent:* coni. Buecheler] haberet. — *amphitheater:* idem] amphitheatrum. — 46, *loqui:* ω] <loqui>. — *pullavit:* coni. Buecheler] pallavit. — 48, *ego autem:* H] ego enim. — *potentiae domini:* scripsi] potentiae. — <*Cumis*>: del. Studnitzka] Cumis. — 50, *reporrigere:* ω] se porrigere. — *Caesarem:* Scheffer] Caesari. — 51, *valdius:* H] validius. — 52, *minus C . . . Mummius . . . ubi:* Friedländer] minus C quemadmodum—Mummius, ubi. — *indignantem verebatur:* coni. Buecheler] verebatur. — 53, *Atellanam:* Scheffer] Atellaniam. — 55, *recordati quam:* coni. Buecheler] quam. — *memorata est* . . . : lacunam statuit Buecheler] est, donec. — 56, *et est:* scripsi] et. — *xerophagi ex sapa dati:* Friedländer] aecrophagie saele datae. — 57, *cluxissem:* Friedländer] duxissem. — *ovili:* Fleischmann ap. Friedl.] ervilia. — 58, *lerode:* Ludwig ap. Friedl.] demode. — *ut populus:* Iahn] aut. — *nos alia:* Friedländer] nos. — *suntne:* scripsi] sunt. — *mera mapalia:* Friedländer, lacunam statuens] numera m. — 59, *factio* . . . : lacunam statuit Friedländer] factio. — *ducenaria:* Burman] donaria. — 60, <*hic*> *refecit:* Friedländer] hic refecit. — post *praeterire* lacunam statuit Friedländer] praeterire. Postquam. — 61, *egi:* H] ego. — 62, *stellas:* H] stelas. — *in mea tota:* scripsi] in tota. — 63, <*ut*> *mihi:* del. Friedländer] ut mihi. — † *caccitus:* ego] caccitus. — 64, *tisicus:* H] phthisicus. — *quem* (*qū*): H] quando. — *misceri et:* Antonius] misceri . . . . — 68, *auctum:* Friedländer] adiectum. — 70, *et nobis:* coni. Buecheler] etiam nobis. — 71, *sequatur:* H] sequitur. — *faciantur:* Goesius] faciatur. — 72, *udique:* coni. Buecheler] utique. — 73, *ore conabantur:* Burman] conabantur. — *illi?* coni. Buecheler] alii. — *tangomenas:* H] tengomenas.—76, *coemo, iumenta:* ego] coemo iumenta. — *per libertos:* Heinsius] libertos. — 77, *quid vobis:* coni. Buecheler] quod. — *etiam nunc:* Iahn] et nunc. — *cellationem:* H] cenationem.

SENECA, ed. Fr. Haase, 1852.

DE VITA BEATA, 17, 3, *non ut:* ω] ut non. — 4, *etenim ego:* Gertz] ego enim. — 18, 2, *virtutem adorem:* ω] virtutem. — 20, 3, *quo comoediam:* scripsi] cum quo audiam. — 21, 1, *tam:* ω] tamen. — 3, *compararentur:* Wesenberg] conparentur. — 4, *possessiones:* Madvig] possessas. — 22, 3, *ex virtute:* Gertz] et ex virtute. — 5, *eundem habeant:* A] habeant eundem. — 5, *summum; ad postremum:* ω] summum ac postremum. — 23, 2, *o optime:* Lipsius] optime. — *cui manus:* scripsi] quo manus. — 4, *volet. Habebit:* Gertz] volet et habebit. — 5, *donabit—quid:* Gertz] quid ? donabit [credo]. — *expanditis:* coni. Haase] expeditis. — *exeant, nihil:* Madvig] exeant et nihil. — 25, 1, *ergo sit:* Muretus] ergo est. — 2, *pone me in:* Muretus] pone in. — 4, *reges † penatium:* ω] reges penatium. — 6, *dubium est:* Wesenberg] dubium sit. — 7, *ergo est:* scripsi] ergo. — *acerrime. Ergo:* coni. Haase] acerrimas ergo.

DE BENEF. bk. IV, 5, 3, *conmerciis:* ω] in commercia. — 8, 1, *Liberum—est consultura:* ω] <Liberum—consultura>. — *quod per eum:* Lipsius] quod primum. — 30, 2, *magnitudo? tanta:* Fickert] magnitudo tanta. — 31, 2, *quid? ergo:* Fickert] quid ergo ?

DE TRANQ. ANIMI, 9, 5, *puerilium:* Madvig] servilium. — *satis est:* Gertz] satis sit. — 7, *erraretur:* Koch] oriretur. — 17, 4, *movebat:* ω] movit. — 5, *remissi:* ω] emissi — 7, *detinuit:* Gertz] retinuit. — 8, *vinum curas:* Gertz] curas.

DE IRA, II, 21, 7, *restiterint:* ω] restiterunt.

DE BREVITATE VITAE, 14, 4, *turba:* Gertz] urbe. — 5, *palam licet:* Gertz] <putamus> licet, — 15, 1, *conteret:* ω] conterit. — *contribuent:* ω] contribuit.

EPISTULAE, 84, 9, *una:* scripsi] unus. — 88, 23, *artis liberalis:* scripsi] has liberales. — 88, 44, *unum esse:* Gertz] nisi universum. — 90, 2, *vero esset:* codex V (Muecke)] esset. — 90, 5, *tuto:* Buecheler] tantum. — 90, 38, *se redegit. Avaritia paupertatem:* cod. V.] redacta paupertatem. — 114, 5 <*Maecenas de cultu suo*>*:* inclusi] M. d. c. s. — 114, 9, *solebant:* Hermes] solet.

Apocolocyntosis, 1, *quaerito:* ω] quaerite. — <*quod viderit*> *verbis:* delevit Heumann] q. v. v. — *quae tum:* ω] quaecumque. — 2, *orbem:* Fromond] ortum. — *iussoque:* ω] visoque. — *inquies cum —etiam:* Schoppe] adquiescis nunc—ut etiam. — *fessas:* ω] fessus. — 3, *cesset:* Orelli] exiet. — *sexagesimus quartus:* ω] sexagesimus et quartus. — 4, *illa plena:* ω] illud plena. — 5, *impresserit:* ω] impressit. — *qui etiam—timuerit:* ω] quem iam —timuerint. — *implicatam:* ω] implicitum. — 6, *Marci:* ω] Munatii. — <*Lugudunenses*>: inclusit Buecheler] Lugudunenses. — *debes:* ω] debes et. — *et ad hoc:* ω] ad hoc. — 7, *Tiburi:* Buecheler] tibi. — 8, ἔχει*:* ω] ἔχει τι. — *Saturnalicius princeps:* Iunius] princeps. — *Silanum:* ω] L. Silanum. — *propterea:* Buecheler] oro, propter quid. — *inquis:* ω] inquit. — *nescit:* Buecheler] nescio. — 9, *non licere sententiam dicere:* Buecheler] s. d. non licere. — *volo ut:* ω] volo. — *vivebat:* Buecheler] vivat. — *famam—fecistis:* ω] Fama—fecisti. — *fictus:* Iunius] dictus. — *uti divus:* Buecheler] ut divus. — *sane iam:* coni. Buecheler] sententiam. — 10, *sententiae suae:* ω] sententiae causa. — *sed non:* ed. pr.] et non. — *adsidit:* ω] excidit. — *soror mea:* Buecheler] † formea. — ἔγγιον γόνυ κνήμης*:* Buecheler] † ENTYCONΓONNYKNNAIHΣ senescit. — *si aecus futurus es:* ω] sit aequus futurus et. — 11, *Gaius:* ω] Caius Caesar. — *Tristionias:* ω] Tristioniam. — *posset. Hunc:* ω] posset. Cogitate, P. C. quale portentum in numerum deorum se recipi cupiat. Hunc. — *Crassum Frugi, hominem tam:* ed. pr.] Crassum, frugi hominem, tam. — *trahit* <*ad inferos*>: del. Wehle] trahit ad inferos. — 12, *tum maxime:* ω] cum maxime. — *lugenti:* coni. Buecheler] ingenti. — 13, *deorum:* Camden] deorum nuntius. — *celerius i:* scripsi] celerius. — *perturbatur—subalbam:* ω] subperturbatur—albam. *cum plausu:* Buecheler] et cum plausu. — *Iuncus:* Sonntag] Iunius. — *convolant: primi:* Buecheler] convolant primi. — *Pheronactus:* Buecheler] Pheronactes. — *Rufius Pollio:* Buecheler] Rufus Pompei R. — *huc venistis:* coni. Buecheler] vos huc venistis. — 14, *XXXV:* Buecheler] XXX. — CCXXI, ceteros: Buecheler] CC ceteros CCXXI. — *advocatum Claudius:* scripsi Buechelerum secutus] advocatum. — *magis iniquum:* ω] iniquum magis. — *Sisyphum satis diu laturam fecisse:* Buecheler] si unius <diei> dilaturam fecissent. — *sine effectu:* Rhenanus] sine fine et effectu. — 15, *fusuro:* Buecheler] lusuro. — *qui viderant:* Buecheler] qui illum viderant.

PLINY THE ELDER, vol. I, ed. D. Detlefsen, 1866; vol. V, Iahn-Mayhoff,[2] 1897.

Bk. XXXIII, 1, *signorumque:* coni. Mayhoff] lignorum. — 5, *et aurum:* ω] aurum. — 6, *sacrum—dixere:* ω] <sacrum—dixere>. — 11, *servi fortassis:* scripsi] servi prae se.

Bk. XXXV, 16, *pinxerunt:* scripsi] pinxere.—*invenit:* ω] inlevit.— 22, *pictam:* ω] <picturam>. — 25, *tabula pictum:* ω] tabula. — 28, *inmensam:* ω] inmensa. — 61, *confuisse:* Traube] cum fuisse. — 63, *dracones:* ω] dracones II. — 68, *alias post:* Traube] alia et post. — 69, *gloriosum:* ω] gloriosum . . . . — 97, Ceraunobolian : ω] et C. — *colorem album:* Traube] colorem omnium. — *etiam ratione:* ω] et luminum ratione.

QVINTILIAN, ed. F. Meister, 1886.

Bk. I, *Prooem.* 4, *eloquentiae:* Bonnell] eloquentia. — I, 1, 20, *amaritudine—percepta:* coni. Meister] amaritudinem—perceptam. — 28, *scribere, ipsam:* Bonnell] scribere ipsum. — 2, 3, *etiamsi possit:* scripsi] etiamsi posset. — 3, 16, *cum non:* ω] cur (*per errorem*). — 12, 7, *unum diu:* Kiderlin] diu. — 12, 17, *nec:* ω] ne. — II, 2, 11, *discernent:* ω] discernit. — X, 1, 2, *tamen:* ω] tamquam. — 1, 8, *ante omnia est:* ω] ante omnia necesse est. — *imitatio:* Kiderlin] imitatio est. — 1, 7, *quod idem:* ω] quo idem. — 1, 16, *imagine et ambitu:* ω] <imagine et> ambitu. — 1, 17, *tractemus:* ω] retractemus. — 1, 18, *placent—laudantur:* ω] placeant—laudentur. — *actionis:* ω] ut actionis. — 1, 23, *quin etiam:* ω] etiam. — 37, *legendi:* ω] legendi et. — 1, 38, *suae <quibuscum vivebat>* : del. Krüger] s. q. v. — 1, 85, *proximus:* ω] ei proximus. — 1, 94, *nisi labor:* ω] non labor. — 1, 100, *linguae suae:* Köhler] linguae. — 1, 102, *clarus vi:* Kiderlin] clari vir. — 1, 103, *ipso, probabilis in omnibus, in quibusdam:* Kiderlin] ipso probabilis in partibus quibusdam. — 1, 104, *exornat:* ω] ornat. — 1, 106, *denique:* ω] denique omnia. — 1, 115, *adiecturus sibi, non si quid detracturus fuit:* ω] a. <s. n. s. q. d.> fuit. — 1, 117, *vis summa:* L. Valla] sermo purus. — 1, 130, *obliqua:* Woelfflin] aliqua. — 1, 130, *prava:* Sarpe] parum sana.

Tacitvs, ed. C. Halm, 1883.

Dialogus, 6, *quod gaudium:* Puteolanus] quod illud gaudium. — *quae seruntur atque elaborantur grata, gratiora:* scripsi] alia serantur atque elaborentur—gratiora.—7, *ipsum illos:* L. Spengel] ipsos illos. — 7, *in animo:* Freinsheim] in aliquo. — *quid? non inlustres:* Roth] quinam inlustriores. — *iuvenes vacuos:* scripsi] iuvenes. — *recta est indoles:* scripsi] recta indoles est. — 8, *minores:* Haase] minus notos. — *et ipsis:* Puteolanus] ipsi. — *aetate:* C. Heraeus] adulescentia. — 10, *te ferat:* Acidalius] te tua—ferat. — *<ad causas et ad> vera:* delevi] a. c. e. a. v. — *adsensus:* ω] existere adsensus. — 11, *in Neronem:* ω] in Nerone. — *statum cuiusque:* ω] hucusque. — *tuetur:* Pichena tueor. — 12, *maior erat:* Ritter] maior. — 13, *non praestant:* Lipsius] † praestant. — *omni:* Walther] canina. — *fontis:* ω] ad fontis. *quandoque fatalis meus dies veniet, statuar:* scripsi] q. enim f. et m. d. v. statuarque. — 27, *Apri mei:* Schurzfleisch] Apri. — 28, *cellula:* ω] cella. — *in gremio:* Andresen] gremio. — *aut eligebatur maior:* Meiser] e. autem m. — *militarem rem:* ω] rem militarem. — 29, *virides statim et teneri:* scripsi] teneri s. e. rudes. — *inrepit <et sui alienique contemptus>:* inclusi] i. e. s. a. c. — *nec praeceptores:* ω] ne p. — 30, . . . *statim:* ω] statim dicturus prius. — *viri, ita est:* scripsi] viri, ita. — *orationis:* Goelzer] oratoris.

Agricola, 31, *paenitentiam:* ω] patientiam. —*arma laturi:* Wex] bellaturi. —33, *et, ut:* Walther] ut. —*montesque:* Urlichs] montesve. —*quando cominus veniet:* scripsi Schöne secutus] quando acies. —34, *extremus metus corpora defixere in his vestigiis:* scripsi] extremo metu torpor d. aciem i. h. v. —41, *formidine ceterorum:* Grotius] f. eorum quibus exercitus committi solerent. —43, *libertorum intimi et medicorum primi:* scripsi Ernesti secutus] l. primi et m. intimi. —*quod firmare:* Woelfflin (Merrill)] adfirmare ut. —*animi vultu prae se tulit:* scripsi] habitu vultuque p. s. t.—44, *iterum — quinto:* Nipperdey] tertium—sexto.—*opibus—contigerant:* ante *quippe* conlocavi].—*non contigerant:* ω] contigerant. —45, *nondum reus:* scripsi] <iam> tum reus. —46, *potius—te colamus:* scripsi] te potius—colamus.

Historiae, I, 2, *statim missa:* ω] omissa. —*prope etiam:* Ritter] etiam prope. — *haustae aut obrutae urbes:* ω] hausta aut obruta. — *et urbs:* ω] urbs. — 3, *ipsa necis* (sc. necessitas): coni. Halm] ipsa necessitas. — II, 47, *illic fuit: ω*] illinc.—74, *progressum: ω*] progressum, esse regressum. — 75, *alterque: ω*] alterve. — 76, *incohatur: ω*] inchoaturi. — 77, *tu tuos:* Th. Kiessling] tu hos. IV, 5, *Caracinae:* Ernesti] origine Italica e Caracinae. — *putant, potentiam:* coni. Meiser] potentiam.

Annales, I, 8, *ut maxime:* scripsi] qui maxime.—15, *celebratio* <*annū*>: del. Nipperdey] celebratio annua. — XIV, 6, *esse: ω*] esse sensit. — 7, *an aperiens:* Nipperdey] experiens an. — *ignaros: ω*] gnaros. — XV, 40, *aut redierat plebi spes:* Madvig] et rediit haut levius. — 48, *nec—ambirentur* post *impervius est* coll. Nipperdey] haberet. nec—ambirentur.

Pliny the Younger, ed. H. Keil, 1870.

Bk. IX, 10, 2, *quoque crescunt:* scripsi] quiescunt. — *alteramve:* scripsi] alteram.

Svetonivs, ed. C. L. Roth, 1858.

Vita Terenti, p. 357 vs. 19, *dum in Albanum crebro rapitur:* Ritschl] dum se amari ab his credit . . . crebro in Albanum rapitur. — *Publio: ω*] Publius. — *dicitur:* Mommsen] dictus est. — *in subsellio:* Ritschl] subsellio. — p. 358, 14, *similur:* Ritschl] sumetur. — *exclusast:* Ritschl] ex his. — 18, *adscribitur . . .*: Wolf] adscribitur. — 29, *tempore: ω*] <tempore>. — 30, *levius se:* Ritschl] se levius. — 31, *tum: ω*] tamen. — 33, *pro se, P. A. i.:* Ritschl] p. s. ait P. A. qui. — 359, 19, *ingressus:* Ritschl] egressus. 24, *dedit comoedias: ω*] comoedias dedit. — *dicit cum: ω*] cum.— 360, 2, *Martis:* Schopen] Martis villam. — 4, *Nil Publio:* addidi et cetera ut p. 358, 1–4, scripsi] Scipio nihil profuit, nihil Laelius, nihil Furius. — 10, *dicas:* Ritschl] dicens.

Vita Caesaris, 84, *idoneum:* N. Heinsius] ad donum.

Vita Neronis, 37, *duarum horarum: ω*] horarum. — 39, *μητροκτόνοι:* T. Sabellicus] μητροκτόνος. — 49, † *turpiter* (ω) *pereo: ω*] turpiter.

Ivstinvs, ed. F. Rühl, 1886.

Praefatio, 3, *segregati:* Bongars] se gregati. — 5, *te non tam: ω*] te non. — *quam magis:* scripsi] magis quam. — *rationem: ω*] † operam.

Lib. XXIV, 6. 2, *trepidi: ω*] et trepidi. — 6, 9, *amento:* Ieep] vento. — 8, 16, *adversus deos contendebat: ω*] deos contemnebat.

Lib. XXXI, 4, 2, *hoc opus:* Bongars] opus hoc. — 4, 9, *habere et:* ω] et. — 5, 1, *temporisque:* scripsi] temporisve. — 6, 2, *tantum:* ω] tam. — 7, 7, *nam de—numquam:* coni. Rühl] nam † neque—umquam.

Lib. XXXVII, 1, 5, *eam propter crudelitatem:* ω] p. c. eam. — 1, 7, *postea ea:* ω] ea postea. — XXVI: Gutschmid] XLVI. — 2, 6, *exquisitioribus:* Vorstius] exquisitis † tutoribus. — 2, 8, *fugare:* ω] fugere. — 3, 3, *Colchida:* Gutschmid] † Cappadociam. — 3, 5. *Asiae:* ω] esset. — 3, 7, *L.* <soror> : delevi] L. soror.

Lib. XXXVIII, 1, 3, *regum cumulatum:* scripsi] regum . . . — 4, 7, *solum:* ω] <solum>. — 4. 9, *terruerit:* scripsi] terruit. — *ipsi numerent:* Madvig] ipse † numeret. — *incolant* — scripsi] incolunt. — *occupaverint:* Gronovius] occupaverunt. — 4, 15, *inmensam militiam:* Ieep] immensa militia. — 5, 5, *mitigarit:* Graevius] mitigaret.

Lib. XLI, 1, 8, *Bactrianarum:* coni. Rühl] Bactrianorum. — 2, 9, *impetus et vis:* Wopkens] impetus. — 5, 8, <nam—cognominavere> : del. Ruperti] nam—cognominavere.

APVLEIVS, Amor et Psyche, ed. Iahn-Michaelis, 1895.[4]

MET. Lib. IV, 31, *liquoris:* Rohde] litoris. — 32, *adeptae sunt, sed:* ω] adeptae sed. — *ex tanto:* scripsi] a tanto.

Lib. V, 1, *scires:* Gruter] scies. — *indigenis bestiis:* Morawski] setigeris. — *valvae:* ω] balneae. — 2, *ibi non erat:* scripsi] ibi non est. — 9, *imperitat:* ω] imperat. — 10, *suscipit altera:* scripsi] s. alia. — *paedidis:* W. Heraeus] sordidis. — *paeniteat:* scripsi] paenituit. — *donique:* Iahn] diuque. — 11, *maererent:* Blümner] merebantur. — 12, *est dies:* scripsi] dies. — *et sexus:* ω] en sexus. — 13, *devotae devinctaeque:* C. Weyman] devotae. — *se facturum:* scripsi] facturum. — 14, *mater eris:* scripsi] mater es. — 17, *clementer:* anonymus] vehementer. — 20, *qua—iter:* Iahn] quae—< iter >. — *praestolabimur:* ω] praestolabimus. — 21, *provectae:* Bursian] porrectae. — *nox erat:* de Vliet] nox aderat. — *in altum:* ω] altum. — 26, *peremerem:* ω] perimerem. — *confarreatis:* Mercerus] farreatis. — 27, *vafre:* M. Hertz] e re. — *altera nec:* scripsi] alia nec. — 28, *puellam illum:* O. Rossbach] puellam. — *Psychen illam:* ω] P. ille. — 31, *n. ignarae:* ω] non ignarae. — *altrovorsus:* Traube] altrorsus.

Lib. VI, 1, *licet si:* ω] licet. — *proximans:* Elmenhorst] proximum.

semota: E. Rohde] remota. — 4, *deorum:* ω] dearum. — 6, *praenuntiant:* de Vliet] pronuntiaut. — 7, *haec simul:* ω] et simul. — 8, *obhaesisti:* Oudendorp] haesisti. — 9, <*solent*> *frequentant:* O. Rossbach] solent, furenter. — *saevissimum:* Blümner] laetissimum. — 11, *conmodum caelum:* Wernicke] commodum. — 12, *pecuda:* Hildebrand] pecua. — 14, *cumulum:* ω] tumulum. — 15, *supremi:* ω] optimi. — *speras quippe:* Iahn] sperasque. — 16, *protinusque:* ω] et dedit, protinusque. — *derige. tunc:* ω] d. et tunc. — 18, *Ditis portitor:* scripsi] vel Ditis pater. — 21, *solidata:* Rohde] solida. — 23, *porrecto:* ω] et porrecto. — 24, <*quod vinum deorum est*> *Iovi:* del. Wower] q. v. d. e. Iovi. — *cantabat:* de Vliet] cantavit. — *saltabat:* scripsi] saltavit.

Minvcivs Felix, ed. C. Halm, 1867.

ch. 2, 1, *animis:* Vahlen] annis. — 4, *labiis osculum:* scripsi] osculum labiis. — *superstitiosum:* coni. Halm] superstitiosus. — 3, 3, *identidem:* Usener] ibidem. — 6, *enataret:* Holden] <vel enataret>. — *emergeret:* ω] <emergeret>. — 4, 4, *toto, de integro:* scripsi] toto et integro. — *ut est:* Synneberg] ut. — *istius:* coni. Halm] ipsius. — 5, 8, *omnibus, omnibus:* Vahlen] omnibus. — *maiestate dei:* Ch. Wirth] maiestate. — 7, *dei formido:* Klussmann] formido. — 12, *fortuna caeca:* Dombart] fortuna. — 6, 1, *famulos:* Usener] faciles. — 3, *manavit:* Cornelissen] mansit. — 7, 3, <*testis est*>: del. Dombart] testis est. — *testes et Deciorum —rata et Curtius:* scripsi] et D.—rata testis est: testis. — *equi et sui:* Bursian] equitis sui. — 5, *omitto cetera:* Baehrens] o. vetera. — 8, 3, *inconsulte:* Ursinus] consulte. — 4, *vetusta:* Usener] busta. — 5, *incredibili:* scripsi] incredibilis. — 9, 3, *asini:* ω] <asini>. — 10, 1, *praeterea consulto omitto—pleraque:* scripsi] praetereo c.—pleraque <omnium>. — 11, 5, *et haec vestra:* ω] etiam vestra. — 12, 1, *maior et melior:* Vahlen] et maior melior. — 6, *digni sunt et:* scripsi] digni sed. — 7, *terrae secreta:* Baehrens] secreta. — 13, 3, *Carneadis et Pyrronis:* Vahlen] Carneadis et. — *nec multo:* Usener] et multo. — 14, 1, *audet* <*Octavius*>: del. Schanz] audet O. — *pistorum:* ω] Christianorum. — 2, *laude —veritate:* Cellarius] laudi—veritati. — 5, *adseverantioribus:* Usener] adseverationibus. — *iudicis:* ω] iudici sui. — *opinionibus omnibus:* Lindner] omnibus. — 6, *indidem:* Dombart] identidem. — 15, 1, *habeat:* ω] debeat. — 16, 1, *equidem* <*ut potero*>:

del. Wower] e. u. p. — 6, *sententiam:* Hartel] quae sentiat. — 17, 8, *urgeret:* Kiessling] ureret. — 18, 2, *ratio? cupido generandi, nonne:* Usener] et ratio? quid cupido generandi? nonne. — 4, *terramque perlustrans:* Vahlen] terramque . . . — 5, *plurium:* W. Meyer] plurimorum. — *a quibus terrena:* coni. Halm] quibus terr. — 19, 2, *hominum genus:* ita Vergilius] homines et pecudes. — 3, *varios:* coni. Halm] variis. — 4, *primus qui:* Anonymus] p. q.—primus omnium. — *esto altior:* Vahlen] eo. — *altior—traditum:* ω] <eo altior—traditum>. — 6, *carpatur:* Vahlen] capiatur. — 7, *naturamve:* Wopkens] <naturalem>. — 9, *designat:* Vahlen] adsignat. — 10, *modo mentem:* scripsi] mentem. — 15, *fere et ista:* ω] fere sunt ista. — 20, 1, *deprehendimus eos Deum:* Vahlen] Deum. — 2, *imperitorum more:* Synneberg] imperitorum. — 3, *alia:* ω] talia. — *mera miracula:* Oehler] miracula. — 4, <*homines*>: del. Lindner] † homines. — *nec fient nec facta:* scripsi Vahlenum secutus] nec facta. — 21, 2, *arando:* Usener] errando. — *novis* <*frugibus*>: del. Ursinus] n. f. — *isdem dicit:* Usener] isdem. — 3, *magnus Macedo:* ω] magnus. — 6, *condidit de suo:* Vahlen] idem de suo. — *memoriamque:* Vahlen] memoriam. — 7, *et Caeli:* ω] vel Caeli. — 11, *hodieque:* ω] hodie quoque. — 22, 6, *manu iacitur, non auditur:* Usener] † non auditur. — 25, 6, *et tropaea:* ω] sunt tropaea. — 7, *et quos* <*prostraverant*>: Dombart] sed quos p — 26, 11, *sedem tueri eiusque:* Hartel] sed veri, eius. — 27, 1, <*et a Platone*> *sub:* delevi] et a P. s. — 7, *miseri:* ω] miseris. — *a coetibus—lacessant:* Vahlen] e c.—lacessebant. — 30, 4, *Romani—sacrificii:* ω] Romanis—sacrificii loco. — 31, 7, *noster:* Heumann] nostri. — 8, *parentis:* Heumann] Dei parentes. — *omnes:* Cellarius] homines. — 32, 8, *deo cognita plena:* ω] deo plena. — 33, 1, *reges tamen—universa:* ω] reges statum—diversa. — 34, 1, *improvisum—aut non:* Dombart] aut improvisum—non. — 2, *coepisse desinere . . .:* scripsi] coepit, si desierit. — 3, *eadem ista:* Usener] eadem ipsa. — 4, *similiter loquitur:* Vahlen] † loquitur. — 10, *difficilius esse:* Dombart] d. est. — 11, *renascitur:* coni. Halm] nascitur. — 37, 1, *erigit et:* coni. Halm] erigit. — 3, *ut Mucium:* Heumann] Mucium. — 38, 2, *mobilibus:* Vahlen] mollibus.

Ammianvs Marcellinvs, ed. V. Gardthausen, 1875.

XIV, 8, *sensibus:* ω] sensis. — *iam statuam:* scripsi] . . . statuam. — 17, *sua pensa:* Madvig] suspensae.

XVI, 12, 7, *coniunctae:* Eyssenhardt] iunctae. — 12, 17, —*ipse enim religione prohibebatur*— : explevit Gardthausen].

XXII, 16, 7, *magnifica:* ω] magnificentia. — 16, 14, *hactenus:* ω] amoenus. — 16, 18, *redoleat:* ω] refellat. — 16, 22, *his fontibus:* ω] his Iesus fontibus. — *Platon:* Valesius] non. — 16, 40, *non relinquimus:* ω] reliquimus.

XXV, 3, 17, *angustiis:* scripsi] angulis. — 4, 5, *seria:* Petschenig] serias. — 4, 8, *omnium:* Bentley] et hominum. — 4, 10, *fervoris cumque:* Petschenig] f. quoque. — 4, 14, *superaret:* Kiessling] superstaret. — *mundano:* ω] mundana. — 4, 22, *tamquam pexisset:* ω] perquam pexis et.

XXX, 4, 10, *horum obstinatione:* ω] h. <ob.>. — 4, 17, *invisitatum:* Petschenig] inusitatum. — 4, 19, *exoritur:* Petschenig] exeritur.

XXXI, 2, 2, *sed pandi:* ω] et pavendi. — 2, 14, *bellatrix gens:* ω] bellatoria. — 2, 25, *ignorant:* Petschenig] ignorabant.

BOETHIUS, *De consolatione philosophiae*, ed. R. Peiper, 1871.

I, 5, *sancitum:* ω] sanctum. — II, 1, *suisque magnum:* Obbarius] magnum . . . suis.

FINIS

Lightning Source UK Ltd.
Milton Keynes UK
UKHW011401181218
334174UK00009B/667/P

9 780428 924713